Data Pipelines
with Apache Airflow

Apache Airflow 기반의 데이터 파이프라인

DATA PIPELINES WITH APACHE AIRFLOW

Apache Airflow 기반의 데이터 파이프라인

1쇄 발행 2022년 3월 16일
3쇄 발행 2024년 3월 11일

지은이 바스 하렌슬락, 율리안 더라위터르
옮긴이 김정민, 문선홍
펴낸이 장성두
펴낸곳 주식회사 제이펍

출판신고 2009년 11월 10일 제406-2009-000087호
주소 경기도 파주시 회동길 159 3층 / **전화** 070-8201-9010 / **팩스** 02-6280-0405
홈페이지 www.jpub.kr / **투고** submit@jpub.kr / **독자문의** help@jpub.kr / **교재문의** textbook@jpub.kr

소통기획부 김정준, 이상복, 김은미, 송영화, 권유라, 송찬수, 박재인, 배인혜, 나준섭
소통지원부 민지환, 이승환, 김정미, 서세원 / **디자인부** 이민숙, 최병찬

진행 및 교정·교열 김정준 / **내지디자인** 이민숙 / **내지편집** 최병찬
용지 에스에이치페이퍼 / **인쇄** 한승문화사 / **제본** 일진제책사

ISBN 979-11- 91600-68-1 (93000)
값 36,000원

제이펍은 여러분의 아이디어와 원고를 기다리고 있습니다. 책으로 펴내고자 하는 아이디어나 원고가 있는 분께서는
책의 간단한 개요와 차례, 구성과 저(역)자 약력 등을 메일(submit@jpub.kr)로 보내주세요.

Data Pipelines
with Apache Airflow

Apache Airflow 기반의 데이터 파이프라인

바스 하렌슬락, 율리안 더라위터르 지음 / 김정민, 문선홍 옮김

Jpub
제이펍

차례

PART II 중급편

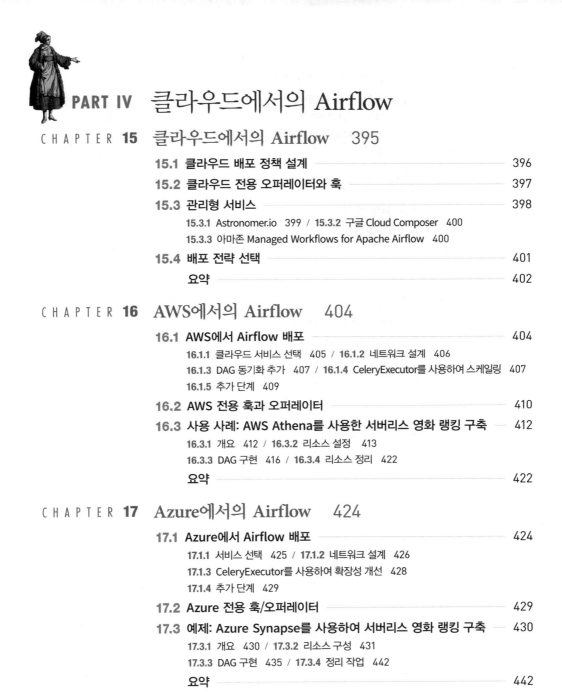

옮긴이 머리말

오랫동안 서비스 개발자로 있다가 새로운 기술에 대한 관심과 엔지니어로서의 미래를 위해 클라우드 아키텍처 엔지니어로 역할을 전환했습니다. 인프라에 대한 부족한 경험을 채울 수 있었고, 서비스 운영 시에 고려해야 할 보안 및 컴플라이언스 지식 또한 쌓을 수 있는 소중한 기회였다고 생각됩니다.

기업의 데이터 증가, 클라우드에서의 **MSA**MicroService Architecture 수요 증가 추세에서 기존 온프레미스 시스템의 마이그레이션 및 신규 워크로드 구축 프로젝트 진행은 정말 재미있고 흥미로운 경험이었습니다. 하지만 설계 진행 시에 요구사항이 명확하지 않고, 확인이 어려우며, 복잡한 프로세스가 필요한 것은 대부분 데이터와 관련된 단계를 계획하고 설계하는 시점이었습니다. 그 때문에 상황에 따라 인프라 환경과 시스템 종류, 실시간 및 배치, 하이브리드 환경(온프레미스와 클라우드가 함께 운영), 도메인에 따른 보안과 컴플라이언스에 적용할 수 있는 솔루션을 찾는 일은 가장 어려운 숙제가 되곤 했습니다.

흩어진 데이터에 대한 마이그레이션 및 통합 작업은 비용 및 업무 효율을 위해 필요한 작업이며, 구축 후 서비스 운영을 최적화하기 위한 필수 요소입니다. 이후 운영 중인 서비스 데이터를 계속 관리하기 위해서는 적절한 데이터 파이프라인 설계와 개발 또한 꼭 필요합니다.

초기 프로젝트 수행은 클라우드 벤더가 개발하고 관리하는 매니지드 서비스 기능을 이용했으나, 다양한 케이스에 대응하는 데 어려움을 느꼈습니다. 또한 클라우드 선택에 따라 아키텍트와 엔지니어의 지속적인 학습이 필요하기 때문에 기술 검토 단계에 시간이 낭비되는 경우가 발생했습니다.

이런 문제를 풀기 위해 다양한 환경에서 적용 및 관리가 가능하고 상황에 따라 유연한 케이스를 개발할 수 있는 기능은 물론, 지속적인 업그레이드에 대한 지원 및 레퍼런스(사용자)가 잘 갖춰져 있고 커뮤니티가 활성화된 솔루션 선택이 필요했습니다.

해서 같은 고민을 하는 사람들의 글을 검색하고, 그에 맞는 솔루션을 찾은 것이 바로 Apache Airflow였습니다. 그 후 공식 문서와 블로그 글을 찾아 학습 및 검토를 시작했습니다. 때마침, 운이 좋게도 회사 내에 머신러닝 서비스를 위한 프로토타입 프로젝트에 테스트할 수 있는 기회를 갖게 되었습니다.

좀 더 자세히 말씀드리면, 머신러닝은 기존에 쌓인 데이터를 이용해 적합한 알고리즘을 먼저 개발합니다. 이후 사용자에게 추론 엔드포인트inference endpoint를 노출하여 서비스를 제공합니다. 그리고 난 후, 개발자가 개발한 서비스 코드 내에 있는 특정 알고리즘(예: rule based algorithm)과 다르게 기계가 새로운 데이터에 적응할 수 있도록 지속적인 데이터 주입과 학습을 통해 개선된 알고리즘을 사용자가 경험할 수 있게 합니다. 바로 이때 데이터 관리와 머신러닝 프레임워크를 동작시키고 알고리즘 배포의 전 과정을 제한된 리소스에서 스케줄링 작업, 관리 및 자동화까지 모두 Apache Airflow를 활용해 운영할 수 있습니다.

Apache Airflow에 대해 많은 장점을 느끼게 된 후, 저와 같은 고민을 가진 엔지니어가 좀 더 쉽게 활용했으면 하는 생각으로 관련 서적의 필요성을 느끼게 되었습니다. 집필하기에는 시간과 경험이 부족하기에 해외 원서를 찾던 중 《Data Pipelines with Apache Airflow》를 확인한 후, 제이펍 출판사를 통해 번역서를 출간할 행운을 얻게 되었습니다.

최근에는 직접 구축 및 운영할 필요 없이 클라우드에서 배포와 운영을 관리할 수 있는 매니지드 서비스 또한 제공하여, 어렵지 않게 기술적인 검토나 프로토타이핑을 시도해 볼 수 있습니다. 그 때문에 별도의 환경을 구축하지 않고 이 책을 읽으며 필요한 부분을 따라 하시면 데이터 관리 및 파이프라인 작업에 대한 효용성을 공감하실 수 있을 것이라 확신합니다.

좋은 책을 번역할 기회를 주신 제이펍 출판사 장성두 대표님과 업무와 병행하며 진행하는 것에 대해 배려해 주신 편집자 김정준 부장님께 감사합니다.

또한 바쁜 와중에 꼼꼼한 검토와 함께 추천사를 적어주신 AWS의 실력자 박혜영 님과 친구이자 나의 엔지니어 멘토인 신동민 님에게 정말 감사드립니다.

그리고 함께 번역해 준, 제 곁에 늘푸른나무 같은 문선홍 님에게 고개 숙여 인사드립니다.

옮긴이 김정민

번역서 추천사

요즘 애플리케이션 및 머신러닝 모델 개발에 빠른 개발 속도와 애자일 문화를 적용하면서 엔지니어가 다루어야 하는 플랫폼의 크기와 복잡도가 엄청나게 증가하고 있습니다. 복잡한 플랫폼에서 하나의 작업 실패는 관련된 여러 작업의 실패로 이어져서 생산성을 크게 해치는 결과를 낳게 됩니다. 이러한 복잡한 워크플로의 개선 및 확장과 모니터링은 물론, 개발도 편리하게 도와주는 도구가 바로 Apache Airflow입니다. 사실 Apache Airflow가 워크플로 관리 엔진의 탑 티어라고 하지만, 최근까지 관련 서적이 거의 없어 기술 블로그나 웹사이트를 검색해야 했습니다. 그러던 중 원서로 출간된 이 책을 보면서 누군가 번역을 해주면 정말 도움이 될 것 같다고 생각했는데, 국내 최초로 Apache Airflow 관련 도서가 나오게 되어 기쁩니다.

Apache Airflow가 머신러닝 파이프라인, 컨테이너, 로컬 환경 등 워낙 광범위한 환경에서 다양한 방식으로 사용되다 보니 처음에 개념 잡기가 쉽지 않은데, 이 책의 1부는 도커와 로컬 환경에서 직접 설치하고 DAG, Scheduling, Operator 같은 잘 와 닿지 않는 개념을 예제를 통해 빠르고 이해하기 쉽도록 설명하고 있습니다. 2부에서는 커스텀으로 생성한 Operator나 Hook을 이용해서 실제 개발하고자 하는 애플리케이션에 이를 적용하고, 여러 환경에서 실행하며 테스트하는 방법을 알려줍니다. 이 책의 백미는 단순히 Apache Airflow의 사용 방법을 알려주는 데 그치지 않고 저자의 많은 경험과 실험을 통해 실제 운영환경에서 어떻게 활용하는 것이 더 비용 효율적인지, 보안상으로 더 좋은지 등을 핵심적으로 정리한 3부에 있습니다. 그리고 다양한 클라우드 환경에서 Apache Airflow를 어떻게 구성해서 사용하는지를 종합적으로 정리한 마지막 장은 하이브리드로 클라우드 환경을 운영하는 엔지니어들에게 특히 유용합니다.

사실 머신러닝이나 컨테이너와 같은 기술만으로도 쉽지 않은 내용인데, Apache Airflow 관점에서 이를 예제를 중심으로 따라 하다 보면 설계부터 운영까지 전 과정이 한눈에 들어오는 경험을 할 수 있습니다. 이 책을 통해서 Apache Airflow를 현업에 적용하는 엔지니어들이 많아져서, 가뜩이나 배우고 익혀야 할 기술 종류가 많은 엔지니어가 복잡한 워크플로를 일일이 관리하는 수고로움에서 조금은 벗어날 수 있기를 바랍니다.

AWS 솔루션즈 아키텍트 박혜영

서비스 또는 플랫폼이 성장하면 회사의 데이터 크기가 증가하고 관리가 복잡해집니다. 이런 상황에서 서비스 운영자와 개발자는 데이터 워크플로 적용과 개선에 대해 많이 고민하게 됩니다. 이때 다양한 WMS_{Workflow Management System} 중 Apache Airflow 도입을 검토하게 될 겁니다.

Apache Airflow는 Airbnb에서 개발한 스케줄링 및 모니터링 도구로서 현재는 아파치 소프트웨어 재단의 최고 레벨 프로젝트입니다. 최근에 Apache Airflow는 데이터 분석이나 머신러닝을 운영하는 개발자들에게 친숙하며, 파이썬 기반으로 태스크 코드를 작성할 수 있는 장점으로 인해 많은 개발자로부터 선택을 받고 있습니다.

이런 상황에도 국내에는 Apache Airflow와 관련된 저서는 물론, 번역서조차 없어서 체계적인 정보 획득과 학습이 쉽지 않았습니다. 그러던 중에, 《Data Pipelines with Apache Airflow》의 번역서 출간 소식을 접했고 누구보다 먼저 이 책을 읽고 소개할 수 있게 되어 대단히 기쁘게 생각합니다.

이 책은 Apache Airflow의 개념과 적용 방법에 대한 설명뿐만 아니라, 실제 서비스 운영 시 고려해야 할 모니터링, 확장, 보안 등에 관한 내용을 상세하게 안내하고 있으며, 다양한 클라우드 환경에서 활용하는 방법까지 다루고 있습니다. 아직 세부적인 설명과 정확한 가이드 문서가 없어 도입을 망설이고 있다면, 이 책을 통해 Apache Airflow의 세계로 지금 바로 도전해 보실 것을 추천합니다.

NHN Dooray!(두레이) CTO 신동민

베타리더 후기

 공민서

워크플로 관리도구 중 하나인 Airflow를 알아보는 책입니다. 사용법 등이 상세히 차근차근 나와 있지만, 개인적으로 가장 유용하다 생각했던 점은 첫 장에 Airflow의 장단점을 명확히 밝히고 유사 도구들과의 비교표가 있어 한눈에 이 도구를 언제 선택해야 할지 알 수 있었다는 점입니다. 파이프라인이 동적으로 바뀌거나 실시간 스트림 데이터 처리 환경에선 적합하지 않다고 하니 참고해 주세요.

 이석곤(엔컴)

빅데이터 프로젝트를 하다 보면 파이프라인을 구성하게 됩니다. Airflow는 파이썬으로 배치, 스케줄링, 모니터링 등을 한 번에 해결하는 워크플로 관리 플랫폼입니다. 이 책에서는 Airflow 설치부터 파이프라인 작성, 테스트, 분석, 백필 그리고 배포 실습까지 한 번에 해결할 수 있습니다. 파이프라인 구성에 관심이 있다면 Airflow를 한번 배워 보시는 걸 추천해 드립니다.

 이태영(신한은행)

딥러닝에서 가장 중요한 포인트는 데이터와 최적화 방법론입니다. Airflow를 활용한 다양한 데이터 파이프라인 방법론과 데이터 바인딩과 데이터 연결을 위한 방법론 등을 알 수 있습니다. 모델은 데이터 의존성을 가질 수밖에 없는데, 이에 대응하여 Airflow로 데이터를 어떻게 효율적으로 관리하고, 운영 측면에서 어떻게 활용할지에 대한 통찰력을 준 책입니다.

이현수(유노믹)

회사 동료 AI 연구원이 Apache Airflow에 관해서 얘기하기에 무엇인가 궁금하던 차에 마침 베타리딩을 할 기회가 와서 다행이었습니다. 내용을 보니 파이썬 코딩 능력뿐만 아니라 클라우드와 DevOps 엔지니어링 스킬도 함께 요구되는 것 같습니다. 이 책을 통해 알게 된 것을 실무에서 잘 활용할 수 있도록 제가 도움을 줄 수 있을 것 같아서 매우 기쁩니다.

 황시연(SW개발자)

국내 IT 도서 중 Airflow만으로 쓴 책이 전무한 가운데, 이번 리뷰를 통해 책을 미리 보게 되었습니다. Airflow는 태스크 단위로 에러 포인트를 관리자 페이지에서 시각화된 도구를 활용해 쉽게 찾을 수 있는데요, 데이터 분석 업무를 볼 때 에러 포인트를 찾으려고 로그 만드는 과정을 줄일 수 있어서 편했습니다. 이 책에 상황별 예제와 그림이 많아서 이해하는 데 큰 도움이 되기에 파이썬 기반의 데이터 분석가에게 추천해 드립니다.

제이펍은 책에 대한 애정과 기술에 대한 열정이 뜨거운 베타리더의 도움으로
출간되는 모든 IT 전문서에 사전 검증을 시행하고 있습니다.

원서 추천사

"Airflow의 바이블입니다. 초보자에서부터 전문가까지 모든 사용자에게 매우 유용합니다."
—**Rambabu Posa,** Sai AAshika consultancy

"책을 읽고 따라 하다 보면, 데이터 파이프라인의 오케스트레이션 작업에서
Airflow가 지닌 장점을 쉽게 파악할 수 있습니다."
—**Daniel Lamblin,** Coupang

"Apache Airflow를 사용하여 워크플로를 생성, 작성, 스케줄, 그리고 모니터링할 때
이 책 한 권만 참고하면 됩니다. 의심의 여지 없이 추천합니다."
—**Thorsten Weber,** bbv Software Services AG

"Airflow에 관한 한 지금까지의 자료 중 최고입니다."
—**Jonathan Woods,** LexisNexis

시작
하며

우리는 흥미롭고 도전적인 시기에 데이터 엔지니어가 된 것이 행운이라고 생각합니다. 많은 기업과 조직에서 데이터를 운영, 관리하고 개선하는 것이 중요하다고 생각합니다. 또한, 최근 머신러닝 학습과 AI 발전으로 데이터 엔지니어에게 새로운 기회가 많이 열리고 있습니다. 하지만 데이터 중심의 프로세스를 회사에 적용하기는 쉽지 않습니다. 일반적으로 여러 이기종 시스템에서 작업을 조율하고 난 후, 분석이나 제품 배포를 위해 시간에 맞춰 시기적절하게 작동해야 하기 때문입니다.

2014년에 Airbnb의 엔지니어들은 회사 내에서 복잡한 데이터 워크플로를 관리하는 데 어려움에 직면했습니다. 이러한 문제를 해결하기 위해 그들은 워크플로를 작성 및 예약하고 웹 인터페이스를 기본으로 제공하여 워크플로 운영을 모니터링할 수 있는 오픈 소스 솔루션인 Airflow를 개발하기 시작했습니다.

Airflow 프로젝트의 성공으로 Apache Software Foundation에서 해당 프로젝트가 빠르게 채택되었으며, 2016년 처음 인큐베이터 프로젝트로 시작해 2019년에는 최상위 프로젝트로 채택되었습니다. 결과적으로 이제 많은 대기업에서 Airflow를 사용하여 중요한 데이터 프로세스를 구현하고 있습니다.

우리는 GoDataDriven에서 컨설턴트로 일하면서 많은 고객이 데이터 레이크/플랫폼, 머신러닝 모델 등을 구축하는 프로젝트에서 Airflow를 핵심 구성 요소로 채택하도록 도움을 주었습니다. 그런 업무 진행 중 Airflow와 같은 복잡한 도구를 하룻밤에 배우기는 어렵다고 느꼈고, 이를 위해 GoDataDriven에서 Airflow 교육 프로그램을 개발하고 자주 모임을 만들고 참여하여 지식, 견해 및 일부 오픈 소스 패키지를 공유하기도 하였습니다. 이러한 노력이 Airflow와 관련된 많은 복잡한 문제를 확인하는 데 도움이 되었지만, 이해하기 쉬운 설명서는 존재하지 않았습니다.

이 책에서는 Airflow를 이용한 간단한 워크플로 구축에서부터 커스텀 컴포넌트 개발 및 배포 설계/관리에 이르기까지 모든 것을 다루어, Airflow에 대한 포괄적인 내용을 소개하는 것을 목표로 합니다. 우리는 많은 주제를 간결하고 따라 하기 쉬운 형식으로 한곳에 모아, 수많은 블로그와 기타 온라인 문서를 보완하여 정리하고자 하였습니다. 독자 여러분이 이 책을 통해 지난 몇 년간 많은 어려움을 겪으면서 얻은 우리의 경험과 함께 Airflow에 대한 모험을 시작하길 기대합니다.

감사의 글

이 책은 다음과 같이 수많은 훌륭한 사람들의 지원 없이는 출판이 불가능했을 것입니다.

- 우리를 지원하고 중요한 통찰력과 함께 가치 있는 제안을 제공한 GoDataDriven의 동료 및 개인
- 저자 온라인 포럼에 댓글을 게시한 MEAPManning Early Access Program 독자
- 유용한 피드백을 제공해 준 개발 프로세스 리뷰어

Manning의 기획 편집자인 Brian Sawyer를 통해 초기 이 책의 제안에 대해 도움을 받으면서, 출간할 수 있다는 자신감을 얻었습니다. Manning의 진행 편집자인 Tricia Louvar는 우리의 모든 질문과 우려 사항에 대해 인내심을 가지고 각 장의 초안에 대해 비판적인 피드백을 제공했으며, 출판까지의 전 과정에서 필요한 가이드를 제시해 주었습니다. 그 밖에도 원고가 제작되기까지 기술교정 편집자와 개발 과정에서 기술적 전문 지식을 제공해 준 모든 분에게 감사합니다.

바스 하렌슬락Bas Harenslak

이 프로젝트를 수행하는 1년 반 동안의 수많은 낮, 밤, 주말 시간을 인내와 지지를 보내 준 친구와 가족 모두에게 감사드립니다. 내가 컴퓨터 앞에만 있는 동안 잘 참아준 Stephanie에게 감사하며, Miriam, Gerd 그리고 Lotte에게 이 책을 쓰는 동안 기다려 주고 믿음을 준 데 대해 감사의 말씀을 드립니다. 또한, 항상 배우고 발전시키는 GoDataDriven 팀의 지원과 헌신에 대해 감사드립니다. 내가 5년 전에 이 일을 시작했을 때 책의 저자가 되리라고는 상상할 수도 없었습니다.

율리안 더라위터르 Julian de Ruiter

무엇보다도 '조금만 더 일할게'라는 말로 많은 시간을 함께하지 못했던 내 아내 Anne Paulien과 아들 Dexter에게 고맙습니다. 이 책은 그들의 확고한 지지 없이는 출판이 불가능했을 것입니다. 또한, 가족과 친구들의 지원과 신뢰에 감사드립니다. 마지막으로 지난 몇 년 동안 많은 조언과 격려를 해줘서 많이 배울 수 있었던 GoDataDriven의 동료들에게 감사드립니다.

이 책에 대하여

이 책은 Airflow를 이용한 데이터 지향 워크플로(또는 파이프라인)를 구현하길 원하는 독자를 대상으로 작성되었습니다. 이 책의 첫 부분에서는 파이썬 프로그래밍 언어를 사용하여 Apache Airflow의 워크플로를 프로그래밍 방식으로 구축하는 데 필요한 개념과 메커니즘을 설명합니다. 그리고 난 후, 커스텀 컴포넌트custom component를 빌드하고 워크플로를 포괄적으로 테스트하여 Airflow를 확장하는 방법 등 보다 심층적인 주제로 전환합니다. 이 책의 마지막 부분은 Airflow 배포 설계 및 관리, 보안과 같은 주제를 다루고 여러 클라우드 플랫폼에 대한 아키텍처 설계에 중점을 둡니다.

대상 독자

이 책은 Airflow를 이용해서 기본 워크플로를 개발하려는 데이터 과학자와 엔지니어뿐만 아니라 Airflow를 위한 커스텀 컴포넌트를 만들거나 Airflow 배포/관리 같은 심화 과정에 관심이 있는 엔지니어를 위해 작성되었습니다. Airflow 워크플로 및 컴포넌트는 파이썬 코드로 만들기 때문에 독자는 파이썬 프로그래밍 중급 이상의 경험을 필요합니다(예: 파이썬 함수 및 클래스 빌드에 대한 실무 지식, *args 및 **kwargs 등의 개념 이해). 코드 예제의 대부분은 도커Docker를 사용하여 실행되므로 도커에 대한 지식 및 경험은 이 책을 읽는 데 도움이 됩니다(독자의 컴퓨터에서 실행할 수 있습니다).

이 책의 구성: 로드맵

이 책은 총 18개의 장을 포함하는 4개의 부로 구성되어 있습니다.

1부에서는 Airflow의 기본 사항에 중점을 두고 Airflow가 무엇인지 설명하고 기본 개념을 간략하게 설명합니다.

- 1장에서는 데이터 워크플로/파이프라인의 개념과 이를 Apache Airflow를 사용하여 빌드하는 방법에 대해 설명합니다. 또한, Airflow의 장단점을 Airflow가 맞지 않는 상황과 함께 다른 솔루션과 비교하여 설명합니다.

- 2장에서는 Apache Airflow의 파이프라인의 기본 구조('DAG'라고 함)에 대해 설명하고, 관련된 다양한 컴포넌트와 함께 어떻게 결합되는지 설명합니다.

- 3장에서는 Airflow를 사용하여 파이프라인이 스케줄 시간 간격으로 반복적으로 실행되도록 예약하는 방법을 설명합니다. 예를 들어, 시간이 지남에 따라 새 데이터를 증분 적재하는 파이프라인을 만들 수 있습니다. Airflow로 파이프라인을 시작할 때 Airflow의 예약 메커니즘은 종종 혼란스러운데, 이 장에서는 이에 대한 몇 가지 내용을 설명합니다.

- 4장에서는 Airflow의 템플릿 메커니즘을 사용하여 파이프라인 정의에 변수를 동적으로 적용하는 방법을 설명합니다. 이를 통해 파이프라인 내의 특정 실행 날짜와 같은 항목을 참조하게 할 수 있습니다.

- 5장에서는 파이프라인에서 태스크 간의 관계를 정의하는 다양한 접근 방식을 확인하여 분기, 조건부 태스크 및 공유 변수를 사용하여 더 복잡한 파이프라인 구조를 빌드할 수 있도록 합니다.

2부에서는 외부 시스템과의 인터페이스, 자체 커스텀 컴포넌트 빌드, 파이프라인 테스트 설계 등 복잡한 Airflow 사용에 대해 자세하게 설명합니다.

- 6장에서는 고정된 스케줄 시간 간격의 실행 외에 파일 적재 또는 HTTP 호출과 같은 방법으로 워크플로를 트리거할 수 있는 방법을 설명합니다.

- 7장에서는 Airflow 외부에서 다양한 태스크를 오케스트레이션 가능한 오퍼레이터 operator를 사용하는 워크플로를 살펴보며, 연결되지 않은 시스템에서 이벤트를 통해 워크플로를 개발하는 방법을 설명합니다.

- 8장에서는 파이프라인에서 기능을 재사용하거나, Airflow 기본 제공 기능에서 지원하지 않는 시스템과 통합할 수 있는 커스텀 컴포넌트를 개발하는 방법을 설명합니다.

- 9장에서는 Airflow 워크플로를 테스트하기 위한 다양한 옵션 및 오퍼레이터의 여러 속성에 접근하는 방법에 대해 설명합니다.

- 10장에서는 컨테이너 기반 워크플로를 사용하여 도커 또는 쿠버네티스 Kubernetes 내에서 파이프라인 태스크를 실행하는 방법을 보여주고 이러한 컨테이너 기반 접근 방식의 장단점을 설명합니다.

3부에서는 실제 Airflow를 적용하는 내용에 중점을 두고 모범 사례와 Airflow 실행과 보안 및 최종 데모 사용 사례와 같은 주제를 다룹니다.

- 11장에서는 몇 가지 모범 사례를 통해 Airflow 파이프라인을 실제 구축할 때 효율적이고 잘 유지 관리할 수 있는 설계와 구현에 도움이 되는 내용을 설명합니다.
- 12장에서는 Airflow를 프로덕션에서 실행 시 확장, 모니터링, 로깅 및 경고를 위한 아키텍처를 몇 가지 주제로 자세히 설명합니다.
- 13장에서는 원하지 않는 접근을 방지하고 침해 발생 시 공격의 영향을 최소화하기 위한 Airflow 운영 환경을 보호하는 방법에 대해 설명합니다.
- 14장에서는 뉴욕시의 지역 간 가장 빠른 교통수단을 확인하기 위해, 뉴욕시의 옐로우 택시 및 시티 바이크에서 운행하는 차량 데이터를 주기적으로 처리하는 Airflow 프로젝트를 예로 들어 설명합니다.

4부에서는 여러 클라우드 플랫폼에서 Airflow를 실행하는 방법을 살펴보는데, 여기에는 기본으로 제공하는 오퍼레이터를 사용하여 다양한 클라우드 서비스와 연결하는 방법, 서로 다른 클라우드에 대한 Airflow 배포의 설계가 포함됩니다.

- 15장에서는 Airflow를 클라우드에 배포 시 어떤 Airflow 컴포넌트가 포함되어 있는지 확인하고, Airflow에 내장된 클라우드에 특화된 컴포넌트 활용을 소개합니다. 또한 클라우드 서비스의 Airflow 관리형 솔루션을 사용하는 것과 클라우드 내에 직접 Airflow를 배포하는 것의 차이를 비교합니다.
- 16장에서는 아마존의 AWS 클라우드 플랫폼에서 이전 장의 AWS 상태에서 Airflow 배포를 위한 솔루션을 설계하고, Airflow의 AWS 관련 컴포넌트를 이용하여 AWS 서비스를 활용하는 방법을 소개하는 것으로 앞 장의 내용을 보완합니다.
- 17장에서는 Microsoft Azure 플랫폼에 대한 배포를 설계하고 클라우드 관련 컴포넌트를 확인합니다.
- 18장에서는 Google의 GCP GCP 플랫폼을 위한 배포 및 클라우드별 구성 요소를 다룹니다.

Airflow를 처음 사용하는 독자는 1장과 2장을 읽으면 Airflow가 무엇이며 무엇을 할 수 있는지에 대한 아이디어를 얻을 수 있습니다. 3~5장에서는 이 책을 읽는 모든 사람이 알아야 하는 Airflow의 주요 기능에 대한 중요한 정보를 제공합니다. 이 책의 나머지 부분에서는 커스텀 컴포넌트 빌드, 테스트, 모범 사례 및 배포와 같은 주제를 설명합니다. 독자가 원한다면 순서 없이 필요한 내용을 확인하면 됩니다.

코드 정보

코드 블록에 나열된 또는 기술된 모든 소스 코드는 일반 텍스트와 구분하기 위해 고정폭 글꼴로 작성되어 있습니다. 때때로 볼드체는 이전 단계에서 변경되었거나 기존 코드 라인에 새로운 기능을 추가할 때 사용됩니다.

책에서는 대부분 원본 소스 코드를 재구성하였습니다. 책 내에서 사용 가능한 공간을 포용하기 위해 줄 바꿈을 추가하고 들여쓰기로 재작업했습니다. 드물게 코드 블록 공간이 충분하지 않다면 연속 행 기호(➡)를 포함합니다. 또한, 코드가 텍스트에 설명되어 있을 때 소스 코드의 주석이 코드 블록에서 제거되는 경우가 많았습니다. 코드 주석은 많은 코드 블록과 함께 중요한 개념을 강조합니다.

코드, 스크립트 또는 특정 Airflow 클래스/변수/값의 요소에 대한 참조는 주변 텍스트와 구분하기 위해 종종 고정폭 글꼴로 표시됩니다.

책의 모든 태스크 예제에 대한 소스 코드와 도커 및 도커 컴포즈를 사용하기 위해 실행하는 인프라 구성 코드는 GitHub 저장소에서 사용할 수 있으며, 책의 웹사이트를 통해서도 다운로드할 수 있습니다.

- GitHub: https://github.com/K9Ns/data-pipelines-with-apache-airflow
- 출판사 웹사이트: www.manning.com/books/data-pipelines-with-apache-airflow

  참고: 이 책의 끝 부분에는 예제 코드 실행에 대한 좀 더 자세한 지침과 함께 추가 부록을 제공합니다. 또한 GitHub의 예제 코드는 책이 출판된 후에 코드 개선 및 수정하여 배포하고 있습니다. 따라서 책에서 설명된 코드와는 상이할 수 있습니다.

모든 코드 샘플은 Airflow 2.0으로 테스트되었습니다. 대부분의 예제는 조금만 수정하면 이전 버전의 Airflow(1.10)에서도 실행할 수 있습니다. 가능한 경우 이를 수행하는 방법에 대해 코드 내에서 확인할 수 있는 지침을 포함했습니다. 독자가 Airflow 2.0과 1.10 사이의 import 경로 차이를 쉽게 파악할 수 있도록, 부록 B에서는 두 버전 간의 변경된 import 경로를 간략히 설명합니다.

표지에 대하여

책 표지 그림의 제목은 〈Siphanto 섬에서 온 여성Femme del' Isle de Siphanto〉입니다. 이 삽화는 1797년 프랑스에서 출간된 《다른 나라의 의상들Costumes de Différents Pays》 화집에서 가져온 것으로, 자크 그라세 드 생소뵈르Jacques Grasset de Saint-Sauveur(1757–1810)가 손으로 정교하게 그려 채색하였습니다. 생소뵈르의 풍부한 작품들은 불과 200년 전만 해도 세계 각 도시와 지역의 문화가 얼마나 다양했는지를 생생하게 보여줍니다. 서로 고립된 지역의 사람들은 서로 다른 방언과 언어를 사용했습니다. 당시에는 도시 거리나 시골길에서 옷만 보아도 그 사람이 어디에 사는지, 무엇을 거래하는지, 어디 출신인지 쉽게 알 수 있었습니다.

그때 이후로 옷을 입는 방식이 바뀌었고 당시의 풍요로웠던 지역별 다양성이 사라졌습니다. 이제 의상만으로는 다른 도시, 지역, 국가뿐만 아니라 다른 대륙의 사람들을 구분하는 것도 어렵게 되었습니다. 아마도 문화적 다양성 대신 좀 더 다양한 개인 생활, 또는 빠른 속도로 변해가는 기술적 생활을 선택했는지도 모릅니다.

비슷비슷한 책들이 가득한 요즘, 매닝Manning 출판사는 두 세기 전 여러 지역의 다채로운 생활상을 보여주는 자크 그라세 드 생소뵈르의 그림 중 하나를 표지에 실어 IT 업계의 독창성과 진취성을 기리고자 합니다.

기본편

1부에서는 Apache Airflow를 이용해 다양한 데이터 프로세스를 위한 파이프라인 구축 여정을 시작합니다. 처음 두 장은 Airflow가 무엇이며 Airflow가 사용자를 위해 무엇을 할 수 있는지에 대한 개요를 설명합니다.

1장에서는 우리는 데이터 파이프라인의 개념을 살펴보고 Apache Airflow가 이런 파이프라인의 구축을 어떻게 지원하는지 간략하게 살펴 봅니다. 또한, Airflow에 대한 기대치를 확인하기 위해 다른 솔루션과 비교하고 Airflow가 독자의 특정 사례에 대해 사용이 적합한지 확인합니다. 2장에서는 Airflow에서 첫 번째 파이프라인을 구축하는 방법을 설명합니다. 파이프라인을 구축한 후, 우리는 이 파이프라인을 실행하고 Airflow의 웹 인터페이스를 사용하여 진행 상황을 모니터링하는 방법을 확인합니다.

이어지는 3~5장에서는 Airflow의 핵심 개념에 대해 자세히 설명하며 Airflow에 대한 기초를 확실하게 이해할 수 있도록 합니다.

3장에서는 Airflow를 스케줄 시간 간격으로 파이프라인을 실행할 수 있는 스케줄에 대한 내용을 설명합니다. 이를 통해 매일, 매주 또는 매월 효율적으로 데이터를 적재하고 처리하는 파이프라인을 작성할 수 있습니다. 다음으로 4장에서는 Airflow의 템플릿 메커니즘(예를 들어 파이프라인에서 실행 날짜에 대한 변수를 동적으로 참조)에 대해 설명합니다. 마지막으로 5장에서는 파이프라인에서 태스크에 대한 의존성에 대한 정의를 통해서 조건부 태스크, 태스크 분기 등을 포함한 복잡한 태스크 계층을 만들 수 있는 방법에 대해 알아 봅니다.

만약 독자가 Airflow를 처음 접한다면 3~5장을 통해 주요 개념을 확실하게 이해하길 바랍니다. Airflow의 스케줄링 시맨틱(3장에서 설명)은 처음 접하면 직관적이지 않기 때문에 이해하기 어렵습니다.

이 책의 1부를 마친 후에는 Apache Airflow에서 기본 파이프라인을 직접 작성할 수 있어야 하고, 이어지는 2부에서 다룰 고급 주제로 넘어갈 준비가 되어 있어야 합니다.

PART I

Getting started

1

Apache Airflow 살펴보기

이 장에서는 다음과 같은 내용을 다룹니다.

- Airflow와 같은 워크플로 관리 솔루션을 이용해 태스크 및 태스크 의존적인 그래프로 데이터 파이프라인을 표현하는 방법을 소개합니다.
- Airflow에 대한 추상화된 개념과 이것이 워크플로 관리 전체 에코시스템ecosystem에 어떻게 적용되는지 확인합니다.
- Airflow의 몇 가지 장단점을 확인하고 특정 사례에서 Airflow가 적합한 솔루션인지 확인합니다.

사람과 기업이 데이터에 따라 처리하는 경향은 지속적으로 심화되고 있으며, 일상적 비즈니스의 일부로 데이터 파이프라인을 구성하고 있습니다. 이러한 비즈니스 프로세스와 관련된 데이터 양은 지난 몇 년 동안 하루에 MB에서 분당 GB 단위로 증가하고 있습니다. 이러한 데이터 홍수 속에서 데이터를 처리하는 것은 어려운 도전일 수 있으나 적절한 도구를 사용하면 관리가 가능합니다.

이 책은 데이터 파이프라인을 처리하기 위한 배치 태스크batch-oriented framework에 중심을 둔 Apache Airflow에 초점을 맞추고 있습니다. Airflow의 주요 기능은 유연한 파이썬 프레임워크를 사용해 쉽게 데이터 파이프라인을 구축할 수 있게 해 주며, 최신 기술 환경에서 접하게 되는 서로 다른 기술들을 연결할 수 있는 다양한 빌딩 블록을 제공하는 것입니다.

Airflow는 거미줄의 거미와 같이 데이터 프로세스 과정에서 중요한 역할을 하며 다양한 (분산) 시스템에서 발생하는 작업을 조율합니다. 여기서 Airflow는 직접적으로 데이터 처리 작업을 수행하지는 않지만, 데이터 처리를 위한 다양한 구성 요소들을 조정합니다.

이 장에서는 먼저, Apache Airflow의 데이터 파이프라인에 대해 소개를 합니다. 그 후에 Airflow를 업무에 적용 시 검토해야 할 몇 가지 고려 사항에 대해 논의하고, Airflow를 어떻게 처음 사용할지 소개합니다.

1.1 데이터 파이프라인 소개

일반적인 데이터 파이프라인은 원하는 결과를 얻기 위해 실행되는 여러 태스크 또는 동작으로 구성합니다. 예를 들어, 다음 주 날씨를 알려주는 쇼핑몰의 날씨 대시보드를 구축해 보겠습니다(그림 1.1). 실시간 날씨 대시보드를 구현하려면 다음 단계와 같은 태스크를 수행합니다.

1 먼저 다른 시스템의 날씨 API를 통해 일기 예보 데이터를 가져옵니다.
2 서비스 목적에 맞도록 데이터를 정제하거나 변환(예: 온도를 화씨에서 섭씨로 변환)합니다.
3 변환된 데이터를 날씨 대시보드로 전송합니다.

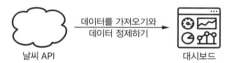

그림 1.1 **외부 API를 통해 날씨 데이터를 가져와 동적인 대시보드로 데이터를 전송하는 예**

이 그림과 같이, 파이프라인은 세 가지의 비교적 간단하지만 서로 다른 태스크로 구성되어 있습니다. 그리고 각 태스크는 정해진 순서대로 진행되어야 합니다. 만약 데이터를 가져오기 전에 변환을 시도한다면 의미가 없기 때문입니다. 또한, 데이터 변환 전에 새로운 데이터를 대시보드로 전송하면 안 됩니다. 따라서 데이터 프로세스 실행 시, 이런 정해진 암묵적 태스크 순서를 적용해야 하는지 확인해야 합니다.

1.1.1 데이터 파이프라인 그래프

태스크task 간의 의존성을 명확하게 확인하는 방법 중 하나는, 데이터 파이프라인을 그래프로 표현하는 것입니다. 이 그래프에서 태스크는 노드로 표시되고 태스크 간의 의존성은 태스크 노드 간의 방향으로 표시되는데, 화살표의 최종 끝점은 태스크 A에서 태스크 B로 연결되고, 태스크 B가 시작되기 전에 태스크 A를 완료해야 한다는 것을 의미합니다. 이러한 형태의 그래프는 방향성을 가지기 때문에, **방향성 그래프**directed graph라고 합니다.

날씨 대시보드 파이프라인에 방향성 그래프 표현을 적용하면 전체 파이프라인을 직관적으로 표현할 수 있습니다(그림 1.2). 그래프를 살펴보면 파이프라인이 위에 설명된 태스크 중 각각의 세 가지 태스크로 구성되어 있습니다. 화살표 끝점의 방향은 태스크를 실행하는 순서를 명확하게 표현합니다. 화살표를 따라서 실행 순서를 확인할 수 있습니다.

그림 1.2 날씨 대시보드를 위한 데이터 파이프라인의 그래프 표현. 각 노드는 태스크를 나타내고, 화살표 끝점의 방향은 태스크 간의 의존성을 나타냅니다(태스크 A에서 태스크 B를 가리키는 화살표 끝점에 대한 의미는 태스크 A를 먼저 실행해야 태스크 B가 활성화됨을 뜻함).

이런 형태의 그래프는 일반적으로 **방향성 비순환 그래프**Directed Acyclic Graph, DAG(대그)라고 부릅니다. 그래프는 화살표 방향성의 **끝점**directed edge을 포함하되 반복이나 순환을 허용하지 않습니다(**비순환**acyclic). 이 비순환 속성은 태스크 간의 순환 실행(그림 1.3)을 방지하기 때문에 매우 중요합니다(태스크 A가 태스크 B에 의존하고, 반대로 태스크 B가 태스크 A에 의존함). 그래프를 실행할 때 순환 의존성이 문제를 발생시킬 수 있습니다. 태스크 3이 완료된 후에만 태스크 2가 실행되는데, 태스크 3은 태스크 2가 완료된 후에 실행되기 때문입니다. 이런 논리적 오류는 교착상태deadlock(데드록)로 이어지며, 태스크 2와 태스크 3이 모두 실행될 수 없기 때문에 그래프가 동작하지 않습니다.

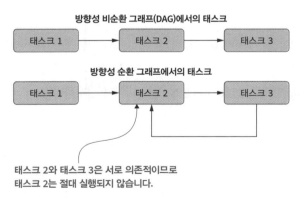

그림 1.3 순환 그래프는 의존성으로 인해 태스크가 실행되지 않습니다. 비순환 그래프(위)에는 세 가지 태스크를 실행할 수 있는 명확한 방향성이 있습니다. 하지만 순환 그래프(아래)에서는 태스크 2와 3 사이의 상호 의존성으로 인해 명확한 실행 경로를 확인할 수 없습니다.

참고로 일반적인 머신러닝 애플리케이션에서 볼 수 있는 알고리즘의 반복 학습을 설명하기 위한 순환 그래프 표현과, 여기서 설명하는 비순환 그래프의 개념은 다릅니다. Airflow(또는 기타 워크플로 관리자)에서는 DAG의 비순환 속성은 태스크 그래프를 효율적으로 해결하고 실행하기 위해 사용됩니다

1.1.2 파이프라인 그래프 실행

DAG는 파이프라인 실행을 위한 단순한 알고리즘을 제공한다는 이점을 제공합니다. 알고리즘을 개념적으로 설명하면, 다음 단계로 구성됩니다.

1 그래프 안에 태스크는 각각 개방된$_{open}$ 상태이며(= 미완료) 다음과 같은 단계를 수행합니다.
    - 각각의 화살표 끝점은 태스크를 향하며 다음 태스크로 향하기 전에 이전 태스크가 완료되었는지 확인합니다(1단계).
    - 태스크가 완료되면 다음에 실행해야 할 태스크를 대기열에 추가합니다.
2 실행 대기열에 있는 태스크를 실행하고 태스크 수행이 완료되면 완료 표시를 합니다.
3 그래프의 모든 태스크가 완료될 때까지 1단계로 돌아갑니다.

어떻게 작동하는지 확인하기 위해서 대시보드 파이프라인의 실행을 추적해 보겠습니다(그림 1.4). 알고리즘의 첫 번째 루프 단계에서는 첫 번째 노드인 날씨 가져오기 태스크가 아직 완료되지 않았기 때문에, 데이터 **정제**와 대시보드 **전송**이 여전히 의존성을 가지고 실행되지 않는 것을 확인할 수 있습니다. 따라서 이 태스크들은 **의존성**이 아직 해결되지 않았기 때문에 실행 대기열에 추가되지 않습니다. 하지만 첫 번째 노드인 날씨 **데이터 가져오기** 태스크는 들어오는 화살표 방향성 끝점이 존재하지 않아 업스트림(이전 태스크에 대한) 의존성이 없기 때문에 실행 대기열에 바로 추가할 수 있습니다.

날씨 예보 **데이터 가져오기** 태스크를 완료한 후 데이터 **정제** 및 **전송** 태스크의 의존성을 확인한 후 두 번째 루프를 시작합니다. 업스트림 의존성(**데이터 가져오기** 태스크)이 해결되었기 때문에 데이터 정제 태스크를 실행할 수 있습니다. 따라서 실행 대기열에 예보 데이터 정제하기 태스크를 추가합니다. 대시보드 **전송** 태스크는 데이터 **정제** 태스크를 아직 실행/완료하지 않았기 때문에 실행 대기열에 추가할 수 없습니다.

세 번째 루프에서 데이터 **정제** 태스크를 완료한 후 마지막 태스크를 실행 대기열에 추가할 수 있습니다. 대시보드 **전송** 태스크를 완료한 후 더 이상 실행할 태스크가 없으므로 전체 파이프라인 실행이 완료됩니다.

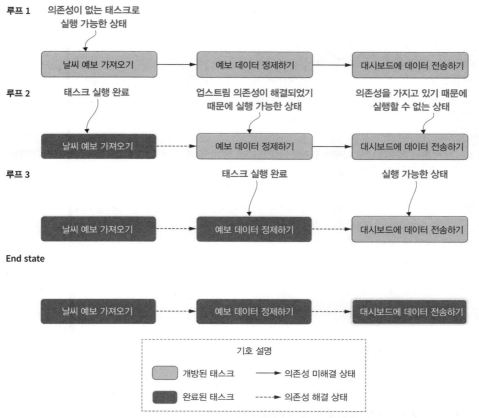

그림 1.4 **DAG 구성을 사용하여 데이터 파이프라인상의 정해진 순서로 태스크를 실행합니다. 알고리즘을 통한 각 루프 태스크 상태를 확인하여 파이프라인에서 실행(종료 상태) 과정을 보여줍니다.**

1.1.3 그래프 파이프라인과 절차적 스크립트 파이프라인 비교

그래프 파이프라인 표현이 태스크와 태스크 사이에 대한 의존성을 직관적으로 설명하지만, 간단한 스크립트를 이용해서 위 세 단계를 선형 체인linear chain 형태로 실행할 수도 있습니다.

그래프 기반 접근 방식의 이점을 설명하기 위해 조금 더 복잡한 예를 설명하겠습니다. 다음 사용 사례에서 우산 회사의 대표가 위의 날씨 대시보드 파이프라인 예에 머신러닝machine learning, ML을 적용하여 운영 효율을 높이고자 합니다. 이를 위해 대표는 우산 판매와 날씨 변화 패턴을 상호 연관시켜, 머신러닝 모델을 만드는 데이터 파이프라인을 구현합니다. 그리고 만들어진 모델을 이용해 해당 주간 일기 예보에 따라 향후 몇 주 동안 우산의 수요가 얼마나 될지를 예측합니다(그림 1.5).

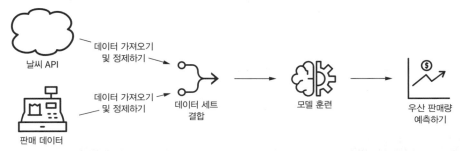

그림 1.5 **우산 판매 예측에 대한 사례는 과거의 날씨와 판매 데이터로부터, 날씨 예보 정보를 이용한 수요(판매량) 예측 모델을 개발하는 과정을 보여줍니다.**

머신러닝 모델을 훈련하기 위한 파이프라인 구축을 위해 다음 단계가 필요합니다.

1 판매 데이터 준비 과정:
- 원천 시스템에서 판매 데이터 추출
- 요구 사항에 맞게 데이터 정제 및 변환

2 날씨 데이터 준비 과정:
- API로부터 날씨 데이터 가져오기
- 요구 사항에 맞게 데이터 정제 및 변환

3 수요 예측 모델 생성을 위해 판매 및 날씨 데이터 세트를 결합하여 새로운 데이터 세트 생성

4 생성된 데이터 세트를 이용해 머신러닝 모델 훈련

5 머신러닝 모델을 배포하여 비즈니스에 사용하기

이 파이프라인은 앞에서 활용한 그래프 기반 표현 방법을 사용하여 각 태스크를 노드로 생성하고, 태스크 간의 데이터 의존성을 화살표 끝점으로 연결하여 표현할 수 있습니다.

앞의 예와 중요한 차이점은 파이프라인의 첫 번째 단계가 독립적인 태스크 두 개로 되어 있다는 것입니다. 이 두 개의 태스크(날씨/판매 데이터 가져오기 및 정제)는 서로 다른 데이터 세트를 포함하기 때문에 독립적으로 구성될 수 있습니다. 이를 파이프라인의 그래프로 표현하면 두 가지의 개별적인 태스크로 명확하게 설명할 수 있습니다(그림 1.6).

그림 1.6 **우산 수요 예측 모델 개발에 대한 그래프 데이터 파이프라인은 판매 및 날씨 데이터 가져오기/정제하기 태스크가 서로 독립적이기 때문에 별도로 태스크를 실행 후 하나의 태스크로 합쳐지게 됩니다.**

그래프에 실행 알고리즘을 적용하면 태스크를 병렬로 실행할 수 있기 때문에 가용 컴퓨팅 리소스를 더 효율적으로 활용할 수 있습니다. 그로 인해 태스크를 순차적으로 실행하는 것보다 전체 파이프라인 실행 시간을 줄일 수 있습니다.

그래프 기반 표현의 또 다른 특성은 전체 작업을 하나의 모놀리식monolithic(단일) 스크립트 또는 프로세스로 구성되는 것이 아니라 파이프라인을 작은 점진적인 태스크로 명확하게 분리할 수 있다는 것입니다. 모놀리식 스크립트가 구현 초기에는 그다지 문제가 되지 않지만, 파이프라인의 중간 태스크가 실패하면 전체 스크립트를 재실행해야 하기 때문에 비효율적입니다. 반면에 그래프 기반 표현에서는 실패한 태스크(그리고 그 이후 태스크)만 재실행하면 되므로 효율적으로 구성할 수 있습니다.

1.1.4 워크플로 매니저를 이용한 파이프라인 실행

의존성 있는 그래프 태스크 실행에 대한 어려움은 기존에도 계속 있었던 문제입니다. 과거 수년간 이 문제를 해결하기 위해 '워크플로 매니지먼트' 솔루션이 다양하게 개발되었으며, 일반적으로 태스크 그래프를 워크플로 또는 파이프라인으로 정의하고 실행합니다.

다음은 몇몇 유명한 워크플로 관리 시스템에 대한 요약본입니다.

표 1.1 잘 알려진 몇 가지 워크플로 관리자와 이들의 주요 특성에 대한 개요

이름	시작회사[a]	워크플로 정의	개발 언어	스케줄 관리	백필[1]	사용자 인터페이스[b]	플랫폼 설치	수평 확장
Airflow	Airbnb	파이썬	파이썬	예	예	예	Anywhere	예
Argo	Applatix	YAML	Go	3rd party[c]		예	Kubernetes	예
Azkaban	LinkedIn	YAML	Java	예	아니오	예	Anywhere	
Conductor	Netflix	JSON	Java	아니오		예	Anywhere	예
Luigi	Spotify	파이썬	파이썬	아니오	예	예	Anywhere	예
Make		Custom DSL	C	아니오	아니오	아니오	Anywhere	아니오
Metaflow	Netflix	파이썬	파이썬	아니오		아니오	Anywhere	예
Nifi	NSA	UI	Java	예	아니오	예	Anywhere	예
Oozie		XML	Java	예	예	예	Hadoop	예

a 일부 도구는 특정 회사의 직원에 의해 개발되었지만, 모두 오픈 소스이며 하나의 회사에 종속적이지 않습니다.
b 사용자 인터페이스의 품질과 기능은 다양합니다.
c https://github.com/bitphy/argo-cron

---

1 [옮긴이] 백필(Backfilling): 하나의 플로(Airflow에서는 DAG)를 특정 옵션(기간) 기준으로 다시 실행할 수 있는 기능을 말합니다. 태스크가 며칠 동안 실패하거나 새롭게 만든 플로를 과거의 특정 시점부터 순차적으로 실행하고 싶을 때 수행합니다.

이 워크플로 관리 도구들은 모두 장단점을 가지고 있지만, 제공하는 주요 기능은 의존성이 있는 다수 태스크가 포함된 파이프라인을 정의하고 실행하는 것입니다.

이 도구들의 주요 차이점 중 하나는 워크플로 정의 방식입니다. 예를 들어 Oozie와 같은 도구는 정적(XML) 파일을 사용하여 워크플로를 정의하기 때문에 읽기 쉽지만 유연하지 않습니다. Luigi 및 Airflow와 같은 도구는 워크플로를 코드로 정의할 수 있습니다. 이를 통해 좀 더 유연하지만, 읽기 및 테스트는 어려울 수 있습니다(워크플로를 구현하는 사람의 코딩 능력에 따라 달라짐).

그 밖에 주요 차이점은 워크플로 관리자가 제공하는 기능의 범위입니다. 예를 들어, Make 나 Luigi는 워크플로 스케줄을 위한 기본 기능을 제공하지 않습니다. 즉, 반복 스케줄로 워크플로를 실행하기 위해서는 Cron과 같은 추가 도구를 사용해야 합니다. 어떤 도구들은 스케줄 계획, 모니터링, 사용자 웹 인터페이스 등과 같은 기능들도 포함하여 제공합니다. 이는 다른 여러 도구를 직접 구현하거나 연결할 필요가 없게 합니다. 다음 절에서는 이 책의 주제인 Airflow에 대해서 좀 더 얘기하고, 데이터 지향적인 워크플로와 파이프라인에 처리에 적합한 Airflow의 주요 기능에 대해 설명합니다.

1.2 Airflow 소개

이 책은 워크플로를 개발하고 모니터링하기 위한 오픈 소스 솔루션인 Airflow에 관해 설명합니다. 이 절에서는 Airflow가 수행하는 태스크에 대한 전반적인 사항을 설명한 후 독자의 사용 사례에 적합한지 확인해 보도록 하겠습니다.

1.2.1 파이썬 코드로 유연한 파이프라인 정의

여타 워크플로 관리자와 마찬가지로 Airflow를 사용하면 파이프라인이나 워크플로 태스크를 방향성 비순환 그래프DAG로 정의할 수 있습니다. 이 그래프는 앞 절에서 검토한 예제의 그래프와 매우 유사합니다. 그래프에서 태스크는 노드로 정의하고 의존성은 태스크 노드 사이에 화살표로 표현합니다.

Airflow는 파이썬 스크립트로 DAG의 구조를 설명하고 구성합니다(DAG 파일 안에 파이썬 코드를 사용하여 DAG를 정의함). 따라서 일반적으로 각 DAG 파일은 주어진 DAG에 대한 태스크 집합과 태스크 간의 의존성을 기술하고, Airflow는 DAG 구조를 식별하기 위해 코드를 **파싱**parsing 합니다(그림 1.7). 그 외에도 DAG 파일에는 Airflow의 실행 방법과 시간 등을 정의한 몇 가지 추가 메타데이터가 포함될 수 있습니다. 다음 절에서 이 방식에 대해 자세히 살펴보겠습니다.

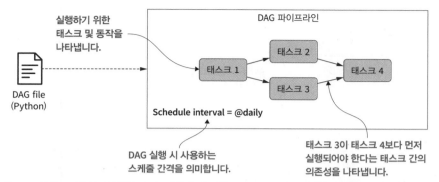

실행하기 위한
태스크 및 동작을
나타냅니다.

DAG 파이프라인

태스크 1

태스크 2

태스크 3

태스크 4

DAG file
(Python)

Schedule interval = @daily

DAG 실행 시 사용하는
스케줄 간격을 의미합니다.

태스크 3이 태스크 4보다 먼저
실행되어야 한다는 태스크 간의
의존성을 나타냅니다.

그림 1.7 **Airflow 파이프라인은 DAG 파일에 파이썬 코드로 DAG를 정의합니다. 일반적으로 각 DAG 파일은 서로 다른 태스크와 해당 의존성을 기술하는 하나의 DAG에 대해 정의합니다. 또한, Airflow가 실행되는 시기와 주기를 정의합니다.**

Airflow DAG를 파이썬 코드로 정의할 때 장점은, 프로그래밍 접근 방식이 DAG를 구성하는 데 많은 유연성을 제공할 수 있다는 것입니다. 시간이 지남에 따라 외부 데이터베이스, 빅데이터 기술 및 다양한 클라우드 서비스를 포함한 다양한 시스템에서 태스크를 실행할 수 있도록 Airflow 확장 기능이 계속 개발되고 있습니다. 결과적으로 Airflow로 여러 시스템 간에 데이터 프로세스를 결합할 수 있는 복잡한 데이터 파이프라인을 구축할 수 있게 되었습니다.

1.2.2 파이프라인 스케줄링 및 실행

DAG로 파이프라인 구조를 정의하고 나면, Airflow가 파이프라인을 언제 실행할 것인지 각각의 DAG의 실행 주기를 정의할 수 있습니다. 이를 통해 Airflow가 매시간, 매일, 매주 등 DAG를 실행하거나 Cron과 같은 표현식으로 더 복잡한 스케줄을 사용할 수 있습니다.

Airflow가 DAG를 실행하는 방법을 확인하기 위해 Airflow DAG에 대한 개발과 실행 프로세스 전체를 살펴보도록 하겠습니다. 개념적으로 Airflow는 다음 세 가지 주요 구성 요소를 가지고 있습니다(그림 1.8).

- **Airflow 스케줄러** — DAG를 분석하고 현재 시점에서 DAG의 스케줄이 지난 경우 Airflow 워커에 DAG의 태스크를 예약합니다.
- **Airflow 워커** — 예약된 태스크를 선택하고 실행합니다.
- **Airflow 웹 서버** — 스케줄러에서 분석한 DAG를 시각화하고 DAG 실행과 결과를 확인할 수 있는 주요 인터페이스를 제공합니다.

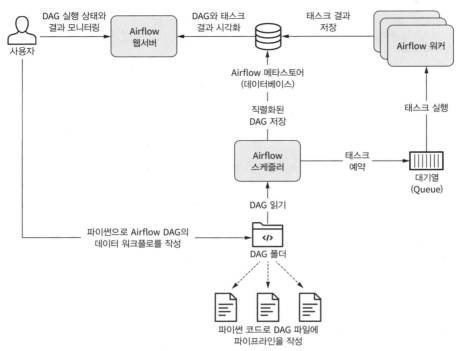

그림 1.8 **Airflow 주요 구성 요소에 대한 개요(예: Airflow 웹 서버, 스케줄러, 워커)**

Airflow의 핵심 기능은 스케줄러입니다. 파이프라인이 실행되는 시기와 방법을 결정하는 마법과 같은 일이 일어나는 곳이기 때문입니다. 개념적으로 스케줄러는 다음과 단계를 통해 작업을 진행합니다(그림 1.9).

1 사용자가 DAG 워크플로를 작성하면, 스케줄러는 DAG 파일을 분석하고 각 DAG 태스크, 의존성 및 예약 주기를 확인합니다.

2 그리고 난 후 스케줄러는 마지막 DAG까지 내용을 확인한 후 DAG의 예약 주기가 경과했는지 확인합니다. 예약 주기가 현재 시간 이전이라면 실행되도록 예약합니다.

3 예약된 각 태스크에 대해 스케줄러는 해당 태스크의 의존성(= 업스트림 태스크)을 확인합니다. 의존성 태스크가 완료되지 않았다면 실행 대기열에 추가합니다.

4 스케줄러는 1단계로 다시 돌아간 후 새로운 루프를 잠시 동안 대기합니다.

현명한 독자라면 스케줄러의 진행 단계가 1.1절에 소개된 알고리즘과 비슷한 것을 눈치챘을 것입니다. Airflow는 기본적으로 동일한 단계를 수행하며, 특정한 로직을 처리하기 위해 다른 로직을 추가하게 됩니다.

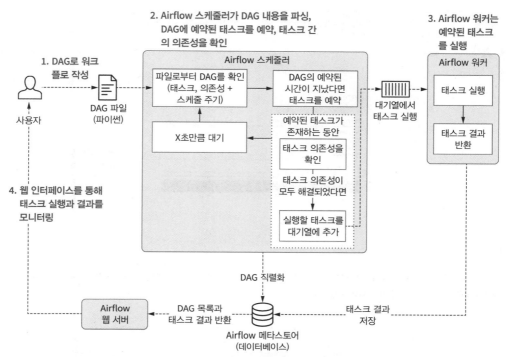

그림 1.9 Airflow를 이용해 DAG 파이프라인을 개발하고 실행하는 과정에 대한 개요

태스크가 실행 대기열에 추가되면 **Airflow** 워커의 **풀**pool의 워커가 태스크를 선택하고 실행합니다. 이때 실행은 병렬로 수행되고, 실행 결과는 지속적으로 추적됩니다. 이 과정의 모든 결과는 **Airflow**의 메타스토어로 전달되어, 사용자가 **Airflow**의 웹 인터페이스(Airflow의 웹 서버에 의해서 제공되는)를 통해 태스크 진행 상황을 추적하고 로그를 확인할 수 있습니다.

1.2.3 모니터링과 실패 처리

Airflow는 DAG의 예약과 실행 기능 이외에도, DAG를 확인하고 실행 결과에 대해 모니터링이 가능한 웹 인터페이스를 제공합니다. 로그인 후 기본 페이지에 접근하면 최근 실행 결과에 대한 요약과 다양한 DAG에 대한 내용을 확인할 수 있습니다(그림 1.11).

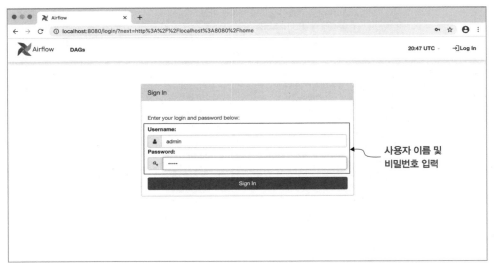

그림 1.10 **Airflow 웹 인터페이스 로그인을 위한 페이지. 이 책에서 제공하는 코드 예제의 기본 사용자 이름은 'admin'이고 비밀번호 또한 'admin'입니다.**

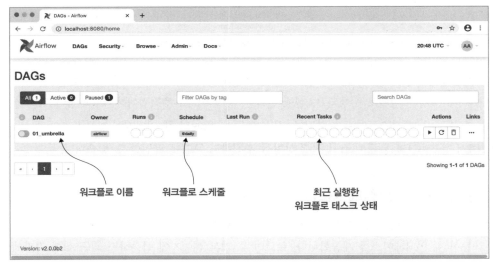

그림 1.11 **현재 사용 가능한 DAG와 최근 실행 결과에 대한 내용을 보여주는 Airflow의 웹 인터페이스의 메인 페이지**

예를 들면, 이 장의 앞부분에서 보았던 태스크의 구조적 그림과 유사하게, 개별 DAG의 태스크와 의존성에 대한 그래프 뷰Graph View 화면을 제공합니다(그림 1.12). 이 뷰는 DAG의 구조(태스크 간의 의존성에 대한 세세한 정보를 제공)와 개별 DAG에 대한 실행 결과를 확인하는 데 유용합니다.

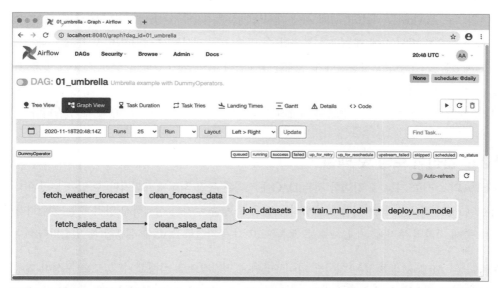

그림 1.12 Airflow 웹 인터페이스의 Graph View는 DAG의 태스크 내용과 태스크 간의 의존성을 보여준다.

Airflow는 그래프 뷰 외에도 특정 DAG에 대한 모든 실행 현황과 기록을 트리tree를 통해 확인할 수 있습니다(그림 1.13). 이를 통해 DAG가 시간 순으로 어떻게 수행되었는지 빠르게 확인할 수 있으며, 실패한 태스크에 대해서도 확인할 수 있는 좋은 기능입니다.

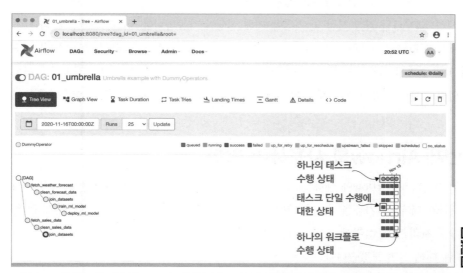

그림 1.13 Airflow의 트리 뷰tree view**는 우산 판매 모델 DAG(가장 최근 실행과 실행 기록)의 다중 실행 결과를 확인할 수 있습니다. 오른쪽 바둑판 상태 표시의 컬럼**column**은 DAG의 단일 실행 상태를 보여주고 로우**row**는 단일 DAG의 최근 실행 상태가 표시됩니다. 색상은 실행 결과를 나타냅니다. 사용자는 사각형의 상태를 클릭하면 태스크의 자세한 정보를 확인할 수 있으며 재실행이 필요하면 태스크 상태를 초기화할 수 있습니다.**

기본적으로 Airflow는 태스크 실패 시에 재시도(재실행 시간의 간격을 설정할 수도 있음) 할 수 있기 때문에 오류 발생 시에 태스크를 복구할 수 있습니다. 재시도가 실패하면 Airflow는 태스크가 실패했음을 기록하고 사용자에게 실패를 통보합니다(사용자가 알림을 설정했을 경우). 트리 뷰를 통해 실패한 태스크를 보고 로그를 확인할 수 있으므로 디버깅을 쉽게 할 수 있습니다. 또한, 트리 뷰에서 개별 태스크 결과를 삭제하고 종속된 태스크를 모두 재실행할 수 있습니다.

1.2.4 점진적 로딩 및 백필

Airflow의 스케줄 기능 중 강력한 것은 DAG에 정의된 특정 시점에 트리거할 수 있을 뿐만 아니라(예: Cron과 유사한) 최종 시점과 예상되는 다음 스케줄 주기를 상세하게 알려 주는 것입니다. 이를 통해 각각의 주기(예: 매일, 매주 등) 로 나누고 각 주기별로 DAG를 실행할 수 있습니다.[2]

이와 같은 Airflow의 특성은 데이터 파이프라인을 점진적으로 실행할 수 있도록 구성이 가능하기 때문에 효율적인 데이터 파이프라인 구축이 가능합니다. 이러한 점진적인 파이프라인에서 각 DAG는 매번 전체 데이터 세트를 다시 처리할 필요 없이 해당 시간 슬롯(델타delta 데이터)에 대한 데이터만 처리합니다. 특히 대규모 데이터 세트를 처리해야 할 경우에 기존 결과에 대한 태스크 전체를 다시 수행하는 것을 방지하여 많은 시간과 비용을 절감할 수 있습니다.

스케줄 주기가 **백필** 개념과 결합하여 스케줄 주기를 더욱 강력하게 활용할 수 있으며, 이를 통해 새로 생성한 DAG를 과거 시점 및 기간에 대해 실행이 가능합니다. 이 기능을 통해 과거 특정 기간에 대해 DAG를 실행해 새로운 데이터 세트를 손쉽게 생성(또는 **백필**)할 수 있습니다. 또한, 과거 실행 결과를 삭제한 다음, 태스크 코드를 변경한 후에 삭제된 과거 태스크를 쉽게 재실행할 수 있기 때문에 필요할 때 전체 데이터 세트를 간단하게 재구성해 처리할 수 있습니다.

1.3 언제 Airflow를 사용해야 할까

앞 절에서 간단하게 Airflow에 대해 소개해 드렸습니다. 이를 통해 독자 여러분이 Airflow에 대해 이해하고 더 많은 기능을 학습할 열의가 생겼기를 바랍니다. 내용을 더 진행하기 전에, Airflow가 독자의 업무 상황에 적합한지 확인하기 위해 Airflow를 선택한 이유(또한 적합하지 않은 경우)에 대해 살펴 보겠습니다.

---

2 현재 내용이 이해되지 않더라도 걱정하지 않아도 됩니다. 책의 뒷부분에서 좀 더 자세히 설명합니다.

1.3.1 Airflow를 선택하는 이유

앞 절에서 Airflow가 배치 지향batch-oriented 데이터 파이프라인을 구현하는 데 적합한 이유에 대해 설명하였습니다. 요약하면 다음과 같습니다.

- 파이썬 코드를 이용해 파이프라인을 구현할 수 있기 때문에 파이썬 언어에서 구현할 수 있는 대부분의 방법을 사용하여 복잡한 커스텀 파이프라인을 만들 수 있습니다.
- 파이썬 기반의 Airflow는 쉽게 확장 가능하고 다양한 시스템과 통합이 가능합니다. 실제로, Airflow 커뮤니티에는 다양한 유형의 데이터베이스, 클라우드 서비스 등과 통합할 수 있는 수많은 애드온이 존재합니다.
- 수많은 스케줄링 기법은 파이프라인을 정기적으로 실행하고 점진적(증분)incremental 처리를 통해, 전체 파이프라인을 재실행할 필요 없는 효율적인 파이프라인 구축이 가능합니다.
- 백필 기능을 사용하면 과거 데이터를 손쉽게 재처리할 수 있기 때문에 코드를 변경한 후 재생성이 필요한 데이터 재처리가 가능합니다.
- Airflow의 훌륭한 웹 인터페이스는 파이프라인 실행 결과를 모니터링할 수 있고 오류를 디버깅하기 위한 편리한 뷰를 제공합니다.

그 밖에 Airflow의 또 다른 장점은 오픈 소스라는 것입니다. 때문에 특정 벤더에 종속되지 않고 Airflow를 사용할 수 있습니다. 또한, 몇몇 회사에서는 Airflow를 설치 관리 및 실행에 대한 유연성을 제공하는 관리형managed Airflow 솔루션 또한 제공하고 있습니다(필요한 경우 기술 지원까지 제공).

1.3.2 Airflow가 적합하지 않은 경우

Airflow가 다양한 기능을 많이 가지고 있지만, 다음과 같은 사례에서는 적합하지 않을 수 있습니다.

- Airflow는 반복적이거나 배치 태스크batch-oriented task를 실행하는 기능에 초점이 맞춰져 있기 때문에, 스트리밍(실시간데이터 처리) 워크플로 및 해당 파이프라인 처리에 적합하지 않을 수 있습니다.
- 추가 및 삭제 태스크가 빈번한 동적 파이프라인의 경우에는 적합하지 않을 수 있습니다. Airflow는 동적 태스크를 구현할 수 있지만, 웹 인터페이스는 DAG의 가장 최근 실행 버전에 대한 정의만 표현해 줍니다. 따라서 Airflow는 실행되는 동안 구조가 변경되지 않은 파이프라인에 좀 더 적합합니다.

- 파이썬 언어로 DAG를 구현하기 때문에 파이썬 프로그래밍 경험이 전혀(또는 거의) 없는 팀은 적합하지 않을 수 있습니다. 이런 팀은 Azure Data Factory와 같은 그래픽 사용자 인터페이스를 가진 툴이나 다른 정적 워크플로 정의가 가능한 솔루션을 선택하는 것이 좋습니다.

- 마찬가지로, 파이썬 코드로 DAG를 작성하는 것은 파이프라인 규모가 커지면 굉장히 복잡해질 수 있습니다. 때문에 장기적으로 Airflow DAG를 유지 관리 위해서는 초기 사용 시점에서부터 엄격한 관리가 필요합니다.

마지막으로 Airflow는 워크플로 및 파이프라인 관리 플랫폼이며, (이 책을 쓰는 시점에서) 데이터 계보lineage 관리, 데이터 버전 관리와 같은 확장 기능은 제공하지 않기 때문에, 필요한 경우 언급한 기능을 제공하는 특정 도구를 Airflow와 직접 통합해야 합니다.

1.4 이후 내용

여기까지 책을 읽은 독자라면, Airflow가 무엇이고, 데이터 파이프라인을 구현하고 실행하는 데 있어서 어떻게 도움이 되는지 이해해야 합니다.

이후 내용에서는, 독자의 데이터 파이프라인을 구축하기 위해 필요한 Airflow의 기본적인 구성 요소를 소개하는 것으로 시작합니다. 초기 몇몇 장에서는 더 많은 독자의 관심을 유도하려 노력했습니다. 이들 장에서 독자에게, 기본적인 파이썬 언어 개념인 문자열 형식, 컴프리헨션comprehensions, arg/kwargs 등과 같은 것에 익숙한 파이썬 프로그래밍 중급(1년 이상) 정도 경험을 가지고 있기를 기대합니다. 이 외에도 리눅스 터미널에 대한 기본 활용법에 익숙하고, 데이터베이스(SQL 포함) 지식 및 다양한 데이터 포맷에 대해서도 기본 지식을 갖추고 있길 기대합니다.

기본적인 구성에 대해 소개 후 동적dynamic DAG를 생성, 커스텀 오퍼레이터operator 구현, 컨테이너화된 태스크 실행과 같은 Airflow 고급 기능에 대해서 자세히 살펴봅니다. 해당 장에서는 파이썬 클래스 작성, 도커 개념, 파일 포맷, 데이터 파티셔닝partitioning과 같은 기술 지식이 필요합니다. 독자가 2부를 모두 읽은 후에는 데이터 엔지니어 역할에 대한 관심이 생기길 기대합니다.

마지막으로 배포 패턴들과 모니터링, 보안, 클라우드 아키텍처 등 Airflow 배포에 대해 주로 설명합니다. 이 장들을 통해 시스템 관리자와 데브옵스 엔지니어와 같은 Airflow 배포와 관리가 궁금한 독자에게 도움이 될 것이라 생각됩니다.

요약

- 데이터 파이프라인은 방향성 비순환 그래프Directed Acyclic Graph, DAG에 태스크와 그에 대한 의존성을 정의합니다. 이 그래프는 의존성을 가지고 구성된 태스크를 병렬 처리하여 효율적으로 실행합니다.

- 수년간 태스크 그래프를 실행할 수 있는 여러 워크플로 관리 시스템이 개발되었고, 그 중 Airflow는 배치 지향 데이터 파이프라인 구현을 위해 특화된 주요 기능을 가지고 있습니다.

- Airflow는 데이터 파이프라인의 태스크를 예약하고 결과를 모니터링하는 웹 서버, 스케줄러 및 워커 프로세스라는 세 가지 주요 컴포넌트로 구성됩니다.

Airflow DAG의 구조

이 장에서는 다음을 설명합니다.

- 독자의 PC에서 Airflow 실행하기
- 첫 번째 워크플로 작성 및 실행하기
- Airflow 인터페이스에서 첫 번째 뷰 내용 검토하기
- Airflow에서 실패한 태스크 처리하기

앞 장에서 데이터 작업 분야에서 데이터와 많은 도구를 이용해 작업하는 것이 쉽지 않은 이유에 대해 학습했습니다. 이 장에서는 Airflow를 실행한 후 예제 워크플로를 통해 기본 컴포넌트를 사용해 봅니다.

워크플로가 파이썬 코드로 정의되어 있으므로 파이썬 언어에 대한 경험이 있다면, Airflow를 시작하는 데 도움이 될 수 있습니다. 하지만 파이썬 언어에 대한 경험이 없다고 해도 Airflow에 대한 기초를 학습하는 데에는 큰 장벽이 되지는 않습니다. Airflow에서 워크플로 기본 구성을 설정하고 실행하는 것은 어렵지 않습니다. 로켓 애호가 사례를 통해 Airflow를 이용하여 어떻게 해당 작업을 해결할 수 있는지 살펴보겠습니다.

2.1 다양한 소스에서 데이터 수집

로켓은 공학적 측면에서 가장 경이로운 작업 중 하나이며, 로켓 발사 소식이 들리면 전 세계가 주목합니다. 이 장에서는 모든 로켓 발사에 관심이 있어서 이를 추적하고자 하는 로켓 애호가 John의 일상을 예로 소개합니다. 로켓 발사에 대한 소식은 John이 모니터링하는 많은 뉴스를 통해 찾을 수 있으며, John은 이 모든 로켓에 대한 뉴스를 한곳에 수집하길 원합니다. 최근에 John은 모든 로켓 발사에 대한 정보를 자동으로 수집하여 최신의 로켓 발사에 대해 간파할 수 있도록 하는 프로그램을 작성하고자 합니다. 우선 간단하게 시작하기 위해 로켓 이미지를 수집하기로 했습니다.

2.1.1 데이터 탐색

데이터 수집을 위해, 다양한 자료로부터 과거 및 예정된 로켓 발사 데이터를 수집하는 온라인 저장소인 Launch Library 2(https://thespacedevs.com/llapi)를 사용합니다. Launch Library 2는 누구나 사용할 수 있는 오픈 API입니다(단, 하루 요청 수 제한).

John은 곧 있을 로켓 발사에만 관심이 있습니다. Launch Library 2는 해당 정보만 제공하는 다음과 같은 API가 있습니다.

- https://ll.thespacedevs.com/2.0.0/launch/upcoming

해당 URL은 예정되어 있는 10개의 로켓 발사에 대한 데이터와 로켓 이미지에 대한 URL을 제공합니다.

다음은 이 URL이 반환하는 데이터의 일부입니다.

리스트 2.1 **Launch Library API에 대한 curl 요청 및 응답 예제**

```
$ curl -L "https://ll.thespacedevs.com/2.0.0/launch/upcoming"  ◄─── 커맨드라인에서 curl을
{   ◄─── 결괏값은 JSON 도큐먼트로 되어 있습니다.                              사용하여 URL 결괏값을
    ...                                                                  검사합니다.
    "results": [  ◄─── [대괄호는 결괏값의 리스트를 나타냅니다.
        {  ◄─── 중괄호 안의 값은 로켓 발사 1회 내용을 나타냅니다.
            "id": "528b72ff-e47e-46a3-b7ad-23b2ffcec2f2",
            "url": "https://.../528b72ff-e47e-46a3-b7ad-23b2ffcec2f2/",
            "launch_library_id": 2103,
            "name": "Falcon 9 Block 5 | NROL-108               로켓 ID와 로켓 발사 시작 및
            "net": "2020-12-19T14:00:00Z",                    종료 시간과 같은 정보가 표시
            "window_end": "2020-12-19T17:00:00Z",             됩니다.
            "window_start": "2020-12-19T14:00:00Z",
        ➥ "image": "https://spacelaunchnow-prodeast.nyc3.digitaloceanspaces.com/
```

```
            media/launch_images/falcon2520925_image_20201217060406.jpeg", ◄─── 로켓 이미지에 대한
            "infographic": ".../falcon2520925_infographic_20201217162942.png",     URL입니다.
    ...
    },
    {
            "id": "57c418cc-97ae-4d8e-b806-bb0e0345217f",
            "url": "https://.../57c418cc-97ae-4d8e-b806-bb0e0345217f/",
            "launch_library_id": null, "name": "Long March 8 | XJY-7 & others",
            "net": "2020-12-22T04:29:00Z",
            "window_end": "2020-12-22T05:03:00Z",
            "window_start": "2020-12-22T04:29:00Z",
            "image": "https://.../long2520march_image_20201216110501.jpeg",
            "infographic": null,
    ...
    },
    ...
    ]
}
```

데이터는 JSON 형식으로 되어 있으며, 로켓의 ID, 이름, 이미지 URL과 같은 로켓 발사 정보를 제공합니다. 이 정보가 바로 John에게 필요한 데이터입니다. 그리고 다음 작업은 로켓 발사 이미지를 수집하는 것입니다(예: 수집된 이미지를 화면 보호기 경로에 저장하기).

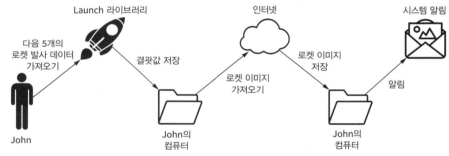

그림 2.1 **John의 로켓 이미지 다운로드 심성 모형**mental model[1]

그림 2.1를 바탕으로, 작업 마지막에 John이 목표한 것처럼 Ariane 5 ECA 로켓의 이미지가 저장되는 것을 확인할 수 있습니다.

---

1 [올긴이] IT 분야에서 심성 모형은 정의된 범위 안에서 특별한 목적을 달성하기 위해 생각과 행동을 다이어그램으로 표현하는 것을 말합니다.

그림 2.2 **Ariane 5 ECA 로켓 사진**

2.2 첫 번째 Airflow DAG 작성

John의 사례를 통해서 적절한 범위를 확인했고 이를 어떻게 프로그래밍할지 확인해 보겠습니다. 사실, Bash-fu[2]를 이용하면 간단하게 한 줄로 해결할 수 있습니다. 그럼, 왜 여기서 Airflow가 필요할까요?

Airflow의 장점은 하나 이상의 단계로 구성된 대규모 작업을 개별 태스크로 분할하고 DAGDirected Acyclic Graph로 형성할 수 있다는 것입니다. 다중 태스크를 병렬로 실행할 수 있고 서로 다른 기술을 사용할 수 있습니다. 예를 들어, 처음 태스크는 bash 스크립트로 실행할 수 있고 다음 태스크는 파이썬 스크립트로 실행할 수 있습니다. Airflow에서 John의 심성 모형 워크플로를 다음 그림과 같이 세 가지 논리적인 태스크로 분류할 수 있습니다.

2 　[옮긴이] Bash 고급 스킬을 말합니다.

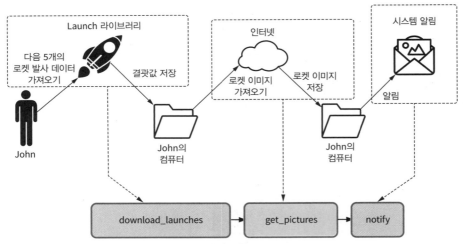

그림 2.3 Airflow의 태스크에 매핑된 John의 심성 모형

이 세 가지 태스크로 정리하는 이유는 무엇일까요? 왜 하나의 태스크로 사진을 다운로드하지 않을까요? 또는 John의 모델에는 화살표가 5개가 있는데, 5개의 태스크로 나누는 것은 어떨까요? 이런 질문은 워크플로를 개발하는 동안 생기는 올바른 의문점이며, 태스크를 나누는 방법에는 정답이나 오답이 없습니다. 다만 옳고 그름을 판단하기 위한 몇 가지 고려사항이 있으며, 다양한 사례를 이 책을 통해 확인합니다. 그림 2.3의 워크플로 코드는 다음과 같습니다.

리스트 2.2 로켓 발사 데이터 다운로드 및 처리를 위한 DAG

```
import json
import pathlib

import airflow
import requests
import requests.exceptions as requests_exceptions
from airflow import DAG
from airflow.operators.bash import BashOperator
from airflow.operators.python import PythonOperator

dag=DAG(          ◀─┤ 객체의 인스턴스 생성(구체화) - 모든 워크플로의 시작점입니다.
    dag_id="download_rocket_launches",   ◀─┤ DAG 이름
    start_date=airflow.utils.dates.days_ago(14),   ◀─┤ DAG 처음 실행 시작 날짜
    schedule_interval=None,   ◀─┤ DAG 실행 간격
)

download_launches=BashOperator(   ◀─┤ BashOperator를 이용해 curl로 URL 결괏값 다운로드
    task_id="download_launches",   ◀─┤ 태스크 이름
    bash_command="curl -o /tmp/launches.json -L
        'https://ll.thespacedevs.com/2.0.0/launch/upcoming'", dag=dag,
)
```

```python
def _get_pictures():  ◀─┤ 파이썬 함수는 결괏값을 파싱하고 모든 로켓 사진을 다운로드
    # 경로가 존재하는지 확인
    pathlib.Path("/tmp/images").mkdir(parents=True, exist_ok=True)

    # launches.json 파일에 있는 모든 그림 파일을 다운로드
    with open("/tmp/launches.json") as f:
        launches=json.load(f)
        image_urls=[launch["image"] for launch in launches["results"]]
        for image_url in image_urls:
            try:
                response=requests.get(image_url)
                image_filename=image_url.split("/")[-1]
                target_file=f"/tmp/images/{image_filename}"
                with open(target_file, "wb") as f:
                    f.write(response.content)
                print(f"Downloaded {image_url} to {target_file}")
            except requests_exceptions.MissingSchema:
                print(f"{image_url} appears to be an invalid URL.")
            except requests_exceptions.ConnectionError:
                print(f"Could not connect to {image_url}.")
get_pictures=PythonOperator(  ◀─────────┐
    task_id="get_pictures",             │ DAG에서 PythonOperator를 사용하여 파이썬 함수 호출
    python_callable=_get_pictures,  ◀───┘
    dag=dag,
)

notify=BashOperator(
    task_id="notify",
    bash_command='echo "There are now $(ls /tmp/images/ | wc -l) images."',
    dag=dag,
)

download_launches >> get_pictures >> notify  ◀─┤ 태스크 실행 순서 설정
```

그럼, 워크플로를 분석해 보겠습니다. DAG는 모든 워크플로의 시작점입니다. 워크플로 내의 모든 태스크는 DAG 개체를 참조하므로 Airflow는 어떤 태스크가 어떤 DAG에 속하는지 확인할 수 있습니다.

리스트 2.3 DAG 객체 인스턴스 생성

```python
dag=DAG(  ◀─┤ DAG 클래스는 두 개의 인수가 필요
    dag_id="download_rocket_launches",  ◀─┤ Airflow UI에 표시되는 DAG 이름
    start_date=airflow.utils.dates.days_ago(14),  ◀─┤ 워크플로가 처음 실행되는 날짜/시간
    schedule_interval=None,
)
```

dag(소문자)는 DAG(대문자) 클래스를 구체화한 인스턴스의 이름입니다. 인스턴스 이름은 임의로 지정하면 됩니다. 예를 들어 rocket_dag 또는 whatever_name_you_like로 지정할 수 있습

니다. 모든 오퍼레이터는 변수(소문자 dag)를 참조하여 인스턴스가 어떤 DAG에 속한 것인지 Airflow에게 알려 줍니다.

또한 schedule_interval을 None으로 설정했습니다. 이 설정은 DAG가 자동으로 실행되지 않음을 의미합니다. 우선, Airflow UI를 통해 수동으로 실행합니다. 2.4절에서 예약으로 실행하는 방법을 확인합니다.

다음은 Airflow 워크플로 스크립트 하나 또는 다수의 오퍼레이터를 포함하는 스크립트를 구성해 봅니다. 리스트 2.4에서 BashOperator로 bash 커맨드를 실행합니다.

리스트 2.4 배시 커맨드를 실행하기 위해 BashOperator 객체 인스턴스 생성

```
download_launches=BashOperator(
    task_id="download_launches",  ◄──┤ 태스크 이름
    bash_command="curl -o /tmp/launches.json
        'https://ll.thespacedevs.com/2.0.0/launch/upcoming'",  ◄──┤ 실행할 배시 커맨드
    dag=dag,  ◄──┤ DAG 변수에 대한 참조
)
```

각 오퍼레이터는 하나의 태스크를 수행하고 여러 개의 오퍼레이터가 Airflow의 워크플로 또는 DAG를 구성합니다. 오퍼레이터는 서로 독립적으로 실행할 수 있지만, 순서를 정의해 실행할 수도 있습니다. Airflow에서는 이를 **의존성**dependency이라고 합니다. 사진을 저장하는 디렉터리 위치에 대한 정보가 없는 상태에서 사진을 다운로드하면, John의 워크플로는 정상 동작하지 않을 것입니다. 태스크를 순서대로 실행되도록 하기 위해서는, 다음과 같이 태스크 간의 의존성을 설정합니다.

리스트 2.5 태스크 실행 순서 정의

```
download_launches >> get_pictures >> notify  ◄──┤ 화살표(>>)는 태스크 실행 순서를 설정
```

Airflow에서 **오른쪽 시프트 연산자**binary right shift operator, 즉 "rshift"(>>)를 사용하여 태스크 간의 의존성을 정의합니다.

 파이썬에서 rshift 연산자(>>)는 비트를 이동하는 데 사용되며, 이는 암호화 라이브러리에서 일반적으로 사용하는 연산자입니다. Airflow에서는 rshift 연산자가 태스크 간의 의존성을 정의하는 기호로 재정의합니다(Airflow에서는 비트 연산자를 사용할 일이 없음).

이를 통해, download_launches가 성공적으로 완료된 후에만 get_pictures 태스크가 실행되고 get_pictures가 성공적으로 완료된 후에만 notify 태스크가 실행됩니다.

2.2.1 태스크와 오퍼레이터 차이점

그렇다면 태스크와 오퍼레이터의 차이점이 무엇일까요? 물론, 둘 다 코드로 실행합니다. Airflow 에서 **오퍼레이터**operator는 단일 작업 수행 역할을 합니다. 몇몇 오퍼레이터는 BashOperator (배시 스크립트를 실행하는 데 사용됨) 및 PythonOperator(파이썬 함수를 실행하는 데 사용됨) 와 같이 일반적인 작업을 수행하며, EmailOperator(이메일 발송에 사용됨) 또는 Simple HTTPOperator(HTTP 엔드포인트 호출)와 같이 좀 더 특수한 목적을 위해 사용됩니다. 모두 단 일 작업을 수행합니다.

DAG는 오퍼레이터 집합에 대한 실행을 오케스트레이션orchestration(조정, 조율)하는 역할을 합 니다. 여기에는 오퍼레이터의 시작과 정지, 오퍼레이터가 완료되면 연속된 다음 태스크의 시 작, 그리고 오퍼레이터 간의 의존성 보장이 포함됩니다.

이 책과 Airflow 문서(https://airflow.apache.org) 전반에 걸쳐 **오퍼레이터**와 **태스크**task라는 용어 를 같은 의미로 사용하고 있습니다. 사용자 관점에서 모두 같은 의미이며, 종종 두 용어를 혼 용해서 사용합니다. 오퍼레이터는 단일 작업을 수행할 수 있는 기능을 제공합니다. Airflow 는 BaseOperator와 BaseOperator로부터 상속된 PythonOperator, EmailOperator, OracleOperator와 같이 다양한 서브 클래스를 제공합니다.

하지만 두 가지 용어에 차이점이 있습니다. Airflow에서 태스크는 작업의 올바른 실행을 보장 하기 위한 오퍼레이터의 '래퍼wrapper' 또는 '매니저manager'로 생각해 볼 수 있습니다. 사용자는 오퍼레이터를 활용해 수행할 작업에 집중할 수 있으며, Airflow는 태스크를 통해 작업을 올바 르게 실행할 수 있습니다.

그림 2.4 **DAG와 오퍼레이터는 Airflow 사용자가 이용합니다. 태스크는 오퍼레이터의 상태를 관리하고 사용자에게 상태 변경(예: 시작/완료)을 표시하는 Airflow의 내장 컴포넌트입니다.**

2.2.2 임의 파이썬 코드 실행

예정된 로켓 발사 데이터를 가져오는 작업은 배시bash에서 BashOperator를 이용해 컬 커맨드 curl command 하나로 쉽게 수행할 수 있습니다. 하지만 JSON 결괏값을 파싱하고 이미지 URL을 선택한 후 각 이미지를 다운로드하기 위해서는 좀 더 노력이 필요합니다. 이 작업이 배시에서는 한 줄로 가능하지만, 다른 프로그램 언어 또는 파이썬 코드 몇 줄로 더 쉽고 가독성이 높아지도록 만들 수 있습니다. Airflow 코드는 파이썬으로 정의되어 있기 때문에 워크플로와 실행로직을 동일한 스크립트로 관리하는 것이 편리합니다. 로켓 사진을 다운로드하기 위해 다음과 같이 구현합니다.

리스트 2.6 **PythonOperator를 사용한 파이썬 함수 실행**

```
def _get_pictures():  ◀──┤ 호출할 파이썬 함수
    # 디렉터리 확인
    pathlib.Path("/tmp/images").mkdir(parents=True, exist_ok=True)  ◀──┤ 경로가 없으면
                                                                          디렉터리 생성
    # Download all pictures in launches.json
    with open("/tmp/launches.json") as f:  ◀──┤ 이전 단계의 태스크 결과 확인
        launches=json.load(f)
        image_urls=[launch["image"] for launch in launches["results"]]
        for image_url in image_urls:
            try:
                response=requests.get(image_url)  ◀──┤ 각각의 이미지 다운로드
                image.image_filename=image_url.split("/")[-1]
                target_file=f"/tmp/images/{image_filename}"
                with open(target_file, "wb") as f:
                    f.write(response.content)  ◀──┤ 각각의 이미지 저장
                print(f"Downloaded {image_url} to {target_file}")  ◀──┤ Airflow 로그에
            except requests_exceptions.MissingSchema:                    저장하기 위해
                print(f"{image_url} appears to be an invalid URL.")      stdout으로 출력
            except requests_exceptions.ConnectionError:
                print(f"Could not connect to {image_url}.")

get_pictures=PythonOperator(  ◀──┤ 파이썬 함수 호출을 위해 PythonOperator 구체화
    task_id="get_pictures",
    python_callable=_get_pictures,  ◀──┤ 실행할 파이썬 함수를 지정
    dag=dag,
)
```

Airflow의 PythonOperator는 파이썬 코드 실행을 담당합니다. 앞에서 사용된 BashOperator와 마찬가지로 모든 오퍼레이터에는 task_id가 필요합니다. task_id는 태스크 실행 시에 참조되며, Airflow UI에도 표시됩니다. PythonOperator의 사용 시 다음 두 가지 사항을 항상 적용해야 합니다.

1 오퍼레이터 자신(get_pictures)을 정의해야 합니다.

2 python_callable은 인수에 호출이 가능한 일반 함수(_get_pictures)를 가리킵니다.

오퍼레이터를 실행하면 파이썬 함수가 호출하고 함수를 실행합니다. 좀 더 자세히 살펴보면, PythonOperator의 기본 사용법은 다음과 같습니다.

```
def _get_pictures():
    여기서 작업 실행…              PythonOperator callable

get_pictures = PythonOperator(
    task_id="get_pictures",
    python_callable =_get_pictures,     PythonOperator
    dag=dag
)
```

그림 2.5 PythonOperator에서 python_callable 인수는 실행할 함수를 가리킴

꼭 필요한 것은 아니지만, 편의를 위해 변수 이름을 get_picures와 task_id를 동일하게 합니다.

리스트 2.7 저장 디렉터리가 있는지 확인(없는 경우 생성)

```
# 디렉터리가 있는지 확인
pathlib.Path ("/tmp/images").mkdir(parent=True, exist_ok=True)
```

1단계에서 리스트 2.7과 같이 이미지가 저장될 디렉터리 존재 여부를 확인합니다. 그 다음으로 Launch Library API의 다운로드 결과를 확인하고 모든 로켓 발사 이미지 URL을 추출합니다.

리스트 2.8 로켓 발사에 대한 이미지 URL 추출

```
with open("/tmp/launches.json") as f:        로켓 발사 JSON 파일 열기
    launches=json.load(f)                    데이터를 섞을 수 있도록 딕셔너리로 읽기
    image_urls=[launch["image"] for launch in launches["results"]]
```
모든 발사에 대한 'image'의 URL 값 읽기

각각의 이미지 URL을 호출해 다운로드 한 후 /tmp/images에 저장합니다.

리스트 2.9 반환된 이미지 URL에서 모든 이미지 다운로드

```
for image_url in image_urls:           모든 이미지 URL을 얻기 위한 루프
    try:                          이미지 가져오기
        response=requests.get(image_url)
        image_filename=image_url.split("/")[-1]
        target_file=f"/tmp/images/{image_filename}"     타겟 파일 저장 경로 구성
        with open(target_file, "wb") as f:           타겟 파일 핸들 열기
            f.write(response.content)            파일 경로에 이미지 쓰기
        print(f"Downloaded {image_url} to {target_file}")    결과 출력
    except requests_exceptions.MissingSchema:
        print(f"{image_url} appears to be an invalid URL.")
    except requests_exceptions.ConnectionError:          잠재적인 에러 포착 및 처리
        print(f"Could not connect to {image_url}.")
```
마지막 파일 이름만 가져옵니다. 예: https://host/RocketImages/Electron.jpg_1440.jpg → Electron.jpg_1440.jpg

2.3 Airflow에서 DAG 실행하기

이제 기본적인 로켓 발사를 위한 DAG를 생성했습니다. 이제 DAG를 실행하고 Airflow UI에서 조회해 보겠습니다. Airflow는 ① 스케줄러, ② 웹 서버 및 ③ 데이터베이스의 세 가지 핵심 컴포넌트로 구성됩니다. Airflow를 시작하고 실행하기 위해, 파이썬 환경에서 설치하거나 도커 컨테이너를 구동해 사용합니다.

2.3.1 파이썬 환경에서 Airflow 실행

PyPi를 통해 파이썬 패키지인 Airflow를 설치하고 실행하기 위해서 다음을 수행합니다.

```
pip install apache-airflow
```

airflow가 아닌 apache-airflow를 설치해야 함에 주의하십시오. Airflow가 2016년 아파치 재단에 가입하면서, Pypi의 airflow 저장소가 apache-airflow로 이름이 변경되었습니다. 여전히 많은 사람이 airflow로 설치하고 있기 때문에 해당 리포지터리를 여전히 유지하고 있지만, 올바른 리포지터리를 알리기 위한 용도로 활용하고 있습니다.

일부 운영체제는 파이썬을 기본으로 제공합니다. 시스템 환경에서 pip install apache-airflow를 실행하는 것만으로 Airflow를 설치할 수 있습니다. 파이썬 프로젝트를 작업할 때에는 각 프로젝트를 특정 파이썬 환경을 유지하고 재사용할 수 있도록 패키징하여, 종속성에 대한 충돌을 예방하는 것 좋습니다. 이러한 환경은 다음 도구로 생성 가능합니다.

- **pyenv**: https://github.com/pyenv/pyenv
- **Conda**: https://docs.conda.io
- **virtualenv**: https://virtualenv.pypa.io

Airflow를 설치한 후 메타스토어(모든 Airflow 상태를 저장하는 데이터베이스)를 초기화하고, 사용자를 만들고, 로켓 발사 DAG를 DAG 디렉터리에 복사한 후 스케줄러와 웹 서버를 시작합니다.

```
1 airflow db init
2 airflow users create --username admin --password admin --firstname
  Anonymous --lastname Admin --role Admin --email addmin@example.org
3 cp download_rocket_launches.py ~/airflow/dags/
```

```
4  airflow webserver
5  airflow scheduler
```

스케줄러와 웹 서버는 모두 터미널에서 실행되는 프로세스이므로, `airflow webserver` 백그라운드에서 실행하거나 별도의 터미널 창을 열어 스케줄러와 웹 서버를 실행해 두어야 합니다. 설정 후 브라우저에서 http://localhost:8080으로 이동하고 사용자 이름을 'admin'과 암호를 'admin'으로 입력하여 로그인합니다.

2.3.2 도커 컨테이너에서 Airflow 실행하기

도커 컨테이너는 파이썬 패키지를 설정하고 라이브러리의 충돌을 방지할 수 있도록, 재사용 격리 환경을 생성해 줄 수 있는 인기있는 도구입니다. pyenv 등을 이용한 파이썬 환경 구성은 파이썬 실행 수준에서 실행 환경을 격리하지만, 도커 컨테이너는 운영체제 수준에서 격리된 환경을 제공합니다. 결과적으로 파이썬 패키지 세트뿐만 아니라 데이터베이스 드라이버, GCC 컴파일러 등의 의존성을 포함하여 도커 컨테이너를 생성할 수 있습니다. 이 책 전반에서 몇 가지 예제를 통해 도커 컨테이너에서 실행되는 Airflow를 보여 줍니다.

도커 컨테이너를 실행하기 위해서는 도커 엔진을 컴퓨터에 설치해야 합니다. 그리고 나서 다음 명령어를 사용해 Airflow를 실행할 수 있습니다.

리스트 2.10 도커에서 Airflow 실행하기

```
docker run -it \
    -p 8080:8080 \ ◀───┤ 호스트에 8080 포트 개방
    -v /path/to/dag/download_rocket_launches.py:/opt/airflow/dags/    컨테이너에
download_rocket_launches.py \                                         DAG 파일 마운트
    --entrypoint=/bin/bash \
    --name airflow \
    apache/airflow:2.0.0-Python3.8 \ ◀───┤ Airflow 도커 이미지
    -c '( \
        airflow db init && \ ◀───┤ 컨테이너에서 메타스토어 초기화
        airflow users create \
            --username admin \
            --password admin \
            --firstname Anonymous \     사용자 만들기
            --lastname Admin \
            --role Admin \
            --email admin@example.org \
    ); \
airflow webserver & \ ◀───┤ 웹 서버 시작
airflow scheduler \ ◀───┤ 스케줄러 시작
'
```

도커에 대해 잘 알고 있다면, 리스트 2.10와 같이 하나의 도커 컨테이너 안에 여러 프로세스를 실행하는 것은 문제가 있다고 생각할 수 있습니다. 여기서는 예제를 간단하게 설명하기 위한 데모 환경입니다. 10장에서 Airflow 웹 서버, 스케줄러와 메타스토어(metastore)를 별도의 컨테이너에서 실행하는 프로덕션 상의 설정 방법을 자세히 설명합니다.

Airflow 도커 이미지 apache/airflow를 다운로드하고 실행합니다. 실행 후 http://localhost:8080으로 Airflow를 브라우징하고 사용자 이름과 비밀번호에 'admin' 입력 후 로그인합니다.

2.3.3 Airflow UI 둘러보기

Airflow http://localhost:8080에서 볼 수 있는 최초 로그인 화면입니다.

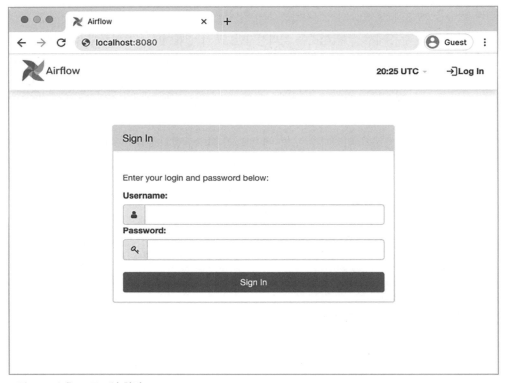

그림 2.6 **Airflow 로그인 화면**

로그인 후 download_rocket_launches DAG를 확인할 수 있습니다.

이 화면이 Airflow의 첫 화면입니다. 현재 확인할 수 있는 DAG는 DAG 디렉터리의 download_rocket_launches뿐입니다. 메인 뷰에 많은 정보가 있지만 우선, download_rocket_launches DAG를 살펴보겠습니다. DAG 이름을 클릭하면 그래프 뷰 화면을 확인할 수 있습니다.

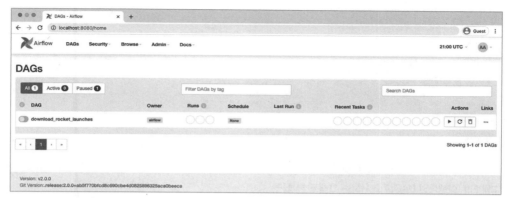

그림 2.7 Airflow 홈 화면

그림 2.8 Airflow의 그래프 뷰 화면

이 화면에서는 Airflow에서 제공하는 DAG 스크립트의 구조를 보여줍니다. 스크립트가 DAG 디렉터리에 위치하면 Airflow는 스크립트를 읽고 DAG를 구성하는 비트와 조각들을 꺼내어 UI에 시각화 합니다. 그래프 뷰에는 DAG의 구조와 모든 태스크 실행 순서와 실행 방법을 연결해 보여줍니다. 이 화면은 워크플로를 개발하는 동안 가장 많이 사용되는 화면 중 하나입니다.

상태 범례state legend는 실행 시에 볼 수 있는 모든 상태 색상을 표시해 줍니다. 따라서 이 상태 범례를 보고 DAG의 상태를 확인하고 실행할 수 있습니다. 먼저 DAG를 실행하려면 'On' 상태여야 합니다. 해당 DAG 이름 옆에 있는 버튼을 토글toggle합니다. 그 다음으로 '재생 버튼(▶)'을 눌러 실행합니다.

그림 2.9 실행중인 DAG를 표시하는 그래프 뷰 화면

DAG 트리거를 하면 실행이 시작되고 색상으로 표시된 워크플로의 현재 상태를 확인할 수 있습니다. 태스크 간에 의존성이 설정되어 있기 때문에 연속적인 다음 태스크는 이전 태스크가 완료된 후에만 실행됩니다. 이제 'notify' 태스크를 통해 결과를 확인해 봅니다. 실제 구현 시에 독자 여러분은 이메일이나 슬랙 알림을 통해서 새로 다운로드한 이미지 정보를 확인할 수 있습니다. 여기에서는 단순하게 다운로드된 이미지 개수를 출력하겠습니다. 로그를 확인해 봅시다.

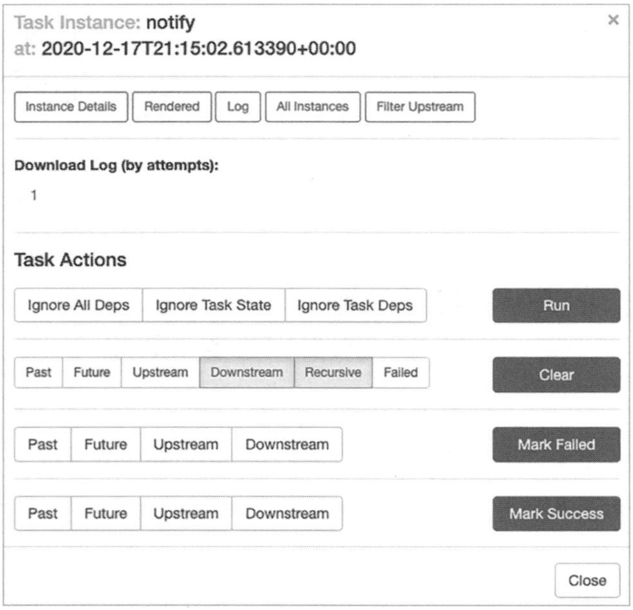

Airflow는 모든 태스크의 로그를 수집하기 때문에 결과나 실패에 대한 문제를 확인할 수 있습니다. 완료된 'notify' 태스크를 클릭하면 몇 가지 옵션이 팝업됩니다.

그림 2.11처럼 로그를 확인하려면 상단 가운데의 'Log' 버튼을 클릭하십시오.

그림 2.10 팝업된 태스크 옵션

```
*** Reading local file: /opt/airflow/logs/download_rocket_launches/notify/2020-12-17T21:15:02.613390+00:00/1.log
[2020-12-17 21:15:30,917] {taskinstance.py:826} INFO - Dependencies all met for <TaskInstance: download_rocket_launches.notify 2020-12-17T2
[2020-12-17 21:15:30,923] {taskinstance.py:826} INFO - Dependencies all met for <TaskInstance: download_rocket_launches.notify 2020-12-17T2
[2020-12-17 21:15:30,923] {taskinstance.py:1017} INFO -
--------------------------------------------------------------------------------
[2020-12-17 21:15:30,923] {taskinstance.py:1018} INFO - Starting attempt 1 of 1
[2020-12-17 21:15:30,923] {taskinstance.py:1019} INFO -
--------------------------------------------------------------------------------
[2020-12-17 21:15:30,931] {taskinstance.py:1038} INFO - Executing <Task(BashOperator): notify> on 2020-12-17T21:15:02.613390+00:00
[2020-12-17 21:15:30,933] {standard_task_runner.py:51} INFO - Started process 1483 to run task
[2020-12-17 21:15:30,937] {standard_task_runner.py:75} INFO - Running: ['airflow', 'tasks', 'run', 'download_rocket_launches', 'notify', '2
[2020-12-17 21:15:30,938] {standard_task_runner.py:76} INFO - Job 6: Subtask notify
[2020-12-17 21:15:30,969] {logging_mixin.py:103} INFO - Running <TaskInstance: download_rocket_launches.notify 2020-12-17T21:15:02.613390+0
[2020-12-17 21:15:30,993] {taskinstance.py:1230} INFO - Exporting the following env vars:
AIRFLOW_CTX_DAG_OWNER=airflow
AIRFLOW_CTX_DAG_ID=download_rocket_launches
AIRFLOW_CTX_TASK_ID=notify
AIRFLOW_CTX_EXECUTION_DATE=2020-12-17T21:15:02.613390+00:00
AIRFLOW_CTX_DAG_RUN_ID=manual__2020-12-17T21:15:02.613390+00:00
[2020-12-17 21:15:30,994] {bash.py:135} INFO - Tmp dir root location:
 /tmp
[2020-12-17 21:15:30,994] {bash.py:158} INFO - Running command: echo "There are now $(ls /tmp/images/ | wc -l) images."
[2020-12-17 21:15:31,002] {bash.py:169} INFO - Output:
[2020-12-17 21:15:31,006] {bash.py:173} INFO - There are now 2 images.
[2020-12-17 21:15:31,006] {bash.py:177} INFO - Command exited with return code 0
[2020-12-17 21:15:31,021] {taskinstance.py:1135} INFO - Marking task as SUCCESS. dag_id=download_rocket_launches, task_id=notify, execution
[2020-12-17 21:15:31,037] {taskinstance.py:1195} INFO - 0 downstream tasks scheduled from follow-on schedule check
[2020-12-17 21:15:31,070] {local_task_job.py:118} INFO - Task exited with return code 0
```

그림 2.11 로그에 표시된 출력 구문

기본적으로 로그는 매우 상세하지만, 위 그림에서는 다운로드된 이미지 수만 표시합니다. 마지막으로 /tmp/images 디렉터리를 열면 다운로드한 이미지들을 볼 수 있습니다. 도커에서 Airflow를 실행 시에 위 디렉터리는 호스트 시스템(독자의 컴퓨터)이 아닌 도커 컨테이너 내부에 위치합니다. 따라서 먼저 도커 컨테이너로 들어갑니다.

```
docker exec -it airflow /bin/bash
```

그리고 난 후, 컨테이너 배시 터미널에서 /tmp/images 디렉터리의 이미지를 확인할 수 있습니다.

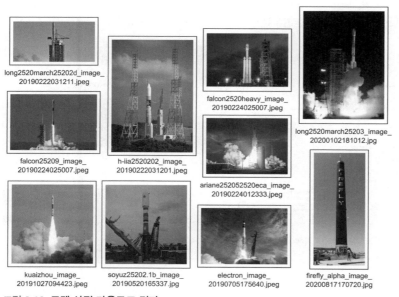

그림 2.12 로켓 사진 다운로드 결과

2.4 스케줄 간격으로 실행하기

로켓 애호가인 John은 이제 필요할 때 트리거trigger하여 최신 사진을 수집할 수 있는 Airflow 워크플로를 실행할 수 있습니다. 이전에 사용했던 커맨드 스크립트보다 Airflow UI에서 워크플로 상태를 확인할 수 있습니다. 하지만 여전히 주기적으로 직접 트리거를 해야만 자동화된 워크플로를 실행할 수 있습니다. 누구도 컴퓨터가 잘 할 수 있는 작업을 반복해서 하고 싶어 하는 사람은 없습니다.

Airflow에서는 DAG를 일정 시간 간격으로 실행할 수 있도록 스케줄 설정이 가능합니다(예를 들어 시간, 일 또는 월마다 한번 수행). DAG에서 schedule_interval의 인수를 설정하면 됩니다.

리스트 2.11 **하루에 한 번 DAG 실행하기**

```
dag=DAG(
    dag_id="download_rocket_launches",
    start_date=airflow.utils.dates.days_ago(14),
    schedule_interval="@daily",   ◀── Airflow에서 자정을 나타내는
)                                      00 * * *으로 대체
```

schedule_interval을 '@daily'로 설정하면, Airflow가 워크플로를 하루에 한 번 실행하기 때문에 John이 하루에 한 번 직접 트리거할 필요가 없습니다. 이 동작은 그림 2.13과 같이 트리 뷰에서 확인할 수 있습니다.

트리 뷰는 그래프 뷰와 유사하지만 시간 경과에 따라 실행되는 그래프 구조를 표시합니다. 여기에서 단일 워크플로의 모든 실행 상태에 대한 개요를 볼 수 있습니다(그림 2.14 참고).

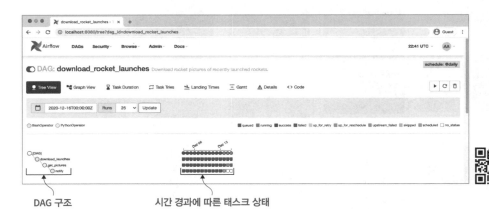

그림 2.13 **Airflow 트리 뷰 화면**

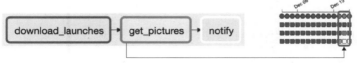

그림 2.14 **그래프 뷰와 트리 뷰의 관계**

DAG의 구조는 특정 DAG의 특정 상태를 '행과 열rows and columns' 레이아웃에 맞게 표시됩니다, 여기서 컬럼은 특정 시간에 단일 실행에 대한 상태를 나타냅니다.

schedule_interval을 '@daily'로 설정하면 Airflow는 이 DAG를 하루에 한 번 실행해야 한다는 것을 인지합니다. start_date가 14일 전 날짜로 DAG에 주어졌다면 14일 전부터 현재까지 시간을 1일의 간격으로 나누면 14가 됩니다. 이 14개 간격의 시작 및 종료 시간이 모두 현재 시간보다 과거에 있기 때문에, Airflow에 schedule_interval을 설정하면 DAG를 실행하게 됩니다. 스케줄 간격에 대한 개념과 자세한 사항은 3장에서 설명합니다.

2.5 실패한 태스크에 대한 처리

지금까지 Airflow UI에서 녹색 상태만 확인해 왔습니다. 만약, 실패하면 어떻게 될까요? 여러 가지 이유(예: 외부 서비스 중단, 네트워크 연결 문제, 디스크 손상)로 태스크가 실패하는 일은 종종 발생합니다.

예를 들어, 특정 시점에서 John이 로켓 사진을 다운로드하는 동안 네트워크가 순간적으로 단절되었다고 가정해 보겠습니다. 결과적으로 Airflow 태스크가 실패하고 Airflow UI에 실패한 태스크로 표시됩니다. 실패한 태스크는 다음과 같이 확인됩니다.

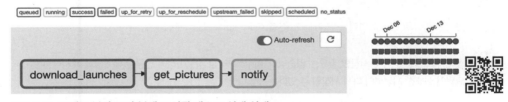

그림 2.15 **그래프 뷰와 트리 뷰에 표시된 태스크 실패 상태**

인터넷에서 이미지를 가져올 수 없어 실패한 특정 태스크는 그래프 뷰와 트리 뷰에 모두 빨간색으로 표시됩니다. 'notify' 태스크는 'get_pictures' 태스크가 성공해야만 실행할 수 있기(의존성) 때문에 실행되지 않습니다. 이런 태스크 인스턴스는 주황색으로 표시됩니다. 디폴트로, 이전 태스크가 모두 성공해야 하며 실패한 태스크 이후 연속된 태스크는 실행되지 않습니다.

로그를 확인해 문제를 파악하기 위해 'get_pictures'의 로그를 열어 봅니다.

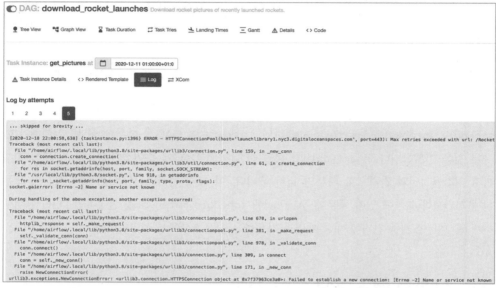

그림 2.16 실패한 get_pictures 태스크의 스택 확인

스택을 확인해서 잠재적인 문제의 원인을 확인합니다.

```
urllib3.exceptions.NewConnectionError: <urllib3.connection.HTTPSConnection object at
    0x7f37963ce3a0>: Failed to establish a new connection: [Errno -2] Name or
service not known
```

urllib3(즉, 파이썬의 HTTP 클라이언트)에서 연결을 시도했으나 실패했다고 나타납니다. 이는 방화벽 규칙에 의해 연결이 차단되었거나 인터넷에 연결을 할 수 없다는 것을 의미합니다. 이 문제를 해결했다고 가정(예: 인터넷 케이블이 연결)하고 태스크를 재시작합니다.

 전체 워크플로를 다시 시작할 필요는 없습니다. Airflow의 장점은 이전에 성공한 태스크를 재시작할 필요없이 실패한 지점부터 다시 시작할 수 있다는 것입니다.

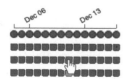 그림 2.17 실패한 태스크의 삭제 옵션을 위해 클릭

실패한 태스크를 클릭한 후 팝업에서 'Clear' 버튼을 클릭합니다(그림 2.17). 초기화된 태스크가 표시되고(이는 'reset' 상태를 의미하며), Airflow는 이 태스크를 재실행합니다.

그림 2.18 **get_pictures와 연속된 태스크의 상태 지우기**

'OK'를 클릭하면 실패한 태스크와 연속된 태스크가 초기화됩니다.

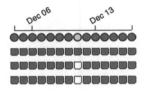

그림 2.19 **그래프 뷰에 표시된 초기화된 태스크**

연결 문제가 해결되면 태스크가 성공적으로 실행되고 전체 트리 뷰가 녹색이 됩니다(그림 2.20).

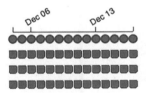

그림 2.20 **실패한 태스크를 초기화한 후 성공적으로 완료된 태스크 상태**

모든 소프트웨어에는 실패에 대한 다양한 원인이 있습니다. Airflow 워크플로에서는 특정 조건에서 때때로 실패를 허용하기도 합니다. 워크플로 모든 레벨에서 실패 시 처리에 대한 기준을 구성할 수 있으며, 4장에서 자세히 설명합니다.

실패한 작업이 초기화된 후 Airflow는 자동으로 태스크를 재시작합니다. 문제 없다면 이제 John은 로켓 이미지를 다운로드 받게 됩니다. download_launches 태스크에서 호출한 URL(즉, API)은 단순하게 다음 10번의 로켓 발사에 대한 결괏값을 반환합니다. DAG에서 실행된 런타임 콘텍스트를 독자의 코드에서 수행하는 내용은 4장에서 다룹니다.

요약

- Airflow의 워크플로는 DAG로 표시합니다.

- 오퍼레이터는 단일 태스크를 나타냅니다.

- Airflow는 일반적인 작업과 특정 작업 모두에 대한 오퍼레이터의 집합을 포함합니다.

- Airflow UI는 DAG 구조를 확인하기 위한 그래프 뷰와 시간 경과에 따른 DAG 실행 상태를 보기 위한 트리 뷰를 제공합니다.

- DAG 안의 있는 태스크는 어디에 위치하든지 재시작할 수 있습니다.

Airflow의 스케줄링

> **이 장에서는 설명하는 내용은 다음과 같습니다.**
> - 일정한 간격으로 DAG를 실행하기
> - 증분 데이터를 처리하기 위한 동적 DAG 구성하기
> - 과거의 데이터 세트를 적재 및 재처리하기
> - 신뢰할 수 있는 태스크를 위한 모범 사례 적용하기

앞 장에서는 Airflow UI를 살펴보고 기본 Airflow DAG를 정의하고 스케줄 간격을 설정하여 매일 DAG가 실행하는 방법을 확인했습니다. 이 장에서는 Airflow의 스케줄 개념에 대해 좀 더 자세히 살펴보고 스케줄 간격으로 증분 데이터를 처리하는 방법을 확인해 봅니다. 먼저, 웹사이트의 사용자 이벤트를 분석하는 간단한 사례를 소개하고 DAG를 구성해 정기적으로 사용자 이벤트를 분석합니다. 다음으로, 데이터 분석에 대해 점전적인 접근 방법을 확인하고 Airflow의 실행 날짜 개념과 어떻게 연관되는지를 통해 이 과정을 더욱 효율적으로 만드는 방법을 살펴봅니다. 마지막으로, 백필backfilling을 사용하여 데이터 세트의 과거 공백을 어떻게 채울 수 있는지 보여주고, 이를 위한 Airflow 태스크의 몇 가지 중요한 속성에 대해 설명합니다.

3.1 예시: 사용자 이벤트 처리하기

먼저, Airflow의 스케줄 동작을 이해하기 위해 간단한 예를 살펴봅니다. 웹사이트에서 사용자 동작을 추적하고 사용자가 웹사이트에서 액세스한 페이지(IP 주소로 식별)를 분석할 수 있는 서

비스가 있다고 가정해 보겠습니다. 마케팅 목적으로, 우리는 사용자들이 얼마나 많은 다양한 페이지에 접근하고 그들이 방문할 동안 얼마나 많은 시간을 소비하는지 알고 싶습니다. 시간이 지남에 따라 사용자 행동이 어떻게 변하는지 알기 위해, 우리는 이 통계량을 매일 계산하려고 합니다. 이를 통해 매일 또는 특정 기간의 변화를 비교할 수 있습니다.

외부 추적 서비스는 실용성을 이유로 30일 이상 데이터를 저장하지 않습니다. 하지만 우리는 더 오랜 기간 동안 과거 데이터를 보존하고 싶기 때문에, 직접 이 데이터를 모아 저장해야 합니다. 일반적으로 로$_{raw}$(원시) 데이터가 매우 클 수 있기 때문에 아마존의 S3나 구글 Cloud Storage 서비스와 같은 클라우드 스토리지 서비스에 데이터를 저장하는 것이 합리적입니다. 이러한 서비스는 높은 내구성과 상대적으로 낮은 비용을 제공하고 있습니다. 하지만 이 예제에서는 단순 구현을 위해 로컬에 데이터를 저장합니다.

이 예제를 시뮬레이션하기 위해 간단한 API(로컬)를 만들었습니다. 예를 들어, 다음 API를 호출하면 지난 30일 동안 모든 이벤트 목록이 반환됩니다.

```
curl -o /tmp/events.json http://localhost:5000/events
```

이 호출은 사용자 통계를 계산하기 위해 분석할 수 있는 사용자 이벤트 목록(JSON 인코딩된)을 반환합니다.

API 호출로 워크플로를 두 가지 태스크로 나눌 수 있습니다. 하나는 사용자 이벤트를 가져오고, 다른 하나는 통계 및 계산을 위한 태스크입니다. 사용자 이벤트 데이터는 BashOperator를 이용해 가져오고, 통계 및 계산을 위해서는 PythonOperator를 사용해 Pandas DataFrame에 데이터를 로드한 후 groupby 및 aggregation을 사용해 이벤트 개수를 확인합니다. 다음 DAG에서 이를 확인할 수 있습니다.

리스트 3.1 **(예약 안 된) 이벤트 DAG의 버전 초기화(dags/01_ unscheduled.py)**

```python
import datetime as
dt from pathlib import Path

import pandas as pd
from airflow import DAG
from airflow.operators.bash import BashOperator
from airflow.operators.python import PythonOperator

dag=DAG(
    dag_id="01_unscheduled",
    start_date=dt.datetime(2019, 1, 1),   ◀─── DAG의 시작 날짜를 정의
```

```python
        schedule_interval=None,   ◄──┤ 스케줄되지 않는 DAG로 지정
)

fetch_events=BashOperator(
    task_id="fetch_events",
    bash_command=(
        "mkdir -p /data && "
        "curl -o /data/events.json "
        "https://localhost:5000/events"   ◄──┤ API에서 이벤트를 가져온 후 저장
    ),
    dag=dag,
)


def _calculate_stats(input_path, output_path):
    """이벤트 통계 계산하기"""
    events=pd.read_json(input_path)                              이벤트 데이터를 로드하고
    stats=events.groupby(["date", "user"]).size().reset_index() 필요한 통계를 계산
    Path(output_path).parent.mkdir(exist_ok=True)   출력 디렉터리가 있는지 확인하고
    stats.to_csv(output_path, index=False)          결과를 CSV 파일로 저장

calculate_stats=PythonOperator(
    task_id="calculate_stats",
    python_callable=_calculate_stats,
    op_kwargs={
        "input_path": "/data/events.json",
        "output_path": "/data/stats.csv",
    },
    dag=dag,
)

fetch_events >> calculate_stats   ◄──┤ 실행 순서 설정
```

이제 기본 DAG는 만들었고 Airflow에서 정기적으로 실행되는지 확인이 필요합니다. 이제 매일 업데이트되도록 해 봅시다.

3.2 정기적으로 실행하기

2장에서 살펴본 바와 같이 Airflow DAG에 스케줄 간격을 정의하여 정기적으로 실행할 수 있습니다. DAG를 초기화할 때 `schedule_interval` 인수를 설정하여 스케줄 간격을 정의할 수 있습니다. 디폴트 값은 None이며 DAG가 예약 실행되지 않고, UI 또는 API를 통해서 수동으로 트리거하면 실행됩니다.

3.2.1 스케줄 간격 정의하기

매일 통계를 계산해야 하는 사용자 이벤트 수집 예제의 경우, DAG를 매일 한 번 실행되도록

예약하는 것이 좋습니다. 일반적인 사용 사례로, Airflow는 매일 자정에 DAG를 실행하도록 예약할 수 있는 편리한 매크로인 @daily를 제공합니다.

리스트 3.2 **매일 실행되도록 스케줄 간격 정의하기(dags/02_daily_schedule.py)**

```
dag=DAG(
    dag_id="02_daily_schedule",
    schedule_interval="@daily",    ◀─── 매일 자정에 실행되도록 DAG를 스케줄
    start_date=dt.datetime(2019, 1, 1),    ◀─── DAG 실행 스케줄을 시작할 날짜/시간
    ...
)
```

스케줄 간격 외에도 DAG의 시작 날짜를 지정하여 Airflow가 DAG를 언제부터 시작할지를 설정해야 합니다. Airflow는 시작 날짜를 기준으로 첫 번째 DAG의 실행을 스케줄(시작 날짜+간격)합니다. 그 다음 실행은 첫 번째 스케줄된 간격 이후, 계속해서 해당 간격으로 실행됩니다.

 Airflow는 정의된 간격 후에 태스크가 시작된다는 것을 유념하기 바랍니다. 만약 독자가 start_date를 01-01-2019라고 값을 주고 간격을 @daily로 2019년 1월 1일 13시에 DAG를 개발한 후 실행했다면 자정이 오기 전까지 DAG는 어떤 작업도 하지 않습니다.

예를 들어 리스트 3.2와 같이, 1월 1일을 시작일로 지정합니다. 그리고 매일 스케줄하도록 설정하면 Airflow는 1월 1일 이후 매일 자정에 DAG를 실행하게 됩니다(리스트 3.1). 처음 실행 시간은 1월 2일(시작 시간으로부터 첫 간격)이며 1월 1일에는 실행되지 않습니다. 이 장 후반부에 좀 더 자세히 알아보도록 하겠습니다(3.4절).

그림 3.1 **지정된 시작 날짜로부터 매일 동일한 간격으로 DAG를 스케줄합니다. DAG가 시작일은 2019-01-01이며, 매일 스케줄되어 있는 것을 보여 줍니다. 종료 날짜를 지정하지 않으면 DAG를 끄기 전까지는 매일 DAG가 계속 실행됩니다.**

 Jinja 사용을 위해서 템플릿화할 수있는 파일을 검색할 경로를 제공해야 합니다. 기본적으로 DAG 파일의 경로만 검색되지만 /tmp에 저장했기 때문에 Jinja가 해당 파일을 찾을 수 없습니다.

Airflow는 종료일이 없으면 DAG를 매일 스케줄된 대로 영원히(이론적으로) 실행합니다. 하지만 기간이 정해진 프로젝트에서는 end_date에 인수를 설정하여 특정 날짜 이후에 DAG를 실행 중지하도록 설정할 수 있습니다.

```
dag=DAG(
    dag_id="03_with_end_date",
    schedule_interval="@daily",
    start_date=dt.datetime(year=2019, month=1, day=1),
    end_date=dt.datetime(year=2019, month=1, day=5),
)
```

그림 3.2에서 완성된 스케줄을 확인할 수 있습니다.

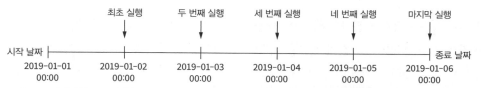

그림 3.2 **시작 및 종료 날짜를 지정해 DAG를 매일 스케줄합니다. 그림 3.1과 동일한 DAG의 스케줄 간격이지만 종료 날짜가 2019-01-06이기 때문에 해당 날짜 이후에는 DAG를 실행하지 않습니다.**

3.2.2 Cron 기반의 스케줄 간격 설정하기

앞선 예제에서 DAG를 매일 실행하는 방법을 설명했습니다. 그렇다면 매시간 또는 매주 작업을 실행하거나 또 매주 토요일 23시 45분에 DAG를 실행하려면 어떻게 설정해야 할까요?

Airflow는 더 복잡한 스케줄 간격 설정을 지원하기 위해서 cron(macOS 및 리눅스와 같은 유닉스 기반 OS에서 사용하는 시간 기반 작업 스케줄러)과 동일한 구문을 사용해 스케줄 간격을 정의할 수 있습니다. cron 구문은 5개의 구성 요소가 있으며 다음과 같이 정의됩니다.

```
   ┌───────── 분 (0 ~ 59)
   │ ┌─────── 시간 (0 ~ 23)
   │ │ ┌───── 일 (1 ~ 31)
   │ │ │ ┌─── 월 (1 ~ 12)
   │ │ │ │ ┌─ 요일 (0 ~ 6) (일요일 ~ 토요일; 일부 시스템에서 7은 일요일이다.)
   │ │ │ │ │
   * * * * *
```

이 정의에서 cron job은 시간/날짜가 해당 필드의 값과 시스템 시간이 일치할 때 실행됩니다. 숫자 대신 애스터리스크(별표, '*')로 제한되지 않은 필드로 정의, 즉 신경 쓰지 않는다고 표시할 수 있습니다.

이 cron 기반 표현이 다소 복잡해 보이지만, 시간 간격을 정의할 때 굉장히 유용합니다. 예를 들면 cron 식을 이용하여 매시, 매일, 매주 간격을 다음과 같이 정의할 수 있습니다.

- 0 * * * * = 매시간(정시에 실행)
- 0 0 * * * = 매일(자정에 실행)
- 0 0 * * 0 = 매주(일요일 자정에 실행)

이외에도 다음과 같이 더 복잡한 간격을 정의할 수도 있습니다.

- 0 0 1 * * = 매월 1일 자정
- 45 23 * * SAT = 매주 토요일 23시 45분

또한 cron 식을 사용하면 콤마(쉼표, ',')를 사용하여 값의 리스트를 정의하거나 대시('-')를 사용하여 값의 범위를 정의하는 값의 집합을 지정할 수 있습니다. 이 구문을 사용하여 주중 요일 또는 하루 복수 개의 시간에 대한 집합을 지정할 수 있는 식을 작성할 수 있습니다.

- 0 0 * * MON, WED, FRI = 매주 월, 화, 금요일 자정에 실행
- 0 0 * * MON-FRI = 매주 월요일부터 금요일 자정에 실행
- 0 0,12 * * * = 매일 자정 및 오후 12시에 실행

또한 Airflow는 스케줄 간격을 의미하는 약어를 사용한 몇 가지 매크로를 지원합니다. 앞에서 이미 매일 간격을 정의하기 위한 매크로(@daily)를 사용해보았습니다. 표 3.1에서 Airflow가 지원하는 다른 매크로를 소개합니다.

표 3.1 자주 사용되는 스케줄 간격에 대한 Airflow 프리셋

프리셋 이름	의미
@once	1회만 실행하도록 스케줄
@hourly	매시간 변경 시 1회 실행
@daily	매일 자정에 1회 실행
@weekly	매주 일요일 자정에 1회 실행
@monthly	매월 1일 자정에 1회 실행
@yearly	매년 1월 1일 자정에 1회 실행

cron 식은 기능이 좋지만 작업하기 쉽지 않습니다. 때문에 Airflow에 적용하기 전, 작성된 태스크에 대해 테스트하는 것이 좋습니다. 다행히도 cron 식에 대한 정의, 검증 또는 설명(영어로)하는 많은 도구가 있습니다.[1] 또한 코드에서 복잡한 cron 식에 대한 의미를 문서화하는 것

---

1 https://crontab.guru에서 cron 표현식을 사람이 읽을 수 있도록 변환해 줍니다.

도 좋습니다. 이렇게 하면 본인이 다시 확인하거나 다른 사용자가 코드를 볼 때 쉽게 이해할 수 있습니다

3.2.3 빈도 기반의 스케줄 간격 설정하기

cron 식의 제약은 특정 빈도frequency마다 스케줄을 정의할 수 없다는 것입니다. 예를 들어 DAG를 3일에 한 번씩 실행하는 cron 식은 어떻게 정의해야 할까요? 매월 1, 4, 7, …로 표현할 때 이번 달 31일과 다음 달 1일을 포함해 생각하면, 다음 달에 원하는 결과를 얻을 수 없습니다.

이러한 제약은 cron 식의 특성에 있습니다. cron 식은 작업의 실행 여부를 결정하기 위해 패턴과 일치하는 현재 시간을 지속적으로 확인하기 위한 정의입니다. 이런 특성으로 인해 다음 실행 간격을 계산하기 위해 이전 작업이 실행된 시점을 기억할 필요가 없습니다. 하지만 이로 인해 제약이 따르게 됩니다.

그렇다면 DAG를 3일마다 실행하려면 어떻게 해야 할까요?

Airflow는 이런 상대적인 시간 간격으로 스케줄 간격을 정의할 수 있도록 지원합니다. 빈도 기반 스케줄을 사용하려면 timedelta(표준 라이브러리인 **datetime** 모듈에 포함된) 인스턴스를 사용하면 됩니다.

리스트 3.4 **빈도 기반 스케줄 간격 정의하기(dags/04_time_delta.py)**

```
dag=DAG(
    dag_id="04_time_delta",
    schedule_interval=dt.timedelta(days=3),   ◄──  timedelta는 빈도 기반 스케줄을
    start_date=dt.datetime(year=2019, month=1, day=1),    사용할 수 있는 기능을 제공합니다.
    end_date=dt.datetime(year=2019, month=1, day=5),
)
```

이렇게 설정하면 DAG가 시작 시간으로부터 3일마다 실행됩니다(2019년 1월 4일, 7일, 10일, …). 물론, DAG를 10분마다(timedelta(minutes=10)) 또는 2시간마다(timedelta(hours=2)) 실행할 수도 있습니다.

3.3 데이터 증분 처리하기

이제 DAG가 매일 실행(@daily 스케줄을 유지한다고 가정)되지만, 아직 해야 하는 작업이 남아 있습니다. 하나는, DAG가 매일 사용자 이벤트 카탈로그 전체에 대해 다운로드하고 계산하는 작업은 효율적이지 못합니다. 또한 지난 30일 동안의 이벤트만 다운로드하기 때문에, 그 이상 과거 특정 시점의 이벤트는 존재하지 않습니다.

3.3.1 이벤트 데이터 증분 가져오기

이런 문제를 해결하는 한 가지 방법은 데이터를 순차적으로 가져올 수 있도록 DAG를 변경하는 것입니다. 스케줄 간격에 해당하는 일자의 이벤트만 로드하고 새로운 이벤트만 통계를 계산합니다(그림 3.3).

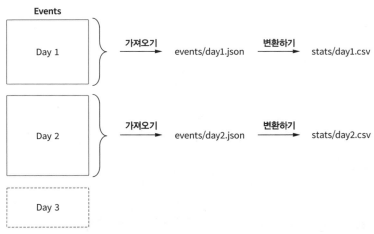

그림 3.3 **증분 데이터 가져오기 및 처리**

이러한 증분 방식incremental approach은 스케줄된 하나의 작업에서 처리해야 할 데이터 양을 크게 줄일 수 있기 때문에, 전체 데이터 세트를 처리하는 것보다 훨씬 효율적입니다. 또한 날짜별로 분리된 단일 파일로 저장하고 있기 때문에 API가 제한하고 있는 30일간의 내용을 한 파일로 저장하지 않고 시간이 지남에 따라 매일 순차적으로 파일을 저장할 수 있습니다.

워크플로에서 증분 데이터 처리를 구현하려면 DAG를 수정하여 특정 날짜의 데이터를 다운로드합니다. 시작 및 종료 날짜 매개변수를 함께 정의하여 해당 날짜에 대한 이벤트 데이터를 가져오도록 API 호출을 조정할 수 있습니다.

```
curl -O http://localhost:5000/events?start_date=2019-01-01&end_date=2019-01-02
```

이 두 날짜 매개변수는 이벤트 데이터의 시간 범위를 나타냅니다. 이 예제에서 start_date 는 포함되는 날짜이며, end_date는 포함하지 않는 날짜입니다. 즉, 2019-01-01 00:00:00과 2019-01-01 23:59:59 사이에 발생하는 이벤트 데이터를 가져 옵니다.

두 날짜를 포함하도록 배시 명령을 변경하여 DAG에서 증분 데이터를 가져오도록 구현할 수 도 있습니다.

리스트 3.5 **특정 시간 간격에 대한 이벤트 데이터 가져오기(dags/05_query_with_dates.py)**

```
fetch_events=BashOperator(
    task_id="fetch_events",
    bash_command=(
        "mkdir -p /data && "
        "curl -o /data/events.json "
        "http://localhost:5000/events?"
        "start_date=2019-01-01&"
        "end_date=2019-01-02"
    ),
    dag=dag,
)
```

2019-01-01 이외의 날짜에 대한 데이터를 가져오기 위해서는 DAG가 실행되는 날짜를 반영 할 수 있도록 시작 및 종료 날짜를 설정할 수 있어야 합니다. 다행히도 Airflow는 이를 위해 몇 가지 추가 매개변수를 제공하며, 이에 대해서는 다음 절에서 살펴 보겠습니다.

3.3.2 실행 날짜를 사용하여 동적 시간 참조하기

시간 기반 프로세스time-based process 워크플로의 경우, 주어진 작업이 실행되는 시간 간격을 아 는 것이 중요합니다. 이러한 이유로 Airflow는 태스크가 실행되는 특정 간격을 정의할 수 있 는 추가 매개변수를 제공합니다(다음 장에서 이러한 매개변수를 자세히 설명합니다).

이런 매개변수 중 가장 중요한 매개변수는 DAG가 실행되는 날짜와 시간을 나타내는 execution_date입니다. 매개변수 이름과 달리 execution_date는 DAG를 시작하는 시간 의 특정 날짜가 아니라 스케줄 간격으로 실행되는 시작 시간을 나타내는 타임스탬프입니다. 스케줄 간격의 종료 시간은 next_execution_date라는 매개변수를 사용합니다. 이를 통해 태스크의 스케줄 간격을 정의합니다(그림 3.4).

이 두 매개변수 외에도 Airflow는 과거의 스케줄 간격의 시작을 정의하는 previous_execution _date 매개변수를 제공합니다. 여기서는 이 매개변수를 사용하지 않지만, 현재 시간 간격의 데이터와 이전 간격의 데이터를 대조하여 분석을 수행할 때 유용합니다.

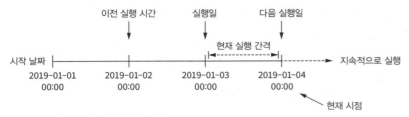

그림 3.4 Airflow의 실행 날짜 개념

Airflow에서는 이러한 실행 날짜를 오퍼레이터에서 참조하여 사용할 수 있습니다. 예를 들어 BashOperator에서 Airflow의 템플릿 기능을 사용하여 배시 명령이 실행될 날짜를 동적으로 포함할 수 있습니다. 템플릿은 4장에서 자세히 다룹니다.

리스트 3.6 특정 날짜 지정을 위해 템플릿 사용하기(dags/06_templated_query.py)

```
fetch_events=BashOperator(
    task_id="fetch_events",
    bash_command=(
        "mkdir -p /data && "
        "curl -o /data/events.json "
        "http://localhost:5000/events?"
        "start_date={{execution_date.strftime('%Y-%m-%d')}}"      ← Jinja 템플릿으로 형식화된
        "&end_date={{next_execution_date.strftime('%Y-%m-%d')}}"   ← execution_date 삽입
    ),
    dag=dag,                                    next_execution_date로
)                                               다음 실행 간격의 날짜를 정의
```

이 예에서 {{variable_name}} 구문은 Airflow의 특정 매개변수 중 하나를 참조하기 위해 Airflow의 Jinja(http://jinja.pocoo.org) 템플릿 구문을 사용하는 예입니다. 여기서는 이 구문을 사용하여 실행 날짜를 참조하고 datetime의 strftime 메서드를 사용하여 문자열 형식으로 반환 형식을 지정합니다(두 실행 날짜가 모두 datetime 개체이므로).

execution_date 매개변수는 종종 날짜를 형식화된 문자열로 참조하여 사용되기 때문에 Airflow는 일반적인 날짜 형식에 대한 여러 유형의 축약 매개변수shorthand parameters를 제공합니다. 예를 들어, ds 및 ds_nodash 매개 변수는 각각 YYYY-MM-DD 및 YYYYMMDD 형식으로 된 execution_date의 다른 표현입니다. 마찬가지로 next_ds, next_ds_nodash, prev_ds 및 prev_ds_nodash는 각각 다음 및 이전 실행 날짜에 대한 축약 표기법을 제공합니다.[2]

---

2   Airflow에서 사용 가능한 축약어 옵션에 대한 내용은 다음 링크를 참조하시기 바랍니다.
     http://apache-airflow-docs.s3-website.eu-central-1.amazonaws.com/docs/apache-airflow/latest/macros-ref.html

이러한 축약된 표기법을 사용하여 다음과 같이 증분 데이터를 가져오는 명령 구문을 작성할 수 있습니다.

리스트 3.7 **템플릿에서 축약어 사용하기(dags/07_templated_query_ds.py)**

```
fetch_events=BashOperator(
    task_id="fetch_events",
    bash_command=(
        "mkdir -p /data && "
        "curl -o /data/events.json "
        "http://localhost:5000/events?"
        "start_date={{ds}}&"      ◀─── ds는 YYYYMM-DD 형식의 execution_date를 제공합니다.
        "end_date={{next_ds}}"    ◀───
    ),                                  next_ds는 next_execution_date에 대해 동일하게 제공합니다.
    dag=dag,
)
```

이 축약된 형식은 더 읽기 쉽습니다. 하지만 좀 더 복잡한 날짜(또는 datetime) 형식의 경우에는 유연하게 표현할 수 있는 strftime 메서드를 사용할 수도 있습니다.

3.3.3 데이터 파티셔닝

새로운 fetch_events 태스크로 이벤트 데이터를 새롭게 스케줄한 간격에 맞춰 점진적으로 가져오지만, 각각의 새로운 태스크가 전일의 데이터를 덮어쓰게 됩니다.

이 문제를 해결하는 한 가지 방법은 events.json 파일에 새 이벤트를 추가하는 것입니다. 그렇게 하면 하나의 JSON 파일에 모든 데이터를 작성할 수 있습니다. 그러나 이 방법의 단점은, 특정 날짜의 통계 계산을 하려고 해도 전체 데이터 세트를 로드하는 다운스트림 프로세스 작업이 필요합니다. 또한 이 파일은 장애 지점이 되어 파일이 손상되어 전체 데이터 세트가 손실될 위험을 가지게 됩니다.

또 다른 접근 방식은 태스크의 출력을 해당 실행 날짜의 이름이 적힌 파일에 기록함으로써 데이터 세트를 일일 배치로 나누는 것입니다.

리스트 3.8 **날짜별로 개별 파일에 이벤트 데이터 쓰기(dags/08_templated_path.py)**

```
fetch_events=BashOperator(
    task_id="fetch_events",
    bash_command=(
        "mkdir -p /data/events && "
        "curl -o /data/events/{{ds}}.json "   ◀─── 반환된 값이 템플릿 파일 이름에 기록됩니다.
        "http://localhost:5000/events?"
        "start_date={{ds}}&"
```

```
        "end_date={{next_ds}}",
    dag=dag,
    )
)
```

이를 통해 2019-01-01 실행 날짜에 다운로드되는 모든 데이터가 data/events/2019-01-01. json 파일에 기록됩니다.

데이터 세트를 더 작고 관리하기 쉬운 조각으로 나누는 작업은 데이터 저장 및 처리 시스템에서 일반적인 전략입니다. 이러한 방법을 일반적으로 **파티셔닝**partitioning이라고하며, 데이터 세트의 작은 부분을 **파티션**partitions이라고 합니다.

실행 날짜별로 데이터 세트를 파티션하는 이점은 DAG에서 아래 두 번째 태스크(compute_stats)를 고려할 때 분명해집니다. 이 태스크에서는 매일 사용자 이벤트에 대한 통계를 계산합니다. 이전 구현에서는 매일 전체 데이터 세트를 로드하고 전체 이벤트 기록에 대한 통계를 계산했습니다.

리스트 3.9 **앞에서 구현했던 이벤트 통계 작업(dags/01_scheduled.py)**

```
def _calculate_stats(input_path, output_path):
    """이벤트 데이터 통계 계산하기"""
    Path(output_path).parent.mkdir(exist_ok=True)
    events=pd.read_json(input_path)
    stats=events.groupby(["date", "user"]).size().reset_index()
    stats.to_csv(output_path, index=False)

calculate_stats=PythonOperator(
    task_id="calculate_stats",
    python_callable=_calculate_stats,
    op_kwargs={
        "input_path": "/data/events.json",
        "output_path": "/data/stats.csv",
    },
    dag=dag,
)
```

태스크의 입력과 출력에 대한 경로를 변경해 파티션된 데이터 세트를 사용하면, 각 파티션에 대한 통계를 효율적으로 계산할 수 있습니다.

리스트 3.10 **실행 스케줄 간격마다 통계 계산(dags/08_templated_path.py)**

```
def _calculate_stats(**context):        ◀──┤ 모든 콘텍스트 변수를 수신합니다.
    """Calculates event statistics."""
    input_path=context["templates_dict"]["input_path"]        ◀──┐ templates_dict 개체에서
    output_path=context["templates_dict"]["output_path"]         │ 템플릿 값을 검색합니다.
```

```
    Path(output_path).parent.mkdir(exist_ok=True)

    events=pd.read_json(input_path)
    stats=events.groupby(["date", "user"]).size().reset_index()
    stats.to_csv(output_path, index=False)

calculate_stats=PythonOperator(
    task_id="calculate_stats",
    python_callable=_calculate_stats,
    templates_dict={
        "input_path": "/data/events/{{ds}}.json",   ◀─┤ 템플릿되는 값을 전달합니다.
        "output_path": "/data/stats/{{ds}}.csv",
    },
    dag=dag,
)
```

이런 변경 작업은 복잡해 보일 수 있지만 입력 및 출력 경로를 템플릿화될 수 있도록 보일러플레이트[3]boilerplate 코드로 작성합니다. PythonOperator에서 템플릿을 구현하려면 오퍼레이터의 templates_dict 매개변수를 사용하여 템플릿화해야 하는 모든 인수를 전달해야 합니다. 그런 다음 Airflow에 의해 _calculate_stats 함수에 전달된 콘텍스트context 개체에서 함수 내부의 템플릿 값을 확인할 수 있습니다.[4]

내용이 너무 빨리 진행되더라도 걱정하지 않아도 됩니다. 다음 장에서 태스크 콘텍스트에 대해 자세히 살펴 보겠습니다. 여기서 이해해야 할 중요한 점은 이러한 변경으로 인해 매일 데이터의 작은 서브 세트만 처리하여 점진적으로 통계를 계산할 수 있다는 것입니다.

3.4 Airflow의 실행 날짜 이해

실행 날짜execution dates는 **Airflow**에서 중요한 부분이므로 이 날짜가 어떻게 정의되었는지 확실히 이해할 수 있도록 확인합니다.

3.4.1 고정된 스케줄 간격으로 태스크 실행

앞서 살펴본 것처럼 **Airflow**가 시작 날짜, 스케줄 간격 및 종료 날짜(선택 사항)의 세 가지 매개변수를 사용하여 DAG를 실행하는 시점을 제어할 수 있습니다. 실제로 DAG를 예약하기 위해 **Airflow**는 이 세 가지 매개 변수를 사용하여 시간을 스케줄 간격으로 나눕니다. 지정된

---

3 옮긴이 상용구 코드라고도 하며, 수정하지 않거나 최소한의 수정만을 거쳐 여러 곳에 필수적으로 사용되는 코드를 말합니다. https://ko.wikipedia.org/wiki/상용구_코드

4 Airflow 1.10.x 버전에서는 PythonOperator에 추가 인수 provide_context=True를 전달해야 합니다. 그렇지 않으면 _calculate_stats 함수가 콘텍스트 값을 수신하지 않습니다.

시작 날짜부터 시작하여 종료 날짜(선택 사항)에 종료됩니다(그림 3.5).

그림 3.5 Airflow의 스케줄 간격으로 시간이 표시됩니다. 시작 날짜가 2019-01-01으로 매일 반복되는 것을 가정합니다.

이 간격 기반interval-based의 시간 표현에서는 해당 간격의 시간 슬롯이 경과되자마자 해당 간격 동안 DAG가 실행됩니다. 예를 들어 그림 3.5의 첫 번째 간격은 2019-01-01 23:59:59 이후에 가능한 한 바로 실행됩니다. 그 후 간격의 마지막 시점이 지났기 때문입니다. 마찬가지로 DAG 는 2019-01-02 23:59:59 직후에 두 번째 간격 동안 실행되며 종료 날짜(선택 사항)에 도달할 때 까지 계속됩니다.

이 간격 기반 접근 방식을 사용하는 이점은 작업이 실행되는 시간 간격(시작 및 끝)을 정확히 알고 있으므로 이전 장에서 본 증분 데이터 처리 유형을 수행하는 데 적합하다는 것입니다. 이는 작업이 실행되는 현재 시점의 시간만 아는 cron과 같은 시점 기반point-based 스케줄링 시 스템과는 극명한 대조를 이룹니다. 예를 들어 cron에서는 작업이 전날 실행되었다고 가정하고 이전 실행이 중단된 위치를 계산하거나 추측해야 합니다(그림 3.6).

Airflow의 시간 처리가 스케줄 간격에 따라 실행된다는 사실을 이해하면, Airflow 내에서 실 행 날짜가 어떻게 정의되는지 이해하는 데 도움이 됩니다. 예를 들어 특정 DAG가 매일 스케 줄 간격으로 정의되어 있고 특정 날짜인 2019-01-03에 대한 데이터를 처리할 수 있도록 간격 을 설계한다고 가정합니다. Airflow는 2019-01-04 00:00:00 직후에 실행됩니다. 왜냐하면 이 시점에서는 2019-01-03 날짜에 대한 새로운 데이터가 더 이상 수신되지 않는다는 것을 알기 때문입니다. 이전 장에서 태스크에서 실행 날짜(excution_date) 사용 방법에 대한 설명을 토 대로, 이 스케줄 간격을 위한 execution_date의 날짜는 언제가 될까요?

대부분의 독자는 DAG가 실제 실행되어야 하는 시점인 2019-01-04가 이번 DAG의 실행 날짜 가 되어야 한다고 생각합니다. 하지만 실행되는 태스크 코드의 execution_date 변수의 값을 보면 실제로 실행 날짜가 2019-01-03인 것을 확인할 수 있습니다. 이유는 Airflow가 DAG의 실행 날짜를 해당 간격의 시작 날짜로 정의하기 때문입니다. 개념적으로 DAG가 실제 실행되 는 순간이 아니라 예약 간격의 시작을 표시한다고 생각하면 됩니다. 이는 실행 날짜라는 변수 명으로 인해 이해하기 어렵게 합니다.

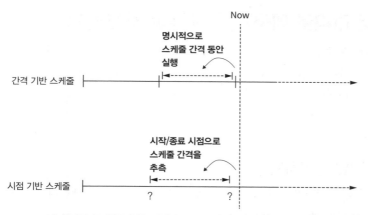

그림 3.6 간격 기반 스케줄링 윈도우(예: Airflow)와 시점 기반 시스템(예: cron)에서 파생된 윈도우에서의 증분 데이터 처리. 증분(데이터) 처리의 경우 일반적으로 시간은 해당 간격이 지나자마자 처리되는 개별적인 시간 간격으로 나뉩니다. 간격 기반 스케줄링 방식(예: Airflow)은 각 간격에 대해 실행할 태스크를 명시적으로 스케줄링하는 동시에 간격의 시작 및 종료와 관련된 정확한 정보를 제공합니다. 반대로 시점 기반 스케줄링 접근법은 주어진 시간에만 작업을 실행하므로 작업이 실행되는 간격은 작업 자체에 달려 있습니다.

Airflow 실행 날짜를 해당 스케줄 간격의 시작으로 생각해 정의하면 특정 간격의 시작과 끝을 유추할 때 사용할 수 있습니다(그림 3.7). 예를 들어 작업을 실행할 때 해당 간격의 시작과 끝은 execution_date(간격 시작) 및 next_execution(다음 간격 시작) 날짜 매개변수로 정의됩니다. 마찬가지로 이전 스케줄 간격은 previous_execution_date 및 execution_date 매개변수를 사용하여 확인할 수 있습니다.

그림 3.7 스케줄 간격의 콘텍스트에서 실행 날짜. Airflow에서 DAG의 실행 날짜는 DAG가 실행되는 시간(일반적으로 간격의 끝)이 아니라 해당 스케줄 간격의 시작 시간으로 정의됩니다. 따라서 execution_date의 값은 현재 간격의 시작을 가리키고 previous_execution_date 및 next_execution_date 매개변수는 각각 이전 및 다음 스케줄 간격의 시작을 가리킵니다. 현재 간격은 execution_date 및 next_execution_date의 조합에서 확인할 수 있으며, 이는 다음 간격의 시작을 의미하므로 현재 간격의 끝을 나타냅니다.

태스크에서 previous_execution_date 및 next_execution_date 매개변수를 사용할 때 주의해야 할 사항은, 이러한 매개변수가 스케줄 간격 이후의 DAG 실행을 통해서만 정의된다는 것입니다. 따라서 Airflow UI 또는 CLI를 통해 수동으로 실행하는 경우, Airflow가 다음 또는 이전 스케줄 간격에 대한 정보를 확인할 수 없기 때문에 매개변수 값이 정의되지 않아 사용할 수 없습니다.

3.5 과거 데이터 간격을 메꾸기 위해 백필 사용하기

Airflow를 사용하면 임의의 시작 날짜로부터 스케줄 간격을 정의할 수 있으므로 과거의 시작 날짜부터 과거 간격을 정의할 수도 있습니다. 이 속성을 사용하여 과거 데이터 세트를 로드하거나 분석하기 위해 DAG의 과거 시점을 지정해 실행할 수 있습니다. 이 프로세스를 일반적으로 **백필**backfilling이라고 합니다.

3.5.1 과거 시점의 작업 실행하기

기본적으로 Airflow는 아직 실행되지 않은 과거 스케줄 간격을 예약하고 실행합니다. 따라서 과거 시작 날짜를 지정하고 해당 DAG를 활성화하면 현재 시간 이전에 과거 시작 이후의 모든 스케줄 간격이 생성됩니다. 이 동작은 DAG의 catchup 매개변수에 의해 제어되며 catchup을 false로 설정하여 비활성화할 수 있습니다.

리스트 3.11 과거 시점의 태스크 실행을 피하기 위한 catchup 비활성화하기(dags/09_no_catchup.py)

```
dag=DAG(
    dag_id="09_no_catchup",
    schedule_interval="@daily",
    start_date=dt.datetime(year=2019, month=1, day=1),
    end_date=dt.datetime(year=2019, month=1, day=5),
    catchup=False,
)
```

이 설정으로 DAG는 과거 모든 스케줄 간격으로 태스크를 실행하는 대신 가장 최근 스케줄 간격에 대해서만 실행합니다(그림 3.8).

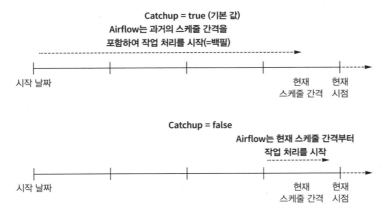

그림 3.8 Airflow에서 백필(backfill). 기본적으로 Airflow는 현재 시간까지의 모든 과거 스케줄 간격마다 모든 작업을 수행합니다. 이 동작은 DAG의 catchup 매개변수를 false로 설정하여 동작을 중지할 수 있습니다. 설정 후 Airflow는 현재 간격부터 태스크를 실행합니다.

catchup의 기본값은 Airflow 구성 파일_{configuration file}에서 `catchup_by_default` 값을 설정하여 제어할 수 있습니다.

백필은 훌륭한 개념이지만 원천 시스템의 데이터 가용성에 따라 제한됩니다. 사용 사례에서는 시작 날짜를 30일 이전으로 지정하여 제공하는 API에서는 과거 이벤트 데이터를 로드할 수 있습니다. 하지만 해당 API가 최대 30일의 기록까지만 제공하므로, 그 이전의 데이터를 얻기 위해 백필을 수행하더라도 데이터는 로드되지 않습니다.

백필은 코드를 변경한 후 데이터를 다시 처리하는 데 사용할 수도 있습니다. 예를 들어 `calc_statistics` 함수를 변경하여 새로운 통계 계산을 추가한다고 가정해 보겠습니다. 백필을 사용하면 `calc_statistics` 태스크의 과거 실행 결과를 지우고 새 코드를 이용해 과거의 데이터를 재분석할 수 있습니다. 이 경우에는 이전 실행 태스크의 일부로 이전 데이터 파티션을 이미 저장했기 때문에 원천 데이터 소스의 30일 제한과 관계없이 정상적인 실행이 가능합니다.

3.6 태스크 디자인을 위한 모범 사례

Airflow의 백필링과 재실행 태스크는 자원에 많은 부하를 유발하지만, 핵심적인 속성이 만족하는지 확인하여 만족스러운 결과를 내도록 해야 합니다. 이번 절에서는 적절한 Airflow 태스크의 가장 중요한 두 속성인 원자성_{atomicity}과 멱등성_{idempotency}을 살펴 봅니다.

3.6.1 원자성

원자성이라는 용어는 데이터베이스 시스템에서 자주 사용되며, Airflow에서 원자성 트랜잭션은 모두 발생하거나 전혀 발생하지 않는, 나눌 수 없고 돌이킬 수 없는 일련의 데이터베이스와 같은 작업으로 간주됩니다. 마찬가지로 Airflow의 태스크는 성공적으로 수행하여 적절한 결과를 생성하거나 시스템 상태에 영향을 미치지 않고 실패하도록 정의합니다(그림 3.9).

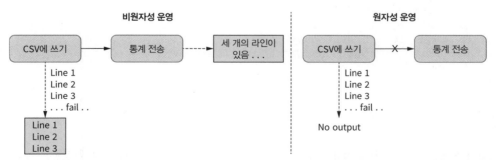

그림 3.9 원자성은 모든 것이 완료되거나 완료되지 않도록 보장해야 합니다. 절반의 태스크가 진행되지 않아, 결과적으로 잘못된 결과가 발생하지 않습니다.

예를 들어 사용자 이벤트 DAG에 대해 간단한 동작을 확장해 보겠습니다. 각 실행이 끝날 때마다 상위 10명의 사용자에게 이메일 발송하는 기능을 추가하려고 합니다. 이를 추가하는 간단한 방법 중 하나는 통계를 계산하는 함수에 이메일을 보내는 함수를 추가하는 것입니다.

리스트 3.12 하나의 태스크 안에서 두 개의 작업은 원자성을 무너뜨림(dags/10_non_atomic_send.py)

```
def _calculate_stats(**context):

    """이벤트 데이터 통계 계산하기"""
    input_path=context["templates_dict"]["input_path"]
    output_path=context["templates_dict"]["output_path"]

    events=pd.read_json(input_path)
    stats=events.groupby(["date", "user"]).size().reset_index()
    stats.to_csv(output_path, index=False)          ← CSV에 작성 후 이메일을 보내면
                                                        단일 기능에서 두 가지 작업을
    email_stats(stats, email="user@example.com")  ←  수행하게 되어 원자성이 깨집니다.

    calculate_stats >> email_stats
```

불행하게도 이 접근법의 단점은 더 이상 원자성을 유지하지 못하게 된다는 것입니다. 만약 _send_stats 함수가 실패하면 어떤 일이 발생할까요(예: 이메일 서버가 불안정한 경우)? 이 경우, 이미 output_path 경로로 통계에 대한 출력 파일이 저장되어 있기 때문에 통계 발송이 실패했음에도 불구하고 작업이 성공한 것처럼 보이게 됩니다.

이 기능을 원자성을 유지하는 방식으로 구현하기 위해서는 이메일 발송 기능을 별도의 태스크로 분리하면 됩니다.

리스트 3.13 다수 개의 태스크로 분리하여 원자성을 개선(dags/11_atomic_send.py)

```
def _send_stats(email, **context):
    stats=pd.read_csv(context["templates_dict"]["stats_path"])
    email_stats(stats, email=email)  ←  email_stats 호출을 원자성을 위해
                                          별도의 태스크로 분리합니다.
send_stats=PythonOperator( python_callable=_send_stats,
    task_id="send_stats",
    op_kwargs={"email": "user@example.com"},
    templates_dict={"stats_path": "/data/stats/{{ds}}.csv"},
    dag=dag,
)

calculate_stats >> send_stats
```

이렇게 하면 이메일 전송에 실패해도 더 이상 calculate_stats 작업의 결과에 영향을 주지 않고 send_stats만 실패하므로 두 작업 모두 원자성이 유지됩니다.

이 예를 보면, 모든 작업을 개별 태스크로 분리하면 모든 태스크를 원자성을 유지할 수 있다고 생각할 수 있지만 그렇지 않습니다. 만약 이벤트 API를 호출하기 전에 로그인해야 하는 경우를 생각해 보겠습니다. 일반적으로 API를 인증하기 위한 인증 토큰을 가져오기 위해 추가적인 API 호출이 필요하며 그 이후에 이벤트 API를 호출할 수 있습니다.

하나의 작업 = 하나의 태스크라는 접근성에 따라 두 개의 개별 작업으로 분리합니다. 하지만 이로 인해 두 번째 태스크(이벤트 가져오기) 바로 전에 첫 번째 태스크를 실행하지 않고 실패하게 되므로 두 태스크 사이에 강한 의존성이 발생합니다. 이러한 의존성은 단일 태스크 내에서 두 작업을 모두 유지하여 하나의 일관된 태스크 단위를 형성하는 것이 더 나을 수 있습니다.

대부분의 Airflow 오퍼레이터는 이미 원자성을 유지하도록 설계되어, 오퍼레이터가 내부적으로 인증과 같이 밀접하게 연결된 작업을 수행할 수 있는 옵션이 있습니다. 좀 더 유연한 파이썬 및 배시Bash 오퍼레이터 사용 시에 태스크가 원자성을 유지할 수 있도록 주의를 기울여야 합니다.

3.6.2 멱등성

Airflow 태스크 작성 시 고려해야 할 또 다른 중요한 속성은 멱등성입니다. 동일한 입력으로 동일한 태스크를 여러 번 호출해도 결과에 효력이 없어야 합니다. 즉, 입력 변경 없이 태스크를 다시 실행해도 전체 결과가 변경되지 않아야 합니다.

예를 들어, 하루 동안의 결과를 가져와서 이를 파티션된 데이터 세트에 쓰는 `fetch_events` 태스크의 마지막 부분을 확인해 봅니다.

리스트 3.14 **이벤트 데이터를 수집하기 위한 기존 구현(dags/08_templated_paths.py)**

```
fetch_events=BashOperator(
    task_id="fetch_events",
    bash_command=(
        "mkdir -p /data/events && "
        "curl -o /data/events/{{ds}}.json " ◀──── 템플릿 파일 이름을 설정하여 분할
        "http://localhost:5000/events?"
        "start_date={{ds}}&"
        "end_date={{next_ds}}"
    ),
    dag=dag,
)
```

특정 날짜에 이 태스크를 다시 실행하면 이전 실행과 동일한 이벤트 데이터 세트를 가져오고 (날짜가 30일 기간 내에 있다고 가정), /data/events 폴더에 있는 기존 JSON 파일에 동일한 결과를 덮어쓰게 됩니다. 따라서 이 이벤트 가져오기 태스크는 효력이 없게 됩니다.

비멱등성 태스크non-idempotent task의 예를 확인하기 위해서 단일 JSON 파일(/data/events. json)을 사용하고 이 파일에 이벤트를 추가하는 것이 좋습니다. 이 경우, 태스크를 다시 실행하면 이벤트가 단순하게 기존 데이터 세트에 추가되어 해당일의 이벤트 데이터가 중복됩니다 (그림 3.10). 따라서 태스크를 추가로 실행하면 전체 결과에 반영되어 비멱등성을 확인할 수 있습니다.

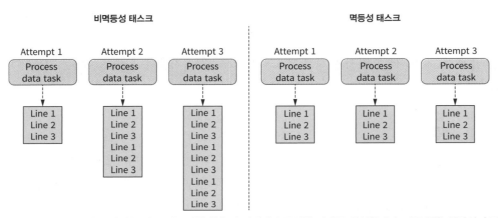

그림 3.10 **멱등성이 보장되는 태스크는 실행 횟수에 관계없이 동일한 결과를 생성합니다. 멱등성은 일관성과 장애 처리를 보장합니다.**

일반적으로 데이터를 쓰는 태스크는 기존 결과를 확인하거나 이전 태스크 결과를 덮어쓸지 여부를 확인하여 멱등성을 유지할 수 있습니다. 시간별로 파티션 데이터 세트가 저장이 되는 경우 파티션 범위로 결과를 덮어쓸 수 있기 때문에 비교적 간단하게 작업할 수 있습니다. 데이터베이스 시스템에서는 upsert 작업을 이용해 기존 행을 덮어쓸 수 있는 데이터 삽입 작업을 수행하는 것과 동일한 개념입니다.

참고로, 보다 일반적인 응용 프로그램에서는 작업의 모든 과정에서 오류 발생 상황을 고려해 멱등성이 보장되는지 확인해야 합니다.

요약

- 스케줄 간격을 설정하여 스케줄 간격으로 DAG를 실행할 수 있습니다.

- 하나의 스케줄 간격 작업은 해당 주기의 작업이 끝나면 시작합니다.

- 스케줄 간격은 cron 및 timedelta 식을 사용하여 구성합니다.

- 템플릿을 사용하여 변수를 동적으로 할당해 데이터 증분 처리가 가능합니다.

- 실행 날짜는 실제 실행 시간이 아니라 스케줄 간격의 시작 날짜를 말합니다.

- DAG는 백필을 통해 과거의 특정 시점에 작업을 실행할 수 있습니다.

- 멱등성은 동일한 출력 결과를 생성하면서 작업을 재실행할 수 있도록 보장합니다.

Airflow 콘텍스트를 사용하여
태스크 템플릿 작업하기

이 장에서는 다음과 같은 내용을 다룹니다.

- 템플릿을 사용하여 런타임 시에 변수 할당하기
- PythonOperator 및 다른 오퍼레이터를 사용해 변수 템플릿 작업하기
- 디버깅을 위해 템플릿 변수 할당하기
- 외부 시스템에서 태스크 수행하기

이전 장에서는 DAG와 오퍼레이터가 어떻게 함께 작동하는지와 Airflow에서 워크플로를 스케줄하는 방법에 대해 설명했습니다. 이 장에서는 오퍼레이터가 무엇을 나타내는지, 오퍼레이터가 무엇인지, 어떻게 작동하는지, 언제 어떻게 실행되는지 자세히 살펴봅니다. 또한 오퍼레이터가 훅hook을 통해 원격 시스템과 통신하는 방법을 보여줍니다. 이를 통해 데이터베이스에 데이터를 로드하고, 원격 환경에서 명령을 실행하고, Airflow 외부에서 워크로드를 실행하는 등의 작업을 수행할 수 있습니다.

4.1 Airflow로 처리할 데이터 검사하기

이번 장에서는 StockSense라는 감성 분석이 적용된 (가상의) 주식시장 예측 도구를 사용하여 오퍼레이터의 몇 가지 구성 요소를 알아봅니다. 위키피디아는 인터넷에서 가장 큰 공공 정보 리소스 중 하나입니다. 위키 페이지 내용 외에도 페이지 뷰 수와 같은 항목도 공개적으로 사용할 수 있습니다. 이 예에서는 회사의 페이지 뷰 증가가 긍정적인 감성을 나타내고 회사의 주

식이 증가할 가능성이 있다는 원칙을 적용하려 합니다. 반면 페이지 뷰의 감소는 관심이 줄어 드는 것을 의미하며 주가는 하락할 가능성이 높아질 것입니다.

4.1.1 증분 데이터를 적재하는 방법 결정하기

위키미디어 재단(위키피디아 후원회)은 2015년 이후의 모든 페이지 뷰를 컴퓨터가 읽을 수 있는 형식으로 제공하고 있습니다.[1] 페이지 뷰는 gzip 형식으로 다운로드할 수 있으며, 시간당 페이지 뷰 수가 집계됩니다. 각 시간당 덤프는 gzip으로 압축된 크기는 약 50MB이고, 압축을 푼 크기는 200 ~ 250MB입니다.

어떤 종류의 데이터로 작업을 하든지 다음 과정은 필수적인 사항입니다. 크고 작은 모든 데이터는 구조가 복잡할 수 있으며 파이프라인을 구축하기 전에 접근 방식에 대한 기술적 계획을 세우는 것이 중요합니다. 솔루션은 항상 독자 또는 다른 사용자가 데이터로 무엇을 하려는지에 따라 달라지므로, 자신과 다른 사람들에게 "이러한 데이터를 후에 다시 처리할까요?", "데이터(예: 빈도, 크기, 형식, 소스 유형)를 어떻게 수신합니까?" 또는 "데이터로 무엇을 구축할 것인가?"라고 물어봐야 합니다. 이러한 질문에 대한 답을 알고 나면 기술적 세부 사항에 대한 문제를 해결할 수 있습니다.

매 시간 덤프 하나를 다운로드하고 데이터를 직접 검사해 보겠습니다. 데이터 파이프라인을 개발하기 위해서는 데이터를 증분 방식으로 적재하는 방법과 데이터를 다루는 방법을 이해해야 합니다(그림 4.1).

URL이 고정된 패턴을 따르며 데이터를 일괄로 다운로드 시에 사용할 수 있습니다(3장에서 간략히 설명). 실험과 데이터 검증을 위해 7월 7일 10:00 ~ 11:00에 가장 일반적으로 사용된 도메인 코드가 무엇인지 확인해 봅시다(그림 4.2).

상위 결과인 1061202 en과 995600 en.m을 보면 7월 7일 10:00에서 11:00 사이에 가장 많이 조회된 도메인이 'en' 및 'en.m'(.en의 모바일 버전)임을 알 수 있습니다. 이로써 영어가 세계에서 가장 많이 사용되는 언어임을 다시 한번 알 수 있습니다. 또한 예상한 대로 결과가 반환되므로 예기치 않은 문자나 열의 정렬이 잘못되지 않았음을 확인합니다. 즉, 데이터를 정리하기 위해 추가적인 작업을 할 필요가 없습니다. 종종 데이터를 정리하고 일관된 상태로 변환하는 것이 작업의 큰 부분을 차지하기도 합니다.

---

1   https://dumps.wikimedia.org/other/pageviews. 위키피디아 페이지뷰 데이터의 구조와 기술적 세부사항은 다음 링크에 설명되어 있습니다: https://meta.wikimedia.org/wiki/Research:Page_view와 https://wikitech.wikimedia.org/wiki/Analytics/Data_Lake/Traffic/Pageviews를 참조하세요.

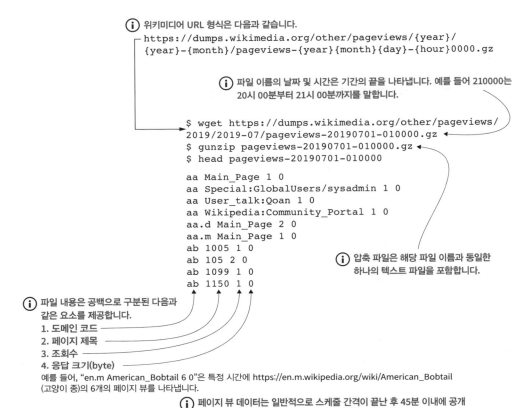

그림 4.1 위키미디어 페이지 뷰 데이터 다운로드 및 검사하기

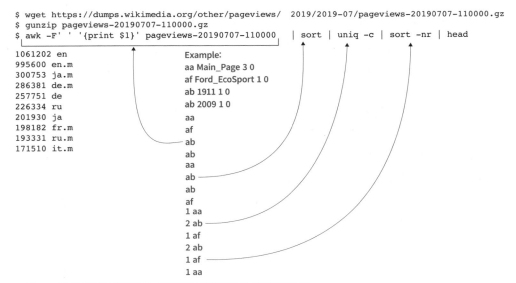

그림 4.2 위키피디아 페이지 뷰 데이터에 대한 간단한 첫 번째 분석

4.2 태스크 콘텍스트와 Jinja 템플릿 작업

이제 이 모든 것을 모아 위키피디아 페이지 뷰 수를 가져오는 DAG의 첫 번째 버전을 만들어 보겠습니다. 데이터를 다운로드하고, 추출하고, 그리고 데이터를 읽는 것으로 먼저 간단하게 시작합니다. 최초 가설을 확인하고 검증하기 위해 5개 회사(Amazon, Apple, Facebook, Google 및 Microsoft)를 선택했습니다(그림 4.3).

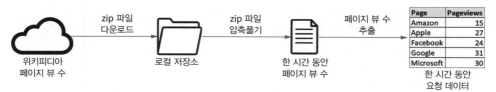

그림 4.3 **StockSense 워크플로의 첫 번째 버전**

첫 번째 단계는 주기마다 압축 파일을 다운로드하는 것입니다. URL은 다양한 날짜 및 시간 구성 요소로 구성됩니다.

```
https://dumps.wikimedia.org/other/pageviews/
{year}/{year}-{month}/pageviews-{year}{month}{day}{hour}0000.gz
```

모든 주기에 대해 URL에 특정 주기의 날짜와 시간을 입력해야 합니다. 3장에서는 스케줄과 특정 주기를 실행하기 위해 코드에서 실행 날짜를 사용하는 방법에 대해 간략하게 설명했습니다. 작동 방식에 대해 좀 더 자세히 살펴보겠습니다. 페이지 뷰를 다운로드하는 방법에는 여러 가지가 있습니다. 하지만 여기서는 BashOperator와 PythonOperator에 중심으로 설명합니다. 이러한 오퍼레이터에 런타임 시 변수를 삽입하는 방법은 다른 모든 유형의 오퍼레이터도 동일합니다.

4.2.1 오퍼레이터의 인수 템플릿 작업

먼저, BashOperator를 사용하여 위키피디아 페이지 뷰를 다운로드하겠습니다. BashOperator 는 실행할 배시Bash 명령을 제공하는 인수인 bash_command를 사용합니다. 이 URL의 구성 요소는 런타임 시작 시 변수를 삽입하고 이중 중괄호로 끝나야 합니다.

리스트 4.1 **BashOperator로 위키피디아 페이지 뷰 다운로드**

```
import airflow.utils.dates
from airflow import DAG
from airflow.operators.bash import BashOperator
```

```
dag=DAG(
    start_date=airflow.utils.dates.days_ago(3),
    schedule_interval="@hourly",
)

get_data=BashOperator(
    task_id="get_data",
    bash_command=(
        "curl -o /tmp/wikipageviews.gz "
        "https://dumps.wikimedia.org/other/pageviews/"
        "{{ execution_date.year }}/"          ◀──┤ 이중 중괄호는 런타임 시에 삽입될 변수를 나타냅니다.
        "{{ execution_date.year }}-"
        "{{ '{:02}'.format(execution_date.month) }}/"
        "pageviews-{{ execution_date.year }}"
        "{{ '{:02}'.format(execution_date.month) }}"
        "{{ '{:02}'.format(execution_date.day) }}-"
        "{{ '{:02}'.format(execution_date.hour) }}0000.gz"   ◀──  모든 파이썬 변수 또는
    ),                                                             표현식에 대해
    dag=dag,                                                       제공할 수 있습니다.
)
```

3장에서 간단히 언급했듯이, execution_date는 작업 런타임 시에 '마법처럼' 사용할 수 있는 변수 중 하나입니다. 이중 중괄호는 Jinja 템플릿 문자열을 나타냅니다. Jinja는 런타임 시에 템플릿 문자열의 변수와 and 및 or 표현식을 대체하는 템플릿 엔진입니다. 템플릿 작성은 프로그래머로서 코드 작성 시점에는 값을 알기 어렵지만 런타임 시에 값을 할당하기 위해 사용합니다. 예를 들어 이름을 삽입할 수 있는 양식이 있고 코드가 삽입된 이름을 출력하는 경우입니다(그림 4.4).

여기에 이름을 입력

```
print("Hello {{ name }}!")
```

이중 중괄호는 Jinja에게 할당해야 할 변수나
표현식이 있다는 것을 알려 줍니다.

그림 4.4 **코드 작성 시, 예를 들어 양식과 같은 대화형 요소를 사용할 때 모든 변수를 미리 알 수 있는 것은 아닙니다.**

사용자가 런타임 시에 값을 입력하기 때문에 프로그래밍할 때에는 값을 알 수 없습니다. 우리가 아는 것은 삽입된 값이 name이라는 변수에 할당된 다음, 런타임 시에 값을 할당하고 삽입하기 위해 템플릿 문자열 "Hello {{name}}!"을 제공한다는 것입니다.

Airflow에는 태스크 콘텍스트에서 실행 시에 사용할 수 있는 여러 변수가 있습니다. 이러한 변수 중 하나는 execution_date입니다. Airflow는 날짜 시간에 Pendulum(https://pendulum.eustace.io) 라이브러리를 사용하며 execution_date는 이러한 Pendulum의 datetime 객체입

니다. 네이티브 파이썬의 **datetime**의 호환drop-in replacement 객체이므로 파이썬에 사용할 수 있는 모든 메서드를 Pendulum에도 사용할 수 있습니다. datetime.now().year와 pendulum. now().year는 동일한 결과를 얻을 수 있습니다.

리스트 4.2 **Pendulum은 네이티브 파이썬의 datetime과 동일하게 작동합니다.**

```
>>> from datetime import datetime
>>> import pendulum
>>> datetime.now().year
2020
>>> pendulum.now().year
2020
```

위키피디아 페이지 뷰 URL은 빈 앞자리를 0으로 채우는zero-padded 월, 일 및 시간 값이 필요합니다(예: 오전 7시일 경우 '07'). Jinja 템플릿 문자열 내에서 패딩 문자열 형식을 적용합니다.

```
{{ '{:02}'.format(execution_date.hour) }}
```

어떤 인수가 템플릿으로 지정됩니까?

모든 오퍼레이터 인수가 템플릿이 될 수 있는 것은 아닙니다. 모든 오퍼레이터는 템플릿으로 만들 수 있는 속성의 허용 리스트를 유지합니다. 기본적으로 {{name}} 문자열은 Jinja에서 템플릿 가능한 속성 리스트에 포함되지 않으면 {{name}} 그대로 문자열로 해석됩니다. 이 리스트는 모든 오퍼레이터의 template_fields 속성에 의해 설정됩니다. 다음 링크 문서에서 이러한 속성 리스트를 확인할 수 있습니다(https://airflow.apache.org/docs). 해당 문서에서 template_fields 항목을 확인해 보시기 바랍니다.

template_fields의 요소는 클래스 속성의 이름입니다. 일반적으로 __init__ 에 제공된 인수 이름은 클래스 속성 이름과 일치하므로 template_fields에 나열된 모든 항목은 __init__ 인수에 1 : 1로 매핑됩니다. 하지만 엄밀하게 따지면 모두 그렇진 않을 수 있으며 인수가 매핑되는 클래스 속성에 대해 문서화하는 것이 좋습니다.

4.2.2 템플릿에 무엇이 사용 가능할까요?

이제 오퍼레이터의 어떤 인수가 템플릿화될 수 있는지 이해했으니, 템플릿화를 위해 사용할 수 있는 변수는 무엇이 있는지 확인해 보겠습니다. 이전에 사용된 execution_date뿐만 아니라 더 많은 변수를 사용할 수 있습니다. PythonOperator의 도움으로 전체 태스크 콘텍스트를 출력하여 검사할 수 있습니다.

리스트 4.3 **태스크 콘텍스트 출력하기**

```python
import airflow.utils.dates
from airflow import DAG
from airflow.operators.python import PythonOperator

dag=DAG(
    dag_id="chapter4_print_context",
    start_date=airflow.utils.dates.days_ago(3),
    schedule_interval="@daily",
)

def _print_context(**kwargs):
    print(kwargs)

print_context=PythonOperator(
    task_id="print_context",
    python_callable=_print_context,
    dag=dag,
)
```

이 작업을 실행하면 태스크 콘텍스트에서 사용 가능한 모든 변수의 리스트가 출력됩니다.

리스트 4.4 **주어진 실행 날짜에 대한 모든 콘텍스트 변수를 출력합니다.**

```
{
    'dag': <DAG: print_context>,
    'ds': '2019-07-04',
    'next_ds': '2019-07-04',
    'next_ds_nodash': '20190704',
    'prev_ds': '2019-07-03',
    'prev_ds_nodash': '20190703',
    ...
}
```

모든 변수는 **kwargs에 저장되어 print() 함수에 전달됩니다. 이러한 모든 변수는 런타임 시에 사용할 수 있습니다. 표 4.1은 사용 가능한 모든 태스크 콘텍스트 변수에 대한 설명을 제공합니다.

표 4.1 **모든 태스크 콘텍스트 변수**

키	설명	예시
conf	Airflow 구성에 대해 접근할 수 있습니다.	`airflow.configuration.` `AirflowConfigParser object`
dag	현재 DAG 개체	`DAG object`
dag_run	현재 DagRun 개체	`DagRun object`

표 4.1 **모든 태스크 콘텍스트 변수(계속)**

키	설명	예시
ds	%Y-%m-%d 형식의 execution_date	"2019-01-01"
ds_nodash	%Y%m%d 형식의 execution_date	"20190101"
execution_date	태스크 스케줄 간격의 시작 날짜/시간	pendulum.datetime.DateTime object
Inlets	task.inlets의 약어, 데이터 계보에 대한 입력 데이터 소스를 추적하는 기능	[]
macros	airflow.macros 모듈	macro module
next_ds	%Y-%m-%d 형식의 다음 스케줄 간격(= 현재 스케줄 간격의 끝)의 execution_date	"2019-01-02"
next_ds_nodash	%Y%m%d 형식의 다음 스케줄 간격(= 현재 스케줄 간격의 끝)의 execution_date	"20190102"
next_execution_date	태스크의 다음 스케줄 간격의 시작 datetime(= 현재 스케줄 간격의 끝)	pendulum.datetime.DateTime object
outlets	task.outlets의 약어, 데이터 계보lineage에 대한 출력 데이터 소스를 추적하는 기능	[]
params	태스크 콘텍스트에 대한 사용자 제공 변수	{}
prev_ds	%Y-%m-%d 형식의 이전 스케줄 간격의 execution_date	"2018-12-31"
prev_ds_nodash	%Y%m%d 형식의 이전 스케줄 간격의 execution_date	"20181231"
prev_execution_date	태스크 이전 스케줄 간격의 시작 datetime	pendulum.datetime.DateTime object
prev_execution_date_success	동일한 태스크의 마지막으로 성공적으로 완료된 실행의 시작 datetime (과거에만 해당)	pendulum.datetime.DateTime object
prev_start_date_success	동일한 태스크의 마지막으로 성공적으로 시작된 날짜와 시간 (과거에만 해당)	pendulum.datetime.DateTime object
run_id	DagRun의 run_id (일반적으로 접두사 + datetime으로 구성된 키)	"manual__2019-0101T00:00:00+00:00"
task	현재 오퍼레이터	PythonOperator object
task_instance	현재 TaskInstance 객체	TaskInstance object
task_instance_key_str	현재 TaskInstance의 고유 식별자 ({dag_id}__{task_id}__{ds_nodash})	"dag_id__task_id__20190101"
templates_dict	태스크 콘텍스트에 대한 사용자 제공 변수	{}
test_mode	Airflow가 테스트 모드에서 실행 중인지 여부 (구성 속성)	False
ti	task_instance와 동일한 현재 TaskInstance 객체	TaskInstance object

표 4.1 **모든 태스크 콘텍스트 변수(계속)**

키	설명	예시
tomorrow_ds	ds(실행 시간)에서 1일을 더함.	"2019-01-02"
tomorrow_ds_nodash	ds_nodash에서 1일을 더함.	"20190102"
ts	ISO8601 포맷에 따른 execution_date	"2019-0101T00:00:00+00:00"
ts_nodash	%Y%m%dT%H%M%S 형식의execution_date	"20190101T000000"
ts_nodash_with_tz	시간 정보가 있는 ts_nodash	"20190101T000000+0000"
var	Airflow 변수를 처리하기위한 헬퍼 개체Helpers object	{}
yesterday_ds	ds(실행 시간) 1일을 뺌.	"2018-12-31"
yesterday_ds_nodash	ds_nodash 1일을 뺌.	"20181231"

PythonOperator를 사용하여 실행 날짜 2019-01-01T00:00:00, @daily 간격으로 DAG에서 수동으로 실행하면 출력됩니다.

4.2.3 PythonOperator 템플릿

PythonOperator는 4.2.1절에 표시된 템플릿과는 차이가 있습니다. BashOperator (및 Airflow의 다른 모든 오퍼레이터)를 사용하여 런타임에 자동으로 템플릿이 지정되는 bash_command 인수(또는 다른 오퍼레이터에서 이름이 지정된 인수)에 문자열을 제공합니다. PythonOperator는 런타임 콘텍스트로 템플릿화할 수 있는 인수를 사용치 않고 별도로 런타임 콘텍스트를 적용할 수 있는 python_callable 인수를 사용하기 때문에 이 표준을 따르지 않습니다.

BashOperator를 사용하여 리스트 4.1에 표시된 대로 위키피디아 페이지 뷰를 다운로드하는 코드를 이제 PythonOperator로 구현된 코드를 확인해 보겠습니다. 기능적으로는 동일한 동작을 수행합니다.

리스트 4.5 **PythonOperator로 위키피디아 페이지 뷰 다운로드**

```
from urllib import request

import airflow from airflow
import DAG from airflow.operators.python import PythonOperator

dag=DAG(
    dag_id="stocksense",
    start_date=airflow.utils.dates.days_ago(1),
    schedule_interval="@hourly",
)
```

```
def _get_data(execution_date):
    year, month, day, hour, *_=execution_date.timetuple()
    url=(
        "https://dumps.wikimedia.org/other/pageviews/"
        f"{year}/{year}-{month:0>2}/"
        f"pageviews-{year}{month:0>2}{day:0>2}-{hour:0>2}0000.gz"
    )
    output_path="/tmp/wikipageviews.gz"
    request.urlretrieve(url, output_path)

get_data=PythonOperator(
    task_id="get_data",
    python_callable=_get_data,
    dag=dag,
)
```

PythonOperator는 파이썬 함수를 이용해 실행하며, BashOperator는 Bash 명령을 문자열로 받아 실행합니다.

파이썬에서 함수는 주요 요소이며, PythonOperator의 python_callable 인수에 **콜러블** callable[2](함수를 콜러블 객체로 만들어 주는)을 제공합니다.[3] 어떤 함수라도 실행 시 PythonOperator는 호출 가능하도록 수행합니다. 다른 모든 오퍼레이터상 문자열이 아니라 함수이기 때문에 함수 내의 코드를 자동으로 템플릿화할 수는 없습니다. 대신, 그림 4.5와 같이 태스크 컨텍스트 변수를 제공하기 때문에 이를 이용할 수 있습니다.

Airflow 1과 Airflow 2의 PythonOperator상 provide_context

Airflow 1에서는 PythonOperator의 인수인 provide_context=True로 설정하면 모든(!) 태스크 콘텍스트 변수를 호출할 수 있습니다.

```
PythonOperator(
    task_id="pass_context",
    python_callable=_pass_context,
(중략)
    provide_context=True,
    dag=dag,
)
```

Airflow 2에서는 PythonOperator 가 콜러블 인수 이름으로부터 콘텍스트 변수가 호출 가능한지 판단합니다. 때문에 더 이상 provide_context=True를 설정할 필요가 없습니다.

```
PythonOperator(
    task_id="pass_context",
    python_callable=_pass_context,
    dag=dag,
)
```

호환성을 유지하기 위해서 Airflow 2 또한 provide_context 인수를 지원하지만, 실행 시 안전하게 제거할 수 있습니다.

---

2   [옮긴이] 콜러블(callabe)이란 대상(객체)이 호출 가능한 상태인지 확인해 줍니다. 실무에서 이렇게 쓰는 경우가 많아서 발음 그대로 표현합니다.

3   파이썬에서는 __call__()을 구현하는 모든 객체는 호출 가능한 것으로 간주됩니다(예: functions/methods).

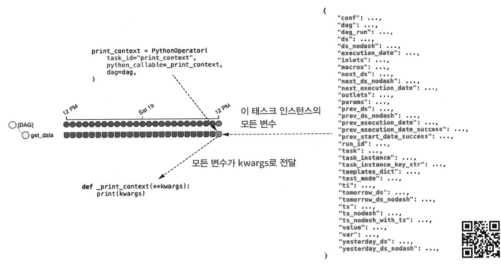

그림 4.5 PythonOperator로 태스크 콘텍스트 제공하기

파이썬은 함수에서 키워드 인수를 받을 수 있습니다. 여기에는 주로 제공되는 키워드 인수를
사전에 알지 못하는 경우, 또는 예상되는 키워드 인수를 모두 명시적으로 작성할 필요 없는
다양한 사용 사례가 있습니다.

리스트 4.6 kwargs에 저장된 키워드 인수

```
def _print_context(**kwargs):
    print(kwargs)
```
키워드 인수는 두 개의 애스터리스크(**)로 표시하면 캡처됩니다.
그리고 캡처 인수의 이름을 kwrgs에 지정합니다.

키워드 인수의 이름 지정은 Airflow 태스크 콘텍스트 변수를 확인하기 위해서 적절한 이름을
사용하는 것이 좋습니다(예: "context").

리스트 4.7 태스크 콘텍스트를 저장하려는 의도를 표현하기 위해 kwargs 이름을 콘텍스트로 변경

```
def _print_context(**context):
    print(context)

print_context=PythonOperator(
    task_id="print_context",
    python_callable=_print_context,
    dag=dag,
)
```
인수에 context라는 이름을 지정하면
Airflow 태스크 콘텍스트라는 것을 나타냅니다.

콘텍스트 변수는 모든 콘텍스트 변수의 집합이며 현재 실행되는 태스크의 시작 및 종료 날짜
시간 인쇄와 같이 태스크 실행 간격에 대해 다양한 동작을 제공할 수 있습니다.

리스트 4.8 **스케줄 주기의 시작 및 종료 날짜 출력하기**

리스트 4.8 **스케줄 주기의 시작 및 종료 날짜 출력하기**

```python
def _print_context(**context) :
    start=context["execution_date"]          ◄─── context로부터
    end=context["next_execution_date"]            execution_date 추출
    print(f"Start: {start}, end: {end}")

print_context=PythonOperator(
    task_id="print_context", python_callable=_print_context, dag=dag
)

# 출력 예:
# Start: 2019-07-13T14:00:00+00:00, end: 2019-07-13T15:00:00+00:00
```

이제 몇 가지 기본 예를 살펴보았으므로 리스트 4.5(그림 4.6)에 표시된 대로 시간별 위키피디아 페이지 뷰를 다운로드하는 PythonOperator를 알아보겠습니다.

PythonOperator에 의해 호출된 _get_data 함수는 **context 인수를 사용합니다. 앞서 살펴본 것과 같이 **kwargs라는 이름의 단일 인수에 모든 키워드 인수를 포함할 수 있습니다(애스터리스크가 두 개면 키워드 인수를 나타내며 kwargs는 실제 변수의 이름입니다). 태스크 콘텍스트 변수라는 의미로 **context로 이름을 바꿀 수 있습니다. 여기서 한 가지 더 설명하자면, 파이썬에서는 키워드 인자를 받아들이는 또 다른 방법이 있습니다.

```
                태스크 컨텍스트 변수                    execution_date로부터 datetime 요소 추출
                        │                                        │
def _get_data(**context):                                        ▼
    year, month, day, hour, *_ = context["execution_date"].timetuple()
    url = (
        "https://dumps.wikimedia.org/other/pageviews/"
     ┌─f"{year}/{year}-{month:0>2}/pageviews-{year}{month:0>2}{day:0>2}-{hour:0>2}0000.gz"
     │  )
     │  output_path = "/tmp/wikipageviews.gz"
     │  request.urlretrieve(url, output_path)◄───
     │                                              │
   datetime 요소로 URL 형식화              반환되는 데이터
```

그림 4.6 PythonOperator는 문자열 인수 대신 함수를 사용하므로 Jinja 템플릿 작업을 할 수 없습니다. 이 함수에서는 execution_date로부터 datetime을 추출하여 동적으로 URL을 구성합니다.

리스트 4.9 **명시적으로 execution_date 변수를 알려줍니다.**

```python
def _get_data(execution_date, **context):  ◄───   파이썬에게 execution_date라는
    year, month, day, hour, *_=execution_date.timetuple()   인수가 필요하다는 것을 선언합니다.
    # ...                                              context 인수에서 캡처되지 않습니다.
```

내부에서 일어나는 일은 키워드 인수인 context 변수를 사용하여 _get_data 함수가 호출됩니다.

리스트 4.10 **모든 context 변수는 키워드 인수로 전달됩니다.**

```
_get_data(conf=..., dag=..., dag_run=..., execution_date=..., ...)
```

그런 다음 파이썬은 함수 시그니처(매개변수 리스트)에 지정된 인수에 대해 필요 여부를 확인합니다(그림 4.7).

```
_get_data(conf=..., dag=..., dag_run=..., execution_date=..., ...)

            시그니처 안에 설정이 필요한가?        그렇지 않으면 **context에 추가

  def _get_data(execution_date, **context):
      year, month, day, hour, *_ = execution_date.timetuple()
      # ...
```

그림 4.7 **파이썬은 주어진 키워드 인수가 함수의 특정 인수에 전달되는지 아니면 일치하는 이름이 없는 경우, ** 인수에 전달되는지 확인합니다.**

첫 번째 인수 conf가 확인되고 _get_data의 시그니처(예상 인수)에서 찾을 수 없으므로 **context에 추가됩니다. dag 및 dag_run 두 인수 또한 예상 인수에 없기 때문에 반복되어 추가됩니다. 다음 execution_date는 예상 인수에 정의되어 있고 해당 값은 _get_data()의 execution_date 인수로 전달됩니다(그림 4.8).

```
_get_data(conf=..., dag=..., dag_run=..., execution_date=..., ...)

            시그니처에 execution_date가 있는가?
            그렇다면 인수로 전달

  def _get_data(execution_date, **context):
      year, month, day, hour, *_ = execution_date.timetuple()
      # ...
```

그림 4.8 **_get_data에는 execution_date라는 인수를 필요로 합니다. 기본값이 설정되어 있지 않으므로 해당 인수를 전달하지 않으면 실패하게 됩니다.**

이 예제의 최종 결과는 execution_date라는 이름의 키워드가 execution_date 인수에 전달되고 다른 모든 변수는 함수 서명에서 명시적으로 정의하지 않았으므로 **context에 전달됩니다(그림 4.9).

```
_get_data(conf=..., dag=..., dag_run=..., execution_date=..., ...)

  def _get_data(execution_date, **context):
      year, month, day, hour, *_ = execution_date.timetuple()
      # ...
```

그림 4.9 **명명된 인수는 _get_data()에 지정할 수 있습니다. execution_date는 명시적으로 인수로 정의되어 있으므로 필수로 입력해야 하며 다른 모든 인수는 **context에 캡처됩니다.**

이제 context["execution_date"]에서 **context를 추출하는 대신에 execution_date 변수를 직접 사용할 수 있습니다. 또한 코드는 보다 알아보기 쉽고, 명시적인 인수 정의를 통해 린터(linter)와 타입 힌팅(type hinting)과 같은 도구를 사용하는 이점을 얻을 수 있습니다.

4.2.4 PythonOperator에 변수 제공

앞서 오퍼레이터에서 태스크 콘텍스트가 작동하는 방식과 파이썬이 키워드 인수를 처리하는 방식을 살펴보았으니 이제 두 가지 이상의 데이터 소스에서 데이터를 다운로드하는 과정을 알아보겠습니다. _get_data() 함수는 두 번째 데이터 소스에 대한 적용을 위해 복제 후 조금 변경합니다. PythonOperator는 콜러블 함수에서 추가 인수를 제공하는 방법도 지원합니다. 예를 들어 output_path를 입력 가능하게 만들어 작업에 따라 출력 경로를 변경하기 위해 전체 함수를 복사하는 대신 output_path만 별도로 구성할 수 있습니다(그림 4.10).

```
def _get_data(output_path, **context):
    year, month, day, hour, *_ = context["execution_date"].timetuple()
    url = (
        "https://dumps.wikimedia.org/other/pageviews/"
        f"{year}/{year}-{month:0>2}/pageviews-{year}{month:0>2}{day:0>2}-{hour:0>2}0000.gz"
    )
    request.urlretrieve(url, output_path)
```

이제 output_path를 함수 인수를 통해 구성 가능

그림 4.10 output_path는 이제 인수를 통해 구성할 수 있습니다.

output_path의 값은 두 가지 방법으로 제공될 수 있습니다. 첫 번째는 op_args 인수를 사용하는 것입니다.

리스트 4.11 **PythonOperator 콜러블 커스텀 변수 제공하기**

```
get_data=PythonOperator(
    task_id="get_date",
    python_callable=_get_data,
    op_args=["/tmp/wikipageviews.gz"],
    dag=dag,
)
```

op_args를 사용하여 콜러블 함수에 추가 변수를 제공합니다.

오퍼레이터를 실행하면 op_args에 제공된 리스트의 각 값이 콜러블 함수에 전달됩니다 (즉, _get_data("/tmp/wikipageviews.gz") 함수를 직접 호출하는 것과 동일한 결과를 얻을 수 있음).

그림 4.10의 output_path는 _get_data 함수의 첫 번째 인수이므로 실행 시 값이 /tmp/wiki pageviews.gz로 설정됩니다(이를 **키워드가 아닌 인수**라고 함). 두 번째 방법은 다음 리스트에 표시된 op_kwargs 인수를 사용하는 것입니다.

리스트 4.12 **PythonOperator 콜러블 커스텀 kwargs 제공하기**

리스트 4.12 **PythonOperator 콜러블 커스텀 kwargs 제공하기**

```
get_data=PythonOperator(
    task_id="get_data",
    python_callable=_get_data,
    op_kwargs={"output_path": "/tmp/wikipageviews.gz"},◄── op_kwargs에 주어진 명령어가
    dag=dag,                                                호출 가능한 키워드 인수로
)                                                           전달됩니다.
```

op_args와 유사하게 op_kwargs의 모든 값은 콜러블 함수에 전달되지만 여기서는 키워드 인수로 전달됩니다. _get_data에 대한 동등한 호출은 다음과 같습니다.

```
_get_data(output_path="/tmp/wikipageviews.gz")
```

이러한 값은 문자열을 포함할 수 있으므로 템플릿을 만들 수 있습니다. 즉, 콜러블 함수 자체 내에서 datetime 구성 요소를 추출하지 않고 대신 템플릿 문자열을 콜러블 함수에 전달할 수 있습니다.

리스트 4.13 **콜러블 함수에 대한 입력으로 템플릿 문자열 제공하기**

```
def _get_data(year, month, day, hour, output_path, **_):
    url=(
        "https://dumps.wikimedia.org/other/pageviews/"
        f"{year}/{year}-{month:0>2}/"
        f"pageviews-{year}{month:0>2}{day:0>2}-{hour:0>2}0000.gz"
    )
    request.urlretrieve(url, output_path)
get_data=PythonOperator(
    task_id="get_data",
    python_callable=_get_data,
    op_kwargs={                              사용자 정의 키워드 인수는
        "year": "{{ execution_date.year }}",◄── 콜러블 함수에 전달되기 전에
        "month": "{{ execution_date.month }}",   템플릿화됩니다.
        "day": "{{ execution_date.day }}",
        "hour": "{{ execution_date.hour }}",
        "output_path": "/tmp/wikipageviews.gz",
    },
    dag=dag,
)
```

4.2.5 템플릿의 인수 검사하기

Airflow UI는 템플릿 인수 오류를 디버깅하는 데 유용합니다. 작업을 실행한 후 그래프 또는 트리 보기에서 선택하고 'Rendered Template' 버튼을 클릭하여 템플릿 인수 값을 검사할 수 있습니다(그림 4.11).

렌더링된 템플릿보기는 렌더링되는 지정된 연산자의 모든 속성과 해당 값들을 표시합니다. 이 보기는 태스크 인스턴스별로 표시됩니다. 따라서 주어진 태스크 인스턴스에 대해 렌더링된 속성을 검사하려면 Airflow에서 작업을 스케줄해야 합니다(즉, Airflow가 다음 작업 인스턴스를 스케줄할 때까지 기다려야 함). 개발 중에 이것은 비실용적일 수 있는데, Airflow 명령줄 인터페이스CLI를 사용하면 주어진 datetime에 대한 템플릿 값을 확인할 수 있습니다.

리스트 4.14 **주어진 실행 날짜에 대한 렌더링된 템플릿 값**

```
# airflow tasks render stocksense get_data 2019-07-19T00:00:00
# -----------------------------------------------------------
# property: templates_dict
# -----------------------------------------------------------
None


# -----------------------------------------------------------
# property: op_args
# -----------------------------------------------------------
[]


# -----------------------------------------------------------
# property: op_kwargs
# -----------------------------------------------------------
{'year': '2019', 'month': '7', 'day': '19', 'hour': '0', 'output_path':
    '/tmp/wikipageviews.gz'}
```

그림 4.11 **태스크 실행 후 렌더링된 템플릿 값 검사하기**

CLI는 작업을 실행하지 않고도 Airflow UI에 표시된 것과 정확히 동일한 정보를 제공하므로 결과를 더 쉽게 확인할 수 있습니다. CLI를 사용하여 템플릿을 렌더링하는 명령은 다음과 같습니다.

```
airflow tasks render [dag id] [task id] [desired execution date]
```

원하는 날짜의 시간 동안 작업이 실행되는 것처럼 모든 날짜 시간을 입력할 수 있으며, Airflow CLI는 모든 템플릿 속성을 렌더링합니다. CLI를 사용하면 메타 스토어에 아무것도 등록되지 않으므로 간편하게 확인할 수 있습니다.

4.3 다른 시스템과 연결하기

이제 템플릿의 작동 방식을 알았으므로 시간별 위키피디아 페이지 뷰를 처리하여 사용 사례를 계속 진행해 보겠습니다. 다음 두 오퍼레이터는 저장소에서 추출하고 압축을 푼 파일을 스캔한 후, 지정된 페이지 이름에 대한 페이지 뷰 카운트를 선택해 처리합니다. 그런 다음 결과가 로그에 출력됩니다.

리스트 4.15 **지정된 페이지 이름에 대한 페이지 뷰 읽기**

```
extract_gz=BashOperator(
    task_id="extract_gz",
    bash_command="gunzip --force /tmp/wikipageviews.gz",
    dag=dag,
)

def _fetch_pageviews(pagenames):
    result=dict.fromkeys(pagenames, 0)
    with open(f"/tmp/wikipageviews", "r") as f:          ◀── 이전 태스크에서 작성한 파일 열기
        for line in f:
            domain_code, page_title, view_counts, _=line.split(" ")    ◀── 줄에서 필요 요소 추출
            if domain_code == "en" and page_title in pagenames:    ◀── page_title이 정해진 페이지 이름인지 확인
                result[page_title]=view_counts
    print(result)
    # Prints e.g. "{'Facebook': '778', 'Apple': '20', 'Google': '451', 'Amazon': '9',
     'Microsoft': '119'}"

fetch_pageviews=PythonOperator(
    task_id="fetch_pageviews",
    python_callable=_fetch_pageviews,
    op_kwargs={
        "pagenames": {
            "Google",
            "Amazon",
            "Apple",
```

도메인이 "en"인 것만 필터링

```
            "Microsoft",
            "Facebook",
        }
    },
    dag=dag,
)
```

이와 같이 {'Apple':'31', 'Microsoft':'87', 'Amazon':'7', 'Facebook': '228', 'Google': '275'} 값이 출력됩니다. 첫 번째 개선 사항으로 이러한 카운트를 자체 데이터베이스에 기록하여 SQL로 쿼리하고 "구글 위키피디아 페이지의 평균적인 시간당 페이지 뷰 카운트는 얼마입니까?"와 같이 질의할 수 있습니다(그림 4.12).

시간별 페이지 뷰를 저장하기 위한 Postgres 데이터베이스가 있다고 가정합니다. 데이터를 보관할 테이블에는 리스트 4.16과 같이 3개의 열이 있습니다.

그림 4.12 **워크플로의 개념적 아이디어. 페이지 뷰를 추출한 후 페이지 뷰 수를 SQL 데이터베이스에 기록합니다.**

리스트 4.16 **출력 저장을 위한 테이블 생성 구문**

```
CREATE TABLE pageview_counts (
    pagename VARCHAR(50) NOT NULL,
    pageviewcount INT NOT NULL,
    datetime TIMESTAMP NOT NULL
);
```

pagename 및 pageviewcount 열은 각각 위키피디아 페이지의 이름과 주어진 시간 동안 해당 페이지의 페이지 뷰 수를 저장합니다. datetime 열에는 스케줄 기간을 위한 Airflow의 execution_date와 같은 페이지 뷰 수에 관련된 날짜와 시간이 포함됩니다. INSERT 쿼리의 예는 다음과 같습니다.

리스트 4.17 **pageview_counts 테이블에 결과를 저장하는 INSERT 구문**

```
INSERT INTO pageview_counts VALUES ('Google', 333, '2019-07-17T00:00:00');
```

이 코드는 현재 확인된 페이지 뷰 수를 출력하여 결과를 Postgres 테이블에 작성하게 됩니다. PythonOperator는 현재 결과를 출력하지만 데이터베이스에 직접 쓰지 않기 때문에 결과를 데이터베이스에 입력하기 위해서는 두 번째 작업이 필요합니다. Airflow는 태스크 간 데이터를 전달하는 방법으로 두 가지가 있습니다.

- Airflow 메타스토어를 사용하여 태스크 간 결과를 쓰고 읽습니다. 이를 XCom이라고 하며 5장에서 다룹니다.
- 영구적인 위치(예: 디스크 또는 데이터베이스)에 태스크 결과를 기록합니다.

Airflow 태스크는 설정에 따라 물리적으로 서로 다른 컴퓨터에서 독립적으로 실행되므로 메모리에서 데이터를 공유할 수 없습니다. 따라서 태스크 간의 데이터는 태스크가 완료된 후 다른 태스크에서 읽을 수 있는 다른 위치에 유지되어야 합니다.

Airflow는 XCom이라는 기본 메커니즘을 제공하여 Airflow 메타스토어에서 선택 가능한 picklable 개체를 저장하고 나중에 읽을 수 있습니다. 피클Pickle은 파이썬의 직렬화 프로토콜이며 직렬화는 메모리의 개체를 나중에 다시 읽을 수 있도록 디스크에 저장할 수 있는 형식으로 변환하는 것을 의미합니다. 기본적으로 기본 파이썬 타입(예: string, int, dict, list)에서 빌드된 모든 객체를 피클링이 가능합니다.

피클링이 불가능한 개체로는 데이터베이스 연결과 파일 핸들러가 있습니다. 크기가 작은 오브젝트일 때, XCom을 이용한 피클링이 적합합니다. Airflow의 메타스토어(일반적으로 MySQL 또는 Postgres 데이터베이스)는 크기가 한정되어 있고 피클링된 객체는 메타스토어의 블롭blob[4]에 저장되기 때문에 일반적으로 문자열 몇 개(예: 이름 목록)와 같은 작은 데이터 전송 시에 적용하는 것이 좋습니다.

좀 더 큰 데이터를 태스크 간에 전송하기 위해서는 Airflow 외부에 데이터를 유지하는 것이 좋습니다. 데이터를 저장하는 방법은 특별히 제한하지 않지만 일반적으로 디스크에 파일을 생성합니다. 여기 사용 예에서는 큰 용량을 차지하지 않는 문자열과 정수 몇 개를 사용합니다. 향후 더 많은 페이지 처리로 데이터 크기가 커질 수 있다는 점을 염두에 두고 XCom 대신 디스크에 결과를 저장합니다

태스크 간에 데이터를 저장하는 방법을 결정하기 위해서는 데이터가 다시 사용되는 위치와 방법을 알아야 합니다. 대상이 되는 데이터베이스가 Postgres이므로 PostgresOperator를 사용해 데이터를 입력하도록 합니다. 먼저 프로젝트에서 PostgresOperator 클래스를 가져오기 위한 추가 패키지를 설치합니다.

4　[옮긴이] blob이란 binary large object의 약자로 텍스트뿐만 아니라 이미지, 사운드, 비디오, 또는 압축 파일 등 큰 크기의 파일을 저장할 때 사용하는 이진 데이터를 의미합니다.

```
pip install apache-airflow-providers-postgres
```

PostgresOperator는 사용자가 작성한 쿼리를 실행합니다. PostgresOperator는 CSV 데이
터로부터 입력하는 기능을 지원하지 않으므로 먼저 SQL 쿼리를 임시 데이터로 작성합니다.

리스트 4.18 PostgresOperator 에 공급할 INSERT 구문 작성

```
def _fetch_pageviews(pagenames, execution_date, **_):
    result=dict.fromkeys(pagenames, 0)  ◀─┤ 0으로 모든 페이지 뷰에 대한 결과를 초기화합니다.
    with open("/tmp/wikipageviews", "r") as f:
        for line in f:
            domain_code, page_title, view_counts, _=line.split(" ")
            if domain_code == "en" and page_title in pagenames:
                result[page_title]=view_counts  ◀─┤ 페이지 뷰 저장

    with open("/tmp/postgres_query.sql", "w") as f:
        for pagename, pageviewcount in result.items():◀─┤ 각 결과에 대해 SQL 쿼리 작성
            f.write(
                "INSERT INTO pageview_counts VALUES ("
                f"'{pagename}', {pageviewcount}, '{execution_date}'"
                ");\n"
            )
fetch_pageviews=PythonOperator(
    task_id="fetch_pageviews",
    python_callable=_fetch_pageviews,
    op_kwargs={"pagenames": {"Google", "Amazon", "Apple", "Microsoft", "Facebook"}},
    dag=dag,
)
```

이 작업을 실행하면 PostgresOperator에서 실행할 모든 SQL 쿼리를 포함하는 파일 (/tmp/
postgres_query.sql)이 지정된 스케줄 간격으로 생성됩니다. 다음 예를 참조하십시오.

리스트 4.19 PostgresOperator에 수집될 INSERT 쿼리

```
INSERT INTO pageview_counts VALUES ('Facebook', 275, '2019-07-18T02:00:00+00:00');
INSERT INTO pageview_counts VALUES ('Apple', 35, '2019-07-18T02:00:00+00:00');
```

```
INSERT INTO pageview_counts VALUES ('Microsoft', 136, '2019-07-18T02:00:00+00:00');
INSERT INTO pageview_counts VALUES ('Amazon', 17, '2019-07-18T02:00:00+00:00');
INSERT INTO pageview_counts VALUES ('Google', 399, '2019-07-18T02:00:00+00:00');
```

이제 쿼리를 생성했으므로 연결하는 마지막 작업을 수행합니다.

리스트 4.20 PostgresOperator 호출하기

```
from airflow.providers.postgres.operators.postgres import PostgresOperator

dag=DAG(..., template_searchpath="/tmp")    ◀─── sql 파일 탐색 경로

write_to_postgres=PostgresOperator(
    task_id="write_to_postgres",
    postgres_conn_id="my_postgres",◀─── 연결에 사용할 인증 정보의 식별자
    sql="postgres_query.sql",◀─── SQL 쿼리 또는 SQL 쿼리를 포함하는 파일의 경로
    dag=dag,
)
```

해당 그래프 뷰는 그림 4.13과 같습니다.

그림 4.13 DAG가 매시간 위키피디아 페이지 뷰를 가져오고 결과를 Postgres에 기록합니다. PostgresOperator 는 Postgres 데이터베이스에 대해 쿼리를 실행하기 위해 두 개의 인수만 입력하면 됩니다. 데이터베이스에 대한 연결 설정 및 완료 후 연결 끊기 같은 복잡한 작업은 내부에서 처리됩니다. postgres_conn_id 인수는 Postgres 데이터베이스에 대한 자격 증명에 대한 식별자입니다. Airflow는 이러한 자격증명(메타스토어에 암호화되어 저 장됨)을 관리할 수 있으며 운영자는 필요할 때 자격 증명 중 하나를 가져올 수 있습니다. 자세히 설명은 생략하고 CLI를 사용해 Airflow에 my_postgres 연결을 추가해 봅니다.

리스트 4.21 CLI를 사용하여 Airflow에 자격 증명 저장하기

```
airflow connections add \
    --conn-type postgres \
    --conn-host localhost \
    --conn-login postgres \
    --conn-password mysecretpassword \
    my_postgres ◀─── 연결 식별자
```

그러면 연결이 UI에 표시됩니다(UI에서도 생성할 수 있음). Admin 〉 Connections로 이동하여 Airflow에 저장된 모든 연결을 확인합니다(그림 4.14).

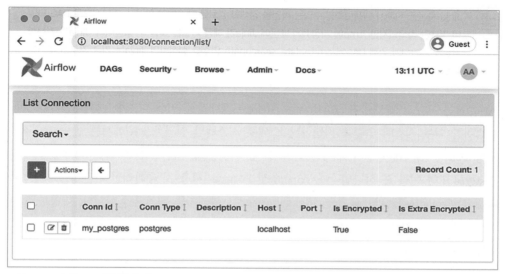

그림 4.14 **Airflow UI상 연결 리스트**

여러 DAG가 실행이 완료되면 Postgres 데이터베이스에는 다음과 같은 몇 가지 카운트 기록이
저장됩니다.

```
"Amazon",12,"2019-07-17 00:00:00"
"Amazon",11,"2019-07-17 01:00:00"
"Amazon",19,"2019-07-17 02:00:00"
"Amazon",13,"2019-07-17 03:00:00"
"Amazon",12,"2019-07-17 04:00:00"
"Amazon",12,"2019-07-17 05:00:00"
"Amazon",11,"2019-07-17 06:00:00"
"Amazon",14,"2019-07-17 07:00:00"
"Amazon",15,"2019-07-17 08:00:00"
"Amazon",17,"2019-07-17 09:00:00"
```

이 마지막 단계에서 확인해야 할 사항이 몇 가지 있습니다. DAG에는 template_searchpath
라는 추가된 인수가 있습니다. INSERT INTO... 문자열 외에도 파일 내용도 템플릿화할 수 있
습니다. 각 오퍼레이터는 오퍼레이터에게 파일 경로를 제공하여 특정 확장자 이름으로 파일을
읽고 템플릿화할 수 있습니다. PostgresOperator의 경우 SQL 인수를 템플릿으로 지정할
수 있으므로 SQL 쿼리를 포함하는 파일 경로도 함께 입력할 수 있습니다. .sql로 끝나는 모든
파일 경로를 읽고 파일의 템플릿을 통해 표현된 후 PostgresOperator에 의해 파일의 쿼리가
실행됩니다. 한 번 더 확인하지만, 오퍼레이터 문서를 참조하여 오퍼레이터가 템플릿화할 수
있는 파일 리스트 정보가 있는 template_ext 부분을 확인하시기 바랍니다.

Jinja 사용을 위해서 템플릿화할 수 있는 파일을 검색할 경로를 제공해야 합니다. 기본적으로 DAG 파일의 경로만 검색되지만 /tmp에 저장했기 때문에 Jinja가 해당 파일을 찾을 수 없습니다. Jinja가 검색할 경로를 추가하기 위해 DAG에서 template_searchpath 인수를 설정하면 Jinja는 기본 경로와 추가된 경로를 함께 탐색합니다.

Postgres는 외부 시스템이며, Airflow는 Airflow 생태계를 위해 다양한 오퍼레이터를 통해 광범위한 외부 시스템 연결을 지원합니다. 외부 시스템과 연결하기 위해서는 종종 부가적인 구성 요소를 설치해야 연결 후에 통신할 수 있기 때문에, 이런 지원은 큰 의미가 있습니다. Postgres 또한 이들 중 하나입니다. Airflow상 Postgres 사용 시 추가적인 의존성을 해결하기 위해서는 apache-airflow-providers-postgres 패키지를 설치해야 합니다. 다양한 외부 시스템과 연계하기 위해서는 여러 의존성 패키지를 설치해야 하는데, 이는 대부분의 오케스트레이션 시스템의 특성 중 하나입니다.

PostgresOperator를 실행하면 여러 가지 작업이 수행됩니다(그림 4.15). PostgresOperator는 Postgres와 통신하기 위해 훅hook이라고 불리는 것을 인스턴스화합니다. 인스턴스화된 훅은 연결 생성, Postgres에 쿼리를 전송하고 연결에 대한 종료 작업을 처리합니다. 여기서 오퍼레이터는 사용자의 요청을 훅으로 전달하는 작업만 담당합니다.

 오퍼레이터는 무엇을 해야 할지 결정하며, 훅은 오퍼레이터가 정한 무엇을 어떻게 해야 할지 결정합니다.

이와 같은 파이프라인을 구축할 때, 훅은 오퍼레이터 내부에서 동작하기 때문에 신경 쓸 필요가 없습니다.

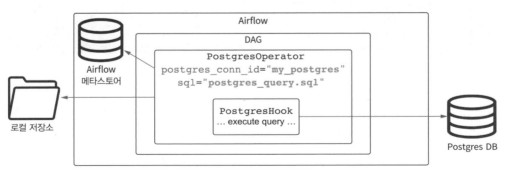

그림 4.15 Postgres 데이터베이스에 대해 SQL 스크립트를 실행하려면 몇 가지 구성 요소가 필요합니다. PostgresOperator에 적합한 설정을 제공하면 PostgresHook가 내부적인 작업을 수행합니다.

DAG가 몇 차례 실행된 후, Postgres 데이터베이스에는 위키피디아 페이지 뷰에서 추출한 몇 가지 레코드가 저장됩니다. 이제 Airflow는 한 시간에 한 번씩 새로운 시간별 페이지 뷰 데이터 세트를 자동으로 다운로드하고 압축을 풀고 원하는 카운트를 추출하여 Postgres 데이터베이스에 기록합니다. 그리고 난 후 "각 페이지가 가장 인기있는 시간은 언제입니까?"와 같은 질의를 할 수 있습니다.

리스트 4.22 **페이지당 가장 인기 있는 시간을 확인하는 SQL 쿼리**

```
SELECT x.pagename, x.hr AS "hour", x.average AS "average pageviews"
FROM (
    SELECT
        pagename,
        date_part('hour', datetime) AS hr,
        AVG(pageviewcount) AS average,
        ROW_NUMBER() OVER (PARTITION BY pagename ORDER BY AVG(pageviewcount) DESC)
    FROM pageview_counts
    GROUP BY pagename, hr
) AS x
WHERE row_number=1;
```

이 리스트는 표 4.2와 같이 특정 페이지가 가장 인기 있는 시간이 16:00에서 21:00 사이라는 것을 보여 줍니다.

표 4.2 **페이지 당 가장 인기있는 시각을 보여주는 쿼리 결과**

페이지 이름	시각	평균 페이지 뷰
Amazon	18	20
Apple	16	66
Facebook	16	500
Google	20	761
Microsoft	21	181

이 쿼리를 통해 우리는 시간별 페이지 뷰 데이터를 다운로드하고, 데이터를 처리하고, 향후 분석을 위해 Postgres 데이터베이스에 결과를 저장하는 전체 과정을 수행하는 가상의 위키피디아 워크플로 작업을 완료했습니다. Airflow는 태스크의 정확한 시작 시간과 순서를 조정하는 역할을 합니다. 태스크 런타임 콘텍스트와 템플릿을 통해 지정된 스케줄 간격 동안 datetime 값을 사용하여 코드가 실행됩니다. 모두 올바르게 설정되면 워크플로를 영원히 실행할 수 있습니다.

요약

- 오퍼레이터의 일부 인수는 템플릿화할 수 있습니다.

- 템플릿 작업은 런타임에 실행됩니다.

- `PythonOperator` 템플릿은 다른 오퍼레이터와 다르게 작동합니다. 변수는 호출 가능하도록 구성해 전달합니다.

- 템플릿 인수의 결과는 `airflow tasks render`로 확인할 수 있습니다.

- 오퍼레이터는 훅을 통해 다른 시스템과 통신할 수 있습니다.

- 오퍼레이터는 **무엇**을 해야 하는지 기술하고, 훅은 작업 **방법**을 결정합니다.

태스크 간 의존성 정의하기

> **이 장에서는 다음과 같은 내용을 다룹니다.**
>
> - Airflow DAG에서 태스크 의존성을 정의하는 방법을 확인합니다.
> - 트리거 규칙을 사용하여 조인을 구현하는 방법을 설명합니다.
> - 트리거 규칙이 작업 실행에 주는 영향에 대한 기본 지식을 제공합니다.
> - XCom을 이용하여 태스크 사이의 상태 공유 방법을 설명합니다.
> - Airflow 2의 Taskflow API를 사용해 파이썬을 많이 사용하는 DAG를 단순화하는 방법을 설명합니다.

이전 장에서는 기본 DAG를 구축하고 작업 간의 간단한 의존성을 정의하는 방법을 확인해 보았습니다. 이번 장에서는 작업 의존성을 Airflow에서 정의하는 방법과 이러한 기능을 사용하여 조건부 태스크, 분기 및 조인을 비롯한 보다 복잡한 패턴을 구현하는 방법에 대해 자세히 알아보겠습니다. 이 장의 마지막 부분에서는 XCom(DAG 실행에서 서로 다른 작업 간에 데이터를 전달할 수 있음)에 대해서도 자세히 살펴보고 이러한 유형의 접근 방식을 사용할 때의 장점과 단점에 대해 논의합니다. 또한 Airflow 2의 새로운 API인 Taskflow API를 통해, 파이썬 작업과 XCom을 많이 사용하는 DAG를 단순화하는 방법을 확인합니다.

5.1 기본 의존성 유형

분기 및 조건부 태스크와 같이 복잡한 태스크의 의존성 패턴에 대해 살펴보기 전에 먼저 앞장에서 살펴본 다양한 태스크 의존성 패턴을 살펴보겠습니다. 여기에는 태스크의 선형 체인 linear chain 유형(연속적으로 실행되는 작업)과 팬아웃/팬인fan-out/fan-in 유형(하나의 태스크가 여러 다운스트림 태스크에 연결되거나 그 반대의 동작을 수행하는 유형)이 모두 포함됩니다. 이러한 유형의 의미를 다음 몇 절에서 간략하게 살펴보겠습니다.

5.1.1 선형 의존성 유형

지금까지, 우리는 주로 단일 선형 태스크 체인으로 구성된 DAG에 초점을 맞추어 설명하였습니다. 예를 들어, 2장에서 DAG를 가져오는 로켓 발사 사진(그림 5.1)은 세 가지 태스크의 체인으로 구성되어 있습니다. 즉, 발사 메타데이터 다운로드, 이미지 다운로드, 전체 프로세스가 완료되면 알려주는 세 가지 태스크로 구성되었습니다.

리스트 5.1 **로켓 사진 가져오기 DAG의 태스크(chapter02/dags/listing_2_10.py)**

```
download_launches=BashOperator(...)
get_pictures=PythonOperator(...)
notify=BashOperator(...)
```

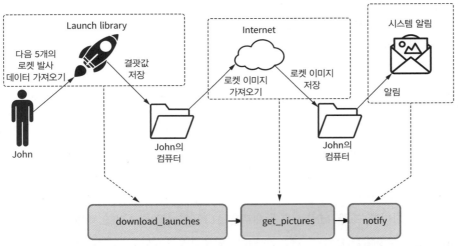

그림 5.1 **2장의 메타데이터 다운로드, 사진 가져오기, 알림 전송을 위한 세 가지 태스크로 구성된 로켓 사진 가져오기 DAG(그림 2.3과 동일)**

이 유형의 DAG에서는 이전 태스크의 결과가 다음 태스크의 입력 값으로 사용되기 때문에, 다음 태스크로 이동하기 전에 각 태스크를 완료해야 합니다. 앞서 살펴본 것처럼 Airflow를 사용하면 오른쪽 비트 시프트 연산자(>>)를 사용하여 태스크 간에 의존성을 만들어 두 태스크 간에 이러한 유형의 관계를 나타낼 수 있습니다.

리스트 5.2 **태스크 간에 의존성 추가하기(chapter02/dags/listing_2_10.py)**

```
download_launches >> get_pictures ◄───┤ 작업 의존성을 각각 설정하기
get_pictures >> notify

download_launches >> get_pictures >> notify ◄───┤ 또는 여러 개의 의존성을 설정할 수 있습니다.
```

태스크 의존성을 통해 Airflow는 업스트림 의존성이 성공적으로 실행된 후에 지정된 다음 태스크 실행을 시작할 수 있습니다. 위의 예에서는 download_launches가 성공적으로 실행된 후 get_pictures 태스크가 시작할 수 있음을 의미합니다. 마찬가지로, notify는 get_pictures가 오류없이 완료된 후에 시작할 수 있습니다.

태스크 의존성을 명시적으로 지정하면 얻는 한 가지 이점은 여러 태스크에서 (암묵적인) 순서가 명확하게 정의된다는 것입니다. 이를 통해 Airflow는 의존성이 충족된 경우에만 다음 태스크를 스케줄할 수 있습니다. 예를 들어 Cron을 사용하여 개별 태스크를 차례로 스케줄하고, 두 번째 태스크가 시작될 때 이전 태스크가 완료되기를 기다리는 것보다 확실하게 처리할 수 있습니다(그림 5.2). 또한 모든 오류는 Airflow에 의해 다운스트림 태스크로 전달되어 실행을 지연시킵니다. 즉, download_launches 태스크에 실패한 경우, Airflow는 download_launches 문제가 해결될 때까지 해당 날짜에 대한 get_pictures 태스크를 실행하지 않습니다.

5.1.2 팬인/팬아웃(Fan-in/Fan-out) 의존성

태스크의 선형 체인 외에도 Airflow의 태스크 의존성을 사용하여 태스크 간 복잡한 의존성 구조를 만들 수 있습니다. 예를 들기 위해 1장의 우산 판매 예측 모델을 다시 살펴보겠습니다. 여기서는 일기예보를 기반으로 다가오는 몇 주 동안 우산 수요를 예측하기 위해 머신러닝 모델을 학습시키려 합니다.

Umbrella DAG의 주요 목적은 서로 다른 두 소스에서 매일 날씨 및 판매 데이터를 가져와서 두 데이터 세트를 데이터 세트로 결합하여 모델을 학습시키는 것이었습니다. 따라서 DAG(그림 5.2)는 입력 데이터를 가져오고 정리하기 위한 두 가지 태스크로 시작합니다. 하나는 날씨 데이터(fetch_weather 및 clean_weather)이고, 다른 하나는 판매 데이터(fetch_sales 및 clean_sales)입니다. 이러한 태스크 후에 정제된 판매 및 날씨 데이터를 가져와 모델 학습을 위해 결합하는 태스크(join_datasets)로 이어집니다. 마지막으로 이 데이터 세트는 모델

(train_model)을 학습하는 데 사용되며, 그 후에 모델은 최종 태스크(deploy_model)에 의해 배포됩니다.

그림 5.2 1장의 Umbrella 사용 사례의 DAG

의존성 측면에서 이 DAG를 고려하면 데이터를 정제하기 전에 원격지에서 데이터를 가져와야 하므로 fetch_weather 태스크와 clean_weather 태스크 간에 선형 의존성을 가지고 있습니다. 하지만 날씨 데이터 가져오기/정제하기는 판매 데이터와 무관하기 때문에 두 작업 간에 상호 의존성은 존재하지 않습니다. 즉, 다음과 같이 데이터 가져오기 및 정제 태스크에 대한 의존성을 정의할 수 있습니다.

리스트 5.3 병렬로 실행되는 선형 의존성 추가하기(dags/01_start.py)

```
fetch_weather >> clean_weather
fetch_sales >> clean_sales
```

두 가져오기 태스크의 업스트림에 DAG의 시작을 나타내는 더미 태스크를 추가할 수도 있습니다. 이 경우, 이 태스크는 반드시 필요한 것은 아니지만, fetch_weather 및 fetch_sales 작업이 모두 시작되는 DAG 시작 시 발생하는 암묵적인 팬아웃_fan-out_(여러 개의 입력 태스크 연결 수 제한)을 설명하는 데 도움이 됩니다. 이러한 팬아웃 종속성(한 태스크를 여러 다운스트림 태스크에 연결하는 것)은 다음과 같이 정의할 수 있습니다.

리스트 5.4 팬아웃(일 대 다) 의존성에 추가하기(dags/01_start.py)

```
from airflow.operators.dummy import DummyOperator

start=DummyOperator(task_id="start")        ◀─┤ 더미 시작 태스크 생성하기
start >> [fetch_weather, fetch_sales]       ◀─┤ 팬아웃(일 대 다) 의존성 태스크 생성하기
```

데이터 가져오기/정제 병렬 태스크와 달리 결합된 데이터 세트를 만들기 위해서는 날씨 및 판매 데이터에 대한 입력이 모두 필요합니다. 따라서 join_datasets 태스크는 clean_weather 및 clean_sales 태스크 모두에 의존성을 가지며, 이러한 업스트림 태스크가 모두 성공적으로 완료된 후에만 활성화할 수 있습니다. 하나의 태스크가 여러 업스트림 태스크에 영향을 받는 구조는 단일 다운스트림 태스크가 여러 업스트림 태스크에 의존성을 갖는데, 이

런 구조를 **팬인 구조**fan-in structure라고 합니다. Airflow에서 팬인 의존성은 다음과 같이 정의할 수 있습니다.

리스트 5.5 팬인(다 대 일) 의존성 추가하기(dags/01_start.py)

```
[clean_weather, clean_sales] >> join_datasets
```

join_datasets 태스크로 팬인 후 DAG의 나머지 부분은 모델 학습 및 모델 배포를 위한 선형 태스크 체인으로 구성됩니다.

리스트 5.6 나머지 태스크에 의존성 추가하기(dags/01_start.py)

```
join_datasets >> train_model >> deploy_model
```

태스크를 결합하면 그림 5.3에 표시된 DAG와 유사한 결과를 얻을 수 있습니다.

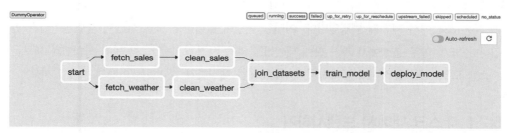

그림 5.3 Airflow의 그래프 뷰에서 렌더링한 Umbrella DAG. 이 DAG는 판매 데이터를 가져와서 정제하고, 데이터 세트로 결합한 후 데이터 세트를 사용하여 머신 러닝 모델을 학습시키는 등 여러 태스크로 형성됩니다. 판매/날씨 데이터 처리는 서로 직접적인 의존성이 없으므로 DAG의 분리된 브랜치에서 발생합니다.

이제 이 DAG를 실행해 보겠습니다. 어떤 태스크가 먼저 실행될까요? 그리고 어떤 태스크가 병렬로 실행되고, 또 어떤 태스크가 병렬로 실행되지 않을까요?

예상대로 DAG를 실행하면 Airflow가 먼저 시작 태스크를 실행합니다(그림 5.4). 시작 태스크가 완료되면 fetch_sales 및 fatch_weather 태스크가 병렬로 실행됩니다(여러 작업 실행이 가능하도록 Airflow가 설정되어 있다고 가정합니다). 데이터를 가져오는 태스크 중 하나가 완료되면 해당 데이터 정제 태스크(clean_sales 또는 clean_weather)가 시작됩니다. 데이터 정제 태스크가 모두 완료되면 Airflow는 join_datasets 태스크를 실행할 수 있습니다. 마지막으로, DAG의 나머지 train_model이 실행되고 태스크가 완료된 후 deploy_model이 순차적으로 실행됩니다.

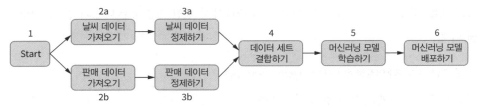

그림 5.4 Umbrella DAG의 태스크 실행 순서(태스크 실행 순서를 나타내는 숫자 포함). Airflow는 시작 태스크를 실행하여 DAG를 시작하며 그 후에 날씨/판매 데이터 수집 및 정제 태스크를 병렬로 실행할 수 있습니다(a/b 접미사로 표시됨). 이것은 날씨/판매 태스크들이 독립적으로 실행된다는 것을 의미합니다. 즉, 예를 들어 3b는 2a 태스크를 마치기 전에 시작할 수 있습니다. DAG는 두 정제 태스크를 모두 완료한 후 나머지 조인, 학습 및 배포 태스크 실행과 함께 선형적으로 진행됩니다.

5.2 브랜치하기

여러분이 DAG에서 판매 데이터 수집 작업을 방금 완료했을 때, 회사 동료로부터 새로운 소식을 들었다고 가정해 봅시다. 관리자는 ERP 시스템 전환을 결정해, 판매 데이터가 1~2주 내에 다른 소스에서 제공될 예정입니다. 이러한 변경이 있더라도 모델 학습이 중단되어서는 안됩니다. 또한 향후 분석에서 과거 판매 데이터를 계속 사용할 수 있도록 이전 시스템과 새로운 시스템 모두, 정상 동작하기를 바랍니다. 이 문제를 해결하기 위해서는 어떻게 해야 할까요?

5.2.1 태스크 내에서 브랜치하기

첫 번째 접근 방식은 수집 태스크를 다시 작성하여 실행 날짜를 통해 판매 데이터 수집 및 처리를 위한 두 개의 개별 코드로 분리할 수 있습니다. 예를 들어, 판매 정제 태스크를 다음과 같이 다시 작성할 수 있습니다.

리스트 5.7 정제 태스크 안에서 브랜치하기(dags/02_branch_task.py)

```python
def _clean_sales(**context):
    if context["execution_date"] < ERP_CHANGE_DATE:
        _clean_sales_old(**context)
    else
        _clean_sales_new(**context)
...
clean_sales_data=PythonOperator(
    task_id="clean_sales",
    python_callable=_clean_sales,
)
```

이 예에서 _clean_sales_old는 이전 판매 형식에 대한 데이터를 정제하는 함수이고 _clean_sales_new는 새 형식에 대해 동일한 태스크를 수행하는 함수입니다. 이 두 함수의 결과가 호환되는 한(열, 데이터 유형 등), 나머지 두 ERP 시스템 간 차이로 DAG는 변경하지 않아도 됩니다.

마찬가지로, 두 시스템에서 수집하기 위한 코드의 경로를 추가하여 초기 수집 단계를 두 ERP 시스템과 호환되도록 만들 수 있습니다.

리스트 5.8 **수집 태스크 내에서 브랜치하기(dags/02_branch_task.py)**

```python
def _fetch_sales(**context):
    if context["execution_date"] < ERP_CHANGE_DATE:
        _fetch_sales_old(**context)
    else:
        _fetch_sales_new(**context)
    ...
```

DAG는 이를 통해 초기 데이터 수집/정제 작업을 수행하면 데이터 소스와 무관하게 일관된 형식으로 판매 데이터를 처리할 수 있습니다.

이 접근 방식의 장점은 DAG 자체의 구조를 수정하지 않고도 DAG에서 약간의 유연성을 허용할 수 있다는 것입니다. 그러나 이 접근 방식은 코드로 분기가 가능한 유사한 태스크로 구성된 경우에만 작동합니다. 예를 들어, 위 코드는 아주 간단한 작업으로 데이터 수집 및 정제 태스크를 수행할 수 있습니다. 하지만 새로운 데이터 소스가 완전히 다른 태스크 체인이 필요하면 어떻게 해야 할까요(그림 5.5)? 이 경우에는 데이터 수집을 두 개의 개별 태스크 세트로 분할하는 것이 나을 수 있습니다.

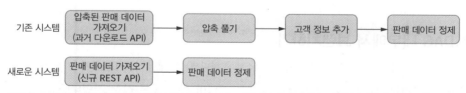

그림 5.5 **두 ERP 시스템 간의 서로 다른 태스크 세트의 예. 두 가지 태스크가 공통점이 많은 경우 단일 태스크로 내부 브랜치를 통해 작업이 가능합니다. 하지만 두 플로가 많은 차이를 가지고 있을 경우(그림과 같은 경우), 별도의 접근 방식을 취하는 것이 좋습니다.**

이 접근 방식의 단점은 특정 DAG 실행 중에 Airflow에서 어떤 코드 분기를 사용하고 있는지 확인하기 어렵다는 것입니다.

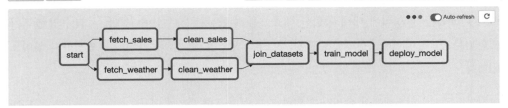

그림 5.6 fetch_sales 및 clean_sales 작업 내에서 두 ERP 시스템 간에 분기하는 DAG에 대한 실행 예제. 이 브랜치는 별도의 태스크 내에서 발생하므로 이 뷰를 통해 실행에 사용된 ERP 시스템을 확인할 수 없습니다. 즉, 어떤 ERP 시스템으로 작업이 진행되는지 확인하기 위해서는 코드(또는 로그)를 검사해야 합니다.

그림 5.6에서 이 특정 DAG 실행에 사용된 ERP 시스템을 유추할 수 있을까요? 이 질문은 겉보기에 간단하지만, 실제 브랜치가 작업 내에 숨겨져 있기 때문에 이 뷰를 통해서는 답변을 하기 어렵습니다. 이 문제를 해결하는 한 가지 방법은 태스크에 좀 더 세세한 로깅을 포함하는 것입니다. 앞으로 설명하겠지만, DAG 자체에서 브랜치를 보다 명시적으로 만드는 방법도 있습니다.

마지막으로 PythonOperator와 같은 일반적인 Airflow 오퍼레이터로 대체하여 태스크에 유연하게 대처할 수 있습니다. 이것은 더 전문화된 Airflow 오퍼레이터가 제공하는 기능을 활용해, 최소한의 코딩 노력으로 더 복잡한 작업을 수행할 수 있습니다. 예를 들어, 데이터 소스 중 하나가 SQL 데이터베이스인 경우, 단순히 MysqlOperator를 사용하여 SQL 쿼리를 실행하면 쿼리의 실제 수행을 위임할 수 있어 많은 작업(인증과 같은)을 절약할 수 있습니다.

다행히도 태스크 내 조건을 확인하는 것이 Airflow에서 브랜치를 수행하는 유일한 방법은 아닙니다. 다음 절에서는 태스크 기반 접근 방식보다 더 많은 유연성을 제공하는 DAG 구조로 분기하는 방법을 설명합니다.

5.2.2 DAG 내부에서 브랜치하기

두 번째 방법은 두 개의 개별 태스크 세트(각 시스템에 하나씩)를 개발하고 DAG가 이전 또는 새로운 ERP 시스템에서 데이터 수집 작업을 실행을 선택할 수 있도록 하는 것입니다(그림 5.7).

두 가지 태스크 세트를 구축하는 것은 어렵지 않습니다. 적절한 오퍼레이터를 사용하여 각 ERP 시스템에 대한 태스크를 별도로 생성하고 각 태스크들을 연결하면 됩니다.

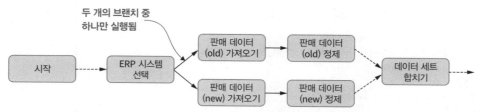

그림 5.7 DAG 내에서 브랜치를 사용하여 두 개의 ERP 시스템 지원, 두 시스템에 대해 서로 다른 태스크 세트 구현. Airflow는 실행할 다운스트림 태스크 세트를 Airflow에 알려주는 특정 브랜치 태스크(여기서는 'Pick ERP system')를 사용하여 이 두 분기 중에서 선택할 수 있습니다.

리스트 5.9 추가적인 수집/정제 태스크 추가하기(dags/03_branch_dag.py)

```
fetch_sales_old=PythonOperator (...)
clean_sales_old=PythonOperator (...)

fetch_sales_new=PythonOperator (...)
clean_sales_new=PythonOperator (...)

fetch_sales_old >> clean_sales_old
fetch_sales_new >> clean_sales_new
```

이제 나머지 태스크를 DAG에 연결하고 Airflow가 언제 어떤 작업을 실행해야 하는지 확인합니다.

다행히 Airflow는 다운스트림 태스크 세트 중 선택할 수 있는 기능을 BranchPythonOperator 를 통해 제공합니다. 이 오퍼레이터는 이름을 통해서 알 수 있듯이 PythonOpertator와 같이 파이썬 콜러블 인수callable argument를 사용할 수 있습니다.

리스트 5.10 BranchPythonOperator를 사용한 브랜치 작업(dags/03_branch_dag.py)

```
def _pick_erp_system(**context):
    ...
pick_erp_system=BranchPythonOperator(
    task_id="pick_erp_system",
    python_callable=_pick_erp_system,
)
```

그러나 PythonOperator와 달리 BranchPythonOperator에 전달된 콜러블 인수는 작업 결과로 다운스트림 태스크의 ID를 반환합니다. 반환된 ID는 브랜치 태스크 완료 후 실행할 다운스트림 태스크를 결정합니다. 태스크 ID 리스트를 반환하는 경우도 있으며, 이 경우 Airflow는 참조된 모든 태스크를 실행합니다.

이를 통해 DAG의 실행 날짜에 따라 적절한 `task_id`를 반환 후 콜러블 인수 기능을 사용하여 ERP 시스템 선택 기능을 구현할 수 있습니다.

```python
def_pick_erp_system(**context):
    if context [ "execution_date"] <ERP_CHANGE_DATE:
        return "fetch_sales_old"
    else :
        return "fetch_sales_new"

pick_erp_system=BranchPythonOperator(
    task_id='pick_erp_system',
    python_callable=_pick_erp_system,
)

pick_erp_system >> [fetch_sales_old, fetch_sales_new]
```

이 과정을 통해 Airflow는 변경 날짜 전에 발생하는 기존 ERP 시스템 태스크를 실행하고 새 태스크는 변경 날짜 후에 실행합니다. 이제 일련의 태스크를 나머지 DAG와 연결합니다.

브랜치 태스크를 DAG의 시작 태스크에 연결하기 위해 이전 시작 태스크와 `pick_erp_system` 태스크 간 의존성을 추가합니다.

리스트 5.12 **시작 태스크에 브랜치 연결하기**(dags/03_branch_dag.py)

```python
start_task >> pick_erp_system
```

마찬가지로 두 데이터 정제 태스크를 연결은 정제 작업과 데이터 세트 결합(join_datasets) 태스크 간의 의존성 작업만큼이나 간단합니다(clean_sales가 join_datasets와 연결과 유사한 작업).

리스트 5.13 **브랜치를 join_datasets 태스크에 연결하기**(dags/03_branch_dag.py)

```python
[clean_sales_old, clean_sales_new] >> join_datasets
```

하지만 이 작업 뒤에 DAG를 실행하면 join_datasets 태스크 실행 시 Airflow는 모든 다운스트림 작업을 건너뛰게 됩니다(필요하면 실행해 확인해 볼 수 있습니다).

원인은 기본적으로 Airflow가 태스크 자체를 실행하기 전에 지정된 업스트림 태스크가 모두 성공적으로 완료되어야 하기 때문입니다. 두 데이터 정제 태스크를 join_datasets 태스크에 연결함으로써 데이터 정제 태스크 중 작업 중 하나만 성공적으로 완료되는 경우, 데이터 세트 결합 태스크를 실행할 수 없는 상황이 만들어졌기 때문입니다. 결과적으로 Airflow는 join_datasets 태스크를 건너뛰어 실행하지 않습니다(그림 5.8).

Airflow의 **트리거 규칙**에 의해 태스크 실행 시기를 제어합니다. 모든 오퍼레이터에게 전달할 수 있는 `trigger_rule` 인수를 이용해 개별 태스크에 대해 트리거 규칙을 정의할 수 있습니다. 모든 상위_{parents} 태스크가 성공해야 해당 태스크를 실행할 수 있기 때문에 트리거 규칙은 `all_success`로 설정합니다. BranchPythonOperator를 사용 시, 선택하지 않은 브랜치 작업을 모두 건너뛰기 때문에 Airflow는 `join_datasets` 태스크와 모든 다운스트림 태스크 또한 실행하지 않습니다.

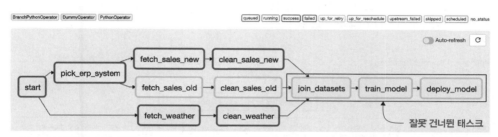

그림 5.8 잘못된 트리거 규칙으로 브랜치를 결합하면 다운스트림 태스크는 건너뛰게 됩니다. 여기서는 판매 결과 브랜치 fetch_sales_new 태스크를 실행하지 않습니다. 이 예에서는 판매 지점의 결과를 위한 fetch_sales_new 작업을 건너뜁니다. 이로 인해 fetch_sales_new 작업의 모든 다운스트림 태스크도 실행하지 않고 건너뛰게 됩니다. 이는 원하는 결과가 아닙니다.

이 문제를 해결하기 위해 `join_datasets` 트리거 규칙을 변경하여 업스트림 태스크 중 하나를 건너뛰더라도 계속 트리거가 진행되도록 할 수 있습니다. 이를 위한 방법 중 한 가지는 트리거 규칙을 `none_failed`로 변경합니다. 이를 통해 모든 상위 항목이 실행 완료 및 실패가 없을 시에 즉시 작업이 실행됩니다.

리스트 5.14 join_datasets 태스크의 트리거 규칙 수정하기(dags/03_branch_dag.py)

```
join_datasets=PythonOperator(
    ...,
    trigger_rule="none_failed",
)
```

이런 식으로 모든 상위 태스크 실패없이 실행을 완료하자마자 `join_datasets` 태스크를 실행 시작하여 브랜치 후에도 다음 태스크의 실행을 계속할 수 있습니다(그림 5.9).

이 접근 방식의 한 가지 단점은 `join_datasets` 태스크에 연결되는 태스크가 3개라는 것입니다. 본래 판매/날씨 데이터(먼저 두 ERP 시스템 중에서 선택한 다음)를 가져온 다음, 두 데이터 소스를 `join_datasets` 태스크에 입력하는 플로 특성이 잘 반영되지 않게 됩니다. 이런 이유로 DAG에 서로 다른 브랜치를 결합하는 더미 태스크를 추가하여 브랜치 조건을 명확하게 합니다(그림 5.10).

그림 5.9 join_datasets 태스크에 대해 트리거 규칙 none_failed를 사용하여 Umbrella DAG 브랜치하기. 브랜치 태스크 후, 데이터 세트(및 다운스트림 의존성)가 실행 가능합니다.

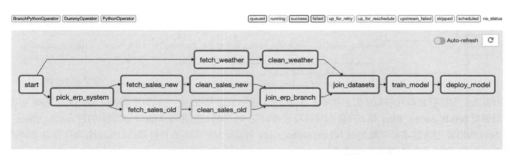

그림 5.10 브랜치 구조를 좀 더 명확하게 하기 위해 브랜치 후에 추가적인 조인 작업을 추가하여, 나머지 DAG를 진행하기 전에 브랜치의 계보를 연결하는 태스크를 추가합니다. 이 추가된 태스크는 조인 태스크에 필요한 트리거 규칙을 설정할 수 있으므로 DAG의 다른 태스크에 대한 트리거 규칙을 변경할 필요가 없습니다. 따라서 더 이상 join_datasets 태스크에 대한 트리거 규칙을 설정할 필요가 없습니다.

Airflow에서 제공하는 내장 DummyOperator를 사용하여 더미 작업을 DAG에 추가할 수 있습니다.

리스트 5.15 명확성을 위해 더미 조인 태스크 추가하기(dags/04_branch_dag_join.py)

```python
from airflow.operators.dummy import DummyOperator

join_branch=DummyOperator(
    task_id="join_erp_branch",
    trigger_rule="none_failed"
)

[clean_sales_old, clean_sales_new] >> join_branch
join_branch >> join_datasets
```

이를 통해 join_datasets 태스크에 대한 트리거 규칙을 더 이상 변경할 필요가 없기 때문에 브랜치를 좀 더 독립적으로 유지할 수 있습니다.

5.3 조건부 태스크

Airflow는 특정 조건에 따라 DAG에서 특정 태스크를 건너뛸 수 있는 다른 방법도 제공합니다. 이를 통해 특정 데이터 세트를 사용할 수 있을 때에만 실행하거나 최근에 실행된 DAG인 경우만 태스크를 실행할 수 있습니다.

예를 들어 Umbrella DAG(그림 5.3)에는 학습하는 모든 모델을 배포하는 태스크가 있습니다. 여기서 누군가가 데이터 정제 코드를 일부 변경 후, 백필을 이용해 변경 사항을 전체 데이터 세트에 적용하면 모델 또한 필요한 인스턴스에 다시 배포되어야 합니다.

5.3.1 태스크 내에서 조건

가장 최근 실행된 DAG에 대해서만 모델을 배포하도록 DAG를 변경하여 이 문제를 해결할 수 있습니다. 이렇게 하면 모델의 한 버전, 즉 가장 최근 데이터 세트에 대해 학습된 모델 중 특정 버전만 배포가 가능합니다. 이를 수행하는 한 가지 방법은 PythonOperator를 사용하여 배포를 구현하고 배포 함수 내에서 DAG의 실행 날짜를 명시적으로 확인하는 것입니다.

리스트 5.16 **태스크 내에서 조건 구현하기(dags/05_condition_task.py)**

```python
def _deploy(**context):
    if context["execution_date"] == ...:
        deploy_model()

deploy=PythonOperator(
    task_id="deploy_model",
    python_callable=_deploy,
)
```

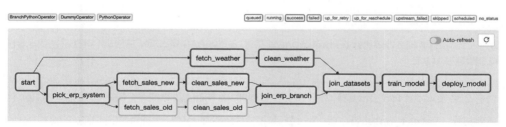

그림 5.11 **배포가 최신 실행에 대해서만 수행되도록하는 deploy_model 작업 내부의 조건이 있는 umbrella DAG에 대한 실행 예. 조건이 deploy_model 태스크 내에서 내부적으로 확인되기 때문에 이 보기에서 모델이 실제로 배포되었는지 여부를 식별할 수 없습니다.**

이렇게 구현하면 의도한 대로 동작은 하지만 배포 로직 조건이 혼용되고, PythonOperator 이외의 다른 기본 제공 오퍼레이터를 더 이상 사용할 수 없습니다. 또한 Airflow UI에서 태스크 결과를 추적할 때 혼란스러울 수 있습니다(그림 5.11).

5.3.2 조건부 태스크 만들기

조건부 배포를 구현하는 또 다른 방법은 배포 태스크 자체를 조건부화하는 것입니다. 즉, 미리 정의된 조건(이 경우 DAG가 최근에 실행되었는지 여부)에 따라서만 실행됩니다. Airflow에서는 해당 조건을 테스트하고 조건이 실패할 경우 모든 다운스트림 작업을 건너뛰는 태스크를 DAG에 추가하여 태스크를 조건부화할 수 있습니다.

또한 현재 실행이 가장 최근 실행한 DAG인지 확인하는 태스크를 추가하고 이 태스크의 다운스트림에 배포 태스크를 추가하여 배포를 조건부화할 수 있습니다.

리스트 5.17 DAG에서 조건부 빌드하기(dags/06_condition_dag.py)

```python
def _latest_only(**context):
    ...
    latest_only=PythonOperator(
        task_id="latest_only",
        python_callable=_latest_only
    )


latest_only >> deploy_model
```

이제 DAG가 그림 5.12와 같이 `train_model` 태스크가 새 태스크에 연결되고, `deploy_model` 태스크가 이 새로운 태스크의 다운스트림에 연결됩니다.

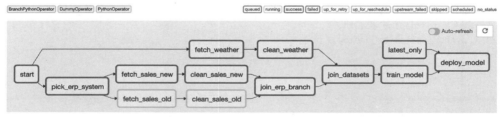

그림 5.12 조건부 배포가 포함된 umbrella DAG의 구현. 조건이 DAG 태스크에 포함되어 이전 구현보다 훨씬 더 명확해졌습니다.

다음으로 `execution_date`가 가장 최근 실행에 속하지 않는 경우, 다운스트림 작업을 건너뛰도록 `_latest_only` 함수를 작성합니다. 이를 위해 실행 날짜를 확인하고 필요한 경우 AirflowSkipException 함수를 실행합니다. 이 함수는 Airflow가 조건과 모든 다운스트림 태스크를 건너뛰라는 것을 나타냅니다.

이 작업을 위해 다음 코드를 제공합니다.

```python
from airflow.exceptions import AirflowSkipException

def _latest_only(**context):                          실행 윈도우에서 경계를 확인합니다.
    left_window=context["dag"].following_schedule(context["execution_date"]) ◄
    right_window=context["dag"].following_schedule(left_window)

    now=pendulum.now("UTC")  ◄──┤ 현재 시간이 윈도우 안에 있는지 확인합니다.
    if not left_window < now <= right_window:
        raise AirflowSkipException("Not the most recent run!")
```

며칠 동안 DAG를 실행하여 예상대로 동작하는지 확인할 수 있습니다. 그림 5.13과 같이, 가장 최근 실행한 DAG를 제외하고 모두 실행되지 않았다는 것을 확인할 수 있습니다.

그림 5.13 Umbrella DAG의 3회 실행에 대한 latest_only 조건의 결과. 이 트리 뷰는 이전 태스크는 배포 태스크를 건너뛰고 가장 최근 실행에 대해서만 배포 태스크가 수행되었음을 보여줍니다. 이를 통해 우리가 예상대로 실제 작동한다는 것을 확인할 수 있습니다.

어떻게 작동할까요? 기본적으로 조건부 태스크(latest_only)가 AirflowSkipException가 발생 후 건너뛴 상태로 표시되며 태스크가 종료됩니다. 그리고 Airflow는 다운스트림 태스크의 트리거 규칙을 살펴보고 트리거 수행 여부를 판단합니다. 이 경우 기본 트리거 규칙 all_success가 설정된 하나의 다운스트림 태스크(배포 태스크)만 있으며, 이는 모든 업스트림 태스크가 성공한 경우에만 태스크가 실행되어야 함을 나타냅니다. 이 경우 부모 태스크(조건부 태스크) 상태가 성공이 아닌 건너뛴 상태를 나타내므로 배포를 건너뛰게 됩니다.

반대로 조건부 태스크가 AirflowSkipException을 발생하지 않으면 성공적으로 태스크가 완료되고 성공 상태가 표시됩니다. 따라서 모든 상위 항목이 성공적으로 완료되면 배포 태스크가 트리거되고 배포가 완료됩니다.

5.3.3 내장 오퍼레이터 사용하기

가장 최근 실행한 DAG만 실행하는 예를 구현할 때, Airflow의 내장 클래스인 LatestOnly Operator 클래스를 사용할 수 있습니다. 이 오퍼레이터는 PythonOperator를 기반으로 동일한 작업을 가능하게 합니다. LatestOnlyOperator를 사용하면 조건부 배포를 구현하기 위해 복잡한 로직을 작성할 필요가 없습니다.

리스트 5.19 **내장 LatestOnlyOperator 사용하기(dags/07_condition_dag_op.py)**

```python
from airflow.operators.latest_only import LatestOnlyOperator

latest_only=LatestOnlyOperator(
    task_id="latest_only",
    dag=dag
)

join_datasets >> train_model >> deploy_model
latest_only >> deploy_model
```

물론 더 복잡한 경우에는 PythonOperator 기반으로 구현하는 것이 더 효율적입니다.

5.4 트리거 규칙에 대한 추가 정보

이전 절에서 Airflow를 사용한 브랜치 또는 조건부 동적 작업의 DAG를 직접 작성하는 방법을 살펴보았습니다. 이러한 동작 대부분은 태스크가 실행되는 시기를 정확히 결정할 수 있는 Airflow의 트리거 규칙에 의해 제어됩니다. 앞 절에서 트리거 규칙을 비교적 간단하게 설명했으므로 여기서는 규칙이 나타내는 내용과 이를 사용해 수행할 수 있는 작업을 자세히 확인해 보겠습니다.

트리거 규칙을 이해하려면 먼저 Airflow가 DAG 실행 내에서 작업을 실행하는 방법을 알아야 합니다. 근본적으로 Airflow는 DAG를 실행할 때 각 태스크를 지속적으로 확인하여 실행 여부를 확인합니다. 태스크 실행이 가능하다고 판단되면 그 즉시 스케줄러에 의해 선택된 후 실행을 예약합니다. 결론적으로 Airflow에 사용 가능한 실행 슬롯이 있다면 즉시 태스크가 실행됩니다.

그렇다면 Airflow는 태스크 실행 시기를 어떻게 결정할까요? 그것을 위해 트리거 규칙이 필요합니다.

5.4.1 트리거 규칙이란?

트리거 규칙은 태스크의 의존성 기능(= DAG 안에서 선행 태스크 조건)과 같이 Airflow가 태스크가 실행 준비가 되어 있는지 여부를 결정하기 위한 필수적인 조건입니다. Airflow의 기본 트리거 규칙은 all_success이며, 태스크를 실행하려면 모든 의존적인 태스크가 모두 성공적으로 완료되어야 함을 의미합니다.

이를 확인하기 위해 all_success 규칙 외에 다른 트리거 규칙을 사용하지 않는 Umbrella DAG(그림 5.4)의 초기 구현을 확인해 보겠습니다. 이 DAG가 실행을 시작하면 Airflow는 실행할 수 있는 작업(즉, 성공적으로 완료되지 않은 의존성 없는 태스크)을 계속 시작하려 할 것입니다.

이 경우 의존성이 없는 시작 태스크만 이 조건을 만족합니다. 따라서 Airflow는 먼저 시작 태스크를 실행하여 DAG 실행을 시작합니다(그림 5.14a). 시작 태스크가 성공적으로 완료되면 fetch_weather 및 fetch_sales 태스크는 의존성이 모두 해결(그림 5.14b)되므로 실행 가능하도록 준비됩니다. 이 실행 패턴으로 전체 DAG가 실행될 때까지 DAG의 나머지 태스크를 계속 실행할 수 있습니다.

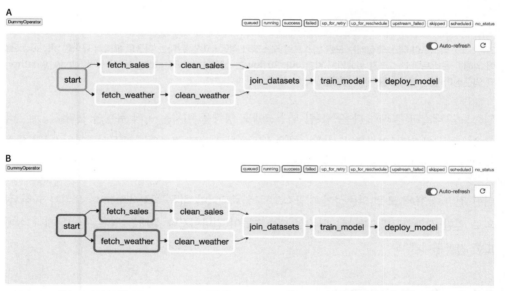

그림 5.14 기본 트리거 규칙 all_success를 사용한 기본 umbrella DAG의 실행 추적(그림 5.4). (A) Airflow는 선행 태스크가 필요 없는 유일한 'start' 태스크를 실행하여 DAG 실행을 시작합니다. (B) 시작 태스크가 성공적으로 완료되면 다음 태스크가 실행 준비되고 Airflow에 의해 선택됩니다.

5.4.2 실패의 영향

이제까지 모든 태스크가 성공적으로 완료되었다는 전제하에 설명했습니다. 만약 실행 중에 태스크 중 하나가 오류를 발생시키면 어떻게 될까요?

태스크 중 하나를 일부러 실패하여 쉽게 확인할 수 있습니다. 예를 들어 fetch_sales 태스크를 실패 시뮬레이션하면 Airflow가 fetch_sales 태스크에 실패로 기록하게 됩니다(그림 5.15). 즉, 다운스트림 태스크인 clean_sales를 더 이상 진행할 수 없음을 의미합니다. clean_sales 태스크에 upstream_failed 상태가 할당되며 업스트림 태스크 실패로 더 이상 진행할 수 없음을 나타냅니다.

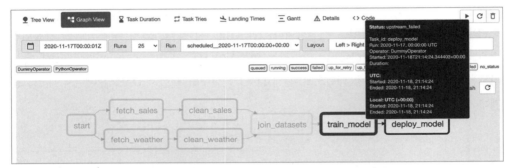

그림 5.15 업스트림 태스크 실패는 모든 업스트림 태스크가 성공해야만 한다는 디폴트 트리거 규칙인 all_success 에 의해 다운스트림 태스크가 실행되지 않습니다. Airflow는 실패한 태스크(fetch_weather 및 clean_weather) 와 의존성이 없는 태스크를 계속 실행합니다.

업스트림 태스크 결과가 다운스트림 태스크에도 영향을 미치는 동작 유형을 **전파**propagation라고 하는데, 이 경우 업스트림 실패가 다운스트림 태스크로 전파되기 때문입니다. 건너뛴 태스크의 효과로 디폴트 트리거 규칙에 의해 다운스트림 모든 태스크도 건너뛸 수 있습니다.

이런 전파 유형은 모든 의존성이 성공적으로 완료되어야 하는 all_success 트리거 규칙 정의로 인한 결과입니다. 따라서 의존성 태스크들이 건너뛰거나 실패할 경우, 건너뛰기나 실패 또한 전파됩니다.

5.4.3 기타 트리거 규칙

Airflow는 여러 다른 트리거 규칙도 지원합니다. 이런 규칙은 태스크의 성공, 실패 또는 스킵 응답 시에 다양한 유형의 동작을 허용합니다.

예를 들기 위해 5.2절에서 두 ERP 시스템 간의 브랜치 패턴을 다시 살펴보겠습니다. 이 경우 기본 트리거 규칙을 사용하면 브랜치에서 발생하는 스킵이 다운스트림으로 전파되기 때문에,

다운스트림 태스크를 건너뛰지 않도록 브랜치를 결합하는 태스크의 트리거 규칙을 조정했습니다(join_datasets 또는 join_erp_branch 작업에 의해 수행됨). 결과적으로 브랜치 이후의 모든 태스크도 건너뛰게 됩니다. 반면에 none_failed 트리거 규칙은 모든 업스트림 태스크 실패 없이 완료되었는지 여부만 확인합니다. 즉, DAG를 계속 진행하기 전에 모든 업스트림 태스크가 성공 또는 스킵을 모두 허용하기 때문에 두 브랜치를 결합하기에 적합합니다. 실패는 전파하지만, 건너뛰기(스킵)는 전파하지 않습니다. 즉, 수집/정제 태스크가 실패하면 다운스트림 태스크 실행이 중단됩니다.

마찬가지로 다른 유형의 상황을 처리하는 데 다른 트리거 규칙을 사용할 수 있습니다. 예를 들어 트리거 규칙 all_done을 사용하면, 결과에 관계없이 의존성 실행이 완료되는 즉시 실행되는 태스크를 정의할 수 있습니다. 예를 들어 어떤 일이 발생하든 실행하고 싶은 청소 코드(예: 컴퓨터 종료 또는 리소스 정리)를 실행하는 데 사용할 수 있습니다. 트리거 규칙의 또 다른 범주에는 one_failed 또는 one_success와 같은 즉시 규칙eager rules이 포함됩니다. 이 규칙은 트리거하기 전에 모든 업스트림 태스크가 완료될 때까지 기다리지 않고 하나의 업스트림 태스크의 성공/실패 확인 조건만 필요로 합니다. 따라서 이러한 규칙을 사용하여 태스크의 조기 실패를 알리거나 태스크 그룹 중 하나의 태스크가 성공적으로 완료되는 즉시 대응할 수 있습니다.

여기에서는 트리거 규칙에 대해 더 자세히 설명하지 않겠지만, 이를 통해 Airflow 트리거 규칙의 역할에 대한 아이디어를 얻을 수 있으며 DAG에 더 복잡한 동작을 가능하게 합니다. 트리거 규칙 및 몇 가지 가능 사용 사례에 대한 개요는 표 5.1을 참조하십시오.

표 5.1 **Airflow에서 지원하는 다양한 트리거 규칙에 대한 개요**

트리거 규칙	동작	사용 사례
all_success (default)	모든 상위 태스크가 성공적으로 완료되면 트리거됩니다.	일반적인 워크플로에 대한 기본 트리거 규칙입니다.
all_failed	모든 상위 태스크가 실패했거나 상위 태스크의 오류로 인해 실패했을 경우 트리거됩니다.	태스크 그룹에서 하나 이상 실패가 예상되는 상황에서 오류 처리 코드를 트리거합니다.
all_done	결과 상태에 관계없이 모든 부모가 실행을 완료하면 트리거됩니다.	모든 태스크가 완료되었을 때 실행할 청소 코드를 실행합니다(예: 시스템 종료 또는 클러스터 중지).
one_failed	하나 이상의 상위 태스크가 실패하자마자 트리거되며 다른 상위 태스크의 실행 완료를 기다리지 않습니다.	알림 또는 롤백과 같은 일부 오류 처리 코드를 빠르게 트리거합니다.
one_success	한 부모가 성공하자마자 트리거되며 다른 상위 태스크의 실행 완료를 기다리지 않습니다.	하나의 결과를 사용할 수 있게 되는 즉시 다운스트림 연산/알림을 빠르게 트리거합니다.
none_failed	실패한 상위 태스크가 없지만, 태스크가 성공 또는 건너뜀 경우 트리거됩니다.	5.2절에서 설명한 바와 같이 Airflow DAG상 조건부 브랜치의 결합

표 5.1 **Airflow에서 지원하는 다양한 트리거 규칙에 대한 개요(계속)**

트리거 규칙	동작	사용 사례
none_skipped	건너뛴 상위 태스크가 없지만 태스크가 성공 또는 실패한 경우 트리거됩니다.	모든 업스트림 태스크가 실행된 경우, 해당 결과를 무시하고 트리거합니다.
dummy	업스트림 태스크의 상태와 관계없이 트리거됩니다.	테스트 시

5.5 태스크 간 데이터 공유

Airflow의 XCom[1]을 사용하여 태스크 간에 작은 데이터를 공유할 수 있습니다. XCom은 기본적으로 태스크 간에 메시지를 교환하여 특정 상태를 공유할 수 있게 합니다.

5.5.1 XCom을 사용하여 데이터 공유하기

어떻게 동작하는지 확인하기 위해 엄브렐라 사용 사례를 다시 살펴보겠습니다(그림 5.3). 모델을 훈련할 때(train_model 태스크에서) 훈련된 모델이 무작위로 생성된 식별자를 사용하여 모델 레지스트리에 등록된다고 가정해 봅시다. 훈련된 모델을 배포하려면 배포해야 하는 모델의 버전 식별자를 deploy_model 태스크에 전달해야 합니다.

이 문제를 해결하는 한 가지 방법은 XCom을 사용하여 train_model 및 deploy_model 작업 간에 모델 식별자를 공유하는 것입니다. 이 경우 train_model 태스크는 다른 태스크에서 XCom 값을 사용할 수 있도록 XCom에 모델 식별자 값을 보냅니다. Airflow 컨텍스트의 태스크 인스턴스의 xcom_push 메서드를 사용하여 값을 게시할 수 있습니다.

리스트 5.20 **xcom_push를 사용해 명시적으로 XCom의 값을 게시하기(dags/09_xcoms.py)**

```python
def _train_model(**context):
    model_id=str(uuid.uuid4())
    context["task_instance"].xcom_push(key="model_id", value=model_id)


train_model=PythonOperator(
    task_id="train_model",
    python_callable=_train_model
)
```

---

1 XCom은 'cross-communication'의 축약어입니다.

이 리스트의 xcom_push에 대한 이 호출은 Airflow가 해당 태스크(train_model)와 해당 DAG 및 실행 날짜에 대한 XCom의 값으로 model_id 값을 등록할 수 있도록 합니다. 이 태스크를 실행한 후, 게시된 모든 XCom 값에 대한 개요를 보여주는 웹 인터페이스 'Admin > XCom' 항목(그림 5.16)에서 게시된 XCom 값을 확인할 수 있습니다.

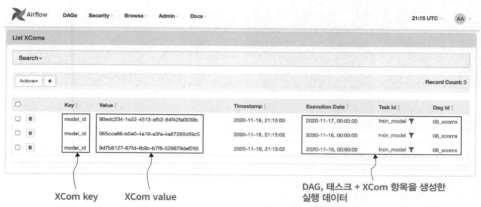

XCom key   XCom value   DAG, 태스크 + XCom 항목을 생성한 실행 데이터

그림 5.16 **등록된 XCom 값 개요(웹 인터페이스 Admin > XCom에서 확인)**

xcom_push과는 반대로 xcom_pull 메서드를 사용하여 다른 태스크에서 XCom 값을 확인할 수 있습니다.

리스트 5.21 **xcom_pull 메서드를 사용하여 XCom을 확인하기(dags/09_xcoms.py)**

```python
def _deploy_model(**context):
    model_id=context["task_instance"].xcom_pull(
        task_ids="train_model", key="model_id"
    )
    print(f"Deploying model {model_id}")

deploy_model=PythonOperator(
    task_id="deploy_model",
    python_callable=_deploy_model
)
```

리스트 5.21로 Airflow가 train_model 태스크에서 게시한 model_id와 일치하는 XCom 값을 가져오도록 지시합니다. xcom_pull을 통해 XCom 값을 가져올 때 dag_id 및 실행 날짜를 정의할 수도 있습니다. 이 매개변수는 디폴트로 현재 DAG와 실행 날짜로 설정됩니다. 따라서 xcom_pull은 현재 DAG 실행을 통해 게시된 값만 가져옵니다.[2]

---

[2]   다른 DAG 또는 다른 실행 날짜로부터 값을 가져오기 위해 특정 값을 지정할 수 있습니다. 하지만 매우 합당한 이유가 있지 않는 한, 디폴트로 설정된 값을 사용하는 것이 좋습니다.

DAG를 실행하면 deploy_model 태스크에 대해 다음과 같은 결과의 동작을 확인할 수 있습니다.

```
[2020-07-29 20:23:03,581] {Python.py:105} INFO - Exporting the following env
➡ vars:
AIRFLOW_CTX_DAG_ID=chapter5_09_xcoms
AIRFLOW_CTX_TASK_ID=deploy_model
AIRFLOW_CTX_EXECUTION_DATE=2020-07-28T00:00:00+00:00 AIRFLOW_CTX_DAG_RUN_
ID=scheduled__2020-07-28T00:00:00+00:00
[2020-07-29 20:23:03,584] {logging_mixin.py:95} INFO - Deploying model
➡ f323fa68-8b47-4e21-a687-7a3d9b6e105c
[2020-07-29 20:23:03,584] {Python.py:114} INFO - Done.
➡ Returned value was: None
```

또한 템플릿을 통해 XCom 값을 참조할 수 있습니다.

리스트 5.22 **템플릿에서 XCom 값 사용하기(dags/10_xcoms_template.py)**

```python
def _deploy_model(templates_dict, **context):
    model_id=templates_dict["model_id"]
    print(f"Deploying model {model_id}")

deploy_model=PythonOperator(
    task_id="deploy_model",
    python_callable=_deploy_model,
    templates_dict={
        "model_id": "{{task_instance.xcom_pull(
        ➡ task_ids='train_model', key='model_id')}}"
    },
)
```

마지막으로, 일부 오퍼레이터는 XCom 값을 자동으로 게시하는 기능도 제공합니다. 예를 들어, BashOperator에는 xcom_push 옵션이 있으며, true로 설정되면 오퍼레이터에게 배시 명령에 의해 stdout에 기록된 마지막 행을 XCom 값으로 게시하도록 지시합니다. 마찬가지로 PythonOperator는 파이썬 콜러블 인수에서 반환된 값을 XCom 값으로 게시합니다. 즉, 다음과 같이 예제를 작성할 수도 있습니다.

리스트 5.23 **리턴을 사용하여 XCom 게시하기(dags/11_xcoms_return.py)**

```python
def_train_model(**context):
    model_id=str(uuid.uuid4())
    return model_id
```

이것은 관리자 화면에서 볼 수 있듯이 기본 키 return_value 아래에 XCom을 등록하면 작동합니다(그림 5.17).

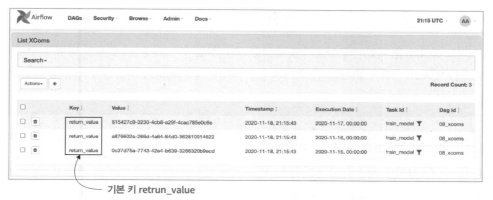

기본 키 retrun_value

그림 5.17 PythonOperator의 Implict XCom은 return_value 키 기준으로 등록됩니다.

5.5.2 XCom 사용 시 고려사항

XCom은 작업 간에 상태를 공유하는 데 매우 유용해 보일 수 있지만, 사용상 몇 가지 단점이 있습니다. 예를 들어, 풀링 태스크는 필요한 값을 사용하기 위해 태스크 간에 묵시적인 의존성implicit dependency이 필요합니다. 명시적 의존성 태스크explicit task와 달리 DAG에 표시되지 않으며 태스크 스케줄 시에 고려되지 않습니다. 따라서 XCom에 의해 의존성 있는 작업이 올바른 순서로 실행할 수 있도록 해야 합니다. Airflow는 이를 고려하지 않습니다. 이러한 숨겨진 의존성은 서로 다른 DAG에서 실행 날짜 사이에 XCom 값을 공유할 때 훨씬 더 복잡해지기 때문에 권장하지 않습니다.

XCom은 오퍼레이터의 원자성을 무너뜨리는 패턴이 될 가능성이 있습니다. 예를 들어, Airflow 사용자는 오퍼레이터를 사용해 특정 태스크에서 API 접근 토큰을 가져온 후에 다음 태스크에 XCom을 이용해 전달하려 합니다. 이 경우 해당 토큰 사용 시간이 만료되어 두 번째 태스크를 재실행하지 못할 수 있습니다. API 토큰을 새로 고침하는 작업 수행을 두 번째 태스크에서 수행하는 것이 더 안전할 수 있습니다(이렇게 함으로써 원자성을 유지할 수 있습니다).

마지막으로 XCom이 저장하는 모든 값은 직렬화serialization를 지원해야 한다는 기술적 한계가 존재합니다. 즉, 람다 또는 여러 다중 멀티프로세스 관련 클래스 같은 일부 파이썬 유형은 XCom에 저장할 수 없습니다(그렇게 하고 싶지도 않겠지만). 또한 사용되는 백엔드에 의해 XCom 값의 저장 크기가 제한될 수 있습니다. 기본적으로 XCom은 Airflow의 메타스토어에 저장되며 다음과 같이 크기가 제한됩니다.

- **SQLite** — BLOB 유형으로 저장, 2GB 제한
- **PostgreSQL** — BYTEA 유형으로 저장, 1GB 제한

- **MySQL** — BLOB 유형으로 저장, 64KB 제한

그렇더라도 XCom을 적절하게 사용하면 강력한 도구가 됩니다. 사용 시에 후에 발생할 수 있는 오류를 방지하기 위해 태스크 간의 의존성을 명확하게 기록하고 사용법을 신중히 검토해야 합니다.

5.5.3 커스텀 XCom 백엔드 사용하기

Airflow 메타스토어를 사용하여 XCom을 저장 시에 제한 사항은 큰 데이터 볼륨을 저장할 때 확장할 수 없다는 것입니다. XCom은 일반적으로 작은 값이나 결괏값을 저장하는 데 사용되며, 큰 데이터 세트를 저장 시에는 사용되지 않습니다.

Airflow 2에서는 XCom을 좀 더 유연하게 활용하기 위해 커스텀 XCom 백엔드를 지정할 수 있는 옵션이 추가되었습니다. 이 옵션을 사용하면 커스텀 클래스를 정의하여 XCom을 저장 및 검색할 수 있습니다. 다만 이 클래스를 사용하기 위해서는 BaseXCom 기본 클래스가 상속되어야 하고, 값을 직렬화 및 역직렬화deserialization하기 위해 두 가지 정적 메서드를 각각 구현해야 합니다.

리스트 5.24 **커스텀 XCom 백엔드를 위한 구조(lib/custom_xcom_backend.py)**

```python
from typing import Any
from airflow.models.xcom import BaseXCom

class CustomXComBackend(BaseXCom):
    @staticmethod
    def serialize_value(value: Any):
        ...
    @staticmethod
    def deserialize_value(result) -> Any:
        ...
```

이 커스텀 백엔드 클래스에서 직렬화 메서드는 XCom 값이 오퍼레이터 내에서 게시될 때마다 호출되는 반면, 역직렬화 메서드는 XCom 값이 백엔드에서 가져올 때 호출됩니다. 원하는 백엔드 클래스가 있으면 Airflow 구성에서 xcom_backend 매개변수를 사용해 클래스를 사용하도록 Airflow를 구성할 수 있습니다.

커스텀 XCom 백엔드는 XCom 값 저장 선택을 다양하게 합니다. 예를 들어 상대적으로 저렴하고 확장 가능한 클라우드 스토리지에 더 큰 XCom 값의 저장이 가능한데, Azure Blob 스토리지, Amazon의 S3 또는 Google의 GCS와 같은 클라우드 서비스를 위한 커스텀 백엔드를 구현할 수 있습니다. Airflow 2가 좀 더 성숙해지면서 자체 백엔드를 구축할 필요 없이 일반적인 서비스 백엔드가 모두 사용 가능할 것으로 예상됩니다.

5.6 Taskflow API로 파이썬 태스크 연결하기

XCom을 사용하여 파이썬 태스크 간에 데이터를 공유하기 위해 사용이 가능하지만, 많은 태스크 연결에 대해 API로 구현할 시에는 번거로울 수 있습니다. 이 문제를 해결하기 위해 Airflow 2는 **Taskflow API**를 통해 파이썬 태스크 및 의존성을 정의하기 위한 새로운 데커레이터 기반decorator-based API를 추가적으로 제공합니다. Taskflow API가 결함이 없는 것은 아니지만, PythonOperators를 사용하고 XCom으로 데이터를 전달하는 경우 코드를 상당히 단순화할 수 있습니다.

5.6.1 Taskflow API로 파이썬 태스크 단순화하기

Taskflow API가 어떻게 사용하는지 확인하기 위해 머신러닝 모델 학습 및 배포 태스크를 다시 살펴보겠습니다. 앞선 구현에서는 이러한 태스크와 의존성에 대해 다음과 같이 작업했습니다.

리스트 5.25 **일반 API를 사용하여 훈련/배포 태스크 정의하기(dags/09_xcoms.py)**

```
  ┌ 훈련 및 배포 함수 정의
► def _train_model(**context):
      model_id=str(uuid.uuid4())
      context["task_instance"].xcom_push(key="model_id", value=model_id) ◄──── XCom을
                                                                                사용하여
► def _deploy_model(**context):                                               모델 ID
      model_id=context["task_instance"].xcom_pull(                           공유
          task_ids="train_model", key="model_id" ◄─────
      )
      print(f"Deploying model {model_id}")

with DAG(...) as dag:
    ...
    train_model=PythonOperator( ◄─────
        tesk_id="train_model",
        python_callable=_train_model
    )                                      PythonOperator를 사용하여
                                           훈련/배포 태스크 생성
    deploy_model=PythonOperator( ◄─────
        task_id="deploy_model",
        python_callable=_deploy_model
    )

    ...
    join_datasets >> train_model >> deploy_model ◄──┤ 태스크 간의 의존성 설정
```

이 접근 방식의 단점은 먼저 함수(예: _train_model 및 _deploy_model)를 정의한 후 Python Operator를 이용해 Airflow 태스크를 생성해야 한다는 것입니다. 또한 두 태스크 간에 모델

ID를 공유하기 위해 함수 내에서 xcom_push 및 xcom_pull을 명시적으로 사용하여 모델 ID 값을 전송 및 반환해야 합니다. 이 데이터 의존성을 정의하는 것은 번거롭고, 두 태스크에서 참조되는 공유된 키 값을 변경하면 중단될 수 있습니다.

Taskflow API는 파이썬 함수를 태스크로 쉽게 변환하고, DAG 정의에서 태스크 간에 데이터 (XCom을 통한) 공유를 명확하게 함으로써, 이러한 유형의 태스크(PythonOperator 기반 태스크)에 대한 정의를 단순화하는 것을 목표로 합니다. 먼저 이러한 기능을 API로 변환해 사용하는 방법을 살펴보겠습니다.

먼저 train_model 태스크 정의를 비교적 단순한 함수로 변경하는 것이 가능하며, Taskflow API로부터 추가된 새로운 @task라는 데커레이터decorator로 변환할 수 있습니다.

리스트 5.26 **Taskflow API를 사용하여 훈련 태스크 정의하기(dags/12_taskflow.py)**

```
...
from airflow.decorators import task
...

with DAG(...) as dag:
    ...
    @task
    def train_model():
        model_id=str(uuid.uuid4())
        return model_id
```

이렇게 Taskflow API를 사용해 Airflow가 train_model 함수를 래핑하도록 하는 파이썬 태스크의 정의가 가능합니다. 더 이상 모델 ID를 XCom으로 명시적으로 게시하지 않고 Taskflow API가 간단하게 모델 ID를 함수로부터 반환하여 다음 태스크로 전달할 수 있도록 합니다.

데커레이터를 이용해 훈련/모델 태스크를 다음과 같이 정의할 수 있습니다.

리스트 5.27 **Taskflow API를 이용한 배포 태스크 정의하기(dags/12_taskflow.py)**

```
@task
def deploy_model(model_id: str):
    print(f"Deploying model {model_id}")
```

이제 모델 ID는 더 이상 xcom_pull을 사용하여 검색되지 않고, 단순히 파이썬 함수에 인수로 전달됩니다. 이제 남은 작업을 일반 파이썬 코드와 유사한 구문을 사용하여 두 태스크를 연결하면 됩니다.

```
model_id=train_model()
deploy_model(model_id)
```

이 코드는 두 태스크(train_model 및 deploy_model)과 두 태스크 간의 의존성(그림 5.18)이 포함된 DAG를 생성하게 됩니다.

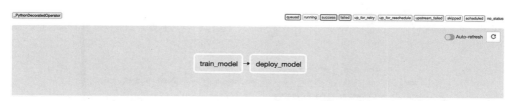

그림 5.18 **Taskflow API를 사용해 태스크와 태스크 의존성이 정의된 task/deploy 태스크를 포함하는 DAG의 하위 세트**

새 코드와 이전 코드를 비교하면 Taskflow 기반 접근 방식이 읽기 쉬우며 일반적인 파이썬 코드와 유사한 결과를 제공합니다. 그렇다면 새로운 코드는 어떻게 작동할까요?

본질적으로, 데커레이트된 train_model 함수를 호출 시, train_model 태스크를 위한 새로운 오퍼레이터 인스턴스를 생성합니다. 데커레이트된 train_model 함수를 호출하면 train_model 태스크에 대한 새로운 오퍼레이터 인스턴스가 생성됩니다(그림 5.18에서 _PythonDecoratedOperator로 표시됨). train_model 함수의 **return** 문에서 Airflow는 태스크에서 반환된 XCom으로 자동 등록되는 값을 반환합니다. deploy_model 태스크의 경우 데커레이트된 함수를 호출하여 오퍼레이터 인스턴스의 생성뿐만 아니라 이제 train_model 태스크의 model_id의 출력도 함께 전달합니다. 이를 통해 Airflow에게 train_model의 model_id 출력이 데커레이트된 deploy_model 함수에 인수로 전달되어야 한다고 알려 줍니다. 이런 방법으로 Airflow는 두 태스크 간의 의존성을 확인하고 두 태스크 간 XCom 값을 전달하게 됩니다.

5.6.2 Taskflow API를 사용하지 않는 경우

Taskflow API는 객체 지향 오퍼레이터 API보다 좀 더 일반적인 파이썬 함수 사용법에 가까운 구문을 사용하여 파이썬 태스크와 태스크 간 의존성을 좀 더 간단하게 구현할 수 있도록 제공합니다. 이를 통해 XCom을 사용해 태스크 간에 작업 결과 데이터를 전달하기 위해 PythonOperator를 많이 사용하는 DAG를 크게 간소화합니다. 또한 앞에서 설명한 XCom 문제점인 태스크 간 의존성을 확인하지 못하는 문제를, Taskflow API에서는 해당 함수 내의 태스크 간의 의존성을 숨기지 않고 태스크 간의 값을 명시적으로 전달함으로써 해결할 수 있습니다.

그러나 현재 시점에서 Taskflow API의 한 가지 단점은, PythonOperator를 사용하여 구현되는 파이썬 태스크로 제한된다는 것입니다. 따라서 다른 Airflow 오퍼레이터와 관련된 태스크는 일반 API를 사용하여 태스크 및 태스크 의존성을 정의해야 합니다. 두 가지 스타일을 혼용해 사용하는 데 문제는 없지만 주의하지 않으면 완성 코드가 복잡해 보일 수 있습니다. 예를 들어, 새로운 **훈련/배포** 작업을 원래 DAG로 재결합할 때(그림 5.19) join_datasets 태스크와 model_id 값 참조 간의 의존성을 정의해야 하며, 이는 직관적이지 않습니다.

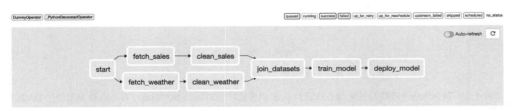

그림 5.19 PythonOperator가 아닌 오퍼레이터를 포함하는 원래 DAG로 훈련/배포 태스크를 혼합하기

리스트 5.29 다른 오퍼레이터를 Taskflow와 결합하기(dags/13_taskflow_full.py)

```python
with DAG(...) as dag:
    start=DummyOperator(task_id="start")          ◀─── 정규 API를 사용하여
    ...                                                태스크 및 의존성을 정의
    [clean_sales, clean_weather] >> join_datasets ◀───

    @task
    def train_model():   ◀───
        model_id=str(uuid.uuid4())
        return model_id
                                                   파이썬 태스크 및
    @task                                          의존성 전의를 위해
    def deploy_model(model_id: str):   ◀───        Taskflow API 사용
        print(f"Deploying model {model_id}")

    model_id=train_model()   ◀───
    deploy_model(model_id)
                          Taskflow 스타일과
                          일반 태스크 사이의 의존성으로
    join_datasets >> model_id  ◀───  두 유형을 혼합
```

Taskflow 유형 태스크 간에 전달된 데이터는 XCom을 통해 저장됩니다. 즉, 전달된 모든 값은 XCom의 제약 사항(즉, 직렬화가 가능해야 함)이 적용됩니다. 또한 태스크 간에 전달되는 데이터 세트의 크기는 앞에서 설명한 것처럼 Airflow 배포 시 사용하는 XCom의 백엔드에 의해 제한될 수 있습니다.

요약

- Airflow의 기본 태스크 의존성을 이용해 Airflow DAG에서 선형 태스크 의존성 및 팬인/팬아웃 구조를 정의할 수 있습니다.

- BranchPythonOperator를 사용하면 DAG에 브랜치를 구성하여 특정 조건에 따라 여러 실행 경로를 선택할 수 있습니다.

- 조건부 태스크를 사용해 특정 조건에 따라 의존성 태스크를 실행할 수 있습니다.

- DAG 구조에서 브랜치 및 조건을 명시적으로 코딩하면 DAG 실행 방식을 해석하는 데 큰 도움이 됩니다.

- Airflow 태스크의 트리거는 동작을 제어하는 트리거 규칙trigger rule에 의해 제어되며, 태스크가 다양한 상황에 대응할 수 있도록 구성할 수 있습니다.

- XCom을 사용하여 태스크 간에 상태를 공유할 수 있습니다.

- Taskflow API는 파이썬 태스크가 많은 DAG를 단순화하는 데 도움이 됩니다.

II

중급편

이제 Airflow의 기본 사항인 데이터 파이프라인 구성에 대해 익숙해졌을 것이라 생각됩니다. 2부에서는 외부 시스템, 사용자 컴포넌트 등을 포함한 복잡한 사례를 통해 몇 가지 고급 기술을 습득합니다.

6장에서는 고정된 스케줄이 아닌 다른 방식으로 파이프라인을 트리거할 수 있는 방법을 살펴 보겠습니다. 이를 통해 새로운 파일이 들어오거나 HTTP 서비스 호출과 같은 특정 이벤트로 파이프라인을 실행할 수 있습니다.

7장에서는 Airflow의 내장된 기능을 이용해 외부 시스템에서 태스크를 실행할 수 있는 방법을 설명합니다. 이는 데이터베이스, 아파치 스파크와 같은 컴퓨팅 프레임워크 및 스토리지 시스템 등의 다양한 시스템에 걸쳐 데이터 플로를 조정할 수 있는 강력한 Airflow의 파이프라인 구축 기능입니다.

8장에서는 Airflow의 내장된 기능이 지원하지 않는 시스템에서 태스크를 실행할 수 있도록, Airflow의 사용자 컴포넌트를 빌드하는 방법을 설명합니다. 또한 이 기능을 사용해 파이프라인 전체에서 쉽게 재사용할 수 있는 컴포넌트를 빌드하여 일반 워크플로에서 사용할 수도 있습니다.

9장에서는 파이프라인의 안정성을 높이기 위해, 데이터 파이프라인 및 사용자 컴포넌트의 테스트를 위한 다양한 테스트 전략을 소개합니다. 이는 Airflow 주제 관련 밋업meet-up에서 반복되는 주제이기 때문에 논의해 볼 가치가 있습니다.

마지막으로 10장에서는, 컨테이너를 이용한 파이프라인에서 태스크를 구현하는 방법을 설명합니다. 도커와 쿠버네티스를 사용하여 태스크를 실행하는 방법을 보여주고 컨테이너 사용 시의 몇 가지 장점과 단점에 대해 논의합니다.

2부까지 전 과정을 모두 습득하면, Airflow의 사용자 컴포넌트와 컨테이너를 포함한 복잡한(테스트 가능한) 파이프라인을 작성할 수 있는 고급 사용자가 될 수 있습니다. 하지만 필요에 따라 특정 장을 선택해 학습해도 됩니다

PART II
Beyond the basics

CHAPTER

6

워크플로 트리거

> **이 장에서는 다음과 같은 내용을 다룹니다.**
>
> - 특정 조건을 센서에 만족하도록 대기하기
> - 서로 다른 DAG의 태스크간 의존성 설정하기
> - CLI 및 REST API를 통해 워크플로 실행하기

3 장에서는 시간 간격 기준으로 Airflow의 워크플로를 예약하는 방법을 살펴보았습니다. 시간 간격은 간단한 문자열(예: "@daily"), timedelta 객체(예: timedelta(days=3)) 및 cron 문자열(예: "30 14 * * *")로 지정할 수 있습니다. 이를 통해 워크플로를 특정 시간이나 간격으로 트리거할 수 있습니다. Airflow는 주어진 간격으로 워크플로를 실행할 다음 시간을 계산한 후 해당 날짜와 시간에 첫 번째 태스크를 시작합니다.

이 장에서는 워크플로를 트리거하는 다른 방법을 확인해 봅니다. 미리 정의된 시간에 워크플로를 시작하는 스케줄 간격과 다르게, 특정 태스크를 수행 후 트리거해야 하는 경우가 종종 필요합니다. 이런 트리거는 외부 이벤트의 결과가 될 수 있습니다. 공유 드라이브에 파일이 업로드되거나 개발자가 코드를 리포지터리로 푸시하거나, Hive 테이블에 파티션이 있을 때 워크플로 실행을 시작해야 할 수도 있습니다.

6.1 센서를 사용한 폴링 조건

워크플로를 시작하는 일반적인 사례는 새로운 데이터가 도착하는 경우입니다. 회사가 다른 회사와 공유 스토리지 시스템에 매일 데이터 덤프를 제공하는 경우를 가정해 보겠습니다. 우리는 인기 있는 모바일 쿠폰 앱을 개발하고 있고, 프로모션을 쿠폰 앱에 매일 전시하기 위해 모든 슈퍼마켓 브랜드와 접촉하고 있습니다. 현재 대부분의 프로모션 프로세스가 수작업으로 되어 있어서 슈퍼마켓은 다양한 요소를 분석하고 정확한 프로모션을 진행하기 위해 가격 분석가를 고용하고 있습니다. 일부 프로모션만 몇 주 전에 미리 계획하고, 일부는 즉흥적인 일일 반짝 세일입니다. 가격 분석가는 경쟁사를 주의 깊게 리서치한 후 때때로 밤 늦게 프로모션을 집행합니다. 때문에 일일 프로모션 데이터는 종종 비정규적인 시간에 도착합니다. 데이터는 하루 중 언제든지 도착할 수 있지만, 다음날 16:00에서 02:00 사이에 공유 저장소에 들어오는 것을 확인했습니다.

이러한 워크플로를 위해 초기 로직을 개발해 보겠습니다.

그림 6.1 슈퍼마켓 프로모션 데이터 처리를 위한 초기 로직

이 워크플로는 슈퍼마켓 1~4에서 제공한 데이터를 로우raw 스토리지에 복사하며 이를 항상 재현할 수 있습니다. 그런 다음 process_supermarket_{1,2,3,4} 태스크는 앱에서 데이터를 읽을 수 있도록 데이터베이스상 모든 로우 데이터를 변환하고 저장합니다. 마지막으로 create_metrics 태스크는 추가적인 분석을 위해 프로모션에 대한 다양한 지표를 계산 및 집계합니다.

슈퍼마켓의 데이터가 다양한 시간에 도착하기 때문에 이 워크플로의 타임라인은 다음과 같습니다.

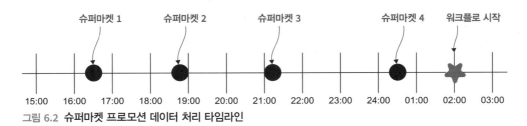

그림 6.2 슈퍼마켓 프로모션 데이터 처리 타임라인

이곳에서 슈퍼마켓의 데이터 전달 시간과 워크플로의 시작 시간을 확인할 수 있습니다. 2:00 까지 데이터가 전달되므로, 모든 슈퍼마켓 데이터를 확인하기 위해서는 워크플로를 시작하는 시점을 2:00에 두는 것이 안전합니다. 하지만 이로 인해 대기 시간이 많이 소요됩니다. 슈퍼마 켓 1은 16:30에 데이터를 제공했지만, 워크플로는 2:00에 시작하므로 9.5시간 동안 어떤 태스 크도 실행하지 않습니다.

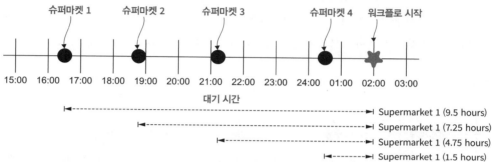

그림 6.3 대기 시간을 갖는 슈퍼마켓 프로모션 워크플로의 타임라인

이 문제를 해결하기 위해서 Airflow 오퍼레이터의 특수 타입(서브 클래스)인 **센서**sensor의 도움을 받을 수 있습니다. 센서는 특정 조건이 true인지 지속적으로 확인하고 true라면 성공합니다. 만 약 false인 경우, 센서는 상태가 true가 될 때까지 또는 타임아웃이 될 때까지 계속 확인합니다.

리스트 6.1 FileSensor는 파일 경로가 생성될 때까지 기다립니다.

```
from airflow.sensors.filesystem import FileSensor

wait_for_supermarket_1=FileSensor(
    task_id="wait_for_supermarket_1",
    filepath="/data/supermarket1/data.csv",
)
```

이 FileSensor는 /data/supermarket1/data.csv 파일이 존재하는지 확인하고 파일이 있 으면 true를 반환하고, 그렇지 않으면 false를 반환한 후 해당 센서는 지정된 시간(기본값은 60 초) 동안 대기했다가 다시 시도합니다. 오퍼레이터(센서 또한 오퍼레이터입니다)와 DAG는 모두 타 임아웃의 설정이 가능하며, 센서 오퍼레이터는 제한 시간에 도달할 때까지 상태를 확인하며 대기합니다. 태스크 로그에서 센서의 출력 내용을 확인할 수 있습니다.

```
{file_sensor.py:60} INFO - Poking for file /data/supermarket1/data.csv
{file_sensor.py:60} INFO - Poking for file /data/supermarket1/data.csv
{file_sensor.py:60} INFO - Poking for file /data/supermarket1/data.csv
```

```
{file_sensor.py:60} INFO - Poking for file /data/supermarket1/data.csv
{file_sensor.py:60} INFO - Poking for file /data/supermarket1/data.csv
```

여기서 대략 1분에 한 번씩[1] 센서는 주어진 파일이 있는지 **포크**poke합니다. **Poking**은 센서를
실행하고 센서 상태를 확인하기 위해 Airflow에서 사용하는 이름입니다.

이제 워크플로에 센서를 통합하는 경우 한 가지 변경이 필요합니다. 2:00까지 기다리지 않고
모든 데이터가 사용 가능하다고 가정하고, 데이터가 사용 가능한지 지속적으로 확인하게 됩니
다. 때문에 워크플로의 DAG 시작 시간을 데이터가 도착하는 경계의 시작 부분에 배치합니다.

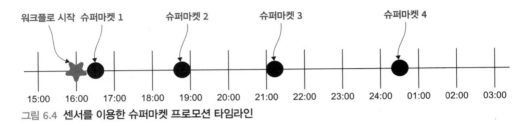

그림 6.4 **센서를 이용한 슈퍼마켓 프로모션 타임라인**

해당 DAG는 각 슈퍼마켓의 데이터 처리 시작 부분에 태스크(FileSensor)를 추가하여 그림
6.5와 같이 표시됩니다.

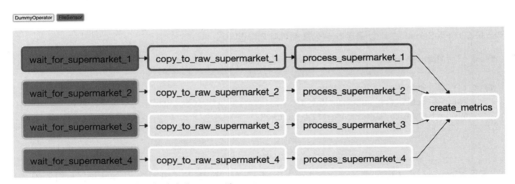

그림 6.5 **Airflow 센서가 있는 슈퍼마켓 프로모션 DAG**

그림 6.5에서 센서가 DAG 시작 시 추가되었고, 예상되는 데이터 전달 전에 DAG의 schedule_
interval이 시작되도록 설정되었습니다. 이로 인해 DAG 시작 시, 센서는 데이터 가용성을
지속적으로 확인하고 조건이 충족되면(즉, 주어진 경로에 데이터를 사용할 수 있게 되면) 다음 태스
크를 계속 수행합니다.

---

1   poke_interval 인수로 설정 가능합니다.

이 그림에서는 슈퍼마켓 1의 경우, 데이터가 제공되어서 센서의 상태가 true로 설정되고, 다운스트림 태스크가 계속 처리되는 것을 확인할 수 있습니다. 그 결과, 예상 데이터 전달 시점까지 불필요하게 기다릴 필요 없이 바로 데이터를 처리할 수 있습니다.

6.1.1 사용자 지정 조건 폴링

일부 데이터 세트는 매우 커서 여러 파일(예: data-01.csv, data-02.csv, data-03.csv 등)로 구성될 수 있습니다. Airflow의 FileSensor는 data-*.csv와 같이 패턴과 일치하는 와일드 카드 형식을 지원합니다. 하지만 이런 와일드 카드를 사용하여 여러 파일을 처리할 때 주의할 점이 있습니다. 예를 들어, 첫 번째 파일인 data-01.csv가 슈퍼마켓에서 공유 스토리지에 업로드되는 동안 다른 파일 데이터가 제공되면, FileSensor는 true를 반환하게 됩니다. 그러면 워크플로는 다음 작업인 copy_to_raw 태스크를 계속 진행하게 되고, 이는 원치 않는 결과를 생성하게 됩니다.

때문에 슈퍼마켓과 최종 업로드 파일은 _SUCCESS라는 접미사를 붙이기로 합의했습니다. 데이터 팀은 data-*.csv라는 이름의 하나 이상의 파일과 _SUCCESS라는 파일 이름을 확인하기로 결정했습니다. FileSensor는 글로빙globbing[2](https://en.wikipedia.org/wiki/Glob)을 사용해 파일 또는 디렉터리 이름과 패턴을 일치시킵니다. 글로빙(regex와 비슷하지만 좀 더 기능이 제한적임)이 복잡한 구성으로 다양한 패턴을 일치시킬 수 있지만, PythonSensor로 두 가지 조건을 확인하는 것이 좀 더 가독성이 좋습니다.

PythonSensor는 PythonOperator와 유사하게 파이썬 콜러블callable(함수, 메서드 등)을 지원합니다. 하지만 PythonSensor 콜러블은 성공적으로 조건이 충족됐을 경우 true를, 실패했을 경우 false로 부울Boolean 값을 반환하는 것으로 제한됩니다.

이런 두 가지 조건의 PythonSensor 콜러블을 확인해 보겠습니다.

리스트 6.2 **PythonSensor를 사용하여 사용자 지정 조건 구현하기**

```
from pathlib import Path
from airflow.sensors.python import PythonSensor

def _wait_for_supermarket(supermarket_id) :
    supermarket_path=Path("/data/" + supermarket_id)    ◀── Path 객체 초기화
    data_files=supermarket_path.glob("data-*.csv")    ◀── data-*.csv 파일 수집
    success_file=supermarket_path / "_SUCCESS"    ◀── _SUCCESS 파일 수집
    return data_files and success_file.exists()    ◀── 데이터 파일과
                                                       성공 파일이 있는지
                                                       확인 후 반환
wait_for_supermarket_1=PythonSensor(
```

---

2   [옮긴이] 파일 및 폴더 경로의 패턴 일치에 사용되는 컴퓨터 용어

```
    task_id="wait_for_supermarket_1",
    python_callable=_wait_for_supermarket,
    op_kwargs={"supermarket_id": "supermarket1"},
    dag=dag,
)
```

PythonSensor에 제공된 콜러블이 실행되고, 부울 형식의 **true** 또는 **false**가 결괏값으로 반환
됩니다. 리스트 6.2에 표시된 콜러블은 두 가지 조건인 데이터와 성공 파일 모두가 존재하는
지 확인합니다. PythonSensor 태스크는 색상이 다를 뿐 다른 태스크와 마찬가지로 UI에 표
시됩니다.

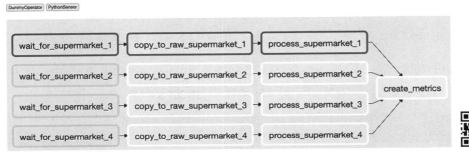

그림 6.6 **사용자 지정 조건을 위해 PythonSensors를 사용하는 슈퍼마켓 프로모션 DAG**

6.1.2 원활하지 않는 흐름의 센서 처리

앞 절에서 센서가 성공적으로 실행되는 것을 확인했습니다. 만약 슈퍼마켓 데이터가 더 이상
제공되지 않는다면 어떻게 될까요? 기본적으로 센서는 다른 오퍼레이터와 마찬가지로 실패합
니다(그림 6.7).

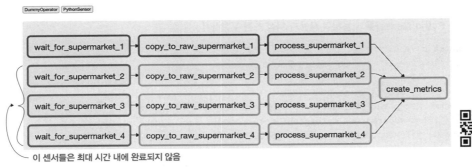

이 센서들은 최대 시간 내에 완료되지 않음

그림 6.7 **최대 시간을 초과하는 센서는 실패합니다.**

센서는 최대 실행 허용 시간(초)을 지정하는 `timeout` 인수를 허용합니다. 다음 포크의 시작 시 실행 시간이 타임아웃 설정값보다 초과된다면 센서는 실패를 반환합니다.

```
INFO - Poking callable: <function wait_for_supermarket at 0x7fb2aa1937a0>
INFO - Poking callable: <function wait_for_supermarket at 0x7fb2aa1937a0>
ERROR - Snap. Time is OUT.

Traceback (most recent call last):
  ➥ File "/usr/local/lib/python3.7/sitepackages/airflow/models/taskinstance.py",
    line 926, in _run_raw_task result=task_copy.execute(context=context)
  ➥ File "/usr/local/lib/python3.7/sitepackages/airflow/sensors/base_sensor_operator.
    py", line 116, in execute raise AirflowSensorTimeout('Snap. Time is OUT.')
airflow.exceptions.AirflowSensorTimeout: Snap. Time is OUT.
INFO - Marking task as FAILED.
```

기본적으로 센서 타임아웃은 7일로 설정되어 있습니다. DAG `schedule_interval`을 하루에 한 번 실행하도록 설정하면, 원하지 않는 눈덩이 효과[3]가 발생합니다(놀랍게도 실제 많은 경우의 DAG에서 발생합니다). DAG는 하루에 한 번 실행되며 슈퍼마켓 2, 3 및 4는 그림 6.7에 표시된 것처럼 7일 후에 실패합니다. 그러나 새로운 DAG 실행이 매일 추가되고 해당 날짜에 대한 센서가 시작되며 결과적으로 더 많은 태스크가 실행되기 시작합니다. 이런 문제를 해결하기 위해, 다음은 Airflow가 실행 태스크 수를 제한하는 방법을 소개합니다.

Airflow의 다양한 수준에서 최대 태스크 실행 수를 제한하는 것은 매우 중요합니다. 그림 6.8에서는 16개의 실행 중인 태스크(모두 센서 오퍼레이터를 가진)를 표시합니다. DAG 클래스에는 DAG 안에서 동시 실행되는 태스크 수를 제어하는 인수를 제공합니다.

리스트 6.3 DAG에서 최대 동시 태스크 수 설정하기

```
Dag=DAG(
    Dag_id="couponing_app",
    Start_date=datetime(2019, 1, 1),
    Schedule_interval="0 0 * * *",
    Concurrency=50,◀─────── 이 DAG는 동시에 50개의 태스크 실행을 허용합니다.
)
```

---

3   [옮긴이] 눈덩이 효과는 어떤 사건이나 현상이 작은 출발점에서부터 점점 커지는 과정을 비유적으로 이르는 말입니다. 일반적으로 부정적인 의미를 가지고 있지만, 긍정적인 의미로 사용하는 때도 있습니다(출처: https://ko.wikipedia.org/wiki/눈덩이_효과).

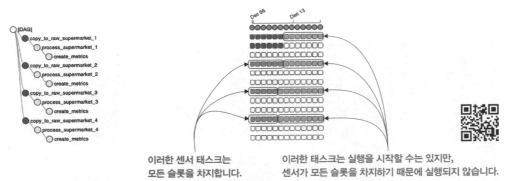

그림 6.8 센서 데드록: 실행중인 태스크 조건이 true가 될 때까지 다른 태스크가 대기하게 되므로 모든 슬롯이 데드록 상태가 됩니다.

그림 6.8은 기본값인 DAG당 16개 동시 태스크를 실행했기 때문에 다음과 같은 눈덩이 효과가 발생하였습니다.

- **Day 1**: 슈퍼마켓 1이 성공했고, 슈퍼마켓 2, 3, 4가 3개 태스크를 차지하며 폴링 중입니다.
- **Day 2**: 슈퍼마켓 1이 성공했고, 슈퍼마켓 2, 3, 4가 6개 태스크를 차지하며 폴링 중입니다.
- **Day 3**: 슈퍼마켓 1이 성공했고, 슈퍼마켓 2, 3, 4가 9개 태스크를 차지하며 폴링 중입니다.
- **Day 4**: 슈퍼마켓 1이 성공했고, 슈퍼마켓 2, 3, 4가 12개 태스크를 차지하며 폴링 중입니다.
- **Day 5**: 슈퍼마켓 1이 성공했고, 슈퍼마켓 2, 3, 4가 15개 태스크를 차지하며 폴링 중입니다.
- **Day 6**: 슈퍼마켓 1이 성공했고, 슈퍼마켓 2, 3, 4가 16개 태스크를 차지하고 폴링 중입니다 (두 개의 새로운 태스크를 실행할 수 없으며 실행하려는 다른 모든 태스크가 중지됩니다).

이 현상을 **센서 데드록**sensor deadlock 상태라고 합니다. 이 예에서는 다른 DAG의 태스크는 실행할 수 있지만, 슈퍼마켓 DAG는 실행할 수 있는 최대 태스크 수에 도달해 차단blocking됩니다. 또한 Airflow 전역 설정의 최대 태스크 제한에 도달하면 전체 시스템이 정지될 수 있다는 것에 주의해야 합니다. 이 문제는 다양한 방법으로 해결할 수 있습니다.

센서 클래스는 poke 또는 reschedule을 설정할 수 있는 mode 인수가 있습니다(Airflow 1.10.2부터 사용 가능). 기본적으로 poke로 설정되어 있어 최대 태스크 제한에 도달하면 새로운 태스크가 차단됩니다. 즉, 센서 태스크가 실행중인 동안 태스크 슬롯을 차지하게 됩니다. 설정한 대기 시간마다 포크를 수행한 후 아무 동작도 하지 않지만, 여전히 태스크 슬롯을 차지합니다. 센서 reschedule 모드는 포크 동작을 실행할 때만 슬롯을 차지하며, 대기 시간 동안은 슬롯을 차지하지 않습니다(그림 6.9).

동시 태스크의 수는 Airflow 전역 설정 옵션(12.6절에서 다루게 될)으로 제어할 수도 있습니다. 다음 장에서는 단일 DAG를 여러 개의 더 작은 DAG로 분할하여 각 분리된 문제를 트리거할 수 있는 방법을 살펴봅니다.

6.2 다른 DAG를 트리거하기

이제 우리 서비스에 더욱 많은 슈퍼마켓들이 쿠폰 서비스를 추가해서 프로모션에 대한 통찰력을 얻고자 합니다. 슈퍼마켓의 데이터가 전달되고 처리된 후 create_metrics 단계가 끝나는 마지막 시점에서 하루에 한 번만 실행됩니다. 현재 설정에서는, process_supermarket_ {1,2,3,4} 태스크의 성공 여부에 달려있습니다(그림 6.10).

분석 팀은 다른 슈퍼마켓으로부터 데이터를 전달받은 후, 파이프라인을 통해 전체 실행이 완료될 때까지 기다리지 않고, 자신들의 데이터 처리 직후 계산된 통계 지표를 사용할 수 있기를 원합니다. 우리에게는 이 문제를 해결할 몇 가지 옵션이 있습니다(수행 로직에 따라 달라짐).

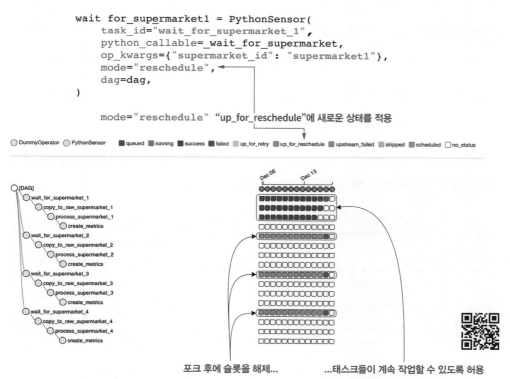

그림 6.9 mode="reschedule"인 센서는 포크 후 슬롯을 해제하여 다른 작업을 실행할 수 있습니다.

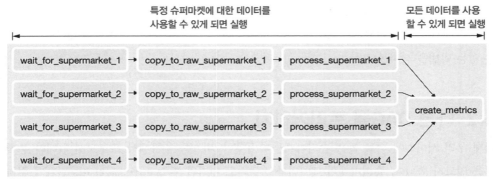

그림 6.10 슈퍼마켓 관련 태스크와 create_metrics 태스크 간의 다른 실행 로직은 별도의 DAG에서 분할될 가능성이 있습니다.

모든 process_supermarket_* 태스크 실행 후에 create_metrics 작업을 다운스트림 작업으로 설정할 수 있습니다(그림 6.11).

그림 6.11 모든 프로세스의 완료를 기다리지 않도록 태스크를 복제합니다.

create_metrics 태스크가 여러 태스크로 확장되어 DAG의 구조가 더욱 복잡해집니다. 결과적으로 더 많은 반복 태스크가 발생하게 됩니다(그림 6.12).

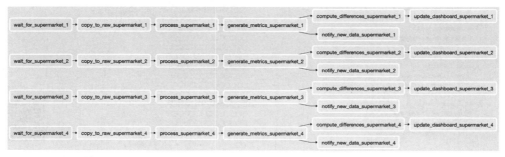

그림 6.12 로직이 더 많아지면 각 DAG에서 분할될 가능성이 있음을 확인할 수 있습니다.

거의 비슷한 기능의 태스크 반복을 피하는 한 가지 옵션은 각 DAG를 여러 개의 작은 DAG로 분할하여 각 DAG가 일부 워크플로를 처리하는 것입니다. 장점은 단일 DAG에서 여러 (복제된) 태스크를 보유하지 않고 DAG 1이 DAG 2를 여러 번 호출할 수 있다는 것입니다. 이 방법의 사용 여부는 워크플로의 복잡성과 같은 다양한 요소에 따라 달라집니다. 예를 들어 워크플로가 스케줄에 따라 완료될 때까지 기다리지 않고 언제든지 수동으로 트리거할 수 있는 통계 지표를 생성하기 위해서는 DAG를 두 개로 분할하는 것이 좋습니다.

이 시나리오에서는 TriggerDagRunOperator를 사용해 해결할 수 있습니다. 워크플로가 분리된 경우, 이 오퍼레이터를 통해 다른 DAG를 트리거할 수 있습니다.

리스트 6.4 TriggerDagRunOperator를 사용하여 다른 DAG 실행하기

```python
import airflow.utils.dates
from airflow import DAG
from airflow.operators.dummy import DummyOperator
from airflow.operators.trigger_dagrun import TriggerDagRunOperator

dag1=DAG(
    dag_id="ingest_supermarket_data",
    start_date=airflow.utils.dates.days_ago(3),
    schedule_interval="0 16 * * *",
)

for supermarket_id in range(1, 5):
    # ...
    trigger_create_metrics_dag=TriggerDagRunOperator(
        task_id=f"trigger_create_metrics_dag_supermarket_{supermarket_id}",
        trigger_dag_id="create_metrics",     ◀┐
        dag=dag1,                             │
    )                                          │
                                    dag_id는   │
                                    일치해야 합니다.│
dag2=DAG(                                      │
    dag_id="create_metrics",     ◀────────────┘
    start_date=airflow.utils.dates.days_ago(3),
    schedule_interval=None,      ◀─┐ 트리거되는 경우에는 schedule_interval이
)                                  │ 필요하지 않습니다.
# ...
```

TriggerDagRunOperator의 trigger_dag_id 인수에 제공되는 문자열은 트리거할 DAG의 dag_id와 일치해야 합니다. 결과적으로 슈퍼마켓에서 데이터를 수집하기 위한 DAG와 데이터의 통계 지표를 계산하기 위한 DAG로 두 개가 됩니다(그림 6.13).

그림 6.13 DAG 1이 TriggerDagRunOperator를 사용하여 DAG 2를 트리거하는 DAG가 두 개로 분할됩니다. 이제 DAG 2의 로직은 한 번만 정의되며 그림 6.12와 같은 상황을 단순하게 표시합니다.

Airflow UI에는 수동 또는 자동으로 트리거된 DAG의 스케줄 표현이 차이가 없습니다. 하지만 트리 뷰의 두 가지의 상세 내역을 통해 스케줄에 따라 트리거가 되었는지 아닌지 확인할 수 있습니다. 먼저 스케줄된 DAG가 실행되고 해당 태스크 인스턴스에 검은색 테두리가 표시됩니다(그림 6.14).

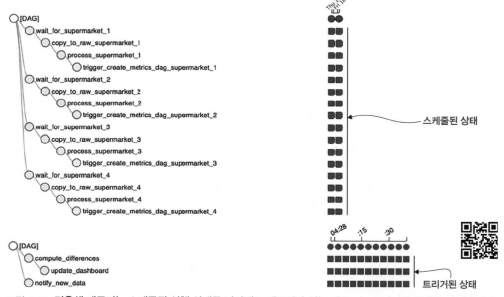

그림 6.14 검은색 테두리는 스케줄된 실행 상태를 나타내고 테두리가 없는 태스크는 트리거된 상태를 나타냅니다.

두 번째로 각 DAG 실행은 run_id 필드가 있으며, run_id 값은 다음 중 하나로 실행됩니다.

- schedule__: 스케줄되어 DAG 실행이 시작되었음을 나타냅니다.
- backfill__: 백필 태스크에 의해 DAG 실행이 시작되었음을 나타냅니다.
- manual__: 수동으로 DAG 실행이 시작되었음을 나타냅니다(예: Trigger Dag 버튼을 누르거나 TriggerDagRunOperator에 의해 트리거됨).

DAG 실행 상태의 원 위로 마우스를 가져 가면 run_id 값의 툴팁tooltip이 표시되며 DAG 실행이 어떻게 시작되었는지 확인할 수 있습니다.

그림 6.15 run_id는 DAG 실행 방법을 알려 줍니다.

6.2.1 TriggerDagRunOperator로 백필 작업

process_* 태스크의 일부 로직을 변경하고 변경된 부분부터 DAG를 다시 실행하려면 어떻게 해야 할까요? 단일 DAG에서는 process_* 및 해당 다운스트림 태스크의 상태를 삭제하면 됩니다. 하지만 태스크 삭제는 동일한 DAG 안의 태스크만 지워집니다. 또 다른 DAG 안에서 TriggerDagRunOperator의 다운스트림 태스크는 지워지지 않는데, 이 동작을 잘 알고 있어야 합니다.

TriggerDagRunOperator를 포함한 DAG에서 태스크를 삭제하면 이전에 트리거된 해당 DAG 실행을 지우는 대신에 새 DAG 실행이 트리거됩니다(그림 6.16).

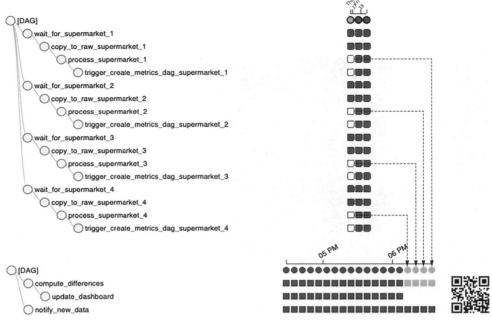

그림 6.16 TriggerDagRunOperators를 삭제하면 트리거된 DAG의 태스크는 삭제되지 않고 대신에 새로운 DAG가 생성됩니다.

6.2.2 다른 DAG의 상태를 폴링하기

그림 6.13은 트리거를 하는 DAG와 트리거가 되는 DAG의 의존성이 없는 예입니다. 즉, 첫 번째 DAG는 조건을 확인하지 않고 언제든지 다운스트림 DAG를 트리거할 수 있습니다.

DAG가 아주 복잡해지는 경우 태스크를 명확하게 하기 위해 첫 번째 DAG를 여러 개의 DAG로 분할하고, 그림 6.17의 중간과 같이 각각의 해당 DAG에 대해 TriggerDagRunOperator 태스크를 수행할 수 있습니다. 또한 그림 6.17의 오른쪽과 같이 여러 다운스트림 DAG를 트리거하는 하나의 DAG의 TriggerDagRunOperator를 사용할 수도 있습니다.

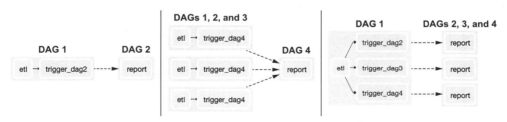

그림 6.17 TriggerDagRunOperator로 다양한 DAG 간에 의존성 구현이 가능합니다.

그렇다면 다른 DAG가 실행되기 전에 여러 개의 트리거 DAG가 완료되어야 한다면 어떻게 해야 될까요? 예를 들어 DAG 1, 2, 3이 각각 데이터 세트를 추출, 변환 및 적재하고, 세 개의 DAG가 모두 완료된 경우에만 집계된 지표의 데이터 세트를 계산하는 DAG 4를 실행하려면 어떻게 해야 할까요? Airflow는 단일 DAG 내에서 태스크 간의 의존성을 관리하지만, DAG 간의 의존성을 관리하는 방법은 제공하지 않습니다(그림 6.18).[4]

그림 6.18 TriggerDagRunOperator는 DAG 간의 의존성 문제를 해결할 수 없습니다.

이러한 상황에서는 그림 6.19와 같이 다른 DAG에서 태스크 상태를 포크하는 센서인 External TaskSensor를 적용합니다. 이 방법은 `wait_for_etl_dag{1,2,3}` 태스크가 마지막으로 report 태스크를 실행하기 전에 세 개의 DAG가 모두 완료된 상태를 확인하는 프락시 역할을 합니다.

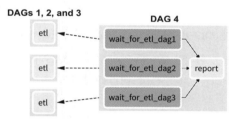

그림 6.19 DAG 1, 2, 3의 상태가 완료된 상태를 확인하는 경우, TriggerDagRunOperator를 사용해 태스크 실행 완료를 보고하는 대신에 ExternalTaskSensor를 이용해 DAG 4에서 확인해야 합니다.

ExternalTaskSensor의 작동 방식은 다른 DAG의 태스크를 지정하여 해당 태스크의 상태를 확인하는 것입니다(그림 6.20).

---

4 Airflow 플러그인 Airflow DAG Dependencies(https://github.com/ms32035/airflow-dag-dependencies)는 DAG의 TriggerDagRunOperator와 ExternalTaskSeneor 오퍼레이터의 모든 사용을 확인하여 DAG 간의 의존성을 시각화해 줍니다.

```
import airflow.utils.dates
from airflow  import DAG
from airflow.operators.dummy  import DummyOperator
from airflow.sensors.external_task  import ExternalTaskSensor

dag1 = DAG(dag_id="ingest_supermarket_data", schedule_interval="0 16 * * *", ...)
dag2 = DAG(schedule_interval="0 16 * * *", ...)

DummyOperator(task_id="copy_to_raw", dag=dag1) >> DummyOperator(task_id="process_supermarket", dag=dag1)

wait = ExternalTaskSensor(
    task_id="wait_for_process_supermarket",
    external_dag_id="ingest_supermarket_data",
    external_task_id="process_supermarket", --------------------------------
    dag=dag2,
)
report = DummyOperator(task_id="report", dag=dag2)
wait >> report
```

```
copy_to_raw  →  process_supermarket                    wait_for_process_supermarket  →  report
```

그림 6.20 ExternalTaskSensor의 사용 예입니다.

DAG 1에서 DAG 2까지 어떠한 이벤트도 없기 때문에 DAG 2는 DAG 1의 태스크 상태를 확인할 때 몇 가지 단점이 발생합니다. Airflow는 DAG가 다른 DAG를 고려하지 않습니다. 기술적으로 기본 메타데이터(ExternalTaskSensor가 수행하는 작업)를 쿼리하거나 디스크에서 DAG 스크립트를 읽어서 다른 워크플로의 실행 세부 정보를 추론할 수 있지만, Airflow와는 직접적으로 결합되지 않습니다. 이를 위해서 ExternalTaskSeneor를 사용하는 경우, DAG를 조금 정렬해야 합니다. 기본 동작은 ExternalTaskSensor가 자신과 정확히 동일한 실행 날짜를 가진 태스크에 대한 성공만 확인하는 것입니다. ExternalTaskSensor의 실행 날짜가 2019-10-12T18:00인 경우, Airflow 메타스토어에 2019-10-12T18:00인 태스크를 쿼리해 확인합니다. 하지만 이 경우에 만약 두 DAG의 스케줄 간격이 다르다면 ExternalTaskSensor는 해당하는 태스크를 찾을 수 없습니다(그림 6.21).

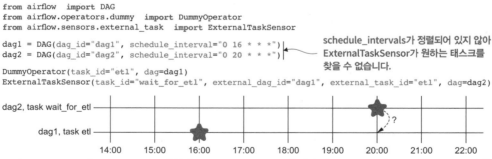

```
from airflow  import DAG
from airflow.operators.dummy  import DummyOperator
from airflow.sensors.external_task  import ExternalTaskSensor

dag1 = DAG(dag_id="dag1", schedule_interval="0 16 * * *")
dag2 = DAG(dag_id="dag2", schedule_interval="0 20 * * *")

DummyOperator(task_id="et1", dag=dag1)
ExternalTaskSensor(task_id="wait_for_et1", external_dag_id="dag1", external_task_id="et1", dag=dag2)
```

schedule_intervals가 정렬되어 있지 않아 ExternalTaskSensor가 원하는 태스크를 찾을 수 없습니다.

그림 6.21 ExternalTaskSensor는 자신의 schedule_interval에 따라 다른 DAG의 태스크가 완료되었는지 확인합니다. 스케줄 간격이 맞지 않으면 태스크를 찾을 수 없습니다.

스케줄 간격이 맞지 않는 경우에는 ExternalTaskSensor가 다른 태스크를 검색할 수 있도록 오프셋offset(간격)을 설정할 수 있습니다. 이 오프셋은 ExternalTaskSensor의 execution_ delta 인수로 설정합니다. timedelta 오브젝트는 예상과 다르게 동작한다는 것이 중요합니다. 설정된 timedelta는 execution_date에서 뺍니다. 즉, 양수의 timedelta 값은 시간을 거슬러 올라간다는 것을 의미합니다(그림 6.22).

예를 들어 DAG 1은 하루에 한 번 실행되고 DAG 2는 5시간마다 실행되는 경우, ExternalTask Sensor를 사용해 스케줄 간격이 서로 다른 DAG의 태스크를 확인하기 위해 execution_ delta에 적절한 값을 설정하는 것은 어렵습니다. 이 경우 execution_date_fn 인수를 통해 timedelta의 목록을 반환하는 함수를 제공할 수 있습니다. 좀 더 자세한 사항은 Airflow 공식 문서를 참조하시길 바랍니다.

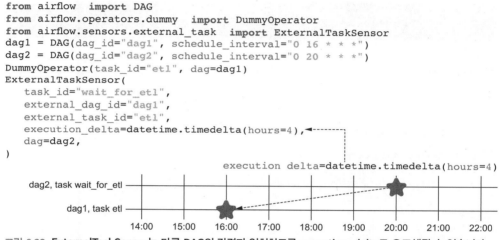

```python
from airflow  import DAG
from airflow.operators.dummy  import DummyOperator
from airflow.sensors.external_task  import ExternalTaskSensor
dag1 = DAG(dag_id="dag1", schedule_interval="0 16 * * *")
dag2 = DAG(dag_id="dag2", schedule_interval="0 20 * * *")
DummyOperator(task_id="et1", dag=dag1)
ExternalTaskSensor(
    task_id="wait_for_etl",
    external_dag_id="dag1",
    external_task_id="et1",
    execution_delta=datetime.timedelta(hours=4),
    dag=dag2,
)
```

그림 6.22 ExternalTaskSensor는 다른 DAG의 간격과 일치하도록 execution_delta로 오프셋될 수 있습니다.

6.3 REST/CLI를 이용해 워크플로 시작하기

다른 DAG에서 DAG를 트리거하는 방법 외에도 REST API 및 CLI를 통해 트리거할 수 있습니다. 예를 들어 CI/CD 파이프라인의 일부로 Airflow 외부에서 워크플로를 시작하려는 경우가 이에 해당됩니다. 또는 AWS S3 버킷에 임의 시간에 저장되는 데이터를 확인하기 위해 Airflow 센서를 통해 확인하는 대신, AWS Lambda 함수를 사용하여 DAG를 트리거할 수도 있습니다.

Airflow CLI를 사용하여 다음과 같이 DAG를 트리거할 수 있습니다.

```
airflow dags trigger dag1

➡ [2019-10-06 14:48:54,297] {cli.py:238} INFO - Created <DagRun dag1 @ 201910-06
   14:48:54+00:00: manual__2019-10-06T14:48:54+00:00, externally triggered: True>
```

이렇게 하면 실행 날짜가 현재 날짜 및 시간으로 설정된 **dag1**을 트리거합니다. DAG run id
에 수동 또는 Airflow 외부에서 트리거되었다는 것을 나타내기 위해 "`manual__`"이라는 접두
사가 붙게 됩니다. CLI는 트리거된 DAG에 대한 추가 구성 설정이 가능합니다.

리스트 6.6 **추가 구성으로 DAG 트리거하기**

```
airflow dags trigger -c '{"supermarket_id": 1}' dag1
airflow dags trigger --conf '{"supermarket_id": 1}' dag1
```

이 구성 설정은 태스크 콘텍스트 변수를 통해 트리거된 실행 DAG의 모든 태스크에서 사용할
수 있습니다.

리스트 6.7 **DAG 실행 구성 설정 적용하기**

```
import airflow.utils.dates
from airflow import DAG
from airflow.operators.python import PythonOperator

dag=DAG(
    dag_id="print_dag_run_conf",
    start_date=airflow.utils.dates.days_ago(3),
    schedule_interval=None,
)

def print_conf(**context) :                      ◁── 태스크 콘텍스트에서 트리거되는 DAG에
    print(context["dag_run"].conf) ◀──────┘          접근할 때 제공되는 구성 파일

process=PythonOperator(
    task_id="process",
    python_callable=print_conf,
    dag=dag,
)
```

이 태스크는 DAG 실행에 제공된 설정을 출력하며 태스크 전반적으로 사용할 수 있습니다.

```
{cli.py:516} INFO - Running <TaskInstance: print_dag_run_conf.process 2019
10-15T20:01:57+00:00 [running]> on host ebd4ad13bf98
{logging_mixin.py:95} INFO - {'supermarket': 1}
```

```
{python_operator.py:114} INFO - Done. Returned value was: None
{logging_mixin.py:95} INFO - [2019-10-15 20:03:09,149]
{local_task_job.py:105} INFO - Task exited with return code 0
```

결론적으로 단순하게 여러 변수를 적용하기 위해 태스크를 복제해 DAG를 구성할 경우, 파이프라인에 변수를 삽입할수 있기 때문에 DAG 실행에 대한 구성이 훨씬 간결해집니다. 하지만 리스트 6.8에서는 DAG에 스케줄 간격이 없다는 것을 주의하십시오(즉, 트리거된 경우에만 실행). 만약 DAG의 로직이 DAG 실행 구성을 사용한다고 해도, 이 경우에는 별도의 DAG 실행 구성을 제공하지 않기 때문에 DAG는 스케줄에 따라 실행되지 않습니다.

그림 6.23 런타임 시에 페이로드를 제공하여 DAG를 단순화합니다.

마찬가지로 CLI에 대한 접근 권한이 없지만 Airflow 인스턴스에 HTTP 접근으로 REST API를 사용해도 동일한 결과를 얻을 수 있습니다.

리스트 6.8 Airflow REST API를 사용하여 DAG 트리거하기

```
# URL is /api/v1

curl \
-u admin:admin \        ◄── 평문(paintext)으로 사용자 이름과 비밀번호를 보내는 것은 바람직하지
-X POST \                   않습니다. 다른 인증 방법은 Airflow API 인증 문서를 참조하세요.
"http://localhost:8080/api/v1/dags/print_dag_run_conf/dagRuns" \
-H "Content-Type: application/json" \
-d '{"conf": {}}'       ◄── 추가 구성 설정이 제공되지 않은 경우에도
                            엔드포인트에는 데이터가 필요합니다.
```

```json
{
    "conf": {},
    "dag_id": "print_dag_run_conf",
    "dag_run_id": "manual__2020-12-19T18:31:39.097040+00:00",
    "end_date": null,
    "execution_date": "2020-12-19T18:31:39.097040+00:00",
    "external_trigger": true,
    "start_date": "2020-12-19T18:31:39.102408+00:00",
    "state": "running"
}
```

```
curl \
-u admin:admin \
-X POST \
"http://localhost:8080/api/v1/dags/print_dag_run_conf/dagRuns" \
-H "Content-Type: application/json" \
-d '{"conf": {"supermarket": 1}}'
```

```
{
    "conf": {
        "supermarket": 1
    },
    "dag_id": "listing_6_08",
    "dag_run_id": "manual__2020-12-19T18:33:58.142200+00:00",
    "end_date": null,
    "execution_date": "2020-12-19T18:33:58.142200+00:00",
    "external_trigger": true,
    "start_date": "2020-12-19T18:33:58.153941+00:00",
    "state": "running"
}
```

이를 통해 CI/CD 시스템과 같은 외부 시스템에서 Airflow DAG를 트리거 시에 쉽게 사용할 수 있습니다.

요약

- 센서는 특정 조건이 참인지 여부를 지속적으로 확인polling하는 특수 유형 오퍼레이터입니다.

- Airflow는 다양한 시스템 및 사용 요건에 맞는 센서를 제공합니다. 사용자 지정 조건custom condition은 PythonSensor로 만들 수 있습니다.

- TriggerDagRunOpertator는 다른 DAG를 트리거할 수 있습니다. ExternalTask Sensor는 다른 DAG의 상태를 확인할 수 있습니다.

- REST API와(또는) CLI를 사용하여 Airflow 외부에서 DAG를 트리거할 수 있습니다.

외부 시스템과 통신하기

이 장에서는 다음과 같은 내용을 다룹니다.

- Airflow 오퍼레이터로 Airflow 외부의 시스템에서 태스크를 수행하기
- 외부 시스템에 특화된 오퍼레이터 적용하기
- Airflow에서 오퍼레이터를 구현하여 A-to-B 작업을 수행하기
- 외부 시스템에 연결하는 태스크 테스트하기

이전 장까지 Airflow 코드 작성에 대해 중점적으로 다루었으며 대부분 BashOpertor 및 PythonOperator와 같은 일반적인 오퍼레이터를 사용한 예제로 설명하였습니다. 이러한 오퍼레이터로 임의의 코드를 실행하여 모든 워크로드를 실행할 수 있겠지만, Airflow는 Postgres 데이터베이스에서 쿼리를 실행하는 것과 같은, 더욱 구체적인 목적을 위한 오퍼레이터 또한 제공합니다. 이러한 오퍼레이터는 쿼리 실행을 위한 기능만 제공합니다. 따라서 오퍼레이터에 단순하게 쿼리만 제공하면, 오퍼레이터는 내부에서 직접 쿼리 로직을 처리하여 사용을 쉽게 합니다. PythonOperator로 이를 구현할 경우, 쿼리 로직을 직접 작성해야 합니다.

참고로 **외부 시스템**external system은 Airflow 및 Airflow가 구동되는 시스템 이외의 모든 기술을 의미합니다. 예를 들어 마이크로소프트 Azure Blob Storage, Apache Spark 클러스터 또는 구글 BigQuery 데이터 웨어하우스와 같은 것을 말합니다.

이번 장에서는 이러한 오퍼레이터를 이용해 외부 시스템과 연결하고 데이터를 이동 및 변환하는 두 개의 DAG를 개발해 봄으로써, 외부 시스템과 연동하기 위해 오퍼레이터를 어떻게 사

용하는지 알아봅니다. 이 사용 사례와 함께 외부 시스템을 처리하기 위해 Airflow가 가지고 있는(그렇지 않은)[1] 다양한 옵션을 점검합니다.

7.1절에서는 AWS S3 버킷 및 머신러닝 모델을 개발 및 배포하기 위한 AWS SageMaker를 사용해 머신러닝 모델을 개발해 봅니다. 그 다음 7.2절에서는 암스테르담에 있는 Airbnb 숙소 내용의 Postgres 데이터베이스를 사용해 다양한 시스템 간의 데이터를 전달하는 방법을 보여줍니다. 데이터는 Airbnb에서 관리하는 웹사이트 및 공개 데이터(http://insideairbnb.com)에서 가져왔으며 숙소 리스트와 리뷰와 기타 기록이 저장되어 있습니다. 하루에 한 번 최신데이터를 Postgres 데이터베이스에서 AWS S3 버킷으로 다운로드합니다. 그리고 난 후 도커 컨테이너 안에서 Pandas 작업을 실행하여 가격 변동을 확인하여 AWS S3 버킷에 다시 저장합니다.

7.1 클라우드 서비스에 연결하기

오늘날 대부분의 소프트웨어는 클라우드 서비스에서 실행됩니다. 이러한 클라우드 서비스는 일반적으로 클라우드 공급자가 제공하는 API를 통해 제어할 수 있습니다. 일반적으로 API는 파이썬 패키지로 클라이언트와 함께 제공됩니다. AWS 클라이언트 이름은 boto3(https://github.com/boto/boto3)이고, GCP 클라이언트 이름은 Cloud SDK(https://cloud.google.com/sdk), Azure 클라이언트 이름은 Azure SDK for Python(https://docs.microsoft.com/azure/python)입니다. 이러한 클라이언트는 요청에 필요한 세부 정보를 입력하면 클라이언트가 요청 및 응답 처리를 내부적으로 처리하는 편리한 기능을 제공합니다.

Airflow에서 프로그래머에게 제공되는 인터페이스는 오퍼레이터입니다. 오퍼레이터는 클라우드 서비스에 요청하는 세부 정보를 전달하는 편리한 클래스로서 오퍼레이터는 기술적인 구현을 내부적으로 처리하게 됩니다. 이러한 오퍼레이터는 내부적으로 클라우드의 SDK를 사용해 요청을 보내고 프로그래머에게 특정 기능을 제공하는 클라우드 SDK를 감싼 레이어를 제공합니다(그림 7.1).

그림 7.1 **Airflow 오퍼레이터는 입력한 인수의 값을 클라우드 SDK의 태스크로 변환합니다.**

---

1   오퍼레이터는 계속 개발되고 있습니다. 이 장은 2020년에 작성되었으며, 여기서 설명하지 않았지만 다양한 사례를 위한 새로운 오퍼레이터가 추가되었을 수도 있습니다.

7.1.1 추가 의존성 패키지 설치하기

apache-airflow 파이썬 패키지에는 몇 가지 필수 오퍼레이터가 포함되어 있지만, 클라우드 서비스 연결을 위한 컴포넌트는 없습니다. 클라우드 서비스는 다음 공급자 패키지를 설치하면 됩니다.

표 7.1 **클라우드 공급자를 위한 Airflow 컴포넌트 설치를 위한 추가 패키지**

클라우드 서비스	pip 설치 명령어
AWS	pip install apache-airflow-providers-amazon
GCP	pip install apache-airflow-providers-google
Azure	pip install apache-airflow-providers-microsoft-azure

이는 클라우드 공급자뿐만 아니라 다른 외부 서비스에도 적용됩니다. 예를 들어 Postgres Operator를 실행하기 위해 필요한 오퍼레이터 및 의존성 패키지를 설치하기 위해서는 apache-airflow-providers-postgres 패키지를 설치해야 합니다. 사용 가능한 추가 패키지의 목록을 확인하려면 Airflow 문서를 확인하시기 바랍니다(https://airflow.apache.org/docs).

그럼 AWS에서 태스크 수행을 위한 오퍼레이터를 살펴보겠습니다. 예를 들어 S3CopyObject Operator는 특정 버킷의 오브젝트를 다른 곳으로 복사합니다. 이 오퍼레이터에 몇 가지 인수를 입력해야 합니다(이 예에서는 관련 없는 인수는 건너뜁니다).

리스트 7.1 **S3CopyObjectOperator는 필요한 세부 사항만 입력하면 됩니다.**

```
from airflow.providers.amazon.aws.operators.s3_copy_object import
    S3CopyObjectOperator

S3CopyObjectOperator(
    task_id="...",
    source_bucket_name="databucket",   ◄─┤ 복사할 버킷 이름
    source_bucket_key="/data/{{ ds }}.json",   ◄─┤ 복사할 오브젝트 이름
    dest_bucket_name="backupbucket",   ◄─┤ 복사될 버킷 이름
    dest_bucket_key="/data/{{ ds }}-backup.json",   ◄─┤ 대상 오브젝트 이름
)
```

이 오퍼레이터는 AWS의 boto3 클라이언트에 대해 자세히 알 필요 없이 S3의 오브젝트를 다른 위치에 복사하는 간단한 방법을 제공합니다.[2]

---

2   오퍼레이터의 구현을 확인하면 내부적으로 boto3의 copy_object()를 호출하는 것을 확인할 수 있습니다.

7.1.2 머신러닝 모델 개발하기

좀 더 복잡한 예제인, 손글씨 숫자 분류기handwritten numbers classifier 구현을 위한 데이터 파이프라인 개발을 여러 AWS 오퍼레이터로 작업해 보겠습니다. 모델은 0~9까지 약 7만 개의 숫자를 포함하고 있는 MNIST(http://yann.lecun.com/exdb/mnist) 데이터 세트를 훈련된 모델을 사용합니다(그림 7.2).

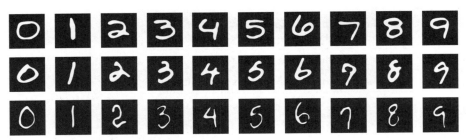

그림 7.2 **MNIST 데이터 세트의 손글씨 숫자의 예**

모델은 학습된 후 입력되지 않은 손으로 쓴 새로운 번호를 입력할 수 있어야 하며, 모델은 입력된 손글씨 번호를 분류할 수 있어야 합니다(그림 7.3).

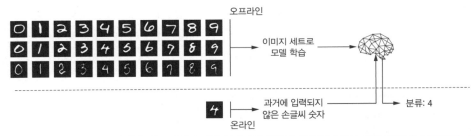

그림 7.3 **머신러닝 모델이 학습되는 단계와 다른 단계에서 이전에 확인하지 않은 샘플 데이터를 분류하는 방법에 대한 개요를 보여줍니다.**

모델에는 온라인과 오프라인이라는 두 부분이 있습니다. 오프라인 부분은 손으로 쓴 숫자의 큰 데이터 세트를 가져와서 숫자로 분류하도록 학습시키고 결과(모델 파라미터의 세트)가 저장됩니다. 이 프로세스는 새로운 데이터가 수집될 때마다 주기적으로 수행될 수 있습니다. 온라인 부분은 모델을 로드하고 이전에 학습하지 않았던 데이터를 숫자로 분류하는 역할을 합니다. 이는 사용자가 직접 확인을 요구할 때 즉시 실행되어야 합니다.

Airflow 워크플로는 일반적으로 오프라인 부분을 담당합니다. 모델 학습 과정은 데이터를 로드하고 모델에 적합한 형식으로 전처리하며 (복잡한) 모델을 학습하는 것으로 구성됩니다. 또한 주기적으로 모델을 재학습하는 것이 Airflow의 배치 프로세스 기능에 잘 맞아떨어집니다.

온라인 파트는 일반적으로 직접적인 REST API 호출 또는 HTML 내에서 REST API 호출을 포함하는 웹페이지입니다. 이러한 API의 배포는 한 번 또는 CI/CD 파이프라인 일부로 포함됩니다. 사례에서는 매주 API를 다시 배포하는 요구사항이 없기 때문에 일반적인 Airflow 워크플로에 포함되지 않습니다.

여기서는 손글씨 숫자 분류기 모델을 학습하기 위한 Airflow 파이프라인을 개발합니다. 파이프라인에서 먼저 공개된 위치의 샘플 데이터를 독자의 S3 버킷으로 복사합니다. 그 다음 데이터를 모델에서 사용할 수 있는 형식으로 변환하고 AWS SageMaker를 이용해 모델을 학습한 다음, 마지막으로 모델을 배포하여 새로 입력되는 손글씨 숫자를 분류합니다. 파이프라인은 그림 7.4와 같습니다.

그림 7.4 **손글씨 숫자 분류기를 생성하는 논리적 단계**

그림 7.4에 표시된 파이프라인은 한 번만 실행할 수 있으며, SageMaker 모델 또한 한 번만 배포됩니다. Airflow의 장점은 파이프라인을 스케줄하고, 원하는 경우 새 데이터나 모델 변경 시 파이프라인을 재실행할 수 있다는 것입니다. 로우 데이터가 지속적으로 업데이트되는 경우 Airflow의 파이프라인은 주기적으로 로우 데이터를 다시 로드하고 새로운 데이터를 이용해 훈련된 모델을 재배포합니다. 또한 데이터 과학자는 원하는 대로 모델을 조정할 수 있으며, Airflow 파이프라인은 수동으로 트리거할 필요 없이 모델을 자동으로 재배포할 수 있습니다.

Airlfow는 AWS 플랫폼의 다양한 서비스를 위한 다양한 오퍼레이터를 제공합니다. AWS 플랫폼 서비스가 지속적으로 추가, 변경 또는 제거되기 때문에 완벽하진 않지만 대부분의 서비스를 Airflow 오퍼레이터에서 지원하고 있습니다. AWS 오퍼레이터는 `apache-airflow-providers-amazon` 패키지로 제공됩니다.

그럼, 파이프라인을 살펴보겠습니다(그림 7.5).

그림 7.5 **Airflow DAG에서 구현된 논리적 단계**

그림의 태스크는 4개뿐이지만, AWS SageMaker를 위해 구성할 태스크가 상당히 많기 때문에 DAG 코드가 길어집니다. 나중에 자세히 설명하기 때문에 걱정할 필요는 없습니다.

리스트 7.2 손글씨 숫자 분류기를 학습하고 배포하기 위한 DAG(chapter07/digit_classifier/dags/chapter9_digit_classifier.py)

```python
import gzip
import io
import pickle

import airflow.utils.dates
from airflow import DAG
from airflow.operators.python import PythonOperator
from airflow.providers.amazon.aws.hooks.s3 import S3Hook
from airflow.providers.amazon.aws.operators.s3_copy_object import S3CopyObjectOperator
from airflow.providers.amazon.aws.operators.sagemaker_endpoint import (
    SageMakerEndpointOperator
)
from airflow.providers.amazon.aws.operators.sagemaker_training import (
    SageMakerTrainingOperator
)
from sagemaker.amazon.common import (
    write_numpy_to_dense_tensor
)

dag = DAG(
    dag_id="chapter7_aws_handwritten_digits_classifier",
    schedule_interval=None,
    start_date=airflow.utils.dates.days_ago(3),
)

download_mnist_data = S3CopyObjectOperator(    # ← S3CopyObjectOperator는 두 S3 버킷 간 오브젝트를 복사합니다.
    task_id="download_mnist_data",
    source_bucket_name="sagemaker-sample-data-eu-west-1",
    source_bucket_key="algorithms/kmeans/mnist/mnist.pkl.gz",
    dest_bucket_name="[your-bucket]",
    dest_bucket_key="mnist.pkl.gz",
    dag=dag,
)
                                  # 때때로 원하는 기능의 오퍼레이터가 없을 수 있으며 직접 로직을 구현해야 합니다.
def _extract_mnist_data():    # ←
    s3hook = S3Hook()    # ← S3상 운영을 위해 S3Hook을 사용합니다.

    # 메모리로 S3 데이터 세트 다운로드
    mnist_buffer = io.BytesIO()
    mnist_obj = s3hook.get_key(    # ← S3 오브젝트를 다운로드합니다.
        bucket_name="[your-bucket]",
        key="mnist.pkl.gz",
    )
    mnist_obj.download_fileobj(mnist_buffer)

    # gzip 파일의 압축을 풀고 데이터 세트를 추출, 변환 후 S3로 다시 데이터를 업로드
```

```
mnist_buffer.seek(0)
with gzip.GzipFile(fileobj=mnist_buffer, mode="rb") as f:
    train_set, _, _ = pickle.loads(f.read(), encoding="latin1")
    output_buffer = io.BytesIO()
    write_numpy_to_dense_tensor(
        file=output_buffer,
        array=train_set[0],
        labels=train_set[1],
    )
    output_buffer.seek(0)
    s3hook.load_file_obj(  ◀──── 추출된 데이터를 S3로 다시 업로드합니다.
        output_buffer,
        key="mnist_data",
        bucket_name="[your-bucket]",
        replace=True,
    )

                                            때때로 원하는 기능의 오퍼레이터가 없을 수 있으며
extract_mnist_data = PythonOperator(◀──  직접 구현해서 PythonOperator로 호출해야 합니다.
    task_id="extract_mnist_data",
    python_callable=_extract_mnist_data,
    dag=dag,
)

                                               SageMakerTrainingOperator는
sagemaker_train_model = SageMakerTrainingOperator(◀── SageMaker의 학습 작업을 생성합니다.
    task_id="sagemaker_train_model",
    config={◀──┤ 이 설정은 학습 작업 설정을 유지하는 JSON입니다.
        "TrainingJobName": (
        "mnistclassifier-"
        "{{ execution_date.strftime('%Y%m-%d-%H-%M-%S') }}"
    )
        "AlgorithmSpecification": {
        ➡ "TrainingImage": "438346466558.dkr.ecr.eu-west1.amazonaws.com/
    kmeans:1", "TrainingInputMode": "File",
        },
        "HyperParameters": {"k": "10", "feature_dim": "784"},
        "InputDataConfig": [
            {
                "ChannelName": "train",
                "DataSource": {
                    "S3DataSource": {
                        "S3DataType": "S3Prefix",
                        "S3Uri": "s3://[your-bucket]/mnist_data",
                        "S3DataDistributionType": "FullyReplicated",
                    }
                },
            }
        ],
        "OutputDataConfig":
            {"S3OutputPath": "s3://[your-bucket]/
            mnistclassifier-output"},
        "ResourceConfig": {
            "InstanceType": "ml.c4.xlarge",
            "InstanceCount": 1, "VolumeSizeInGB": 10, },
```

```python
            "RoleArn": "arn:aws:iam::297623009465:role/service-role/"
                "AmazonSageMaker-ExecutionRole-20180905T153196",
                "StoppingCondition": {"MaxRuntimeInSeconds": 24 * 60 * 60},
        },
        wait_for_completion=True,
        print_log=True,
        check_interval=10,
        dag=dag,
)
```

오퍼레이터는 학습 작업이 완료될 때까지 대기하며 학습 중에 CloudWatch 로그를 출력합니다.

```python
sagemaker_deploy_model = SageMakerEndpointOperator(
    task_id="sagemaker_deploy_model",
    wait_for_completion=True,
    config={
        "Model": {
            "ModelName": (
                "mnistclassifier-"
                "{{ execution_date.strftime('%Y%m-%d-%H-%M-%S') }}"
            ),
            "PrimaryContainer": {
                "Image": (
                    "438346466558.dkr.ecr.eu-west-1.amazonaws.com"
                    "/kmeans:1"
                ),
                "ModelDataUrl": (
                    "s3://[your-bucket]/mnistclassifier-output/"
                    "mnistclassifier-"
                    "{{ execution_date.strftime('%Y-%m-%d%H-%M-%S') }}"
                    "/output/model.tar.gz"
                ),
                # 모델과 학습 작업이 연결된다.
            },
            "ExecutionRoleArn": (
                "arn:aws:iam::297623009465:role/servicerole"
                "/AmazonSageMaker-ExecutionRole-20180905T153196"
            ),
        },
        "EndpointConfig": {
            "EndpointConfigName": (
                "mnistclassifier-"
                "{{ execution_date.strftime('%Y-%m-%d-%H-%M-%S') }}"
            ),
            "ProductionVariants": [
                {
                    "InitialInstanceCount": 1,
                    "InstanceType": "ml.t2.medium",
                    "ModelName": "mnistclassifier",
                    "VariantName": "AllTraffic",
                }
            ],
        },
        "Endpoint": {
            "EndpointConfigName": (
```

SageMakerEndpointOperator는 학습받은 모델을 배포하여 HTTP 엔드포인트를 후에 사용할 수 있도록 합니다.

```
            "mnistclassifier-"
            "{{ execution_date.strftime('%Y-%m-%d-%H-%M-%S') }}"
        ),
        "EndpointName": "mnistclassifier",
    },
  },
  dag=dag,
)

➡ download_mnist_data >> extract_mnist_data >> sagemaker_train_model >> sagemaker_
deploy_model
```

외부 서비스를 사용할 때, Airflow 내부의 복잡성 때문이 아니라 파이프라인에 다양한 컴포넌트를 정확하게 통합하는 것을 보장해야 하기 때문에 복잡해지는 경우가 많습니다. SageMaker를 사용하기 위해서는 굉장히 많은 설정이 필요하기 때문에 태스크를 하나씩 살펴보도록 하겠습니다.

리스트 7.3 두 S3 버킷 간에 데이터 복사하기

```
download_mnist_data = S3CopyObjectOperator(
    task_id="download_mnist_data",
    source_bucket_name="sagemaker-sample-data-eu-west-1",
    source_bucket_key="algorithms/kmeans/mnist/mnist.pkl.gz",
    dest_bucket_name="[your-bucket]",
    dest_bucket_key="mnist.pkl.gz",
    dag=dag,
)
```

DAG를 초기화한 후 첫 번째 태스크는 추가적인 처리를 위해 퍼블릭 버킷에서 자신의 버킷으로 MNIST 테이터 세트를 복사하는 것입니다. S3CopyObjectOperator는 소스 및 타겟의 버킷 이름과 오브젝트 이름을 넣고 요청하면 선택한 오브젝트를 대신 복사해 줍니다. 이 과정의 개발 중에 먼저 전체 파이프라인을 코딩하고 프로덕션에서 올바르게 작동하는지 확인하는 방법으로 무엇이 있을까요?

7.1.3 외부 시스템을 사용하여 개발하기

AWS의 경우 액세스 키를 사용해 사용자의 개발 시스템에서 클라우드 리소스를 액세스할 수 있기 때문에, 로컬에서 Airflow 태스크를 실행할 수 있습니다. CLI 명령 airflow task test를 통해 미리 지정된 실행 날짜에 단일 태스크를 실행할 수 있습니다. download_mnist_data 태스크는 실행 날짜를 사용하지 않기 때문에 입력 값은 중요하지 않습니다. 하지만 dest_bucket_key에 mnist-{{ds}}.pkl.gz;와 같이 지정했다면 실행 날짜를 무엇으로 지정했는지 잘 생각해 봐야 합니다. 커맨드 라인에 다음 리스트를 입력하세요.

리스트 7.4 로컬에서 AWS 오퍼레이터를 테스트하기 위해 설정하기

```
# Add secrets in ~/.aws/credentials:
    # [myaws]
    # aws_access_key_id=AKIAEXAMPLE123456789
    # aws_secret_access_key=supersecretaccesskeydonotshare!123456789

export AWS_PROFILE=myaws
export AWS_DEFAULT_REGION=eu-west-1
export AIRFLOW_HOME=[your project dir]
airflow db init  ◄───┤ 로컬의 Airflow 메타스토어를 초기화합니다.
airflow tasks test chapter7_aws_handwritten_digits_classifier
        download_mnist_data 2020-01-01  ◄───┤ 단일 태스크를 실행합니다.
```

download_mnist_data 태스크를 실행하고 로그를 표시합니다.

리스트 7.5 airflow tasks test를 통해 수동으로 태스크 확인

```
$ airflow tasks test \
    chapter7_aws_handwritten_digits_classifier \
    download_mnist_data \
    2019-01-01

INFO - Using executor SequentialExecutor
INFO - Filling up the DagBag from .../dags
➡ INFO - Dependencies all met for <TaskInstance:
    chapter7_aws_handwritten_digits_classifier.download_mnist_data 2019-01-
    01T00:00:00+00:00 [None]>
--------------------------------------------------------------------------
INFO - Starting attempt 1 of 1
--------------------------------------------------------------------------
➡ INFO - Executing <Task(PythonOperator): download_mnist_data> on 2019-01-
    01T00:00:00+00:00
INFO - Found credentials in shared credentials file: ~/.aws/credentials
INFO - Done. Returned value was: None
➡ INFO - Marking task as SUCCESS.dag_id=chapter7_aws_handwritten_digits
    _classifier, task_id=download_mnist_data, execution_date=20190101T000000,
    start_date=20200208T110436, end_date=20200208T110541
```

그 후 데이터가 자신의 버킷에 복사된 것을 확인할 수 있습니다(그림 7.6).

☐	Name ▼	Last modified ▼	Size ▼	Storage class ▼
☐	🗋 mnist.pkl.gz	Feb 8, 2020 10:02:15 AM GMT+0100	15.4 MB	Standard

그림 7.6 airflow tasks test로 로컬에서 태스크를 실행하면 데이터가 자신의 AWS S3 버킷에 복사됩니다.

이 예제에서는 로컬 머신에서 클라우드 리소스에 액세스할 수 있도록 AWS 자격 증명을 구성했습니다. AWS에 대해서만 확인했지만, GCP 및 Azure에서도 유사한 인증 방법을 제공합니다. Airflow 오퍼레이터 내부에서 사용되는 AWS boto3 클라이언트는 태스크가 실행되는 시스템에 대한 인증을 위해 다양한 곳을 확인합니다. 리스트 7.4에서는 boto3 클라이언트가 인증을 위해 사용하는 AWS_PROFILE 환경 변수를 설정합니다. 그러고 난 후 Airflow의 로그 등을 저장하는 위치인 AIRFLOW_HOME 환경 변수를 설정합니다. 이 디렉터리 내에서 Airflow는 /dags 디렉터리를 검색합니다. 다른 위치로는 AIRFLOW__CORE__DAGS_FOLDER 환경 변수가 Airflow의 위치를 지정할 수 있습니다.

다음으로 airflow db init을 실행합니다. 실행 전에 AIRFLOW__CORE__SQL_ALCHEMY_CONN(모든 상태를 저장하기 위한 데이터베이스의 URI)의 값이 설정되지 않았는지 확인하고, 해당 URI에 특정 데이터베이스가 테스트 목적으로 설정되었는지 확인합니다. AIRFLOW__CORE__SQL_ALCHEMY_CONN이 설정되지 않았다면 airflow db init으로 AIRFLOW_HOME에 로컬 SQLite 데이터베이스(특별한 구성이 필요 없는 단일 파일로 되어 있는 데이터베이스)를 초기화합니다.[3] airflow tasks test는 단일 태스크를 실행하고 확인하기 위한 것이며 데이터베이스에 상태를 기록하지는 않습니다. 하지만 로그를 저장하기 위해서는 데이터베이스가 필요하므로 aiflow db init으로 초기화가 필요합니다.

이 모든 작업 후에 airflow tasks test chapter7_aws_handwritten_digits_classifier extract_mnist_data 2020-01-01을 커맨드 라인에 입력해 테스트를 위해 태스크를 실행할 수 있습니다. 파일을 자신의 S3 버킷에 복사한 후 SageMaker KMeans 모델의 입력 형식인 RecordIO 포맷으로 변환해야 합니다.[4]

리스트 7.6 **SageMaker KMeans 모델을 위해 MNIST 데이터를 RecordIO 형식으로 변환하기**

```
import gzip
import io
import pickle

from airflow.operators.python import PythonOperator
from airflow.providers.amazon.aws.hooks.s3 import S3Hook
from sagemaker.amazon.common import write_numpy_to_dense_tensor

def _extract_mnist_data():
```

---

3   AIRFLOW_HOME에 설정된 디렉터리에 airflow.db라는 파일 이름으로 데이터베이스가 생성됩니다. DBeaver와 같은 프로그램을 통해 내용을 확인할 수 있습니다.

4   마임 타입(Mime type) application/x-recordio-protobuf에 대한 설명은 다음 링크를 확인하세요: https://docs.aws. amazon.com/sagemaker/latest/dg/cdf-inference.html

```
        s3hook = S3Hook()  ◄——⎤ S3와 통신하기 위해 S3Hook을 초기화합니다.

        # S3의 데이터 세트를 메모리에 다운로드
        mnist_buffer = io.BytesIO()
        mnist_obj = s3hook.get_key(  ◄——⎤ #B 메모리 내 바이너리 스트림으로 데이터 다운로드합니다.
            bucket_name="your-bucket",
            key="mnist.pkl.gz",
        )
        mnist_obj.download_fileobj(mnist_buffer)

        # gzip 파일의 압축을 풀고 데이터 세트를 추출, 변환 후 S3로 다시 데이터를 업로드
        mnist_buffer.seek(0)
        with gzip.GzipFile(fileobj=mnist_buffer, mode="rb") as f:  ◄——⎤ 압축 해제 및 피클링 해제
            train_set, _, _ = pickle.loads(f.read(), encoding="latin1")
            output_buffer = io.BytesIO()
            write_numpy_to_dense_tensor(  ◄——⎤ Numpy 배열을 RecordIO 레코드 포맷으로 변환
                file=output_buffer,
                array=train_set[0],
                labels=train_set[1],
            )
            output_buffer.seek(0)
            s3hook.load_file_obj(  ◄——⎤ S3에 결과 업로드
                output_buffer,
                key="mnist_data",
                bucket_name="your-bucket",
                replace=True,
            )

extract_mnist_data = PythonOperator(
    task_id="extract_mnist_data",
    python_callable=_extract_mnist_data,
    dag=dag,
)
```

Airflow는 그 자체로도 학습을 위한 피처 세트를 관리할 수 있는 범용 오케스트레이션 프레임워크입니다. 하지만 데이터 분야에서 작업하기 위해서는 필요한 모든 기술에 대해 파악하고 무엇을 어떻게 연결해야 하는지 알기 위해서 시간과 경험이 필요합니다. Airflow 하나만으로 작동하지 않기 때문에 다른 시스템과 연결하고 해당 시스템에 대한 문서를 읽어야 합니다. Airflow는 태스크를 동작하기 위해 작업의 트리거가 가능하도록 하지만, 외부에 있는 시스템과 통신하는 데이터 파이프라인을 개발하는 것은 쉬운 일이 아닙니다. 이 책은 Airflow에 초점을 맞추고 설명하지만, 실제 사례에서는 다른 데이터 처리 툴과 연계해 사용해야 하기 때문에 예제를 통해 함께 설명합니다.

이 태스크에서 필요한 기능인, 데이터를 다운로드하고 결과를 추출, 변환 및 S3에 업로드하는 기능은 Airflow가 자체적으로 지원하지 않습니다. 때문에 독자 여러분은 이 기능을 직접 구현

해야 합니다. 위 리스트의 함수는 데이터를 인메모리 바이너리 스트림in-memory binary stream(io. BytesIO)으로 다운로드합니다. 때문에 데이터가 파일 시스템에 저장되지 않아 작업 후 파일이 남아 있지 않습니다. MNIST 데이터 세트는 작기 때문에(15MB) 어떤 시스템에서도 잘 동작합니다. 하지만 대규모 데이터의 경우 데이터를 디스크에 저장하고 청크chunk로 처리하는 것이 더 좋습니다.

마찬가지로 다음 태스크 또한 로컬에서 실행 및 테스트할 수 있습니다.

```
$ airflow tasks test \
    chapter7_aws_handwritten_digits_classifier \
    extract_mnist_data \
    2020-01-01
```

완료되면 데이터가 S3에 표시됩니다(그림 7.7).

	Name ▼	Last modified ▼	Size ▼	Storage class ▼
☐	▤ mnist.pkl.gz	Feb 8, 2020 10:02:15 AM GMT+0100	15.4 MB	Standard
☐	▯ mnist_data	Feb 8, 2020 10:55:17 AM GMT+0100	151.8 MB	Standard

그림 7.7 압축(gzip)되고 피클(pickle)된 데이터를 읽고 사용 가능한 형식으로 변환하였습니다.

다음 두 태스크는 SageMaker 모델을 학습 후 배포합니다. SageMaker 오퍼레이터는 SageMaker의 특징적인 설정이 필요하고 이를 위해 설정 인수를 입력해야 합니다. 이는 이 책의 범위에서 벗어난 부분으로 다른 인수에 집중해 설명합니다.

리스트 7.7 AWS SageMaker 모델 학습

```
sagemaker_train_model = SageMakerTrainingOperator(
    task_id="sagemaker_train_model",
    config={
        "TrainingJobName": (
            "mnistclassifier-"
            "{{ execution_date.strftime('%Y%m-%d-%H-%M-%S') }}"
        ),
    },
    wait_for_completion=True,
    print_log=True,
    check_interval=10,
    dag=dag,
)
```

SageMaker는 세부 설정이 필요하며 더 자세한 설명은 SageMaker 문서를 참고하시길 바랍니다.[5] 외부 시스템인 SageMaker과 연계해 작업해 봄으로써 다음과 같은 두 가지 유용한 내용을 확인할 수 있습니다.

첫째, AWS는 TraingJobName은 AWS 계정과 리전region 내에서 고유해야 합니다. 동일한 이름의 TraingJobName으로 오퍼레이터를 두 번 실행하면 오류가 발생합니다. TrainJobName에 mnistclassifier라는 값으로 설정하면 두 번째는 실패하고 다음과 같은 메시지를 확인할 수 있습니다.

```
botocore.errorfactory.ResourceInUse: An error occurred (ResourceInUse) when
calling the CreateTrainingJob operation: Training job names must be unique
within an AWS account and region, and a training job with this name already
exists (arn:aws:sagemaker:eu-west-1:[account]:training-job/mnistclassifier)
```

설정 인수는 템플릿으로 만들 수 있기 때문에 정기적으로 모델을 재학습하기 위해서는 고유한 TraingJobName을 제공해야 합니다. 이 경우 execution_date를 이용해 템플릿을 지정해 수행합니다. 이 작업으로 태스크의 멱등성이 유지되고 기존 학습 태스크 이름과 충돌하지 않습니다.

둘째, wait_for_completion 및 check_interval 인수를 주의해서 사용해야 합니다. wait_for_completion 값이 False로 설정되어 있으면 단순히 명령을 실행만 하고 그 외의 것은 신경쓰지 않습니다(이는 boto3 클라이언트 동작의 특성입니다). AWS는 학습 작업을 시작하지만 학습 작업의 완료 여부를 확인할 수 없습니다. 따라서 모든 SageMaker 오퍼레이터는 주어진 작업이 완료될 때까지 기다립니다(기본값은 wait_for_completion=True). 내부적으로는 오퍼레이터가 x초마다 태스크가 실행 중인지 확인합니다. 이 작업으로 SageMaker의 작업이 완료된 후에만 다음 작업을 수행합니다(그림 7.8). 다운스트림 작업이 있고 파이프라인의 정상 동작과 순서에 맞게 실행을 확인이 필요한 경우, 완료될 때까지 기다리는 것이 좋습니다.

그림 7.8 SageMaker 오퍼레이터는 작업이 AWS에서 성공적으로 완료된 경우에만 성공합니다.

전체 파이프라인이 완료되면 SageMaker 모델과 엔드포인트가 성공적으로 배포된 것을 확인할 수 있습니다(그림 7.9).

---

5   옮긴이 Amazon SageMaker Documentation은 다음 링크를 참고하세요: https://docs.aws.amazon.com/sagemaker

Name	▼	ARN	Creation time	▼	Status	▼	Last updated
○	mnistclassifier	arn:aws:sagemaker:eu-west-1:[accountid]:endpoint/mnistclassifier	Feb 07, 2020 12:15 UTC		⊘ InService		Feb 09, 2020 12:47 UTC

그림 7.9 SageMaker의 모델 메뉴에서 모델이 배포되었고 엔드포인트가 서비스 중인 것을 확인할 수 있습니다.

하지만 SageMaker의 엔드포인트는 AWS API 등을 사용해 접근할 수 있지만, 외부에서 접근할 수 없습니다. 물론 이 데이터 파이프라인을 완성하기 위해서는 손글씨 숫자를 입력하고 결과를 얻을 수 있는 인터페이스나 API가 필요합니다. AWS에서 인터넷에 액세스하기 위해서는 SageMaker 엔드포인트를 트리거하는 Lambda(https://aws.amazon.com/lambda)를 개발 및 배포하고 API Gateway(https://aws.amazon.com/apigateway)를 생성 및 연결해 외부에서 접속할 수 있는 HTTP 엔드포인트를 만듭니다. 그러면 이 부분을 왜 파이프라인에 통합하지 않을까요(그림 7.10)?

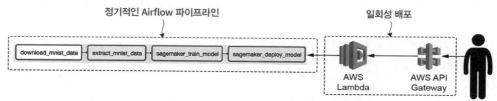

그림 7.10 손글씨 숫자 분류기는 Airflow 파이프라인 외에도 더 많은 요소로 구성됩니다.

인프라의 배포를 코드로 구성해 배포하지 않는 이유는, Lambda 및 API Gateway를 주기적으로 배포하지 않고 한 번만 배포하면 되기 때문입니다. API 작업은 완성도를 높이기 위해 Chalice로 구현합니다.

리스트 7.8 AWS Chalice를 사용하는 사용자용 API 예제

```python
import json
from io import BytesIO

import boto3
import numpy as np
from PIL import Image
from chalice import Chalice, Response
from sagemaker.amazon.common import numpy_to_record_serializer

app = Chalice(app_name="number-classifier")

@app.route("/", methods=["POST"], content_types=["image/jpeg"])
def predict():
    """
    이 엔드포인트에 jpeg 포맷의 이미지를 제공합니다.
    이 이미지는 학습 이미지와 사이즈가 동일해야 합니다(28X28).
```

```
"""
img = Image.open(BytesIO(app.current_request.raw_body)).convert("L")
img_arr = np.array(img, dtype=np.float32)
runtime = boto3.Session().client(
    service_name="sagemaker-runtime",
    region_name="eu-west-1",
)
response = runtime.invoke_endpoint(
    EndpointName="mnistclassifier",
    ContentType="application/x-recordio-protobuf",
    Body=numpy_to_record_serializer()(img_arr.flatten()),
)
result = json.loads(response["Body"].read().decode("utf-8"))
return Response(
    result, status_code=200, headers={"Content-Type": "application/json"},
)
```

입력 이미지를 그레이스케일 (grayscale, 회색조) numpy 배열로 변환

Airflow DAG에서 배포한 SageMaker 엔드포인트를 호출합니다.

SageMaker 응답은 바이트로 반환됩니다.

이 API는 하나의 엔드포인트만 가지고 있는데, 이 엔드포인트에 JPEG 이미지를 입력합니다.

리스트 7.9 손글씨 이미지 분류하기 위해 API에 이미지 전달

```
curl --request POST \
    --url http://localhost:8000/ \
    --header 'content-type: image/jpeg' \
    --data-binary @'/path/to/image.jpeg'
```

올바르게 훈련되었다면 그림 7.11의 결과를 반환합니다.

```
{
  "predictions": [
    {
      "distance_to_cluster": 2284.0478515625,
      "closest_cluster": 2.0
    }
  ]
}
```

그림 7.11 API 출력에 대한 예이며, 실제 서비스할 때는 이미지를 업로드하고 예상 숫자를 표시하는 완성된 UI를 표시할 수 있습니다.

SageMaker 모델을 학습할 때와 마찬가지로, API는 주어진 이미지를 RecordIO 형식으로 변환합니다. 그리고 난 다음 RecordIO 객체를 Airflow 파이프라인에 의해 배포된 SageMaker의 엔드포인트로 전달된 후 입력된 이미지의 예측 결과를 반환합니다.

7.2 시스템 간 데이터 이동하기

Airflow의 일반적인 사용 사례는 정기적인 ETL~Extract/Trasform/Load~(추출/변환/적재) 작업으로, 매일 데이터를 다운로드하고 다른 곳에서 변환합니다. 이러한 작업은 프로덕션 데이터베이스에서 데이터를 내보내고 나중에 처리할 수 있도록 준비하는 등의 분석 목적으로 사용됩니다. 프로덕션 데이터베이스는 대부분(데이터 모델에 따라 다름) 과거 이력 데이터(예: 한 달 전의 데이터베이스에 저장된)를 반환할 수 없습니다. 따라서 주기적으로 데이터를 내보내고 저장해 나중에 처리할 수 있도록 합니다. 기존 데이터 덤프에 필요한 스토리지 저장 공간은 빠르게 증가하게 되고, 모든 데이터를 처리하기 위해서는 분산 처리가 필요합니다. 이를 위해 이번 절에서는 Airflow로 오케스트레이션하는 방법을 확인합니다.

이 책과 함께 그에 따른 코드 예제를 위해 GitHub 리포지터리를 제공합니다. Airbnb의 데이터를 추출하고 도커 컨테이너에서 Pandas를 사용해 처리하는 예제를 배포하고 실행하는 도커 컴포즈~Docker Compose~파일을 포함합니다. 대규모 데이터 처리 작업에서는 도커 컨테이너를 스파크~Apache Spark~ 작업으로 대체하면 여러 시스템에서 분산 처리가 가능합니다. 도커 컴포즈 파일에 포함된 파일은 다음과 같습니다.

- Airrbnb 암스테르담 리스트를 포함한 Postgres 데이터베이스 컨테이너
- AWS S3-API와 호환되는 컨테이너[6]
- Airflow 컨테이너

플로를 시각적으로 표현하면 그림 7.12와 같습니다.

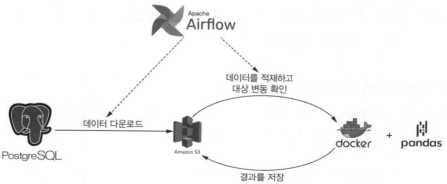

그림 7.12 **Airflow는 다양한 시스템 간 데이터 이동 작업을 관리합니다.**

---

6   AWS S3-in-Docker가 별도로 없기 때문에 데이터 읽기와 쓰기를 위해 MinIO 컨테이너(AWS S3 API와 호환되는 오브젝트 스토리지)를 별도로 만들었습니다.

Airflow는 '거미줄 속의 거미'spider in the web와 같은 역할을 하는데, 작업을 시작하고 관리하여 모든 작업이 올바른 순서로 성공적으로 완료할 수 있도록 하며, 그렇지 못할 경우 파이프라인은 실패합니다.

Postgres 컨테이너는 Airbnb의 데이터로 채워진 데이터베이스를 포함하는 커스텀 Postgres 이미지이며 도커 허브Docker Hub의 airflowbook/insideairbnb에서 확인할 수 있습니다. 이 데이터베이스에는 2015년 4월부터 2019년 12월까지 Airbnb 암스테르담에 등록된 'listings'란 이름의 단일 테이블이 기록되어 있습니다(그림 7.13).

이제 데이터베이스를 쿼리하여 데이터를 얻고 S3로 저장해 보겠습니다. 이를 위해 Pandas로 데이터를 읽고 처리합니다.

두 시스템 간의 데이터 전송은 Airflow의 일반적인 태스크로 작업 간에 데이터 변환 작업이 있을 수 있습니다. MySQL 데이터베이스를 쿼리하여 그 결과를 구글 클라우드 스토리지에 저장하거나 STFP 서버에서 AWS S3 데이터 레이크로 데이터

그림 7.13 **Airbnb 데이터베이스의 예제 테이블 구조**

를 복사하거나, HTTP REST API를 호출하여 출력을 저장합니다. 즉, 입력과 출력 시스템 간 작업을 관리합니다.

Airflow 에코시스템에서 이를 위해 많은 A-to-B 오퍼레이터가 개발되었습니다. 예를 들어, My SqlToGoogleCloudStorageOperator, SFTPToS3Operator, SimpleHttpOperator가 있습니다. 하지만 이 책이 저술된 시점에 PostgresToS3Operator 같은 것은 없습니다(바로 다음 단락에서 이것을 구현하게 됩니다). 그렇다면 우리는 무엇을 해야 할까요?

7.2.1 PostgresToS3Operator 구현하기

먼저, 다른 유사한 오퍼레이터가 어떻게 작동하는지 확인하고 PostgresToS3Operator를 개발해 보겠습니다.

예제와 유사한 airflow.providers.amazon.aws.transfers.mongo_to_s3(apache-airflow-providers-amazon를 설치 후)에 있는 MongoToS3Operator를 살펴보도록 합니다. 이 오퍼레이터는 MongoDB 데이터베이스에 쿼리를 실행하고 그 결과를 AWS S3 버킷에 저장합니다. MongoDB를 Postgres로 어떻게 대체하는지 확인해 봅니다. excute() 메서드는 다음과 같습니다(일부 코드는 난독화되어 있음).

리스트 7.10 **MongoToS3Operator의 구현**

```python
def execute(self, context):
    s3_conn = S3Hook(self.s3_conn_id)          ◄─┤ S3Hook의 인스턴스 인스턴트 객체 생성

    results = MongoHook(self.mongo_conn_id).find(  ◄─── MongoHook는 인스턴스화하고
        mongo_collection=self.mongo_collection,          데이터를 쿼리하는 데 사용됩니다.
        query=self.mongo_query,
        mongo_db=self.mongo_db
    )

    docs_str = self._stringify(self.transform(results))  ◄─── 결과를 변환합니다.

    # S3로 데이터 적재                   변환 결과를 가져오기 위해 S3Hook에서
    s3_conn.load_string(       ◄───     load_string()을 호출합니다.
        string_data=docs_str,
        key=self.s3_key,
        bucket_name=self.s3_bucket,
        replace=self.replace
    )
```

이 오퍼레이터는 Airflow가 동작하는 시스템의 파일 시스템을 사용하지 않고 모든 결과를 메모리에 보관하고 있다는 점을 유의해야 합니다. 플로는 기본적으로 다음과 같습니다.

MongoDB → Airflow의 오퍼레이터 메모리 → AWS S3.

이 오퍼레이터는 중간 결과를 메모리에 유지하므로 쿼리 결과가 매우 크면 Airflow 시스템에서 사용 가능한 메모리가 부족해질 수 있습니다. 우선 지금은 `MogoToS3Operator` 구현에 중점을 두고 설명하며, 또 다른 A-to-B 오퍼레이터인 `S3ToSFTOperator`를 살펴보겠습니다.

리스트 7.11 **S3ToSFTPOperator 구현**

```python
def execute(self, context):
    ssh_hook = SSHHook(ssh_conn_id=self.sftp_conn_id)
    s3_hook = S3Hook(self.s3_conn_id)

    s3_client = s3_hook.get_conn()
    sftp_client = ssh_hook.get_conn().open_sftp()
                                        NamedTemporaryFile은 상태를 빠져나간 후
    with NamedTemporaryFile("w") as f:  ◄─── 다운로드 파일을 임시적으로 저장하기 위해 사용합니다.
        s3_client.download_file(self.s3_bucket, self.s3_key, f.name)
        sftp_client.put(f.name, self.sftp_path)
```

이 오퍼레이터는 SSHHook(SFTP는 SSH 레이어를 갖는 FTP 프로토콜) 및 S3Hook, 두 가지 훅을 인스턴스화합니다. S3ToSFTOperator는 중간 결과를 Airflow 인스턴스의 로컬 파일 시스템의 임시 위치에 NamedTemporayFile을 통해 저장합니다. 전체 결과를 메모리에 결과하지 않기 때

문에 메모리보다는 디스크가 충분한 공간이 있는지 확인해야 합니다.

일반적으로 두 오퍼레이터는 공통적으로 두 개의 훅을 가지고 있습니다. 하나는 시스템 A와 통신하고 다른 하나는 시스템 B와 통신합니다. 하지만 시스템 A와 B 간에 데이터를 검색하고 전송하는 방법은 다르며, 특정 오퍼레이터를 구현하는 사람에 따라 달라질 수 있습니다. Postgres의 경우, 데이터베이스 커서는 결과 청크를 가져오고 업로드하기 위해 반복 작업이 필요할 수 있습니다. 이 구현에 대한 세부사항은 이 책의 범위를 벗어나기 때문에 간단하게 중간의 결과가 Airflow 인스턴스 리소스 경계에 적합하다고 가정하겠습니다.

PostgresToS3Operator의 가장 간단한 구현 내용은 다음과 같습니다.

리스트 7.12 **PostgresToS3Operator 구현 예시**

```
def execute(self, context):
    postgres_hook = PostgresHook(postgres_conn_id=self._postgres_conn_id)
    s3_hook = S3Hook(aws_conn_id=self._s3_conn_id)

    results = postgres_hook.get_records(self._query)    ◀── PostgreSQL 데이터베이스에서
    s3_hook.load_string(    ◀──┤ S3 오브젝트에 레코드 업로드    레코드 가져오기
        string_data=str(results),
        bucket_name=self._s3_bucket,
        key=self._s3_key,
    )
```

이 코드를 살펴보겠습니다. 두 훅의 초기화는 간단합니다. 즉, 사용자가 제공하는 연결 ID의 이름을 제공하여 초기화합니다. 이때 키워드 인수kwargs를 사용할 필요는 없지만, S3Hook가 aws_conn_id 인수를 사용하는 것을 유념하십시오(s3_conn_id가 아님). 이런 오퍼레이터를 개발하고 훅을 사용하기 위해서는 사용 가능한 인수를 확인하고 클래스 해당 인수가 클래스에 어떻게 사용되는지 자세히 알아야 합니다. 이를 위해 때때로 소스코드를 자세하게 살펴보거나 문서를 주의 깊게 읽어야 합니다. S3Hook는 AWSHook의 서브클래스로 몇몇 메서드와 어트리뷰트를 상속합니다(aws_conn_id와 같은).

PostgresHook은 또한 DbApiHook의 서브클래스입니다. 이렇게 하면 주어진 쿼리를 실행하고 결과를 반환하는 get_records()와 같은 여러 메서드를 상속합니다. 반환 유형은 시퀀스들의 시퀀스(더 정확하게는 튜플tuple 목록)[7]입니다. 그런 다음 결과를 **문자열화**stringfy하고 지정한 버킷과 키 정보를 가지고 인코딩된 데이터를 AWS S3에 저장하는 load_string()을 호출합니다. 아마도 이 예가 실용적이지 않다고 생각될 수 있습니다. 여기서는 Postgres에 쿼리를 실행하고

---

7   PEP 249로 파이썬 데이터베이스 API에 정의된 내용입니다(https://www.python.org/dev/peps/pep-0249/).

결과를 AWS S3에 저장하기 위한 최소한의 플로이며, 튜플 리스트는 문자열화되어 있어 데이터 처리 프레임워크는 CSV나 JSON 과 같은 일반적인 파일 형식과 동일한 처리를 할 수 없습니다(그림 7.14).

| Postgres | | AWS S3 |

```
123 id ▼↕ | ABC name                                    1
   2.818   Quiet Garden View Room & Super Fast WiFi
  20.168   Studio with private bathroom in the centre 1
  25.428   Lovely apt in City Centre (w.lift) near Jordaan
```

```
"[(2818, 'Quiet Garden View Room & Super Fast WiFi' ),
  (20168, 'Studio with private bathroom in the centre  1'),
  (25428, 'Lovely apt in City Centre (w.lift) near Jo rdaan')]"
```

그림 7.14 Postgres 데이터베이스에서 문자열화된 튜플로 데이터 내보내기

데이터 파이프라인 개발 시에 자주 발생하는 어려운 부분은 Airflow로 작업을 오케스트레이션하는 것이 아니라, 다양한 작업의 조각들을 올바르게 구성되도록 서로 잘 맞춰야 하는 것입니다. 이제 결과를 CSV에 기록하겠습니다. CSV로 변환하면 Apache Pandas나 Spark와 같은 데이터 처리 프레임워크가 출력 데이터를 쉽게 해석할 수 있습니다.

S3Hook는 S3에 데이터를 업로드할 수 있도록 다양한 편의 기능을 제공합니다. 파일 유형의 오브젝트,[8] load_file_obj()를 이용해 적용하면 됩니다.

리스트 7.13 Postgres 쿼리 결과를 CSV로 메모리 내 변환 및 S3에 업로드

```python
def execute(self, context):
    postgres_hook = PostgresHook(postgres_conn_id=self._postgres_conn_id)
    s3_hook = S3Hook(aws_conn_id=self._s3_conn_id)

    results = postgres_hook.get_records(self.query)

    data_buffer = io.StringIO()          # 먼저 문자열 버퍼를 생성한 후 데이터 작성하고 바이너리로 변환합니다.
    csv_writer = csv.writer(data_buffer, lineterminator=os.linesep)
    csv_writer.writerows(results)
    data_buffer_binary = io.BytesIO(data_buffer.getvalue().encode())
    s3_hook.load_file_obj(
        file_obj=data_buffer_binary,     # 바이너리 모드에서는 파일과 같은
        bucket_name=self._s3_bucket,     # 오브젝트가 필요합니다.
        key=self._s3_key,
        replace=True,                    # 파일이 이미 있는 경우, 기존 파일을 대체해
    )                                    # 멱등성을 보장합니다.
```

버퍼는 메모리에 있으며 처리 후 파일 시스템에 남기지 않기 때문에 편리합니다. 하지만 Postgres 쿼리의 출력값은 메모리에 위치하기 때문에, 쿼리 결과의 크기를 메모리에 맞춰야 하는 것을 유념해야 합니다. 그리고 멱등성을 보장하기 위한 핵심은 replace=True를 세팅하는

---

8   읽기/쓰기에 대한 파일 처리 메서드를 지원하는 인-메모리(in-memory) 오브젝트

것입니다. 이렇게 하면 기존에 존재하는 파일을 덮어쓰게 됩니다. 만약 replace=True 설정 없이 코드 변경 후 파이프라인을 다시 실행하면 기존 파일로 인해 실패합니다.

아래 몇 가지 추가되는 코드는 S3에 CSV파일로 저장할 수 있게 합니다.

리스트 7.14 **PostgresToS3Operator 실행하기**

```
download_from_postgres = PostgresToS3Operator(
    task_id="download_from_postgres",
    postgres_conn_id="inside_airbnb",
    query="SELECT * FROM listings WHERE download_date={{ ds }}",
    s3_conn_id="s3",
    s3_bucket="inside_airbnb",
    s3_key="listing-{{ ds }}.csv",
    dag=dag,
)
```

이 코드를 통해 이제 Postgres 데이터베이스에 쿼리하고 결과를 S3 버킷에 CSV로 저장하여, 예제에서 비워져 있는 부분을 채울 수 있습니다.

7.2.2 큰 작업을 외부에서 수행하기

많은 DAG들이 BashOperator와 PythonOperator로 작성되고, 또 이 오퍼레이들이 종종 Airflow와 같은 파이썬 런타임에서 실행되기 때문에, Airflow 커뮤니티에서는 Airflow를 태스크 오케스트레이션 시스템으로 볼 뿐만 아니라 태스크 실행 시스템으로도 봐야 하는지 논의가 되곤합니다. 또 반대 의견으로 Airflow를 태스크 트리거 시스템으로만 사용해야 한다는 생각으로 Airflow가 자체적으로 실제 작업을 수행해서는 안 된다고 주장하기도 합니다. Airflow에서 실제 작업을 하는 대신, Apache Spark와 같은 데이터 처리 시스템에서 수행해야 한다고 합니다.

만약 Airflow가 구동중인 시스템의 모든 리소스를 사용하는 매우 큰 작업을 가지고 있다고 가정해 보면. 이 경우는 작업을 다른 곳에서 수행하고 Airflow는 작업이 시작되고 완료될 때까지 대기하는 것이 더 좋습니다. 이런 경우 오케스트레이션과 실행이 완벽하게 분리되어 있어야 하며, Airflow에 의해서 작업은 시작되지만 Apache Spark 같은 데이터 처리 프레임워크가 실제 작업을 수행하고 완료될 때까지 기다립니다.

Spark는 다양한 방법으로 작업을 시작할 수 있습니다.

- SparkSubmitOperator**를 사용하기**: 이 작업은 Airflow 머신에서 Spark 인스턴스를 찾기 위해 spark-submit 파일과 YARN 클라이언트 구성이 필요합니다.

- **SSHOperator 사용하기**: 이 작업은 Spark 인스턴스에 대한 SSH 액세스가 필요하지만 Airflow 인스턴스에 대한 Spark 클라이언트 구성이 별도로 필요하지 않습니다.
- **SimpleHTTPOperator 사용하기**: 이 작업은 Apache Spark용 REST API인 Livy를 실행해야 합니다.

Airflow에서 특정 오퍼레이터와 작업하기 위해서 가장 중요한 것은, 관련 문서를 잘 읽고 어떤 인수를 제공해야 하는지 잘 파악해야 한다는 점입니다. 이제 Pandas를 이용한 Inside Airbnb 데이터 처리를 위한 도커 컨테이너를 시작하기 위해 DockerOperator를 살펴보겠습니다.

리스트 7.15 DockerOperator로 도커 컨테이너 실행

```
crunch_numbers = DockerOperator(
    task_id="crunch_numbers",
    image="airflowbook/numbercruncher",
    api_version="auto",
    auto_remove=True,         ◀──── 완료 후 컨테이너 삭제
    docker_url="unix://var/run/docker.sock",
    network_mode="host",      ◀──── http://localhost를 통해 호스트 컴퓨터의 다른 서비스에
    environment={                     연결하려면 호스트 네트워크 모드를 사용하여
        "S3_ENDPOINT": "localhost:9000",  ◀── 호스트 네트워크 네임 스페이스를 공유해야 합니다.
        "S3_ACCESS_KEY": "[insert access key]",
        "S3_SECRET_KEY": "[insert secret key]",
    },
    dag=dag,
)
```

DockerOperator는 파이썬 도커 클라이언트를 래핑하며 인수 리스트를 입력해 도커 컨테이너 실행 시작을 할 수 있습니다. 리스트 7.15에서 docker_url은 유닉스 소켓으로 설정되므로 로컬 머신에서 도커의 실행이 필요합니다. S3에서 Inside Airbnb 데이터를 읽고 처리하고는 Pandas 스크립트를 포함하며 결과를 다시 S3에 저장하는 airflowbook/numbercruncher 도커 이미지를 시작합니다.

리스트 7.16 numbercruncher 스크립트의 결과 샘플

```
[
    {
        "id": 5530273,
        "download_date_min": 1428192000000,
        "download_date_max": 1441238400000,
        "oldest_price": 48,
        "latest_price": 350,
        "price_diff_per_day": 2
    },
```

```
{
    "id": 5411434,
    "download_date_min": 1428192000000,
    "download_date_max": 1441238400000,
    "oldest_price": 48,
    "latest_price": 250,
    "price_diff_per_day": 1.3377483444
},
...
]
```

Airflow는 컨테이너 시작, 로그 가져오기 및 필요한 경우 삭제를 관리합니다. 중요한 것은 태스크가 멱등성을 유지하고 불필요한 찌꺼기가 남지 않도록 보장해야 한다는 것입니다.

요약

- 외부 시스템의 오퍼레이터는 특정 시스템의 클라이언트를 호출하여 기능을 노출시킵니다.

- 가끔 이러한 오퍼레이터는 단순하게 파이썬 클라이언트 인수를 전달합니다.

- 또한 SageMakerTraingOperator와 같은 AWS를 계속 폴링하며 작업이 완료될 때까지 진행하지 않고 감시하는 추가적인 기능을 제공합니다.

- 로컬 머신에서 외부 서비스에 액세스할 수 있는 경우 airflow tasks test CLI 커맨드를 이용해 태스크를 테스트할 수 있습니다.

8

커스텀 컴포넌트 빌드

> **이 장에서는 다음과 같은 내용을 다룹니다.**
> - 커스텀 컴포넌트로 DAG를 모듈화하여 간결하게 만들기
> - 커스텀 훅의 설계와 구현하기
> - 커스텀 오퍼레이터의 설계와 구현하기
> - 커스텀 센서의 설계와 구현하기
> - 커스텀 컴포넌트를 기본 파이썬 라이브러리로 배포하기

Airflow의 강점 중 하나는 여러 유형의 시스템들 간의 작업을 조율할 때 쉽게 확장할 수 있다는 것입니다. 이미 이전 장에서 이러한 장점의 일부를 살펴보았습니다. 특히 S3CopyObjectOperator를 사용하여 아마존의 SageMaker 기반으로 머신러닝 모델을 학습에 필요한 작업을 실행해 보았습니다. 이 외에도 다양한 경우에 Airflow를 사용할 수 있습니다. 예를 들어 PostgresOperator로 Postgres 데이터베이스에서 쿼리를 실행할 때, ECSOpserator를 사용하여 AWS의 ECSElastic Container Service 클러스터 기반으로 작업을 실행할 수 있습니다.

하지만 어떨 때는 Airflow가 지원하지 않는 시스템에서 태스크를 실행해야 할 수 있습니다. 또한 태스크 중에는 PythonOperator를 사용하여 구현할 수는 있지만 수많은 단순 반복적인 코드가 필요하여, 여러 DAG에서 재사용하기 힘든 때도 있습니다. 이럴 경우 어떻게 해야 할까요?

다행히도 Airflow에서는 커스텀 오퍼레이션을 직접 쉽게 구현해 생성할 수 있습니다. 이를 이용하여 지원되지 않는 시스템에서 작업을 실행할 수 있습니다. 또한 여러 DAG에 공통으로

적용되는 작업의 처리를 쉽게 공용으로 만들어서 단순화시킬 수도 있습니다. 사실 이 때문에 Airflow에서 수많은 오퍼레이터가 구현되었습니다. 즉, 실제로 특정 시스템에서 작업이 실행되어야 할 때, 이를 위한 오퍼레이터를 개발하여 빌드해 왔었습니다.

이 장에서는 사용자가 자신만의 오퍼레이터를 빌드하고 DAG에서 이를 사용하는 방법을 설명하겠습니다. 그리고 이 커스텀 컴포넌트를 파이썬 패키지로 패키징하여 여러 환경에 설치하거나 재사용할 때 편리하게 하는 방법을 살펴보겠습니다.

8.1 PythonOperator로 작업하기

커스텀 컴포넌트Custom Component를 빌드하기 전에 `PythonOperator`를 사용하는 방법을 먼저 살펴보겠습니다. 이 장에서는 과거의 영화관람 기록에 따라 영화를 추천해 주는 추천 시스템을 구현해 보겠습니다. 전체를 다 구현할 수는 없으므로, 간단하게 이미 정해진 영화에 대한 사용자의 과거 평점 데이터를 가져와서 평점 기반으로 가장 인기 있는 영화를 추천하는 것까지 구현해 보도록 하겠습니다.

영화 평점 데이터는 API를 통해 제공되며, 특정 기간의 영화 평점을 제공합니다. 일간 평점 데이터를 가져와서 추천 시스템을 학습할 때, 이 API를 사용할 수 있습니다. 여기에서는 이 데이터를 일별로 데이터를 가져오는 프로세스를 구축하고, 인기 순서로 영화 랭킹을 생성하도록 하겠습니다. 이 랭킹은 다운스트림에서 인기 영화를 추천할 때 사용할 수 있습니다.

그림 8.1 **영화 추천 프로젝트에 대한 간단한 파일럿 MVP 빌드**

8.1.1 영화 평점 API 시뮬레이션하기

앞에서 언급한 사용 사례의 데이터로 25M MovieLens 데이터 세트(https://grouplens.org/datasets/movielens/)를 사용할 예정입니다. 이 데이터 세트는 62,000개의 영화에 대해 162,000 명의 유저가 평가한 2천5백만 개의 평점 데이터이며 무료로 제공됩니다. 데이터 세트는 플랫 파일flat file(CSV 등과 같이, 같은 형식의 레코드들의 모임으로 이루어진 파일)로만 제공되고, 이 책의 예제를 위해 여러 엔드포인트endpoint에 이 데이터를 부분별로 제공하는 REST API[1]를 플라스크Flask를 사용하여 이미 구현해 놓았습니다.

---

1 API의 코드는 이 책과 함께 제공되는 코드 리포지터리에서 다운로드할 수 있습니다.

그리고 API의 서빙을 위해 다중 컨테이너를 생성하는 도커 컴포우즈Docker Compose 파일을 제
공합니다. 하나는 REST API를 위한 것이고, 다른 하나는 Airflow를 실행하기 위한 것입니다.
다음 명령을 사용하여 이 두 개의 컨테이너를 구동시킬 수 있습니다.

```
$ cd chapter08
$ docker-compose up
```

이 두 개의 컨테이너가 구동된 후에는 로컬 호스트localhost의 5000번 포트로 영화 평점 API
에 접근할 수 있습니다(http://localhost:5000). 이 URL로 접근하면 그림 18.2와 같이 영화 랭킹
API에서 출력하는 Hello 메시지를 볼 수 있습니다.

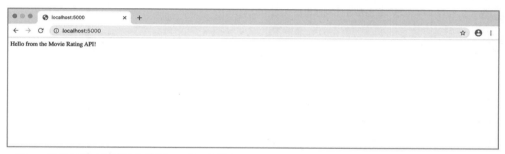

그림 8.2 영화 랭킹 API에서 출력하는 Hello 메시지

이 장의 사용 사례를 구현하기 위해, 제일 먼저 API의 /ratings 엔드포인트에서 영화 평점
데이터를 가져오는 방법을 살펴보아야 합니다. 이 엔드포인트에 액세스하기 위해서는 http://
localhost:5000/ratings를 호출하면 됩니다. 그러면 그림 8.3과 같이 인증 화면이 나오게 되는
데, 이 화면에서 사용되는 API는 보안상 민감한 사용자 정보를 제공합니다. 기본적으로 초기
사용자 이름과 비밀 번호는 airflow/airflow로 되어 있습니다.

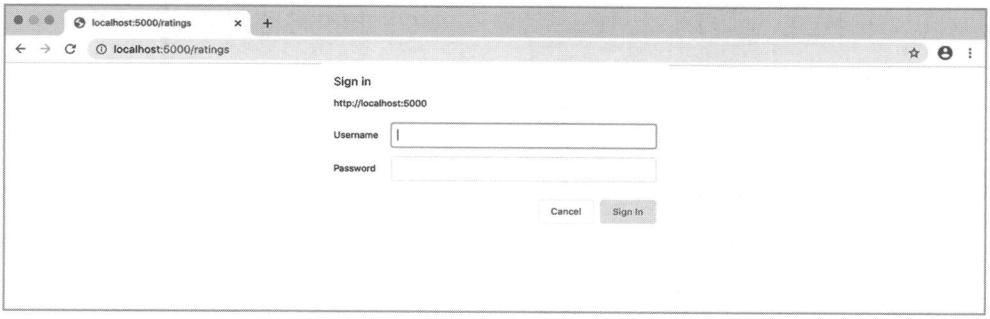

그림 8.3 영화 평점 API의 엔드포인트에 대한 인증 화면

그림 8.4 평점 API의 엔드포인트에서 제공하는 평점 데이터

자격 인증 정보credentials(여기에서는 사용자 이름과 비밀 번호)를 입력하면, 그림 18.4와 같이 영화 평점의 초기 리스트를 받아옵니다. 그림 볼 수 있듯이 평점 데이터는 JSON 포맷으로 되어 있습니다. 그리고 실제 평점 데이터는 result 필드 안에 포함되어 있으며, 이 필드 외에 2개의 필드가 더 있는데, limit과 offset입니다. limit은 결과 중 한 번에 가져올 수 있는 레코드 개수를 의미하고, offset은 결과 중 몇 번째 결과부터 가져오는지를 의미합니다. 따라서 평점 데이터의 총 개수는 result에 포함된 결과보다 더 많을 있을 수 있습니다(전체 결과 수는 total 필드에 기재되며, 이 필드는 쿼리한 결과의 총 레코드 수입니다).

쿼리한 결과를 페이지별로 처리할 때 API의 파라미터 중 offset을 사용할 수 있습니다. 예를 들어 다음 100개의 레코드를 가져올 때 offset 파라미터 값을 100으로 추가하여 사용합니다.

```
http://localhost:5000/ratings?offset=100
```

그리고 쿼리에서 한 번에 가져오는 레코드 수를 늘리려면 파라미터 중 limit을 사용합니다.

```
http://localhost:5000/ratings?limit=1000
```

이 영화 평점 엔드포인트는 기본적으로 전체 평점 데이터를 반환합니다. 만약 특정 기간 동안의 평점 데이터를 가져오려면 start_date와 end_date 파라미터를 사용하여 주어진 시작/종료 날짜 사이의 평점 데이터를 가져올 수 있습니다.[2]

---

2   이 API는 최근 30일 간의 데이터를 가져옵니다. 따라서 위 예제보다 더 긴 기간의 데이터를 가져오려면 start_date와 end_date 파라미터를 수정하십시오.

```
http://localhost:5000/ratings?start_date=2019-01-01&end_date=2019-01-02
```

이러한 필터링 기능을 사용하면 전체 데이터 세트를 다 로드할 필요없이 증분_{incremental}(일별 증분) 방식으로 데이터를 로드할 수 있습니다.

8.1.2 API에서 평점 데이터 가져오기

앞 절에서 MovieLens API의 기본을 살펴보았고, 이제부터는 Airflow를 사용한 프로세스 자동화를 위해 먼저 평점 데이터의 수집을 프로그램으로 구현하겠습니다(자동화는 나중에 살펴보도록 하고, 여기에서는 수집 부분을 먼저 살펴보겠습니다).

파이썬으로 이 API에 액세스하기 위해 requests(https://requests.readthedocs.io/en/master/)라는 파이썬 라이브러리를 사용합니다. 이 라이브러리는 HTTP 요청_{request}을 파이썬으로 처리할 때, 쉽게 사용할 수 있는 라이브러리입니다. 이 API에 요청을 보내려면 제일 먼저 Session 클래스를 사용하여 requests 세션을 생성해야 합니다.

```
import requests
session = requests.Session()
```

생성한 session 객체의 get 메서드_{method}를 이용하여 API로부터 평점 데이터를 가져올 수 있는데, 이 메서드로 API에 GET HTTP 요청을 수행합니다.

```
response = session.get("http://localhost:5000/ratings")
```

그리고 쿼리에 사용되는 파라미터 등의 추가 인수 값을 get 메서드에 함께 전달합니다(예: start_date와 end_date 등).

```
response = session.get(
    "http://localhost:5000/ratings",
    params={
        "start_date": "2019-01-01",
        "end_date": "2019-01-02",
    },
)
```

이와 같이 API를 호출하면 HTTP 요청의 결과인 response 객체를 반환받습니다. 이때 response 객체의 raise_for_status 메서드를 사용하여 쿼리의 정상 수행 여부를 체크할 수 있습니다. 만약 API 안의 쿼리가 예상치 못한 상태 코드를 반환할 경우, 예외exception를 발생시킬 수 있습니다. 쿼리의 결과는 콘텐츠content의 속성에서 직접 가져올 수도 있고, json 메서드(여기에서는 이 방법을 사용함)를 사용할 수도 있습니다(앞에서 얘기했지만 이 API는 JSON 포맷으로 결과를 반환합니다).

```
response.raise_for_status()
response.json()
```

위의 요청을 실행하면 실패하게 되는데, 이는 요청에 인증 정보를 포함하지 않았기 때문입니다. 이 API는 기본 HTTP 인증을 사용하기 때문에, 다음과 같이 인증 정보를 session에 포함시키면 해결됩니다.

```
movielens_user = "airflow"
movielens_password = "airflow"
session.auth = (movielens_user, movielens_password)
```

요청 세션에 사용자 이름과 비밀번호와 같은 인증 정보가 함께 포함되어 전달되는 것을 유념하십시오. 이제 _get_session이라는 함수를 만들고, _get_session 함수에 인증 정보를 가진 세션의 생성과 처리 기능을 캡슐화encapsulate시키도록 하겠습니다. 이렇게 하면 이 코드 밖에서는 인증에 대해 신경 쓰지 않아도 됩니다. 그리고 이 함수가 API의 베이스(기본) URL을 생성하고 반환하게 함으로써, URL이 한 곳에서 정의되도록 하겠습니다.

리스트 8.1 **API의 HTTP 세션을 만드는 함수**

```
def _get_session():
    """Builds a requests Session for the Movielens API."""

    session = requests.Session()          ◀─┐ 요청 세션(request session) 생성
    session.auth = ("airflow", "airflow") ◀─┐ 사용자 이름과 비밀 번호 기반의
                                              기본 HTTP 인증을 위한 세션 설정
    base_url = "http:/ /localhost:5000"
                                          ┌─ API의 기본 URL을 세션과 함께 반환하여
    return session, base_url          ◀─┘   어느 주소로 API에 접근하는지를 알게 함
```

위 함수에서 설정 항목을 좀 더 효과적으로 설정할 수 있습니다. 예를 들어 사용자 이름과 비밀 번호, 그리고 URL 구성 요소들을 환경 변수에 지정하여 사용할 수 있습니다.

```python
MOVIELENS_HOST = os.environ.get("MOVIELENS_HOST", "movielens")          ◀──  환경 변수에서 API의
MOVIELENS_SCHEMA = os.environ.get("MOVIELENS_SCHEMA", "http")                설정 정보 수집
MOVIELENS_PORT = os.environ.get("MOVIELENS_PORT", "5000")

MOVIELENS_USER = os.environ["MOVIELENS_USER"]          ◀──  환경 변수에서 사용자 이름/
MOVIELENS_PASSWORD = os.environ["MOVIELENS_PASSWORD"]        비밀 번호 가져오기

def _get_session():
    """Builds a requests Session for the Movielens API."""

    session = requests.Session()
    session.auth = (MOVIELENS_USER, MOVIELENS_PASSWORD)

    schema = MOVIELENS_SCHEMA
    host = MOVIELENS_HOST                                        가져온 설정 정보로
    port = MOVIELENS_PORT                                        세션과 기본 URL을 구성

    base_url = f"{schema}://{host}:{port}"
    return session, base_url

session, base_url = _get_session()
```

위와 같이 하면 스크립트 실행에 필요한 파라미터를 환경 변수 설정만으로 편하게 수정할 수 있습니다.

요청 세션에 대한 기초적인 구성이 완성되었으므로 이제부터는 API 결과의 페이지 처리_pagination_ 기능을 구현해야 합니다.

페이지 처리를 위해 session.get 메서드 호출 코드에 몇 가지 작업을 수행하는 코드를 추가하여 래핑_wrapping_하도록 하겠습니다. 추가되는 코드는 API 결과를 검사하고, 결과 레코드의 끝까지 도달할 때까지 새 페이지들을 반복적으로 요청하는 코드입니다.

리스트 8.3 **페이지 처리하는 헬퍼 함수(dags/01_python.py)**

```python
def _get_with_pagination(session, url, params, batch_size=100):
    """
    Fetches records using a GET request with given URL/params,
    taking pagination into account.
    """
    offset = 0    │   받은 레코드 수와 예상 레코드 수를 추적      모든 레코드들을 다 받을 때까지 반복함.
    total = None  │   하면서 보관함                          첫 번째 루프 완료 전까지는
    while total is None or offset < total:  ◀──             레코드 총수를 알 수 없기 때문에,
        response = session.get(                             첫 번째 루프에서는 None인지 체크함
            url,
            params={
                **params,
```

```
                **{"offset": offset, "limit": batch_size}
        }
    ) ◀——┤ 신규 페이지를 가져올 때 주어진 오프셋에서 시작함
    response.raise_for_status()
    response_json = response.json() ◀——┤ 결과 상태를 체크하고 결과 JSON을 파싱(parse)함

    yield from response_json["result"] ◀——┤ 가져온 레코드들을 이 함수 호출자에게 "yield"³

    offset += batch_size                    ┤─┤ 현재 오프셋(offset)과
    total = response_json["total"]          ┤─┤ 레코드 총 수를 업데이트함
```

위 리스트에서 결과를 반환할 때 yield from을 사용하여 각 평점 레코드들의 제너레이터 generator를 효과적으로 전달함으로써 결과의 페이지 처리에 신경을 많이 쓰지 않게 할 수 있습니다.[4] 이제 추가로 해야 하는 일은 모든 기능을 하나로 결합하여, 필요한 기간의 시작 및 종료 날짜를 지정하고 영화 평점 엔드포인트에 쿼리를 수행하도록 요청하는 것뿐입니다.

리스트 8.4 **_get_ratings 함수에 전체 내역 결합(dags/01_python.py)**

```
def _get_ratings(start_date, end_date, batch_size=100):
    session, base_url = _get_session() ◀——┤ API의 요청 세션(requests session,
                                              인증 정보 포함)과 기본 URL을 가져오기

    yield from _get_with_pagination( ◀——┤ 레코드들의 집합을 명확하게 가져오기 위해
                                            페이지 처리 함수를 만들어 사용함
        session=session,
        url=base_url + "/ratings", ◀——┤ 평점 API의 엔드포인트에 대한 URL 생성
        params="start_date": start_date, "end_date": end_date}, ◀——┤ 주어진 시작/종료 날짜에
                                                                      대한 레코드를
        batch_size=batch_size, ◀——┤ 한 페이지의 레코드 개수를            가져오기 위한 정보
    )                             제한하기 위한 배치 사이즈 지정

ratings = _get_ratings(session, base_url + "/ratings") ◀——┤ _get_ratings 함수의 사용 예제
next(ratings) ◀——┤ 한 페이지의 레코드만 가져오거나...
list(ratings) ◀——┤ ...혹은 전체 배치(batch)에 대한 모든 데이터를 가져옴
```

이 리스트는 앞으로 만들 DAG에서 평점 데이터를 가져올 때 사용하기에 좋은 함수의 예를 보여줍니다.

8.1.3 실제 DAG 구축하기

이제 _get_ratings 함수를 PythonOperator로 호출함으로써 스케줄 간격마다 평점 데이터를 가져오도록 하겠습니다. 이 평점 데이터를 JSON 출력 파일로 덤프dump할 수 있는데, 이때 날

---

3 옮긴이 파이썬 기능의 하나로서, 이 구문을 만나면 일단 함수가 진행하던 일을 일시 멈추고 호출자에게 값과 제어를 모두 넘기고, 이 함수가 다시 호출되면 멈추었던 "yield" 후부터 계속 진행됩니다. 주로 generator에 사용됩니다.

4 이 방식으로 구현할 때의 추가적인 장점은 쿼리 결과의 처리를 지연된 방식으로 할 수 있다는 것입니다. 즉, 현재 페이지를 다 처리하고 나서 새로운 페이지의 데이터를 가져오게 할 수 있습니다.

짜별로 파티션합니다. 이렇게 하면 데이터의 재수집이 필요한 경우, 필요한 부분만 가져올 수 있어서 데이터 수집이 용이해집니다.

이 기능을 구현하기 위해, 시작/종료 날짜(start_date, end_date)를 입력받고, 이 기간 동안의 평점 데이터를 만들어 출력하는 작은 래퍼wrapper 함수를 만들어 보겠습니다.

리스트 8.5 _get_ratings 함수 사용(dags/01_python.py)

```python
def _fetch_ratings(templates_dict, batch_size=1000, **_):
    logger = logging.getLogger(__name__)          # logging을 사용하여 이 함수의 동작에 대한
                                                   # 유용한 피드백 제공
    start_date = templates_dict["start_date"]      # 템플릿으로 된
    end_date = templates_dict["end_date"]          # 시작/종료 날짜와
    output_path = templates_dict["output_path"]    # 출력 경로 추출

    logger.info(f"Fetching ratings for {start_date} to {end_date}")
    ratings = list(                                # _get_ratings 함수를 사용하여
        _get_ratings(                              # 평점 레코드 가져오기
            start_date=start_date,
            end_date=end_date,
            batch_size=batch_size
        )
    )
    logger.info(f"Fetched {len(ratings)} ratings")

    logger.info(f"Writing ratings to {output_path}")

    output_dir = os.path.dirname(output_path)      # 출력 디렉터리가 존재하지 않을 경우 생성
    os.makedirs(output_dir, exist_ok=True)

    with open(output_path, "w") as file_:          # 출력 데이터를 JSON 포맷으로 저장
        json.dump(ratings, fp=file_)

fetch_ratings = PythonOperator(                    # PythonOperator를 사용하여 태스크 생성
    task_id="fetch_ratings",
    python_callable=_fetch_ratings,
    templates_dict={
        "start_date": "{{ds}}",
        "end_date": "{{next_ds}}",
        "output_path": "/data/python/ratings/{{ds}}.json",
    },
)
```

위 리스트에서 start_date/end_date/output_path 파라미터를 templates_dict에 넣어 전달하는 것을 확인할 수 있습니다. 이렇게 전달하면 실행 날짜와 같은 콘텍스트 변수context variable에서 해당 값을 참조할 수 있습니다.

평점 데이터를 가져온 후 영화의 랭킹을 만들기 위해 rank_movies라는 단계를 추가하여 적용합니다. 이 단계에서는 PythonOperator에 rank_movie_by_rating이라는 함수를 적용합니다. 이 함수는 평균 평점으로 영화의 랭크를 설정하는데, 이때 평점의 개수가 최소 기준 미만인 영화들을 필터링합니다.

리스트 8.6 **영화 랭킹에 대한 헬퍼 함수(Helper function)(dags/custom/ranking.py)**

```python
import pandas as pd

def rank_movies_by_rating(ratings, min_ratings=2):
    ranking = (
        ratings.groupby("movieId")
        .agg(          ◀——— 영화의 평균 평점과 평점 총 개수 계산
            avg_rating=pd.NamedAgg(column="rating", aggfunc="mean"),
            num_ratings=pd.NamedAgg(column="userId", aggfunc="nunique"),
        )
        .loc[lambda df: df["num_ratings"] > min_ratings]  ◀——— 최소 평점 개수 기준으로
                                                                 영화 필터링
        .sort_values(["avg_rating", "num_ratings"], ascending=False)  ◀——— 평균 평점
                                                                              기준으로
    )                                                                         정렬함
    return ranking
```

리스트 8.7 **rank_movies 태스크 추가하기(dags/01_python.py)**

```python
def _rank_movies(templates_dict, min_ratings=2, **_):
    input_path = templates_dict["input_path"]
    output_path = templates_dict["output_path"]

    ratings = pd.read_json(input_path)  ◀——— 지정된(템플릿으로 지정됨) 입력 경로에서 평점 데이터를 읽음
    ranking = rank_movies_by_rating(ratings, min_ratings=min_ratings)  ◀——— 영화 랭킹의
                                                                               헬퍼 함수 사용
    output_dir = os.path.dirname(output_path)  ◀——— 출력 디렉터리가
    os.makedirs(output_dir, exist_ok=True)          존재하지 않을 경우 생성

    ranking.to_csv(output_path, index=True)  ◀——— 영화 랭킹 데이터를 CSV 파일로 저장


rank_movies = PythonOperator(  ◀——— PythonOperator 내에서 _rank_movies 함수 사용
    task_id="rank_movies",
    python_callable=_rank_movies,
    templates_dict={
        "input_path": "/data/python/ratings/{{ds}}.json",
        "output_path": "/data/python/rankings/{{ds}}.csv",
    },
)

fetch_ratings >> rank_movies  ◀——— 데이터 수집 태스크와 랭킹 태스크 연결
```

앞의 리스트에서 볼 수 있듯이, 다음과 같은 두 단계를 하나의 DAG로 구성합니다. 첫 번째 단계는 평점 데이터를 가져오는 것이고 두 번째 단계는 영화의 랭크를 만드는 것입니다. 이 DAG를 스케줄링하여 매일 수행되게 함으로써 일별 인기 영화의 랭킹을 만들 수 있습니다. (물론 사용자의 과거 기록을 기반으로 더 스마트한 알고리즘을 사용할 수도 있겠지만, 여기에서 다룬 내용으로도 영화 추천 작업의 시작이 가능합니다.)

8.2 커스텀 훅 빌드하기

앞에서 보았듯이, 데이터를 가져오고 랭킹을 만들기 위해 실제 영화 평점 API을 사용할 때, 어느 정도 노력(그리고 코드)이 필요합니다. 흥미롭게도 이 코드의 대부분은 API 연동과 관련된 것입니다. 예를 들어 API 주소와 세부 인증 정보를 가져오고, API와 연동하기 위한 세션을 구성하며, 페이지 처리와 같은 API 결과의 세부 처리 기능도 추가하였습니다.

위의 API 연동과 같이 복잡한 작업의 처리 방법 중 하나는, 코드를 캡슐화하고 재활용 가능한 Airflow 훅으로 만드는 것입니다. 이 작업으로 모든 API 전용 코드를 한 곳에 보관하고, DAG의 여러 부분에서는 이 훅을 간단하게 사용할 수 있습니다. 그러면 유사한 용도로 영화 평점 데이터를 가져오려고 할 때, API 연동에 대한 노력을 줄여줄 수 있습니다.

리스트 8.8 **MovielensHook를 사용하여 평점 가져오기**

```
hook = MovielensHook(conn_id="movielens")  ◄─┤ 훅 생성
ratings = hook.get_ratings(start_date, end_date)  ◄─┤ 생성된 훅을 사용하여 특정 작업 수행
hook.close()  ◄─┤ 훅을 닫고(close), 사용된 리소스 해제
```

또한 훅을 사용하면 Airflow의 데이터베이스와 UI를 통해 자격 증명credentials과 연결된 관리 기능을 사용할 수 있습니다. 이 기능을 적용하면 API의 자격 증명 정보를 DAG에 수동으로 넣지 않아도 됩니다. 다음 절들에서는 커스텀 훅custom hook를 만드는 방법과 영화 평점 API에 대한 훅을 빌드하는 방법을 살펴보도록 하겠습니다.

8.2.1 커스텀 훅 설계하기

Airflow에서 모든 훅은 추상 클래스abstract class인 BaseHook 클래스의 서브클래스subclass로 생성합니다.

리스트 8.9 **커스텀 훅의 베이스 코드**

```
from airflow.hooks.base_hook import BaseHook

class MovielensHook(BaseHook):
    ...
```

훅을 구현하기 위해서는 훅 연결(필요한 경우)과 훅에 필요한 다른 추가적인 인수를 지정하는 __init__ 메서드를 정의해야 합니다. 이 경우에서는 훅이 특정 연결에서 연결 세부 정보를 가져와야 하지만, 다른 추가 인수는 필요하지 않습니다.

리스트 8.10 **MovielensHook 클래스 시작 부분(dags/custom/hooks.py)**

```
from airflow.hooks.base_hook import BaseHook

class MovielensHook(BaseHook):
    def __init__(self, conn_id):          conn_id 파라미터는 훅에게
                                          어떤 커넥션을 사용하는지 전달합니다.
        super().__init__()    ───┤ BaseHook 클래스의 생성자 호출[5]
        self._conn_id = conn_id    ───┤ 커넥션 ID를 꼭 저장해야 합니다.
```

대부분의 Airflow 훅은 get_conn 메서드를 정의하는데, 이 메서드는 외부 시스템과의 연결 설정을 책임집니다. 여기에서는 이미 앞에서 정의한 _get_session 메서드의 대부분을 재사용합니다. 이 함수에서 이미 영화 평점 API에 대한 세션 처리를 이미 구현했기 때문입니다. 이절의 예제에 대한 get_conn 개념을 구현하면 다음 리스트와 같습니다.

리스트 8.11 **get_conn 메소스 구현의 초기 버전 모습**

```
class MovielensHook(BaseHook):

    ...

    def get_conn(self):
        session = requests.Session()
        session.auth = (MOVIELENS_USER, MOVIELENS_PASSWORD)

        schema = MOVIELENS_SCHEMA
        host = MOVIELENS_HOST
        port = MOVIELENS_PORT

        base_url = f"{schema}://{host}:{port}"

        return session, base_url
```

5　Airflow 버전 1에서는 BaseHook 클래스의 생성자에 source라는 인수(argument)를 반드시 전달해야 합니다. 일반적으로 이 인수를 사용하지 않을 경우 source=None으로 전달합니다.

만약 자격 증명 정보를 보다 안전하고 쉽게 관리하려면, 하드코딩hardcoding을 하는 대신 Airflow 자격 인증 저장소에서 가져오는 것이 더 좋습니다. 이를 위해 먼저 Airflow 메타스토어에 연결 정보를 먼저 추가해야 합니다. Airflow 웹 UI의 **Admin > Connection** 항목에서 "Create to add a new connection"을 클릭하면 이 작업을 수행할 수 있습니다.

Add Connection 화면(그림 8.5)에 영화 평점 API의 연결 세부 정보를 넣어야 합니다. 이 경우 **Conn id**(커넥션 ID)를 "movielens"로 하겠습니다. 이 항목은 나중에 코드 안에서 연결 정보를 참조하기 위해 사용됩니다. **Conn Type**(연결 유형)은 HTTP로 선택합니다. 그리고 **Host**(호스트)에 앞에서 사용한 도커 컴포즈 설정에 있는 영화 평점 API의 **Host** (호스트)를 넣어야 하는데, 그 이름은 "movielens"였습니다. 다음으로 (선택적으로) HTTP 연결을 위한 **Scheme**(스키마)를 지정할 수 있고 로그인 정보(user: "airflow", password: "airflow")를 추가합니다. 그리고 마지막으로 API에 접속할 수 있는 **Port**(포트 번호)를 넣어야 하는데, 도커 컴포즈 설정에서 이를 5000번으로 지정했습니다(앞서 API에 수동 접근 설명 때 이미 살펴보았습니다).

연결을 생성하였으므로 이제 메타스토에서 연결 세부 정보를 가져오기 위해 get_conn 메서드를 수정해야 합니다. 이를 위해 BaseHook 클래스에서 get_connection이라는 편리한 메서드를 제공하는데, 이 메서드는 메타스토어에서 커넥션 ID에 대한 연결 세부 정보를 가져옵니다.

```
config = self.get_connection(self._conn_id)
```

이 연결 설정 객체에는 Airflow 웹 UI의 **Add Connection** 화면에서 입력한 여러 세부 정보를 매핑한 필드가 포함되어 있습니다. 따라서 이 설정 객체를 이용하여 영화 평점 API의 host/port와 user/password를 가져올 수 있습니다. 앞서 언급했듯이 API URL을 가져오기 위해 schema, host, port 필드를 사용합니다.

```
schema = config.schema or self.DEFAULT_SCHEMA
host = config.host or self.DEFAULT_HOST
port = config.port or self.DEFAULT_PORT

base_url = f"{schema}://{host}:{port}/"
```

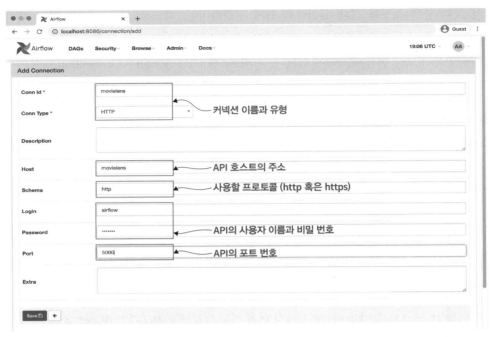

그림 8.5 **Airflow 웹 UI에서 영화 API의 연결 추가**

Airflow 웹 UI의 연결 화면에서 정의하지 않은 항목을 처리하기 위해, 기본 값(이전에 정의한 상수 값과 유사함)을 정의해야 합니다. 만약 이 정보 중 연결 화면에서 반드시 지정해야 하는 경우, 기본 값 설정 대신 에러를 발생하도록 처리할 수 있습니다.

메타스토어에서 가져온 정보로 API의 기본(베이스) URL을 가져왔으므로, 이제 세션에 인증 정보를 설정해야 하는 일만 남았습니다.

```
if config.login:
    session.auth = (config.login, config.password)
```

위의 사항을 get_conn에 다음과 같이 적용하여 구현합니다.

리스트 8.12 **설정 가능하도록 수정한 get_conn 메서드(dags/custom/hooks.py)**

```
class MovielensHook(BaseHook):
    DEFAULT_HOST = "movielens"    ◄───┤ 편의성을 위해 기본 커넥션 값을 클래스 변수에 저장
    DEFAULT_SCHEMA = "http"
    DEFAULT_PORT = 5000

    def __init__(self, conn_id):
        super().__init__()
```

```
        self._conn_id = conn_id

    def get_conn(self):
        config = self.get_connection(self._conn_id)  ◄──┐ 주어진 ID를 사용하여
        schema = config.schema or self.DEFAULT_SCHEMA  ◄──┘ 커넥션 설정 정보를 가져옴
        host = config.host or self.DEFAULT_HOST           커넥션 설정 정보와
        port = config.port or self.DEFAULT_PORT           기본 값을 사용하여
                                                          기본 URL 구성
        base_url = f"{schema}://{host}:{port}"

        session = requests.Session()  ◄──────────────┐
                                                      │ 커넥션 설정 정보의
        if config.login:                              │ "login/password" 정보를
            session.auth = (config.login, config.password)  ◄─┘ 사용하여 요청 세션 생성

        return session, base_url  ◄──┤ 요청 세션과 기본 URL 반환
```

이 구현 방법의 단점은 get_conn 함수를 호출할 때마다 Airflow 메타스토어에 작업 요청한다는 것입니다. 왜냐하면 get_conn 함수가 데이터베이스에서 자격 증명 정보를 가져오기 때문입니다. 이 단점을 해결하기 위해 인스턴스에 세션과 base_url을 보호protected 변수에 캐싱caching할 수 있습니다.

리스트 8.13 API 세션 캐싱 추가하기(dags/custom/hooks.py)

```
class MovielensHook(BaseHook):

    def __init__(self, conn_id, retry=3):
        ...
        self._session = None    │ 세션과 기본 URL의 캐싱을 위한
        self._base_url = None    │ 추가 변수 2개

    def get_conn(self):
        """
        Returns the connection used by the hook for querying data.
        Should in principle not be used directly.
        """

        if self._session is None:  ◄──┤ 세션을 생성하기 전에 연결된 세션이 있는지 체크
            config = self.get_connection(self._conn_id)
            ...
            self._base_url = f"{schema}://{config.host}:{port}"
            self._session = requests.Session()
            ...
        return self._session, self._base_url
```

get_conn 함수가 처음 호출될 때 self.session이 None이므로, 메타스토어에서 연결 세부 사항을 가져와서 기본 URL과 세션을 인스턴스 내부에 저장합니다. 이 객체들을 각각 인스턴스

변수 _session과 _base_url에 저장하고 캐싱하여 나중에 다시 호출될 때 재사용할 수 있습니다. 따라서 get_conn 함수가 두 번째 호출될 때에는 self._session 변수는 더 이상 None이 아니고 따라서 캐싱된 세션과 기본 URL이 반환됩니다.

 저자 개인적으로는 get_conn 메서드가 공용(public)이더라도, 훅 외부에서 직접 사용하는 것을 좋아하지는 않습니다. 왜냐하면 이 메서드는 훅이 외부 시스템에 액세스할 때 필요한 자세한 내부 사항을 처리하고 있으므로, 이 메서드를 외부에 노출하면 내부 정보들도 함께 노출되어서 캡슐화를 깨뜨리기 때문입니다. 즉, 이 메서드의 코드가 내부 연결 정보에 매우 밀접하게 연관되어서, 내부의 세부 정보를 바꾸려고 한다면 상당히 골칫거리가 될 수 있습니다. 예를 들어 Airflow 코드베이스(codebase)의 HdfsHook의 경우, 파이썬 2.7에만 해당되는 라이브러리(snakebite)와 밀접하게 연동된 훅이 구현되어 이슈가 된 적이 있었습니다.

get_conn의 구현을 완료했으니, 이제부터 영화 평점 API에 대해 인증된 커넥션을 만들 수 있습니다. 이 메서드를 이용하여 영화 평점 API 연동에 필요한 메서드를 빌드하고 훅에 넣을 수 있게 되었습니다.

영화 평점 데이터를 가져오기 위해 이전에 구현한 코드를 재사용하는데, 이 코드는 API의 /ratings 엔드포인트에서 영화 평점 데이터를 가져오고, get_with_pagination 함수를 사용하여 페이지 처리를 합니다.

리스트 8.14 **get_ratings 메서드 추가(dags/custom_hooks.py)**

```
class MovielensHook(BaseHook):
    ...

    def get_ratings(self, start_date=None, end_date=None, batch_size=100):  ◀──
        """                                                    훅의 사용자가 호출할
        Fetches ratings between the given start/end date.        퍼블릭 메서드
        Parameters
        ────
        start_date :.str
            Start date to start fetching ratings from (inclusive). Expected
            format is YYYY-MM-DD (equal to Airflow"s ds formats).
        end_date : str
            End date to fetching ratings up to (exclusive). Expected
            format is YYYY-MM-DD (equal to Airflow"s ds formats).
        batch_size : int
            Size of the batches (pages) to fetch from the API. Larger values
            mean less requests, but more data transferred per request.
        """

        yield from self._get_with_pagination(
            endpoint="/ratings",
            params={"start_date": start_date, "end_date": end_date},
            batch_size=batch_size,
```

```
        )
    def _get_with_pagination(self, endpoint, params, batch_size=100): ◄─── 페이지 처리하는
        """                                                                내부 헬퍼 메서드
        Fetches records using a get request with given url/params,         (이전에 구현한
        taking pagination into account.                                    페이지 처리
        """                                                                구현과 동일함)

        session, base_url = self.get_conn()

        offset = 0
        total = None
        while total is None or offset < total:
            response = session.get(
                url, params={
                    **params,
                    **{"offset": offset, "limit": batch_size}
                }
            )
            response.raise_for_status()
            response_json = response.json()

            yield from response_json["result"]

            offset += batch_size
            total = response_json["total"]
```

이제 MovieLens API에 대한 커넥션을 처리하는 Airflow 기본 훅이 완성되었습니다. 그리고
이 훅에 추가적인 메서드를 구현함으로써 간단하게 기능(단순한 평점 데이터 수집 이외 기능)을
추가할 수 있습니다.

훅을 빌드하는 데 작업이 많은 것처럼 보이지만, 대부분의 작업은 이전에 작성한 함수를 통합
된 단일 훅 클래스로 옮기는 작업입니다. 새로 만든 훅의 장점은 여러 DAG에서 사용하기 쉽
도록, MovieLens API(영화 평점 API) 연동에 필요한 로직을 단일 클래스에 캡슐화하여 제공한
다는 것입니다.

8.2.2 MovielensHook로 DAG 빌드하기

이번 절에서는 위에서 만든 영화 평점 데이터 수집 훅을 사용하여 DAG를 빌드하겠습니다.
먼저 이 훅 클래스를 DAG에 불러올 수 있도록 어딘가에 저장해야 합니다. 한 가지 방법은
DAG 폴더[6]와 같은 디렉터리 안에 패키지를 생성하고, 이 패키지 안에 있는 hook.py라는 모
듈에 훅을 저장하는 것입니다.

---

6   이 장의 후반부에 또 다른 패키지 방법을 소개하도록 하겠습니다.

리스트 8.15 **커스텀 패키지를 가지는 DAG 디렉터리 구조**

```
chapter08
├── dags
│   ├── custom    ◄───┤ "custom"이란 이름의 예제 패키지
│   │   ├── __init__.py
│   │   └── hooks.py  ◄───┤ 커스텀 훅 코드를 담고 있는 모듈
│   ├── 01_python.py
│   └── 02_hook.py
├── docker-compose.yml
└── ...
```

커스텀 훅 코드를 포함하는 새로운 커스텀 패키지를 만든 후 이 패키지에 훅을 불러올 수 있습니다.

```
from custom.hooks import MovielensHook
```

훅을 불러들인 후 영화 평점 데이터를 가져오는 것은 매우 간단합니다. 해당 커넥션 ID로 훅을 인스턴스화하고, 필요한 시작/종료 날짜로 훅의 get_ratings 메서드를 호출하면 됩니다.

리스트 8.16 **MovielensHook를 사용하여 영화 평점 데이터 가져오기**

```
hook = MovielensHook(conn_id=conn_id)
ratings = hook.get_ratings(
    start_date=start_date,
    end_date=end_date,
    batch_size=batch_size
)
```

위 리스트를 수행하면 영화 평점 레코드의 제너레이터generator를 반환하는데, 이를 사용하여 영화 평점 데이터를 출력 파일(JSON)로 저장합니다.

DAG에 훅을 사용하기 위해서는 훅 호출 코드를 PythonOperator에 래핑해야 합니다. 래핑하는 코드는 DAG 실행에 필요한 시작/종료 날짜를 만들어 입력하고, 영화 평점 데이터를 적절한 출력 파일로 저장하는 코드입니다. 이를 위해 초기 DAG에서 정의했던 _fetch_ratings 함수를 변경해서 사용하겠습니다. 변경해야 하는 부분은 _get_ratings에 대한 호출 부분인데, 이 부분을 새로 만든 훅을 호출하도록 변경하겠습니다.

리스트 8.17 **DAG에서 MovielensHook 사용하기(dags/02_hook.py)**

```
def _fetch_ratings(conn_id, templates_dict, batch_size=1000, **_):
    logger = logging.getLogger(__name__)
```

```
        start_date = templates_dict["start_date"]
        end_date = templates_dict["end_date"]
        output_path = templates_dict["output_path"]

        logger.info(f"Fetching ratings for {start_date} to {end_date}")
        hook = MovielensHook(conn_id=conn_id)  ◄──────  적절한 커넥션 ID로
        ratings = list(                                 MovielensHook
            hook.get_ratings(                           인스턴스 생성
                start_date=start_date, end_date=end_date, batch_size=batch_size
            )
        )
        logger.info(f"Fetched {len(ratings)} ratings")

        logger.info(f"Writing ratings to {output_path}")       훅을 사용하여
                                                            API에서 평점 데이터
                                                               가져오기
        output_dir = os.path.dirname(output_path)
        os.makedirs(output_dir, exist_ok=True)
                                                    이전과 유사하게 가져온
        with open(output_path, "w") as file_:       평점 데이터 저장
            json.dump(ratings, fp=file_)


PythonOperator(
    task_id="fetch_ratings",
    python_callable=_fetch_ratings,
    op_kwargs={"conn_id": "movielens"},\  ◄──┤  사용할 커넥션 지정
    templates_dict={
        "start_date": "{{ds}}",
        "end_date": "{{next_ds}}",
        "output_path": "/data/custom_hook/{{ds}}.json",
    },
)
```

fetch_ratings에 파라미터 conn_id를 추가하였는데, 이 파라미터에 훅에서 사용할 연결 정보를
지정합니다. 그리고 PythonOperator에서 _fetch_ratings을 호출할 때 이 파라미터를 포함
시킵니다.

이와 같이 하면 이전과 같은 동작을 하지만 훨씬 더 간단하고 간소화된 DAG 파일을 만들 수
있는데, MovieLens API와 관련된 복잡한 작업의 대부분을 MovielensHook에서 처리합니다.

8.3 커스텀 오퍼레이터 빌드하기

MovielensHook를 빌드하여 DAG의 복잡한 부분을 훅으로 많이 옮겼지만, 여전히 시작/종료
날짜 정의와 평점 데이터의 파일 저장에 대해 상당히 많은 반복적인 코드를 작성해야 합니다.

여러 개의 DAG에 이 기능들을 재사용하려고 할 때, 상당한 코드 중복과 이를 처리하기 위한 부가적인 노력이 필요합니다.

다행히도 Airflow에서는 커스텀 오퍼레이터를 직접 구현하여, 반복적인 태스크 수행 시 코드의 반복을 최소화할 수 있습니다. 예를 들어 MovielensFetchRatingsOperator라는 커스텀 오퍼레이터를 빌드하여, 영화 평점 데이터를 가져오는 전용 오퍼레이터 클래스로 사용할 수 있습니다.

8.3.1 커스텀 오퍼레이터 정의하기

Airflow의 모든 오퍼레이터는 BaseOperator 클래스의 서브 클래스로 만들어야 합니다.

리스트 8.18 **커스텀 오퍼레이터의 베이스 코드**

```
from airflow.models import BaseOperator
from airflow.utils.decorators import apply_defaults


class MyCustomOperator(BaseOperator):    ◀──┤ BaseOperator 클래스 상속
    @apply_defaults    ◀────┤ 기본 DAG 인수를 커스텀 오퍼레이터에게 전달하기 위한 데코레이터
    def __init__(self, conn_id, **kwargs):    ◀──
        super.__init__(self, **kwargs)    │ BaseOperator 생성자에게
        self._conn_id = conn_id           │ 추가 키워드 인수를 전달
        ...
```

커스텀 오퍼레이터에만 사용되는 인수들을 생성자 메서드인 __init__에 명시적으로 지정할 수 있습니다. 물론 인수를 사용하는 방법은 개발자마다 다를 수 있습니다. 오퍼레이터 전용 인수는 오퍼레이터마다 서로 다르지만, 일반적으로 커넥션 ID(원격 시스템을 포함하는 오퍼레이터의 경우)와 작업에 필요한 세부사항(예: 시작/종료 날짜, 쿼리 등)이 포함됩니다.

BaseOperator 클래스는 오퍼레이터의 일반적인 동작을 정의하는 제네릭generic 인수들(대부분이 선택적입니다)을 많이 가지고 있습니다. 일례로 제네릭 인수에는 오퍼레이터가 생성한 태스크의 task_id뿐만 아니라, 태스크의 스케줄에 영향을 주는 retries, retry_delay 등과 같은 다른 많은 인수들이 포함될 수 있습니다. 이러한 제네릭 인수들을 모두 나열하지 않도록 BaseOperator 클래스의 __init__에 인수를 전달할 때 파이썬의 **kwargs 구문을 사용합니다.

이 책의 초반기에 사용했던 DAG들을 보면, Airflow에서 사용되는 특정 인수를 전체 DAG의 기본 인수로 정의할 수 있다는 것을 알 수 있습니다. 이것은 DAG 객체 자체에 default_args 파라미터를 사용하면 가능합니다.

리스트 8.19 **오퍼레이터에 기본 인수 적용**

```
default_args = {
    "retries": 1,
    "retry_delay": timedelta(minutes=5),
}

with DAG(
    ...
    default_args=default_args
) as dag:
    MyCustomOperator(
        ...
    )
```

커스텀 오퍼레이터의 기본 인수들이 정상적으로 적용되었는지 확인하기 위해, Airflow에서 지원하는 apply_defaults라는 데커레이터를 사용할 수 있습니다. 이 데커레이터는 커스텀 오퍼레이터의 __init__ 메서드에 적용됩니다(이 책의 초기 예제에서 살펴보았습니다). 실제로 커스텀 오퍼레이터를 정의할 때 apply_defaults를 항상 포함해야 합니다. 그렇지 않으면 이 커스텀 오퍼레이터에 대한 Airflow 동작이 의도치 않게 중단될 수도 있습니다.

커스텀 오퍼레이터의 기본 클래스가 완성되었으니 이제부터 오퍼레이터가 실제로 작업해야 하는 사항을 정의해야 합니다. 이 부분을 execute 메서드에 구현하는데, 이 메서드는 Airflow가 DAG를 실행할 때 DAG 안에서 실행되는 오퍼레이터의 메인 메서드가 됩니다.

리스트 8.20 **오퍼레이터의 execute 메서드**

```
class MyCustomOperator(BaseOperator):
    ...
    def execute(self, context): ◀──┤ 커스텀 오퍼레이터를 실행할 때
        ...                          호출되는 메인 메서드
```

위 리스트와 같이 execute 메서드는 context라는 하나의 파라미터만 받으며, 이 파라미터는 Airflow의 모든 콘텍스트 변수를 담고 있는 dict 객체[7]입니다. execute 메서드는 Airflow 콘텍스트(예: 실행 날짜 등)의 변수들을 이 파라미터에서 참조하고 해당 오퍼레이터가 해야 하는 작업을 수행합니다.

8.3.2 평점 데이터를 가져오기 위한 오퍼레이터 빌드하기

앞 절에서 오퍼레이터 빌드의 기본 사항을 살펴보았습니다. 이제 영화 평점 데이터를 가져오는 커스텀 오퍼레이터를 빌드해 보겠습니다. 여기에서 만들 오퍼레이터는 이전에 만든 DAG

---

7   [옮긴이] dict는 key-value로 되어 있는 dictionary 객체입니다.

의 _fetch_ratings 함수와 유사하게 동작하며, 주어진 시작/종료 날짜 사이의 평점 데이터를
MovieLens API에서 가져와서 JSON 파일로 저장하는 오퍼레이터입니다.

먼저 오퍼레이터에 필요한 파라미터를 __init__ 메서드 안에 작성해 보겠습니다. 이 파라미터
에는 시작/종료 날짜와 API에 대한 커넥션, 평점 데이터를 저장할 경로 등이 포함됩니다.

리스트 8.21 **커스텀 오퍼레이터의 기본 구현하기(dags/custom/operators.py)**

```python
class MovielensFetchRatingsOperator(BaseOperator):
    """
    Operator that fetches ratings from the Movielens API.

    Parameters
    _____
    conn_id : str
        ID of the connection to use to connect to the Movielens
        API. Connection is expected to include authentication
        details (login/password) and the host that is serving the API.
    output_path : str
        Path to write the fetched ratings to.
    start_date : str
        (Templated) start date to start fetching ratings from (inclusive).
        Expected format is YYYY-MM-DD (equal to Airflow"s ds formats).
    end_date : str
        (Templated) end date to fetching ratings up to (exclusive).
        Expected format is YYYY-MM-DD (equal to Airflow"s ds formats).
    """

    @apply_defaults
    def __init__(
        self, conn_id, output_path, start_date, end_date, **kwargs,
    ):
        super(MovielensFetchRatingsOperator, self).__init__(**kwargs)

        self._conn_id = conn_id
        self._output_path = output_path
        self._start_date = start_date
        self._end_date = end_date
```

다음으로 오퍼레이터의 실행 내용을 구현해야 하는데, 평점 데이터를 실제로 가져와서 출력
파일로 저장하는 코드를 구현합니다. 이를 위해 수정된 버전의 _fetch_ratings 함수를 기본
으로 사용하여 오퍼레이터의 execute 메서드를 작성합니다.

리스트 8.22 **execute 메서드 추가하기(dags/custom/operators.py)**

```python
class MovielensFetchRatingsOperator(BaseOperator):
    ...
```

```
def execute(self, context):
    hook = MovielensHook(self._conn_id)    ◀——┤ 인스턴스 생성

    try:
        self.log.info(
            f"Fetching ratings for {self._start_date} to {self._end_date}"
        )
        ratings = list(
            hook.get_ratings(
                start_date=self._start_date,    ——┤ 훅을 사용하여 평점 데이터 가져오기
                end_date=self._end_date,
            )
        )
        self.log.info(f"Fetched {len(ratings)} ratings")
    finally:
        hook.close()    ◀——┤ 훅을 닫아서 사용된 리소스 해제

    self.log.info(f"Writing ratings to {self._output_path}")

    output_dir = os.path.dirname(self._output_path)    ◀——┤ 출력 디렉터리가 없을 경우 생성
    os.makedirs(output_dir, exist_ok=True)

    with open(self._output_path, "w") as file_:    ◀——┤ 가져온 결과 데이터를 파일로 저장
        json.dump(ratings, fp=file_)
```

위 리스트에서 볼 수 있듯이, 코드를 커스텀 오퍼레이터로 이식_{porting}할 때 수정해야 할 부분이 그다지 많지 않습니다. _fetch_rating 함수와 유사하게, execute 메서드는 앞에서 구현한 훅인 MovielensHook 인스턴스를 생성하고, 생성한 훅을 이용하여 주어진 시작/종료 날짜 사이의 평점 데이터를 가져오는 것부터 시작합니다. 이 코드가 _fetch_rating 함수와 다른 점은 오퍼레이터 인스턴스를 생성할 때 받은 변수 값을 사용하기 위해, self에서 파라미터를 가져온다는 점입니다. 그리고 로깅할 때 BaseOperator에서 제공하는 logger를 사용하도록 수정하였는데, 이 logger는 self.log 속성으로 사용할 수 있습니다. 마지막으로 get_rating이 실패하더라도 이 훅을 정상적으로 종료할 수 있도록 몇 가지 예외 처리를 추가하였습니다. 이러한 방식은 API 세션을 닫는 것을 잊어버렸을 때 생기는 리소스의 낭비를 막을 수 있으므로, 훅을 사용하는 코드를 구현할 때 좋은 습관이 될 수 있습니다.

이 오퍼레이터의 사용 방법은 비교적 간단한데, 오퍼레이터의 인스턴스를 만들고 이를 DAG에 포함시키기만 하면 됩니다.

리스트 8.23 **MovielensFetchRatingsOperator 사용 예제**

```
fetch_ratings = MovielensFetchRatingsOperator(
    task_id="fetch_ratings",
    conn_id="movielens",
```

```
    start_date="2020-01-01",
    end_date="2020-01-02",
    output_path="/data/2020-01-01.json"
)
```

이 구현의 단점은 오퍼레이터가 평점데이터를 가져오는 시작/종료 날짜를 미리 지정해야 한다는 것입니다. 즉, 오퍼레이터는 실행 날짜에 상관 없이 하드코딩된 날짜 기간에 대한 평점데이터를 가져온다는 것입니다.

다행히 Airflow에서는 템플릿 가능한 오퍼레이터 변수를 만들 수 있는데, 실행 날짜와 같은 콘텍스트 변수들을 참조할 수 있습니다. 특정 인스턴스 변수를 템플릿으로 만들려면, templates_field 클래스 변수에 해당 변수명을 지정하여 Airflow에 알려줘야 합니다.

리스트 8.24 **템플릿 필드 추가(dags/custom/operators.py)**

```
class MovielensFetchRatingsOperator(BaseOperator):
    ...
    template_fields = ("_start_date", "_end_date", "_output_path")  ◄──
    ...
                                                    커스텀 오퍼레이터에서
                                                    템플릿화할 인스턴스 변수들을
    @apply_defaults                                 Airflow에게 알려줍니다.
    def __init__(
        self,
        conn_id,
        output_path,
        start_date="{{ds}}",
        end_date="{{next_ds}}",
        **kwargs,
    ):
        super(MovielensFetchRatingsOperator, self).__init__(**kwargs)

        self._conn_id = conn_id
        self._output_path = output_path
        self._start_date = start_date
        self._end_date = end_date
```

위와 같은 방식으로 변수 _start_date, _end_date, _output_path(이 변수들은 __init__ 안에서 생성됩니다)가 템플릿으로 가능하다고 Airflow에 효과적으로 전달할 수 있습니다. 만약 문자열 파라미터에 Jinja 템플릿[8]을 사용하면, Airflow는 execute 메서드를 호출하기 전에 이 값들을 템플릿화합니다. 그 결과 다음 리스트와 같이 템플릿화된 인수를 사용하는 오퍼레이터를 사용할 수 있습니다.

---

8   [옮긴이] Jinja 템플릿은 파이썬으로 개발 가능한 웹 템플릿 엔진입니다.

```python
from custom.operators import MovielensFetchRatingsOperator

fetch_ratings = MovielensFetchRatingsOperator(
    task_id="fetch_ratings",
    conn_id="movielens",
    start_date="{{ds}}",
    end_date="{{next_ds}}",
    output_path="/data/custom_operator/{{ds}}.json"
)
```

위 리스트의 코드를 실행하면 Airflow는 시작 날짜에 대한 실행 윈도우 시작 값(ds)와 종료 날짜에 대한 실행 윈도우 끝 값(next_ds)을 채우게 됩니다. 그리고 출력 파일 이름을 만들 때도 실행 윈도우의 시작 값(ds)을 사용합니다.

8.4 커스텀 센서 빌드하기

이제까지 커스텀 오퍼레이터에 대해 살펴보았습니다. 그렇다면 커스텀 센서custom sensor 구현은 어떻게 작업해야 할까요? 앞 장에서 센서에 대한 내용을 건너뛰었다면, 센서가 특별한 유형의 오퍼레이터이며, DAG 안에서 다운스트림 태스크를 실행하기 전에 특정 조건이 충족될 때까지 대기하기 위해 사용된다는 것을 알고 있으면 됩니다. 예를 들어 다운스트림 분석에서 데이터를 사용하기 전에 특정 파일이나 데이터가 원천 시스템에서 사용 가능한지 체크할 때 사용할 수 있습니다.

센서의 구현에 관련하여 얘기하면, 센서는 오퍼레이터와 매우 유사하고 BaseOperator 대신에 BaseSensorOperator 클래스를 상속한다는 것만 다릅니다.

리스트 8.26 **커스텀 센서의 베이스 코드**

```python
from airflow.sensors.base import BaseSensorOperator

class MyCustomSensor(BaseSensorOperator):
    ...
```

사실 센서는 오퍼레이터의 한 유형입니다. BaseSensorOperator는 센서에 대한 기본 기능을 제공하고, 오퍼레이터의 execute 메서드 대신 poke 메서드를 구현해야 합니다.

리스트 8.27 **센서의 poke 메서드**

```
class MyCustomSensor(BaseSensorOperator):

    def poke(self, context):
        ...
```

Airflow가 콘텍스트를 포함하는 단일 인수만을 사용하는 측면에서 센서의 poke 메서드와 오퍼레이터의 execute는 매우 유사합니다. 하지만 execute 메서드와는 다르게 poke은 불린 Boolean 값을 반환하는데, 이 값은 센서 상태를 True/False로 나타냅니다. 상태가 False이면 센서가 상태를 다시 체크할 때까지 몇 초 정도 대기wait 상태로 들어갑니다. 이 프로세스는 상태 값이 True가 되거나 타임 아웃timeout될 때까지 반복됩니다. 센서가 실행을 끝내고 True를 반환하면 다운스트림 태스크를 시작합니다.

Airflow에 기본 내장 센서가 많이 있지만, 특정 유형의 상태를 체크하는 별도의 센서가 필요할 때가 있습니다. 예를 들어 이 책의 예제의 경우, DAG를 계속 실행하기 전에 주어진 날짜의 평점 데이터를 사용 가능한지 체크하는 센서가 필요할 수 있습니다.

커스텀 센서인 MovielensRatingSensor를 빌드하기 위해서는 먼저 커스텀 센서 클래스의 __init__ 메서드를 정의해야 합니다. 이 메서드는 커넥션 ID(영화 평점 API에 대한 커넥션 세부 사항을 지정함)와 평점 데이터를 체크할 시작/종료 날짜의 범위를 입력으로 받아들여야 합니다. 이에 대한 코드는 다음 리스트와 같습니다.

리스트 8.28 **센서 클래스의 기본 구현(dags/custom/sensors.py)**

```
from airflow.sensors.base import BaseSensorOperator
from airflow.utils.decorators import apply_defaults

class MovielensRatingsSensor(BaseSensorOperator):
    """
    Sensor that waits for the Movielens API to have
    ratings for a time period.

    start_date : str
        (Templated) start date of the time period to check for (inclusive).
        Expected format is YYYY-MM-DD (equal to Airflow"s ds formats).
    end_date : str
        (Templated) end date of the time period to check for (exclusive).
        Expected format is YYYY-MM-DD (equal to Airflow"s ds formats).
    """

    template_fields = ("_start_date", "_end_date")    ◀─── 센서가 오퍼레이터의
                                                            특정 유형이기 때문에,
    @apply_defaults   ◀───                                  오퍼레이터를 구현할 때 사용했던 것과
                                                            같은 설정을 사용합니다.
```

```python
    def __init__(self, conn_id, start_date="{{ds}}",
                 end_date="{{next_ds}}", **kwargs):
        super().__init__(**kwargs)
        self._conn_id = conn_id
        self._start_date = start_date
        self._end_date = end_date
```

센서가 오퍼레이터의 특정 유형이기 때문에, 오퍼레이터를 구현할 때 사용했던 것과 같은 설정을 사용합니다.

생성자를 만든 후에는 poke 메서드를 구현하기만 하면 됩니다. 이 메서드 안에서 해야 할 일은 특정 기간 동안의 평점 데이터가 있는지 체크하는 것인데, 여기에서는 단순히 주어진 시작/종료 날짜 사이에 레코드가 있으면 True를 반환합니다. 이를 위해서 모든 평점 데이터 레코드를 다 가져올 필요가 없습니다. 해당 범위에 적어도 레코드 한 개라도 존재하는지 체크하면 됩니다.

MovielensHook를 사용하면 이 알고리즘 구현이 매우 단순해집니다. 먼저 훅의 인스턴스를 생성하고 레코드를 가져오기 위해 get_ratings를 호출합니다. 여기에서는 적어도 하나 이상의 레코드가 있는지 확인하면 되기 때문에, get_ratings에서 반환되는 제너레이터에서 next를 호출하여, 제너레이터가 빈 값일 경우 StopIteration이라는 오류_{exception}를 발생시킵니다. 따라서 try/except를 사용하여 예외 사항을 체크하고, 예외가 발생하지 않으면 True를 반환하고 그렇지 않으면 False를 반환합니다.

리스트 8.29 **poke 메서드 구현하기(dags/custom/sensors.py)**

```python
class MovielensRatingsSensor(BaseSensorOperator):
    def poke(self, context):
        hook = MovielensHook(self._conn_id)

        try:
            next(
                hook.get_ratings(
                    start_date=self._start_date,
                    end_date=self._end_date,
                    batch_size=1
                )
            )
            self.log.info(
                f"Found ratings for {self._start_date} to {self._end_date}"
            )
            return True
        except StopIteration:
            self.log.info(
                f"Didn't find any ratings for {self._start_date} "
                f"to {self._end_date}, waiting..."
            )
            return False
        finally:
            hook.close()
```

훅에서 레코드 하나를 가져오는 것을 시도 (첫 번째 레코드를 가져오도록 next 사용)

next가 성공이면 적어도 하나의 레코드가 있으므로 true를 반환함

next를 시도할 때 StopIteration 예외로 실패하였으면 레코드의 콜렉션이 비어있으므로 false를 반환

hook를 close하여 사용한 리소스들을 해제함

MovielensHook를 재활용함으로써 코드를 상대적으로 짧고 간결하게 작성할 수 있습니다. 이는 MovieLens API 연동의 세부사항을 훅 클래스 내에 구현한 효과를 입증합니다.

이제 이 센서 클래스를 사용하여, DAG의 나머지를 계속 실행하기 전에, 새로운 평점 데이터가 있는지 체크하고 새로 데이터가 들어올 때까지 대기하도록 할 수 있습니다.

리스트 8.30 **센서를 사용하여 새로운 평점 데이터를 대기하기(dags/04_sensor.py)**

```
...

from custom.operators import MovielensFetchRatingsOperator
from custom.sensors import MovielensRatingsSensor

with DAG(
    dag_id="04_sensor",
    description="Fetches ratings with a custom sensor.",
    start_date=airflow_utils.dates.days_ago(7),
    schedule_interval="@daily",
) as dag:
    wait_for_ratings = MovielensRatingsSensor(    ◀───┤ 사용 가능한 레코드를 기다리는 센서
        task_id="wait_for_ratings",
        conn_id="movielens",
        start_date="{{ds}}",
        end_date="{{next_ds}}",
    )

    fetch_ratings = MovielensFetchRatingsOperator(  ◀───  센서 실행이 완료된 후에
        task_id="fetch_ratings",                          레코드를 가져오는 오퍼레이터
        conn_id="movielens",
        start_date="{{ds}}",
        end_date="{{next_ds}}",
        output_path="/data/custom_sensor/{{ds}}.json"
    )

    ...

    wait_for_ratings >> fetch_ratings >> rank_movies
```

8.5 컴포넌트 패키징하기

이제까지 DAG에 커스텀 컴포넌트를 DAG 디렉터리 내에 있는 서브 패키지까지 포함했습니다. 하지만 이 방식은 컴포넌트를 다른 프로젝트에 사용하거나 다른 사람에게 공유할 경우, 혹은 컴포넌트들을 엄격히 테스트할 경우에는 이상적인 방법이 아닙니다.

컴포넌트를 배포하는 더 나은 방법은 파이썬 패키지에 코드를 넣는 것입니다. 이 방식으로 구현할 경우에는 설정 시 약간의 작업이 더 필요하지만, Airflow 구성 환경에 커스텀 컴포넌트를 설치할 때에 다른 패키지와 비슷한 방법으로 작업할 수 있다는 장점이 있습니다. 더욱이 DAG와는 별도로 코드를 유지함으로써, 커스텀 코드에 대한 CI/CD 프로세스를 구성할 수 있고 다른 사람과 이 코드를 더 쉽게 공유하고 협업할 수 있습니다.

8.5.1 파이썬 패키지 부트스트랩 작업하기

유감스럽게도 파이썬 패키징은 복잡한 주제입니다. 여기에서는 파이썬 패키징의 가장 기본적인 예제에 초점을 맞춰 설명하겠습니다. 이 예제에서는 setuptools를 사용하여 간단한 파이썬 패키지를 생성해 봅니다.[9] 이 예제의 목적은 앞 절에서 구현한 훅, 오퍼레이터, 센서 클래스를 포함하는 airflow_movielens라는 패키지를 생성하는 것입니다.

패키지를 빌드하기 위해서는 제일 먼저 패키지의 디렉터리를 생성해야 합니다.

```
$ mkdir -p airflow-movielens
$ cd airflow-movielens
```

다음으로 소스 코드를 보관할 패키지의 기본 구조를 생성합니다. 이를 위해 airflow_movielens 디렉터리에 src라는 하위 디렉터리를 만들고, src 디렉터리 안에 airflow_movielens(패키지 이름)라는 디렉터리를 만듭니다. 그리고 airflow_movielens를 패키지로 만들기 위해 src/airflow_movielens 디렉터리 안에 __init__.py 파일을 생성합니다.[10]

```
$ mkdir -p src/airflow_movielens
$ touch src/airflow_movielens/__init__.py
```

그리고 src/airflow_movielens 디렉터리 안에 hooks.py, sensors.py, operators.py를 생성하고 앞 절에서 구현한 커스텀 훅, 센서, 오퍼레이터 클래스 소스를 각 파일에 복사해서 넣습니다. 이 작업이 다 끝나면 다음과 같은 결과를 볼 수 있습니다.

---

9   파이썬 패키징과 여러 패키징 방법에 대한 자세한 설명은 이 책의 범위를 벗어납니다. 이에 대해서는 여러 파이썬 서적이나 온라인 자료에 자세히 나와 있습니다.

10   기술적으로 PEP420부터는 __init__.py 파일이 더 이상 필요하지 않지만, 여기에서는 명확하게 하기 위해 포함시킵니다.

```
$ tree airflow-movielens/
airflow-movielens/
└── src
    └── airflow_movielens
        ├── __init__.py
        ├── hooks.py
        ├── operators.py
        └── sensors.py
```

패키지의 기본 구조를 만들었으므로, 이제 setup.py 파일을 만들어서 포함시키면 됩니다. 이 setup.py 파일은 setuptools가 패키지를 어떻게 설치할지 지시하는 파일입니다. 일반적으로 기본 setup.py 파일은 다음 리스트와 같은 모양으로 만듭니다.

리스트 8.31 **setup.py 파일의 예제(package/airflow-movielens/setup.py)**

```
#!/usr/bin/env python
import setuptools

requirements = ["apache-airflow", "requests"]  ◀──┤ 이 패키지에 필요한 파이썬 패키지 리스트

setuptools.setup(
    name="airflow_movielens",                               ──┐ 패키지의 이름과
    version="0.1.0",                                          │ 버전, 설명
    description="Hooks, sensors and operators for the Movielens API.",
    author="Anonymous",                         ──┐ 개발 저자의 세부 사항(메타데이터)
    author_email="anonymous@example.com",         │
    install_requires=requirements,  ◀──── setuptools에게 패키지의 종속성 제공
    packages=setuptools.find_packages("src"),  ──┐ setuptools에게 패키지의 파이썬 파일들의 위치 제공
    package_dir={"": "src"},                      │
    url="https://github.com/example-repo/airflow_movielens",  ◀──┤ 패키지의 홈페이지
    license="MIT license",  ◀──┤ 개발 코드의 라이선스 정보
)
```

setup.py 파일의 가장 중요한 부분은 setuptools.setup 호출이며, 패키지에 대한 자세한 메타데이터를 전달합니다. 이때 중요한 필드는 다음과 같습니다.

- **name** — 패키지의 이름을 정의함(설치할 때 사용됨)
- **version** — 패키지의 버전 번호
- **install_requires** — 패키지에 필요한 종속 라이브러리 목록
- **packages/package_dir** — 설치 시 포함되어야 할 패키지들과 패키지들의 위치를 setuptools 에게 전달합니다. 이 경우, 파이썬 패키지에 src 디렉터리 레이아웃을 사용합니다.[11]

---

11 src 기반 레이아웃과 non-src 기반 레이아웃의 차이에 대한 세부 내용은 다음 블로그를 참고하십시오.
   https://blog.ionelmc.ro/2014/05/25/python-packaging/#the-structure

부가적으로 패키지를 설명하는 데 필요한 필드들을 선택적으로 사용할 수 있습니다.[12] 선택적 필드의 예는 아래와 같습니다.

- **author** — 패키지 저자의 이름(여기에서는 독자가 될 것입니다)

- **author_email** — 저자의 연락처 정보

- **description** — 패키지에 대한 짧고 가독성 있는 설명(일반적으로 한 줄로 기술합니다). 설명이 길어질 때는 long_description 인수를 사용합니다.

- **url** — 온라인에서 패키지를 찾을 수 있는 위치

- **license** — 패키지 코드를 배포release할 때 적용하는 라이선스(라이선스를 적용할 경우)

앞의 setup.py 구현 예제에서는 다음과 같은 정보를 setuptools에게 전달하고 있습니다. 첫째 패키지의 종속성(install_requires)에는 apache-airflow와 requests가 포함되어 있습니다. 그리고 패키지의 이름(name)과 버전(version)은 airflow_movielens와 0.1입니다. 세 번째로 airflow_movielens 패키지에 포함되는 파일들(package/package_dir)은 src 디렉터리에 있습니다. 마지막으로 몇 가지 저자에 대한 부가적인 사항들(author, author_email)과 패키지의 설명(description) 및 라이선스(license)가 포함되어 있습니다.

setup.py를 다 구현하였다면 패키지는 다음과 같은 모습이 될 것입니다.

```
$ tree airflow-movielens
airflow-movielens
└── setup.py
└── src
    └── airflow_movielens
        ├── __init__.py
        ├── hooks.py
        ├── operators.py
        └── sensors.py
```

이제 airflow_movielens라는 기본적인 파이썬 패키지에 대한 설정을 완료했으므로 다음 절에서 이를 설치해 보도록 하겠습니다.

물론 일반적으로 더 정교한 패키지들은 테스트, 설명 문서 등과 같이 앞에서 설명하지 않은 내용들이 더 들어갑니다. 만약 파이썬 패키지의 셋업 항목에 대해 더 폭넓게 알고 싶다면 온라인에서 사용 가능한 많은 템플릿을 참고하십시오(예: https://github.com/audreyr/cookiecutter-

---

12 setuptool.setup의 전체 파라미터에 대해서는 setuptools 문서를 참고하십시오.

pypackage). 이 템플릿들은 부트스트랩으로 개발된 파이썬을 패키징하는 방법을 배우고 시작할 때 좋은 참고 자료가 될 것입니다.

8.5.2 패키지 설치하기

앞 절에서 기본적인 패키지를 작성해 보았으므로, 이제부터는 패키지 airflow-movielens를 파이썬 환경에 설치해 보겠습니다. 패키지 설치는 pip라는 명령어를 사용해서 할 수 있는데, pip는 파이썬 환경에 패키지를 설치하는 툴입니다.

```
$ python -m pip install ./airflow-movielens
Looking in indexes: https://pypi.org/simple
Processing ./airflow-movielens
Collecting apache-airflow
...
Successfully installed ... airflow-movielens-0.1.0 ...
```

pip로 패키지와 종속 라이브러리 설치를 완료하고 패키지가 제대로 설치되었는지 확인하려면, 파이썬을 실행하고 패키지에 포함된 클래스 중 하나를 불러들여 오류 유무를 확인합니다.

```
$ python
Python 3.7.3 | packaged by conda-forge | (default, Jul 1 2019, 14:38:56)
[Clang 4.0.1 (tags/RELEASE_401/final)] :: Anaconda, Inc. on darwin
Type "help", "copyright", "credits" or "license" for more information.
>>> from airflow_movielens.hooks import MovielensHook
>>> MovielensHook
<class 'airflow_movielens.hooks.MovielensHook'>
```

Airflow 환경에 패키지를 배포하는 작업은 Airflow의 파이썬 환경에 패키지를 설치하는 것보다 특별히 더 어렵지는 않습니다. 하지만 작업 환경에 따라서 패키지와 종속 라이브러리가 Airflow가 사용하는 모든 환경(스케줄러, 웹 서버 및 워커의 환경)에 설치되어야 합니다.

패키지를 배포하는 방법은 다음 세 가지가 있을 수 있습니다.

첫 번째, 깃헙 저장소GitHub Repository에서 직접 설치하거나,

```
$ python -m pip install git+https://github.com/..
```

두 번째, PyPI과 같이 `pip` 패키지 피드_{package feed}(혹은 비공개 피드_{private feed})를 사용해서 설치하거나,

```
$ python -m pip install airflow_movielens
```

세 번째, 파일을 직접 설치할 수 있는데 이때는 파일의 위치를 지정하여 설치할 수 있습니다 (이 장의 초기에 했던 방식). 이 경우 설치할 패키지의 디렉터리에 접근할 수 있는 권한을 Airflow 에게 줘야 합니다.

요약

- 사용자의 특정 사례에 맞는 커스텀 컴포넌트를 구현하여, Airflow의 기본 내장 기능을 확장할 수 있습니다. 이 장의 예제에서 커스텀 오퍼레이터가 효과적으로 적용될 수 있는 두 가지 사례는 아래와 같습니다.
  - Airflow에서 기본적으로 제공하지 않는 시스템에서 태스크를 실행합니다(예: 새로운 클라우드 서비스나 데이터베이스 등).
  - 공통적으로 수행되는 작업에 대한 오퍼레이터/센서/훅을 제공함으로써 한 팀의 여러 개발자들이 여러 DAG에 구현하기 쉽게 합니다.

  물론 위 사례가 전체 리스트는 아니고, 커스텀 컴포넌트를 구현하는 상황은 매우 다양합니다.
- 커스텀 훅을 사용하여 Airflow가 지원하지 않는 시스템과 연동할 수 있습니다.
- 개별 워크플로에 특화되거나 Airflow 기본 내장 오퍼레이터로 처리할 수 없는 태스크를 수행하기 위해 커스텀 오퍼레이터를 만들어 사용할 수 있습니다.
- 커스텀 센서를 사용하여 특정 (외부) 이벤트가 발생할 때까지 대기하는 컴포넌트를 구현할 수 있습니다.
- 커스텀 오퍼레이터, 훅, 센서 등의 코드들을 (배포가능한) 파이썬 라이브러리로 구현하여 보다 구조적으로 만들 수 있습니다.
- 커스텀 훅/오퍼레이터/센서들을 설치할 때, Airflow 클러스터에 각 모듈의 종속 라이브러리와 함께 설치해야 합니다. 클러스터에 소프트웨어를 설치할 권한이 없거나 소프트웨어들의 종속성이 충돌 나는 경우에는 작업이 어려울 수 있습니다.

- 태스크를 실행할 때 DockerOperator와 KubernetesPodOperator와 같이 기본 내장 제네릭 오퍼레이터를 선호할 수도 있습니다. 이 방식의 장점은 Airflow가 컨테이터화된 작업들을 조정만 하면 되기 때문에 Airflow 설치를 간결하게 유지할 수 있다는 것입니다. 그리고 특정한 태스크에 필요한 패키지의 종속성은 컨테이너에서 관리할 수 있습니다. 좀 더 자세한 사항은 이후 장에서 살펴보도록 하겠습니다.

테스트하기

8장까지는 Airflow 개발의 다양한 부분에 초점을 맞춰 설명하였습니다. 그렇다면 개발한 코드가 실제 서비스에 배포되기 전에 정상 동작한다는 것을 어떻게 확신할 수 있을까요? 테스트는 소프트웨어 개발의 필수 과정입니다. 만약 개발이 완료된 코드가 배포 단계에서 계속 수정이 진행된다면 매우 난처한 상황이 발생할 수 있습니다. 이런 상황이 빈번할수록 코드 자체에 대한 품질과 신뢰도를 떨어뜨리게 됩니다.

이번 장에서는 어려운 주제인 Airflow 테스트에 대해 설명합니다. Airflow는 비교적 많은 외부 시스템과 통신이 발생하는 특성과 더불어 오케스트레이션 시스템의 특성도 가지고 있습니다. 즉. 로직을 실제로 수행하는 태스크를 시작하고 종료시키는 역할을 하지만, Airflow 자신은 어떤 로직도 (대체로) 수행하지 않습니다. 이런 환경에서 정상적으로 동작하지 않는 Airflow 로직을 어떻게 확인할 수 있는지, 어떻게 수정 및 대응해야 하는지를 알아보도록 하겠습니다.

9.1 테스트 시작하기

테스트는 다양한 단계에서 적용할 수 있습니다. 개별 태스크 단위(즉, 단일 기능)는 단위 테스트로 테스트할 수 있습니다. 이러한 테스트는 올바른 동작을 검증할 수 있지만, 여러 단위로 구성된 시스템의 동작을 모두 검증하지는 않습니다. 이를 위해 여러 구성 요소의 동작을 함께 검증하는 통합 테스트를 작성합니다. 테스트 과정에서 통합 테스트 다음으로 진행하는 테스트 단계는 승인 테스트(비즈니스 요구사항에 대한 적합성 평가)이지만 이 부분에 대해서는 책에서 다루지 않습니다. 이 책에서는 단위 및 통합 테스트에 대해 알아보는 내용으로 구성되어 있습니다.

이 장에서는 **pytest**(https://pytest.org)로 작성된 다양한 코드 스니펫[1]을 보여줍니다. 파이썬에는 unittest라는 이름의 테스트를 위한 기본 제공 프레임워크가 있습니다. 하지만 이 장에서는 편의를 위해, 대중적으로 많이 쓰이고 격리 기능이 포함된 pytest와 같은 테스트 프레임워크를 사용합니다. 이 장에서는 pytest에 대한 사전 지식이 없다고 가정하도록 하겠습니다.

이 책에서 설명하는 코드는 GitHub에 있으므로 GitHub에서 지원하는 CI/CD 시스템인 GitHub Action(https://github.com/features/actions)을 이용하여 테스트 과정에 대해 연습해볼 수 있습니다. GitHub Action의 예제 코드를 사용하면 모든 시스템에서 CI/CD 파이프라인을 실행할 수 있습니다. GitLab, Bitbucket, CircleCI, Travis CI 등과 같이 널리 사용되는 모든 CI/CD 시스템은 프로젝트 디렉터리의 루트에 YAML 형식[2]으로 파이프라인을 정의하여 작동합니다. 이 작업은 GitHub 작업 예제에서도 수행 가능합니다.

9.1.1 모든 DAG에 대한 무결성 테스트

Airflow의 관점에서 테스트를 위한 첫 번째 단계는 일반적으로 DAG 무결성 테스트integrity test로, 이 용어는 〈Data's Inferno: 7 Circles of Data Testing Hell with Airflow〉(http://mng.bz/1rOn)라는 제목의 블로그 게시물을 통해 알려졌습니다. 이러한 테스트는 모든 DAG의 무결성(예: DAG에 사이클이 포함되어 있지 않은지 확인, DAG의 태스크 ID가 고유한 경우 등)에 대해 DAG가 정상적으로 구현되었는지를 확인합니다. DAG 무결성 테스트는 종종 간단한 실수를 걸러냅니다. 예를 들어, 동적으로 설정된 태스크 ID 대신에 고정된 태스크 ID를 사용하여 for 루프를 이용한 태스크를 생성할 때 동일한 고정 태스크 ID가 반복적으로 생성되는 경우를

---

1 [옮긴이] 코드 스니펫(code snippet)은 재사용 가능한 작은 소스코드(코드 조각)를 말합니다.

2 [옮긴이] YAML이라는 이름은 "YAML은 마크업 언어가 아니다(YAML Ain't Markup Language)."라는 재귀적인 이름에서 유래되었습니다. 원래 YAML의 뜻은 '또 다른 마크업 언어(Yet Another Markup Language)'였으나, YAML의 핵심은 문서 마크업이 아닌 데이터 중심에 있다는 것을 보여주기 위해 이름을 바꾸었습니다. 오늘날 XML과 JSON이 데이터 직렬화에 주로 쓰이기 시작하면서, 많은 사람들이 YAML을 '가벼운 마크업 언어'로 사용하고 있습니다(출처: https://ko.wikipedia.org/wiki/YAML).

들 수 있습니다. DAG를 호출할 때 Airflow는 자체적으로 이러한 검사를 수행하고 오류가 발견되면 그림과 같이 표시합니다(그림 9.1).

배포하지 않고 DAG에 간단한 실수가 있는지 확인하려면 테스트 도구 모음에서 DAG 무결성 테스트를 수행하는 것이 좋습니다.

```
Broken DAG: [/root/airflow/dags/dag_cycle.py] Cycle detected in DAG. Faulty task: t3 to t1
```

그림 9.1 **Airflow에 표시된 DAG 사이클 오류**

리스트 9.1의 DAG는 t1 > t2 > t3 > 다시 t1로 돌아가는 주기가 있기 때문에 UI에 오류를 표시합니다. 이는 DAG의 시작 및 종료 노드가 계속 반복되는 순환 오류가 발생합니다.

리스트 9.1 **오류가 발생하는 DAG 주기 예제**

```
t1 = DummyOperator(task_id="t1", dag=dag)
t2 = DummyOperator(task_id="t2", dag=dag)
t3 = DummyOperator(task_id="t3", dag=dag)

t1 >> t2 >> t3 >> t1
```

이제 DAG 무결성 테스트에서 이 오류를 포착해 보겠습니다. 먼저 pytest를 설치하겠습니다.

리스트 9.2 **pytest 설치하기**

```
pip install pytest

Collecting pytest
...............
Installing collected packages: pytest
Successfully installed pytest-5.2.2
```

이 패키지 설치를 통해 pytest CLI 유틸리티를 사용할 수 있습니다. 사용 가능한 모든 옵션을 보려면 pytest --help를 살펴보면 됩니다. 지금은 모든 옵션을 알 필요가 없습니다. pytest [file/directory](디렉터리에 테스트 파일이 포함되어 있음)로 테스트를 실행만 할 수 있으면 됩니다. 이제 파일을 만들어 보겠습니다. 일반적으로 테스트 영역을 구성하는 방법은 프로젝트의 최상단 디렉터리에 별도의 tests/ 디렉터리를 생성하여 검사 대상 코드를 그대로 복사하여 구성합니다.[3] 프로젝트 구조가 그림 9.2에 표시된 것과 같이 구성되어 있다면

---

3   Pytest는 이 구조를 '외부에서 애플리케이션 코드 테스트하기'라고 합니다. 아울러 pytest가 지원하는 다른 구조는 '애플리케이션 코드의 일부를 대상으로 하는 테스트'라고 부르는 방법이며, 이 경우 애플리케이션 코드가 위치한 영역에서 바로 테스트 파일을 생성하여 적용하는 방법이 있습니다.

```
.
├── dags
│   ├── dag1.py
│   ├── dag2.py
│   └── dag3.py
└── mypackage
    ├── airflow
    │   ├── hooks
    │   │   ├── __init__.py
    │   │   └── movielens_hook.py
    │   ├── operators
    │   │   ├── __init__.py
    │   │   └── movielens_operator.py
    │   └── sensors
    │       ├── __init__.py
    │       └── movielens_sensors.py
    └── movielens
        ├── __init__.py
        └── utils.py
```

그림 9.2 **파이썬 패키지 구조 예제**

tests/ 디렉터리 구조는 그림 9.3와 같이 구성됩니다.

```
.
├── dags
├── mypackage
└── tests
    ├── dags
    │   └── test_dag_integrity.py
    └── mypackage
        ├── airflow
        │   ├── hooks
        │   │   └── test_movielens_hook.py
        │   ├── operators
        │   │   └── test_movielens_operator.py
        │   └── sensors
        │       └── test_movielens_sensor.py
        └── movielens
            └── test_utils.py
```

그림 9.3 **그림 9.2의 구조를 따르는 테스트 디렉터리 구조**

모든 테스트 대상 파일은 파일 이름을 그대로 따르고 test_ 접두사를 붙입니다. 테스트할 파일의 이름이 반드시 동일할 필요는 없지만, 해당 파일이 무슨 일을 하는지 다른 사람이 봤을 때 직관적으로 파악하기 위해 일반적으로 test라는 접두사를 사용합니다. 여러 파일들을 한꺼번에 테스트하거나 여러 종류의 테스트(예: DAG 무결성 테스트)를 진행할 때에는, 일반적으로 테스트 대상에 따라 이름이 지정된 파일에 배치됩니다. Pytest 프레임워크를 사용하는 경우에도 test_ 접두사가 필요합니다. Pytest는 주어진 디렉터리를 스캔하고 test_ 접두사 또는 _test 접미사 파일을 검색합니다.[4] 또한 tests/ 디렉터리에는 __init__.py 파일이 없습니다.

---

4   테스트 파일 탐색 설정은 pytest에서 구성할 수 있습니다. 예를들어 check_*라는 이름으로 설정할 수도 있습니다.

tests 디렉터리는 모듈로 동작하는 구조가 아니기 때문에 테스트 작업은 서로 의존적이지 않으며 독립적으로 실행할 수 있어야 합니다. Pytest는 디렉터리와 파일을 스캔하고 테스트를 자동 검색합니다. 따라서 __init__.py 파일로 모듈을 만들 필요가 없습니다.

이제부터 tests/dags/test_dag_integrity.py라는 파일을 만들어 보겠습니다.

리스트 9.3 DAG 무결성 테스트

```python
import glob
import importlib.util
import os

import pytest
from airflow.models import DAG

DAG_PATH = os.path.join(
    os.path.dirname(__file__), "..", "..", "dags/**/*.py"
)
DAG_FILES = glob.glob(DAG_PATH, recursive=True)

@pytest.mark.parametrize("dag_file", DAG_FILES)
def test_dag_integrity(dag_file):
    module_name, _ = os.path.splitext(dag_file)
    module_path = os.path.join(DAG_PATH, dag_file)
    mod_spec = importlib.util.spec_from_file_location(module_name, module_path)

    module = importlib.util.module_from_spec(mod_spec)
    mod_spec.loader.exec_module(module)

    dag_objects = [var for var in vars(module).values() if isinstance(var, DAG)]

    assert dag_objects

    for dag in dag_objects:
        dag.test_cycle()
```

여기서 테스트를 수행하는 test_dag_integrity라는 함수를 확인할 수 있습니다. 코드가 언뜻 보기에 약간 모호해 보일 수 있으므로 코드를 분석해 보겠습니다. 이전에 설명한 폴더 구조를 기억하십니까? dags/ 폴더에는 모든 DAG 파일이 보관되며, tests/dags/에는 test_dag_integrity.py 파일이 있습니다. 이 DAG 무결성 테스트는 모든 DAG 파일이 들어있는 폴더를 대상으로 하며, 이 폴더에서 *.py 파일을 반복적으로 탐색합니다(그림 9.4).

```
                              ├── dags
                              │   ├── dag1.py
                              │   ├── dag2.py
                              │   └── dag3.py
                              └── tests
                          ┌──────▶└── dags
                          │            └── test_dag_integrity.py
                          │
DAG_PATH = os.path.join(os.path.dirname(__file__), "..", "..", "dags/**/*.py")
DAG_FILES = glob.glob(DAG_PATH, recursive=True)
```

그림 9.4 DAG_PATH는 모든 DAG 파일을 보관하는 디렉터리를 가리킵니다.

dirname()은 test_dag_integrity.py의 디렉터리를 반환한 다음, 두 개의 디렉터리를 탐색합니다. 처음에는 tests/로, 두 번째는 루트로, 거기에서 dags/**/*.py 패턴과 일치하는 파일을 탐색합니다. "**"는 반복적으로 파일을 탐색합니다. 예를 들어 dags/dir1/dir2/dir3/mydag.py의 DAG 파일도 탐색합니다. 마지막으로 변수 DAG_FILES는 dags/에서 .py로 끝나는 파일 리스트를 보유합니다. 그런 다음 데커레이터decorator @pytest.mark.parametrize는 발견된 모든 파이썬 파일에 대해 테스트를 실행합니다(그림 9.5).

```
@pytest.mark.parametrize("dag_file", DAG_FILES)
def test_dag_integrity(dag_file):◀╍╍╍╍╍┐
                                       DAG_FILE 안에 있는 모든 구성 요소에 대해
                                       테스트를 수행합니다.
```

그림 9.5 파라미터로 넘겨진 모든 dag_file에 대해 테스트를 실행합니다.

테스트의 첫 번째 부분은 이해하기 어려울 수 있습니다. 자세한 설명은 하지 않겠지만, 파이썬 자체적으로 경로에 있는 파일들을 로드하고 실행해 DAG 객체를 추출하는 것으로 이해하면 됩니다.

리스트 9.4 발견된 모든 DAG 객체를 인스턴스화하려는 DAG 무결성 테스트

```
module_name, _ = os.path.splitext(dag_file)
module_path = os.path.join(DAG_PATH, dag_file)                      파일
mod_spec = importlib.util.spec_from_file_location(module_name, module_path)   로드하기
module = importlib.util.module_from_spec(mod_spec)
mod_spec.loader.exec_module(module)
                                            파일에서 발견된 모든 DAG 클래스의 객체
dag_objects = [var for var in vars(module).values() if isinstance(var, DAG)] ◀
```

파일에서 DAG 객체를 추출하였으므로 원하는 검사를 실행할 수 있습니다. 코드에서 두 가지 검사를 적용합니다. 첫 번째는 assertion입니다. assert dag_objects로 파일에서 DAG 객체를 성공적으로 찾았는지 확인합니다. assertion을 추가하여 /dags 경로에 있는 모든 파이썬 파일에 DAG 객체가 적어도 하나 이상 포함되어 있는지에 대한 유효성 검사를 합니다. 예를

들어 어떤 DAG 객체도 인스턴스화 되어 있지 않는 유틸리티 함수 스크립트가 /dags에 저장되어 있다면 실패하게 됩니다. 이것이 원하는 결과인지는 사용자 판단에 따라 달라지지만, 특정 경로에 DAG 파일만 저장하고 다른 파일들은 다른 곳에 저장하면 역할을 명확하게 분리할 수 있습니다.

두 번째 검사(for dag in dag_objects: dag.test_cycle())는 DAG 객체에 순환 주기 존재 여부를 확인합니다. 이 검사는 다음과 같은 이유로 직접 호출하여 검사하게 되었습니다. Airflow 1.10.0 이전 버전에서는 DAG의 구조가 변경될 때마다 순환 주기의 문제가 없는지 확인했습니다. 이 작업은 더 많은 태스크가 추가되면 더 많은 작업 부하가 생기게 됩니다. 태스크가 많은 DAG의 경우, 변경 시점마다 DAG를 검사하게 되면 작업이 부담이 될 수밖에 없습니다. 이런 이유로 DAG 주기 검사는 전체 DAG를 파싱한 후 한 번만 수행되도록, 구문 분석이 끝나고 캐싱되는 시점(DagBag이라는 구조)으로 이동되었습니다. 결과적으로 t1 >> t2 >> t1 선언 후 검사해도 오류가 발생하지 않습니다. 하지만 실행 중인 Airflow 인스턴스에서 스크립트를 실행하기 위해 읽고 해석하는 과정에서 순환 주기의 문제가 발생합니다. 따라서 배포 주기를 거치기 전에 테스트에서 이 문제를 확인하려면 DAG에 대해 test_cycle()을 명시적으로 호출해야 합니다.

두 가지 예로 검사하는 방법을 설명하였지만 직접 검사 방법을 추가할 수도 있습니다. 만약 DAG 이름이 "import" 또는 "export"로 시작하는 것을 검사하려면 dag_ids를 확인하면 됩니다.

```
assert dag.dag_id.startswith(("import", "export"))
```

이제 DAG 무결성 테스트를 실행해 보겠습니다. 명령 줄에서 pytest를 실행합니다(pytest tests/라고 옵션을 주어 다른 위치를 탐색하지 않도록 합니다).

리스트 9.5 pytest 실행 결과

```
$ pytest tests/
========================= test session starts =========================
....
collected 1 item

tests/dags/test_dag_integrity.py
[100%]

============================== FAILURES ==============================
_____ test_dag_integrity[..../dag_cycle.py] _____
dag_file = '..../dag_cycle.py'
```

```
    @pytest.mark.parametrize("dag_file", DAG_FILES)
    def test_dag_integrity(dag_file):
        """Import DAG files and check for DAG."""
        module_name, _ = os.path.splitext(dag_file)
        module_path = os.path.join(DAG_PATH, dag_file)
        mod_spec = importlib.util.spec_from_file_location(module_name, module_path)
        module = importlib.util.module_from_spec(mod_spec)
        mod_spec.loader.exec_module(module)

        dag_objects = [
            var for var in vars(module).values() if isinstance(var, DAG)]

        assert dag_objects

        for dag in dag_objects:
            # Test cycles
>           dag.test_cycle()

tests/dags/test_dag_integrity.py:29:
_____
.../site-packages/airflow/models/dag.py:1427: in test_cycle
    self._test_cycle_helper(visit_map, task_id)
.../site-packages/airflow/models/dag.py:1449: in _test_cycle_helper
    self._test_cycle_helper(visit_map, descendant_id)
.../site-packages/airflow/models/dag.py:1449: in _test_cycle_helper
self._test_cycle_helper(visit_map, descendant_id)
_____
self = <DAG: chapter8_dag_cycle>, visit_map = defaultdict(<class 'int'>, {'t1': 1,
    't2': 1, 't3': 1}), task_id = 't3'

    def _test_cycle_helper(self, visit_map, task_id):
        """
        Checks if a cycle exists from the input task using DFS traversal
        ...

        task = self.task_dict[task_id]
        for descendant_id in task.get_direct_relative_ids():
            if visit_map[descendant_id] == DagBag.CYCLE_IN_PROGRESS:
                msg = "Cycle detected in DAG. Faulty task: {0} to {1}".format(task
                    _id, descendant_id)
>               raise AirflowDagCycleException(msg)
E               airflow.exceptions.AirflowDagCycleException: Cycle
    detected in DAG. Faulty task: t3 to t1

..../airflow/models/dag.py:1447: AirflowDagCycleException
========================= 1 failed in 0.21s =========================
```

테스트 결과가 많이 길지만 일박적으로 맨 위 또는 맨 아래에서 결론을 찾을 수 있습니다. 윗 부분에서는 어떤 테스트가 실패했는지, 아랫부분에서는 실패한 이유가 무엇인지 확인할 수 있습니다.

리스트 9.6 **리스트 9.5에서 발견된 예외 이유**

```
airflow.exceptions.AirflowDagCycleException: Cycle detected in DAG.
Faulty task: t3 to t1
```

예상한 것처럼, 이 예에서는 t3에서 t1으로 가는 구간에서 주기 오류가 발생했다는 것을 확인할 수 있습니다. DAG 및 오퍼레이터에 대해 인스턴스화되는 시점에 대해 몇 가지 다른 검사도 함께 수행할 수 있습니다. 예를 들어 BashOperator를 사용할 때 (필수적인) bash_command 인수를 추가하는 것을 잊었다고 가정해보겠습니다. DAG 무결성 테스트는 스크립트의 모든 구문을 평가하고 BashOperator를 평가할 때 해당 위치에서 오류가 있음을 표시하게 됩니다.

리스트 9.7 **BashOperator의 잘못된 인스턴스화**

```
BashOperator(task_id="this_should_fail", dag=dag)
```

DAG 무결성 테스트에서 예외가 발생하여 실패합니다.

리스트 9.8 **리스트 9.7의 잘못된 인스턴스화로 인해 발생한 예외**

```
airflow.exceptions.AirflowException: Argument ['bash_command'] is required
```

이제 DAG에 대한 무결성 테스트가 준비되었으므로 CI/CD 파이프라인에서 자동으로 실행되도록 하겠습니다.

9.1.2 CI/CD 파이프라인 설정하기

CI/CD 파이프라인을 한 마디로 정의하면 코드 저장소를 통해 코드가 변경할 때 사전 정의된 스크립트를 실행하는 시스템입니다. **지속적 통합**continuous integration, CI은 변경된 코드가 코딩 표준과 테스트 조건을 준수하는지 확인하고 검증하는 것을 의미합니다. 예를 들어 코드를 리포지터리에 푸시할 때 Flake8(http://flake8.pycqa.org), Pylint(https://www.pylint.org) 및 Black (https://github.com/psf/black)과 같은 코드 검사기를 통해 코드의 품질을 확인하며 일련의 테스트를 실행합니다. **지속적 배포**continuous deployment, CD는 사람의 간섭 없이 완전히 자동화된 코드를 프로덕션 시스템에 자동으로 배포하는 것을 말합니다. 이 과정의 목표는 수동으로 검증하고 배포하지 않고도 코딩 생산성을 극대화하는 것입니다.

CI/CD 시스템은 매우 다양하며 이 장에서는 GitHub Action(https://github.com/features/actions)을 다룹니다. 기본적인 개념은 모든 CI/CD 시스템에 적용될 수 있습니다. 대부분의 CI/CD 시스템은 파이프라인이 정의된 YAML 구성 파일(코드 변경 시 실행할 일련의 단계)로 시작합니다. 파이프라인이 전체가 성공적으로 동작하기 위해서는 각 단계가 성공적으로 완료 되어야합니다. 그런 다음 Git 저장소에서 '성공한 파이프라인만 마스터에 병합(only merge to master with a successful pipeline)'과 같은 규칙을 적용할 수 있습니다.

파이프라인 정의는 일반적으로 프로젝트에서 가장 상단인 루트에 있습니다. GitHub Actions 에는 .github/workflows 디렉터리에 저장된 YAML 파일이 필요합니다. GitHub Action을 사용하면 YAML의 파일 이름이 그렇게 중요한 요건이 아니기 때문에 임의로 airflow-tests. yaml이라는 파일을 만들어 보겠습니다.

리스트 9.9 Airflow 프로젝트용 GitHub Action 파이프라인 예시

```
name: python static checks and tests

on: [push]

jobs:
  testing:
    runs-on: ubuntu-18.04
    steps:
      - uses: actions/checkout@v1
      - name: Setup Python
        uses: actions/setup-python@v1
        with:
          python-version: 3.6.9
          architecture: x64

      - name: Install Flake8
        run: pip install flake8
      - name: Run Flake8
        run: flake8

      - name: Install Pylint
        run: pip install pylint
      - name: Run Pylint
        run: find . -name "*.py" | xargs pylint --output-format=colorized

      - name: Install Black
        run: pip install black
      - name: Run Black
        run: find . -name "*.py" | xargs black --check

      - name: Install dependencies
        run: pip install apache-airflow pytest

      - name: Test DAG integrity
        run: pytest tests/
```

이 YAML 파일에 표시된 키워드는 GitHub Action에만 적용 가능하지만, 일반적인 개념은 다른 CI/CD 시스템에도 적용됩니다. 주목해야 할 중요한 사항은 "steps"에 정의된 GitHub Action에서 수행하는 일입니다. 각 단계는 코드 조각을 실행합니다. 예를 들어, Flake8은 정적 코드 분석을 수행하고 사용할 수 없는 패키지 호출 등과 같은 문제가 발생하면 실패합니다. 세 번째 줄에 on: [push]에 대해 설명합니다. 이는 GitHub가 push를 수신할 때마다 전체 CI/CD 파이프라인을 실행하도록 지시합니다. 완전히 자동화된 CD 시스템에서는 마스터와 같은 특정 브랜치의 단계를 위한 필터가 포함되어 있어서 해당 브랜치 코드의 파이프라인이 성공하는 경우에만 단계를 실행하고 코드를 배포합니다.

9.1.3 단위 테스트 작성하기

프로젝트에 있는 모든 DAG의 유효성을 초기에 확인하는 CI/CD 파이프라인을 준비하여 실행했으므로, 이제 Airflow 코드를 좀 더 자세히 살펴보고 개별 단위 테스트를 시작해 보도록 하겠습니다.

8장에서 설명한 커스텀 컴포넌트를 살펴봅니다. 올바른 동작을 검증하기 위해 테스트할 수 있는 몇 가지 사항이 있습니다. "사용자 입력을 신뢰하지 마십시오."라는 속담처럼 코드가 정상적인 상황과 잘못된 상황 모두에서 올바르게 작동하는지 확인하려 합니다. 예를 들어, 8장의 get_ratings() 메서드를 가진 MovielensHook을 살펴보도록 하겠습니다. 이 메서드는 여러 인수를 받습니다. 그중 하나는 batch_size이며 API에서 요청한 배치의 크기를 제어합니다. 당연히 유효한 입력 값은 양수(상한이 있을 수 있음)입니다. 하지만 사용자가 음수를 제공하면 (예: -3), API가 잘못된 배치 크기를 처리하고 400 또는 422와 같은 HTTP 오류를 반환할 것입니다. 이런 MovielensHook이 문제를 일으키지 않게끔 하는 방법이 있을까요? 합리적인 방법 중 하나는 사용자의 입력 값을 바로 전달하기 전에 해당 값이 유효한지를 먼저 판단하는 절차를 구성하는 것입니다. 그리고 이런 동작을 구성하는 것이 우리가 만들어야 할 테스트 과정이기도 합니다.

예시를 위해 8장의 작업을 이어서 진행해보겠습니다. 주어진 두 날짜 사이에 상위 N개의 인기 영화를 반환하는 오퍼레이터인 MovielensPopularityOperator를 구현해 보겠습니다.

리스트 9.10 **MovielensPopularityOperator 오퍼레이터 예시**

```
class MovielensPopularityOperator(BaseOperator):
    def __init__(
        self,
        conn_id,
        start_date,
```

```python
        end_date,
        min_ratings=4,
        top_n=5,
        **kwargs,
    ):
        super().__init__(**kwargs)
        self._conn_id = conn_id
        self._start_date = start_date
        self._end_date = end_date
        self._min_ratings = min_ratings
        self._top_n = top_n

    def execute(self, context):
        with MovielensHook(self._conn_id) as hook:
            ratings = hook.get_ratings(        ◄── 각 줄에서 점수 확인
                start_date=self._start_date,
                end_date=self._end_date,
            )

            rating_sums = defaultdict(Counter)
            for rating in ratings:        ◄── movie_id마다 점수 합산
                rating_sums[rating["movieId"]].update(
                    count=1,
                    rating=rating["rating"]
                )
            averages = {
                movie_id: (
                    rating_counter["rating"] / rating_counter["count"],
                    rating_counter["count"]
                )
                for movie_id, rating_counter in rating_sums.items()        각 movie_id마다
                if rating_counter["count"] >= self._min_ratings   ◄──  평균 점수와 최소 점수
            }                                                              값 추출
            return sorted(
                averages.items(),
                key=lambda x: x[1],
                reverse=True
            )[:self._top_n]        ◄── 점수의 평균과 점수의 개수로 정렬하여 top_n개의 점수를 반환
```

이 MovielensPopularityOperator의 정확성에 대하여 어떤 방식으로 테스트해야 할까요? 첫째, 주어진 값으로 오퍼레이터를 실행하고 결과가 예상대로인지 확인하여 전체적으로 테스트할 수 있습니다. 이를 위해 실제 서비스 Airflow 시스템 외부와 단위 테스트 내부에서 오퍼레이터를 단독으로 실행하기 위해 몇 가지 pytest 컴포넌트가 필요합니다. 이를 통해 다른 상황에서 오퍼레이터를 실행하고 올바르게 작동하는지 확인할 수 있습니다.

9.1.4 Pytest 프로젝트 구성하기

pytest를 사용하면 테스트 스크립트에 test_ 접두사가 있어야 합니다. 디렉터리 구조와 마찬가지로 파일 이름도 복제해 사용하므로 movielens_operator.py의 코드 테스트는 test_movielens_operator.py라는 파일에 저장됩니다. 이 파일 안에 테스트로 호출할 함수를 만듭니다.

리스트 9.11 **BashOperator를 테스트하는 예제 테스트 함수**

```python
def test_example():
    task = BashOperator(
        task_id="test",
        bash_command="echo 'hello!'",
        xcom_push=True,
    )
    result = task.execute(context={})
    assert result == "hello!"
```

이 예제에서는 BashOperator를 인스턴스화하고 빈 콘텍스트(context={}, 빈 dict)가 주어지며 execute() 함수를 호출합니다. Airflow가 실제 운영 설정에서 오퍼레이터를 실행하면, 템플릿 변수를 확인하고 태스크 인스턴스 콘텍스트를 설정하여 오퍼레이터에게 제공하는 등 여러 가지 작업을 실행 전후에 수행하게 됩니다. 이 테스트에서는 실제 운영 설정에서 실행하지 않고 execute() 메서드를 직접 호출합니다. 이것은 오퍼레이터를 실행하기 위해 호출할 수 있는 가장 낮은 수준의 함수이며, 모든 오퍼레이터가 해당 기능을 수행하기 위해 구현되는 메서드입니다. BashOperator를 실행하기 위해서 태스크 인스턴스 콘텍스트는 필요하지 않습니다. 따라서 빈 콘텍스트를 제공합니다. 만약 테스트에 태스크 인스턴스 콘텍스트의 처리가 필요한 경우에 필요한 키와 값으로 채워야 합니다.[5]

이제 테스트 함수를 실행해보겠습니다.

리스트 9.12 **리스트9.11의 테스트 실행 결과**

```
$ pytest tests/dags/chapter9/custom/test_operators.py::test_example
========================= test session starts =========================
platform darwin -- Python 3.6.7, pytest-5.2.2, py-1.8.0, pluggy-0.13.0
rootdir: .../data-pipelines-with-apache-airflow
collected 1 item

tests/dags/chapter9/custom/test_operators.py .
```

---

5   xcom_push=True 인자는 Bash_command의 stdout을 문자열로 반환하며, 이 테스트에서 Bash_command를 가져와서 유효성 검사하는 데 사용합니다. 실제 운영환경 Airflow 설정에서는 오퍼레이터가 반환한 모든 객체는 자동으로 XCom으로 전송됩니다.

이제 이것을 MovielensPopularityOperator에 적용해보겠습니다.

리스트 9.13 MovielensPopularityOperator를 테스트하는 테스트 함수의 예

```python
def test_movielenspopularityoperator():
    task = MovielensPopularityOperator(
        task_id="test_id",
        start_date="2015-01-01",
        end_date="2015-01-03",
        top_n=5,
    )
    result = task.execute(context={})
    assert len(result) == 5
```

가장 먼저 나타나는 것은 오퍼레이터에 필수 인수가 없음을 알려주는 텍스트입니다.

리스트 9.14 리스트 9.13의 테스트 실행 결과

```
$ pytest tests/dags/chapter9/custom/test_operators.py::test
    _movielenspopularityoperator
========================= test session starts =========================
platform darwin -- python 3.6.7, pytest-5.2.2, py-1.8.0, pluggy-0.13.0
rootdir: /.../data-pipelines-with-apache-airflow
collected 1 item

tests/dags/chapter9/custom/test_operators.py F
[100%]
============================== FAILURES ==============================
_____ test_movielenspopularityoperator _____

mocker = <pytest_mock.plugin.MockFixture object at 0x10fb2ea90>

    def test_movielenspopularityoperator(mocker: MockFixture):
        task = MovielensPopularityOperator(
>           task_id="test_id", start_date="2015-01-01", end_date="2015-01-03",
    top_n=5
        )
E    TypeError: __init__() missing 1 required positional argument: 'conn_id'

tests/dags/chapter9/custom/test_operators.py:30: TypeError
========================= 1 failed in 0.10s =========================
```

메타스토어의 커넥션 ID를 가리키는 필수 인수 conn_id가 누락되어 테스트가 실패한 것을 볼 수 있습니다. 이때 테스트 결괏값을 다른 쪽에 어떻게 전달할 수 있을까요? 테스트는 각각 격리된 환경에서 진행되어야 합니다. 이를 바꿔 말한다면 다른 테스트의 결과가 다른 곳에 영향을 줄 수 없음을 의미합니다. 이런 경우 테스트 사이에 발생하는 정보를 데이터베이스를 이용해 전달하는 방법은 권장하지 않습니다. 때문에 **목업**mocking을 이용해 해결합니다.

목업은 특정 작업이나 객체를 모조로 만드는 것입니다. 예를 들어 실제 운영 환경에서는 예상되지만 테스트 중에는 발생하지 않는 데이터베이스에 대한 호출을 실제 발생시키지 않는 대신, 특정 값을 반환하도록 파이썬 코드로 지시하여 임의의 값을 전달해 속이거나 모조하게 됩니다. 이를 통해 외부 시스템에 실제 연결하지 않고도 테스트를 개발하고 실행할 수 있습니다. 테스트 중인 모든 내부 정보를 파악해야 하므로, 때로는 외부 시스템의 코드를 자세히 살펴보아야 하는 경우도 있습니다.

Pytest에는 목업과 같은 개념을 사용할 수 있도록 제공 플러그인 셋(공식적인 지원은 아님)을 가지고 있습니다. 이를 위해 pytest-mock 파이썬 패키지를 설치해보도록 하겠습니다.

```
pip install pytest-mock
```

pytest-mock은 내장된 목업 패키지를 편리하게 제공하기 위한 파이썬 패키지입니다. 이를 사용하려면 "mocker"라는 인수를 테스트 함수에 전달해야 합니다.[6] 이 인수는 pytest-mock 패키지를 사용하기 위한 시작 점입니다.

리스트 9.15 테스트에서 객체를 목업하기

```python
def test_movielenspopularityoperator(mocker):
    mocker.patch.object(
        MovielensHook,
        "get_connection",
        return_value=Connection(
            conn_id="test",
            login="airflow",
            password="airflow",
        ),
    )
    task = MovielensPopularityOperator(
        task_id="test_id",
        conn_id="test",
        start_date="2015-01-01",
        end_date="2015-01-03",
        top_n=5,
    )
    result = task.execute(context=None)
    assert len(result) == 5
```

이 코드로 MovielensHook에서의 get_connection() 호출은 몽키패치monkey-patch(런타임 시에 기능을 대체하여 Airflow 메타스토어를 쿼리하는 대신 지정된 객체를 반환함)이며 테스트 실행 시

---

6   사용자가 직접 인수를 입력하고 싶다면, pytest_mock.MockFixture를 입력해 사용하시기 바랍니다.

MovielensHook.get_connection()은 실패하지 않습니다. 테스트 중에 존재하지 않는 데이터 베이스 호출은 수행하지 않고 미리 정의된 예상 연결 객체를 반환하기 때문입니다.

리스트 9.16 **테스트 시에 외부 시스템을 호출하기 위해 대체하기**

```
                                        ┌─ 목업 객체는 가져올 필요 없이
                                        │  런타임 시에 임의의 값으로 존재합니다.
def test_movielenspopularityoperator(mocker): ◀─┘
    mock_get = mocker.patch.object( ◀─── 목업 객체로 객체의 속성을 패치합니다.
        MovielensHook, ◀─── 패치할 객체
        "get_connection", ◀─── 패치할 함수
            return_value=Connection(
                conn_id="test", login="airflow", password="airflow"), ◀─┐ 반환되는 값
    )
    task = MovielensPopularityOperator(...)
```

이 예에서는 사전 정의된 Connection 객체를 반환하여 테스트 시 외부 시스템(Airflow 메타 스토어)에 대한 호출을 대체하는 방법을 보여줍니다. 그렇다면 테스트 시 실제로 호출이 되 었는지 어떻게 확인해야 할까요? 패치된 객체를 호출할 때, 패치된 객체를 여러 속성을 보 유하는 변수에 할당할 수 있습니다. get_connection() 메서드가 한 번만 호출되고, get_ connection()에 제공된 conn_id 인수가 MovielensPopularityOperator에 제공된 것과 동일 한 값을 보유하고 있는지 확인합니다.

리스트 9.17 **목업 함수의 동작 검증하기**

```
mock_get = mocker.patch.object( ◀─── 동작을 캡처하기 위해 목업 변수를 할당합니다.
    MovielensHook,
    "get_connection",
    return_value=Connection(...),
)
task = MovielensPopularityOperator(..., conn_id="testconn")
task.execute(...)
assert mock_get.call_count == 1 ◀─── 한 번만 호출된 것인지 확인합니다.
mock_get.assert_called_with("testconn") ◀─── 예상되는 conn_id로 호출된 것을 확인합니다.
```

mocker.patch.object의 반환 값을 mock_get이라는 변수에 할당하면 목업된 객체에 대한 모 든 호출을 캡처하고 지정된 입력, 호출 수 등을 확인할 수 있습니다. 이 예에서는 call_count 가 MovielensPopularityOperator에 실제 운영 설정에서 Airflow 메타스토어를 실수로 여 러 번 호출하지 않았는지 assert를 통해 확인할 수 있습니다. 또한 conn_id "testconn"을 MovielensPopularityOperator에 제공하여, 이 conn_id가 Airflow 메타스토어에서 요청될 것으로 예상하며 assert_called_with()를 사용하여 검증합니다.[7] 결과적으로 mock_get 객

---

7   assert_called_with()와 assert_called_once_with()로 편리하게 두 가지 assert 메서드를 지원합니다.

체는 검증하기 위해 더 많은 속성을 보유하게 됩니다(예: assert를 통해 객체가 [횟수를 나타내는 숫자] 호출되었는지 여부를 간단히 확인)(그림 9.6).

```
▼ ≣ mock_get = {MagicMock} <MagicMock name='get_connection' id='4543875000'>
  ▶ ≣ call_args = {_Call} call('testconn')
  ▶ ≣ call_args_list = {_CallList} [call('testconn')]
      01 call_count = {int} 1
      01 called = {bool} True
  ▶ ≣ method_calls = {_CallList} []
  ▶ ≣ mock_calls = {_CallList} [call('testconn'), call.__str__()]
  ▶ ≣ return_value = {Connection} test
      01 side_effect = {NoneType} None
```

그림 9.6 **mock_get에는 동작을 검증하기 위해 사용할 수 있는 여러 속성이 포함되어 있습니다(스크린숏은 PyCharm의 파이썬 디버거를 사용하여 캡처).**

파이썬에서 목업 환경 구성 중 가장 큰 함정은 잘못된 객체를 목업으로 구현하는 것입니다. 예제 코드에서 우리는 get_connection() 메서드를 목업으로 구현했습니다. 이 메서드는 BaseHook(airflow.hooks.base 패키지)에서 상속된 MovielensHook에서 호출됩니다. get_connection() 메서드는 BaseHook에 정의되어 있습니다. 따라서 직관적으로 BaseHook.get_connection()을 목업으로 구현하려 할 것입니다. 하지만 이것은 올바른 방법이 아닙니다.

파이썬에서 목업을 구현하는 올바른 방법은 정의되는 위치가 아니라 호출되는 위치에서 목업을 구성해야 합니다.[8] 다음 코드에서 이를 설명합니다.

리스트 9.18 **파이썬에서 목업 작업 시 올바른 위치에서 가져오도록 주의**

```
from airflowbook.operators.movielens_operator import (     │ 호출되는 위치에서
    MovielensPopularityOperator,                            │ 목업 메서드를 가져와야 한다.
    MovielensHook,
)


def test_movielenspopularityoperator(mocker):
    mock_get = mocker.patch.object(
        MovielensHook,
        "get_connection",
        return_value=Connection(...),
    )                                              MovielensPopularityOperator 코드 내에서
    task = MovielensPopularityOperator(...) ◀──── MovielensHook.get_connection ()을 호출합니다.
```

---

8 다음 파이썬 문서에서 이를 설명합니다: https://docs.python.org/3/library/unittest.mock.html#whereto-patch. 또한 다음 링크에서 이를 확인할 수 있습니다: http://alexmarandon.com/articles/python_mock_gotchas.

9.1.5 디스크의 파일로 테스트하기

JSON리스트를 가진 파일을 읽고 이를 CSV 형식으로 쓰는 오퍼레이터를 예를 들어 보겠습니다(그림 9.7).

```
[
    {"name": "bob", "age": 41, "sex": "M"},
    {"name": "alice", "age": 24, "sex": "F"},
    {"name": "carol", "age": 60, "sex": "F"}
]
```
```
name,age,sex
bob,41,M
alice,24,F
carol,60,F
```

그림 9.7 **JSON을 CSV 형식으로 변환하기**

이 작업의 오퍼레이터는 다음과 같습니다.

리스트 9.19 **로컬 디스크를 사용하는 오퍼레이터의 예제**

```python
class JsonToCsvOperator(BaseOperator):
    def __init__(self, input_path, output_path, **kwargs):
        super().__init__(**kwargs)
        self._input_path = input_path
        self._output_path = output_path

    def execute(self, context):
        with open(self._input_path, "r") as json_file:
            data = json.load(json_file)

        columns = {key for row in data for key in row.keys()}

        with open(self._output_path, mode="w") as csv_file:
            writer = csv.DictWriter(csv_file, fieldnames=columns)
            writer.writeheader()
            writer.writerows(data)
```

이 JsonToCsvOperator는 입력(JSON) 경로와 출력(CSV) 경로의 두 가지 입력 인수를 필요로 합니다. 이 오퍼레이터를 테스트하기 위해 테스트 디렉터리에 고정 파일을 저장하여 테스트를 위한 입력으로 사용한다면 출력 파일은 어떻게 저장해야 할까요?

파이썬에는 임시 저장소와 관련된 작업을 위한 tempfile 모듈이 있습니다. 사용 후 디렉터리와 그 내용이 지워지기 때문에 파일 시스템에 해당 항목이 남지 않습니다. pytest는 tmp_dir(os.path 객체 제공) 및 tmp_path(pathlib 객체 제공)라는 tempfile 모듈에 대한 편리한 사용 방법을 제공합니다. tmp_path를 사용하는 예를 살펴 보겠습니다.

리스트 9.20 **임시 경로를 사용하여 테스트하기**

```python
import csv
import json
```

```
from pathlib import Path

from airflowbook.operators.json_to_csv_operator import JsonToCsvOperator

def test_json_to_csv_operator(tmp_path: Path):          ◀── tmp_path는 고정으로 사용
    input_path = tmp_path / "input.json"            경로를 정의
    output_path = tmp_path / "output.csv"

    input_data = [
        {"name": "bob", "age": "41", "sex": "M"},
        {"name": "alice", "age": "24", "sex": "F"},      파일에 입력값 저장
        {"name": "carol", "age": "60", "sex": "F"},
    ]
    with open(input_path, "w") as f:
        f.write(json.dumps(input_data))

    operator = JsonToCsvOperator(
        task_id="test",
        input_path=input_path,
        output_path=output_path,
    )

    operator.execute(context={})          ◀── JsonToCsvOperator 실행

    with open(output_path, "r") as f:
        reader = csv.DictReader(f)            출력 파일 읽기
        result = [dict(row) for row in reader]

┌─▶ assert result == input_data  ◀──  내용 확인을 위한 assert
│   테스트 후 tmp_path와 콘텐츠는 제거
```

테스트를 시작하면 임시 디렉터리가 생성됩니다. 실제로 tmp_path 인수는 각 테스트 시 호출되는 함수를 나타냅니다. pytest에서는 이를 **픽스처**fixture(https://docs.pytest.org/en/stable/fixture.html)라고 합니다.[9] 단위 테스트의 unittest의 setUp() 및 tearDown() 메서드와 유사하지만, 픽스처는 여러 가지 조건을 합치거나 매치시킬 수 있기 때문에 더욱 유연하게 사용할 수 있습니다(예: 하나의 픽스처가 클래스의 모든 테스트의 임시 디렉터리를 초기화할 수 있음).[10] 픽스처는 기본적으로 모든 테스트 영역에서 적용 가능합니다. 경로를 출력하며 서로 다른 테스트를 실행하거나, 동일한 테스트를 두 번 실행하면 이를 확인할 수 있습니다.

```
print(tmp_path.as_posix())
```

이것은 다음과 같이 각각 출력됩니다.

---

9 [옮긴이] 픽스처(fixture)란 테스트 수행을 위해 필요한 부분들을 혹은 조건들을 미리 준비해놓은 리소스 혹은 코드입니다. 이 장에서 픽스처에 대한 내용이 계속 언급되기 때문에 더 진행하기 전에 확실하게 이해하고 진행하시길 바랍니다.

10 픽스처가 교차 테스트 시에 어떻게 공유되는지 확인하고 싶다면 'pytest scope'를 찾아보세요.

- /private/var/folders/n3/g5l6d1j10gxfsdkphhgkgn4w0000gn/T/pytest-of-basharenslak/pytest-**19**/test_json_to_csv_operator0

- /private/var/folders/n3/g5l6d1j10gxfsdkphhgkgn4w0000gn/T/pytest-of-basharenslak/pytest-**20**/test_json_to_csv_operator0

테스트에 적용할 만한 다양한 픽스처가 있으며, pytest 픽스처에는 이 책에서 설명하지 않은 많은 기능이 있습니다. 모든 pytest 기능을 중요하게 생각한다면 직접 온라인 설명서를 확인하는 것이 좋습니다.

9.2 테스트에서 DAG 및 태스크 콘텍스트로 작업하기

일부 오퍼레이터는 실행을 위해 더 많은 콘텍스트(예: 변수 템플릿) 또는 작업 인스턴스 콘텍스트가 필요합니다. 이전 예제에서 진행한 것처럼 단순히 operator.execute(context = {}) 형태로 오퍼레이터를 실행할 수는 없습니다. 그 이유는 코드를 수행하는 데 필요한 어떤 태스크 콘텍스트도 오퍼레이터에게 제공되지 않기 때문입니다.

이 예제에서는 Airflow가 실제 시스템에서 태스크를 실행하여 태스크 인스턴스 콘텍스트를 생성하고 모든 변수를 템플릿으로 만드는 것과 같은 보다 현실적인 시나리오에서 오퍼레이터의 실행 과정을 보여줍니다. 그림 9.8은 Airflow에서 태스크가 실행될 때 수행되는 단계를 보여줍니다.[11]

지금까지 예제에서 실행된 것은 그림에서 5단계뿐입니다(리스트 9.15, 9.17 및 9.20). 실제 Airflow 시스템을 실행하는 경우, 오퍼레이터를 실행할 때 더 많은 단계가 수행되며, 이 중에서 일부는 정확한 구성을 통해 만들어진 템플릿 구성을 통해 테스트를 실행해야 합니다.

사용자가 템플릿 변수를 통해 제공되는, 주어진 두 날짜 사이에 영화 평점을 가져오는 오퍼레이터를 구현했다고 가정해 보겠습니다(리스트 9.21).

리스트 9.21 **템플릿 변수를 사용하는 오퍼레이터 예제**

```python
class MovielensDownloadOperator(BaseOperator):
    template_fields = ("_start_date", "_end_date", "_output_path")

    def __init__(
        self,
        conn_id,
        start_date,
```

---

11 TaskInstance 안에서 _run_raw_task()

```
        end_date,
        output_path,
        **kwargs,
    ):

        super().__init__(**kwargs)
        self._conn_id = conn_id
        self._start_date = start_date
        self._end_date = end_date
        self._output_path = output_path

    def execute(self, context):
        with MovielensHook(self._conn_id) as hook:
            ratings = hook.get_ratings(
                start_date=self._start_date,
                end_date=self._end_date,
            )

        with open(self._output_path, "w") as f:
            f.write(json.dumps(ratings))
```

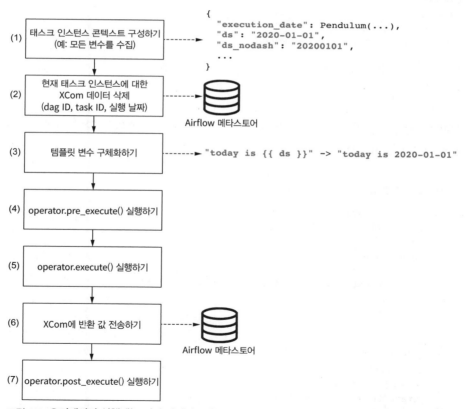

```
{
    "execution_date": Pendulum(...),
    "ds": "2020-01-01",
    "ds_nodash": "20200101",
    ...
}
```

(1) 태스크 인스턴스 콘텍스트 구성하기 (예: 모든 변수를 수집)

(2) 현재 태스크 인스턴스에 대한 XCom 데이터 삭제 (dag ID, task ID, 실행 날짜) → Airflow 메타스토어

(3) 템플릿 변수 구체화하기 → "today is {{ ds }}" -> "today is 2020-01-01"

(4) operator.pre_execute() 실행하기

(5) operator.execute() 실행하기

(6) XCom에 반환 값 전송하기 → Airflow 메타스토어

(7) operator.post_execute() 실행하기

그림 9.8 **오퍼레이터 실행에는 여러 단계가 포함됩니다. 9.1절에서는 5단계만 테스트하고 필요한 경우 런타임 태스크 콘텍스트를 operator.execute()에 수동으로 제공합니다.**

이 오퍼레이터는 (잠재적으로) 태스크 인스턴스 콘텍스트를 실행해야 하므로 이전 예제와 같이 테스트할 수 없습니다. 예를 들어 output_path 인수를 /output/{{ds}}.json 형태로 제공할 수 있지만 operator.execute(context = {})로 테스트할 때는 ds 변수를 사용할 수 없습니다.

따라서 이를 위해 Airflow 자체에서 태스크를 시작할 때 사용하는 실제 메서드인 operator. run()(BaseOperator 클래스의 메서드)을 호출합니다. 이를 사용하려면 DAG에 오퍼레이터를 할당해야 합니다. 이전 예제는 테스트 목적으로 DAG를 만들지 않고 그대로 실행할 수 있었 지만, run() 메서드를 사용하기 위해서는 Airflow가 태스크를 실행할 때 DAG 객체를 참조하기 때문에 오퍼레이터에게 DAG를 제공해야 합니다(예: 태스크 인스턴스 콘텍스트를 구축할 때).

따라서 다음과 같이 테스트에서 DAG를 정의합니다.

리스트 9.22 테스트를 위한 기본 인수를 가진 DAG

```
dag = DAG(
    "test_dag",
    default_args={
        "owner": "airflow",
        "start_date": datetime.datetime(2019, 1, 1),
    },
    schedule_interval="@daily",
)
```

테스트 DAG에 제공하는 값은 중요하지 않지만, 오퍼레이터에서 이 결과를 확인 시에 이 값을 참조하게 됩니다. 다음으로 태스크를 정의하고 실행합니다.

리스트 9.23 템플릿 변수를 할당하기 위해 DAG로 테스트하기

```
def test_movielens_operator(tmp_path, mocker):
    mocker.patch.object(
        MovielensHook,
        "get_connection",
        return_value=Connection(
            conn_id="test", login="airflow", password="airflow"
        ),
    )

    dag = DAG(
        "test_dag",
        default_args={
            "owner": "airflow",
            "start_date": datetime.datetime(2019, 1, 1),
        },
        schedule_interval="@daily",
```

```
    )

    task = MovielensDownloadOperator(
        task_id="test",
        conn_id="testconn",
        start_date="{{ prev_ds }}",
        end_date="{{ ds }}",
        output_path=str(tmp_path / "{{ ds }}.json"),
        dag=dag,
    )

    task.run(
        start_date=dag.default_args["start_date"],
        end_date=dag.default_args["start_date"],
    )
```

정의한 대로 테스트를 실행하면 다음 리스트와 유사한 오류가 발생합니다.

리스트 9.24 DAG를 포함한 테스트를 최초 실행하기

```
.../site-packages/sqlalchemy/engine/default.py:580: OperationalError

The above exception was the direct cause of the following exception:

➡ > task.run(start_date=dag.default_args["start_date"], end_date=dag.default_
    args["start_date"])

...
cursor = <sqlite3.Cursor object at 0x1110fae30>
➡ statement = 'SELECT task_instance.try_number AS task_instance_try_number,
    task_instance.task_id AS task_instance_task_id, task_ins...\nWHERE
    task_instance.dag_id = ? AND task_instance.task_id = ? AND
    task_instance.execution_date = ?\n LIMIT ? OFFSET ?'
parameters = ('test_dag', 'test', '2015-01-01 00:00:00.000000', 1, 0)
...

  def do_execute(self, cursor, statement, parameters, context=None):
      cursor.execute(statement, parameters) sqlalchemy.exc.OperationalError:
    (sqlite3.OperationalError) no such column: task_instance.max_tries
[SQL: SELECT task_instance.try_number AS task_instance_try_number, task_instance.
task_id AS task_instance_task_id, task_instance.dag_id AS task_instance_dag_id, task_
instance.execution_date AS task_instance_execution_date, task_instance.start_date AS
task_instance_start_date, task_instance.end_date AS task_instance_end_date, task_
instance.duration AS task_instance_duration, task_instance.state AS task_instance_
state, task_instance.max_tries AS task_instance_max_tries, task_instance.hostname AS
task_instance_hostname, task_instance.unixname AS task_instance_unixname, task_
instance.job_id AS task_instance_job_id, task_instance.pool AS task_instance_pool,
task_instance.queue AS task_instance_queue, task_instance.priority_weight AS task_
instance_priority_weight, task_instance.operator AS task_instance_operator, task_
instance.queued_dttm AS task_instance_queued_dttm, task_instance.pid AS task_instance_
pid, task_instance.executor_config AS task_instance_executor_config FROM task_instance
```

```
WHERE task_instance.dag_id = ? AND task_instance.task_id = ? AND task_instance.
execution_date = ? LIMIT ? OFFSET ?]
[parameters: ('test_dag', 'test', '2015-01-01 00:00:00.000000', 1, 0)] (Background on
this error at: http://sqlalche.me/e/e3q8)
```

오류 메시지에서 알 수 있듯이 Airflow 메타스토어에 문제가 있습니다. 태스크를 실행하기 위해 Airflow는 동일한 실행 날짜의 이전 태스크 인스턴스와 같은 다양한 정보를 데이터베이스에서 쿼리합니다. 하지만 AIRFLOW_HOME(설정되지 않은 경우 ~/airflow) 경로에 있는 Airflow 데이터베이스를 초기화(airflow db init)하지 않았거나 실행중인 데이터베이스로 Airflow를 구성하지 않은 경우, 해당 데이터베이스에서 읽거나 쓸 수 없습니다. 테스트 진행할 때도 메타스토어가 필요합니다. 테스트 중에 메타스토어를 처리하는 방법에는 몇 가지가 있습니다.

첫째, 연결 자격 증명을 조회 시 앞에서 설명한 것과 같이 모든 데이터베이스 호출에 대해 목업 환경을 구성할 수 있습니다. 하지만 이 방법은 매우 번거롭습니다. 보다 실용적인 접근 방식은 Airflow가 테스트를 실행하는 동안 쿼리할 수 있는 실제 메타스토어를 실행하는 것입니다.

이를 위해서는 데이터베이스를 초기화하는 airflow db init을 실행해야 합니다. 별도로 데이터베이스에 대한 구성이 없으면 ~/airflow/airflow.db에 저장된 SQLite 파일이 데이터베이스 역할을 수행합니다. AIRFLOW_HOME 환경 변수를 설정하면 Airflow는 해당 디렉터리에 데이터베이스를 저장합니다. 테스트를 실행하는 동안 Airflow가 메타스토어를 찾을 수 있도록 동일한 AIRFLOW_HOME 값을 제공해야 합니다.[12]

이제 Airflow가 쿼리할 메타스토어를 설정 후 테스트를 실행하면 성공했는지 확인할 수 있습니다. 또한 이제 테스트 중에 Airflow 메타스토어에 정보가 기록된 것을 확인할 수 있습니다 (그림 9.9).[13]

ᵃᵇᶜ task_id	ᵃᵇᶜ dag_id	ᵃᵇᶜ execution_date	ᵃᵇᶜ start_date	ᵃᵇᶜ end_date	¹²³ duration	ᵃᵇᶜ state	¹²³ try_number
1	test	test_dag	2019-01-01 00:00:00.000000	2019-12-22 21:52:13.111447	2019-12-22 21:52:13.283970	0,172523	success	1

그림 9.9 task.run()을 호출하면 태스크 실행에 대한 세부 정보가 데이터베이스에 저장됩니다.

이 테스트에서 고려해야 할 것이 두 가지 있습니다. DAG를 사용하는 테스트가 여러 번 있는 경우, pytest와 함께 재사용할 수 있습니다. pytest 픽스처는 conftest.py라는 파일을 사용하여 (하위)디렉터리의 여러 파일을 재사용할 수 있습니다. 이 파일에는 DAG를 인스턴스화하기 위한 픽스처를 보유합니다.

---

12 테스트가 다른 항목과 격리된 상태로 실행되도록 하려면 초기화된 Airflow 데이터베이스가 있는 도커 컨테이너를 사용하면 편리합니다.

13 DBeaver는 SQLite를 쓰기 위한 무료 소프트웨어입니다.

```python
import datetime
import pytest
from airflow.models import DAG


@pytest.fixture
def test_dag():
    return DAG(
        "test_dag",
        default_args={
            "owner": "airflow",
            "start_date": datetime.datetime(2019, 1, 1),
        },
        schedule_interval="@daily",
    )
```

이제 DAG 객체가 모든 테스트는 (테스트 시작 시에) test_dag() 함수 실행 시에 test_dag를
추가하여 간단하게 인스턴스화할 수 있습니다.

리스트 9.26 **테스트에 픽스처를 포함하여 필요한 객체를 생성하기**

```python
def test_movielens_operator(tmp_path, mocker, test_dag):
    mocker.patch.object(
        MovielensHook,
        "get_connection",
        return_value=Connection(
            conn_id="test",
            login="airflow",
            password="airflow",
        ),
    )

    task = MovielensDownloadOperator(
        task_id="test",
        conn_id="testconn",
        start_date="{{ prev_ds }}",
        end_date="{{ ds }}",
        output_path=str(tmp_path / "{{ ds }}.json"),
        dag=test_dag,
    )

    task.run(
        start_date=dag.default_args["start_date"],
        end_date=dag.default_args["start_date"],
    )
```

task.run()은 BaseOperator 클래스의 메서드입니다. run()은 두 개의 날짜를 사용하며,
DAG의 schedule_interval에 따라 지정된 두 날짜 사이에 실행할 태스크의 인스턴스 스케줄

주기를 계산합니다. 동일한 두 날짜(DAG의 시작 날짜, start_date)를 입력하므로 단일 태스크 인스턴스가 하나만 실행하게 됩니다.

9.2.1 외부 시스템 작업

MovieLens 평점을 읽고 결과를 Postgres 데이터베이스에 저장하는 MovielensToPostgres Operator와 같이 데이터베이스를 연결하는 오퍼레이터로 작업한다고 가정합니다. 이는 소스 데이터가 요청 시점의 데이터만 제공하고 과거의 데이터를 제공할 수 없는 경우로, 사용자는 소스의 과거 데이터를 저장하길 원합니다. 예를 들어 John은 어제 〈어벤져스(The Avengers)〉 영화를 별 4개로 평가했다가 오늘 별 5개로 평가했다면, MovieLens API를 오늘 조회할 때 별 5개의 평점만 반환됩니다. Airflow 작업은 하루에 한 번 모든 데이터를 가져와 작성 시간과 함께 매일 한 번 데이터를 내보낼 수 있습니다.

이 동작을 하는 오퍼레이터는 다음과 같습니다.

리스트 9.27 **PostgreSQL 데이터베이스에 연결하는 오퍼레이터 예제**

```python
from airflow.hooks.postgres_hook import PostgresHook
from airflow.models import BaseOperator

from airflowbook.hooks.movielens_hook import MovielensHook

class MovielensToPostgresOperator(BaseOperator):
    template_fields = ("_start_date", "_end_date", "_insert_query")

    def __init__( self,
        movielens_conn_id,
        start_date,
        end_date,
        postgres_conn_id,
        insert_query,
        **kwargs,
    ):
        super().__init__(**kwargs)
        self._movielens_conn_id = movielens_conn_id
        self._start_date = start_date
        self._end_date = end_date
        self._postgres_conn_id = postgres_conn_id
        self._insert_query = insert_query

    def execute(self, context):
        with MovielensHook(self._movielens_conn_id) as movielens_hook:
            ratings = list(movielens_hook.get_ratings(
                start_date=self._start_date,
                end_date=self._end_date),
            )
```

```
    postgres_hook = PostgresHook(
        postgres_conn_id=self._postgres_conn_id
    )
    insert_queries = [
        self._insert_query.format(
            ",".join( [str(_[1]) for _ in sorted(rating.items())] )
        ) for rating in ratings
    ]
    postgres_hook.run(insert_queries)
```

execute() 메서드를 분석해 보겠습니다. 데이터를 가져오고 결과를 Postgres에 대한 쿼리로 변환하여 MovieLens API와 Postgres 데이터베이스를 연결합니다(그림 9.10).

MovielensHook을 사용하여 주어진 시작일과 종료일 사이의 모든 평점을 얻습니다.
Postgres와 통신하기 위해 PostgresHook을 생성합니다.
```
def execute(self, context):
    with MovielensHook(self._movielens_conn_id) as movielens_hook:
        ratings = list(movielens_hook.get_ratings(start_date=self._start_date, end_date=self._end_date))
    postgres_hook = PostgresHook(postgres_conn_id=self._postgres_conn_id)
    insert_queries = [
        self._insert_query.format(",".join([str(_[1]) for _ in sorted(rating.items())]))
        for rating in ratings
    ]
    postgres_hook.run(insert_queries)
```

insert 쿼리 코드를 생성합니다. 평점은 dict 리스트로 반환됩니다.
```
{'movieId': 51935, 'userId': 21127, 'rating': 4.5,  'timestamp': 1419984001}
```

For each rating, we: 각 평점에 대해 다음을 수행합니다.

1. 확인 가능한 결과에 대해 키별로 정렬:
```
sorted(ratings[0].items())
[('movieId', 51935), ('rating', 4.5), ('timestamp',  1419984001), ('userId', 21127)]
```

2. .join()을 위한 문자열로 변환된 값의 리스트를 생성합니다.
```
[str(_[1]) for _  in sorted(ratings[0].items())]
['51935', '4.5', '1419984001', '21127']
```

3. 모든 값을 쉼표로 구분된 문자열로 결합합니다.
```
",".join([str(_[1]) for _ in sorted(rating.items())])
'51935,4.5,1419984001,21127'
```

4. insert_query.format (...)에 결과를 제공합니다.
```
self._insert_query.format(",".join([str(_[1]) for _ in sorted(rating.items())]))
'INSERT INTO movielens (movieId,rating,ratingTimest amp,userId,...) VALUES (51935,4.5,1419984001,21127, ...)'
```

그림 9.10 JSON 데이터를 Postgres 쿼리로 변환 작업에 대한 분석

만약 로컬 PC에서 운영중인 Postgres 데이터베이스에 접근할 수 없는 경우, 이를 어떻게 테스트해야 할까요? 다행히 도커로 테스트하기 위해 로컬 Postgres 데이터베이스로 쉽게 구성할 수 있습니다. pytest 테스트를 할 수 있도록 도커 컨테이너의 제어가 가능한 간편한 여러 가지 파이썬 패키지가 있습니다. 다음 예에서는 pytest-docker-tools(https://github.com/Jc2k/pytest-docker-tools)를 사용합니다. 이 패키지는 테스트 도커 컨테이너를 생성할 수 있는 편리한 헬퍼 함수를 제공합니다.

패키지의 모든 세부 사항을 다루지는 않지만, MovieLens 결과를 작성하기 위한 샘플 Postgres 컨테이너를 만드는 방법을 설명합니다. 오퍼레이터가 올바르게 작동하면 테스트가 끝날 때 도커 컨테이너로 생성된 Postgres 데이터베이스에 결과가 기록됩니다. 도커 컨테이너로 테스트하면 테스트를 위한 목업 환경을 구성할 필요 없이 실제 훅 메서드를 사용할 수 있습니다.

먼저 pip install pytest_docker_tools를 사용하여 환경에 **pytest-docker-tools**를 설치합니다. 이것은 **fetch**와 **container**와 같은 헬퍼 함수를 지원합니다. 먼저 컨테이너를 가져오겠습니다.

리스트 9.28 **pytest_docker_tools로 테스트할 도커 이미지 가져오기**

```
from pytest_docker_tools import fetch

postgres_image = fetch(repository="postgres:11.1-alpine")
```

fetch 함수는 실행중인 시스템에서 docker pull을 트리거하고(따라서 도커가 설치되어 있어야 함), 가져온 이미지를 반환합니다. fetch 함수 자체는 pytest 픽스처이므로 직접 호출할 수는 없지만 테스트에 매개변수로 전달 됩니다.

리스트 9.29 **pytest_docker_tools 픽스처를 이용해 테스트 시에 도커 이미지 사용하기**

```
from pytest_docker_tools import fetch

postgres_image = fetch(repository="postgres:11.1-alpine")

def test_call_fixture(postgres_image):
    print(postgres_image.id)
```

이 테스트를 실행하면 다음과 같이 출력됩니다.

```
Fetching postgres:11.1-alpine
PASSED                       [100%]
sha256:b43856647ab572f271decd1f8de88b590e157bfd816599362fe162e8f37fb1ec
```

이제 이 이미지 ID를 사용하여 Postgres 컨테이너를 구성하고 시작할 수 있습니다.

리스트 9.30 **pytest_docker_tools 픽스처로 테스트를 위한 도커 컨테이너를 시작하기**

```
from pytest_docker_tools import container

postgres_container = container(
    image="{postgres_image.id}",
    ports={"5432/tcp": None},
)

def test_call_fixture(postgres_container):
    print(
```

```
        f"Running Postgres container named {postgres_container.name} "
        f"on port {postgres_container.ports['5432/tcp'][0]}."
    )
```

pytest_docker_tools의 container 함수도 픽스처이기 때문에 테스트를 위해 인수로 제공해야 호출할 수 있습니다. 컨테이너 시작을 구성하는 몇 가지 인수가 필요합니다. 여기서는 fetch() 픽스처에서 반환된 이미지 ID와 노출할 포트가 필요합니다. 커맨드 라인에서 도커 컨테이너를 실행하는 것과 같이 환경 변수와 볼륨 등을 구성할 수 있습니다.

포트 구성을 위해 좀 더 설명하겠습니다. 일반적으로 컨테이너 포트를 호스트 시스템과 동일한 포트로 매핑합니다(즉, docker run -p 5432:5432 postgres). 하지만 테스트용 컨테이너는 영구적으로 실행되는 컨테이너가 아니며 호스트 시스템에서 사용 중인 다른 포트와 충돌을 피해야 합니다.

키key는 컨테이너 포트이고, 값value은 호스트 시스템으로 매핑된 ports 키워드 인수에 dict를 입력합니다. 이때 값을 None으로 설정하면 호스트의 임의의 열린 포트에 매핑하게 됩니다(docker run -P라고 설정하는 것과 같음). 테스트에 픽스처를 제공하면 픽스처를 실행할 수 있고(즉, 컨테이너 실행), pytest-docker-tools는 호스트 시스템에 할당된 포트를 픽스처 자체의 포트를 내부적으로 매핑합니다. postgres_container.ports['5432/tcp'][0]은 호스트에 할당된 포트 번호를 알려주며, 이를 테스트에서 연결하여 사용할 수 있습니다.

가능한 한 실제 데이터베이스와 같도록 하기 위해 사용자 이름과 비밀번호를 설정하고 쿼리할 스키마 및 데이터로 초기화합니다.

가능한 한 실제 데이터베이스를 모방하기 위해 사용자 이름과 비밀번호를 설정하고 쿼리할 스키마와 데이터로 초기화해보겠습니다. 이 정보는 컨테이너 픽스처에 모두 제공할 수 있습니다.

리스트 9.31 실제 데이터베이스에 대한 테스트를 위해 Postgres 컨테이너 초기화하기

```
postgres_image = fetch(repository="postgres:11.1-alpine")
postgres = container(
    image="{postgres_image.id}",
    environment={
        "POSTGRES_USER": "testuser",
        "POSTGRES_PASSWORD": "testpass",
    },
    ports={"5432/tcp": None},
    volumes={
        os.path.join(os.path.dirname(__file__), "postgres-init.sql"): {
            "bind": "/docker-entrypoint-initdb.d/postgres-init.sql"
        }
```

```
    },
)
```

데이터베이스 구조 및 데이터는 postgres-init.sql로 초기화할 수 있습니다.

리스트 9.32 **테스트 데이터베이스에 대한 스키마 초기화하기**

```
SET SCHEMA 'public';
CREATE TABLE movielens (
    movieId integer,
    rating float,
    ratingTimestamp integer,
    userId integer,
    scrapeTime timestamp
);
```

컨테이너 픽스처에서 환경 변수를 통해 Postgres 사용자 이름과 암호를 제공합니다. 이는 Postgres 도커 이미지의 기능으로, 환경 변수를 통해 여러 설정을 구성할 수 있습니다. 모든 환경 변수는 Postgres 도커 이미지 문서를 참조하시길 바랍니다(https://hub.docker.com/_/postgres). 도커 이미지의 또 다른 기능은 확장자가 *.sql, *.sql.gz 또는 *.sh인 파일을 /docker-entrypoint-initdb.d 디렉터리에 배치하여 시작 스크립트로 컨테이너를 초기화할 수 있습니다. 이러한 설정은 실제 Postgres 서비스를 시작하기 전에 컨테이너를 부팅하는 동안 실행되며, 이를 사용하여 테이블 쿼리로 테스트 컨테이너를 초기화할 수 있습니다.

리스트 9.31에서는 컨테이너 픽스처를 위한 volumes 키워드를 사용해 컨테이너에 postgres-init.sql이라는 이름의 파일을 마운트합니다.

```
volumes={
    os.path.join(os.path.dirname(__file__), "postgres-init.sql"): {
        "bind": "/docker-entrypoint-initdb.d/postgres-init.sql"
    }
}
```

키가 호스트 시스템의 절대 위치를 표시하는 dict을 제공합니다. 이 경우 테스트 스크립트와 같은 디렉터리에 postgres-init.sql이라는 파일을 저장했기 때문에, os.path.join(os.path.dirname(__file__), "postgres-init.sql")은 해당 파일에 대한 절대 경로가 주어집니다. 값은 또한 키가 마운트 유형(바인드)과 컨테이너 내부의 위치값을 나타내는 dict이며 컨테이너 부팅 시 *.sql 스크립트를 실행하기 위해서는 /docker-entrypoint-initdb.d에 포함되어야 합니다.

이제 이 모든 것을 스크립트에 통합하면 Postgres 데이터베이스에 대해 테스트할 수 있습니다.

리스트 9.33 외부 시스템 테스트를 위해 도커 컨테이너를 사용하여 테스트 구성 완성하기

```python
import os

import pytest
from airflow.models import Connection
from pytest_docker_tools import fetch, container

from airflowbook.operators.movielens_operator import (
    MovielensHook,
    MovielensToPostgresOperator,
    PostgresHook,
)

postgres_image = fetch(repository="postgres:11.1-alpine")
postgres = container(
    image="{postgres_image.id}",
    environment={
        "POSTGRES_USER": "testuser",
        "POSTGRES_PASSWORD": "testpass",
    },
    ports={"5432/tcp": None},
    volumes={
        os.path.join(os.path.dirname(__file__), "postgres-init.sql"): {
            "bind": "/docker-entrypoint-initdb.d/postgres-init.sql"
        }
    },
)

def test_movielens_to_postgres_operator(mocker, test_dag, postgres):
    mocker.patch.object(
        MovielensHook,
        "get_connection",
        return_value=Connection(
            conn_id="test",
            login="airflow",
            password="airflow",
        ),
    )

mocker.patch.object(
    PostgresHook,
    "get_connection",
    return_value=Connection(
        conn_id="postgres",
        conn_type="postgres",
        host="localhost",
        login="testuser",
        password="testpass",
        port=postgres.ports["5432/tcp"][0],
```

```
    ),
)

task = MovielensToPostgresOperator(
    task_id="test",
    movielens_conn_id="movielens_id",
    start_date="{{ prev_ds }}",
    end_date="{{ ds }}",
    postgres_conn_id="postgres_id",
    insert_query=(
        "INSERT INTO movielens "
        "(movieId, rating, ratingTimestamp, userId, scrapeTime) "
        "VALUES ({0}, '{{ macros.datetime.now() }}')"
    ),
    dag=test_dag,
)

pg_hook = PostgresHook()

row_count = pg_hook.get_first("SELECT COUNT(*) FROM movielens")[0]
assert row_count == 0

task.run(
    start_date=test_dag.default_args["start_date"],
    end_date=test_dag.default_args["start_date"],
)

row_count = pg_hook.get_first("SELECT COUNT(*) FROM movielens")[0]
assert row_count > 0
```

전체 테스트는 컨테이너 초기화와 우리가 구성 해야하는 목업 연결로 다소 복잡해졌습니다. 작업 후 PostgresHook을 인스턴스화합니다(MovielensToPostgresOperator에서 목업 작업한 get_connection()과 동일하게 사용하여 Postgres 도커 컨테이너에 연결). 먼저 테이블 행의 개수가 0인지 확인한 후 오퍼레이터를 실행하고 나서 데이터가 삽입되는지 확인합니다.

테스트 로직 외부에서는 무슨 일이 일어날까요? 테스트가 시작되는 동안, pytest는 테스트가 픽스처를 사용하는지 확인하고 픽스처가 주어진 경우에만 실행됩니다(그림 9.11).

pytest가 컨테이너 픽스처를 시작하기로 결정하면 컨테이너를 가져와서 실행하고 초기화합니다. 이 과정은 몇 초가 소요되기 때문에 테스트 환경에서 약간 지연됩니다. 테스트가 끝나면 픽스처가 종료됩니다. Pytest-docker-tools는 파이썬 도커 클라이언트를 랩핑wrapping하여 테스트를 위한 편리한 구성과 픽스처를 제공합니다.

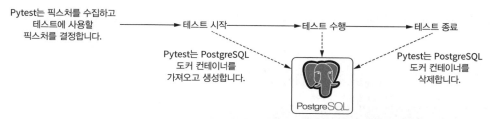

그림 9.11 **pytest-docker-tools**로 테스트를 실행하는 프로세스. 테스트에 도커 컨테이너를 사용하면 실제 시스템에 대한 테스트가 가능합니다. 도커 컨테이너의 수명주기는 **pytest-docker-tools**에 의해 관리되며, 사용자는 테스트 로직을 구성해야 합니다.

9.3 개발을 위해 테스트 사용하기

테스트는 코드가 정상적인 동작을 확인하는 데 도움이 될 뿐만 아니라, 운영 시스템을 사용하지 않고도 작은 코드를 실행할 수 있기 때문에 개발 중에도 유용합니다. 워크플로를 개발하는 동안 어떻게 도움이 되는지 살펴보겠습니다. 예시로 PyCharm의 스크린숏 몇 장을 확인해 보겠습니다. 대부분의 최신 IDE에서는 중단점breakpoint을 설정하고 디버그 할 수 있습니다.

9.1.3항에서 설명한 `MovielensPopularityOperator`로 돌아가 보겠습니다. `execute()` 메서드에서 일련의 단계를 실행하며 중간에 상태를 알고 싶습니다. PyCharm을 사용하면 중단점을 배치하고 중단점이 설정된 코드 라인에 맞는 테스트를 실행하여 확인할 수 있습니다(그림 9.12).

```python
class MovielensPopularityOperator(BaseOperator):
    def __init__(self, conn_id, start_date, end_date, min_ratings=4, top_n=5, **kwargs):
        super().__init__(**kwargs)
        self._conn_id = conn_id
        self._start_date = start_date
        self._end_date = end_date
        self._min_ratings = min_ratings
        self._top_n = top_n

    def execute(self, context):
        with MovielensHook(self._conn_id) as hook:
            ratings = hook.get_ratings(start_date=self._start_date, end_date=self._end_date)

            rating_sums = defaultdict(Counter)
            for rating in ratings:
                rating_sums[rating["movieId"]].update(count=1, rating=rating["rating"])

            averages = {
                movie_id: (rating_counter["rating"] / rating_counter["count"], rating_counter["count"])
                for movie_id, rating_counter in rating_sums.items()
                if rating_counter["count"] >= self._min_ratings
            }
            return sorted(averages.items(), key=lambda x: x[1], reverse=True)[: self._top_n]
```

중단점을 설정하기 위해서 테두리를 클릭합니다.
디버거는 해당 라인에 도달하면 일시 중지됩니다.

그림 9.12 **IDE**에서 중단점 설정. 이 스크린 숏은 **PyCharm**에서 캡처되었지만, 대부분의 **IDE**에서 중단점을 설정하고 디버깅할 수 있습니다.

이제 `test_movielenspopularityoperator` 테스트를 실행하고 디버그 모드에서 시작합니다(그림 9.13).

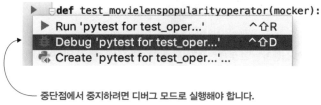

def test_movielenspopularityoperator(mocker):
Run 'pytest for test_oper...' ^⇧R
Debug 'pytest for test_oper...' ^⇧D
Create 'pytest for test_oper...'...
중단점에서 중지하려면 디버그 모드로 실행해야 합니다.

그림 9.13 **중단점에서 중지되도록 디버그 모드에서 테스트 시작하기**

테스트가 중단점을 설정한 코드 라인에 도달하면 변수의 현재 상태를 검사할 수 있을 뿐만 아니라, 해당 시점에 코드를 실행할 수도 있습니다. 예를 들어 여기서는 `execute()` 메서드를 통해 태스크 인스턴스 콘텍스트를 검사할 수 있습니다(그림 9.14).

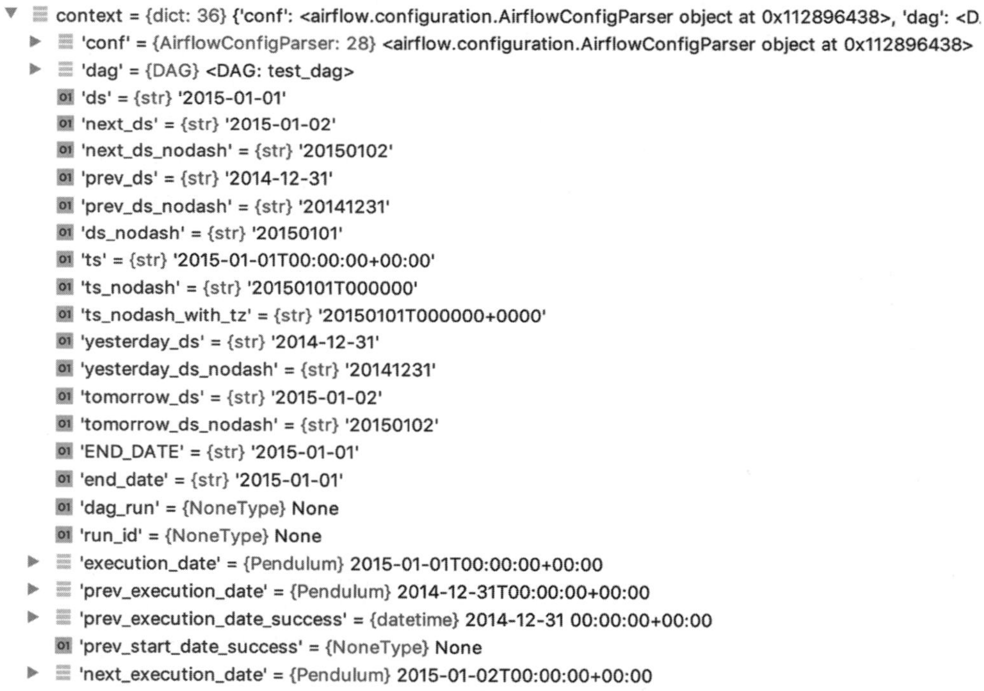

context = {dict: 36} {'conf': <airflow.configuration.AirflowConfigParser object at 0x112896438>, 'dag': <D
'conf' = {AirflowConfigParser: 28} <airflow.configuration.AirflowConfigParser object at 0x112896438>
'dag' = {DAG} <DAG: test_dag>
'ds' = {str} '2015-01-01'
'next_ds' = {str} '2015-01-02'
'next_ds_nodash' = {str} '20150102'
'prev_ds' = {str} '2014-12-31'
'prev_ds_nodash' = {str} '20141231'
'ds_nodash' = {str} '20150101'
'ts' = {str} '2015-01-01T00:00:00+00:00'
'ts_nodash' = {str} '20150101T000000'
'ts_nodash_with_tz' = {str} '20150101T000000+0000'
'yesterday_ds' = {str} '2014-12-31'
'yesterday_ds_nodash' = {str} '20141231'
'tomorrow_ds' = {str} '2015-01-02'
'tomorrow_ds_nodash' = {str} '20150102'
'END_DATE' = {str} '2015-01-01'
'end_date' = {str} '2015-01-01'
'dag_run' = {NoneType} None
'run_id' = {NoneType} None
'execution_date' = {Pendulum} 2015-01-01T00:00:00+00:00
'prev_execution_date' = {Pendulum} 2014-12-31T00:00:00+00:00
'prev_execution_date_success' = {datetime} 2014-12-31 00:00:00+00:00
'prev_start_date_success' = {NoneType} None
'next_execution_date' = {Pendulum} 2015-01-02T00:00:00+00:00

그림 9.14 **디버깅을 사용하면 설정된 중단점에서 프로그램의 상태를 검사할 수 있습니다. 여기서 우리는 콘텍스트의 값을 검사합니다.**

코드가 로컬에서 잘 작동하더라도 운영 시스템에서 오류가 발생할 수도 있습니다. 그렇다면 실제 운영 환경에서는 어떻게 디버깅해야 할까요? 원격으로 디버깅하는 방법이 있지만, 이 책

의 범위를 벗어납니다. 로컬 PyCharm(또는 기타 IDE) 디버거를 원격으로 실행되는 파이썬 프로세스에 연결할 수 있습니다(자세한 내용은 "PyCharm remote debugging"을 검색하십시오).

여하튼 실제 디버거를 사용할 수 없는 경우 또 다른 대안은, 커맨드 라인 디버거를 사용하는 것입니다(이를 위해 원격 컴퓨터의 커맨드 라인에 액세스해야 함). 파이썬에는 pdb(파이썬 Debugger)라는 내장 디버거가 있습니다. 디버그 하려는 위치에 아래 코드 라인을 추가하면 디버거가 작동합니다.[14]

리스트 9.34 **코드에서 중단점 설정하기**

```
import pdb; pdb.set_trace()
```

이제 pytest를 사용하여 테스트를 실행하거나 CLI를 사용하여 DAG에서 Airflow 태스크를 실행하여 커맨드 라인에서 코드를 시작할 수 있습니다.

```
airflow tasks test [dagid] [taskid] [execution date]
```

예를 들면 다음과 같습니다.

```
airflow tasks test movielens_download fetch_data 2019-01-01T12:00:00
```

airflow task test는 메타스토어에 실행 기록을 등록하지 않고 태스크를 실행합니다. 프로덕션 환경에서 개별 태스크를 실행하고 테스트하는 데 유용합니다. pdb 중단점에 도달하면 코드를 실행할 수 있고 다음 줄로 이동하는 n, 주변 줄을 표시하는 l과 같은 특정 키로 코드를 실행하고 디버거를 제어할 수 있습니다(그림 9.15). (인터넷에서 'pdb cheat sheet'를 검색하여 전체 명령 리스트를 참조하십시오.)

---

14 파이썬3.7 및 PEP553에서는 breakpoint() 함수를 호출하면 중단점이 설정되는 새로운 방법이 도입되었습니다.

- pdb가 일시 중지된 상태
- 검사하는 라인 주변을 나타내는 '1'
- ->는 실행할 다음 줄을 표시

```
>>>>>>>>>>>>>>>>>>>>>>>>>>>>>>>>>>>>>>>>> PDB  set_trace >>>>>>>>>>>>>>>>>>>>>>>>>>>>>>>>>> >>>>>
> /src/airflowbook/operators/movielens_operator.py( 70)execute()
-> postgres_hook = PostgresHook(postgres_conn_id=se lf._postgres_conn_id)
(Pdb) l
65 with MovielensHook(self._movielens_conn_id) as m ovielens_hook:
66 ratings = list(movielens_hook.get_ratings(start_ date=self._start_date, end_date=self._end_date))
67
68 import pdb; pdb.set_trace()
69
70 -> postgres_hook = PostgresHook(postgres_conn_id =self._postgres_conn_id)
71 insert_queries = [
72 self._insert_query.format(",".join([str(_[1]) fo r _ in sorted(rating.items())]))
73 for rating in ratings
74 ]
75 postgres_hook.run(insert_queries)
(Pdb) len(ratings)
3103
(Pdb) n
> /src/airflowbook/operators/movielens_operator.py( 72)execute()
-> self._insert_query.format(",".join([str(_[1]) for r _ in sorted(rating.items())]))
```

- 평점 변수의 길이를 출력하여 값이 있는지 확인합니다.
- 각 줄을 확인하고 다음으로 이동합니다.

그림 9.15 **PDB를 사용하여 커맨드 라인에서 디버깅하기**

9.3.1 DAG 완료 테스트하기

지금까지 태스크 인스턴스 콘텍스트를 포함한 테스트, 로컬 파일 시스템을 이용한 오퍼레이터, 도커를 이용한 외부 시스템을 사용하는 오퍼레이터 테스트에 대해 설명하였습니다. 이 모든 테스트는 단일 오퍼레이터 테스트에 중점을 두고 설명하였습니다. 워크플로 개발에서 가장 중요한 측면은 모든 구성 요건이 서로 잘 맞는지 확인하는 것입니다. 하나의 오퍼레이터가 논리적으로 올바르게 실행될 수 있지만, 예상하지 못한 방식으로 데이터가 변환되어 후속 오퍼레이터가 실패할 수도 있습니다. DAG의 모든 오퍼레이터가 예상한 대로 작동하려면 어떻게 해야 할까요?

유감스럽게도 이것은 대답하기 어렵습니다. 다양한 이유로 실제 환경을 시뮬레이션하는 것이 항상 가능하지 않습니다. 예를 들어 DTAP(개발development, 테스트test, 인수acceptance, 프로덕션production) 분리 시스템을 사용할 경우, 개인 정보 보호 규정이나 데이터 크기 때문에 개발 환경에서 완벽한 프로덕션 환경을 시뮬레이션할 수 없습니다. 프로덕션 환경에서 페타바이트의 데이터가 저장된다고 가정하면, 4개의 환경 모두 데이터를 동기화하는 것은 비현실적입니다. 따라서 소프트웨어를 개발하고 검증하는 데 사용할 수 있는 가능한 한 구현할 수 있는 프로덕션 환경을 만들어 테스트합니다. Airflow 또한 마찬가지이며 이 문제를 위해 몇 가지 접근 방식을 고민하고 있습니다. 9.4절 및 9.5절에서 두 가지 접근 방식을 간략하게 설명합니다.

9.4 Whirl을 이용한 프로덕션 환경 에뮬레이션

프로덕션 환경을 재현하는 한 가지 접근 방식은 Whirl(https://github.com/godatadriven/whirl)이라는 프로젝트를 이용하는 것입니다. 이 방식은 도커 컨테이너에서 운영 환경의 모든 구성 요소를 시뮬레이션하고 도커 컴포즈로 이러한 모든 구성 요소를 관리하는 것입니다. Whirl은 이러한 환경을 쉽게 제어할 수 있는 CLI 유틸리티와 함께 제공됩니다. 도커는 개발을 위한 훌륭한 도구이지만, 한 가지 단점은 모든 것이 도커 이미지로 제공되지 않는다는 것입니다. 예를 들어 구글 Cloud Storage는 도커 이미지가 없기 때문에 클라우드 환경에 대한 에뮬레이션은 불가능합니다.

9.5 DTAP 환경 생성하기

도커를 사용하여 로컬에서 운영 환경을 시뮬레이션하거나 Whirl과 같은 도구로 작업하는 것이 항상 가능한 것은 아닙니다. 그 이유 중 하나는 보안 때문입니다(예: 프로덕션 DAG에서 사용하는 FTP 서버가 IP 기반으로 통신을 허용하는 경우, 로컬 도커 설정으로는 프로덕션 FTP 서버에 연결할 수 없을 수도 있습니다).

보안 담당자와 협상할 수 있는 한 가지 접근 방식은 격리된 DTAP 환경을 설정하는 것입니다. 4개의 완전한 환경을 설정하고 관리하는 것은 번거롭기 때문에, 소규모 프로젝트에서는 2개(개발 및 프로덕션)만 사용되기도 합니다. 각 환경에는 개발 및 테스트 환경의 더미 데이터와 같은 특정 요구사항이 필요할 수 있습니다. 이런 경우 DTAP 구현은 매우 복잡하고 어려우며 종종 프로젝트 및 인프라에 매우 구체적인 구성 요소가 필요하기 때문에 이 책의 범위에 포함되지 않습니다.

Airflow 프로젝트 배경에서는 GitHub 저장소에 개발 환경 〉 개발 브랜치, 프로덕션 환경 〉 프로덕션/메인 등 하나의 전용 브랜치를 만드는 것을 권장합니다. 이렇게 하면 각각 개별적으로 로컬에서 개발할 수 있습니다. 그런 다음 개발 브랜치에 병합하고 개발 환경에서 DAG를 실행합니다. 결과에 만족하면 변경 사항을 다음 특정 브랜치(예: main)에 병합하고 해당 환경에서 워크플로에 반영하는 절차를 수립할 수 있습니다.

요약

DAG 무결성 테스트는 DAG의 기본 오류를 필터링합니다.

- 단위 테스트를 통해 개별 오퍼레이터의 정확성을 검증합니다.
- Pytest 및 플러그인은 테스트를 위해, 임시 디렉터리 및 테스트 중 도커 컨테이너 관리를 위한 플러그인과 같은 몇 가지 유용한 구성을 제공합니다.
- 태스크 인스턴스 콘텍스트를 사용하지 않는 오퍼레이터는 execute()로 실행할 수 있습니다.
- 태스크 인스턴스 콘텍스트를 사용하는 오퍼레이터는 DAG와 함께 실행되어야 합니다.
- 통합 테스트를 위해서는 프로덕션 환경과 최대한 비슷하게 시뮬레이션해야 합니다.

10

컨테이너에서 태스크 실행하기

이 장에서 다음과 같은 내용을 다룹니다.

- Airflow 배포 관리와 관련된 몇 가지 문제를 파악하기
- 컨테이너 접근 방식이 Airflow 배포를 단순화하는 데 어떻게 도움이 되는지 검토하기
- 도커의 Airflow에서 컨테이너화된 태스크 실행하기
- 컨테이너화된 DAG 개발에서 워크플로에 대한 전반적인 개요 수립하기

이전 장에서 각 특정 유형의 태스크를 수행할 수 있도록 특화된 Airflow 오퍼레이터를 이용해 다양한 DAG를 구현했습니다. 이 장에서는 다양한 오퍼레이터를 사용할 때의 문제점을 다룰 텐데, 특히 구축, 배포 및 유지 관리가 편한 Airflow DAG를 생성하는 데 중점을 두고 살펴보 겠습니다. 이러한 문제를 고려하여 도커 및 쿠버네티스를 사용하여 컨테이너에서 Airflow 태 스크를 실행하는 방법과 이러한 컨테이너 접근 방식이 가져올 수 있는 몇 가지 이점에 대해 살 펴봅니다.

10.1 다양한 오퍼레이터를 쓸 때 고려해야 할 점

오퍼레이터는 다양한 유형의 시스템에서 작업을 조정할 수 있는 뛰어난 유연성을 제공하는 Airflow의 강력한 기능 중 하나입니다. 그러나 여러 오퍼레이터가 있는 DAG는 복잡하기 때 문에 만들고 관리하는 것이 어렵습니다.

8장의 영화 추천 예시를 토대로 한 그림 10.1의 DAG를 통해 확인해 봅시다. DAG는 세 가지 태스크로 구성되어 있습니다. 영화 API에서 영화 추천을 가져오고, 가져온 추천에 따라 영화 순위를 지정하고, 이 데이터를 MySQL 데이터베이스로 푸시하여 다운스트림에서 사용합니다. 비교적 간단한 이 DAG는 API를 액세스하기 위한 HttpOperator(또는 다른 API 오퍼레이터), 파이썬 추천 기능을 실행하기 위한 PythonOperator, 결과를 저장하기 위한 MySQLOperator 의 세 가지 오퍼레이터를 사용합니다.

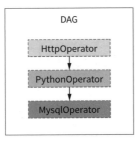

1. API를 통해 데이터를 가져옵니다.

2. 통계를 계산하기 위해 데이터를 집계합니다.

3. 분석을 위해 데이터를 MySQL에 로드합니다.

그림 10.1 영화 추천 DAG의 일러스트레이션. DAG는 영화 추천을 가져와서 영화의 순위를 매기고 그 결과를 데이터베이스에 저장합니다. 이러한 각 단계에는 서로 다른 오퍼레이터가 포함되므로 DAG의 개발 및 유지 관리가 복잡해집니다.

10.1.1 오퍼레이터 인터페이스 및 구현하기

각 태스크에 서로 다른 오퍼레이터를 사용할 때 어려운 점은 효율적인 구성을 위해 각 오퍼레이터별로 인터페이스와 내부 동작에 익숙해져야 한다는 것입니다. 또한 오퍼레이터에서 버그가 발생하면[1] 근본적인 문제를 추적하고 수정하는 데 귀중한 시간과 리소스를 투자해야 합니다. 위의 간단한 예시에서는 오퍼레이터 사용이 간단해 보이지만, 다수의 서로 다른 오퍼레이터를 사용하는 다양한 DAG로 Airflow가 구성되어 있다고 상상해 보겠습니다. 이런 상황에서는 모든 오퍼레이터를 함께 작업 구성하는 것은 어려울 수 있습니다.

10.1.2 복잡하며 종속성이 충돌하는 환경

다양한 오퍼레이터를 사용할 때 또 다른 어려운 점은 오퍼레이터마다 각각의 종속성(파이썬이나 그 외)을 요구한다는 것입니다. 예를 들어, HttpOperator는 HTTP 요청을 수행하기 위해 파이썬 라이브러리인 request에 종속적인 반면, MySQLOperator는 MySQL과 통신하기 위해 파이썬 및 시스템 레벨에서 종속성을 갖게 됩니다. 마찬가지로 PythonOperator가 호출하는 추천 코드는 그 자체적으로 많은 종속성(예: 머신러닝이 포함된 경우 pandas, scikit-learn, 등)을 가질 수 있습니다.

---

1 이것은 유감스럽게도 전례가 없는 일이 아니며, 특히 더 어렵고 덜 사용하는 Airflow 오퍼레이터의 경우에 더욱 그러합니다.

Airflow 설정 방식 때문에 이러한 모든 종속성을 Airflow 스케줄러를 실행하는 환경뿐만 아니라 Airflow 워커 자체에도 설치되어야 합니다. 다양한 오퍼레이터를 사용할 때는 다양한 종속성을 위한 많은 모듈이 설치되어야 하기 때문에[2] 잠재적인 충돌이 발생하고 환경 설정 및 유지 관리가 상당히 복잡해집니다(이렇게 많은 패키지를 설치하면 잠재적인 보안 위험은 말할 것도 없이 높아집니다). 특히 파이썬은 동일한 환경에 동일한 패키지의 여러 버전을 설치할 수 없기 때문에 문제가 됩니다.

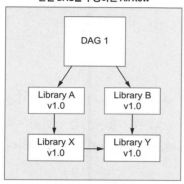
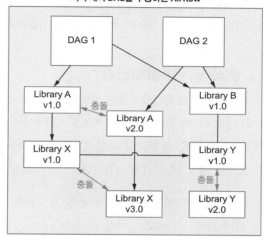

그림 10.2 **Airflow** 태스크 또는 DAG 간의 복잡하고 상충되는 종속성. 단일 환경에서 여러 DAG를 실행하면 DAG가 동일한 (또는 관련) 패키지의 서로 다른 버전에 종속될 경우, 충돌이 발생할 수 있습니다. 특히 파이썬은 동일한 환경에서 동일한 패키지의 다른 버전 설치를 지원하지 않습니다. 즉, 패키지의 충돌(오른쪽) 시에 동일한 패키지 버전을 사용하려면 DAG(또는 DAG의 종속성)를 다시 작성하여 해결해야 합니다.

10.1.3 제네릭 오퍼레이터 지향하기

다양한 오퍼레이터와 그 종속성을 사용하고 유지하는 것이 어렵기 때문에, 일부에서는 Airflow 태스크를 실행하기 위해 하나의 제네릭 오퍼레이터를 사용하는 것이 더 낫다고 주장합니다. 이 접근 방식의 장점은 한 종류의 오퍼레이터에만 익숙해지면 된다는 것입니다. 즉, 다양한 Airflow DAG는 한 가지 유형의 태스크로만 구성되기 때문에 이해하기가 훨씬 쉬워집니다. 또한 모든 사용자가 동일한 오퍼레이터를 사용하여 태스크를 실행하면, 이렇게 많이 사용되는 오퍼레이터에서는 그만큼 버그가 발생할 가능성이 적어질 것입니다. 마지막으로, 하나의 오퍼레이터만 있다면, 이 단일 오퍼레이터에 필요한 하나의 Airflow 종속성 집합만 관리하면 됩니다.

---

2   Airflow의 모든 오퍼레이터를 지원하는 데 관련된 수많은 종속성에 대한 아이디어는 Airflow의 setup.py 파일을 살펴보십시오.

각각에 대한 종속성 패키지를 설치하고 관리하지 않고도 동시에 다양한 태스크를 실행할 수 있는 제네릭 오퍼레이터는 가능할까요? 컨테이너가 이를 가능하게 합니다.

10.2 컨테이너 소개하기

컨테이너container는 애플리케이션에 필요한 종속성을 포함하고 서로 다른 환경에 균일하게 쉽게 배포할 수 있는 기술로, 최근에 인기있는 기술 중 하나입니다. Airflow 내에서 컨테이너를 사용할 수 있는 방법에 대해 살펴보기 전에, 먼저 컨테이너에 대해 간단하게 소개하도록 하겠습니다.[3] 만약 도커와 컨테이너에 대한 개념에 익숙하다면 10.3절로 넘어 가도 됩니다.

10.2.1 컨테이너란 무엇인가?

과거에 소프트웨어 애플리케이션을 개발할 때 가장 큰 문제 중 하나는 배포였습니다(즉, 애플리케이션이 대상 시스템에서 올바르고 안정적으로 실행될 수 있도록 보장). 배포할 때에는 일반적으로 운영 체제 간의 차이, 설치된 종속성 및 라이브러리의 변형, 하드웨어의 차이 등을 포함하여 다양한 요소를 조정 및 고려해야 합니다.

이러한 복잡성을 관리하는 한 가지 방법은 가상화를 사용하는 것입니다. 가상화는 클라이언트 운영 체제 위에서 실행되는 가상 머신Virtual Machine, VM에 애플리케이션을 설치하는 것입니다(그림 10.3). 이러한 접근 방식을 사용하면, 애플리케이션은 가상 OS만을 바라보게 됩니다. 즉, 호스트 OS를 수정하는 대신에 가상 OS가 애플리케이션의 요구사항을 충족하는지 확인하면 됩니다. 따라서 애플리케이션을 구현하기 위해 필요한 종속성을 가진 애플리케이션을 가상 OS에 설치 후 고객에게 제공할 수 있습니다.

VM의 단점은 호스트 OS 위에서 OS(가상 또는 게스트 OS) 전체를 실행해야 하기 때문에 상당히 무겁다는 것입니다. 또한 모든 새 VM은 자체 게스트 OS를 실행하므로, 단일 시스템에서 여러 개의 VM 애플리케이션을 실행하려면 매우 큰 리소스가 필요합니다.

이러한 제한으로 인해 컨테이너 기반 가상화가 개발되었으며, 이는 VM보다 훨씬 가벼운 접근 방식입니다(그림 10.3). VM과 달리 컨테이너 기반 가상화 접근 방식은 호스트 OS의 커널 레벨의 기능을 사용하여 애플리케이션을 가상화합니다. 즉, 컨테이너는 VM과 동일한 방식으로 애플리케이션 및 종속성을 분리할 수 있지만, 각 애플리케이션을 위한 자체 OS를 구동할 필요는 없이 호스트 OS에서 간단하게 활용할 수 있습니다.

---

3 컨테이너에 대한 자세한 내용에 대해서는 도커/쿠버네티스와 같은 컨테이너 기반 가상화 및 관련 기술에 대해 많은 책들이 있으니 이를 참고하시기 바랍니다.

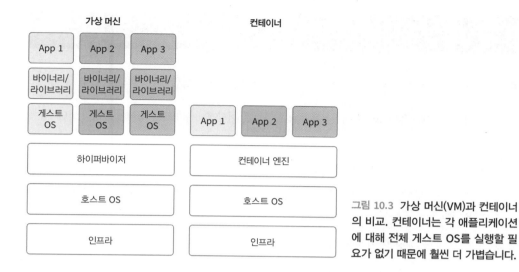

그림 10.3 가상 머신(VM)과 컨테이너의 비교. 컨테이너는 각 애플리케이션에 대해 전체 게스트 OS를 실행할 필요가 없기 때문에 훨씬 더 가볍습니다.

컨테이너 엔진은 컨테이너와 호스트 OS 간의 상호 작용을 관리하고 실행하기 위한 서비스입니다. 컨테이너 엔진은 다양한 애플리케이션 컨테이너와 이미지를 관리하고 실행하기 위한 API를 제공합니다. 또한 사용자가 컨테이너를 빌드하고 상호작용할 수 있도록 도와주는 커맨드라인 도구를 제공합니다. 가장 잘 알려진 컨테이너 엔진은 도커Docker로 비교적 사용하기 쉽고 대규모 커뮤니티 운영으로 수년간 많은 인기를 얻고 있습니다.

10.2.2 첫 도커 컨테이너 실행하기

컨테이너를 만들고 운영하는 라이프사이클을 살펴보기 위해 도커를 사용하여 작은 컨테이너를 만들어 보겠습니다. 이를 통해 컨테이너 작업과 이에 관련된 개발 워크플로에 대해 가볍게 확인할 수 있습니다. 시작하기 전에 도커가 설치되어 있는지 확인합니다. https://www.docker.com/get-started에서 도커 데스크톱 설치를 확인합니다. 도커를 설치하고 실행하면 터미널에서 다음 명령을 사용하여 첫 번째 컨테이너를 실행할 수 있습니다.

리스트 10.1 도커 컨테이너 실행하기

```
$ docker run debian:buster-slim echo Hello, world!
```

이 명령을 실행하면 다음과 같은 결과가 나타납니다.

```
Unable to find image 'debian:buster-slim' locally
latest: Pulling from library/debian
...
Digest: sha256:76c15066d7db315b42dc247b6d439779d2c6466f7dc2a47c2728220e288fc680
```

```
Status: Downloaded newer image for debian:buster-slim
Hello, world!
```

리스트 10.1의 명령을 실행하면 도커는 다음과 같은 단계를 수행합니다.

1 도커 클라이언트는 도커 데몬Docker daemon(로컬 머신에서 실행되는 컨테이너 서비스)에 접속합니다.

2 도커 데몬은 도커 허브 레지스트리Docker hub registry(도커 이미지 저장을 위한 온라인 서비스)에서 기본 데비안Debian OS 바이너리 및 라이브러리가 포함된 데비안 도커 이미지를 가져옵니다.

3 도커 데몬은 해당 이미지를 사용하여 새 컨테이너를 생성합니다.

4 컨테이너는 컨테이너 내부에서 echo Hello, world 명령을 실행합니다.

5 도커 데몬은 명령에 대한 출력을 도커 클라이언트로 전송하여 터미널에 표시합니다.

즉, 호스트 운영 체제와 관계없이 로컬 시스템에 우분투Ubuntu 컨테이너를 실행한 후, 내부에서 echo Hello, world 명령을 실행할 수 있습니다.

마찬가지로 다음 명령을 사용하여 파이썬 명령어를 실행할 수 있습니다.

리스트 10.2 파이썬 컨테이너 내에서 명령 실행하기

```
$ docker run python:3.8 python -c 'import sys; print(sys.version)'
```

위 명령어로 파이썬 컨테이너 내에서 파이썬 명령이 실행됩니다. 여기서는 파이썬 3.8를 포함한 파이썬 이미지를 사용하므로 3.8이라고 태그를 지정합니다.

10.2.3 도커 이미지 생성하기

기존 만들어진 도커 이미지를 실행하는 것은 매우 간단합니다. 그렇다면 만약 사용자가 직접 개발한 애플리케이션을 실행하도록 도커 이미지를 구성하려면 어떻게 해야 할까요? 간단한 예를 통해 이 프로세스를 설명하겠습니다.

예제에서는 wttr.in API(https://wttr.in)로부터 날씨 예보를 가져와 출력 파일에 쓰는 fetch_weather.py라는 간단한 스크립트를 사용합니다. 이 스크립트에는 몇 가지 종속성(파이썬과 파이썬 패키지인 click과 request)이 있으며, 최종 사용자가 쉽게 실행할 수 있도록 도커 이미지로 전체를 패키징합니다.

도커 이미지의 빌드 방법을 기술하는 텍스트 기반의 도커파일Dockerfile을 작성하여 도커 이미지를 빌드할 수 있습니다. 도커파일의 기본 구조는 다음과 같습니다.

리스트 10.3 wttr API로부터 날씨를 가져오기 위한 도커파일

```
FROM python:3.8-slim ◀─── 도커에 이미지를 빌드하기 위한
                          기반으로 사용할 이미지를 알려줍니다.

COPY requirements.txt /tmp/requirements.txt ◀──
RUN pip install -r /tmp/requirements.txt       요구사항 파일을 복사하고
                                               pip를 실행하여 요구 사항을 설치합니다.

COPY scripts/fetch_weather.py /usr/local/bin/fetch-weather ◀── 스크립트를 복사하고
RUN chmod +x /usr/local/bin/fetch-weather                     실행 가능한지 확인합니다.

                                            컨테이너를 시작할 때 실행할 명령을
ENTRYPOINT [ "/usr/local/bin/fetch-weather" ] ◀── 도커에 알립니다.
CMD [ "--help" ] ◀─── 도커에 명령에 포함 할 기본 인수를 알려줍니다.
```

도커파일의 각 줄은 기본적으로 이미지를 작성할 때 도커에게 특정 작업을 수행하도록 지시합니다. 대부분의 도커파일은 도커에게 시작점으로 사용할 기본 이미지를 FROM 명령으로 알려 줍니다. 그런 다음 나머지 명령(COPY, ADD, ENV 등)은 도커에게 기본 이미지(애플리케이션과 해당 종속성이 포함된)에 레이어를 추가하는 방법을 알려 줍니다.

이 도커파일을 사용하여 실제 이미지를 빌드하려면, 다음 docker build 명령을 사용하면 됩니다.

리스트 10.4 도커파일을 사용하여 도커 이미지 빌드하기

```
$ docker build --tag manning-airflow/wttr-example .
```

이는 도커에 현재 디렉터리(.)를 빌드 위치로 사용하여 이미지를 빌드하도록 지시합니다. 그러면 도커는 이 디렉터리에서 도커파일을 찾고 ADD/COPY 구문에 포함된 파일(예: 스크립트 및 요구 사항 파일)도 검색합니다. --tag 인수는 도커에 빌드된 이미지에 할당할 이름을 지정합니다(여기에서는 manning-airflow/wttr-example).

이 build 명령을 실행하면 다음과 같은 출력이 표시됩니다.

```
Sending build context to Docker daemon   5.12kB
Step 1/7 : FROM python:3.8-slim
 ---> 9935a3c58eae
Step 2/7 : COPY requirements.txt /tmp/requirements.txt
 ---> 598f16e2f9f6
Step 3/7 : RUN pip install -r /tmp/requirements.txt
 ---> Running in c86b8e396c98
```

```
Collecting click
...
Removing intermediate container c86b8e396c98
 ---> 102aae5e3412
Step 4/7 : COPY scripts/fetch_weather.py /usr/local/bin/fetch-weather
 ---> 7380766da370
Step 5/7 : RUN chmod +x /usr/local/bin/fetch-weather
 ---> Running in 7d5bf4d184b5
Removing intermediate container 7d5bf4d184b5
 ---> cae6f678e8f8
Step 6/7 : ENTRYPOINT [ "/usr/local/bin/fetch-weather" ]
 ---> Running in 785fe602e3fa
Removing intermediate container 785fe602e3fa
 ---> 3a0b247507af
Step 7/7 : CMD [ "--help" ]
 ---> Running in bad0ef960f30
Removing intermediate container bad0ef960f30
 ---> ffabdb642077
Successfully built ffabdb642077
Successfully tagged wttr-example:latest
```

이것은 기본적으로 파이썬 기본 이미지(1단계)부터 최종 CMD 명령(7단계)까지 이미지 생성과 관련된 전체 빌드 프로세스를 보여줍니다. 도커는 제공된 이름으로 빌드된 이미지에 태그를 지정하여 완료합니다.

빌드된 이미지의 테스트 실행을 수행하려면 다음 명령을 사용합니다.

리스트 10.5 wttr 이미지를 사용하여 도커 컨테이너 실행하기

```
$ docker run manning-airflow/wttr-example:latest
```

컨테이너 내부의 스크립트에서 다음 도움말 메시지가 출력됩니다.

```
Usage: fetch-weather [OPTIONS] CITY

  CLI application for fetching weather forecasts from wttr.in.

Options:
  --output_path FILE  Optional file to write output to.
  --help              Show this message and exit.
```

이제 컨테이너 이미지가 생성되었으므로, 다음 절에서는 wttr API에서 일기 예보를 가져오는 데 이 컨테이너를 사용해 보도록 하겠습니다.

10.2.4 볼륨을 사용하여 데이터를 유지하기

암스테르담과 같은 도시의 날씨를 가져오기 위해서, 이전 절에서 빌드한 wttr-example 이미지를 다음 도커 명령을 사용하여 실행할 수 있습니다.

리스트 10.6 **특정 도시에 대한 wttr 컨테이너 실행하기**

```
$ docker run wttr-example:latest Amsterdam
```

모든 것이 제대로 진행된다면 터미널에 암스테르담의 일기 예보와 멋진 그래프가 인쇄됩니다 (그림 10.4).

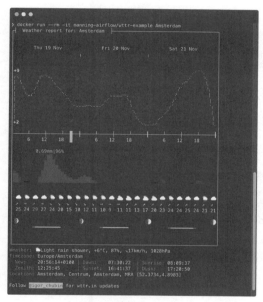

그림 10.4 **암스테르담에 대한 wttr-example 컨테이너의 출력 예**

일기 예보의 일부 과거 이력을 구성하기 위해서, 출력 파일에 예보를 기록해야 할 수도 있습니다. 이를 향후 참조하거나 분석에 사용할 수 있습니다. CLI 스크립트에는 예보를 콘솔이 아닌 파일에 저장할 수 있도록 --output_path라는 추가 인수가 있습니다.

하지만 로컬 파일 경로로 이 인수를 지정한 후 명령을 실행하면 시스템에 실제로 JSON 출력 파일이 생성되지 않습니다.

```
$ docker run wttr-example:latest Amsterdam --output_path amsterdam.json
$ ls amsterdam.json
ls: amsterdam.json: No such file or directory
```

이는 컨테이너 환경이 호스트 OS와 격리되어 있기 때문입니다. 즉, 파일 시스템 또한 컨테이너 환경과 호스트 시스템은 분리되어 있습니다.

컨테이너와 파일을 공유하기 위해서는 컨테이너가 액세스할 수 있는 파일 시스템의 파일을 사용할 수 있는지 확인해야 합니다. 일반적으로 사용하는 옵션 중 하나는 인터넷(예: Amazon의 S3 저장소) 또는 로컬 네트워크를 통해 액세스할 수 있는 스토리지를 사용하여 파일을 읽고 쓰는 것입니다.

파일 또는 폴더를 컨테이너에 마운트하려면 마운트할 파일/폴더와 컨테이너 내부에서 원하는 경로를 지정하는 --volume 인수를 docker run 수행 시 제공해야 합니다.

리스트 10.7 컨테이너를 실행 시 볼륨 마운트하기

```
$ docker run --volume `pwd`/data:/data wttr-example ...  ◄
    컨테이너에 있는 /data 이하 디렉터리를 로컬 디렉터리인 data(왼쪽)에 마운트합니다.
```

이렇게 하면 도커가 컨테이너 내의 /data 하위 경로를 로컬 data 폴더를 마운트할 수 있습니다. 이제 다음 명령을 사용하여 마운트된 data 볼륨에 날씨 출력 내용을 확인할 수 있습니다.

리스트 10.8 wttr 컨테이너에서 출력 확인하기

```
$ docker run --rm --volume `pwd`/data:/data \
➡ wttr-example Amsterdam --output_path /data/amsterdam.json  ◄
            Amsterdam과 --output_path에 대한 추가 인수를 컨테이너에 전달합니다.
```

컨테이너 실행이 완료된 후 텍스트 파일이 실제로 존재하는지 확인하여 모든 것이 잘 작동했는지 확인합니다.

```
$ ls data/amsterdam.json
data/amsterdam.json
```

컨테이너 실행이 끝나면 다음 명령어를 사용하여 컨테이너가 실행 중인지 확인할 수 있습니다.

```
$ docker ps
```

실행중인 컨테이너는 도커의 stop 명령으로 중지시킬 수 있습니다. 이전 명령(docker ps)으로 확인한 컨테이너 ID를 사용합니다.

```
$ docker stop <container_id>
```

중지된 도커 컨테이너는 나중에 재시작하기 위해서 백그라운드에서 일시 중단된 상태로 대기합니다. 컨테이너가 더 이상 필요하지 않은 경우 도커의 rm 명령어를 사용해 컨테이너를 완전히 제거할 수 있습니다.

```
$ docker rm <container_id>
```

기본적으로 도커의 ps 명령을 사용하여 실행중인 컨테이너를 확인 시에 중지된 컨테이너는 표시되지 않습니다. ps 명령에 -a 플래그를 포함해 실행하면 중지된 컨테이너를 확인할 수 있습니다.

```
$ docker ps -a
```

10.3 컨테이너와 Airflow

앞에서 도커 컨테이너가 무엇이고 어떻게 사용할 수 있는지 기본적인 설명을 마쳤으므로 이제 Airflow에 대해 알아보겠습니다. 여기서는 Airflow 내에서 컨테이너를 사용하는 방법과 컨테이너 기반 구성이 제공하는 장점에 대해 알아 봅니다.

10.3.1 컨테이너 내의 태스크

Airflow를 통해 태스크를 컨테이너로 실행할 수 있습니다. 실제로는 컨테이너 기반 오퍼레이터(예: DockerOperator 및 KubernetesPodOperator)를 사용하여 태스크를 정의합니다. 이 오퍼레이터들은 실행되면 컨테이너 실행을 시작하고 컨테이너가 정상적으로 실행 완료될 때까지 기다립니다(도커 실행 과정과 유사).

각 태스크의 결과는 실행된 명령과 컨테이너 이미지 내부의 소프트웨어에 따라 다릅니다. 앞에서 언급했던 DAG를 예로 들면(그림 10.1), 세 가지 오퍼레이터를 사용해 세 개의 서로 다른 태스크를 실행합니다. 즉, 평점 가져오기(HttpOperator를 사용), 영화 랭킹 지정(PythonOpertator를 사용) 및 결과를 게시(MySQL 기반 오퍼레이터)하는 태스크입니다. 도커 기반 접근 방식(그림 10.5)은 DockerOperator를 사용하여 이러한 다양한 태스크를 대체하고 적절한 종속성을 가진 세 개의 서로 다른 도커 컨테이너에서 명령을 실행할 수 있습니다.

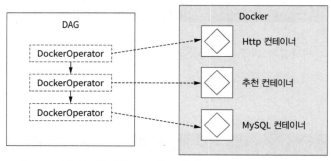

그림 10.5 **그림 10.1의 추천 DAG의 도커 버전**

10.3.2 왜 컨테이너를 사용하는가?

물론 이러한 컨테이너 기반 접근 방식은 각 태스크에 대해 이미지를 빌드해야 합니다(관련되거나 유사한 태스크 간에는 이미지를 공유할 수 있음). 따라서 일부 스크립트나 파이썬 함수로 구현하는 대신, 도커 이미지로 구성하고 유지하는 것은 번거롭게 보이고 왜 이렇게 작업하는지 의구심을 가질 수 있습니다.

간편한 종속성 관리

도커 컨테이너 사용의 장점 중 하나는 종속성 관리를 보다 쉽게 할 수 있다는 것입니다. 여러 태스크를 위해 서로 다른 이미지를 생성하면 각 태스크에 필요한 종속성을 해당 이미지에만 설치할 수 있습니다. 그런 다음 이미지 내에서 태스크가 실행되므로 태스크 간의 종속성 충돌이 발생하지 않습니다(그림 10.6). 또한 태스크가 더 이상 워커 환경에서 실행될 필요가 없기 때문에 Airflow워커 환경에 태스크에 대한 종속성을 설치할 필요가 없습니다.

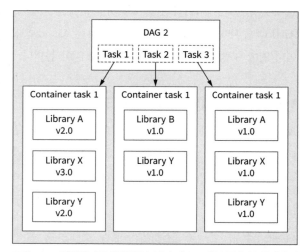

그림 10.6 **컨테이너를 사용하여 여러 태스크에서 종속성 관리하기**

다양한 태스크 실행 시에도 동일한 접근 방식을 제공

태스크 실행 시 컨테이너를 이용하는 또 다른 장점은 컨테이너화된 각 태스크가 동일한 인터페이스를 가질 수 있다는 것입니다. 컨테이너를 통해 모두 동일한 오퍼레이터(예:

DockerOperator)에 의해 실행되는 동일한 태스크로 운영할 수 있기 때문입니다. 이미지 구성 및 실행 명령에 약간의 차이가 있을 뿐입니다. 이러한 획일성을 통해 하나의 오퍼레이터만 학습한 후 DAG를 더욱 손쉽게 개발할 수 있습니다. 그리고 오퍼레이터 관련 문제가 발생할 경우, 고민할 필요 없이 해당 오퍼레이터만 문제를 확인하고 수정하면 됩니다.

향상된 테스트 가능성

마지막으로 컨테이너 이미지를 사용하는 또 다른 이점은, 실행하는 Airflow DAG와는 별도로 개발 및 유지 관리할 수 있다는 것입니다. 즉, 각 이미지는 자체적으로 개발 라이프사이클을 가지며, 기대하는 대로 작동하는지 확인하는 전용 테스트 환경을 구성(예: 목업 데이터로 실행)할 수 있습니다. 또한 태스크가 컨테이너로 분리되어 있기 때문에, Airflow의 오케스트레이션 계층을 분리해 확장 테스트가 가능합니다. PythonOpertator를 이용할 경우, 긴밀하게 연결되어 있기 때문에 오케스트레이션 계층의 탄력성/확장성 테스트가 어렵습니다.

10.4 도커에서 태스크 실행하기

이제부터 추천 DAG를 컨테이너 기반으로 구현합니다. 이 절에서는 도커를 사용하여 기존 DAG를 컨테이너에서 실행하는 방법을 살펴보겠습니다.

10.4.1 DockerOperator 소개

Airflow로 컨테이너에서 태스크를 실행하는 가장 쉬운 방법은 apache-airflow-providers-docker[4] 공급자 패키지의 DockerOperator를 사용하는 것입니다. 오퍼레이터의 이름에서 알 수 있듯이 DockerOperator를 사용하면 도커를 통해 컨테이너에서 태스크를 실행할 수 있습니다. 오퍼레이터의 기본 API는 다음과 같습니다.

리스트 10.9 **DockerOperator를 사용하는 예제**

```
rank_movies = DockerOperator(
    task_id="rank_movies",
    image="manning-airflow/movielens-ranking",   ◀── DockerOperator에게 사용할
                                                      이미지를 알려줍니다.
    command=[   ◀── 컨테이너에서 실행할 명령을 지정합니다.
        "rank_movies.py",
        "--input_path",
        "/data/ratings/{{ds}}.json",
        "--output_path",
```

---

[4] Airflow1.10.x의 경우, apache-airflow-backport-providers-docker 백포트(backport) 패키지를 사용하여 DockerOperator를 설치할 수 있습니다.

```
        "/data/rankings/{{ds}}.csv",
    ],
    volumes=["/tmp/airflow/data:/data"],    ◄──── 컨테이너 내부에 마운트할 볼륨을 정의합니다
)                                                 (형식 : host_path: container_path).
```

DockerOperator의 기본 동작은 특정한 인수를 사용하여 지정된 컨테이너 이미지를 실행하고, 컨테이너가 시작 작업을 완료할 때까지 대기하는 것이며, docker run 명령(앞 절에서 설명)과 동일한 기능을 수행합니다. 여기서는 Airflow가 manning-airflow/movielens-ranking 도커 이미지 내에서 rank_movies.py 스크립트를 실행하도록 하며, 데이터 읽기/쓰기 위치의 지정을 위한 몇 가지 추가 인수를 사용합니다. 컨테이너에 입력 데이터를 제공하고, 태스크/컨테이너가 작업을 완료한 후에 결과를 유지할 수 있도록, 추가 볼륨에 대한 인수를 함께 제공하여 데이터 디렉터리를 컨테이너에 마운트 합니다.

이 오퍼레이터가 실제로 실행되면 어떻게 동작할까요? 기본적으로 어떻게 수행되는지 그림 10.7에 설명되어 있습니다. 먼저 Airflow는 워커_{Worker}에게 태스크를 스케줄하여 실행하도록 지시합니다(1). 그런 다음 DockerOperator는 적절한 인수를 사용해 워커 시스템에서 docker run 명령을 실행합니다(2). 그리고 나서 도커 데몬이 이미지 레지스트리에서 필요한 도커 이미지를 가져옵니다(3). 마지막으로 도커 이미지를 실행하는 컨테이너를 생성하고(4), 로컬 볼륨을 컨테이너에 마운트합니다(5). 명령이 완료된 후, 컨테이너는 종료되고 DockOperator는 Airflow 워커의 결과를 반환합니다.

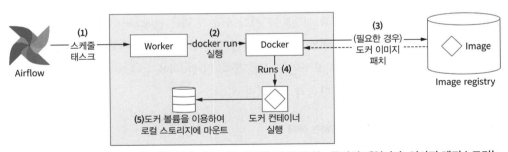

그림 10.7 **DockerOperator를 사용하여 태스크를 실행할 때 발생하는 동작의 예입니다. 이미지 레지스트리는 도커 이미지를 모아 저장해 둡니다. 개인(private) 레지스트리(자신의 이미지를 저장하는) 또는 도커허브(Docker Hub)(이미지를 가져올 때 기본으로 사용하는)와 같은 공용(public) 레지스트리가 될 수 있습니다. 이미지를 가져올 때 로컬에 캐싱되므로 한 번만 수행하면 됩니다(이미지 업데이트는 제한됨).**

10.4.2 태스크를 위한 컨테이너 이미지 생성하기

DockerOperator를 사용하여 태스크를 실행하려면 먼저 다양한 태스크에 필요한 도커 이미지를 빌드해야 합니다. 주어진 태스크에 대한 이미지를 빌드하기 위해서는 태스크 실행에 필요한

소프트웨어(및 해당 종속성)를 정확하게 확인해야 합니다. 그러고 난 후 도커파일Dockerfile(필요한 파일과 함께) 생성하고 docker build 명령어를 사용해 필요한 이미지를 생성합니다.

예시를 위해 영화 추천 DAG의 첫 번째 태스크인 평점을 가져오는 태스크를 확인해 보겠습니다(그림 10.1). 이 태스크는 외부 API에 연결하여 지정된 날짜 범위 동안 사용자의 영화 평점을 가져옵니다. 이 평점 데이터는 다음 태스크에서 추천 모델의 입력으로 사용됩니다.

컨테이너 내에서 이 프로세스를 실행하려면, 먼저 8장에서 평점을 가져오기 위해 작성한 코드를 컨테이너 내부에서 실행할 수 있는 스크립트로 변환해야 합니다. 이 스크립트를 구성하는 첫 번째 단계는 작은 스캐폴딩scaffolding[5]을 사용하여 파이썬으로 CLI 스크립트를 생성하고 필요한 로직을 추가로 작성하는 것입니다. 잘 알려진 파이썬 라이브러리 click을 사용하면 스캐폴딩은 리스트 10.10과 같이 구현할 수 있습니다.

리스트 10.10 **click라이브러리를 기반으로하는 파이썬 CLI 스크립트의 기본구성**

```
#!/usr/bin/env python        ◀── 셔뱅(shebang) 라인은
                                 Linux에 파이썬을 사용하여
                                 스크립트를 실행하도록 지시합니다.
import logging
import click


logging.basicConfig(level=logging.INFO)   ◀── 사용자에게 피드백을 제공하도록 로깅 설정

@click.command()  ◀──┤ main 함수를 click CLI 명령으로 변환
@click.option(  ◀──┤ 해당 유형 및 주석과 함께 CLI 명령에 옵션을 추가합니다.
    "--start_date",
    type=click.DateTime(formats=["%Y-%m-%d"]),
    required=True,
    help="Start date for ratings.",
)
@click.option(  ◀──┤ 명령에 필요한 추가적인 옵션을 추가합니다.
    ...
)
@click.option(
    ...
)
...                                   옵션은 main 함수에 키워드 인수로 전달되며,
def main(start_date, ...):  ◀──┤       전달 후 사용할 수 있습니다.
    """CLI script for fetching ratings from the movielens API."""
    ...


if __name__ == "__main__":  ◀── 스크립트 실행 시 main 함수/명령이 호출되도록하는 파이썬의 규칙
    main()
```

---

5   옮긴이 스캐폴딩이란 건축에서 완공 때까지 사용하는 임시 가설물을 말하며 프로그램을 처음 만드는 뼈대 또는 베이스 코드라고 생각하면 됩니다.

이 스캐폴딩에서 스크립트가 실행될 때 실행되는 main 함수를 구현해 평점 가져오기를 구현합니다. 또한 click.command 데커레이터를 사용하여 main 함수를 click CLI 명령으로 변환합니다. 이 데커레이터는 명령어에서 받은 인수들의 구문 분석parsing과 사용자에게 유용한 피드백 제공 등의 기능을 담당합니다. click.option 데커레이터는 CLI에서 허용하는 인수와 예상되는 값의 유형을 click 라이브러리에 알려주기 위해 사용됩니다. 이를 사용하는 장점은 click 라이브러리가 구문 분석과 인수에 대한 검사도 처리한다는 것입니다. 따라서 이런 로직을 직접 처리할 필요가 없습니다.

스캐폴딩을 사용하여, 8장 시작 부분과 동일한 논리로 main 함수를 작성할 수 있습니다.[6]

리스트 10.11 **평점 스크립트(docker/images/movielens-fetch/scripts/fetch_ratings.py)**

```
...
from pathlib import Path

@click.command()            click에 대한 다른 CLI 인수를 정의합니다.
@click.option(...)  ◀────   간단하게 설명하기 위해 생략되었고
...                         코드 샘플에서 전체 구현 내용을 확인할 수 있습니다.

def main(start_date, end_date, output_path,
         host, user, password, batch_size):

    """CLI script for fetching ratings from the movielens API."""

                                         HTTP 요청을 수행하기 위해
    session = requests.Session()  ◀───   올바른 인증 세부 정보로
    session.auth = (user, password)      세션 정보를 설정합니다.

    logging.info("Fetching ratings from %s (user: %s)", host, user) ◀──┐
                        제공된 세션으로                       로깅은 사용자에게
    ratings = list(     _get_ratings 함수를 사용해            피드백을 제공하는 데
        _get_ratings( ◀─ 평점을 가져옵니다.                     사용됩니다.
            session=session,
            host=host,
            start_date=start_date,
            end_date=end_date,
            batch_size=batch_size,
        )
    )
    logging.info("Retrieved %d ratings!", len(ratings))

    output_path = Path(output_path)

    output_dir = output_path.parent  ◀───  출력 디렉터리가 있는지 확인
    output_dir.mkdir(parents=True, exist_ok=True)
```

---

6   코드는 8장 시작 부분의 PythonOperator 기반 예제에서 가져왔습니다.

```
    logging.info("Writing to %s", output_path)
    with output_path.open("w") as file_: ◄─────  출력 디렉터리에
        json.dump(ratings, file_)                JSON 형식으로 저장합니다.
```

요약하면 이 코드는 HTTP 요청을 수행하기 위해 요청 세션을 설정한 후, _get_ratings 함수를 사용해 API에서 정의된 기간의 평점을 검색합니다. 이 함수 호출의 결과는 레코드 리스트(dict로 표현된)이며 JSON 출력 경로에 저장됩니다. 또한 사용자에게 피드백을 제공하기 위해 로그 구문을 사용합니다.

스크립트를 작성했으니 도커 이미지 빌드를 시작할 수 있습니다. 이를 위해 설치해야 할 종속성(click 및 requests) 스크립트를 이미지에 복사하고 스크립트가 PATH에 있는지 확인하는 도커파일을 생성해야 합니다.[7] 도커파일은 다음 리스트와 같은 내용입니다.

리스트 10.12 평점 스크립트 포함하기(docker/images/movielens-fetch/Dockerfile)

```
FROM python:3.8-slim
RUN pip install click==7.1.1 requests==2.23.0 ◄───┤ 필요한 종속성을 설치합니다.

COPY scripts/fetch_ratings.py /usr/bin/local/fetch-rating ◄───  fetch_ratings 스크립트를
                                                                복사하고 실행 가능하게 만듭니다.
RUN chmod +x /usr/bin/local/fetch-ratings
ENV PATH="/usr/local/bin:${PATH}" ◄───  스크립트가 PATH에 있는지 확인합니다
                                        (스크립트의 전체 경로를 지정하지 않고도 실행 가능).
```

fetch_ratings.py 파일은 도커파일 디렉터리 하위에 있는 스크립트 디렉터리에 넣었다고 가정한 것에 주의하십시오. 패키지 종속성은 도커파일에서 직접 지정하여 설치되지만, requirements.txt 파일을 이용해 pip를 실행하기 전에 이미지에 복사하는 작업을 수행할 수도 있습니다.

리스트 10.13 requirements.txt 사용하기 (docker/images/movielens-fetch-reqs/Dockerfile)

```
COPY requirements.txt /tmp/requirements.txt
RUN pip install -r /tmp/requirements.txt
```

마침내 이 도커파일을 사용하여 평점을 가져오기 위한 이미지를 빌드할 수 있습니다.

```
$ docker build -t manning-airflow/movielens-fetch .
```

---

7 이렇게 하면 스크립트에 대한 전체 경로를 지정하는 대신 fetch-ratings 명령을 사용하여 스크립트를 실행할 수 있습니다.

빌드된 이미지를 테스트하기 위해 docker run으로 실행할 수 있습니다.

```
$ docker run --rm manning-airflow/movielens-fetch fetch-ratings --help
```

이 명령은 스크립트에서 다음과 같은 도움말 메시지를 출력합니다.

```
Usage: fetch-ratings [OPTIONS]

  CLI script for fetching movie ratings from the movielens API.

Options:
  --start_date [%Y-%m-%d]  Start date for ratings.  [required]
  --end_date [%Y-%m-%d]    End date for ratings.  [required]
  --output_path FILE       Output file path.  [required]
  --host TEXT              Movielens API URL.
  --user TEXT              Movielens API user.  [required]
  --password TEXT         Movielens API password.  [required]
  --batch_size INTEGER    Batch size for retrieving records.
  --help                  Show this message and exit.
```

이로써 첫 번째 태스크에 대한 컨테이너 이미지를 구성하였습니다. 유사한 방식으로 다른 태스크 또한 컨테이너 이미지를 빌드할 수 있습니다. 공유되는 코드 분량에 따라 태스크 간에 코드를 공유해 이미지를 생성할 수 있으며, 또 서로 다른 인수와 스크립트를 사용해 실행되는 이미지를 만들 수도 있습니다. 이를 어떻게 구성할지는 독자에게 달렸습니다.

10.4.3 도커 태스크로 DAG 구성하기

이제 각 태스크에 대한 도커 이미지를 빌드하는 방법을 확인했으니 도커 태스크를 실행하기 위한 DAG를 구축할 수 있습니다. 이러한 도커 기반 DAG를 구축하는 프로세스는 비교적 간단합니다. DockOperator로 기존 태스크를 대체하고 각 DockerOperator가 올바른 인수를 사용해 태스크를 실행하도록 합니다. 또한 도커 컨테이너의 파일 시스템은 태스크가 작업이 끝나면 존재하지 않기 때문에 태스크 간에 데이터를 교환하는 방법도 고려해야 합니다.

평점 가져오기로 시작하는 DAG의 첫 번째 부분은 앞 절에서 구축한 manning-airflow/movielens-fetch 컨테이너 내부의 fetch-ratings 스크립트를 호출하는 DockerOperator입니다.

리스트 10.14 **평점 가져오기 컨테이너 실행하기(docker/dags/01_docker.py)**

```python
import datetime as dt

from airflow import DAG
```

```
from airflow.providers.docker.operators.docker import DockerOperator

with DAG(
    dag_id="01_docker",
    description="Fetches ratings from the Movielens API using Docker.",
    start_date=dt.datetime(2019, 1, 1),
    end_date=dt.datetime(2019, 1, 3),
    schedule_interval="@daily",
) as dag:
    fetch_ratings=DockerOperator(
    task_id="fetch_ratings",
    image="manning-airflow/movielens-fetch",     ◄─── DockerOperator에
                                                       movielens-fetch 이미지를
                                                       사용하도록 지시합니다.
    command=[
        "fetch-ratings",     ◄─── 필수 인수를 사용하여 컨테이너에서
                                  fetch-ratings 스크립트를 실행합니다.
        "--start_date",
        "{{ds}}", "--end_date",
        "{{next_ds}}",
        "--output_path",
        "/data/ratings/{{ds}}.json",
        "--user",
        os.environ["MOVIELENS_USER"],     ◄─── API에 대한 호스트 및
                                               인증 세부 정보를 제공합니다.
        "--password",
        os.environ["MOVIELENS_PASSWORD"],
        "--host",
        os.environ["MOVIELENS_HOST"
    ],                                    데이터를 저장할 볼륨을 마운트합니다.
                                          이 호스트 경로는 Airflow 컨테이너가 아니라
    volumes=["/tmp/airflow/data:/data"],  ◄─── Docker 호스트에 있습니다.
    network_mode="airflow",     ◄─── 컨테이너가 airflow 도커 네트워크에 연결하면
    )                                API를 호출할 수 있습니다(동일한 네트워크에서 실행).
```

오퍼레이터에서 컨테이너를 실행할 시 MovieLens API에 연결하는 방법(host, user, password), 평점에 대한 날짜 범위(start_date/end_date) 및 평점이 저장될 위치(output_path)에 대한 인수를 포함해야 합니다.

또한 도커에게 /data 하위 폴더를 호스트 파일 시스템에서 컨테이너로 마운트하도록 합니다 (가져온 평점 데이터를 유지하기 위해). 그리고 도커에게 Airflow라는 특정 도커 네트워크에서 컨테이너를 실행할 수 있도록 지시합니다. 이 네트워크는 docker-compose 템플릿을 사용해 Airflow 실행하는 경우 MovieLens API 컨테이너가 실행되는 곳입니다.[8]

두 번째 작업의 경우, 앞서 진행한 방식과 유사한 접근 방식을 따라 작업에 대한 도커 컨테이너를 빌드한 다음 DockerOperator를 사용하여 실행할 수 있습니다.

---

8   여기에서는 구현 세부 사항이 약간 포함되어 있기 때문에 도커 네트워킹에 대해서는 자세히 설명하지 않습니다. 인터넷에서 API에 액세스하는 경우, 네트워킹 구성을 할 필요가 없습니다. 관심이 있다면 좋은 도커 관련 서적이나 온라인 문서에서 도커 네트워킹을 살펴보시기 바랍니다.

```python
rank_movies = DockerOperator(
    task_id="rank_movies",
    image="manning-airflow/movielens-ranking",  ◄───  movielens-rangking 이미지를 사용합니다.
    command=[
        "rank-movies",  ◄───  필요한 입력/출력 경로로
        "--input_path",        rank-movies 스크립트를 호출합니다.
        "/data/ratings/{{ds}}.json",
        "--output_path",
        "/data/rankings/{{ds}}.csv",
    ],
    volumes=["/tmp/airflow/data:/data"],
)
fetch_ratings >> rank_movies
```

여기에서 DockerOperator를 사용할 때 얻을 수 있는 큰 장점 하나를 확인할 수 있습니다. 태스크들이 서로 다른 작업을 수행하더라도 태스크를 실행하기 위한 인터페이스는 동일합니다(컨테이너에 전달된 명령 인수 제외). 따라서 이제 이 태스크는 manning-airflow/movielens-ranking 이미지 내에서 rank-movies 명령을 실행하여 이전 태스크와 동일한 호스트 경로 마운트에 데이터를 읽고 씁니다. 이렇게 하면 랭킹 태스크가 fetch_ratings 태스크의 출력을 읽고, 랭킹된 영화를 동일한 디렉터리 구조에 유지할 수 있습니다.

DAG에서 처음 두 개의 태스크[9]를 구성하였으므로 이제 Airflow 내에서 DAG를 실행할 수 있습니다. 실행은 Airflow 웹 UI에서 DAG를 활성화하면 됩니다. 실행이 완료될 때까지 기다리면 며칠 동안에 성공한 실행을 확인할 수 있습니다(그림 10.8).

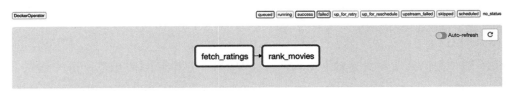

그림 10.8 **Airflow UI에서의 도커 기반 DAG**

태스크를 클릭 후 View logs(로그 보기)를 열면 실행 결과를 확인할 수 있습니다. fetch_ratings 태스크의 경우, 다음과 같은 로그 항목이 표시됩니다. 여기서 DockOperator가 이미지를 시작하고 컨테이너에서 출력을 로그로 기록했음을 확인할 수 있습니다.

---

9   추천을 데이터베이스에 적재하는 세 번째 태스크는 독자 여러분이 직접 연습할 수 있도록 남겨 두겠습니다.

```
[2020-04-13 11:32:56,780] {docker.py:194} INFO -
➡ Starting docker container from image manning-airflow/movielens-fetch
[2020-04-13 11:32:58,214] {docker.py:244} INFO -
➡ INFO:root:Fetching ratings from http://movielens:5000 (user: airflow)
[2020-04-13 11:33:01,977] {docker.py:244} INFO -
➡ INFO:root:Retrieved 3299 ratings!
[2020-04-13 11:33:01,979] {docker.py:244} INFO -
➡ INFO:root:Writing to /data/ratings/2020-04-12.json
```

또한 도커 호스트가 /tmp/airflow/data 디렉터리(이 예제에서)에 기록된 출력 파일로 DAG 실행의 출력 내용을 확인할 수 있습니다.

리스트 10.17 **DAG에서 출력된 영화 랭킹**

```
$ head /tmp/airflow/data/rankings/*.csv | head
==> /tmp/airflow/data/rankings/2020-04-10.csv <==
movieId,avg_rating,num_ratings
912,4.833333333333333,6
38159,4.833333333333333,3
48516,4.833333333333333,3
4979,4.75,4
7153,4.75,4
```

10.4.4 도커 기반의 워크플로

지금까지 살펴본 것처럼 도커 컨테이너를 사용하여 DAG를 구축하는 워크플로는 다른 DAG에 사용한 접근 방식과 약간 다릅니다. 도커 기반 접근 방식의 가장 큰 차이점은 다른 태스크를 위해 먼저 도커 컨테이너를 만들어야 한다는 것입니다. 따라서 전체 워크플로는 일반적으로 다음과 같이 여러 단계로 구성됩니다(그림 10.9 참조).

1 개발자는 필요한 이미지에 대한 도커파일을 만들고, 도커파일은 필요한 소프트웨어 및 종속성을 설치합니다. 그런 다음 개발자(또는 CI/CD 프로세스)가 도커파일을 사용하여 이미지를 작성하도록 도커에게 지시합니다.

2 도커 데몬은 개발 머신(또는 CI/CD 환경의 시스템)에 해당하는 이미지를 구축합니다.

3 도커 데몬은 이미지를 나중에 사용할 수 있도록 컨테이너 레지스트리에 게시합니다.

4 개발자는 빌드 이미지를 참조하는 DockerOperators를 사용하여 DAG를 작성합니다.

5 DAG가 활성화된 후 Airflow는 DAG 실행을 시작하고 각 실행에 대한 DockerOperator 태스크를 스케줄합니다.

6 Airflow 워커는 DockerOperator 태스크를 선택하고 컨테이너 레지스트리에서 필요한 이미지를 가져옵니다.

7 각 태스크를 위해, Airflow 워커는 워커에 설치된 도커 데몬을 사용하여 해당 이미지와 인수로 컨테이너를 실행합니다.

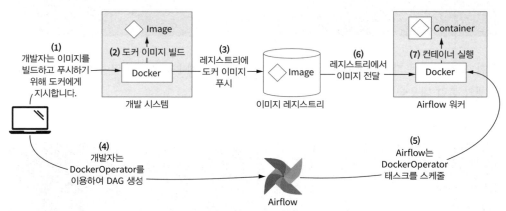

그림 10.9 **Airflow에서 도커 이미지 작업을 위한 일반적인 워크플로**

이 접근 방식의 한 가지 이점은 도커 이미지 내에 저장된 태스크를 실행하기 위한 소프트웨어 개발과 전체 DAG의 개발을 효과적으로 분리할 수 있다는 것입니다. 이렇게 하면 이미지를 자체 라이프사이클 내에 개발할 수 있으며 DAG와는 별도로 이미지를 테스트할 수 있습니다.

10.5 쿠버네티스에서 태스크 실행

도커는 컨테이너화된 태스크를 단일 시스템에서 실행할 수 있는 편리한 접근 방식을 제공합니다. 하지만 여러 시스템에서 태스크를 조정하고 분산하는 데는 도움이 되지 않기 때문에 접근 방식의 확장성이 제한됩니다. 이러한 도커의 한계로 인해 쿠버네티스Kubernetes와 같은 컨테이너 오케스트레이션 시스템이 개발되어 컴퓨터 클러스터 전반에 걸쳐 컨테이너화된 애플리케이션을 확장할 수 있게 되었습니다. 이 절에서는 도커 대신 쿠버네티스에서 컨테이너화된 태스크를 실행하는 방법을 살펴보고, 쿠버네티스를 사용할 경우 얻을 수 있는 장단점을 살펴보도록 하겠습니다.

10.5.1 쿠버네티스 소개

쿠버네티스 하나로도 큰 주제이기 때문에 자세히 설명하지 않고 쿠버네티스가 무엇을 해 줄수 있는지를 이해할 수 있도록 설명하는 데 중점을 두도록 하겠습니다.[10]

쿠버네티스는 컨테이너화된 애플리케이션의 배포, 확장 및 관리에 초점을 맞춘 오픈 소스 컨테이너 오케스트레이션 플랫폼입니다. 쿠버네티스는 도커에 비해 컨테이너를 여러 작업 노드에 배치를 관리하여 확장할 수 있도록 지원하는 동시에 스케줄링 시 필요한 리소스(CPU 또는 메모리), 스토리지 및 특수한 하드웨어 요구사항(예: GPU 액세스) 등을 고려합니다.

쿠버네티스는 기본적으로 쿠버네티스 마스터(또는 컨트롤 플레인)와 노드(그림 10.10)의 두 가지 주요 구성 요소로 구성됩니다. 쿠버네티스 마스터는 API 서버, 스케줄러 및 배포, 스토리지 등을 관리하는 기타 서비스를 포함하여 다양한 컴포넌트를 실행합니다. 쿠버네티스 API 서버는 kubectl(쿠버네티스의 기본 CLI 인터페이스) 또는 쿠버네티스 파이썬 SDK와 같은 클라이언트에서 쿠버네티스를 쿼리하고 명령을 실행하여 컨테이너를 배포하는 데 사용됩니다. 따라서 쿠버네티스 마스터는 쿠버네티스 클러스터에서 컨테이너화된 애플리케이션을 관리하는 주요 포인트입니다.

쿠버네티스 워커 노드는 스케줄러가 할당한 컨테이너 애플리케이션을 실행하는 역할을 합니다. 쿠버네티스에서 이러한 애플리케이션을 **파드**Pod라고 하며 단일 시스템에서 함께 실행해야 하는 컨테이너가 하나 이상 포함됩니다. 현재로서는 쿠버네티스에서 가장 작은 단위가 파드라는 것만 알면 됩니다. Airflow에서 태스크는 단일 파드 내부의 컨테이너로 실행됩니다.

또한 쿠버네티스는 보안 및 스토리지 관리를 위한 내장된 기본 기능을 제공합니다. 예를 들어 쿠버네티스 마스터에게 스토리지 볼륨을 요청하고 이를 컨테이너 내부에 영구 스토리지로 마운트할 수 있습니다. 이런 스토리지 볼륨은 앞 장에서 확인한 도커 볼륨 마운트 작업과 유사하게 동작하지만, 쿠버네티스가 관리하는 차이가 있습니다. 즉, 스토리에 대해 신경 쓸 필요 없이 간단하게 요청하고 제공된 볼륨을 사용하면 됩니다(클러스터 운영을 담당하지 않는 한).

---

[10] 쿠버네티스에 대한 전체 개요는 Marko Lukša의 《Kubernetes in Action》(Manning, 2018)처럼 주제에 대한 포괄적으로 설명하는 서적을 읽는 것이 좋습니다.

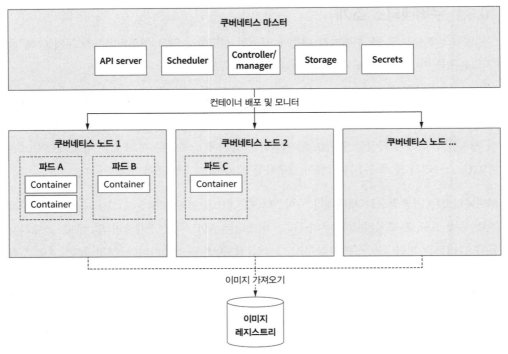

그림 10.10 **쿠버네티스 개요**

10.5.2 쿠버네티스 설정하기

쿠버네티스에서 실행할 수 있게 DAG를 조정하기 전에 쿠버네티스에서 필요한 필수 리소스 설정부터 시작하겠습니다. 먼저 kubectl 클라이언트가 로컬에 설치되어 있고 쿠버네티스 클러스터에 대한 접근 권한이 있는지 확인해야 합니다. 쿠버네티스 설치를 위해 가장 쉬운 방법 중 하나는 로컬에 직접 설치(예: 맥/윈도우 또는 Minikube용 도커를 사용)하거나 클라우드 환경에 설치하는 것입니다.

쿠버네티스가 올바르게 설정되면 다음을 실행하여 작동하는지 확인할 수 있습니다.

```
$ kubectl cluster-info
```

맥 전용 도커를 사용하는 경우, 다음과 같은 출력이 반환되어야 합니다.

```
Kubernetes master is running at https://kubernetes.docker.internal:6443
KubeDNS is running at https://kubernetes.docker.internal:6443/api/v1/
    namespaces/kube-system/services/kube-dns:dns/proxy
```

쿠버네티스 클러스터가 실행 중이라면 일부 리소스를 생성할 수 있습니다. 먼저 Airflow 관련 리소스 및 태스크 파드가 포함될 쿠버네티스 네임스페이스를 만들어야 합니다.

리스트 10.18 **쿠버네테스 네임스페이스 만들기**

```
$ kubectl create namespace airflow
namespace/airflow created
```

다음으로 Airflow DAG의 작업 결과를 저장하기 위한 몇 가지 스토리지 리소스를 생성합니다. 이러한 리소스 지정을 위해 쿠버네티스의 YAML 구문을 사용하여 정의합니다.

리스트 10.19 **스토리지를 위한 YAML 명세서(kubernetes/resources/data-volume.yml)**

```
apiVersion: v1
kind: PersistentVolume  ◀──── 영구 볼륨을 정의하기 위한 쿠버네티스 명세,
metadata:                     가상 디스크로 파드에 데이터 저장 공간을 제공합니다.
  name: data-volume  ◀──┤ 볼륨에 할당할 이름
  Labels:
    type: local
spec:
  storageClassName: manual
  capacity:
    storage: 1Gi  ◀──┤ 볼륨 크기
  accessModes:
    - ReadWriteOnce  ◀──┤ 한 번에 하나의 컨테이너
  hostPath:              읽기/쓰기 액세스를 허용합니다.
    path: "/tmp/data"  ◀──┤ 스토리지가 보관될 호스트의 파일 경로를 지정합니다.
---
apiVersion: v1
kind: PersistentVolumeClaim  ◀──┤ 특정 볼륨 내에서 일부 스토리지를 예약해
metadata:                        영구 볼륨을 할당하기 위한 쿠버네티스 스펙
  name: data-volume  ◀──┤ 스토리지 공간을 할당할 볼륨의 이름
spec:
  storageClassName: manual
  accessModes:
    - ReadWriteOnce  ◀──┤ 스토리지 할당을 허용하는 액세스 모드
  resources:
    requests:
      storage: 1Gi  ◀──┤ 스토리지 할당 크기
```

기본적으로 이 스펙은 스토리지에 사용되는 두 가지 리소스를 정의합니다. 첫 번째는 쿠버네티스 볼륨이고, 두 번째는 스토리지 할당입니다. 이는 쿠버네티스에게 컨테이너에서 사용할 스토리지가 필요함을 알려 줍니다. 이 할당으로 Airflow를 통해 실행하는 모든 쿠버네티스 파드에서 데이터를 저장하는 데 사용할 수 있습니다(다음 절에서 확인합니다).

이제 YAML을 사용하여 필요한 스토리지 리소스를 생성합니다.

```
$ kubectl --namespace airflow apply -f resources/data-volume.yml
persistentvolumeclaim/data-volume created
persistentvolume/data-volume created
```

또한 DAG를 사용해 쿼리 작업을 수행하는 MovieLens API에 대한 배포 작업을 해야 합니다.
다음 YAML로 MovieLens API에 대한 배포 및 서비스 리소스를 만들 수 있습니다. 이를 통
해 쿠버네티스에게 API 서비스 실행하는 방법을 전달할 수 있습니다.

리스트 10.21 **API에 대한 YAML 명세서(kubernetes/resources/api.yml)**

```
apiVersion: apps/v1
kind: Deployment ◀─┤ 컨테이너 배포 생성을 위한 쿠버네티스 명세
metadata:
  name: movielens-deployment    ◀──┤ 배포 이름
  labels:
    app: movielens    ◀──┤ 배포용 레이블(서비스에서 일치)
spec:
  replicas: 1
selector:
  matchLabels:
    app: movielens
template:
  metadata:
    labels:
      app: movielens
  spec:                      각각의 포트, 환경 변수 등과 함께
    containers: ◀           배포에 포함할 컨테이너를 지정합니다.
    - name: movielens
      image: manning-airflow/movielens-api ◀─      쿠버네티스에게 최신 버전의
      ports:                                        movielens-api 이미지를
      - containerPort: 5000                         사용하도록 지시합니다
      env:                                          (latest는 특정 버전 태그가 지정되지 않은 경우
      - name: API_USER                              도커/쿠버네티스에서 사용하는 기본 태그 값).
        value: airflow
      - name: API_PASSWORD
        value: airflow
---
apiVersion: v1 ◀─    주어진 배포에 연결할 수 있는
kind: Service        서비스 생성을 위한 쿠버네티스 명세
metadata:
  name: movielens
spec:                      서비스를 배포에 연결하기 위해
  selector: ◀             배포의 레이블과 일치하는 실렉터
    app: movielens
  ports:
  - protocol: TCP
    port: 80           ◀─┤ 서비스 포트(80)를 배포 컨테이너의
    targetPort: 5000        포트(5000)에 매핑
```

스토리지 리소스에 사용한 것과 동일한 방식으로 서비스를 생성할 수 있습니다.

리스트 10.22 MovieLens API 배포하기

```
$ kubectl --namespace airflow apply -f resources/api.yml
deployment.apps/movielens-deployment created
service/movielens created
```

몇 초를 기다린 후 API가 온라인 상태로 전환되는 것을 확인할 수 있습니다.

```
$ kubectl --namespace airflow get pods
NAME                      READY    STATUS      RESTARTS    AGE
movielens-deployment-...  1/1      Running     0           11s
```

다음을 실행하여 API 서비스가 작동하는지 확인할 수 있습니다.

```
$ kubectl --namespace airflow port-forward svc/movielens 8000:80
```

그런 다음 브라우저에서 http://localhost:8000을 엽니다. 모든 것이 올바르게 작동하면 브라우저에서 API로부터 표시된 'hello world'를 확인할 수 있습니다.

10.5.3 KubernetesPodOperator 사용하기

필요한 쿠버네티스 리소스를 생성한 후 도커 기반의 추천 DAG를 쿠버네티스 클러스터에서 사용할 수 있습니다.

쿠버네티스에서 태스크를 실행하려면 DockerOperator를 apacheairflow-providers-cncf-kubernetes 공급 패키지[11]에서 사용할 수 있는 KubenetesPodOperator의 인스턴스로 교체해야 합니다. 이름에서 알 수 있듯이 KubenetesPodOperator는 쿠버네티스트 클러스터의 파드 내에서 태스크를 실행합니다. 오퍼레이터의 기본 API는 다음과 같습니다.

리스트 10.23 KubernetesPodOperator 사용하기(kubernetes/dags/02_kubernetes.py)

```
fetch_ratings = KubernetesPodOperator(
    task_id="fetch_ratings",
    image="manning-airflow/movielens-fetch",  ◀──┤ 사용할 이미지
    cmds=["fetch-ratings"],  ◀──┤ 컨테이너 내부에서 실행할 실행 파일
    arguments=[  ◀──┤ 실행 파일에 전달할 인수(DockerOperator와 다르게 이곳에서 지정됨)
```

---

11 Airflow 1.10.x의 경우 apache-airflow-backport-provider-cncf-kubernetes 백포트 패키지를 사용하여 Kubernetes PodOperator를 설치할 수 있습니다.

```
        "--start_date",
        "{{ds}}",
        "--end_date",
        "{{next_ds}}",
        "--output_path",
        "/data/ratings/{{ds}}.json",
        "--user",
        os.environ["MOVIELENS_USER"],
        "--password",
        os.environ["MOVIELENS_PASSWORD"],
        "--host",
        os.environ["MOVIELENS_HOST"],
    ],
    namespace="airflow",          ◀──┤ 파드를 실행할 쿠버네티스 네임스페이스
    name="fetch-ratings",         ◀─── 파드에 사용할 이름
    cluster_context="docker-desktop",  ◀──┤ 사용할 클러스터 이름
                                            (쿠버네티스 클러스터가 여러 개 등록된 경우)
    in_cluster=False,             ◀──┤ 쿠버네티스 내에서 Airflow 자체를 실행하지 않음을 지정함
    volumes=[volume],
    volume_mounts=[volume_mount], ◀──┤ 파드에서 사용할 볼륨 및 볼륨 마운트
    image_pull_policy="Never",    ◀──  Airflow가 도커 허브에서 이미지를 가져오는 대신
                                         로컬에서 빌드된 이미지를 사용하도록 지정합니다.
    is_delete_operator_pod=True,  ◀──
)                                      실행이 끝나면 자동으로 파드 삭제
```

DockerOperator와 유사하게 처음 몇 개의 인수는 KubernetesPodOperator에 태스크를 컨테이너로 실행하기 위한 설정을 알려줍니다. image 인수는 쿠버네티스에 사용할 도커 이미지를 지정하고 cmds 및 arguments 매개변수는 실행할 실행 파일(fetch-ratings)과 실행 파일에 전달할 인수입니다. 나머지 인수는 쿠버네티스에게 클러스터(cluster_context), 파드를 실행할 네임스페이스(namespace) 및 컨테이너(name)에 사용할 이름을 알려 줍니다.

또한 앞 절에서 생성한 볼륨을 쿠버네티스 파드 내의 태스크에 마운트하는 방법을 지정하는 두 개의 추가 인수(volumes 및 volume_mounts)도 제공합니다. 이러한 구성 값은 쿠버네티스 파이썬 SDK의 V1Volume 및 V1VolumeMount라는 두 가지 구성 클래스를 사용해 생성합니다.

리스트 10.24 **볼륨 및 볼륨 마운트(kubernetes/dags/02_kubernetes.py)**

```
from kubernetes.client import models as k8s

...

volume_claim = k8s.V1PersistentVolumeClaimVolumeSource(  ◀──
    claim_name="data-volume"                                  이전에 생성된
)                                                             스토리지 볼륨 및
volume = k8s.V1Volume(  ◀──                                   할당에 대한 참조
    name="data-volume",
    persistent_volume_claim=volume_claim
)
```

```
volume_mount = k8s.V1VolumeMount(
    name="data-volume",
    mount_path="/data",   ◄─── 볼륨을 마운트 할 위치
    sub_path=None,
    read_only=False,   ◄─── 쓰기 가능한 볼륨으로 마운트
)
```

여기에서는 먼저 V1Volume 구성 객체를 생성하는데, V1Volume 구성 객체는 이전 절에서 쿠버네티스 리소스로 만든 영구 볼륨 data-volume을 참조합니다. 그런 다음 방금 만든 볼륨 구성(data-volume)을 참조하고 파드의 컨테이너에서 이 볼륨을 마운트할 위치를 지정하는 V1VolumeMount 구성 객체를 생성합니다. 이 두 개의 구성 객체는 volumes 및 volume_mounts 인수를 사용하여 KubernetesPodOperators에 전달할 수 있습니다.

이제 남은 것은 영화 랭킹 태스크를 위한 두 번째 태스크를 만드는 것입니다.

리스트 10.25 **영화 랭킹 태스크 추가하기(kubernetes/dags/02_kubernetes.py)**

```
rank_movies = KubernetesPodOperator(
    task_id="rank_movies",
    image="manning-airflow/movielens-rank",
    cmds=["rank-movies"],
    arguments=[
        "--input_path",
        "/data/ratings/{{ds}}.json",
        "--output_path",
        "/data/rankings/{{ds}}.csv",
    ],
    namespace="airflow",
    name="fetch-ratings",
    cluster_context="docker-desktop",
    in_cluster=False,
    volumes=[volume],
    volume_mounts=[volume_mount],
    image_pull_policy="Never",
    is_delete_operator_pod=True,
)
```

그리고 나서 모든 것을 최종 DAG에 연결합니다.

리스트 10.26 **전체 DAG 구현하기(kubernetes/dags/02_kubernetes.py)**

```
import datetime as dt
import os

from kubernetes.client import models as k8s

from airflow import DAG
```

```
from airflow.providers.cncf.kubernetes.operators.kubernetes_pod import (
    KubernetesPodOperator,
)

with DAG(
    dag_id="02_kubernetes",
    description="Fetches ratings from the Movielens API using kubernetes.",
    start_date=dt.datetime(2019, 1, 1),
    end_date=dt.datetime(2019, 1, 3),
    schedule_interval="@daily",
) as dag:
    volume_claim = k8s.V1PersistentVolumeClaimVolumeSource(...)
    volume = k8s.V1Volume(...)
    volume_mount = k8s.V1VolumeMount(...)

    fetch_ratings = KubernetesPodOperator(...)
    rank_movies = KubernetesPodOperator(...)

    fetch_ratings >> rank_movies
```

DAG 구현을 완료 후, Airflow 웹 UI에서 DAG를 활성화하여 실행할 수 있습니다. 잠시 기다린 후 Airflow가 태스크를 스케줄하고 실행을 시작되는 것을 확인할 수 있습니다(그림 10.11). 자세한 내용은 태스크를 클릭한 다음 View logs를 클릭하여 개별 태스크 인스턴스의 로그를 열어 볼 수 있습니다. 이를 통해 다음 그림과 같은 태스크의 출력이 표시됩니다.

그림 10.11 KubernetesPodOperator를 기반으로 한 추천 DAG의 성공적 실행

리스트 10.27 쿠버네티스 기반 fetch_ratings 태스크의 로그

```
...
[2020-04-13 20:28:45,067] {logging_mixin.py:95} INFO -
➡ [[34m2020-04-13 20:28:45,067[0m] {[34mpod_launcher.py:[0m122}
➡ INFO[0m - Event: [1mfetch-ratings-0a31c089[0m had an event
➡ of type [1mPending[0m[0m
[2020-04-13 20:28:46,072] {logging_mixin.py:95} INFO -
➡ [[34m2020-04-13 20:28:46,072[0m] {[34mpod_launcher.py:[0m122}
➡ INFO[0m - Event: [1mfetch-ratings-0a31c089[0m had an event
➡ of type [1mRunning[0m[0m
[2020-04-13 20:28:48,926] {logging_mixin.py:95} INFO -
➡ [[34m2020-04-13 20:28:48,926[0m] {[34mpod_launcher.py:[0m105}
➡ INFO[0m - b'Fetching ratings from
➡ http://movielens.airflow.svc.cluster.local:80 (user: airflow)\n'[0m [2020-04-13
```

```
20:28:48,926] {logging_mixin.py:95} INFO -
➡ [[34m2020-04-13 20:28:48,926[0m] {[34mpod_launcher.py:[0m105}
➡ INFO[0m - b'Retrieved 3372 ratings!\n'[0m
[2020-04-13 20:28:48,927] {logging_mixin.py:95} INFO -
➡ [[34m2020-04-13 20:28:48,927[0m] {[34mpod_launcher.py:[0m105}
➡ INFO[0m - b'Writing to /data/ratings/2020-04-10.json\n'[0m [2020-04-13
20:28:49,958]
{logging_mixin.py:95} INFO -
➡ [[34m2020-04-13 20:28:49,958[0m] {[34mpod_launcher.py:[0m122}
➡ INFO[0m - Event: [1mfetch-ratings-0a31c089[0m had an event
➡ of type [1mSucceeded[0m[0m
...
```

10.5.4 쿠버네티스 관련 문제 진단하기

문제가 발생하면 태스크가 올바르게 끝나지 않고 실행 상태로 멈추는 경우를 확인할 수 있습니다. 이 문제는 일반적으로 쿠버네티스가 태스크 파드를 스케줄할 수 없기 때문에 발생합니다. 즉, 파드가 클러스터 내에서 실행되지 않고 보류pending 중인 상태가 됩니다. 이 경우에 해당하는지 확인하려면, 해당 태스크의 로그를 보고 클러스터의 파드 상태에 대해 자세히 알아봐야 합니다.

리스트 10.28 태스크가 보류 상태로 멈췄음을 보여주는 로그 출력

```
[2020-04-13 20:27:01,301] {logging_mixin.py:95} INFO -
➡ [[34m2020-04-13 20:27:01,301[0m] {[34mpod_launcher.py:[0m122}
➡ INFO[0m - Event: [1mfetch-ratings-0a31c089[0m had an event of type
➡ [1mPending[0m[0m
[2020-04-13 20:27:02,308] {logging_mixin.py:95} INFO -
➡ [[34m2020-04-13 20:27:02,308[0m] {[34mpod_launcher.py:[0m122}
➡ INFO[0m - Event: [1mfetch-ratings-0a31c089[0m had an event
➡ of type [1mPending[0m[0m
[2020-04-13 20:27:03,315] {logging_mixin.py:95} INFO -
➡ [[34m2020-04-13 20:27:03,315[0m] {[34mpod_launcher.py:[0m122}
➡ INFO[0m - Event: [1mfetch-ratings-0a31c089[0m had an event
➡ of type [1mPending[0m[0m
...
```

여기에서 파드가 실제로 클러스터에서 여전히 보류중인 것을 볼 수 있습니다.

근본적인 문제를 진단하려면 다음 명령을 사용하여 태스크 파드를 조회할 수 있습니다.

```
$ kubectl --namespace airflow get pods
```

해당 파드의 이름을 식별하면 kubectl의 describe 하위 명령을 사용하여 파드 상태에 대한 자세한 내용을 쿠버네티스에 요청할 수 있습니다.

리스트 10.29 **문제를 식별하기 위해 특정 파드 세부 설명**

```
$ kubectl --namespace describe pod [NAME-OF-POD]
...
Events:
  Type     Reason           Age    From               Message
  ----     ------           ----   ----               -------
  Warning  FailedScheduling 82s    default-scheduler  persistentvolumeclaim
➥ "data-volume" not found
```

이 명령은 최근 이벤트(리스트 10.29의 Events 항목에서 확인)를 포함하여 해당 파드에 대한 많은 세부 정보를 출력합니다. 여기에서 필요한 영구 볼륨 할당이 제대로 생성되지 않았기 때문에 파드가 예약되지 않았음을 확인할 수 있습니다.

이 문제를 해결하기 위해 리소스 정보(특정 정보를 하지 않을 수 있음)를 적절하게 설정한 다음 새 이벤트를 확인해 보면 됩니다.

리스트 10.30 **누락된 리소스를 생성하여 문제 해결**

```
$ kubectl --namespace airflow apply -f resources/data-volume.yml
persistentvolumeclaim/data-volume created
persistentvolume/data-volume created

$ kubectl --namespace describe pod [NAME-OF-POD]
...
Events:
  Type     Reason           Age    From               Message
  ----     ------           ----   ----               -----
  Warning  FailedScheduling 33s    default-scheduler persistentvolumeclaim
➥ "data-volume" not found
  Warning  FailedScheduling 6s     default-scheduler pod has unbound
➥ immediate PersistentVolumeClaims
  Normal   Scheduled        3s     default-scheduler Successfully assigned
➥ airflow/fetch-ratings-0a31c089 to docker-desktop
  Normal   Pulled           2s     kubelet, ...      Container image
➥ "manning-airflow/movielens-fetch" already present on machine
  Normal   Created          2s     kubelet, ...      Created container base
  Normal   Started          2s     kubelet, ...      Started container base
```

이는 쿠버네티스가 필요한 볼륨 할당 요청에 따라 볼륨을 생성 후, 파드를 스케줄할 수 있음을 보여주며, 따라서 이전 문제가 해결되었습니다.

일반적으로 문제가 발생하면 먼저 Airflow 로그를 확인하여 문제를 진단하는 것부터 시작하는 것이 좋습니다. 스케줄 문제와 유사한 내용이 확인되면, kubectl이 쿠버네티스 클러스터 또는 구성 문제를 식별하기에 가장 적합한 방법입니다.

이 예제가 포괄적이지는 않지만 KubernetesPodOperator를 사용할 때 쿠버네티스 관련 문제를 디버깅하는 데 도움이 될 수 있을 것입니다.

10.5.5 도커 기반 워크플로와 차이점

쿠버네티스 기반 워크플로(그림 10.12)는 도커 기반 접근 방식(그림 10.9)과 비교적 유사합니다. 하지만 몇 가지 차이점도 있는데, 쿠버네티스 클러스터의 설정 및 유지 관리 외에도 유의해야 할 몇 가지 차이점이 있습니다.

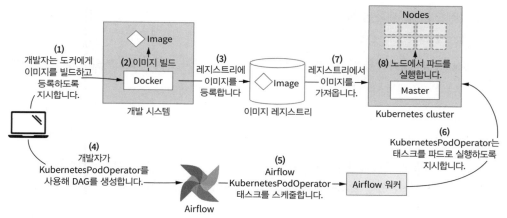

그림 10.12 **KubernetesPodOperator를 사용하여 DAG를 구축하기 위한 워크플로**

첫 번째는 태스크 컨테이너가 더 이상 Airflow 워커 노드에서 실행되지 않고 쿠버네티스 클러스터 내에 별도의 노드에서 실행된다는 것입니다. 즉, 워커에 사용되는 모든 리소스는 최소화되며, 쿠버네티스의 기능을 사용하여 적절한 리소스(예: CPU, 메모리, GPU)가 있는 노드에 태스크가 배포되었는지 확인할 수 있습니다.

둘째, 어떤 스토리지도 더 이상 Airflow 워커가 접근하지 않지만, 쿠버네티스 파드에서는 사용할 수 있어야 합니다. 일반적으로 이는 쿠버네티스를 통해 제공되는 스토리지를 사용하는 것을 의미합니다(쿠버네티스 볼륨 및 스토리지 할당에서 확인 했듯이). 파드에서 스토리지에 대한 적절한 액세스 권한이 있다면, 다른 유형의 네트워크/클라우드 스토리지를 사용할 수도 있습니다.

전반적으로 쿠버네티스는 도커에 비해 확장성, 유연성(예: 다양한 워크로드에 대해 서로 다른 리소스/노드 제공) 및 스토리지, 보안 등과 같은 기타 리소스 관리 관점에서 상당한 장점을 가지고 있습니다. 또한 Airflow 전체를 쿠버네티스에서 실행할 수 있습니다. 즉, Airflow 전체를 확장 가능한 컨테이너 기반 인프라에서 구동 설정이 가능합니다.

요약

- Airflow 배포는 다양한 API에 대한 지식이 필요하고 디버깅 및 종속성 관리가 복잡하기 때문에 여러 오퍼레이터가 함께 운영되는 경우 관리가 어려울 수 있습니다.
- 이 문제를 해결하는 한 가지 방법은 도커와 같은 컨테이너 기술을 사용하여 컨테이너 이미지 내부의 태스크를 캡슐화하고 Airflow 내에서 해당 이미지를 실행하는 것입니다.
- 이러한 컨테이너화된 접근 방식은 종속성 관리, 태스크 운영을 위한 일관된 인터페이스, 태스크 테스트의 향상 등 여러 가지 장점이 있습니다.
- DockerOpertator를 사용하면 docker run CLI 명령과 유사하게 도커를 사용하여 컨테이너 이미지에서 태스크를 직접 실행할 수 있습니다.
- KubernetesPodOperator를 사용하여 쿠버네티스 클러스터의 파드에서 컨테이너화된 태스크를 실행할 수 있습니다.
- 쿠버네티스를 사용하면 컴퓨팅 클러스터 전체에서 컨테이너화된 작업을 확장할 수 있으며, 이는 무엇보다도 컴퓨팅 리소스 측면에서 확장성과 유연성을 향상시킬 수 있습니다.

III

Airflow 실습

이제까지 여러분은 다양한 방법으로 파이프라인을 구축하는 방법을 배웠습니다. 지금부터 실제 서비스에서 구축하는 방법을 배우겠습니다. 3부에서는 실제 서비스에 Airflow를 구축할 때 참고할 수 있는 몇 가지 내용에 대해 논의해보도록 하겠습니다.

먼저 11장에서는 이전에 효율적인 파이프라인 구축을 위해 살펴보았던 몇 가지 예제를 다시 검토하면서, 효율적이고 유지보수 가능한 파이프라인을 구축하기 위한 몇 가지 연습을 진행합니다.

12장과 13장은 Airflow가 실제 서비스에 구축될 때 고려해야 할 자세한 부분을 나누어 다룹니다. 12장에서는 Airflow를 배포하는 과정에서 확장, 모니터링, 로깅, 경고 환경에 대한 구조를 다룹니다. 13장은 Airflow 보안에 대해 집중적으로 다루며 주로 의도하지 않은 접근을 배제하고 보안 침해에 대한 영향을 최소화할 수 있는 방법을 설명합니다.

마지막으로 14장에서는 지금까지 책에서 배운 모든 내용을 하나로 아울러 실제로 시연할 수 있는 예제를 진행합니다.

3부를 완료하면 Airflow에서 효율적이고 유지 관리 가능한 파이프 라인을 작성할 수 있습니다. 이외에도 Airflow를 배포하는 방법과 강력하고 안전한 배포를 위해 고려할 세부 정보에 대한 다양한 관점을 가질 수 있게 됩니다.

PART III
Airflow in practice

11

모범 사례

이 장에서는 다음과 같은 내용을 다룹니다.

- 스타일 컨벤션을 사용하여 명확하고 이해하기 쉬운 DAG 작성 방법
- 인증 정보 관리를 위한 일관된 접근방식과 구성 방법의 사용
- Factory 함수를 이용한 DAG와 태스크의 반복 생성
- 멱등성과 결정론적 관점에서 재현 가능한 태스크 설계
- DAG에서 처리되는 데이터의 양을 제한하여 데이터를 효율적으로 처리
- 중간 단계 데이터 셋의 처리 및 저장을 위한 효율적인 접근 방법
- 리소스 풀을 이용한 동시성 관리

이전 장에서는 Airflow DAG를 사용하여 데이터 프로세스를 구축하고 설계하는 데 사용되는 대부분의 기본 요소에 대해 설명했습니다. 이 장에서는 데이터와 리소스를 처리하는 관점에서 이해하기 쉽고 효율적인 DAG를 작성하는 데 도움이 될 수 있는 몇 가지 모범 사례에 대해 좀 더 자세히 살펴봅니다.

11.1 깔끔한 DAG 작성

DAG를 구성하는 태스크는 시간이 지남에 따라 점점 복잡해질 수 있습니다. 예를 들어 DAG 코드는 최초 작성 이후 많은 수정을 거치면서 기능이 추가될수록 지나치게 복잡해지거나 가독성이 떨어질 수 있습니다. 특히 DAG의 개발자들 간에 코드 작성 규칙을 통일하지 않으면

이런 문제가 더 빈번하게 발생합니다. 이 절에서는 DAG 코드를 구조화하고 코드 스타일을 규격화하는 데 도움이 되는 몇 가지 팁을 다루며, 복잡한 데이터 처리 프로세스에 대해 가독성을 높일 수 있는 방법을 제시합니다.

11.1.1 스타일 가이드 사용

다른 코드 작성과 마찬가지로, 보편적이고 명료한 DAG 코드 개발의 첫 번째 단계 중 하나는 바로 코드 스타일을 채택하고 이 스타일을 모든 DAG에 일관되게 적용하는 것입니다. 클린 코드Clean Code 작성을 위한 엄격한 규칙은 이 책 범위를 벗어나지만, 다음과 같이 몇 가지 팁을 제공하겠습니다.

스타일 가이드 따르기

깔끔하고 이해하기 쉬운 코드를 작성하는 가장 쉬운 방법은 일반적인 코딩 스타일로 코드를 작성하는 것입니다. 잘 알려진 PEP8 스타일 가이드[1] 및 구글과 같은 회사의 가이드[2]를 포함하여 조직에서 사용할 수 있는 여러 스타일의 가이드가 있습니다. 이 가이드에서는 일반적으로 들여쓰기, 최대 줄 길이, 변수/클래스/함수 이름 지정 스타일 등에 대한 권장 사항이 포함되어 있습니다. 이 가이드를 따르면 일반적으로 작성된 코드를 다른 개발자가 확인할 때, 코드를 더 쉽게 파악할 수 있다는 장점이 있습니다.

리스트 11.1 PEP8를 지키지 않은 코드의 예

```
spam( ham[ 1 ], { eggs: 2 } )

i=i+1
submitted +=1

my_list=[
    1, 2, 3,
    4, 5, 6,
    ]
```

리스트11.2 리스트 11.1에 대해 PEP8를 준수한 경우

```
spam(ham[1], {eggs: 2})  ◀──┤ 불필요한 공백 줄이기

i=i + 1              ┤── 연산자 주변에 일관된 공백
submitted += 1       ┤
```

---

1   https://www.python.org/dev/peps/pep-0008/
2   https://google.github.io/styleguide/pyguide.html

```
my_list=[
    1, 2, 3,
    4, 5, 6,
]  ◀──┤ 목록 대괄호 주위에 더 읽기 쉬운 들여쓰기
```

정적 검사기를 이용한 코드 품질 확인

스타일 가이드 외에도 파이썬 커뮤니티에서는 코드의 적절한 코딩 규칙 및 스타일가이드 준
수 여부를 확인할 수 있는 많은 소프트웨어 도구를 제공합니다. 대표적으로 인기 있는 두 도
구는 pylint[3] 및 flake8[4]로, 둘 다 정적 코드 검사기로 작동합니다. 이 도구들은 모두 코드가
정해진 기준을 얼마나 잘 지키는지를 확인해줍니다. 예를 들어 flask8을 이용하여 작성한 코
드에 대해 검사를 수행하려면, pip를 통해 flake8을 설치한 이후, 해당 코드가 포함된 파일에
대해 다음과 같이 수행합니다.

리스트 11.3 Flake8 설치 및 실행

```
pip install flake8
flake8 dags/*.py
```

이 명령은 dags 폴더의 모든 Python파일에 대해 flask8을 이용한 검사 태스크를 수행합니다.
작성된 DAG 코드를 대상으로 해당 코드가 파이썬 스타일을 잘 따르고 있는지에 대한 결과를
제공하며 결과에 대한 내용은 일반적으로 다음과 같습니다.

리스트 11.4 Flake8의 출력 예

```
$ python -m flake8 chapter08/dags/
chapter08/dags/04_sensor.py:2:1: F401
➡ 'airflow.operators.python.PythonOperator' imported but unused
chapter08/dags/03_operator.py:2:1: F401
➡ 'airflow.operators.python.PythonOperator' imported but unused
```

flake8과 pylint는 모두 커뮤니티 내에서 널리 사용되지만, 일반적으로 pylint가 flake8보다 광
범위한 검사 조건을 가지고 있는 것으로 간주합니다.[5] 물론, 두 도구 모두 사용자의 선호도에
따라 특정 검사를 활성화/비활성화하도록 구성할 수 있으며, 두 도구를 통해 포괄적인 피드백
을 받기를 원할 경우 같이 사용될 수도 있습니다. 자세한 내용은 두 도구의 웹사이트를 참고
하세요.

---

3   https://www.pylint.org/

4   https://pypi.org/project/flake8/

5   일부 의견으로 pylint가 지나치게 규칙에 얽매이는 것으로 간주하기 때문에 선호도 관점에서 장점 또는 단점이 될 수 있습니다.

코드 포매터를 사용하여 공통 포맷 적용

정적 검사기는 코드의 품질에 대한 피드백을 제공하지만, pylint나 flake8과 같은 도구는 코드 형식을 지정하는 방법(예: 새 줄의 시작 위치, 함수 헤더 들여쓰기 등)에 대해 엄격한 요구사항을 제시하지는 않습니다. 따라서 서로 다른 사람들이 작성한 파이썬 코드는 개별 작성자의 선호도에 따라 여전히 매우 다른 코딩 스타일로 유지될 수 있습니다.

조직 내에서 코딩 스타일의 이질성을 줄이는 방법 중 하나는 코드 포매터 도구를 사용하여 코드를 형식화하는 것입니다. 개발자가 코드를 작성한 이후, 코드 포매터로 다시 정해진 규칙에 따라 작성된 코드에 대하여 일괄적으로 수정합니다. 이렇게 코드 전체에 포매터를 적용하면 모든 코드가 하나의 일관된 포맷 스타일(포매터에서 구현한 스타일)을 따르게 할 수 있습니다.

일반적으로 사용되는 두 가지 파이썬 코드 포매터는 YAPF[6]와 Black[7]이 대표적입니다. 이 두 가지 도구들은 파이썬 코드를 정해진 규칙을 적용하여 바꿔줍니다. 두 포매터 모두 유사한 스타일을 사용하지만, 적용되는 스타일에 약간의 차이가 있습니다. Black은 지난 몇 년 동안 파이썬 커뮤니티에서 많은 인기를 얻었지만, Black과 YAPF 사이의 선택은 취향에 따라 충분히 선택할 수 있습니다.

다음의 예시를 통해 정해진 약속 없이 구성된 코드를 어떻게 포매팅하는지 확인할 수 있습니다.

리스트 11.5 Black을 이용한 코드 포매팅 적용 이전 코드 예제

```
def my_function(
    arg1, arg2,
    arg3):
    """Function to demonstrate black."""
    str_a='abc'
    str_b="def"
    return str_a + \
        str_b
```

Black을 적용할 경우 다음과 같은 보다 깔끔한 포매팅 결과를 도출하게 됩니다.

리스트 11.6 Black을 이용한 코드 포매팅 적용 후 코드 예제

```
def my_function(arg1, arg2, arg3):  ◀──┤ 인수에 대해 보다 일관된 들여쓰기
    """Function to demonstrate black."""
    str_a="abc"      ┌┤ 일관된 큰따옴표 사용
    str_b="def"      │
    return str_a + str_b  ◀──┤ 불필요한 줄 바꿈 제거
```

---

6   https://github.com/google/yapf

7   https://github.com/psf/black

Black을 직접 실행하려면, pip를 통해 설치하고 적용 대상 코드에 대해 다음과 같이 실행합니다.

리스트 11.7 **Black 설치 및 실행**

```
python -m pip install black
python -m black dags/
```

Black을 수행하면 각 파이썬 파일을 다시 포매팅했는지 여부를 다음과 같이 출력합니다.

리스트 11.8 **Black에서 출력 예**

```
reformatted dags/example_dag.py
All done! ✨ 🍰 ✨
1 file reformatted.
```

그리고 --check 플래그를 활용하여 검정 테스트만 수행할 수도 있습니다. 이렇게 하면 앞선 방법과는 다르게 코드를 변경하지 않고 포맷의 변경을 진행할 것인지에 대한 여부만을 나타내게 됩니다. 또한 많은 편집기(vscode, pycharm)들이 이러한 도구와의 통합을 지원하므로, 편집기 내에서 코드의 형식을 다시 지정할 수 있습니다. 이러한 통합의 구성 방법에 대한 자세한 내용은 해당 편집기의 설명서를 참고하십시오.

Airflow 전용의 코드 스타일 규칙

일반적인 파이썬 코딩 스타일 외에도 Airflow 코드의 스타일 규칙에 맞추는 것도 좋은 방법이 될 수 있습니다. 특히 Airflow가 동일한 결과를 얻을 수 있는 여러 방법을 제공하는 경우, 더욱 효과적이라고 할 수 있습니다.

예를 들어, Airflow는 DAG를 정의할 때 서로 다른 방법 두 가지를 제공합니다.

리스트 11.9 **DAG 정의를 위한 두 가지 스타일**

```
with DAG(...) as dag:  ◀──┤ 콘텍스트 매니저를 사용하는 경우
    task1=PythonOperator(...)
    task2=PythonOperator(...)

dag=DAG(...)  ◀──┤ 콘텍스트 매니저를 사용하지 않는 경우
task1=PythonOperator(..., dag=dag)
task2=PythonOperator(..., dag=dag)
```

원칙적으로 이 두 개의 DAG 정의는 모두 동일한 태스크를 수행하게 됩니다. 즉, 스타일 기본 설정만 사용해도 무방합니다. 다만 하나의 조직 내에서는 두 가지 스타일 중 하나를 선택하고, 이 스타일을 따르게 하는 것도 좋은 방법입니다. 이렇게 하면 코드들을 보다 일관적이고 이해하기 쉽게 유지할 수 있습니다.

Airflow는 태스크에 대한 종속성을 구성할 때 다양한 방법으로 구성할 수 있으므로, 가능하면 코드 작성 시점에서 일관성을 유지하는 것이 더 중요한 일이라고 할 수 있습니다.

리스트 11.10 **태스크 종속성 정의를 위한 다양한 스타일**

```
task1 >> task2
task1 << task2
[task1] >> task2
task1.set_downstream(task2)
task2.set_upstream(task1)
```

위의 각 정의 스타일에는 각각의 장점이 있지만, 단일 DAG 내에서 서로 다른 스타일로 종속성을 결합하는 것은 매우 복잡하게 보일 수 있습니다.

리스트 11.11 **서로 다른 태스크 종속성 표기법 혼합**

```
task1 >> task2
task2 << task3
task5.set_upstream(task3)
task3.set_downstream(task4)
```

동일한 종속성을 구성할 때는 가능하면 일관된 코드 작성 규칙을 유지하는 것이 더 가독성이 좋습니다.

리스트 11.12 **태스크 종속성을 정의하기 위해 일관된 스타일 사용**

```
task1 >> task2 >> task3 >> [task4, task5]
```

반드시 특정 코딩 스타일을 강제할 필요는 없습니다. 다만 조직이 선호하는 방식을 기준으로 선정하고 일관되게 적용하는 것이 더 중요합니다.

11.1.2 중앙에서 자격 증명 관리

다양한 시스템과 상호 작용해야 하는 DAG의 경우에서는 데이터베이스, 컴퓨팅 클러스터, 클라우드 스토리지 등 다양한 유형의 서비스에 대해 자격 증명을 관리해야 할 수 있습니다. 이전 장에서 살펴본 것처럼 Airflow를 사용하면 이러한 자격 증명에 대해 Airflow의 연결 저장소에 관리할 수 있는데, 이 연결 저장소는 이 정보들을 중앙 위치에서 안전한 방식으로 유지되도록 보장합니다.[8]

Airflow 내장 오퍼레이터에 대해서는 자격 증명을 연결 저장소에 저장하는 것이 가장 쉬운 방안이지만, 사용자가 작성하는 PythonOperator 함수(혹은 다른 함수)에 대해서는 접근성을 높이기 위해 보안이 덜 안전한 곳에 자격 증명 정보를 저장해야 할 수도 있습니다. 예를 들어, DAG 자체 또는 외부 구성 파일에 보안 키를 하드 코딩하는 경우가 있습니다.

다행스럽게도 사용자가 작성하는 코드에 대해서도 Airflow의 연결 저장소를 사용하여 자격증명을 쉽게 관리할 수 있습니다. 이를 위해 사용자의 코드에서 저장소로부터 연결 세부 사항을 검색하고 검색된 자격 증명을 사용하여 작업합니다.

리스트 11.13 Airflow 메타스토어에서 자격 증명 가져오기

```
from airflow.hooks.base_hook import BaseHook

def _fetch_data(conn_id, **context)
    credentials=BaseHook.get_connection(conn_id)    ◀── 주어진 ID를 사용하여 자격 증명 가져오기

fetch_data=PythonOperator(
    task_id="fetch_data",
    op_kwargs={"conn_id": "my_conn_id"},
    dag=dag
)
```

이 방식의 장점은 다른 모든 Airflow 오퍼레이터와 동일한 방법으로 자격 증명을 저장한다는 것입니다. 즉, 자격 증명과 관련된 내용이 모두 한곳에서 관리됩니다. 결과적으로 하나의 중앙 데이터베이스에서 자격 증명을 보호하고 관리하면 됩니다.

물론 배포 방법에 따라 보안 정보를 Airflow로 전달하기 전에 다른 외부 시스템(예: 쿠버네티스 보안 및 클라우드 보안 저장소)에 저장할 수 있습니다. 이 경우에도 자격 증명 내용을 Airflow에 전달(예: 환경변수 사용)하고, 코드에서는 연결 저장소를 사용하여 이 정보에 접근하는 것이 좋습니다.

---

8   Airflow가 안전하게 구성되었다고 가정합니다. Airflow의 배포 및 보안 구성은 12장과 13장에서 다룹니다.

11.1.3 구성 세부 정보를 일관성 있게 지정하기

자격 증명 외에도 파일 경로나 테이블명과 같이 DAG의 구성 정보로서 전달해야 하는 여러 매개변수가 있습니다. DAG는 파이썬으로 작성되기 때문에 이러한 구성 정보 전달에 대한 다양한 옵션을 제공합니다. 이 옵션으로는 전역 변수(DAG 내), 구성 파일(예: YAML, INI, JSON), 환경 변수, 파이썬 기반 구성 모듈 등이 있습니다. 이외에도 Airflow Variables[9]를 사용하여 메타스토어에 구성 정보를 저장할 수 있습니다.

예를 들어 YAML 파일[10]에서 일부 구성 옵션을 호출하려면, 다음과 같이 사용할 수 있습니다.

리스트 11.14 **YAML 파일에서 구성 옵션 로드**

```
import yaml

with open("config.yaml") as config_file:
    config=yaml.load(config_file)    ◀─┤ PyYAML을 사용하여 구성 파일을 읽습니다.
...
fetch_data=PythonOperator(
    task_id="fetch_data",
    op_kwargs={
        "input_path": config["input_path"],
        "output_path": config["output_path"],
    },
    ...
)
```

리스트 11.15 **YAML 구성 파일 예**

```
input_path: /data
output_path: /output
```

마찬가지로 Airflow Variables를 사용하여 구성 정보를 불러올 수 있는데, Airflow Variables 는 Airflow 메타스토어에 (전역)변수를 저장하기 위한 Airflow의 기본 기능입니다.[11]

리스트 11.16 **Airflow Variables에 구성 옵션 저장**

```
from airflow.models import Variable
                                          Airflow의 변수 메커니즘을 사용하여
input_path=Variable.get("dag1_input_path")  ◀─┤ 전역 변수를 호출
```

---

9   https://airflow.apache.org/docs/apache-airflow/stable/concepts.html#variables

10 보통 일반 텍스트로 저장되므로 이러한 구성 파일에 민감한 보안 정보가 저장되지 않도록 주의해야 합니다. 구성 파일에 민감한 보안 정보가 저장되어야 할 경우, 자격이 있는 사용자만이 접근할 수 있게끔 권한을 별도로 설정해야 합니다. 이 경우가 아니라면 일반적으로 Airflow 메타스토어 같은, 보다 안전한 환경에 보안정보를 저장하는 것이 좋습니다.

11 DAG의 전역 범위에서 이와 같은 변수를 가져오는 것은 DAG 성능에 나쁜 영향을 미칩니다. 이유는 다음 절을 참고하세요.

```
output_path=Variable.get("dag1_output_path")

fetch_data=PythonOperator(
    task_id="fetch_data",
    op_kwargs={
        "input_path": input_path,
        "output_path": output_path,
    },
    ...
)
```

위와 같이 전역 범위에서 Airflow Variables를 가져오는 것은 좋은 방법은 아닙니다. 이는 스케줄러가 DAG 정의를 읽어올 때마다 Airflow가 데이터베이스에서 변수를 매번 호출하기 때문에 다소 비효율적으로 동작하기 때문입니다.

일반적으로 일관성을 가급적 오랫동안 유지하는 한, 구성을 저장하는 방법에 대한 권장사항은 딱히 없습니다. 예를 들어 하나의 DAG에 대한 구성을 YAML 파일로 저장하는 경우, DAG에 대해서도 동일한 규칙을 따르는 것이 좋다 정도입니다.

DAG 간에 구성 정보를 공유하는 경우, DRY don't repeat yourself(각 객체들이 자기 자신을 반복하지 말아야 한다) 원칙에 따라 단일 위치(예: 공유 YAML 파일)에 구성 값을 저장하는 것이 좋습니다. 이렇게 한곳에서 구성의 매개변수를 관리하면, 한쪽에서 구성 값을 변경하고 다른 곳에서는 변경하지 않는 실수를 방지할 수 있습니다.

마지막으로 구성 옵션이 DAG 내에 참조되는 위치에 따라 다른 콘텍스트에서 로드될 수 있다는 점을 인지해야 합니다. 예를 들어 DAG의 main 부분에서 구성 파일을 로드하려면, 아래와 같이 작업합니다.

리스트 11.17 DAG 정의에 구성 옵션 로드(비효율적)

```
import yaml

with open("config.yaml") as config_file:
    config=yaml.load(config_file)    ◀── 전역범위에서 이 구성 정보는
                                         스케줄러에 로드된다.
fetch_data=PythonOperator(...)
```

위 리스트에서는 config.yaml 파일이 Airflow 웹 서버나 스케줄러를 실행하는 호스트의 로컬 파일 시스템에서 로드됩니다. 이는 두 호스트 모두 구성 파일(config.yaml)에 대한 접근 권한이 있어야 함을 의미합니다. 반면에 구성 파일을 (파이썬) 태스크의 일부로 로드할 수도 있습니다.

```
import yaml

def _fetch_data(config_path, **context):
    with open(config_path) as config_file:
        config=yaml.load(config_file)  ◄── 태스크 영역에서 이 구성 내역(config)이 워커에 로드됩니다.
        ...                                (함수 선언 시점이 아닌) 태스크가 호출되는 시점에
                                           구성 내역이 호출되어 워커에서 동작하게 됩니다.

fetch_data=PythonOperator(
    op_kwargs={"config_path": "config.yaml"},
    ...
)
```

이 경우 구성 파일은 Airflow 워커가 해당 함수(fetch_data)를 실행할 때까지 로드되지 않습니다. 즉, 구성 정보는 Airflow 워커의 콘텍스트에서 호출됩니다. 유의할 점은 Airflow 배포의 구성 방법에 따라 완전히 다른 환경(다른 파일 시스템에 대한 액세스 권한 포함)에 구성할 경우, 잘못된 결과가 발생하거나 태스크가 실패할 수 있다는 것입니다. 그리고 다른 구성 방법에서도 유사한 상황이 발생할 수 있습니다.

따라서 자신에게 잘 맞는 하나의 구성 방식을 선택하고 DAG 전체에서 동일한 접근 방식을 고수하여 이러한 유형의 상황을 피하는 것이 좋습니다. 이외에도 구성 옵션을 로드할 때 실행되는 DAG의 위치가 여러 부분일 수 있다는 것을 고려하여, 모든 Airflow 컴포넌트가 접근할 수 있는 방법을 사용하는 것(예: 로컬이 아닌 공유 파일 시스템 등)이 더 좋습니다.

11.1.4 DAG 구성 시 연산 부분 배제

Airflow DAG는 파이썬으로 작성되므로, DAG를 작성할 때 상당한 유연성을 제공합니다. 하지만 이 파이썬 기반 구성의 단점은 Airflow가 해당 DAG의 동작 정보를 알기 위해서는 파이썬 DAG 파일을 실행해야 한다는 점입니다. 또한 DAG에 대한 변경 사항을 적용하려면, Airflow가 정기적으로 DAG 파일을 다시 읽고 변경 사항을 내부 상태에 동기화해야 합니다.

상상할 수 있듯이 DAG 파일을 반복적으로 실행시키면서 해당 내용을 파악하려고 한다면, DAG 파일을 로드하는 데 오랜 시간이 걸리는 경우 문제가 발생할 수 있습니다. 예를 들어 DAG를 정의할 때 장기간 실행 또는 과도한 계산을 수행하는 경우 이러한 상황이 발생할 수 있습니다.

리스트 11.19 **DAG 정의에서 계산 수행(비효율적)**

```
...
task1=PythonOperator(...)
my_value=do_some_long_computation()          긴 시간 동안 진행되는 계산이
task2=PythonOperator(op_kwargs={"my_value": my_value})   DAG 구문 분석 시점마다 수행된다.
...
```

이런 스타일의 구현은 Airflow DAG 파일이 로드될 때마다 do_some_computation을 실행하여 계산이 완료될 때까지 전체 DAG 구문 분석 프로세스가 중단되는 이슈가 있습니다.

이 문제를 피하는 방법 중 한 가지는 실제 계산이 필요한 시점에만 해당 태스크를 실행하도록 하는 것입니다.

리스트 11.20 **태스크 내에서 계산 수행(보다 효율적)**

```
def _my_not_so_efficient_task(value, ...):
    ...

PythonOperator(
    task_id="my_not_so_efficient_task",
    ...
    op_kwargs={
        "value": calc_expensive_value()          여기서 값은 DAG가
    }                                            구문 분석될 때마다 계산된다.
)

def _my_more_efficient_task(...):
    value=calc_expensive_value()
    ...

                                                 연산 태스크를 태스크로 옮겨놓으면
                                                 해당 태스크가 실행될 때만 값이 계산된다.
PythonOperator(
    task_id="my_more_efficient_task",
    python_callable=_my_more_efficient_task,
    ...
)
```

또 다른 방법은 실행에 필요할 때만 자격 증명을 가져오는 훅/오퍼레이터를 작성하는 것입니다. 그러나 이 방법은 어느 정도 개발이 필요합니다.

주요 DAG 파일 안에서 구성 정보를 외부 데이터 소스 또는 파일 시스템로부터 로드하는 경우에도 유사한 일이 발생할 수 있습니다.

예를 들어 Airflow 메타스토어로부터 자격 증명을 로드하고, 다음과 같이 작업함으로써 몇 가지 태스크를 통해 자격 증명을 공유할 수 있습니다.

```
from airflow.hooks.base_hook import BaseHook

api_config = BaseHook.get_connection("my_api_conn")    ◄──    이 호출은 DAG가
api_key=api_config.login                                       구문 분석이 수행될 때마다
api_secret=api_config.password                                 데이터베이스에
                                                               해당 내용을 확인한다.
task1=PythonOperator(
    op_kwargs={"api_key": api_key, "api_secret": api_secret},
    ...
)
...
```

그러나 이 접근방식의 단점은 DAG가 실행될 때만이 아니라 DAG가 구문 분석될 때마다 데이터베이스에서 자격 증명을 가져오게 된다는 것입니다. 따라서 이러한 자격 증명을 검색하기 위해 데이터베이스에 30초(Airflow 구성에 따라 시간은 달라질 수 있음)마다 반복적으로 요청이 발생하게 됩니다.

이 경우, 이러한 유형의 성능 문제는 일반적으로 자격 증명 가져오기를 태스크가 실제로 동작하는 시점으로 연기하여 해결할 수 있습니다.

리스트 11.22 **태스크 내에서 자격 증명 가져오기(보다 효율적)**

```
from airflow.hooks.base_hook import BaseHook

def _task1(conn_id, **context):
    api_config=BaseHook.get_connection(conn_id)    ◄──    이 호출은 태스크가 실행될 때만
    api_key=api_config.login                               데이터베이스에
    api_secret=api_config.password                         해당 내용을 확인한다.
    ...

task1=PythonOperator(op_kwargs={"conn_id": "my_api_conn"})
```

이렇게 하면 태스크가 실제로 실행될 때만 자격 증명을 가져오므로 DAG가 한결 더 효율적으로 동작하게 됩니다. 이렇게 실수로 DAG 정의에 계산을 포함시키는 '연산의 늪computation creep'을 피하기 위해서는 DAG 작성 시점에 주의 깊게 고려해야 합니다. 일부 다른 케이스는 앞서 언급한 연산의 늪보다 더 안 좋은 상황이 발생할 수 있습니다. 예를 들어 로컬 파일 시스템에서 구성 파일을 반복적으로 로드하는 것은 크게 상관이 없지만, 클라우드 스토리지나 데이터베이스에서 반복적인 로드하는 것은 바람직하지 않을 수 있습니다.

11.1.5 factory 함수를 사용한 공통 패턴 생성

종종 하나의 DAG를 조금씩 수정하면서 새로운 DAG를 계속 생성하는 경우가 있습니다. 이는 보통 연관된 데이터 소스에서 데이터를 수집할 때, 소스 경로 및 데이터 변환에 대해 약간의 수정을 적용하는 경우에 많이 발생합니다. 이와 유사하게, 동일한 과정과 변환이 필요하여, 많은 DAG에 걸쳐서 반복 처리되는 공통적인 데이터 처리가 회사 내에는 많이 있을 수 있습니다.

이러한 공통 DAG 구조를 생성하는 프로세스의 속도를 높이고 효율적인 방법 중 하나는 factory 함수를 작성하는 것입니다.

이 함수의 기본 개념은 각 단계에 필요한 구성을 가져와서 해당 DAG나 태스크 세트를 생성하는 것입니다(공장처럼 DAG나 태스크 세트를 생산합니다). 예를 들어 외부 API에서 일부 데이터를 가져온 뒤 미리 작성된 스크립트를 사용하여 전처리하는 공통 프로세스의 경우, 다음과 같이 factory 함수를 작성할 수 있습니다.

리스트 11.23 **factory 함수를 사용하여 태스크 세트 생성(dags/01_task_factory.py)**

```
                                                  Factory 함수에 의해 생성될
다른 태스크에서 사용하는                              태스크를 구성하는 매개변수
파일 경로
def generate_tasks(dataset_name, raw_dir, processed_dir, preprocess_script,
                   output_dir, dag):
    raw_path=os.path.join(raw_dir, dataset_name, "{ds_nodash}.json")
    processed_path=os.path.join(processed_dir, dataset_name, "{ds_nodash}.json")
    output_path=os.path.join(output_dir, dataset_name, "{ds_nodash}.json")

    fetch_task=BashOperator(  ◄──────  개별 태스크 생성
        task_id=f"fetch_{dataset_name}",
        bash_command=(
            f"echo 'curl http://example.com/{dataset_name}.json "
            f"> {raw_path}.json'"
        )
        dag=dag,
    )
    preprocess_task=BashOperator(
        task_id=f"preprocess_{dataset_name}",
        bash_command=f"echo '{preprocess_script} {raw_path} {processed_path}'",
        dag=dag,
        )

    export_task=BashOperator(
        task_id=f"export_{dataset_name}",
        bash_command=f"echo 'cp {processed_path} {output_path}'",
        dag=dag,
    )
```

```
fetch_task >> preprocess_task >> export_task ◄──┤ 태스크 종속성 정의
return fetch_task, export_task ◄──┤ 더 큰 그래프의 다른 태스크에 연결할 수 있도록 체인의 첫 번째
                                     태스크와 마지막 태스크를 반환(필요 시)
```

그런 다음 이 factory 함수를 사용하여 여러 종류의 데이터 세트를 아래와 같이 수집할 수 있습니다.

리스트 11.24 태스크에 factory 함수 적용(dags/01_task_factory.py)

```python
import airflow.utils.dates
from airflow import DAG

with DAG(
    dag_id="01_task_factory",
    start_date=airflow.utils.dates.days_ago(5),
    schedule_interval="@daily",
) as dag:
    for dataset in ["sales", "customers"]:
        generate_tasks( ◄──┤ 다른 구성 값으로 태스크 집합을 생성
            dataset_name=dataset,
            raw_dir="/data/raw",
            processed_dir="/data/processed",
            output_dir="/data/output",
            preprocess_script=f"preprocess_{dataset}.py",
            dag=dag, ◄──┤ DAG 인스턴스를 전달하여 태스크를 DAG에 연결
        )
```

위 리스트는 그림 11.1 안의 DAG 하나와 유사한 DAG를 생성합니다. 물론, 서로 다른 두 개의 데이터 세트를 단일 DAG에서 수집하는 하는 경우에는 적합하지 않을 수 있습니다. 하지만 서로 다른 DAG 파일에서 generate_tasks factory 함수를 호출함으로써, 쉽게 태스크를 분리하여 여러 DAG를 통해 수행할 수 있습니다.

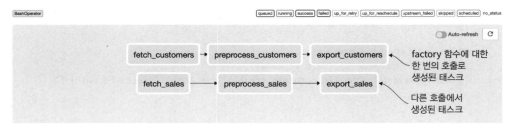

그림 11.1 factory 함수를 사용한 반복 태스크 패턴 생성. 이 예제의 경우, DAG에 factory 함수를 이용한 구성 내역을 토대로 거의 동일한 태스크가 포함되어 있습니다.

또한 리스트 11.25와 같이 전체 DAG를 생성하기 위한 factory 함수를 작성할 수도 있습니다.

리스트 11.25 **factory 함수로 DAG 생성(dags/02_dag_factory.py)**

```python
def generate_dag(dataset_name, raw_dir, processed_dir, preprocess_script):
    with DAG(
        dag_id=f"02_dag_factory_{dataset_name}",
        start_date=airflow.utils.dates.days_ago(5),
        schedule_interval="@daily",
    ) as dag:  ◀──── factory 함수 내에서 DAG 인스턴스 생성
        raw_file_path=...
        processed_file_path=...

        fetch_task=BashOperator(...)
        preprocess_task=BashOperator(...)

        fetch_task >> preprocess_task

    return dag
```

이렇게 하면 최소한의 DAG 파일을 사용하여 다음과 같이 DAG를 생성할 수 있습니다.

리스트 11.26 **DAG factory 함수 적용**

```python
...
dag=generate_dag(  ◀──── factory 함수를 사용하여 DAG 만들기
    dataset_name="sales",
    raw_dir="/data/raw",
    processed_dir="/data/processed",
    preprocess_script="preprocess_sales.py",
)
```

또한 이러한 방법을 사용하면, 하나의 DAG 파일을 사용하여 여러 DAG를 생성할 수도 있습니다.

리스트 11.27 **factory 함수로 여러 DAG 생성(dags/02_dag_factory.py)**

```python
for dataset in ["sales", "customers"]:
    globals()[f"02_dag_factory_{dataset}"]=generate_dag(  ◀── 다른 구성으로 여러 DAG 생성.
        dataset_name=dataset,                                  각 DAG가 서로 덮어쓰지 않도록
        raw_dir="/data/raw",                                   전역 네임 스페이스에서
        processed_dir="/data/processed",                       고유한 이름을
        preprocess_script=f"preprocess_{dataset}.py",          할당해야 합니다
    )                                                          (전역 트릭 사용).
```

이 루프는 DAG 파일의 전역 범위에서 여러 DAG 개체를 효과적으로 생성하며, Airflow는 생성된 각 DAG 객체를 별도의 DAG로 간주합니다(그림 11.2). 이때 주의할 점은 객체는 서로 덮어쓰지 않도록 다른 변수 이름을 가져야 한다는 것입니다. 그렇지 않으면 Airflow는 같은 이름의 DAG들을 하나의 DAG 인스턴스(루프에 의해 생성된 마지막 인스턴스)로 인식할 것입니다.

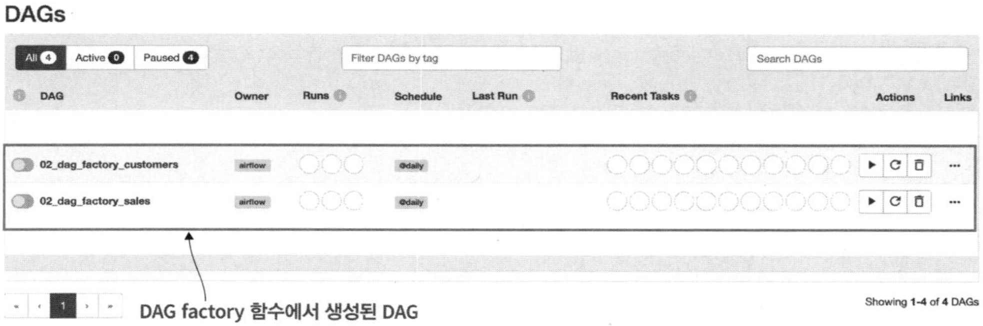

DAGs

DAG	Owner	Runs	Schedule	Last Run	Recent Tasks	Actions	Links

DAG factory 함수에서 생성된 DAG

그림 11.2 DAG factory 기능을 사용하여 단일 파일에서 생성된 여러 DAG. (DAG factory 함수를 사용하여 단일 DAG 파일에서 생성된 여러 DAG를 Airflow UI에서 가져온 스크린숏이 보여줍니다.)

하나의 DAG 파일에 여러 DAG를 생성할 때는 주의하기 바랍니다. 이런 경우 한 DAG 파일에 여러 DAG가 구성되어 있다는 것을 예상하지 못하면 매우 혼란스러워질 수 있기 때문입니다 (일반적인 패턴은 각 DAG에 대해 하나의 파일을 갖는 것입니다). 따라서 이러한 패턴은 상당한 이점을 제공한다고 판단될 때까진 사용을 지양하는 것이 좋습니다.

태스크 또는 DAG의 factory 함수는 구성 파일 또는 다른 형태의 외부 구성과 결합할 때 편리하게 쓸 수 있습니다. 예를 들어 YAML 파일을 입력으로 사용하고, 이 파일에 정의된 구성을 기반으로 DAG를 생성하는 factory 함수를 빌드할 수 있습니다. 이렇게 하면 비교적 간단한 구성 파일을 사용하여 반복적인 ETL 프로세스를 구성할 수 있으며, Airflow에 대한 지식이 거의 없는 사용자도 편집할 수 있습니다.

11.1.6 태스크 그룹을 사용하여 관련된 태스크들의 그룹 만들기

복잡한 Airflow DAG, 특히 factory 함수를 사용하여 생성된 DAG는, 복잡한 DAG 구조 혹은 태스크의 많은 양 때문에 이해하기 어려울 수 있습니다. 이러한 복잡한 DAG 구조를 체계화하기 위해 Airflow2에서는 태스크 그룹task group이라는 새로운 기능이 도입되었습니다. 태스크 그룹을 사용하면 태스크 세트를 더 작은 그룹으로 효과적으로 그룹화하여(시각적으로), DAG 구조를 보다 쉽게 관리하고 이해할 수 있습니다.

이를 위해 TaskGroup 콘텍스트 관리자를 사용하여 태스크 그룹을 생성할 수 있습니다. 예를 들어, 앞에서 살펴 보았던 태스크 factory 함수 예제에서, 각 데이터 세트에 대해 생성된 태스크를 다음과 같이 그룹화할 수 있습니다.

리스트 11.28 TaskGroup를 사용하여 태스크를 시각적으로 그룹화(dags/03_task_groups.py)

```
...
for dataset in ["sales", "customers"]:
    with TaskGroup(dataset, tooltip=f"Tasks for processing {dataset}"):
        generate_tasks(
            dataset_name=dataset,
            raw_dir="/data/raw",
            processed_dir="/data/processed",
            output_dir="/data/output",
            preprocess_script=f"preprocess_{dataset}.py",
            dag=dag,
        )
```

위 리스트는 sales 와 customers 데이터 세트에 대해 생성된 태스크 세트를 두 개의 그룹으로 효과적으로 그룹화하는데, 각 데이터 세트마다 하나의 태스크 그룹을 만듭니다. 그리고 그룹화된 태스크는 웹 인터페이스에서 하나의 압축된 태스크 그룹으로 표시되며 각 그룹을 클릭하면 확장해서 볼 수 있습니다(그림 11.3).

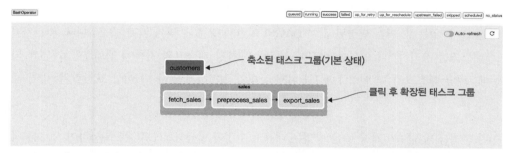

그림 11.3 태스크 그룹은 관련 태스크를 그룹화하여 DAG를 구성하는 데 편리한 기능을 제공합니다. 처음에 태스크 그룹은 이 그림에서 고객 태스크 그룹에 대해 표시된 것처럼 DAG에서 단일 노드로 표시됩니다. 태스크 그룹을 클릭하면 Sales 태스크 그룹에 대하여 확장된 구조를 볼 수 있습니다. 또한 태스크 그룹은 중첩될 수 있으며 바꿔 말한다면 태스크 그룹 내에 다른 태스크 그룹이 있을 수 있습니다.

이 예제는 비교적 간단하지만, 태스크 그룹 기능은 더 복잡한 경우에 시각적 복잡성을 감소시키는 데 매우 효과적으로 쓸 수 있습니다. 예를 들어, 5장의 기계 학습 모델 학습을 위한 DAG에서 우리는 서로 다른 시스템에서 날씨 및 판매 데이터를 가져오고 정리하기 위한 상당한 수의 태스크를 만들었습니다. 태스크 그룹을 사용하면 판매 및 날씨 관련 태스크를 각각의 태스크 그룹으로 그룹화하여 DAG의 복잡성을 줄일 수 있습니다. 이를 통해 기본적으로는 데이터 세트 가져오기 태스크의 복잡한 부분을 숨기고, 필요한 경우에만 개별 태스크를 확대해서 볼 수 있습니다(그림 11.4).

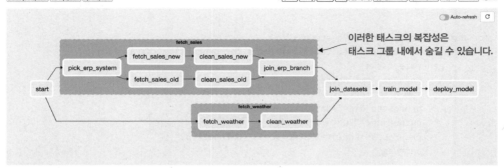

그림 11.4 태스크 그룹을 사용하여 5 장의 Umbrella DAG를 구성합니다. 여기서 날씨 및 판매 데이터 세트를 가져오고 정리하기 위한 태스크를 그룹화하면 이러한 프로세스와 관련된 복잡한 태스크 구조를 크게 단순화하는 데 도움이 됩니다. (코드 예제는 dags / 04_task_groups_umbrella.py에 있습니다.)

11.1.7 대규모 수정을 위한 새로운 DAG 생성

DAG를 실행하면, 해당 DAG 실행 인스턴스가 스케줄러 데이터베이스에 포함됩니다. 시작 날짜 또는 스케줄 간격 등과 같은 DAG의 큰 변경이 발생하면, 스케줄러가 의도한 대로 동작하지 않을 수 있는데, 이는 변경된 값이 DAG의 이전 실행 값과 맞지 않기 때문입니다. 마찬가지로 태스크를 제거하거나 이름을 변경하면 UI에서 해당 태스크의 기록에 액세스할 수 없게 되는데, 해당 태스크가 더 이상 DAG의 현재 상태와 일치하지 않아 더 이상 표시될 수 없기 때문입니다.

이런 문제를 방지하는 가장 좋은 방법은 대규모 수정이 발생하는 DAG를 복사하여 새로운 이름으로 다시 배포하는 것입니다.

원하는 변경을 수행하기 전에 DAG의 새 버전 복사본(예: dag_v1, dag_v2)을 생성하면 됩니다. 이렇게 하면 DAG의 이전 버전에 대한 기록 정보를 사용 가능하게 유지하면서 스케줄러의 혼동을 피할 수 있습니다. DAG에 대한 버전 관리 기능은 현재 Airflow 커뮤니티에서 강력하게 요구하는 기능 중 하나이므로 장기적으로 봤을 때 언젠가 해당 기능이 추가될 수 있습니다.

11.2 재현 가능한 태스크 설계

DAG 코드 외에도, 좋은 Airflow DAG를 작성하는 데 있어 가장 큰 과제 중 하나는 태스크를 재현 가능하도록 설계하는 것입니다. 즉, 태스크를 다른 시점에서 실행할 때에도, 태스크를 간단하게 다시 실행하고 동일한 결과를 기대할 수 있어야 합니다. 이 절에서는 몇 가지 핵심 아이디어를 다시 검토하고 태스크가 이 패러다임에 적합하도록 몇 가지 조언을 제공하겠습니다.

11.2.1 태스크는 항상 멱등성을 가져야 합니다

3장에서 짧게 설명한 바와 같이 잘 만들어진 Airflow 태스크의 특징은 항상 멱등성idempotent을 가지고 있다는 점입니다. 쉽게 말하자면 동일한 태스크를 여러 번 다시 실행하더라도 그 결과는 항상 동일해야 합니다(태스크 자체가 변경되지 않았다고 가정).

멱등성은 매우 중요한 특성인데, 사용자 또는 Airflow가 태스크를 다시 실행해야 하는 경우가 매우 많기 때문입니다. 예를 들어, DAG 내의 일부 태스크를 수정한 이후에 해당 DAG를 다시 실행해야 하는 경우가 있습니다. 또는 동작중인 DAG가 태스크를 완료하기 전에 태스크 순서 중 일부 단계에서 실패가 발생할 때, 실패 지점부터 다시 DAG가 태스크를 수행해야 하는 경우도 있습니다. 이 두 경우 모두, 같은 데이터의 중복 생성이나 의도치 않은 부작용을 피할 수 있는 방법이 필요합니다.

일반적으로 태스크가 다시 실행될 때 앞서 출력된 데이터를 덮어 쓰도록 설정하여 멱등성을 강제할 수 있습니다. 이렇게 하면 이전 실행에서 저장된 모든 데이터를 새로운 결과로 다시 덮어 쓸 수 있기 때문입니다. 이 경우에도 해당 태스크의 부작용을 신중하게 고려해야 하며(예: 알람 보내기 등), 태스크의 멱등성을 해치는 요소가 있는지 확인해야 합니다.

11.2.2 태스크 결과는 결정적이어야 합니다

태스크는 결정적deterministic일 때만 재현할 수 있습니다. 즉, 태스크는 주어진 입력에 대해 항상 동일한 출력을 반환해야 합니다. 대조적으로, 비결정적nondeterministic 태스크는 동일한 입력 데이터에 대해서도 실행할 때마다 다른 결과를 제공할 수 있으므로 재현 가능한 DAG를 구현할 수 없습니다.

비결정적 동작은 다음과 같이 다양한 방식으로 나타날 수 있습니다.

- 함수 내 데이터 또는 데이터 구조의 암시적 순서에 의존하는 경우(예: 파이썬 dict의 암시적 순서 또는 특정 순서 없이 데이터베이스에서 데이터 세트가 반환되는 행 순서)
- 함수 내에서 임의 값, 전역 변수, 디스크에 저장된 외부 데이터(함수에 대한 입력으로 전달되지 않음) 등을 포함하여 외부 상태를 사용하는 경우
- 결과에 대해 명시적인 순서를 지정하지 않고 병렬로 데이터 처리를 수행하는 경우(다중 프로세스/스레드 간에 데이터 처리 수행)
- 다중 스레드 코드 내에서의 경쟁적 실행
- 부적절한 예외 처리

일반적으로 함수 내에서 발생할 수 있는 비결정성의 원인을 신중하게 생각하면, 비결정적 함수의 문제를 피할 수 있습니다. 예를 들어 데이터 세트에 명시적 정렬을 적용하여, 데이터 세트 순서에 대한 비결정성을 방지할 수 있습니다. 마찬가지로 임의성을 포함하는 알고리즘의 문제는 해당 태스크를 수행하기 전에 랜덤 시드seed를 설정하여 방지할 수 있습니다.

11.2.3 함수형 패러다임을 사용하여 태스크를 설계합니다

태스크 생성에 도움되는 접근 방식 중 하나는 함수형 프로그래밍의 패러다임에 따라 태스크를 설계하는 것입니다. 함수형 프로그래밍은 기본적으로 계산을 처리하는 컴퓨터 프로그램을 수학적 함수의 응용으로 구현하되, 상태 변경 및 변경 가능한 데이터를 피하는 방식으로 함수를 만드는 것입니다. 또한 함수형 프로그래밍 언어의 함수는 일반적으로 순수한 상태를 유지해야 하는데, 이 말은 함수들이 결과를 반환하지만 어떤 부작용도 포함하면 안된다는 것을 뜻합니다.

이 접근 방식의 장점 중 하나는 함수형 프로그래밍 언어관점에서 볼 때 함수의 결과가 주어진 입력에 대해 항상 동일하다는 것입니다. 따라서 순수 함수pure function는 일반적으로 멱등적이고 결정적이라고 할 수 있습니다. 다시 말해 이는 Airflow 함수에서 태스크를 위해 달성하려는 것과 정확히 일치한다고 볼 수 있습니다. 따라서 함수형 패러다임의 지지자들은 '함수형 데이터 엔지니어링functional data engineering' 패러다임을 소개하면서, 데이터 처리 애플리케이션에서도 이와 유사한 접근 방식을 적용할 수 있다고 주장합니다.

함수형 데이터 엔지니어링 접근 방식은 기본적으로 함수형 프로그래밍 언어의 개념을 데이터 엔지니어링 태스크에서도 동일하게 적용하는 것을 목표로 합니다. 이러한 태스크에는 부작용이 없고 동일한 입력 데이터 세트에 대해 항상 동일한 결과가 있어야 하는 태스크도 포함됩니다. 이러한 제약을 적용할 때의 가장 큰 장점은, 멱등성 및 결정론적 태스크의 목표를 달성하여, DAG 및 태스크를 재현 가능하게 만들 수 있다는 것입니다.

자세한 내용은 Maxime Beauchemin(Airflow의 핵심 인물 중 한 명)의 블로그 게시물[12]을 참고하시길 바랍니다. 이 블로그는 Airflow의 데이터 파이프라인을 위한 함수형 데이터 엔지니어링 개념에 대해 좋은 내용을 제공합니다.

---

12 https://medium.com/@maximebeauchemin/functional-data-engineering-a-modern-paradigm-for-batch-data-processing-2327ec32c42a(단축 URL: http://mng.bz/2eqm)

11.3 효율적인 데이터 처리

대량의 데이터를 처리하기 위한 DAG는 가장 효율적인 방식으로 처리하도록 신중하게 설계해야 합니다. 이 절에서는 대용량 데이터를 효율적으로 처리하는 방법에 대한 몇 가지 팁을 소개합니다.

11.3.1 데이터의 처리량 제한하기

사소하게 들릴 수 있지만, 데이터를 효율적으로 처리하는 가장 좋은 방법은, 원하는 결과를 얻는 데 필요한 최소한의 데이터로 처리를 제한하는 것입니다. 어쨌든 안 쓰는 데이터를 처리하는 것은 시간과 자원 모두 낭비이기 때문입니다.

실제로 데이터 소스에 대해 신중하게 생각하고 모든 데이터 소스가 필요한지 판단해야 합니다. 필요한 데이터 세트의 경우에도, 사용되지 않는 행과 열을 삭제하여 데이터 세트의 크기를 줄일 수 있는지를 확인해야 합니다. 워크플로 구성 초기에 필요한 데이터만을 선별하여 DAG를 구성하면 성능을 크게 향상시킬 수 있습니다. 이렇게 구성하게 되면 데이터 집계 과정에 대해 효율성이 높아지며, 중간 단계 데이터 세트의 크기가 줄어들어 데이터 가공 단계에서 수행해야하는 작업의 양을 줄일 수 있기 때문입니다.

예를 들어 특정 고객에 대한 제품의 월별 판매량을 계산하는 데이터 프로세스를 가정해 보겠습니다(그림 11.5). 이 예에서는 먼저 두 데이터 세트를 조인join한 다음, 집계 및 필터링 단계를 수행합니다. 이 두 단계에서 필요한 단위별로 판매량을 집계하고, 필요한 고객에 대해 필터링합니다. 이 접근 방식의 단점은 결과를 얻기 위해 사용하지 않는 대량의 데이터 세트를 결합한다는 점입니다. 이는 상당한 시간과 자원이 소요될 수 있습니다.

보다 효율적인 접근 방식은 필터링과 집계 단계의 수행 순서를 앞으로 배치하여, 조인 전에 고객 및 판매 데이터 세트의 크기를 줄이는 것입니다. 이를 통해 결합된 데이터 세트의 크기를 크게 줄여 계산을 훨씬 더 효율적으로 만들 수 있습니다.

이 예제는 다소 추상적일 수 있지만, 데이터 세트의 효율적인 집계 또는 필터링(행과 열 모두)이 데이터 프로세스의 성능을 크게 향상시킨 유사한 사례가 많이 있습니다. 따라서 DAG를 주의 깊게 살펴보고 필요한 것보다 많은 데이터를 처리하고 있는지 확인하는 것은 매우 유익할 수 있습니다.

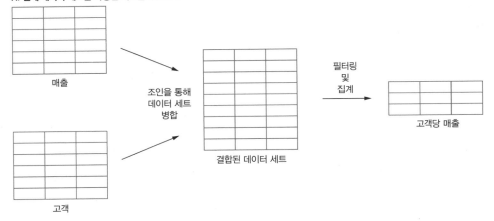

B. 조기 필터링을 통한 보다 효율적인 처리

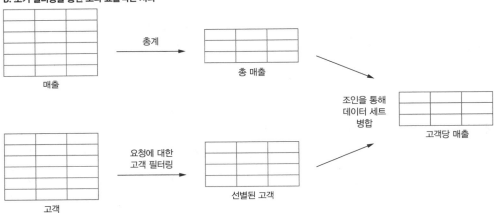

그림 11.5 보다 효율적인 데이터 프로세스와 비교한 비효율적인 데이터 프로세스의 예. (A) 고객당 총 판매량을 계산하는 한 가지 방법은 먼저 두 데이터 세트의 전체 조인을 수행한 다음, 필요한 내용을 추출하여 판매내역을 집계하고 관심있는 고객을 필터링하는 두 번째 단계를 수행하는 것입니다. 이렇게 하면 원하는 결과를 얻을 수 있지만, 조인된 테이블의 크기가 클 수 있으므로 그다지 효율적이지는 않습니다. (B)는 보다 효율적인 접근 방식으로 먼저 판매 및 고객 테이블을 최소 필수 세분화로 필터링 / 집계하여 두 개의 작은 데이터 세트로 구성한 다음에 조인(join) 태스크를 통해 원하는 결과를 추출하는 방법입니다.

11.3.2 증분 적재 및 처리

효율적인 집계 또는 필터링으로도 데이터 세트의 크기를 줄일 수 없는 경우가 많습니다. 하지만 데이터의 증분 처리를 적용하여 각 처리 실행 단계에서 수행해야 하는 처리량을 제한할 수 있는 경우가 많은데, 특히 시계열 데이터 세트의 경우가 대표적입니다.

증분 처리의 기본 아이디어(이전에 3 장에서 다뤘음)는 데이터를 (시계열 기반) 파티션으로 분할하고, 이러한 파티션을 각 DAG 실행에서 개별적으로 처리하는 것입니다. 이렇게 하면 각 DAG 실행에서 처리되는 데이터의 양을 해당 파티션의 크기로 제한할 수 있습니다. 이는 일반적으로 전체 데이터 세트의 크기보다 훨씬 작아지는 효과를 가져옵니다. 하지만 각 증분 실행의 결괏값을 결과 데이터 세트에 추가하게 되면, 시간이 지나고 나면 전체 데이터 세트가 만들어질 수 있습니다(그림 11.6).

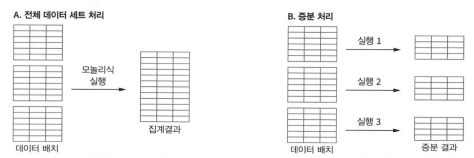

그림 11.6 데이터가 들어올 때마다 데이터 세트가 증분 배치로 분석되는 증분 처리(B)와 비교하여 전체 데이터 세트가 모든 실행에서 처리되는 '모놀리식' 처리(A)의 비교

증분 처리 설계 기반 프로세스의 가장 큰 장점은 실행 중 일부 과정이 오류로 인해 전체 과정이 중단된다고 하더라도 모든 데이터 세트에 대해 처음부터 다시 실행할 필요가 없다는 점입니다. 즉, 실패한 부분만 다시 실행해주면 됩니다. 물론 경우에 따라 전체 데이터 세트를 대상으로 작업을 수행해야 하는 경우도 있습니다. 이 경우에도 프로세스의 증분 부분에서 필터링/집계 단계를 실행하고 최소화된 전체 데이터의 분석을 수행하기 때문에 증분 처리에 대한 이점을 충분히 얻을 수 있습니다.

11.3.3 중간 단계 데이터 캐싱

대부분의 데이터 처리 워크플로에서 DAG는 여러 단계를 구성되는데, 각 단계에서는 이전 단계의 결과 데이터에 추가 작업을 수행합니다. 이 접근 방식의 장점은 (이 장의 앞부분에서 설명했듯이) DAG를 명확한 세부적 단계로 분할하여 실행 중에 오류가 발생하면 오류가 발생한 부분만 다시 실행할 수 있다는 것입니다.

그러나 이러한 DAG의 모든 단계를 효율적으로 다시 실행할 수 있으려면 해당 단계에 필요한 데이터를 즉시 사용할 수 있는지 확인해야합니다(그림 11.7). 그렇지 않으면 모든 종속성을 다시 실행하지 않고서는 개별 단계를 다시 실행할 수 없으므로, 워크플로를 분할하려는 목적 자체를 달성하지 못할 수 있습니다.

그림 11.7 태스크에서 중간 단계 데이터를 저장하면 각 태스크를 다른 태스크와 독립적으로 쉽게 다시 실행할 수 있습니다. 이 경우 클라우드 스토리지(버킷 모양으로 표시됨)는 가져오기/사전 처리 태스크의 중간 결과를 저장하는 데 사용됩니다.

중간 단계 데이터 캐싱의 단점은 대규모 데이터 세트의 여러 중간 버전이 있는 경우, 과도한 양의 스토리지가 필요할 수 있다는 것입니다. 이 경우 제한된 기간의 중간 단계 데이터 세트만을 유지하는 절충안을 고려할 수 있습니다. 이 경우 최근 실행에서 문제가 발생한 개별 태스크를 다시 실행할 수 있는데, 이때 재실행할 수 있는 특정 기간을 제한합니다.

따라서 데이터의 가장 원시 버전을 항상 사용 가능하도록 보관하는 것이 좋습니다(예: 외부 API에서 수집한 그대로의 데이터). 이렇게 하면 데이터를 수집할 시점 그대로의 데이터 사본을 사용할 수 있습니다. 데이터베이스(스냅숏이 없는 경우를 가정) 또는 API와 같은 소스 시스템에서는 대체로 이러한 유형의 데이터 스냅숏/버전을 제공하지 않습니다. 이 원시 데이터의 사본을 별도로 보관하면, 필요할 때마다 항상 다시 처리할 수 있습니다. 예를 들어 코드가 변경되거나 또는 첫 프로세스에서 문제가 발생할 경우 언제나 재처리가 가능합니다.

11.3.4 로컬 파일 시스템에 데이터 저장 방지

Airflow 작업 내에서 데이터를 처리할 때, 중간 단계 데이터 로컬 파일 시스템에 저장해야 하는 경우가 있습니다. 특히 Bash 및 파이썬 오퍼레이터와 같이 Airflow 워커 내에서 지역적으로 실행되는 오퍼레이터를 사용할 때 발생하는데, 로컬 파일 시스템에 쉽게 액세스할 수 있기 때문입니다.

하지만 로컬 시스템에 파일을 저장할 때에 단점이 있는데, 이는 다운스트림 태스크가 파일에 접근하지 못할 수 있다는 것입니다. 왜냐하면 Airflow가 다중 태스크를 병렬로 처리하기 위해, 다중의 워커에 태스크를 실행하기 때문입니다. Airflow 배포 정책에 따라, 두 개의 종속적인 태스크(즉, 하나의 태스크가 다른 태스크로 부터 데이터 입력을 기대함)가 서로 다른 워커에서 실행될 수 있고, 이때 워커는 다른 워커의 파일 시스템에 접근할 수 없으므로 데이터를 읽어올 수 없습니다.

이 문제를 방지하는 가장 쉬운 방법은 모든 Airflow 워커에서 동일한 방식으로 액세스할 수 있는 공유 저장소를 사용하는 것입니다. 예를 들어 중간 파일을 저장하기 위해 사용하는 일반적으로 패턴은, 동일한 파일 URL과 자격 증명으로 액세스할 수 있는 공유 클라우드 스토리지 버킷에 저장하는 것입니다. 마찬가지로, 데이터 유형에 따라 공유 데이터베이스 또는 기타 공유 스토리지 시스템을 사용하여 데이터를 저장할 수도 있습니다.

11.3.5 외부/소스 시스템으로 작업을 이전하기

일반적으로 Airflow는 실제 데이터 처리를 위해 Airflow 워커를 사용하는 것보다는, 오케스트레이션 도구로 사용될 때 더 효율적입니다. 예를 들어, 작은 데이터 세트의 경우 일반적으로 PythonOperator를 사용하여 워커에서 직접 데이터를 로드할 수 있습니다. 그러나 데이터 세트가 계속 커질 경우, Airflow 워커를 지속적으로 더 큰 시스템에서 실행시켜야 하기 때문에 문제가 될 수 있습니다.

이러한 경우, 해당 유형의 작업에 가장 적합한 외부 시스템으로 계산 및 쿼리를 이전함으로써, 소규모 Airflow 클러스터에서도 훨씬 더 높은 성능을 얻을 수 있습니다. 예를 들어 데이터베이스에서 데이터를 쿼리할 때, 워커 자체에서 데이터를 가져오고 파이썬으로 계산을 수행하는 대신, 필요한 필터링/집계를 데이터베이스 시스템에서 수행하게 함으로써 훨씬 더 효율적으로 작업할 수 있습니다. 마찬가지로 빅데이터 애플리케이션의 경우, 일반적으로 외부 Spark 클러스터에서 계산을 실행하도록 Airflow를 사용하면 훨씬 좋은 성능을 얻을 수 있습니다.

여기서 중요한 사항은 Airflow는 주로 오케스트레이션 도구로 설계되었고, 이러한 방식으로 사용하면 최상의 결과를 얻을 수 있다는 것입니다. 다른 도구는 일반적으로 실제 데이터 처리를 수행하는 데 더 적합하므로, 이를 수행하는 데 사용하여 각기 다른 도구가 강점을 발휘할 수 있도록 하는 것이 중요합니다.

11.4 자원관리

대용량의 데이터를 가지고 작업할 때, 데이터 처리에 사용되는 Airflow 클러스터나 다른 시스템의 한도를 넘는 경우가 많습니다. 이 절에서는 리소스를 효과적으로 관리하기 위한 몇 가지 팁을 살펴보고, 이러한 종류의 문제를 관리하기 위한 몇 가지 아이디어를 제공합니다.

11.4.1 Pool을 이용한 동시성 관리하기

많은 태스크를 병렬로 실행할 때 여러 태스크가 동일한 자원(메모리, CPU)에 접근해야 하는 상황이 발생할 수 있습니다. 이러한 종류의 동시성을 처리하도록 설계되지 않은 경우, 해당 자원의 한도를 금방 초과할 수 있습니다. 예를 들어, 데이터베이스 또는 GPU시스템 환경과 같이 공유 자원을 사용할 수도 있지만, 주어진 클러스터 내에서 수행되는 작업의 수를 제한하고 싶은 경우 Spark 클러스터를 사용할 수도 있습니다.

Airflow는 리소스 풀resource pool을 사용하여 주어진 리소스에 액세스할 수 있는 태스크 수를 제어할 수 있습니다. 이때 리소스 풀의 각 풀은 해당 리소스에 대한 액세스 권한을 부여하는 고정된 수의 슬롯slot을 가지고 있습니다. 리소스를 사용해야 하는 개별 태스크는 리소스 풀에 할당되어서, 해당 태스크가 스케줄되기 전에 해당 풀에서 슬롯을 확보해야 함을 효과적으로 Airflow 스케줄러에게 요청할 수 있습니다. Airflow UI의 'Admin 〉 Pool' 섹션에서 리소스 풀을 만들 수 있습니다. 이 화면에서 Airflow 내에 정의된 풀의 개요를 확인할 수 있습니다 (그림 11.8). 새 리소스 풀을 만들려면 'Create'를 클릭합니다. 새 화면 (그림 11.9)에서 새 리소스 풀의 이름과 설명을 입력할 수 있으며, 이 풀에 원하는 슬롯의 개수를 지정할 수 있습니다. 슬롯의 수는 리소스 풀의 동시성 정도를 정의합니다. 즉, 10개의 슬롯이 있는 리소스 풀에서 10개의 태스크가 해당 리소스에 동시에 액세스할 수 있습니다.

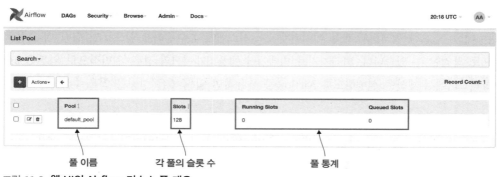

그림 11.8 웹 UI의 Airflow 리소스 풀 개요

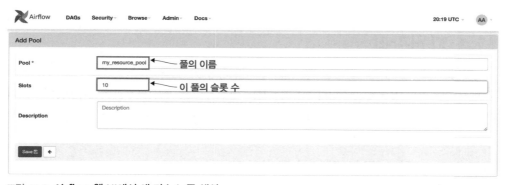

그림 11.9 Airflow 웹 UI에서 새 리소스 풀 생성

태스크가 새 리소스 풀을 사용하도록 하려면, 태스크를 생성할 때 리소스 풀을 할당해야 합니다.

```
PythonOperator(
    task_id="my_task",
    ...
    pool="my_resource_pool"
)
```

이렇게 하면 Airflow는 주어진 실행에서 위의 태스크를 예약하기 전에, `my_resource_pool`에서 사용 가능 한 슬롯이 있는지 확인합니다. 풀에 사용 가능한 슬롯이 있는 경우, 스케줄러는 빈 슬롯을 요청하고(사용 가능한 슬롯 수를 1씩 줄임) 실행을 위해 태스크를 예약합니다. 풀에 여유 슬롯이 없는 경우, 스케줄러는 슬롯을 사용할 수 있을 때까지 태스크의 예약을 연기합니다.

11.4.2 SLA 및 경고를 사용하여 장기 실행 작업 탐지

몇몇 경우에는, 데이터의 예상치 못한 문제나 제한된 리소스 등 때문에, 태스크나 DAG의 실행이 평소보다 오래 걸릴 수 있습니다. Airflow를 사용하면 SLAservice-level agreement(서비스 수준 계약) 메커니즘을 사용하여 태스크의 동작을 모니터링할 수 있습니다. 이 SLA 기능을 사용하여 DAG 또는 태스크에 SLA 제한 시간을 효과적으로 지정할 수 있습니다. 이때 태스크 또는 DAG가 SLA를 놓치는 경우(즉, 지정된 SLA 제한 시간보다 실행하는 데 더 오래 걸리는 경우), Airflow가 경고를 표시하게 됩니다.

DAG 정의에서 SLA를 지정할 수 있는데, sla 인수를 DAG의 default_args에 전달합니다.

리스트 11.30 **DAG의 모든 태스크에 SLA 할당(dags/05_sla_misses.py)**

```
from datetime import timedelta
default_args={
    "sla": timedelta(hours=2),
    ...
}

with DAG(
    dag_id="...",
    ...
    default_args=default_args,
) as dag:
    ...
```

DAG 정의에서 SLA를 적용하면, Airflow는 각 태스크의 실행 결과를 검사하여 태스크의 시작 또는 종료 시간이 SLA를 초과했는지(DAG의 시작 시간과 비교하여) 확인합니다. SLA가 초과되면, Airflow는 SLA 누락 경고를 생성하여 사용자에게 SLA가 누락되었음을 알립니다. 경고를 생성한 후, Airflow는 나머지 DAG를 계속 실행하여 SLA를 초과하는 다른 태스크에 대해 유사한 경고를 생성합니다.

기본적으로 SLA 누락은 Airflow 메타스토어에 기록되며 웹 UI의 'Browse > SLA misses'에서 확인할 수 있습니다. 또한 경고 이메일이 DAG에 정의된 이메일 주소(이메일 DAG 인수 사용)로 전송되어 해당 태스크에 대한 SLA가 초과되었음을 사용자에게 경고할 수 있습니다.

그리고 sla_miss_callback 매개변수를 사용하여, 핸들러 함수를 DAG에 전달하여 SLA 누락에 대한 사용자 핸들러를 정의할 수도 있습니다.

리스트 11.31 **SLA 누락에 대한 사용자 지정 콜백(dags/05_sla_misses.py)**

```
def sla_miss_callback(context):
    send_slack_message("Missed SLA!")
...
with DAG( ...
    sla_miss_callback=sla_miss_callback
) as dag:
...
```

DAG 수준 SLA 외에도 태스크의 오퍼레이터에게 sla 인수를 전달하여 태스크 수준 SLA를 지정할 수도 있습니다.

리스트 11.32 **특정 태스크에 SLA 할당**

```
PythonOperator(
    ...
    sla=timedelta(hours=2)
)
```

위 리스트는 해당 태스크에 대해서만 SLA가 적용되게 합니다. 그러나 Airflow는 SLA를 적용할 때 태스크의 종료 시간과 DAG의 시작 시간(태스크의 시작 시간이 아님)을 계속 비교한다는 점에 유의해야 합니다. 이는 Airflow SLA가 항상 개별 태스크가 아닌 DAG의 시작 시간을 기준으로 정의되기 때문입니다.

요약

이 장에서는 잠재적으로 많은 양의 데이터를 처리할 때 DAG를 이해하기 쉽고 효율적으로 유지하기 위한 여러 가지 모범 사례를 설명했습니다. 주요 내용은 다음과 같습니다

- 린팅linting/포매팅 도구를 지원하는 것과 함께 일반적인 스타일 규칙을 채택하면 DAG 코드의 가독성을 크게 높일 수 있습니다.

- Factory 함수를 사용하면 반복되는 DAG 또는 태스크 구조를 효율적으로 생성하는 동시에 작은 구성 개체 또는 파일의 인스턴스 간 차이를 파악할 수 있습니다.

- 멱등성 및 결정론적 작업은 재현 가능한 태스크와 DAG를 구축하는 데 있어 핵심 요소이며, Airflow 내에서 쉽게 다시 실행하고 동일한 결과를 확인할 수 있습니다. 함수형 프로그래밍의 개념은 이러한 특성을 가진 태스크를 설계하는 데 도움이 될 수 있습니다.

- 데이터 처리 방법(즉, 적절한 시스템에서 처리, 로드되는 데이터의 양 제한 및 증분 로드 사용)을 신중하게 고려하고 오퍼레이터 간에 사용할 수 있는 사용 가능한 파일 시스템에 중간 단계 데이터 세트를 캐싱하여 데이터 프로세스를 효율적으로 구현할 수 있습니다.

- 리소스 풀을 사용하여 Airflow에서 리소스에 대한 액세스를 관리/제한할 수 있습니다.

- 장기 실행 작업/DAG는 SLA를 사용하여 감지하고 플래그를 지정할 수 있습니다.

12

운영환경에서 Airflow 관리

이 장에서는 다음과 같은 내용을 다룹니다.

- Airflow 스케줄러 분석
- 서로 다른 익스큐터executor를 사용하여 수평적으로 확장할 수 있는 Airflow 구성
- Airflow의 환경 및 성능을 시각적으로 모니터링
- 작업 실패 시 알람 발송

이전 장에서는 대부분 개발 관점에서 **Airflow**의 다양한 부분을 살펴봤습니다. 이 장에서는 운영 관점에서 **Airflow**에 대해 살펴보는 것을 목표로 합니다. (분산) 소프트웨어 아키텍처, 로깅, 모니터링 및 경고와 같은 개념에 대한 일반적인 이해를 가정하고 내용을 설명하지만, 특정 기술에 대한 이해는 요구되지 않습니다.

Airflow 설정

이 장 전체에서 종종 Airflow 설정을 언급하는 경우가 있습니다. Airflow의 설정은 다음 기본 설정 순서대로 해석됩니다.

1. 환경 변수 (AIRFLOW__[SECTION]__[KEY])
2. 명령환경변수 (AIRFLOW__[SEC TION]__[KEY]__CMD)
3. airflow.cfg(Airflow 환경설정파일)
4. airflow.cfg 내부 명령
5. 기본값

설정 옵션을 언급할 때마다 옵션 #1(환경 변수)을 예시로 보여드리는 경우가 많습니다. 예를 들어

12.1 Airflow 아키텍처

Airflow는 최소 구성 요건으로 다음 세 가지의 요소를 갖추고 있습니다.

- 웹 서버
- 스케줄러
- 데이터베이스

그림 12.1 Airflow 기본 구조

웹 서버와 스케줄러는 모두 Airflow 프로세스입니다. 데이터베이스는 웹 서버 및 스케줄러의 메타 데이터를 저장하는 역할을 위해 Airflow에 제공해야 하는 별도의 서비스입니다. 스케줄러는 DAG 정의가 있는 폴더에 액세스할 수 있어야 합니다.

Airflow 1.x에서 웹 서버 및 DAG 배포

Airflow 1에선 DAG 파일은 웹 서버와 스케줄러 모두에 액세스할 수 있어야 합니다. 여러 시스템 또는 프로세스 간에 파일을 공유하는 것은 간단한 태스크가 아니기 때문에 배포가 복잡해질 수 있습니다.

Airflow 2에서 DAG는 데이터베이스에 직렬화된 형식으로 작성됩니다. 웹서버는 데이터베이스에서 이 직렬화된 형식을 읽어내는 태스크를 통해 별도로 DAG 파일에 액세스할 필요가 없습니다.

DAG의 직렬화는 선택 사항이지만 Airflow 1.10.10 이후로 적용 가능합니다. Airflow 1(≥1.10.10)에서 DAG 직렬화를 활성화하려면 다음과 같이 구성합니다.

- AIRFLOW__CORE_STORE_DAG_CODE=True
- AIRFLOW__CORE_STORE_SERIALIZED_DAGS=True

웹 서버는 파이프라인의 현재 상태에 대한 정보를 시각적으로 표시하고 사용자가 DAG 트리거와 같은 특정 태스크를 수행할 수 있도록 관리하는 역할을 수행합니다.

스케줄러는 다음과 같은 두 가지 역할을 담당합니다.

1 DAG 파일 구문 분석, 즉 DAG 파일 읽기, 비트 및 조각 추출, 메타 스토어에 저장
2 실행할 태스크를 결정하고 이러한 태스크를 대기열에 배치

12.1.3절에서 스케줄러의 역할에 대해 자세히 알아볼 것입니다. Airflow는 다양한 방법으로 설치할 수 있습니다. 단일 호스트 기반의 설치 방법은 간단하게 설치 및 적용이 가능하지만 확장성을 포기해야 합니다. 멀티 호스트 기반 설치 방법은 확장성을 고려한 환경에서는 매우 적합하지만 설치 과정이 다소 복잡합니다. Airflow에서는 **익스큐터** 유형에 따라 다양한 설치 환경을 구성할 수 있습니다. 설치 방식은 다음의 4개의 케이스로 구분 지을 수 있습니다.

1 SequentialExecutor(기본값)
2 LocalExecutor
3 CeleryExecutor
4 KubernetesExecutor

익스큐터 유형은 AIRFLOW__CORE__EXECUTOR를 위 리스트의 익스큐터 유형 중 하나로 설정하여 구성할 수 있습니다. 이 네 가지 익스큐터가 내부적으로 어떻게 작동하는지 살펴보도록 하겠습니다.

표 12.1 **Airflow Executor 구성 관련 비교**

익스큐터	분산환경	설치 난이도	사용에 적합한 환경
SequentialExecutor	불가능	매우 쉬움	시연 / 테스트
LocalExecutor	불가능	쉬움	단일 호스트 환경 권장
CeleryExecutor	가능	보통	멀티 호스트 확장 고려시
KubernetesExecutor	불가능	어려움	쿠버네티스 기반 컨테이너 환경 구성 고려시

12.1.1 어떤 익스큐터가 적합한가?

SequentialExecutor는 Airflow 익스큐터 중 가장 단순하게 구성할 수 있는 방법이자, Airflow를 별도의 설정이나 환경 구성 없이 바로 실행시킬 수 있는 방법입니다. 이름에서 알 수 있듯이, 태스크를 순차적으로 하도록(한 번에 하나씩) 구성되어 있습니다. 주로 테스트 및

데모 목적으로 사용되는 쪽으로 많이 선호합니다. 다만 작업 처리 속도가 상대적으로 느리며 단일 호스트 환경에서만 작동합니다. 두 번째로 확인할 수 있는 익스큐터는 단일 호스트에서 쓰이는 LocalExecutor입니다. LocalExecutor는 한 번에 하나의 태스크로 제한되지 않고 여러 태스크를 병렬로 실행할 수 있습니다. 익스큐터 내부적으로 워커 프로세스가 FIFO_{first in, first out}(선입 선출) 적용 방식을 통해 대기열에서 실행할 태스크를 등록합니다. 기본적으로 LocalExecutor는 최대 32개의 병렬 프로세스를 실행할 수 있습니다(병렬 프로세스 실행 개수는 설정 가능).

워크로드를 여러 머신에 분산하려는 경우, (1) CeleryExecutor 및 (2) KubernetesExecutor의 두 가지 옵션이 있습니다. 멀티 호스트에 태스크를 분배하는 것은 여러 가지 이유가 있을 수 있습니다. 단일 시스템의 리소스 제한에 도달하거나 여러 시스템에서 태스크를 실행하여 병렬 실행을 원하거나 또는 태스크를 여러 시스템에 분산하여 작업 속도를 더 빠르게 실행하고자 할 때 사용할 수 있습니다.

CeleryExecutor는 내부적으로 Celery[1]를 이용하여 실행할 태스크들에 대해 대기열을 등록시킵니다. 이후 워커가 대기열에 등록된 태스크를 읽어와 개별적으로 처리합니다. 사용자 관점에서 볼 때 태스크를 대기열로 보내고 워커가 대기열에서 처리할 태스크를 개별적으로 읽어와 처리하는 과정은 LocalExecutor와 유사합니다. 그러나 LocalExecutor와 가장 큰 차이점은 모든 구성 요소가 서로 다른 호스트에서 실행되기 때문에 작업 자체에 대한 부하가 LocalExecutor에 비해 낮다는 것입니다. 현재 Celery는 대기열 메커니즘(Celery에서 처리할 때는 Broker라고 지칭)을 위해 RabbitMQ, Redis 또는 AWS SQS를 지원합니다. 또한 Celery는 Celery의 모니터링을 위해 Flower라는 모니터링 도구를 함께 제공합니다. Celery는 파이썬 라이브러리 형태로 제공되므로 Airflow 환경에 적용하기 편리합니다. 예를 들어 CLI 명령 airflow celery worker라고 실행할 경우 Celery 워커가 시작됩니다. CeleryExecutor의 유일한 외부 호출 프로세스는 대기열 메커니즘(Broker)만 있다고 볼 수 있습니다.

마지막으로 KubernetesExecutor는 이름에서 알 수 있듯이 쿠버네티스[2]에서 워크로드를 실행합니다. Airflow를 실행하려면 쿠버네티스 클러스터의 설정 및 구성이 필요하며 익스큐터는 Airflow 태스크를 배포하기 위해 쿠버네티스 API와 통합됩니다. 쿠버네티스는 컨테이너화된 워크로드를 실행하기 위한 사실상의 표준 솔루션이라고 할 수 있습니다. 이는 Airflow DAG의 모든 태스크가 쿠버네티스 파드에서 실행됨을 의미합니다. 쿠버네티스는 높은 수준의 개발

---

1   https://docs.celeryproject.org/

2   https://kubernetes.io/

환경 구성이 가능하고 확장 가능하며 종종 조직 내에서 이미 사용 중이므로, 많은 사람들이 Airflow와 함께 쿠버네티스를 적극적으로 사용하고 있습니다.

12.1.2 Airflow를 위한 메타스토어 설정

Airflow에서 일어나는 모든 일은 데이터베이스에 등록되며 이를 Airflow에서 **메타스토어** metastore라고 부릅니다. 워크플로 스크립트는 스케줄러를 통해 작업 내역을 분석 및 관리하는 역할을 수행하며 메타스토어에 그 해석된 내용을 저장하는 등의 여러 컴포넌트로 구성되어 있습니다. Airflow는 Python ORM(Object Relational Mapper) 프레임워크인 SQLAlchemy를 사용하여 모든 데이터베이스 태스크를 수행하며 SQL 쿼리를 수동으로 작성하는 대신, 직접 데이터베이스에 직접 편리하게 작성할 수 있습니다. SQLAlchemy를 내부적으로 사용하면 SQLAlchemy에서 지원하는 데이터베이스만 Airflow에서 사용할 수 있습니다. Airflow는 PostgreSQL 또는 MySQL 사용을 권장합니다. SQLite도 지원되지만 동시 쓰기를 지원하지 않으므로 실제 운영 시스템에 적합하지 않아 SequentialExecutor 환경에서만 사용이 가능합니다(다만 구성 자체가 매우 편리하기 때문에 테스트 목적으로 많이 사용됩니다).

별도 환경구성 없이 airflow db init를 실행하면 $AIRFLOW_HOME/airflow.db에 SQLite 데이터베이스가 생성됩니다. 실제 운영 시스템을 구성하고 MySQL 또는 Postgres를 사용하려는 경우, 먼저 데이터베이스를 별도로 만들어야 합니다. 그 다음에 AIRFLOW__CORE__SQL_ALCHEMY_CONN을 설정하여 Airflow가 데이터베이스를 인지하는 절차를 수행해야 합니다.

이 구성 항목의 값은 URI 형식(protocol://[username:password@]host[:port]/path)으로 제공되어야 합니다.

- **MySQL**: mysql://username:password@localhost:3306/airflow
- **PostgreSQL**: postgres://username:password@localhost:5432/airflow

Airflow CLI는 데이터베이스 구성을 위한 세 가지 명령을 제공합니다.

- airflow db init: 빈 데이터베이스에 Airflow 데이터베이스 스키마를 생성.
- airflow db reset: 기존 데이터베이스를 지우고 비어있는 새 데이터베이스를 생성. 이 태스크를 수행할 경우 기존 DB의 모든 정보가 삭제됩니다.
- airflow db upgrade: 변경된 데이터베이스 스키마 정보(Airflow 버전을 업그레이드한 경우)를 데이터베이스에 적용. 이미 업그레이드된 데이터베이스 스키마에서 db upgrade를 실행하면 아무 작업도 수행되지 않으므로 여러 번 실행해도 안전합니다. 데이터베이스

가 아직 초기화되지 않은 경우 db init와 동일한 효과가 있습니다. 그러나 db init처럼 기본 연결을 생성하지는 않습니다.

이 세 가지 데이터베이스 명령 중 하나를 실행하면 다음과 같은 내용이 출력됩니다.

리스트 12.1 **Airflow 메타 스토어 초기화**

```
$ airflow db init
DB: sqlite:////home/airflow/airflow.db
[2020-03-20 08:39:17,456] {db.py:368} INFO - Creating tables
INFO [alembic.runtime.migration] Context impl SQLiteImpl.
INFO [alembic.runtime.migration] Will assume non-transactional DDL.
... Running upgrade  -> e3a246e0dc1, current schema
... Running upgrade e3a246e0dc1 -> 1507a7289a2f, create is_encrypted
...
```

위에 보이는 것은 데이터베이스 마이그레이션 스크립팅을 위한 또 다른 Python 데이터베이스 프레임워크인 Alembic의 출력 결과입니다. 리스트 12.1의 각 행은 단일 데이터베이스 마이그레이션의 출력입니다. 데이터베이스 마이그레이션이 포함된 최신 Airflow 버전으로 업그레이드하는 경우(새 버전에 데이터베이스 업그레이드가 포함되어 있는지 여부는 릴리스 정보에 나열되어 있음), 해당 데이터베이스도 업그레이드해야 합니다. airflow db upgrade를 실행하면 현재 데이터베이스가 존재하는 마이그레이션 단계를 확인하고 새 릴리스에 추가된 마이그레이션 단계를 적용하게 됩니다.

이 단계에서 완전한 기능을 갖춘 Airflow 데이터베이스를 구성하게 되며, airflow 웹 서버 및 airflow 스케줄러를 실행할 수 있습니다. http://localhost:8080에서 웹 서버를 열면 많은 example_* DAG 및 연결을 확인할 수 있습니다.

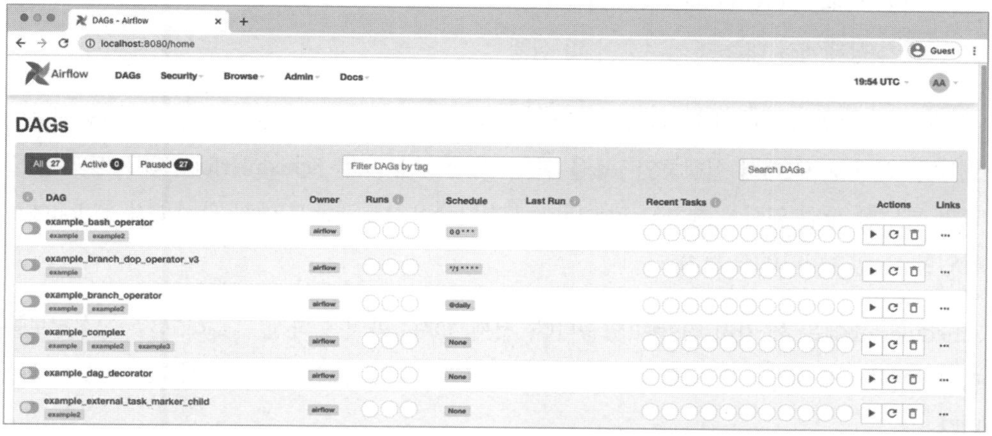

그림 12.2 **기본적으로 Airflow는 예제 DAG(및 연결, 여기에는 표시되지 않음)을 로드합니다.**

이러한 예제는 개발 중에 유용하게 쓸 수 있지만, 운영 시스템에는 바람직하지 않을 수 있습니다. 이 경우 AIRFLOW__CORE__LOAD_EXAMPLES=False를 설정하여 예제 DAG를 표시하지 않게 할 수 있습니다.

하지만 스케줄러와 웹 서버를 다시 시작하면 앞서 배제한 DAG와 해당 연결이 계속 표시되기 때문에 당황스러울 수 있습니다. 이런 현상이 발생하는 이유는 load_examples를 False로 설정하면 Airflow가 이를 다시 로드하지 않지 않기 때문입니다. 이런 경우는 사실 이미 로드된 DAG는 데이터베이스에 남아 있는 경우에 삭제되지 않기 때문에 발생하는 현상입니다. 이런 케이스는 기본 연결에도 동일한 동작이 적용되며 AIRFLOW__CORE__LOAD_DEFAULT_CONNECTIONS=False를 설정하여 제외할 수 있습니다.

이를 염두에 두고 다음 단계를 진행하면 '깨끗한'(즉, 예제 없음) 데이터베이스가 생성됩니다.

1 Airflow 설치

2 AIRFLOW__CORE__LOAD_EXAMPLE=False 설정

3 AIRFLOW__CORE__LOAD_DEFAULT_CONNECTION=False 설정

4 airflow db init 실행

12.1.3 스케줄러 자세히 살펴보기

태스크가 실행되는 방법과 시점을 이해하기 위해 스케줄러를 자세히 살펴보도록 하겠습니다. 스케줄러에서는 여러 가지 역할을 수행합니다.

- DAG 파일을 구문 분석하고 추출된 정보를 데이터베이스에 저장
- 실행할 준비가 된 태스크를 결정하고 이를 대기 상태로 전환
- 대기 상태에서 태스크 가져오기 및 실행

Airflow는 작업Job 내에서 DAG의 모든 태스크를 실행합니다. **Job** 클래스는 Airflow 내부에 있지만 Airflow UI에서 실행중인 Job을 볼 수 있습니다. 또한 SchedulerJob이라고 불리는 별도의 특수한 작업 역시 수행하고 있습니다. 모든 Job은 Airflow UI에서 찾아보기 → Job에서 확인할 수 있습니다(그림 12.3).

SchedulerJob에는 세 가지 역할이 있습니다. 첫째, DAG 파일을 파싱parsing하고 추출된 정보를 데이터베이스에 저장하는 역할을 수행합니다. 그것이 무엇을 의미하는지 살펴보도록 하겠습니다.

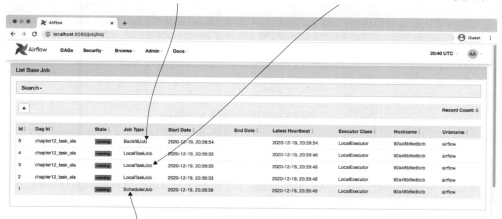

CLI로 백필(backfill)된 태스크는 BackfillJob에서 실행됩니다.

DAG의 오퍼레이터는 LocalTaskJob에서 실행됩니다.

스케줄러는 하나의 SchedulerJob에서 실행됩니다.

그림 12.3 스케줄러, 일반 태스크 및 백필(backfill) 태스크는 Airflow의 Job 내에서 실행됩니다. 모든 Job은 Airflow UI에서 볼 수 있습니다.

DAG 프로세서

Airflow 스케줄러는 DAG 디렉터리(AIRFLOW__CORE__DAGS_FOLDER에서 설정한 디렉터리)의 파이썬 파일을 주기적으로 처리합니다. 즉, DAG 파일[3]이 변경되지 않은 경우에도 주기적으로 각 DAG 파일을 확인하며 만약 새롭게 추가된 DAG가 있으면 Airflow 메타스토어에 등록하는 역할을 수행합니다. 이런 식으로 태스크가 진행되는 이유는 DAG 코드는 그대로 유지하면서 외부 소스에서 작업 구조가 변경되는 경우, Airflow DAG에서 동적으로 DAG가 생성되기 때문입니다. 예를 들어 YAML 파일을 읽고 YAML 파일의 콘텐츠를 기반으로 태스크를 생성하는 DAG가 있다고 가정해봅시다. 동적 DAG의 변경 사항을 선택하기 위해 스케줄러는 DAG 파일을 주기적으로 다시 확인하고 처리하는 태스크를 수행합니다.

DAG를 처리하기 위해서는 처리 능력이 필요합니다. DAG 파일을 더 많이 재처리할수록 변경 사항이 더 빨리 확인되지만 CPU 성능이 더 많이 요구됩니다. DAG가 동적으로 변경되지 않는 경우, 재처리 간격을 늘려 CPU의 사용량을 줄이는 것이 보다 효과적일 수 있습니다. DAG 처리 간격은 다음 네 가지 구성과 관련이 있습니다(표 12.2).

---

3   Airflow 커뮤니티에서 DAG 파일의 파일 변경을 수신하고 필요한 경우 재처리를 위해 DAG를 명시적으로 구성하여 DAG 파싱 이벤트 기반을 만들기 위한 논의가 진행 중입니다. 이를 통해 스케줄러의 CPU 사용량을 줄일 수 있으나 글을 쓰는 시점에는 아직 존재하지 않습니다.

표 12.2 **DAG 처리와 관련된 Airflow 구성 옵션**

구성항목	설명
AIRFLOW__SCHEDULER__PROCESSOR_POLL_INTERVAL	스케줄러 루프를 완료한 후 대기하는 시간입니다. 스케줄러 루프 내에서(다른 작업 중에서) DAG가 구문 분석되므로 이 숫자가 낮은 DAG가 더 빨리 구문 분석됩니다.
AIRFLOW__SCHEDULER__MIN_FILE_PROCESS_INTERVAL	파일이 처리되는 최소 간격(기본값: 0). 이 간격으로 파일이 처리된다는 보장은 없습니다. 실제 스케줄러 처리 시간이 아닌 최소한 이 정도 간격으로 실행되어야 한다는 하한선을 의미합니다.
AIRFLOW__SCHEDULER__DAG_DIR_LIST_INTERVAL	DAG 폴더의 파일 리스트를 새로 고치는 최소 시간(기본값: 300초). 이미 등록된 파일은 메모리에 보관되며 다른 간격으로 처리됩니다. 이 설정은 하한을 나타내며 실제 간격이 아닙니다.
AIRFLOW__SCHEDULER__PARSING_PROCESSES	모든 DAG 파일을 구문 분석하는 데 사용할 최대 프로세스 수(스레드 수가 아님). 이 설정은 실제 프로세스 수가 아닌 상한선을 의미합니다.

시스템에 대한 최적의 구성은 DAG의 수, DAG의 크기(즉, DAG 프로세서가 DAG를 확인하는 데 걸리는 시간) 및 스케줄러가 실행중인 시스템에서 사용 가능한 리소스에 따라 다릅니다. 모든 간격은 프로세스를 수행하는 빈도를 정의합니다. 간혹 설정된 간격값과 실제 실행되는 값에 차이가 발생할 수 있습니다. 예를 들어 DAG_DIR_LIST_INTERVAL값을 300초로 설정했다고 하더라도 실제로는 305초 후에 DAG 업데이트 내용을 확인할 수 있습니다.

AIRFLOW__SCHEDULER__DAG_DIR_LIST_INTERVAL 값을 짧게 설정하는 것은 유용합니다. 새 DAG를 자주 추가하고 반영되기를 기다리는 경우, 이 값을 낮추면 이 문제를 해결할 수 있습니다.

모든 DAG 처리는 while True 루프 내에서 발생하며, Airflow는 DAG 파일을 계속해서 처리하기 위해 일련의 단계를 반복합니다. 로그 파일 /logs/dag_processor_manager/dag_processor_manager.log에서 DAG 처리의 출력을 확인할 수 있습니다. 예를 들면 다음과 같습니다.

리스트 12.2 **DAG 프로세서 관리자의 출력 예**

```
=================================================================
DAG File Processing Stats
File Path    PID Runtime # DAGs # Errors Last Runtime Last Run
----------- --- ------- ------- -------- ------------ -------
.../dag1.py               1        0   0.09s        ... 18:55:15
.../dag2.py               1        0   0.09s        ... 18:55:15
.../dag3.py               1        0   0.09s        ... 18:55:15
.../dag4.py 358 0.00s     1        0   0.09s        ... 18:55:15
.../dag5.py 359 0.07s     1        0   0.09s        ... 18:55:15
=================================================================
... - Finding 'running' jobs without a recent heartbeat
```

```
... - Failing jobs without heartbeat after 2020-12-20 18:50:22.255611
... - Finding 'running' jobs without a recent heartbeat
... - Failing jobs without heartbeat after 2020-12-20 18:50:32.267603
... - Finding 'running' jobs without a recent heartbeat
... - Failing jobs without heartbeat after 2020-12-20 18:50:42.320578
```

이러한 "파일 처리 통계"는 반복마다 출력되는 것이 아니라 AIRFLOW__SCHEDULER__PRINT_
STATS_INTERVAL이 설정된 X초마다(기본값 30초) 출력됩니다. 또한 표시된 통계는 마지막
PRINT_STATS_INTERVAL 간격의 결과가 아니라 마지막 실행의 정보를 나타냅니다.

태스크 스케줄러

두 번째, 스케줄러는 실행할 태스크 인스턴스를 결정하는 역할을 합니다. while True 루프
를 통해 각 태스크 인스턴스에 대해 모든 태스크가 종속성이 충족되는지, 모든 태스크가 정
상적으로 마지막 단계까지 진행되었는지를 확인한 이후, 직전 DAG의 태스크 인스턴스가
depends_on_past=True와 같은 조건이 충족된다면 성공으로 파악합니다. 각 태스크 인스턴
스가 모든 조건을 충족할 때마다 태스크가 성공적으로 수행되었음을 인지하고, 다시 다음 작
업 일정까지 예약 상태로 바뀌게 됩니다. 쉽게 말하자면 스케줄러는 항상 모든 태스크 인스턴
스에 대해 실행중인 경우 정상적으로 끝까지 실행되었는지를 판단하고, 모든 조건을 충족했을
경우 해당 다음 일정에 대한 예약을 수행합니다.

스케줄러의 또 다른 역할은 태스크가 예약된 상태에서 대기 상태로 전환되는 조건을 결정합
니다. 예약에서 대기로 조건이 바뀌기 위해서는 해당 태스크에 쓸 수 있는 슬롯에 여유가 있
어야 하며, 특정 작업의 경우 다른 작업보다 우선 순위가 높은 경우(priority_weight 인수가
제공됨)도 조건이 포함됩니다. 이러한 모든 조건이 충족되면 스케줄러는 명령을 통해 대기열에
해당 내용을 푸시하여 태스크를 실행하고 태스크 인스턴스의 상태를 대기 상태로 변경됩니
다. 태스크 인스턴스가 대기열에 배치되면 더 이상 스케줄러가 태스크를 통제하지 않습니다.
이 시점부터는 대기열~queue~에서 태스크 인스턴스를 읽고 익스큐터가 워커에서 태스크 실행을
담당하게 됩니다.

 태스크 스케줄러는 대기 상태까지만 태스크를 담당합니다. 태스크가 대기 상태로 지정되면 익스큐터가
태스크를 실행을 수행합니다.

태스크 익스큐터

일반적으로 태스크 익스큐터 프로세스는 태스크 스케줄러 프로세스가 태스크 인스턴스를
대기열로 보낼 때까지 기다리고 있습니다. 이 대기열에 배치되면 익스큐터는 대기열에서 태

스크 인스턴스를 가져와서 태스크 인스턴스를 실행합니다. Airflow는 메타스토어에 각 상태 변경 상황을 항상 등록합니다. 큐에 배치된 메시지에는 태스크 인스턴스의 여러 세부 사항이 포함됩니다. 익스큐터 내에서 태스크를 **실행**한다는 것은 태스크가 실패하더라도 Airflow가 중단되지 않도록 태스크를 실행할 새 프로세스를 만드는 것을 의미합니다. 새 프로세스에서는 CLI 명령 airflow tasks run을 실행하여 단일 태스크 인스턴스를 실행하도록 합니다 (LocalExecutor를 사용).

리스트 12.3 **주어진 태스크에 대해 실행되는 명령**

```
➡ airflow tasks run [dag_id] [task_id] [execution date] -local -pool [pool id] -sd
    [dag file path]

For example:
➡ airflow tasks run chapter12_task_sla sleeptask 2020-04-04T00:00:00+00:00
    --local --pool default_pool -sd /..../dags/chapter12/task_sla.py
```

명령을 실행하기 직전에 Airflow는 태스크 인스턴스의 상태를 메타스토어에 running(실행 중)으로 등록합니다. 그런 다음 태스크를 실행하고 메타스토어로 하트비트_heartbeat_를 전송하여 주기적으로 확인합니다. 하트비트는 또한 다음을 수행하는 Airflow의 while True 루프입니다.

- 태스크가 완료되었는지 확인
- 태스크가 종료되었으며 종료 코드 0인 경우 → 작업 성공
- 태스크가 종료되었으며 종료 코드가 0이 아닌 경우 → 작업 실패
- 태스크가 종료되지 않았다면
  - 하트비트를 등록하고 AIRFLOW__SCHEDULER__JOB_HEARTBEAT_SEC(기본값 5)로 구성된 X초 동안 대기
  - 반복

태스크 성공을 위해 이 프로세스는 태스크가 완료될 때까지 특정 횟수만큼 반복됩니다. 오류가 발생하지 않으면 태스크 상태가 success로 변경됩니다. 따라서 이상적인 태스크의 플로는 다음과 같습니다.

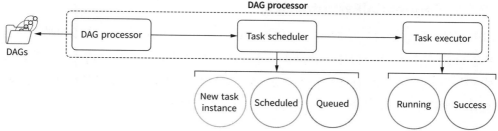

그림 12.4 이상적인 태스크 플로와 스케줄러의 구성 요소가 담당하는 태스크 상태. 점선 영역은 전체 스케줄러 책임지는 부분을 나타냅니다. SequentialExecutor / LocalExecutor 모드를 실행할 때 이것은 단일 프로세스 입니다. CeleryExecutor 및 KubernetesExecutor는 여러 시스템에서 확장하도록 설계된 별도의 프로세스에 서 태스크 익스큐터를 실행합니다.

12.2 익스큐터 설치

Airflow를 설치하고 구성하는 방법은 너무 다양해서 이 책에서 모든 방법을 자세히 설명하는 것은 현실적으로 어렵습니다. 하지만 기본적으로 각 익스큐터를 시작하고 실행하는 데 필요한 주요 항목에 대한 설명은 모두 포함하도록 노력했습니다.

12.1절에서 설명한 대로 익스큐터는 Airflow 스케줄러의 일부입니다. DAG 프로세서 및 태스크 스케줄러는 Airflow 스케줄러를 시작할 때 한 가지 방법에 의해서만 실행할 수 있습니다. 설치 시점에 환경이 고정되기 때문에 태스크 익스큐터는 성능의 확보와 자원의 여유를 고려하여 단일 시스템의 단일 프로세스부터 여러 시스템의 여러 프로세스에 이르기까지 다양한 방식으로 설치할 수 있습니다.

익스큐터 유형은 AIRFLOW__CORE__EXECUTOR를 사용하여 Airflow에서 설정되며 다음과 같은 설치 방법이 있습니다.

1 SequentialExecutor (기본값)
2 LocalExecutor
3 CeleryExecutor
4 KubernetesExecutor

DAG를 실행할 때 해당 익스큐터의 설치 상태를 확인할 수 있습니다. 태스크가 실행 중으로 상태가 바뀌면 해당 태스크가 예약 상태에서 대기, 실행 과정을 모두 수행했다고 볼 수 있습니다. 즉, 실행 중이라는 상태로 바뀔 때 해당 태스크에 대해 익스큐터가 해당 태스크를 담당하여 실행하고 있음을 의미합니다.

12.2.1 SequentialExecutor 설정

Airflow의 기본 익스큐터는 SequentialExecutor입니다. 스케줄러의 태스크 오퍼레이터 부분은 단일 하위 프로세스에서 실행됩니다. 이 단일 하위 프로세스 내에서 작업은 순차적으로 하나씩 실행되므로 익스큐터 종류 중 가장 느린 실행 방법입니다. 그러나 구성 절차가 필요하지 않기 때문에 테스트 시점에 매우 편리하게 사용할 수 있습니다.

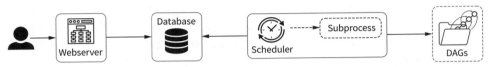

그림 12.5 **SequentialExecutor를 사용하면 모든 구성 요소가 동일한 시스템에서 실행되어야 합니다.**

SequentialExecutor는 SQLite 데이터베이스와 함께 작동합니다. 별도 설정 내용 없이 airflow db init를 실행하면 $AIRFLOW_HOME 디렉터리에서 airflow.db라는 단일 파일인 SQLite 데이터베이스가 초기화됩니다. 그 후 두 가지 프로세스를 시작하면 Airflow가 동작하게 됩니다.

- airflow scheduler
- airflow webserver

12.2.2 LocalExecutor 설정

LocalExecutor로 Airflow를 설정하는 것은 SequentialExecutor 설정과 크게 다르지 않습니다. 아키텍처는 SequentialExecutor와 유사하지만, 여러 하위 프로세스가 있어 병렬로 태스크를 실행할 수 있으므로 SequentialExecutor에 비해 빠르게 수행할 수 있습니다. 바꿔 말하자면 각 하위 프로세스는 하나의 태스크를 실행할 수 있으며, 하위 프로세스는 병렬로 실행할 수 있습니다.

또한 SequentialExecutor는 SQLite 데이터베이스에 연결되는 반면, 다른 모든 익스큐터는 MySQL 및 PostgreSQL과 같은 보다 정교한 데이터베이스와 함께 작동하여 성능 향상을 도모할 수 있습니다.

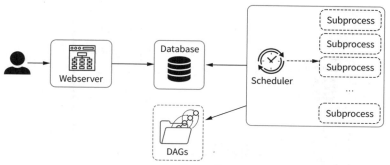

그림 12.6 LocalExecutor를 사용하면 모든 구성 요소를 별도의 컴퓨터에서 실행할 수 있습니다. 그러나 스케줄러에 의해 생성된 하위 프로세스는 모두 하나의 단일 시스템에서 실행됩니다.

LocalExecutor를 구성하려면 AIRFLOW__CORE__EXECUTOR를 LocalExecutor로 설정해야 합니다. 스케줄러는 AIRFLOW__CORE__PARALLELISM (기본값 32)에 의해 구성된 최대 하위 프로세스 수까지 생성 수 있습니다. 기술적으로 이러한 프로세스는 새로운 프로세스가 아니라 상위 (스케줄러) 프로세스에서 분기된 프로세스가 일반적입니다.

최대 하위 프로세스 수를 설정하는 것 외에도 병렬 태스크 수를 제한하는 다른 방법이 있습니다. 기본 풀 크기인 AIRFLOW__CORE__DAG_CONCURRENCY 또는 AIRFLOW__CORE__MAX_ACTIVE_RUNS_PER_DAG의 값을 감소하는 방법도 고려할 수 있습니다.

데이터베이스 측면에서 해당 데이터베이스 시스템에 대한 추가 종속성과 함께 Airflow를 설치하는 태스크가 필요합니다.

- **MySQL** : pip install apache-airflow[mysql]
- **PostgreSQL** : pip install apache-airflow[postgres]

LocalExecutor는 설정하기 쉽고 적절한 성능을 얻을 수 있다는 점에서 장점을 가질 수 있습니다. 해당 환경은 스케줄러 시스템의 리소스에 의해 제한되며, 이때 LocalExecutor가 더 이상 프로세스를 늘릴 수 없는 상황이 발생하면(예: 성능 또는 자원 여유 측면에서) 이후 소개할 CeleryExecutor나 KubernetesExecutor를 통한 환경 구성을 고려할 수 있습니다.

12.2.3 CeleryExecutor 설정

CeleryExecutor는 Celery 프로젝트를 기반으로 구축되었습니다. Celery는 대기열 시스템을 통해 워커에게 메시지를 배포하기 위한 프레임워크를 제공합니다(그림 12.7).

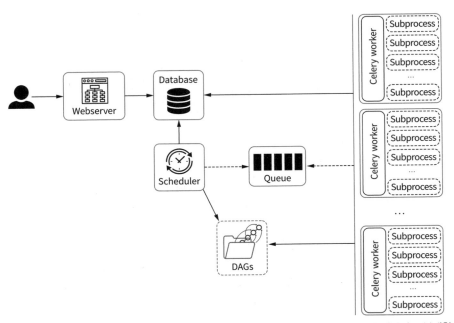

그림 12.7 **CeleryExecutor**를 실행하면 태스크가 **Celery worker**를 실행하는 여러 컴퓨터로 분배합니다. 워커는 태스크가 대기열에 도착할 때까지 기다립니다.

그림 12.7에서 볼 수 있듯이 스케줄러와 Celery worker는 모두 DAG와 데이터베이스에 모두 액세스할 수 있어야 합니다. 데이터베이스의 경우 클라이언트와 연결할 수 있으므로 문제가 되지 않지만, DAG 폴더의 경우 설정하기 어려울 수 있습니다. CeleryExecutor를 구성할 때 고려되어야 하는 부분은 다음과 같습니다. 공유 파일 시스템을 통해 모든 컴퓨터에서 DAG를 사용할 수 있도록 하거나, DAG가 Airflow와 함께 docker image에 빌드되는 컨테이너화된 설정을 통해 구축하는 방법이 있습니다. 컨테이너화된 설정에서 DAG 코드를 변경하면 해당 내용을 포함한 전체 코드가 다시 배포됩니다. 공유 파일 시스템과 컨테이너 배포에 대한 다양한 장단점은 KubernetesExecutor 설정과 관련된 부분에서 다시 다루도록 하겠습니다.

Celery를 시작하려면 먼저 Celery 추가 종속성과 함께 Airflow를 설치하고 익스큐터를 구성해야 합니다.

- `pip install apache-airflow[celery]`
- `AIRFLOW__CORE__EXECUTOR=CeleryExecutor`

대기열 시스템은 Redis, RabbitMQ 및 AWS SQS와 같이 Celery에서 지원하는 모든 것이 될 수 있습니다. Celery에서는 대기열을 **브로커**broker라고 합니다. 브로커 설치는 이 책의 범위를 벗어나지만 설치 후 AIRFLOW__CELERY__BROKER_URL을 설정하여 브로커에 대한 Airflow를 구성해야 합니다. 예를 들면 다음과 같습니다.

- **Redis**: AIRFLOW__CELERY__BROKER_URL=redis://localhost:6379/0
- **RabbitMQ**: AIRFLOW__CELERY__BROKER_URL=amqp://user:pass@localhost:5672/

해당 URI 형식에 대한 설명은 큐 시스템 설명 내용 또는 매뉴얼을 확인하시길 바랍니다. BROKER_URL을 사용하면 스케줄러가 큐에 메시지를 보낼 수 있게 됩니다. Celery 워커가 Airflow 메타스토어와 통신하려면 AIRFLOW__CELERY__RESULT_BACKEND도 같이 구성해야 합니다. Celery는 데이터베이스 연결을 나타내기 위해 URI 앞에 "db+"를 붙여야 하며 예를 들면 다음과 같습니다.

- **MySQL**: AIRFLOW__CELERY_RESULT_BACKEND=db+mysql://user:pass@localhost/airflow
- **PostgreSQL**: AIRFLOW__CELERY__RESULT_BACKEND=db+postgresql://user:pass@localhost.airflow

AIRFLOW__CORE__DAGS_FOLDER에서 구성한 것과 동일한 경로에 있는 워커 호스트에서도 DAG 폴더에 액세스할 수 있는지 확인합니다. 그 후에 다음과 같은 순서로 실행하면 됩니다.

1 Airflow webserver 실행
2 Airflow scheduler 실행
3 Airflow Celery worker 실행

airflow celery worker는 Celery 워커worker를 시작하는 명령 절차입니다. 이상이 없으면 정상적으로 동작하게 됩니다.

 설치의 유효성을 검사하기 위해 DAG를 수동으로 트리거 할 수 있습니다. 태스크가 성공적으로 완료되면 CeleryExecutor 설정의 모든 구성 요소를 거치게 됩니다.

시스템 상태를 모니터링하기 위해 익스큐터, 태스크 및 전체 Celery 시스템의 상태를 검사할 수 있는 Celery용 웹 기반 모니터링 도구인 Flower를 설정할 수 있습니다. Airflow CLI는 Flower를 실행할 수 있는 명령어(airflow celery flower)도 같이 제공합니다. 기본적으로 Flower는 포트 5555를 사용합니다. 시작 후 http://localhost:5555로 접속하면 다음과 같은 화면을 볼 수 있습니다.

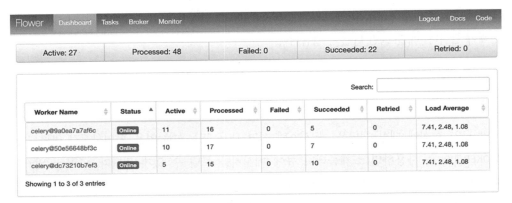

그림 12.8 **Flower** 대시보드에는 모든 **Celery** 워커의 상태가 표시됩니다.

Flower의 첫 화면에서는 등록된 Celery 워커 수, 상태 및 각 워커가 처리한 태스크 수에 대한 몇 가지 고급 정보를 볼 수 있습니다. 시스템이 잘 작동하는지 어떻게 알 수 있을까요? Flower 인터페이스에서 가장 유용한 그래픽은 그림 12.9의 '모니터' 페이지로, 몇 가지 그래프로 시스템 상태를 보여줍니다.

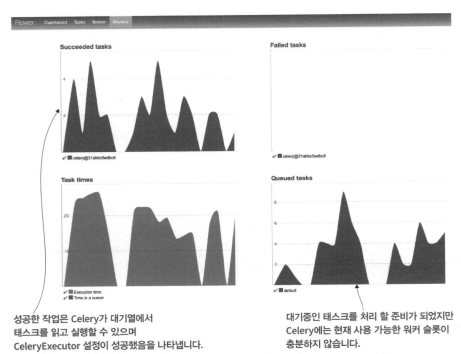

성공한 작업은 Celery가 대기열에서 태스크를 읽고 실행할 수 있으며 CeleryExecutor 설정이 성공했음을 나타냅니다.

대기중인 태스크를 처리 할 준비가 되었지만 Celery에는 현재 사용 가능한 워커 슬롯이 충분하지 않습니다.

그림 12.9 **Flower**의 모니터링 탭은 Celery 시스템의 성능을 이해하는 그래프를 보여줍니다.

Airflow가 제공하는 두 가지 분산 익스큐터 모드(Celery 및 쿠버네티스)에서 CeleryExecutor는 하나의 추가 구성 요소인 대기열(브로커)만 설정하면 되므로 처음부터 설정하기가 비교적 쉽습니다. 또한 Celery executor와 Flower 대시보드가 Airflow에 통합되어 여러 컴퓨터에서 작업 실행을 쉽게 설정하고 확장할 수 있는 장점을 가지고 있습니다.

12.2.4 KubernetesExecutor 설정

마지막으로 KubernetesExecutor가 있습니다. 이 구성을 사용하려면 AIRFLOW__CORE__EXECUTOR=KubernetesExecutor를 설정해야 합니다. 이름에서 알 수 있듯이 이 익스큐터 유형은 컨테이너에서 소프트웨어를 실행하고 관리하는 데 가장 많이 사용되는 시스템인 쿠버네티스와 결합되어 구성됩니다. 컨테이너가 컴퓨터에서 개발한 내용이 프로덕션 시스템에서 동일하게 실행되도록 하는 격리된 환경을 제공하기 때문에 많은 회사가 최근 쿠버네티스에서 서비스 환경을 구축하고 있습니다. 이에 Airflow 커뮤니티에서 쿠버네티스에서도 Airflow를 실행할 수 있는 환경에 대한 수요도 꾸준히 발생했습니다. 우선 구조적으로 KubernetesExecutor는 다음과 같습니다.

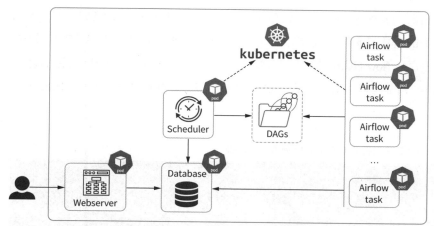

그림 12.10 **KubernetesExecutor를 사용하면 모든 태스크가 쿠버네티스의 파드(pod)에서 실행됩니다. 쿠버네티스에서 웹 서버, 스케줄러 및 데이터베이스를 실행할 필요는 없지만, KubernetesExecutor를 사용할 때 쿠버네티스에서 다른 서비스들이 함께 실행되는 것이 관리하기 좀 더 수월합니다.**

KubernetesExecutor로 작업할 때 쿠버네티스에 대한 사전 지식이 있으면 도움이 됩니다. 쿠버네티스 자체가 워낙에 복잡하고 다양한 설정 환경이 포함되어 있기 때문에 전반적으로 어렵다고 느낄 수 있습니다. 하지만 Airflow KubernetesExecutor는 쿠버네티스 플랫폼에서 사용 가능한 모든 구성 요소 중 일부만 사용하기 때문에 상대적으로 수월하게 사용할 수 있습니다. 우선 파드pod가 쿠버네티스에서 가장 작은 작업 단위이며 하나 이상의 컨테이너를 실행할 수 있다는 점만 기억하고 있으면 됩니다. Airflow의 관점에서 하나의 태스크는 하나의 파드에서 실행됩니다. 태스크가 실행될 때마다 파드가 생성되는 구조입니다. 스케줄러가 태스크를 실행하기로 결정하면 쿠버네티스 API에 파드 생성 요청을 보낸 다음 리스트 12.3에 표시된 대로 `airflow tasks run ...` 명령을 사용하여 Airflow 컨테이너를 실행하는 파드를 생성할 수 있으며 쿠버네티스는 파드의 상태를 모니터링할 수 있는 환경을 제공합니다(몇 가지 세부 사항은 무시함).

KubernetesExecutor를 제외한 다른 익스큐터 설정에서는 물리적 시스템(호스트) 간에 명확한 구분이 있습니다. 즉, 다른 익스큐터는 작업중인 워커의 정확한 위치를 항상 알 수 있습니다. 하지만 쿠버네티스를 사용하면 모든 프로세스가 파드에서 실행되며, 파드는 동일한 시스템에서 실행될 수도 있지만 여러 호스트에 분산되어 실행될 수 있습니다. 사용자의 관점에서 볼 때 프로세스는 파드에서 실행되며 사용자는 실행하는 프로세스가 어떤 호스트에서 실행되는지 명확하게 바로 알 수는 없습니다.

쿠버네티스에서 소프트웨어를 배포하는 데 가장 많이 사용되는 방법은 쿠버네티스용 패키지 관리자인 Helm을 사용하는 것입니다. Airflow용 다양한 타사 Helm 차트는 Helm 차트의 저장소인 Helm Hub에서 사용할 수 있습니다. 이 책을 쓸 시점에는 Airflow 프로젝트의 마스터 브랜치에서 '공식' Airflow Helm 차트를 사용할 수 있지만, 아직 공개 Helm 저장소는 없는 상태입니다. 따라서 최소 설치 지침은 다음과 같습니다(작동중인 쿠버네티스 클러스터 및 Helm 3+가 있다고 가정).

리스트 12.4 **Helm 차트를 사용하여 쿠버네티스에 Airflow 설치**

```
                         Helm 차트가 포함된 Airflow 소스 코드를 다운로드합니다.
$ curl -OL https://github.com/apache/airflow/archive/master.zip ◄
$ unzip master.zip
$ kubectl create namespace airflow ◄      쿠버네티스에서 Airflow 네임 스페이스를 만듭니다.
$ helm dep update ./airflow-master/chart ◄    지정된 버전의 종속적인 Helm 차트를 다운로드하십시오.
$ helm install airflow ./airflow-master/chart --namespace airflow ◄
                                                            Airflow Helm 차트를
                                                            설치하십시오.

NAME: airflow
LAST DEPLOYED: Wed Jul 22 20:40:44 2020
NAMESPACE: airflow
STATUS: deployed
REVISION: 1
TEST SUITE: None
NOTES:
Thank you for installing Airflow!
```

```
Your release is named airflow.

➡ You can now access your dashboard(s) by executing the following
command(s) and visiting the corresponding port at localhost in your browser:

Airflow dashboard:
➡ kubectl port-forward svc/airflow-webserver 8080:8080 --namespace airflow
```

KubernetesExecutor 설정의 까다로운 부분 중 하나는 Airflow 프로세스 간에 DAG 파일을 배포하는 방법을 결정하는 것입니다. 이를 수행하는 데 있어 3가지 방법이 있습니다.

1 PersistentVolume을 사용하여 포드 간에 DAG 공유

2 Git-sync init container를 사용해 리포지토리의 최신 DAG 코드 가져오기

3 Docker 이미지에 DAG 빌드

먼저 컨테이너를 사용하지 않고 Airflow DAG 코드를 배포하는 방법을 설정해보도록 하겠습니다. 모든 Airflow 프로세스에는 DAG 파일이 포함된 디렉터리에 대한 액세스 권한이 있어야 합니다. 단일 시스템에서 이것은 그리 어렵지 않게 구성할 수 있습니다. 모든 Airflow 프로세스를 시작하고 DAG 코드가 있는 시스템의 디렉터리를 지정하기만 하면 됩니다.

그러나 다른 컴퓨터에서 Airflow 프로세스를 실행하면 복잡해집니다. 이 경우 공유 파일 시스템과 같이 두 컴퓨터에서 DAG 코드에 액세스할 수 있도록 하는 방법이 필요합니다.

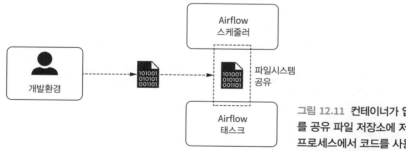

그림 12.11 컨테이너가 없으면 개발자가 코드를 공유 파일 저장소에 저장한 후, 두 Airflow 프로세스에서 코드를 사용할 수 있게 합니다.

하지만 공유 파일 시스템에서 코드를 가져오는 것은 쉬운 일이 아닙니다. 파일 시스템은 쉬운 파일 교환을 위한 인터넷 인터페이스를 제공하기 위한 것이 아니라, 저장 매체에 파일을 저장하고 검색하기 위해 구성되어 있습니다. 인터넷을 통한 파일 교환은 파일 시스템이 구성된 환경에서 실행되는 응용 프로그램에 의해 처리됩니다.

이를 좀 더 쉽게 설명하고자, Airflow 스케줄러와 워커 환경 간에 파일을 공유하기 위해 NFS(네트워크 파일 시스템)와 같은 공유 파일 시스템이 있다고 가정해 보겠습니다. 개발 환경에서 코드를 개발하지만, 인터넷에 대한 인터페이스가 없기 때문에 NFS 파일 시스템에 직접 파일을 복사할 수 없습니다. 파일을 NFS에 복사하려면 NFS를 해당 환경에 구성해야 하며, FTP와 같은 애플리케이션을 통해 파일을 NFS에 저장해야 합니다(그림 12.12).

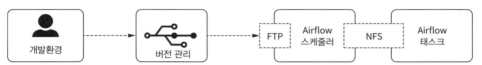

그림 12.12 **인터넷 인터페이스를 제공하지 않기 때문에 파일을 NFS에 직접 쓸 수 없습니다. 인터넷을 통해 파일을 주고받을 때 FTP를 사용하여 NFS가 마운트된 것과 동일한 시스템에 파일을 저장할 수 있습니다.**

그림 12.12에서 개발자 또는 CI/CD 환경은 Airflow 환경 중 하나에서 실행되는 FTP 서버를 통해 Airflow 코드를 Airflow 환경에 저장할 수 있습니다. FTP 서버를 통해 CI/CD 환경에서 NFS 볼륨에 액세스할 수 있어야 DAG 파일을 모든 Airflow 환경에 저장하고 액세스할 수 있습니다.

CI/CD 시스템의 환경이 위와 같이 푸시 메커니즘이 불가능한 경우에는 다른 방법이 필요합니다. 이는 보안 또는 네트워크 제한과 같은 다양한 이유로 인해 일반적으로 발생하는 문제입니다. 이 경우 흔히 볼 수 있는 해결책은 'DAG puller DAG'라는 이름의 DAG를 통해 Airflow 환경에서 코드를 가져오는 것입니다.

리스트 12.5 **DAG puller DAG로 최신 코드 가져오기**

```python
import datetime

from airflow.models import DAG
from airflow.operators.bash import BashOperator
                                          # 모든 종속성을 무시한 상태에서 태스크를 실행합니다.
dag=DAG(
    dag_id="dag_puller",
    default_args={"depends_on_past": False},
    start_date=datetime.datetime(2020, 1, 1),
    schedule_interval=datetime.timedelta(minutes=5),    # 5분마다 최신 코드를 가져옵니다.
    catchup=False,
)

fetch_code=BashOperator(
    task_id="fetch_code",
    bash_command=(
        "cd /airflow/dags && "
        "git reset --hard origin/master"    # Git을 설치하고 구성해야 합니다.
    ),
```

```
    dag=dag,
)
```

위의 'DAG puller DAG'를 사용하면 마스터 브랜치의 최신 코드가 5분마다 Airflow 머신으로 '풀링pulling'됩니다. 이는 분명히 마스터 브랜치의 코드와 Airflow의 코드 배포 사이에 지연을 초래하지만 제한된 환경에서는 가장 합리적인 해결방법이라고 할 수 있습니다.

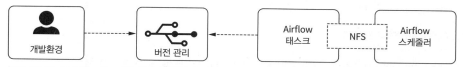

그림 12.13 'DAG puller DAG'를 사용하여 Airflow 시스템에서 코드를 가져옵니다.

이제 분산된 환경에서 Airflow 실행 DAG를 배포하기 위한 방법과 잠재적 해결책을 알았으니 쿠버네티스의 파드 간에 DAG를 공유하는 방법을 살펴보도록 하겠습니다.

PersistentVolume을 사용하여 포드 간에 DAG 공유

PersistentVolume은 스토리지에 대한 쿠버네티스의 추상화이며 NFS, Azure File Storage 또는 AWS EBS와 같은 기본 스토리지 기술을 몰라도 공유 볼륨을 컨테이너에 마운트할 수 있습니다. 까다로운 부분 중 하나는 DAG 코드가 공유 볼륨으로 푸시되는 CI/CD 파이프라인을 설정하는 부분입니다. 일반적으로 공유 볼륨으로 직접 푸시하기 위한 기본 기능을 제공하지 않습니다. PersistentVolume과 DAG 공유를 활성화하려면 구성 항목 `AIRFLOW__KUBERNETES__DAGS_VOLUME_CLAIM`을 Airflow 파드의 볼륨 이름(쿠버네티스의 'VolumeClaim')으로 설정해야 합니다. DAG 코드는 그림 12.12에 표시된 푸시 방법 또는 리스트 12.5에 표시된 풀링 방법을 사용하여 볼륨에 복사해야 합니다. 해결방법은 선택한 볼륨 유형에 따라 다를 수 있으므로 자세한 정보는 볼륨에 대한 쿠버네티스 문서를 참조하시기 바랍니다.

Git-sync init container를 사용하여 리포지토리에서 최신 DAG 코드 가져오기

Airflow 구성에는 Airflow 태스크를 실행하기 전에 사이드카 컨테이너[4]를 이용하여 Git 저장소를 가져오기 위해 구성해야 할 내용이 있습니다(아직 완벽하지 않음).

- `AIRFLOW_KUBERNETES_GIT_REPO=https://mycompany.com/repository/airflow`

- `AIRFLOW_KUBERNETES_GIT_BRANCH=master`

---

4   [옮긴이] 파드(pod) 안의 메인 컨테이너 기능을 확장하고 개선시키는 역할을 하는 컨테이너를 Sidecar Container 라고 합니다.

- AIRFLOW_KUBERNETES_GIT_SUBPATH=dags

- AIRFLOW_KUBERNETES_GIT_USER=username

- AIRFLOW_KUBERNETES_GIT_PASSWORD=password

- AIRFLOW_KUBERNETES_GIT_SSH_KEY_SECRET_NAME=airflow-secrets

- AIRFLOW_KUBERNETES_GIT_DAGS_FOLDER_MOUNT_POINT=/opt/airflow/dags

- AIRFLOW_KUBERNETES_GIT_SYNC_CONTAINER_REPOSITORY=k8s.gcr.io/git-sync

- AIRFLOW_KUBERNETES_GIT_SYNC_CONTAINER_TAG=v3.1.2

- AIRFLOW_KUBERNETES_GIT_SYNC_INIT_CONTAINER_NAME=git-sync-clone

모든 세부 정보를 입력해야 하는 것은 아니지만 GIT_REPO 및 자격 증명(USER + PASSWORD 또는 GIT_SSH_KEY_SECRET_NAME)을 설정하면 git 동기화가 활성화됩니다. Airflow는 태스크를 시작하기 전에 구성된 저장소에서 코드를 가져오는 동기화 컨테이너를 만듭니다.

도커 이미지에 DAG 빌드

마지막으로 DAG 파일을 Airflow 이미지로 빌드하는 것도 인기 있는 옵션입니다. DAG 파일을 변경하면 새 도커 이미지가 빌드 및 배포되므로 항상 실행중인 코드 버전을 확인할 수 있다는 장점이 있습니다. KubernetesExecutor에 DAG 파일을 이미지에 빌드했음을 알리려면 AIRFLOW__KUBERNETES__DAGS_IN_IMAGE=True를 설정하면 됩니다. 빌드 및 배포 프로세스가 약간 다르기에 다음에 안내하는 몇 가지 주의사항을 알고 있어야 합니다.

그림 12.14 **버전 제어 시스템으로 푸시한 후 새 도커 이미지가 빌드됩니다.**

DAG 코드와 함께 Airflow 이미지를 빌드하면 다음과 같은 여러 장점이 있습니다

- 현재 배포된 코드 버전이 명확하다.

- 프로덕션에서와 동일한 Airflow 환경을 로컬에서 실행할 수 있다.

- 새로운 종속성 간의 충돌conflict은 런타임이 아닌 빌드 타임에 발견된다.

만약 코드 빌드 단계에 대해 조금 더 체계적인 단계를 도입하여 성능 향상을 목표로 한다면

Airflow를 설치하고 별도의 두 단계로 DAG 코드를 관리하는 쪽이 더 좋습니다.

1 설치 종속성

2 DAG 코드만 추가

이렇게 분리하여 구성하는 이유는 Airflow에 빌드하는 데 몇 분 정도 걸리는 많은 종속성이 포함되어 있기 때문입니다. 개발 단계에서는 종속성을 너무 자주 변경하지는 않지만, 그래도 수정사항이 발생할 경우 대부분 DAG 코드를 변경하는 경우가 일반적입니다. 작은 변경이 있을 때마다 종속성을 다시 설치하지 않으려면 별도의 단계에서 DAG 코드를 이미지에 복사하는 것이 효율적이라고 할 수 있습니다. CI/CD 시스템이 도커 계층Docker layers을 캐시(도커 구문이 분리되어 있어야 함)하는 경우, 기본 계층을 빠르게 검색할 수 있습니다. 만약 CI/CD 시스템이 도커 계층을 캐시하지 않는다면 Airflow 및 종속성에 대해 하나의 기본 이미지를 빌드하고 DAG 코드만 추가하기 위한 두 번째 이미지를 빌드하는 것이 효율적이라고 할 수 있습니다. 뒤에 언급한 케이스(CI/CD 시스템이 도커 계층을 캐시하지 않는 경우)에서 두 개의 도커파일에서 작동하는 방식을 설명하도록 하겠습니다.

첫 번째, 기본 도커파일 구성은 다음과 같습니다.

리스트 12.6 **기본 Airflow Dockerfile 예제**

```
FROM apache/airflow:2.0.0-python3.8 ◀─┤ 공식 Airflow 이미지 기반

USER root ◀─┤ 기본 사용자는 루트 사용자가 아닌
            Airflow사용자이므로 설치하려면 루트로 전환하십시오.

RUN apt-get update && \
    apt-get install -y gcc && \
    apt-get autoremove -y && \
    apt-get clean -y && \
    rm -rf /var/lib/apt/lists/*

USER airflow ◀─── 설치 후 Airflow 사용자로 다시 전환하십시오.
COPY requirements.txt /opt/airflow/requirements.txt
RUN pip install --user -r /opt/airflow/requirements.txt && \
    rm /opt/airflow/requirements.txt
```

이 기본 도커파일은 공식 Airflow 2.0.0 Docker 이미지로 시작하고 requirements.txt에 나열된 추가 종속 항목을 설치하는 단계를 수행합니다. 추가 종속성을 위한 별도의 파일이 있는 경우 requirements.txt를 변경하면 항상 기본 이미지의 재빌드가 트리거되므로 CI / CD 파이프 라인이 단순화되는 효과를 가져옵니다. 기본 이미지는 docker build -f Dockerfile.base -t myrepo/airflow-base로 빌드할 수 있습니다.

```
FROM myrepo/airflow-base:1.2.3

COPY dags/ /opt/airflow/dags/
```

모든 종속성이 포함된 사전 빌드 기반의 기본 이미지를 사용하면 DAG 파일만 복사하여 반영하기 때문에 최종 이미지를 매우 빠르게 빌드할 수 있습니다. 이것은 docker build -t myrepo/airflow로 빌드할 수 있습니다. 다만 이 이미지는 변경될 때마다 빌드됩니다. 설치하는 종속성에 따라 기본 이미지와 최종 이미지를 빌드하는 시간의 차이가 매우 클 수 있기 때문에 유의해야 할 필요가 있습니다.

리스트 12.8 **requirements.txt 예**

```
python-dotenv~=0.10.3
```

Airflow 도커 이미지의 빌드 프로세스를 별도의 이미지로 분할하면 가장 자주 변경되는 파일(DAG 스크립트)만 도커 이미지에 복사되므로 빌드 시간을 크게 단축시킬 수 있습니다. 더 많은 시간이 소요되는 도커 이미지의 전체 재빌드는 필요할 때만 수행되게 반영할 수 있습니다.

쿠버네티스 쪽에서는 Airflow 이미지 태그가 AIRFLOW__KUBERNETES__POD_TEMPLATE_FILE에 정의된 YAML에 정의되어 있는지, AIRFLOW__KUBERNETES__WORKER_CONTAINER_TAG가 워커 파드가 배포할 태그로 설정되어 있는지에 대해 확인하는 절차를 수행합니다. Airflow Helm 차트를 사용하는 경우, 새로 빌드된 이미지의 태그를 설정하여 Helm CLI로 배포된 버전을 업데이트할 수 있습니다.

리스트 12.9 **Helm으로 배포된 Airflow 이미지 업데이트**

```
helm upgrade airflow ./airflow-master/chart --namespace airflow\
    --set images.airflow.repository=yourcompany/airflow \
    --set images.airflow.tag=1234abc
```

12.3 모든 Airflow 프로세스의 로그 확인

로그 기록은 어떻게 처리해야 할까요? 모든 시스템은 일종의 출력(로그)을 만들어냅니다. 그리고 경우에 따라 우리는 무슨 일이 일어나고 있는지 알아야 할 때가 많습니다. 이런 경우 우리는 항상 로그 정보를 확인하는 것이 일반적이며, Airflow에서는 세 가지 유형의 로그가 있습니다.

- **웹 서버 로그** – 웹 활동에 대한 정보, 즉 웹 서버로 전송되는 요청에 대한 정보를 보관합니다.

- **스케줄러 로그** – DAG 구문 분석, 예약 작업 등을 포함한 모든 스케줄러 활동에 대한 정보를 보관합니다.

- **태스크 로그** – 각 로그 파일에는 단일 태스크 인스턴스의 로그가 보관됩니다.

기본적으로 로그는 로컬 파일 시스템의 $AIRFLOW_HOME/logs에 기록됩니다. 로깅은 다양한 방법으로 구성할 수 있습니다. 이 절에서는 기본 로깅 동작을 보여주는데, 특히 12.3.4절에서는 원격 스토리지 시스템에 로그를 쓰는 방법을 확인합니다.

12.3.1 웹 서버 로그 저장

웹 서버는 정적 파일을 제공하고 파일에 대한 모든 요청은 웹 서버 로그에 표시됩니다. 예를 들면 다음과 같습니다.

- ➥ 127.0.0.1--[24/Mar/2020:16:50:45+0100]"GET/HTTP/1.1"302221 "-" "Mozilla/5.0 (Macintosh; Intel Mac OS X 10_14_5) AppleWebKit/537.36 (KHTML, like Gecko) Chrome/80.0.3987.149 Safari/537.36"

- ➥ 127.0.0.1 - - [24/Mar/2020:16:50:46 +0100] "GET /admin/ HTTP/1.1" 200 44414 "-" "Mozilla/5.0 (Macintosh; Intel Mac OS X 10_14_5) AppleWeb- Kit/537.36 (KHTML, like Gecko) Chrome/80.0.3987.149 Safari/537.36"

- ➥ 127.0.0.1--[24/Mar/2020:16:50:46+0100]"GET/static/bootstrap- theme.css HTTP/1.1" 200 0 "http://localhost:8080/admin/" "Mozilla/5.0 (Macintosh; Intel Mac OS X 10_14_5) AppleWebKit/537.36 (KHTML, like Gecko) Chrome/80.0.3987.149 Safari/537.36"

명령줄에서 웹 서버를 시작하면 이 출력이 stdout 또는 stderr로 출력되는 것을 볼 수 있습니다. 그렇다면 웹 서버가 종료된 후에도 로그를 보존하려면 어떻게 해야 할까요? 웹 서버 내에는 (1) 위에 표시된 액세스 로그와 오류뿐만 아니라, (2) 다음과 같은 시스템 정보도 보관하는 오류 로그의 두 가지 유형의 로그가 있습니다.

- [2020-04-13 12:22:51 +0200] [90649] [INFO] Listening at: http://0.0.0.0:8080 (90649)

- [2020-04-13 12:22:51 +0200] [90649] [INFO] Using worker: sync

- [2020-04-13 12:22:51 +0200] [90652] [INFO] Booting worker with pid: 90652 airflow 웹 서버를 시작할 때 플래그를 적용하여 두 유형의 로그를 파일에 기록할 수 있습니다.

```
airflow webserver --access_logfile [filename]
airflow webserver --error_logfile [filename]
```

파일 이름은 AIRFLOW_HOME에 상대적이므로 파일 이름으로 'accesslogs.log'를 설정하면 /path/
to/airflow/home/accesslogs.log 파일이 생성됩니다.

12.3.2 스케줄러 로그 저장

스케줄러는 웹 서버와 달리 기본적으로 파일에 로그를 작성합니다. $AIRFLOW_HOME/logs 디
렉터리를 다시 살펴보면 스케줄러 로그와 관련된 다양한 파일을 볼 수 있습니다.

리스트 12.10 스케줄러가 생성한 로그 파일

```
.
└── dag_processor_manager
        └── dag_processor_manager.log
    scheduler
        └── 2020-04-14
            ├── hello_world.py.log
            └── second_dag.py.log
```

이 디렉터리 트리는 hello_world 및 second_dag의 두 DAG를 처리한 결과입니다. 스케줄러
가 DAG 파일을 처리할 때마다 각 DAG에서 발생하는 로그를 별도로 기록합니다. 이 구조는
스케줄러가 작동하는 방법을 이해하는 데 중요한 부분입니다. 우선 hello_world.py.log를 살펴
보도록 하겠습니다.

리스트 12.11 스케줄러가 DAG 파일을 읽고 해당 DAG/태스크를 생성

누락된 SLA 알림을 보내야 하는지 확인하십시오.

기존 태스크 인스턴스가 실행 중으로
설정되어야 하는지 확인하십시오.

DAG가 실행되고 일정에 따라 해당 태스크 인스턴스를 만들 수 있는지,
SLA가 누락되었는지 확인합니다.

이 파일의 처리를 시작하십시오.

```
... Started process (PID=46) to work on /opt/airflow/dags/hello_world.py
... Processing file /opt/airflow/dags/hello_world.py for tasks to queue ◄
... Filling up the DagBag from /opt/airflow/dags/hello_world.py
... DAG(s) dict_keys(['hello_world']) retrieved from
        /opt/airflow/dags/hello_world.py ◄
... Processing hello_world
... Created <DagRun hello_world @ 2020-04-11 00:00:00 ...> ◄
... Examining DAG run <DagRun hello_world @ 2020-04-11 00:00:00 ...> ◄
... Skipping SLA check for <DAG: hello_world> because no tasks in DAG have SLAs ◄
```

DAG hello_world가
파일에서 검색되었습니다.

간격의 끝에 도달했기 때문에
DagRun을 만들었습니다.

```
⮕ ... Creating / updating <TaskInstance: hello_world.hello 2020-04-11 ...>
in ORM
⮕ ... Creating / updating <TaskInstance: hello_world.world 2020-04-11 ...>
in ORM
... Processing /opt/airflow/dags/hello_world.py took 0.327 seconds ◄
```

이 파일 처리 완료

생성할 태스크를 확인하고 예약된 상태로 설정합니다.

DAG 파일을 처리하고, 파일에서 DAG 개체를 로드하고, DAG 일정과 같은 많은 조건이 충족되는지 확인하는 이러한 단계는 여러 번 반복 실행되며 스케줄러의 핵심 기능 중 하나입니다. 이렇게 출력되는 로그에서 스케줄러가 의도한 대로 작동하는지 여부를 파악할 수 있습니다.

스케줄러 디렉터리의 파일 외에도 dag_processor_manager.log라는 이름의 단일 파일(해당 파일은 100MB 단위로 묶입니다)이 있으며, 여기에는 스케줄러가 처리한 파일(기본값은 지난번과 동일하게 30초)이 집계된 내용이 표시됩니다(리스트 12.2).

12.3.3 태스크 로그 저장

마지막으로 작업(태스크) 로그가 있으며 각 파일은 하나의 태스크에 대한 한 번의 시도를 나타냅니다.

리스트 12.12 **태스크 실행시 생성되는 로그 파일**

```
├─ hello_world  ◄──┤ DAG 이름
│   ├─ hello  ◄──┤ 태스크 이름
│   │   └─ 2020-04-14T16:00:00+00:00  ◄──┤ 실행일시
│   │       ├─ 1.log  ◄──┤ 시도횟수
│   │       └─ 2.log
│   └─ world
│
│
└─ second_dag
    └─ print_context
        ├─ 2020-04-11T00:00:00+00:00
        ├─ 1.log
        ├─ 2020-04-12T00:00:00+00:00
        │   └─ 1.log
```

이러한 파일의 내용은 웹 서버 UI에서 태스크를 열 때 표시되는 내용을 반영합니다.

12.3.4 원격 저장소로 로그 보내기

Airflow 설정에 따라 다른 곳으로 로그를 보낼 수 있습니다. 예를 들어 컨테이너가 중지될 때 로그가 사라지는 임시 컨테이너에서 Airflow를 실행하거나 보관 목적으로 실행하는 경우를 들 수 있습니다. Airflow에는 로그를 원격 시스템으로 전송할 수 있는 '원격 로깅'이라는 기능이 있습니다. 작성 시점에 다음 원격 시스템이 지원됩니다.

- AWS S3 (pip install apache-airflow[amazon] 필요)
- Azure Blob Storage (pip install apache-airflow[microsoft.azure] 필요)
- Elasticsearch (pip install apache-airflow[elasticsearch] 필요)
- Google Cloud Storage (pip install apache-airflow[google] 필요)

원격 로깅을 위해 Airflow를 구성하려면 다음 구성을 설정해야 한다.

- AIRFLOW__CORE__REMOTE_LOGGING=True
- AIRFLOW__CORE__REMOTE_LOG_CONN_ID=...

여기서 REMOTE_LOG_CONN_ID는 원격 시스템에 대한 자격 증명을 보유한 연결 ID를 말합니다. 그 후 각 원격 로깅 시스템은 해당 시스템에 특정한 구성을 읽을 수 있습니다. 예를 들어 Google Cloud Storage에 로그를 작성해야 하는 경로는 AIRFLOW__CORE__REMOTE_BASE_LOG_FOLDER=gs://my-bucket/path/to/logs로 구성할 수 있습니다. 시스템별 세부 사항은 Airflow 문서를 참조하시길 바랍니다.

12.4 Airflow 메트릭 시각화 및 모니터링

언제 Airflow 환경 동작에 대한 성능 모니터링이 필요할까요? 이 절에서는 Airflow 모니터링에 대해 자세히 설명합니다. 이 부분에서는 측정 항목을 시각화하는 방법을 보여주고 시스템의 기능을 이해하는 데 도움이 되는 다양한 주요 측정 항목에 중점을 두고 설명합니다.

이 절에서는 **메트릭**metric(지표)이라고 하는 시스템 상태에 대한 숫자 데이터에 중점을 둡니다. 예를 들어 태스크를 대기열에 넣은 후 작업의 실제 실행까지 지연되는 시간(초)에 대한 내용이라고 정의할 수 있습니다. 모니터링 관점에서 시스템에 대한 파악과 이해는 (1) 로그, (2) 메트릭, (3) 추적이라는 세 가지 항목을 조합하여 구성됩니다. 로그(텍스트 데이터)는 12.3절에서 다루었고, 메트릭은 이 절에서 다루며, 추적은 이 책의 범위를 벗어납니다.

각 Airflow 설정에는 고유한 특성이 있습니다. 일부 설정의 경우 그 내용이 복잡할 수 있으며, 반대로 단순한 내용도 많습니다. 그리고 DAG가 단순하게 구현되어 있으나 작업 자체가 많은 경우가 있으며, 반대로 작업 자체는 얼마 되지 않으나 DAG가 복잡하게 구성된 경우가 있습니다. 책에서 가능한 모든 상황을 다루는 것은 비현실적이므로 모든 케이스에 적용해야 하는 Airflow 모니터링에 대한 주요 아이디어를 대상으로 설명합니다. 최종 목표는 설정에 대한 메트릭 수집을 구현하고 대시보드와 같은 이점을 위해 이를 적극적으로 사용할 수 있는 환경을 구축하는 것입니다.

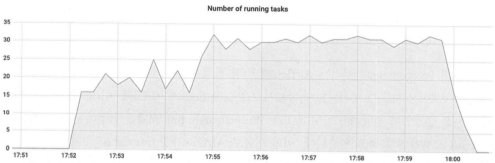

그림 12.15 실행 중인 태스크 수의 시각화 예. 여기에서 병렬 처리의 기본값은 32이며, 때때로 태스크 수가 급증하는 것을 확인할 수 있습니다.

12.4.1 Airflow로부터 메트릭 수집하기

Airflow는 StatsD(https://github.com/statsd/statsd)로 측정됩니다. 측정된다는 것은 무엇을 의미할까요? StatsD 및 Airflow의 관점에서 측정된다는 것은 Airflow의 특정 이벤트가 이벤트에 대한 정보를 수집, 집계, 시각화 또는 보고하기 위해 어딘가에 전송된다는 것을 의미합니다. 예를 들어 태스크가 실패할 때마다 'ti_failures'라는 이벤트가 1이라는 값과 함께 전송됩니다. 이는 하나의 태스크의 실패가 발생했음을 의미합니다.

Pushing vs Pulling

메트릭 시스템을 비교할 때 일반적인 논의는 push vs pull 방법에 대한 것입니다. push 모델을 사용하면 메트릭이 메트릭 수집 시스템으로 전송되거나 '밀어넣게' 됩니다. pull 모델을 사용하면 메트릭은 특정 엔드포인트에서 모니터링하기 위해 시스템에 의해 노출되고, 메트릭 수집 시스템은 지정된 엔드포인트에서 모니터링하기 위해 시스템에서 메트릭을 가져오거나 '가져오게' 해야 합니다. 두 방법에 대한 논쟁 중 하나는 많은 시스템이 대량의 메트릭을 메트릭 수집 시스템에 동시에 push하는 경우, push로 인해 메트릭 수집 시스템이 오버플로(과부하)될 수 있다는 점입니다.

StatsD는 push 모델과 함께 작동합니다. 따라서 Airflow에서 모니터링을 시작하기 전에 StatsD가 메트릭을 전송할 수 있도록 메트릭 수집 시스템을 설정해야 메트릭을 확인할 수 있습니다.

어떤 메트릭 수집 시스템을 써야 하는가?

StatsD는 사용 가능한 많은 메트릭 수집 시스템 중 하나입니다. 다른 시스템 중에는 Prometheus 와 Graphite가 대표적입니다. StatsD는 Airflow에 StatsD 클라이언트가 포함된 형태로 구성되어 있습니다. 그러나 메트릭을 수집할 서버는 사용자가 직접 설정해야 합니다. StatsD 클라이언트는 특정 형식으로 서버에 메트릭을 전달하며 많은 메트릭 수집 시스템은 서로의 형식을 읽어 구성 요소를 교환할 수 있습니다.

예를 들어 Prometheus의 서버는 Airflow의 측정 항목을 저장하는 데 사용될 수 있습니다. 그러나 메트릭은 StatsD 형식으로 전송되므로 Prometheus가 메트릭을 이해하려면 StatsD에서 내용을 변경하여 전달해야 합니다. 또한 Prometheus는 pull 모델을 적용하는 반면, StatsD는 push 모델을 이용하고 있습니다. 이런 이유로 Airflow가 Prometheus의 측정 항목 형식을 노출하지 않으므로 Prometheus가 Airflow에서 직접 측정 항목을 가져올 수 없기 때문에 StatsD가 push하고 Prometheus가 pull할 수 있는 중간 과정을 구성해야 합니다.

왜 이처럼 pull과 push를 이용한 믹싱과 매칭이 필요할까요? 주로 Prometheus는 대다수의 많은 개발자, 시스템 관리자 등이 모니터링을 위해 선택하는 도구이기 때문이기 때문입니다. 많은 회사에서 사용되며 유연한 데이터 모델, 사용 용이성 및 거의 모든 다른 시스템과의 통합과 같은 여러 측면에서 StatsD보다 적극적으로 사용되고 있습니다. 따라서 뒤에서 설명할 내용은 메트릭을 처리하는 데 Prometheus를 기준으로 StatsD 메트릭을 Prometheus 메트릭으로 변환하는 방법을 설명합니다. 그런 다음 Grafana라는 모니터링 목적으로 시계열 데이터를 시각화하는 대시보드 도구를 통해 수집된 메트릭을 시각화할 수 있습니다.

Airflow에서 Grafana까지 구성되는 단계는 다음과 같습니다.

그림 12.16 Airflow에서 측정 항목을 수집하고 시각화하는 데 필요한 소프트웨어 및 단계입니다. Prometheus는 메트릭을 수집하고 Grafana는 대시보드에서 메트릭을 시각화합니다. Prometheus StatsD 내보내기는 StatsD 측정 항목을 Prometheus의 측정 항목 형식으로 변환하고 Prometheus가 스크랩할 수 있도록 노출합니다.

이 시스템을 왼쪽(Airflow)에서 오른쪽(Grafana)으로 향하게 구성하여 Airflow의 측정 항목을
시각화하는 대시보드를 만드는 예제는 다음과 같습니다.

12.4.2 측정 항목을 전송하도록 Airflow 구성

Airflow가 StatsD 측정 항목을 푸시_push_하도록 하려면, `statsd` 추가 종속성과 함께 Airflow
를 설치해야 합니다.

```
pip install apache-airflow[statsd]
```

다음으로 Airflow가 측정 항목을 푸시할 위치를 구성합니다. 현재로서는 아직 측정 항목을
수집할 시스템이 없지만, 12.4.3절에서 해당 내용에 대한 구성 내역을 설명할 것입니다.

- `AIRFLOW__METRICS__STATSD_ON=True`
- `AIRFLOW__METRICS__STATSD_HOST=localhost` (= default value)
- `AIRFLOW__METRICS__STATSD_PORT=9125`
- `AIRFLOW__METRICS__STATSD_PREFIX=airflow` (= default value)

Airflow 환경에서 이제 설정이 완료되었습니다. 이 구성을 사용하면 Airflow가 이벤트를 포트
9125(UDP를 통해)로 푸시하게 됩니다.

12.4.3 메트릭을 수집하도록 Prometheus 구성

Prometheus는 시스템 모니터링을 위한 소프트웨어입니다. 다양한 기능을 제공하지만 핵심은
PromQL이라는 언어로 쿼리할 수 있는 시계열 데이터베이스의 역할을 수행합니다. 관계형 데
이터베이스를 사용하는 `INSERT INTO ...` 쿼리처럼 데이터베이스에 데이터를 수동으로 삽입
할 수는 없지만 메트릭을 데이터베이스로 가져오는 방식으로 작동하게 됩니다. X초마다 사용
자가 구성한 대상에서 최신 메트릭을 가져옵니다. Prometheus가 너무 많은 일을 수행하여 바
빠지게 되면 대상을 스크레이핑_scraping_할 때 자동으로 속도를 느리게 조정합니다. 다만 이때
이 대량의 데이터를 처리하는 데 엄청난 양의 메트릭이 필요하므로 지금은 예시로 적용할 수
없습니다.

먼저 Airflow의 StatsD 측정 항목을 Prometheus 측정 항목으로 변환하는 Prometheus
StatsD 내보내기를 설치해보겠습니다. 가장 쉬운 방법은 도커를 사용하는 것입니다.

리스트 12.13 도커로 StatsD 내보내기 실행

> Prometheus 측정 항목은 http://localhost:9102에 표시됩니다.

```
docker run -d -p 9102:9102 -p 9125:9125/udp prom/statsd-exporter
```

> 이 포트 번호가 포트와 일치하는지 확인
> AIRFLOW__SCHEDULER__STATSD_PORT에 의해 설정됩니다.

도커가 없으면 https://github.com/prometheus/statsd_exporter/releases에서 Prometheus statsd_exporter를 다운로드하고 실행할 수 있습니다.

도커 또는 실행파일을 통해 직접 실행하게 되면 별도의 구성 절차 없이 바로 StatsD exporter 를 실행할 수 있습니다. http://localhost:9102/metrics로 이동하면 첫 번째 Airflow 측정 항목이 표시됩니다.

리스트 12.14 StatsD 내보내기를 사용하여 노출된 샘플 Prometheus 메트릭

> 각 메트릭은 기본 HELP 메시지와 함께 제공됩니다.

```
# HELP airflow_collect_dags Metric autogenerated by statsd_exporter.
# TYPE airflow_collect_dags gauge         각 메트릭에는 게이지와 같은 유형이 있습니다.
airflow_collect_dags 1.019871
# HELP airflow_dag_processing_processes Metric autogenerated by statsd_exporter.
# TYPE airflow_dag_processing_processes counter airflow_dag_processing_processes 35001
# HELP airflow_dag_processing_total_parse_time Metric autogenerated by statsd_
    exporter.
# TYPE airflow_dag_processing_total_parse_time gauge airflow_dag_processing_total_
parse_time 1.019871
    # HELP airflow_dagbag_import_errors Metric autogenerated by statsd_exporter. # TYPE
airflow_dagbag_import_errors gauge
airflow_dagbag_import_errors 0
# HELP airflow_dagbag_size Metric autogenerated by statsd_exporter.
# TYPE airflow_dagbag_size gauge
airflow_dagbag_size 4
```

> airflow_collect_dags 메트릭의 현재 값은 1.019871입니다.
> Prometheus는 이 값과 함께 스크랩 타임 스탬프를 등록합니다.

http://localhost:9102에서 메트릭 측정 항목을 사용할 수 있는 준비가 되었으므로 Prometheus 를 설치하고 설정을 진행해주면 엔드포인트(9102)를 스크레이핑할 수 있습니다. 가장 쉬 운 방법은 다시 한번 도커 컨테이너를 사용하여 Prometheus를 실행하는 것입니다. 먼저 Prometheus가 메트릭을 가져올 위치를 알 수 있도록 StatsD exporter를 Prometheus 대상으 로 구성해야 합니다.

리스트 12.15 최소 Prometheus 구성

```
scrape_configs:
  - job_name: 'airflow'  ◄─┤ Prometheus 메트릭 스크레이핑 태스크를 정의합니다.
    static_configs:
      - targets: ['localhost:9102']  ◄─┤ 스크레이핑 작업의 대상 URL
```

리스트 12.15의 내용을 파일(예: /tmp/prometheus.yml)에 저장합니다. 그런 다음 Prometheus
를 시작하고 파일을 도커 컨테이너에 마운트합니다.

리스트 12.16 도커와 함께 Prometheus를 실행하여 메트릭 수집

```
docker run -d -p 9090:9090 \
  -v /tmp/prometheus.yml:/etc/prometheus/ prometheus.yml \
  prom/prometheus
```

Prometheus는 이제 http://localhost:9090에서 실행 중입니다. 확인하려면 http://localhost:
9090/targets로 이동하여 'airflow' 대상이 작동 중인지 확인합니다.

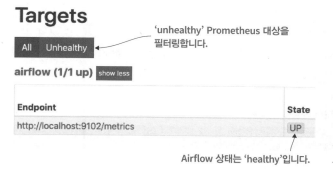

그림 12.17 모두 올바르게 구성된 경우 Prometheus의 대상 페이지에 'Airflow' 대상의 상태가 'UP'으로 표시되어야 합니다. 목표에 도달할 수 없으면 '비정상'으로 간주됩니다.

실행중인 대상은 Prometheus가 메트릭을 스크랩하고 있음을 의미하며, Grafana에서 메트릭
시각화를 시작할 수 있습니다.

메트릭 데이터 모델

Prometheus의 데이터 모델은 이름(예: 'task_duration')과 키-값 라벨 세트(예: 'dag_id=mydag'
및 'task_id=first_task')로 고유한 측정 항목을 식별합니다. 예를 들어 'first_task'라는 작업의
task_durations만 선택하기 위해서는 'task_duration {task_id ="first_task "}'와 같이 원하
는 레이블 조합으로 메트릭을 선택할 수 있으므로 유연성이 뛰어납니다.

StatsD와 같이 다른 메트릭 시스템에서 볼 수 있는 대체 데이터 모델은 계층 기반으로 구성되어 있으
며, 메트릭을 지칭하는 이름은 점(dot)으로 구분하여 저장됩니다. 예를 들면 다음과 같습니다.

- task_duration.my_dag.first_task-> 123
- task_duration.my_other_dag.first_task-> 4

다만 Prometheus가 인기를 얻은 이유 중 하나인, 'first_task'라는 이름의 모든 작업의 'task_duration' 메트릭을 선택하려는 경우 유의할 점이 있습니다.

Prometheus의 StatsD exporter는 제공된 측정 항목에 일반 규칙을 적용하여 StatsD에서 사용하는 계층적 모델을 Prometheus에서 사용하는 라벨 모델로 변환합니다. 기본 변환 규칙이 제대로 작동하는 경우도 있지만 그렇지 않은 경우도 있으며 StatsD 메트릭은 Prometheus에서 고유한 메트릭 이름을 생성하게 됩니다. 예를 들어 'dag.<dag_id>.<task_id>.duration' 메트릭에서 dag_id 및 task_id는 Prometheus의 레이블로 자동 변환되지 않습니다.

Prometheus에서 기술적으로는 적용이 가능하지만 이것은 최선의 방법이 아닙니다. 따라서 StatsD 내보내기는 특정 점으로 구분된 메트릭을 Prometheus 메트릭으로 변환하도록 구성할 수 있습니다. 이러한 구성 파일에 대해서는 부록 C를 참조하시길 바랍니다. 보다 자세한 내용은 StatsD exporter 문서에서 설명하고 있습니다.

12.4.4 Grafana를 이용한 대시보드 생성

Prometheus로 메트릭을 수집한 후 마지막으로 구현해야 할 부분은 대시보드에서 이러한 메트릭을 시각화하는 것입니다. 이를 통해 시스템의 기능을 빠르게 이해할 수 있습니다. Grafana는 메트릭 시각화를 위한 대표적인 도구입니다. Grafana를 시작하고 실행하는 가장 쉬운 방법은 도커를 사용하는 것입니다.

리스트 12.17 도커로 Grafana를 실행하여 메트릭 시각화

```
docker run -d -p 3000:3000 grafana/grafana
```

http://localhost:3000로 접속하게 되면 다음과 같은 첫 화면을 볼 수 있습니다.

그림 12.18 **Grafana 시작 화면**

Prometheus를 데이터 소스로 추가하려면 '첫 번째 데이터 소스 추가'를 클릭하면 됩니다. 이후에 사용 가능한 데이터 소스 리스트가 표시됩니다. Prometheus를 클릭하여 구성을 진행하면 됩니다.

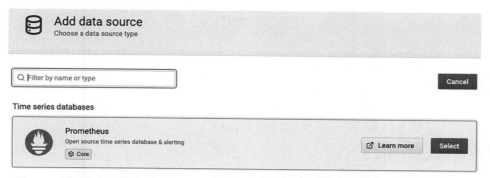

그림 12.19 '데이터 소스 추가' 페이지에서 Prometheus를 선택하여 메트릭을 읽을 소스로 구성합니다.

다음 화면에서 Prometheus의 URL(http://localhost:9090)을 제공합니다.

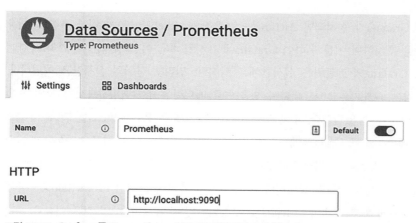

그림 12.20 Grafana를 Prometheus URL로 지정하여 호출합니다.

Grafana에서 데이터 소스로 구성된 Prometheus를 사용하여 첫 번째 측정 항목을 시각화해보도록 하겠습니다. 새 대시보드를 만들고 대시보드에 패널을 생성합니다. 쿼리 필드에 airflow_dag_processing_total_parse_time(모든 DAG를 처리하는 데 걸린 시간(초))에 다음 측정 항목을 삽입합니다. 이제 이 측정 항목의 시각화가 표시됩니다.

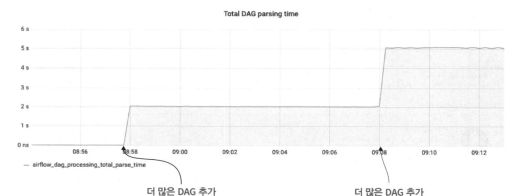

그림 12.21 모든 DAG 파일을 처리하는 데 걸리는 시간(초)을 그립니다. 더 많은 DAG 파일이 추가된 두 개의 변경 지점이 있습니다. 이 그래프가 크게 급증하면 Airflow 스케줄러 또는 DAG 파일에 문제가 있음을 나타낼 수 있습니다.

Prometheus 및 Grafana가 설치되면 Airflow는 이제 Prometheus의 통계 내역 추출을 이용하여 측정 항목을 푸시하며 이를 통하여 Grafana에 표시됩니다. 이 설정에는 두 가지 사항이 있습니다. 첫째, Grafana의 메트릭은 실시간에 가깝지만, 밀리초 단위의 실시간은 아닙니다. Prometheus는 기본 간격(기본값 1분, 낮출 수 있음)으로 메트릭을 스크랩핑하므로 최악의 경우 1분가량 지연이 발생할 수 있습니다. 또한 Grafana는 주기적으로 Prometheus를 쿼리(기본적으로 쿼리 새로고침 해제)하므로 Grafana에서도 약간의 지연이 있습니다. 대체로 Airflow의 이벤트와 Grafana의 그래프 사이의 지연은 기껏해야 분 수준으로, 일반적으로 충분하다고 볼 수 있습니다. 둘째, 이 설정은 메트릭 모니터링 및 경고에 적합한 시스템인 Prometheus를 사용합니다. 그렇기 때문에 보고 형태의 시스템으로 구성되어 있지 않으며, 이와 같은 이유로 개별 이벤트를 저장하지 않습니다. Airflow의 개별 이벤트에 대해 모니터링하려는 경우, InfluxDB와 같은 시계열 데이터베이스를 고려할 수 있습니다.

12.4.5 무엇을 모니터링해야 하는가?

모니터링 설정이 완료되었으므로 이제 Airflow의 태스크를 이해하기 위해 어떤 내용을 모니터링해야 하는지 정해야 합니다. 일반적인 관점에서 모니터링할 때 모니터링할 기본 4가지 내용은 다음과 같습니다.

1. Latency

서비스 요청에 얼마나 걸리는지? 웹 서버가 응답하는 데 걸리는 시간 또는 스케줄러가 태스크를 대기 상태에서 실행 상태로 이동하는 데 걸리는 시간을 고려할 필요가 있습니다. 이러한 측정 항목은 기간(예: '웹 서버 요청을 반환하는 평균 밀리 초' 또는 '대기 상태에서 실행 상태로 태스크를 이동하는 데 걸리는 평균 초')으로 표현됩니다.

2. Traffic

시스템에 얼마나 많은 수요가 몰리고 있는지? Airflow 시스템이 처리해야 하는 태스크 수 또는 Airflow가 사용할 수 있는 오픈 풀 슬롯_{open pool slot} 수를 고려해야 합니다. 이러한 메트릭은 일반적으로 기간당 평균(예: '분당 실행되는 태스크 수' 또는 '초당 오픈 풀 슬롯')으로 표현됩니다.

3. Errors

어떤 오류가 발생했는지? Airflow의 맥락에서 이는 '좀비 프로세스 수'(기본 프로세스가 사라진 작업 실행), '웹 서버의 HTTP 200이 아닌 응답 수' 또는 '시간 초과된 태스크 수'와 다를 수 있습니다.

4. Saturation

시스템 자원의 어느 부분이 활용되고 있는지? Airflow가 실행중인 시스템 메트릭을 측정하는 것은 '현재 CPU 부하' 또는 '현재 실행중인 태스크 수'와 같은 좋은 지표가 될 수 있습니다. 시스템이 얼마나 '충분한지'를 확인하려면 시스템의 상한선을 알아야 하며, 때로는 결정하기가 쉽지 않을 수 있습니다.

Prometheus는 시스템에 대한 모든 종류의 메트릭을 노출하는 다양한 내보내기 기능을 제공합니다. 따라서 여러 Prometheus 내보내기를 설치하여 Airflow 실행과 관련된 모든 시스템에 대해 다음과 같은 부분에서 자세히 알아볼 필요가 있습니다.

- Airflow가 실행중인 머신(CPU, 메모리, 디스크 I/O, 네트워크 트래픽)을 모니터링하기 위한 노드 내보내기
- 데이터베이스 모니터링을 위한 PostgreSQL / MySQL 서버 내보내기
- CeleryExecutor를 사용할 때 Celery 모니터링을 위한 여러 (비공식) Celery export 중 하나
- Blackbox 내보내기는 주어진 엔드 포인트를 폴링하고 미리 정의된 HTTP 코드가 반환되는지 확인해야 합니다.
- 쿠버네티스를 사용하는 경우 Prometheus 측정 항목을 노출하는 여러 방법(공식 및 비공식)이 있습니다. 쿠버네티스 모니터링 문서를 참조하시길 바랍니다.

사용 가능한 모든 측정 항목의 개요는 Airflow 문서에 나열되어 있으며 Airflow 버전을 참고하시기 바랍니다. Airflow의 상태를 파악하는 데 유용한 몇 가지 측정 항목은 다음과 같습니다.

- DAG의 정상동작 여부를 확인하려면:
  - dag_processing.import_errors: DAG를 처리하는 동안 발생한 오류 수를 제공합니다. 0보다 큰 것은 좋지 않습니다.

- dag_processing.total_parse_time: DAG를 추가 / 변경한 후 갑자기 크게 증가하는 것은 좋지 않습니다.
- ti_failures : 실패한 태스크 인스턴스의 수
- Airflow의 성능상태를 이해하기 위해서는:
  - dag_processing.last_duration.[filename]: DAG 파일을 처리하는 데 걸린 시간. 값이 높으면 문제가 있음을 나타냅니다.
  - dag_processing.last_run.seconds_ago.[filename]: 스케줄러가 DAG를 포함하는 파일을 마지막으로 확인한 이후의 시간(초). 값이 높을수록 나쁘다는 것은 스케줄러가 너무 바쁘다는 것을 의미합니다. 값은 최대 몇 초 정도여야 합니다.
  - dagrun.schedule_delay.[dag_id]: 예약된 실행 날짜와 DAG 실행의 실제 실행 날짜 사이의 지연[5]
  - executor.open_slots: 사용 가능한 익스큐터 슬롯의 수
  - executor.queued_tasks: 대기 상태의 태스크 수
  - executor.running_tasks: 실행 상태의 태스크 수

12.5 실패한 태스크에 대한 알림을 받는 방법

업무상 중요한 파이프 라인을 실행할 때 문제가 발생하는 즉시 문제에 대한 알림을 받아야 하는 경우가 있습니다. 실패한 태스크 또는 예상된 시간 내에 완료되지 않고 다른 프로세스를 지연시키는 상황을 가정해 보겠습니다. Airflow가 경고를 감지하는 조건과 실제 경고를 보내기 위해 제공하는 다양한 옵션을 살펴보도록 합니다.

12.5.1 DAG 및 오퍼레이터에서 경고

Airflow에는 경고를 구성하는 여러 수준이 있습니다. 첫째, DAG 및 오퍼레이터operator의 정의 내에서 콜백callback(예: 특정 이벤트를 호출하는 함수)을 구성할 수 있습니다.

리스트 12.18 DAG 실패시 실행할 실패 콜백 함수 정의

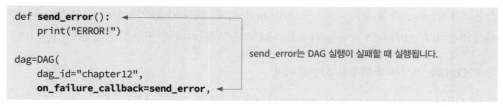

```
def send_error():
    print("ERROR!")

dag=DAG(
    dag_id="chapter12",
    on_failure_callback=send_error,
```

send_error는 DAG 실행이 실패할 때 실행됩니다.

5　[옮긴이] 작성 당시 이 메트릭에는 버그가 포함되어 있습니다. 값은 밀리 초 단위로 예상값을 계산해야 하나 실제 표현되는 값은 초 단위로 제공됩니다.

```
    ...
)
```

on_failure_callback은 DAG 실행이 실패할 때마다 실행되는 DAG의 인수입니다. Slack 메시지를 통한 #errors 채널, PagerDuty와 같은 사고 보고 시스템에서 쓰이는 알림 또는 업무용 이메일로 해당 오류를 수신할 수 있습니다. 실행할 함수는 여러분이 직접 구현해야 합니다.

태스크 수준에는 구성해야 할 더 많은 옵션이 있습니다. 모든 태스크에 대해 개별적으로 각각 구성하고 싶지 않다면 DAG의 default_args를 사용하여 모든 태스크에 해당 오류 감지에 대한 로직을 상속할 수 있습니다.

리스트 12.19 **태스크 실패시 실행할 실패 콜백 함수 정의**

```
def send_error():
    print("ERROR!")                              ◀──────────┐

dag=DAG(                                    default_args는 태스크에
    dag_id="chapter12_task_failure_callback",   인수를 전파합니다.
    default_args={"on_failure_callback": send_error},  ◀───┘
    on_failure_callback=send_error,  ◀──
    ...                              여기에 두 개의 알림이 전송됩니다.
)                                    하나는 작업 실패에 대한 것이고
                                     다른 하나는 DAG 실패에 대한 것입니다.
failing_task=BashOperator(
    task_id="failing_task",
    bash_command="exit 1",  ◀──┤ 이 작업은 종료 코드 0을 반환하지 않으므로 실패합니다.
    dag=dag,
)
```

모든 오퍼레이터의 부모 클래스(BaseOperator)는 on_failure_callback 인수를 보유하므로 모든 연산자가 이 인수를 가지고 있습니다. default_args에서 on_failure_callback을 설정하면 DAG의 모든 태스크에 구성된 인수가 설정되므로, 모든 작업은 리스트 12.19에서 오류가 발생할 때마다 send_error를 호출하게 됩니다.

on_failure_callback 외에도 on_success_callback(성공 시) 및 on_retry_callback(태스크 재시도 시)을 설정할 수도 있습니다.

on_failure_callback에서 호출하는 함수 내에서 직접 이메일을 보낼 수 있지만 Airflow는 메시지를 구성하지 않고도 이메일을 보내는 편리한 인수 email_on_failure를 제공합니다. 다만 이 구성을 사용하기 위해서는 Airflow 구성에서 SMTP를 구성해야 합니다. 그렇지 않으면 이메일을 보낼 수 없습니다. 참고로 이 구성은 Gmail에만 해당됩니다.

자동화된 이메일을 보내기 위한 샘플 SMTP 구성

```
AIRFLOW__SMTP__SMTP_HOST=smtp.gmail.com
AIRFLOW__SMTP__SMTP_MAIL_FROM=myname@gmail.com
AIRFLOW__SMTP__SMTP_PASSWORD=abcdefghijklmnop
AIRFLOW__SMTP__SMTP_PORT=587
AIRFLOW__SMTP__SMTP_SSL=False
AIRFLOW__SMTP__SMTP_STARTTLS=True
AIRFLOW__SMTP__SMTP_USER=myname@gmail.com
```

Airflow는 기본적으로 이메일을 보내도록 구성되어 있습니다. 즉, 기본값 True를 보유하는 Base Operator에 email_on_failure 인수가 있습니다. 그러나 적절한 SMTP 구성이 없으면 이메일을 보내지 않습니다. 또한 대상 이메일 주소는 연산자의 이메일 인수에도 설정되어야 합니다.

리스트 12.21 **경고를 보낼 이메일 주소 구성**

```
dag=DAG(
    dag_id="task_failure_email",
    default_args={"email": "bob@work.com"},
    ...
)
```

올바른 SMTP 구성과 대상 이메일 주소가 구성된 경우, Airflow는 이제 실패한 태스크를 알리는 이메일을 보낼 수 있게 됩니다.

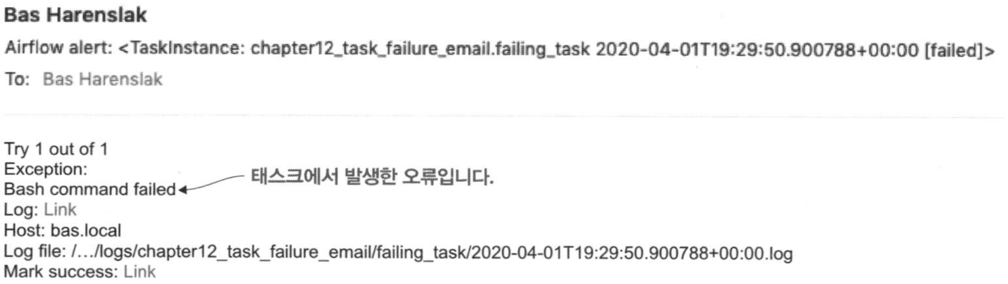

Bas Harenslak

Airflow alert: <TaskInstance: chapter12_task_failure_email.failing_task 2020-04-01T19:29:50.900788+00:00 [failed]>

To: Bas Harenslak

```
Try 1 out of 1
Exception:
Bash command failed ◄────── 태스크에서 발생한 오류입니다.
Log: Link
Host: bas.local
Log file: /.../logs/chapter12_task_failure_email/failing_task/2020-04-01T19:29:50.900788+00:00.log
Mark success: Link
```

그림 12.22 **Email 경고 알람 예제**

태스크 로그 또한 이메일이 전송되었음을 알려줍니다.

```
INFO - Sent an alert email to ['bob@work.com']
```

12.5.2 서비스 수준 계약 정의

실패 시 함수를 호출하는 것 외에도 Airflow는 서비스 수준 계약Service Level Agreement(이하 SLA)의 개념도 적용할 수 있습니다. SLA의 일반적인 정의는 서비스 또는 제품에 대해 충족하는 특정 표준입니다. 예를 들어 TV 제공 업체가 99.999%의 TV 가동 시간을 보장한다고 가정하는 경우, 연간 5.26분까지는 TV 송출이 되지 않을 수 있다는 것을 의미합니다. Airflow에서도 태스크 수준에서 SLA를 구성하여 작업 완료의 허용 가능한 최신 날짜 및 시간을 구성할 수 있습니다. SLA가 충족되지 않으면 이메일이 전송되거나 자체 정의된 콜백 함수가 호출됩니다. SLA로 태스크를 완료하기 위해 날짜 및 시간 기한을 구성하려면 다음의 내용을 구성해야 합니다.

리스트 12.22 SLA 구성

```
dag=DAG(
    dag_id="chapter12_task_sla",
    default_args={"email": "bob@work.com"},
    schedule_interval=datetime.timedelta(minutes=30),  ◄─── DAG는 30분마다(예: 12:30)
    start_date=datetime.datetime(2020, 1, 1, 12),             트리거됩니다.
    end_date=datetime.datetime(2020, 1, 1, 15),
)

sleeptask=BashOperator(
    task_id="sleeptask",
    bash_command="sleep 60",  ◄─── 이 태스크는 60초 동안 대기합니다.
    sla=datetime.timedelta(minutes=2),  ◄─── SLA는 예약된 DAG 시작과 작업 완료 사이의
    dag=dag,                                  최대 델타를 정의합니다(예: 12:32).
)
```

SLA를 구성하는 내용은 다소 직관적이지 않습니다. 부여된 태스크가 실행되는 시간만큼 그 실행 시간이 측정되고 기록되는 것이 원칙이지만 SLA 관점에서는 DAG 실행 시작 시간부터 작업 완료 사이에서 발생하는 최대 시간 차이가 기준이 됩니다. 즉, DAG가 12:30에 시작되고 태스크가 늦어도 14:30까지 완료되기를 원하는 경우, 태스크가 단 5분 동안 실행될 것으로 예상하더라도 2시간의 타임 델타를 구성하게 됩니다. 이처럼 모호해 보이는 동작에 대한 케이스는 주로 보고서를 특정 시간(예: 14:30) 이전에 보내려는 경우에 해당합니다. 예를 들어, 보고서를 구성하기 위한 데이터 처리가 예상보다 오래 걸려서, '보고서와 함께 이메일 보내기' 작업이 마감 시점인 14:30 이후에 완료될 경우, 목표 시간을 초과했기 때문에 SLA가 트리거됩니다. SLA 조건 자체는 작업 완료를 기다리지 않고 마감 시간 즈음에 트리거하게 됩니다. 이때 설정된 기한 전에 태스크가 완료되지 않으면 이메일이 전송됩니다.

리스트 12.23 누락된 SLA 이메일 보고서 샘플

```
Here's a list of tasks that missed their SLAs:
sleeptask on 2020-01-01T12:30:00+00:00

Blocking tasks:

     =,             .=
   =.|    ,---.    |.=
   =.| "-(:::::)-" |.=
    \\__/'-.|.-'\__//
     '-| .::| .::|-'
     _|'-._|_.-'|_
    /.-|     | .::|-.\
   // ,| .::|::::|. \\
   || //\:::|::' /\\ ||
  /'\|| '-__|__.-' ||/'\
   ^    \\      //  ^
       /'\      /'\
        ^        ^
```

        Pillendreher
        (Scarabaeus sacer)

이 ASCII 문자로 그려진 딱정벌레 그림이 이메일에 포함되어 발송됩니다. 리스트 12.22의 60초 휴면 태스크가 예제로 사용되지만 SLA 설정은 작업의 드리프트를 감지하는 데 보다 적절하게 사용할 수 있습니다. 예를 들어, 작업의 입력 데이터 크기가 갑자기 5배 증가하여 태스크가 상당히 오래 걸리는 경우, 작업의 특정 매개변수를 다시 평가하는 것을 고려할 수 있습니다. 데이터 크기 및 결과 작업 기간의 편차는 SLA의 도움으로 감지할 수 있게 됩니다.

SLA 이메일은 누락된 SLA만 알려주므로 이메일 이외의 다른 것을 고려하거나 별도로 전달해야 할 내용에 대한 형식을 고려할 수 있습니다. 이것은 sla_miss_callback 인수로 설정할 수 있습니다. 다소 헷갈리겠지만, 이것은 BaseOperator 클래스가 아니라 DAG 클래스에 대한 인수입니다.

태스크의 최대 런타임을 찾는 경우, 연산자에 execution_timeout 인수를 구성을 고려해보시길 바랍니다. 작업 기간이 구성된 execution_timeout을 초과하면 태스크 자체가 실패하게 되는 기능을 수행합니다.

12.6 확장성 및 성능

12.1절 및 12.2절에서는 Airflow가 제공하는 익스큐터의 유형을 살펴봤습니다.

- SequentialExecutor(기본값)

- LocalExecutor

- CeleryExecutor

- KubernetesExecutor

적절한 확장성과 성능을 위해 Airflow 및 이러한 익스큐터 유형의 구성 방법을 자세히 확인해 보겠습니다. 성능이란 지연 없이 가능한 한 기다리지 않고 이벤트에 신속하게 대응할 수 있는 능력을 의미합니다. 확장성이란 서비스에 영향을 주지 않고 대규모 (증가) 부하를 처리할 수 있는 능력을 의미합니다.

이 절을 본격적으로 시작하기 전에 12.4절에 설명된 대로 모니터링의 중요성을 강조하고 싶습니다. 시스템의 상태를 측정하고 정확하게 파악되지 않는 어떤 일에 대해 최적화하는 것은 매우 난해한 일이며 완성하기 어렵습니다. 따라서 수행중인 태스크를 측정함으로써 Airflow 환경에 대한 변경이 시스템에 긍정적인 영향을 미치는지 확인하는 절차가 필요합니다.

12.6.1 실행중인 태스크의 최대 수 제어

다음 Airflow 구성은 병렬로 실행할 수 있는 태스크 수를 제어할 수 있습니다. 구성 항목의 이름이 다소 특이하기 때문에 설명을 주의 깊게 확인하시길 바랍니다.

표 12.3 **실행중인 태스크 수와 관련된 Airflow 구성 개요**

구성 항목	기본값	설명
AIRFLOW__CORE__DAG_CONCURRENCY	16	DAG당 대기 중 또는 실행 중 상태에 있는 최대 태스크 수
AIRFLOW__CORE__MAX_ACTIVE_RUNS_PER_DAG	16	DAG당 최대 병렬 DAG 실행 수
AIRFLOW__CORE__PARALLELISM	32	전역적으로 병렬로 실행할 최대 태스크 인스턴스 수
AIRFLOW__CELERY__WORKER_CONCURRENCY	16	(Celery에만 해당) Celery 워커당 최대 태스크 수

많은 수의 태스크가 있는 DAG를 실행하는 경우, 병렬 처리(AIRFLOW__CORE__PARALLELISM) 가 32로 설정되어 있어도 dag_concurrency가 16으로 설정되어 있으면 DAG를 16개까지만 병렬 태스크로 수행할 수 있습니다. 다수의 태스크를 수행하는 DAG(AIRFLOW__CORE__MAX_ ACTIVE_RUNS_PER_DAG)도 마찬가지입니다. 16개의 병렬 태스크로 설정되어 있더라도 작업task 에 대한 동시 실행parallelism이 32개까지만 수행되도록 제한이 되어 있습니다.

이러한 구성 항목 외에도 병렬 작업의 전역 변수에 대한 제한 요소가 하나 더 있습니다. 기본적으로 모든 작업은 기본적으로 128개의 슬롯이 있는 'default_pool'이라는 풀에서 실행됩니다. dag_concurrency 및 parallelism은 default_pool 제한에 도달하기 전에 해당 설정 값을 변경해야 합니다.

특히 CeleryExecutor의 경우, AIRFLOW__CELERY__WORKER_CONCURRENCY 설정은 Celery가 처리할 워커당 프로세스 수를 제어합니다. 경험상 Airflow는 리소스를 많이 소모할 수 있으므로 구성된 동시 태스크 수행 숫자만큼 워커를 실행하고 실행하기 위한 기준으로 프로세스 당 최소 200MB의 RAM을 고려해야 합니다. 또한 Celery 워커가 처리할 수 있는 병렬 태스크 수를 추정하기 위해 리소스를 가장 많이 사용하는 태스크가 병렬로 실행되는 최악의 시나리오를 고려해야 합니다. 특정 DAG의 경우, 기본값 max_active_runs_per_dag는 DAG 클래스의 동시 실행 인수로 재정의할 수 있습니다.

개별 태스크 수준에서 풀의 특정 태스크를 실행하도록 pool 인수도 설정할 수 있습니다. 풀은 실행할 수 있는 태스크 수에 제한이 있습니다. 아울러 특정 작업 그룹에만 풀을 적용할 수 있습니다. 예를 들어 Airflow 환경이 데이터베이스를 쿼리하고 결과가 반환되기를 기다리는 20개의 태스크를 실행하는 것까지는 상관이 없지만, 동시에 5개의 대량 CPU 태스크가 시작되면 문제가 될 수 있습니다. 이러한 높은 리소스 태스크를 제한하려면 최대 태스크 수가 적은 전용 high_resource 풀을 할당할 수 있습니다.

또한 태스크 수준에서 task_concurrency 인수를 설정하여 여러 태스크 실행에 대한 특정 태스크의 추가 제한을 설정할 수 있습니다. 이는 많은 인스턴스를 병렬로 실행할 때 컴퓨터의 모든 리소스를 사용하는 경우에 유용하게 적용할 수 있습니다.

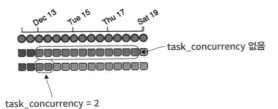

그림 12.23 **task_concurrency는 태스크의 병렬 실행 수를 제한할 수 있습니다.**

12.6.2 시스템 성능 구성

상당한 수의 태스크를 실행할 때 메타스토어의 로드가 증가하는 것을 알 수 있습니다. Airflow는 모든 상태를 저장하기 위해 데이터베이스에 크게 의존합니다. 모든 새로운 Airflow 버전에는 일반적으로 몇 가지 성능 관련 개선 사항이 포함되어 있으므로 정기적으로 업데이트하는 것이 좋습니다. 이 외에도 데이터베이스에서 수행되는 쿼리 수를 조정할 수도 있습니다.

AIRFLOW__SCHEDULER__SCHEDULER_HEARTBEAT_SEC(기본값 5)의 값을 높이면 Airflow가 스케줄러 태스크에서 수행하는 체크인check-in 수를 줄여 데이터베이스 쿼리를 줄일 수 있습니다. 60초 정도면 어느 정도 적절하다고 할 수 있습니다. 마지막 스케줄러 하트비트가 30초 이상 전에 수신되면 Airflow UI에 경고가 표시되지만, 이 이 간격은 AIRFLOW__SCHEDULER__SCHEDULER_HEALTH_CHECK_THRESHOLD로 수정하여 반영할 수 있습니다.

AIRFLOW__SCHEDULER__PARSING_PROCESSES(기본값 2, SQLite를 사용하는 경우 1로 고정) 값은 DAG의 상태를 처리하기 위해 스케줄러의 태스크 예약 부분이 동시에 동작하는 프로세스 수를 제어할 때 적용됩니다. 각 프로세스는 새 DAG 실행을 생성해야 하는지, 새 태스크 인스턴스를 예약하거나 대기열에 넣어야 하는지 등을 확인합니다. 이 수가 높을수록 더 많은 DAG가 동시에 확인되며 작업 간 지연 시간이 짧아지게 됩니다. 다만 이 값을 올리면 CPU 사용량이 늘어나므로 해당 값에 대한 변경은 점진적으로 수정하는 것이 좋습니다.

마지막으로 사용자 관점에서 AIRFLOW__SCHEDULER__DAG_DIR_LIST_INTERVAL(기본값 300초)을 구성하는 것이 흥미로울 수 있습니다. 이 설정은 스케줄러가 DAG 디렉터리에서 이전에 보지 못한 새 파일을 검색하는 빈도를 결정합니다. 새 DAG 파일을 자주 추가하는 경우, Airflow UI에 표시될 때까지 기다리는 경우가 많습니다. 이 값을 낮추면 Airflow가 DAG 디렉터리에서 새 파일을 더 자주 스캔하지만 더 많은 CPU 사용량이 발생하므로 이 값도 신중하게 조절할 필요가 있습니다.

12.6.3 여러 스케줄러 실행

Airflow 2의 가장 기대되는 기능은 스케줄러를 수평으로 확장할 수 있다는 점입니다. 이 기능은 Airflow 1에는 존재하지 않습니다. 스케줄러는 Airflow의 심장이자 두뇌이기 때문에 Airflow 커뮤니티에서는 확장성 및 자원의 여유를 이유로 스케줄러가 여러 인스턴스에서 실행되게끔 구성해왔습니다.

분산 시스템은 복잡하게 동작하기 때문에 대부분의 경우 어떤 프로세스가 리더인지 결정하기 위한 합의 알고리즘을 구성하는 과정이 있습니다. Airflow의 경우, 시스템 구성 목표가 운영을 가능한 한 간단하게 만드는 것이기 때문에 분산 환경에서의 리더 구성은 데이터베이스 수준에서 행 수준 잠금(SELECT ... FOR UPDATE)으로 구현되어 왔습니다. 결과적으로 Airflow에서는 여러 스케줄러가 별도의 리더 선정을 위한 합의 알고리즘 없이 서로 독립적으로 실행할 수 있게끔 구성되어 있습니다. 한 가지 알고 있어야 할 사실은 데이터베이스가 특정 잠금 개념을 지원해야 한다는 것입니다. 작성 시점에 다음의 데이터베이스 및 버전이 테스트되고 지원됩니다.

- PostgreSQL 9.6 이상
- MySQL 8 이상

스케줄러를 추가하려면 다른 스케줄러 프로세스를 추가로 시작하면 됩니다.

```
airflow scheduler
```

각 스케줄러 인스턴스는 선입first-come 원칙에 따라 처리에 사용할 수 있는 태스크(데이터베이스의 행으로 표시됨)를 파악하며 추가 구성이 필요하지 않습니다. 여러 인스턴스를 실행한 후 스케줄러 중 하나가 실행중인 머신 중 하나가 실패해도 다른 스케줄러 인스턴스가 계속 실행되므로 Airflow 자체가 중단되지는 않습니다.

요약

- SequentialExecutor 및 LocalExecutor는 단일 호스트로 제한되지만 설정이 간단합니다.
- CeleryExecutor 및 KubernetesExecutor는 설정하는 데 더 많은 태스크가 필요하지만 여러 시스템에서 태스크를 확장할 수 있습니다.
- Prometheus 및 Grafana는 Airflow의 측정 항목을 저장하고 시각화하는 데 사용할 수 있습니다.
- 실패 콜백 및 SLA는 특정 이벤트의 경우 이메일 또는 사용자 지정 알림을 보낼 수 있습니다.
- 모든 Airflow 구성 요소는 DAG 디렉터리에 대한 액세스 권한이 필요하므로 여러 컴퓨터에 Airflow를 배포하는 것은 간단하지 않습니다.

Airflow 보안

이 장에서는 다음과 같은 내용을 다룹니다.

- 접근 제어를 위한 RBAC 인터페이스 검사 및 구성
- LDAP 서비스에 연결하여 중앙 사용자 집합에 대한 액세스 권한 부여
- 데이터베이스에서 기밀을 암호화하도록 Fernet 키 구성
- 브라우저와 웹 서버 간의 트래픽 보호
- 중앙 보안관리 시스템에서 보안사항 가져오기

Airflow의 특성을 감안할 때 Airflow는 많은 시스템과 연결되어야 하므로 액세스 권한에 대한 관리를 할 필요가 있습니다. 이 장에서는 허락받지 않은 접근을 방지하기 위한 Airflow 보안에 대해 설명합니다. 다양한 보안 관련 사용 사례를 다루고 실제 사례를 통해 자세히 설명합니다. 보안은 종종 수많은 기술, 약어 및 복잡한 세부 사항을 이해해야 하는 기피대상으로 간주됩니다. 보안 관련 내용이 그렇게까지 어렵지는 않지만 이 책에서는 보안 관련 지식이 거의 없는 독자를 위해 이 장을 작성했으므로, Airflow 설치에서 원치 않는 접근을 방지하기 위해 다양한 핵심 사항을 다음과 같이 고려해 보려고 합니다.

Airflow 인터페이스

Airflow 1.x에는 두 가지 인터페이스가 있습니다.

- Flask-Admin을 기반으로 개발된 기본 인터페이스
- FAB(Flask-AppBuilder)를 기반으로 개발된 RBAC 인터페이스

Airflow는 처음에 Flask 기본 인터페이스와 함께 제공되었으며 Airflow 1.10.0에서 RBAC(role-based access control, 역할 기반 액세스 제어) 인터페이스를 처음 도입했습니다. RBAC 인터페이스는 해당 권한으로 역할을 정의하고 이러한 역할에 사용자를 할당하여 액세스를 제한하는 메커니즘을 제공합니다. Flask 기본 인터페이스는 기본적으로 전 세계에 개방되어 있습니다. 이에 반해 RBAC 인터페이스에는 더 많은 보안 기능이 제공됩니다.

이 책을 쓰는 동안 Flask 기본 인터페이스는 더 이상 사용되지 않으며 Airflow 2.0에서 제거되었습니다. RBAC 인터페이스는 이제 유일한 인터페이스이므로 이 장에서는 RBAC 인터페이스만 다룹니다. Airflow 1.x를 실행하는 RBAC 인터페이스를 활성화하려면 AIRFLOW__WEBSERVER__RBAC=True를 설정합니다.

13.1 Airflow 웹 인터페이스에서 보안

airflow 웹서버를 실행하여 Airflow 웹서버를 시작하고 http://localhost:8080으로 이동하면 로그인 화면이 표시됩니다(그림 13.1).

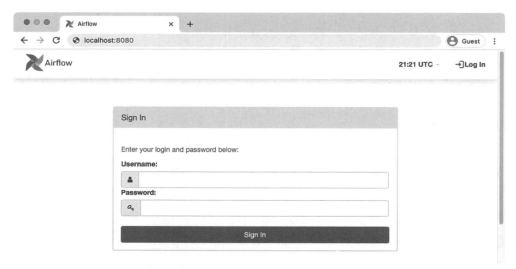

그림 13.1 **RBAC 인터페이스의 홈 화면. 암호 인증은 기본적으로 활성화되어 있습니다. 기본 사용자가 아직은 없습니다.**

이것은 RBAC 인터페이스의 첫 화면입니다. 이 시점에서 웹서버는 사용자 이름과 암호를 요구하지만 아직 사용자가 없습니다.

13.1.1 RBAC 인터페이스에서 사용자 추가

우선 Bob Smith라는 사용자의 계정을 만들어 보겠습니다.

리스트 13.1 **RBAC 인터페이스에 사용자 등록하기**

```
airflow users create \
    --role Admin \ ◄────┤ 관리자 역할은 이 사용자에게 모든 권한을 부여합니다.
    --username bobsmith \
    --password topsecret \ ◄────┤ --password 플래그는 암호를 확인합니다.
    --email bobsmith@company.com \
    --firstname Bob \
    --lastname Smith
```

이렇게 하면 'Admin'이라는 역할을 가진 사용자가 생성됩니다. RBAC 모델은 웹서버 인터페이스의 특정 구성 요소에 대해 접근할 수 있는 (특정 작업에 대한) 권한과 (단일) 역할을 가진 유저를 구성합니다(그림 13.2).

그림 13.2 **RBAC 권한 모델**

리스트 13.1에서 'bobsmith' 사용자에게 'Admin' 역할이 할당되었습니다. 그런 다음 특정 구성 요소(예: '연결'과 같은 메뉴 및 특정 페이지)에 대한 특정 작업(예: 편집)을 역할에 할당할 수 있습니다. 예를 들어, 'ConnectionModelView에서 편집 가능' 권한이 있으면 연결을 편집할 수 있습니다.

5개의 기본 역할이 있습니다. 관리자 역할은 보안 사항 확인에 대한 액세스를 포함하여 모든 권한을 부여합니다. 그러나 실제 운영 시스템에서 사용자에게 권한을 부여할 경우에는 보다 고려해야 할 부분이 많습니다.

이 시점부터 사용자 이름 'bobsmith'와 암호 'topsecret'으로 로그인할 수 있습니다. 메인 화면은 원래 인터페이스처럼 보이지만, 단 표시 줄에는 그림 13.3과 같이 몇 가지 새로운 항목이 있습니다.

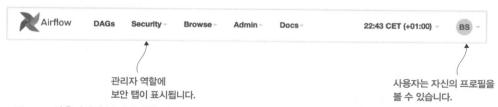

그림 13.3 **사용자에게 부여된 역할 및 해당 권한에 따라 메뉴 항목을 표시하는 상단 표시 줄**

보안 항목은 RBAC 인터페이스의 가장 흥미로운 기능입니다. 메뉴를 열면 몇 가지 옵션이 표시됩니다(그림 13.4).

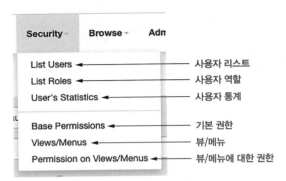

그림 13.4 보안 항목에 포함된 다양한 옵션

항목을 클릭하여 모든 기본 역할을 확인합니다(그림 13.5).

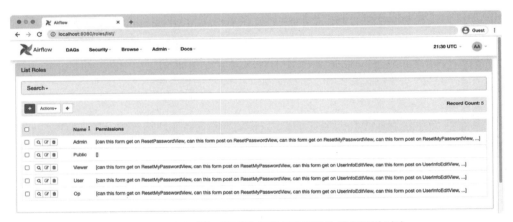

그림 13.5 Airflow의 기본 역할 및 해당 권한. 가독성을 위해 여러 권한이 생략되었습니다.

역할 목록 보기에는 기본적으로 사용할 수 있는 5가지 역할이 표시됩니다. 이러한 역할에 대한 기본 권한은 표 13.1에 나와 있습니다.

방금 생성된 'bobsmith' 사용자에게 관리자 역할이 할당되어 모든 권한을 부여했습니다(가독성을 위해 그림 13.5에서 여러 권한이 생략됨). public 역할에는 권한이 없습니다. 역할 이름에서 알 수 있듯이 여기에 연결된 모든 권한은 공개되어 있습니다(즉, 로그인할 필요가 없음). Airflow 계정이 없는 사람이 문서 메뉴를 볼 수 있도록 허용하고 싶다고 가정해 보겠습니다(그림 13.6).

표 13.1 **Airflow RBAC 인터페이스 기본 역할 권한**

역할명	역할의 의도 및 사용	기본 권한
Admin	보안 권한 관리 시에만 필요	모든 권한
Public	인증되지 않은 사용자	권한 없음
Viewer	Airflow에서 '보기'만 허용	DAG에 대한 읽기 액세스
User	보안사항(연결, 변수 등)을 편집할 수 있는 개발자와 편집할 수 없는 개발자를 팀에서 엄격하게 분리하려는 경우, 유용합니다. 이 역할은 보안사항이 아닌 DAG를 생성할 수 있는 권한 만 부여합니다.	뷰어와 동일하지만 DAG에 대한 편집 권한(지우기, 트리거, 일시 중지 등)이 있습니다.
Op	Airflow DAG 개발에 필요한 모든 권한	사용자와 동일하지만 연결, 풀, 변수, XCom 및 구성을 보고 편집할 수 있는 추가 권한이 있습니다.

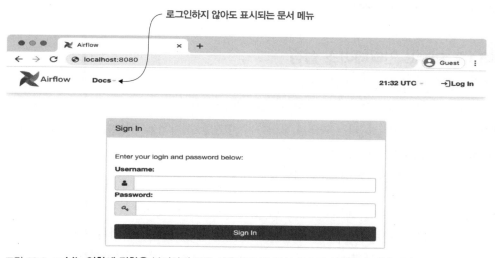

그림 13.6 **public 역할에 권한을 부여하면 모든 사용자가 UI 구성 요소를 사용할 수 있습니다.**

이러한 구성 요소에 대한 액세스를 활성화하려면 public 역할을 편집하고 올바른 권한을 추가 해야 합니다(그림 13.7).

권한은 매우 세분화되어 있습니다. 모든 메뉴 및 메뉴 항목에 대한 액세스는 권한에 의해 제 어됩니다. 예를 들어 문서 메뉴를 표시하려면 'menu access on Docs' 권한을 추가해야 합니다. 그리고 문서 메뉴 내의 문서 메뉴 항목을 표시하려면 'menu access on Documentation' 권한 을 추가해야 합니다. 올바른 권한을 찾는 것은 때때로 번거로울 수 있습니다. 사용 가능한 권 한을 알아보려면 다른 역할을 확인하는 것이 가장 쉽습니다. 권한은 문자열로 반영되며, 대부 분의 경우 제공되는 접근 권한에 대한 자체 설명 내용을 확인해야 합니다.

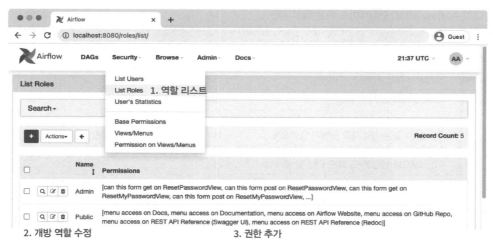

그림 13.7 개방 역할에 권한 추가

13.1.2 RBAC 인터페이스 설정

앞서 언급했듯이 RBAC 인터페이스는 FAB~Flask-AppBuilder~ 프레임워크를 기반으로 개발되었습니다. RBAC 웹 서버를 처음 실행하면 $AIRFLOW_HOME에 web-server_config.py라는 파일이 있습니다. FAB는 config.py라는 파일로 구성할 수 있지만, 명확성을 위해 이 파일은 Airflow에서 webserver_config.py로 이름이 지정되었습니다. 따라서 이 파일에는 Airflow RBAC 인터페이스의 기본 프레임워크인 FAB에 대한 구성이 포함되어 있습니다.

web-server_config.py 파일을 $AIRFLOW_HOME에 배치하여 RBAC 인터페이스에 고유한 구성을 제공할 수 있습니다. Airflow에서 파일을 찾을 수 없으면 기본 파일이 생성됩니다. 이 파일의 모든 세부 정보와 사용 가능한 옵션은 FAB 문서를 참조하십시오. 이 파일은 RBAC 인터페이스에 대한 모든 구성(보안 관련 구성뿐만 아니라)을 가지고 있습니다. 예를 들어, Airflow RBAC 인터페이스에 대한 테마를 구성하려면 webserver_config.py에서 APP_THEME="sandstone.css"를 설정하면 됩니다. 사용 가능한 모든 테마에 대한 FAB 문서를 참고하시기 바랍니다(그림 13.8).

그림 13.8 sandstone theme로 구성된 RBAC 인터페이스

13.2 미사용 데이터 암호화

RBAC 인터페이스를 사용하려면 사용자가 사용자 이름과 암호를 사용하여 데이터베이스에 저장되어야 합니다. 외부에서 Airflow를 '그냥 둘러보는' 것에 대해 접근하는 것을 방지하지만 완벽하지는 않습니다. 암호화에 대해 알아보기 전에 그림 12.1에서 Airflow의 기본 아키텍처를 다시 살펴보겠습니다.

Airflow는 여러 구성 요소로 구성됩니다. 모든 소프트웨어는 접근 권한이 없는 게스트가 시스템에 액세스할 수 있는 경로 역할을 하므로 잠재적인 위협이 됩니다(그림 13.9). 따라서 노출된 접근 경로의 수를 줄이는(즉, 공격 표면을 좁히는) 부분은 항상 좋은 생각입니다. Airflow 웹 서버와 같은 실질적인 이유로 서비스를 노출해야 하는 경우, 항상 공개적으로 액세스할 수 없도록 해야 합니다.[1]

그림 13.9 웹 서버 및 데이터베이스는 서비스를 노출하고 초대되지 않은 게스트에게 Airflow에 대한 잠재적 액세스 경로를 제공할 수 있습니다. 이를 보호하면 공격 가능성이 낮아집니다.

---

1   모든 클라우드에서 서비스를 인터넷에 쉽게 노출할 수 있습니다. 이를 방지하기 위해 취할 수 있는 간단한 조치에는 외부 IP 주소를 사용하지 않거나 모든 트래픽을 차단하고 IP 범위만 허용하는 것이 포함됩니다.

13.2.1 Fernet Key 생성

침입자가 액세스 권한을 얻은 후에도 데이터를 안전하게 보호해야 할 필요가 있습니다. 사용자가 암호를 만들기 전에 Airflow에서 암호화 설정이 활성화되어 있는지 확인하시길 바랍니다. 암호화가 없으면 암호(및 연결과 같은 기타 보안사항)가 암호화되지 않은 상태로 데이터베이스에 저장됩니다. 이렇게 되면 데이터베이스에 대한 액세스 권한이 있는 사람은 누구나 암호를 읽을 수 있습니다. 암호화를 적용한다면 표면적으로 무의미한 문자열 형태로 저장할 수 있습니다. Airflow는 소위 Fernet Key를 사용하여 보안 사항을 암호화 및 복호화할 수 있습니다 (그림 13.10).

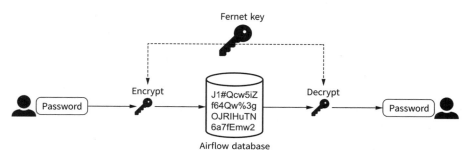

그림 13.10 Fernet Key는 데이터를 데이터베이스에 저장하기 전에 암호화하고 데이터베이스에서 읽기 전에 데이터를 해독합니다. Fernet Key에 액세스하지 않으면 침입자가 암호를 사용할 수 없습니다. 암호화 및 암호 해독을 위한 하나의 키를 대칭암호화라고 합니다.

Fernet Key는 암호화 및 암호 해독에 사용되는 시크릿 문자열입니다. 이 키를 분실하면 암호화된 메시지를 더 이상 해독할 수 없습니다. Airflow에 Fernet Key를 제공하기 위해 다음과 같이 생성할 수 있습니다.

리스트 13.2 Fernet 키 생성

```
from cryptography.fernet import Fernet

fernet_key=Fernet.generate_key()
print(fernet_key.decode())
# YlCImzjge_TeZc7jPJ7Jz2pgOtb4yTssA1pVyqIADWg=
```

그런 다음 AIRFLOW__CORE__FERNET_KEY 구성 항목을 설정하여 Airflow에 제공할 수 있습니다.

```
AIRFLOW__CORE__FERNET_KEY=YlCImzjge_TeZc7jPJ7Jz2pgOtb4yTssA1pVyqIADWg=
```

이제 Airflow는 지정된 키를 사용하여 커넥션, 변수, 사용자 비밀번호와 같은 기밀을 암호화하고 복호화할 수 있습니다. 첫 번째 사용자를 만들고 비밀번호를 안전하게 저장할 수 있습니다. 이 키에 액세스할 수 있는 사람은 누구나 기밀을 해독할 수 있으므로 이 키를 안전하게 유지해야 합니다. 또한 이 키를 잃어버리면 복호화할 수 없습니다.

Fernet Key를 환경 변수에 일반 텍스트로 저장하지 않으려면 Bash 명령(예: cat /path/to/secret)에서 값을 읽도록 Airflow를 구성할 수 있습니다. 명령 자체는 환경 변수 AIRFLOW__CORE__FERNET_KEY_CMD=cat /path/to/secret에서 설정할 수 있습니다. 그런 다음 보안 키 값을 가지고 있는 파일을 Airflow 사용자만 읽기 전용으로 만들 수 있습니다.

13.3 LDAP 서비스로 연결

13.1절에 설명된 대로 Airflow 자체에서 사용자를 만들고 저장할 수 있습니다. 그러나 대부분의 회사에는 일반적으로 사용자 관리를 위한 기존 시스템이 있습니다. 새롭게 암호와 사용자 집합 구성하여 관리하는 대신, Airflow를 기존의 사용자 관리 시스템에 연결하는 것이 훨씬 더 편리하지 않을까요?

사용자 관리에 널리 사용되는 방법은 **디렉터리 서비스**라고 하는 Azure AD 또는 OpenLDAP와 같은 LDAP 프로토콜(경량 디렉터리 액세스 프로토콜)을 지원하는 서비스를 사용하는 것입니다.

 이 절에서는 LDAP 서비스라는 용어를 사용하여 LDAP 프로토콜을 통해 쿼리를 지원하는 디렉터리 서비스를 설명합니다. 디렉터리 서비스는 일반적으로 사용자 및 서비스와 같은 리소스에 대한 정보를 저장하는 데 사용되는 저장 시스템입니다. LDAP는 이러한 디렉터리 서비스의 대부분을 쿼리할 수 있는 프로토콜입니다.

Airflow가 LDAP 서비스에 연결되면 로그인 시에 백그라운드의 LDAP 서비스에서 사용자 정보를 가져옵니다(그림 13.11).

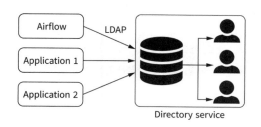

그림 13.11 **사용자는 LDAP를 사용하여 액세스할 수 있는 Azure AD 또는 OpenLDAP와 같은 디렉터리 서비스에 저장됩니다. 이렇게 하면 사용자가 한 번만 생성되고 모든 애플리케이션에 연결됩니다.**

먼저 LDAP 및 해당 기술(13.3.1절)에 대해 간략히 소개하고 다음으로 Airflow를 LDAP 서비스에 연결하는 방법을 보여줍니다(13.3.2절).

13.3.1 LDAP의 이해

SQL과 관계형 데이터베이스(예: PostgreSQL 또는 MySQL) 간의 관계는 LDAP와 디렉터리 서비스(예: Azure AD 또는 OpenLDAP) 간의 관계와 유사합니다. 관계형 데이터베이스가 데이터를 저장하고 SQL이 데이터를 쿼리하는 데 사용되는 것처럼 디렉터리 서비스도 데이터를 저장하고 (구조는 다르지만) LDAP는 디렉터리 서비스를 쿼리하는 데 사용됩니다.

그러나 관계형 데이터베이스와 디렉터리 서비스는 서로 다른 목적으로 구축됩니다. 관계형 데이터베이스는 저장하려는 데이터의 트랜잭션 사용을 위해 설계되었으며, 디렉터리 서비스는 데이터가 전화 번호부와 같은 데이터를 따르는 대량의 읽기 작업을 위해 설계되었습니다(예: 회사의 직원 또는 건물 내의 장치). 예를 들어, 관계형 데이터베이스는 거래가 자주 이루어지고 거래 분석에 다양한 유형의 집계가 포함되기 때문에 거래 시스템을 지원하는 데 더 적합합니다. 반면에 디렉터리 서비스는 사용자 계정이 자주 요청되지만, 일반적으로 변경되지 않기 때문에 사용자 계정을 저장하는 데 더 적합합니다.

디렉터리 서비스에서 엔티티(예: 사용자, 프린터 또는 네트워크 공유)는 디렉터리 정보 트리directory information tree, DIT라는 계층 구조에 저장됩니다. 각 항목을 Entry라고 하며 정보는 속성 및 값이라는 키-값 쌍으로 저장됩니다. 또한 각 항목은 고유 이름distinguished name, DN으로 개별적으로 식별됩니다. 시각적으로 디렉터리 서비스의 데이터는 그림 13.12와 같이 표시됩니다.

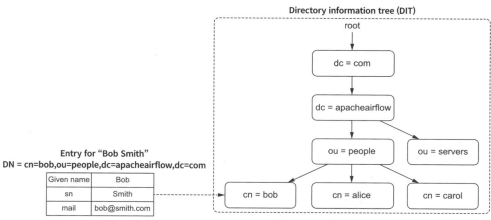

그림 13.12 디렉터리 서비스의 정보는 DIT라는 계층 구조에 저장됩니다. 항목은 사람과 같은 항목을 나타내며 항목에 대한 키-값 속성을 보유합니다.

이 계층 구조를 보여주는 이유와 약어 *dc, ou* 및 *cn*이 무엇을 의미하는지 궁금할 것입니다. 디렉터리 서비스는 이론적으로 모든 데이터를 저장할 수 있는 데이터베이스이지만, 데이터를 저장하고 구조화하는 방법에 대한 LDAP 요구 사항이 설정되어 있습니다.[2] 규칙 중 하나는 도메인 구성 요소domain component, dc로 트리를 시작하는 것입니다. dc=com 및 dc=apacheairflow와 같이 표시된 것을 그림 13.12에서 볼 수 있습니다. 이름에서 알 수 있듯이 이들은 도메인의 구성 요소이므로 회사 도메인은 점으로 분할됩니다(예: apacheairflow.com).

다음으로 ou=people 및 cn=bob이 있습니다. *ou*(organizational unit)는 조직 단위의 약자이고 *cn*(common name)은 일반 이름의 약자입니다. DIT를 구성하는 방법을 알려주는 기준은 별도로 없으나 이렇게 사용하는 것이 일반적으로 사용되는 구성 방법입니다.

LDAP 표준은 특정 키와 함께 특정 엔티티를 정의하는 다양한 ObjectClass를 정의합니다. 예를 들어, ObjectClass 사람은 *sn*(성surname, 필수) 및 이니셜(선택 사항)과 같은 키로 사용자를 정의합니다. LDAP 표준이 이러한 ObjectClass를 정의했기 때문에 LDAP 서비스를 읽는 응용 프로그램은 항상 *sn*이라는 필드에서 사람의 성을 찾는 것이 기준이 됩니다. 따라서 LDAP 서비스를 쿼리할 수 있는 모든 응용 프로그램은 원하는 정보를 찾을 수 있는 위치를 약속된 기준을 통해 알 수 있습니다.

이제 디렉터리 서비스의 주요 구성 요소와 정보가 내부에 저장되는 방식을 알았으므로, LDAP가 정확히 무엇이며 디렉터리 서비스와 어떻게 연결되는지 보겠습니다. SQL이 SELECT, INSERT, UPDATE 및 DELETE와 같은 특정 명령문을 제공하는 것처럼 LDAP는 디렉터리 서비스에 대한 일련의 작업을 제공합니다(표 13.2).

표 13.2 LDAP 작업 개요

LDAP 작업	설명
Abandon	이전에 요청한 작업을 중단합니다.
Add	새 항목을 만듭니다.
Bind	주어진 사용자로 인증하십시오. 기술적으로 디렉터리 서비스에 대한 첫 번째 연결은 익명입니다. 그런 다음 바인드 작업은 지정된 사용자의 ID를 변경하여 디렉터리 서비스에서 특정 작업을 수행할 수 있도록 합니다.
Compare	주어진 항목에 주어진 속성 값이 포함되어 있는지 확인하십시오.
Delete	항목을 제거하십시오.
Extended	LDAP 표준에 정의되지 않았지만, 디렉터리 서비스에서 사용할 수 있는 작업을 요청합니다(연결하는 디렉터리 서비스 유형에 따라 다름).
Modify DN	항목의 DN을 변경합니다.

---

2   표준은 RFC 4510-4519에 정의되어 있습니다.

표 13.2 **LDAP 작업 개요(계속)**

LDAP 작업	설명
Modfiy	항목의 속성을 편집합니다.
Search	주어진 기준과 일치하는 항목을 검색하고 반환합니다.
Unbind	디렉터리 서비스에 대한 연결을 닫습니다.

사용자 정보만 가져오는 경우에만 바인드(디렉터리 서비스에서 사용자를 읽을 수 있는 권한이 있는 사용자로 인증), 검색(주어진 DN 검색) 및 연결 해제를 위한 바인드 해제가 절차가 필요합니다.

검색 쿼리에는 필터 집합(일반적으로 DIT의 일부를 선택하는 DN)과 uid=bsmith와 같이 검색 조건에 필요한 정보에 해당하는 여러 조건이 포함됩니다. 이것이 LDAP 서비스를 쿼리하는 모든 응용 프로그램이 내부적으로 수행하는 작업입니다.[3]

리스트 **13.3 LDAP 검색 예**

```
                                          ┌─ dc = apacheairflow, dc = com 아래의
                                          │  모든 항목이 나열됩니다.
ldapsearch -b "dc=apacheairflow,dc=com" ◄─┘
ldapsearch -b "dc=apacheairflow,dc=com" "(uid=bsmith)" ◄──┐
  dc = apacheairflow, dc = com (uid = bsmith) 아래의 모든 항목이 나열됩니다. ─┘
```

LDAP 서비스와 통신하는 애플리케이션은 이러한 검색을 수행하여 가져옵니다. 이후에 응용 프로그램에 대한 인증을 위해 사용자 정보를 확인합니다.

13.3.2 LDAP 서비스에서 사용자 가져오기

LDAP 인증은 FAB를 통해 지원됩니다. 따라서 web-server_config.py($AIRFLOW_HOME)에서 구성해야 합니다. 올바르게 구성되고 로그인하면 FAB는 LDAP 서비스에서 주어진 사용자 이름과 비밀번호를 검색합니다.

리스트 13.4 **webserver_config.py에서 LDAP 동기화 구성**

```
from flask_appbuilder.security.manager import AUTH_LDAP

AUTH_TYPE=AUTH_LDAP
AUTH_USER_REGISTRATION=True
AUTH_USER_REGISTRATION_ROLE = "User" ◄─── 로그인하는 모든 사용자에게 할당된 기본 역할

AUTH_LDAP_SERVER="ldap://openldap:389"
```

---

3 ldapsearch를 사용하려면 ldap-utils 패키지를 설치해야 합니다.

```
AUTH_LDAP_USE_TLS=False
AUTH_LDAP_SEARCH = "dc=apacheairflow,dc=com"      ◄─ 사용자 검색을 위한
                                                     DIT 섹션
AUTH_LDAP_BIND_USER = "cn=admin,dc=apacheairflow,dc=com"   ┐ 연결(바인드)하고 검색할
AUTH_LDAP_BIND_PASSWORD = "admin"                          ┘ LDAP 서비스의 사용자
AUTH_LDAP_UID_FIELD = "uid"  ◄─
                                └─ 사용자 이름을 검색할 LDAP 서비스의 필드 이름
```

사용자 정보 검색을 통해 FAB는 발견된 사용자에게 AUTH_USER_REGISTRATION_ROLE에 의해 구성된 역할을 통해 액세스를 허용합니다. 작성 당시에는 LDAP 그룹을 Airflow RBAC 역할에 매핑하는 기능이 없습니다.[4]

LDAP를 설정하면 더 이상 Airflow에서 사용자를 수동으로 만들고 유지 관리할 필요가 없습니다. 모든 사용자는 사용자 정보가 저장되는 유일한 시스템인 LDAP 서비스에 저장되며, 모든 애플리케이션(Airflow 포함)은 자신을 유지하지 않고도 LDAP 서비스에서 사용자 자격 증명을 확인할 수 있습니다.

13.4 웹 서버에 대한 트래픽 암호화

침입자는 시스템의 다양한 위치에서 데이터를 얻을 수 있습니다. 이러한 위치 중 하나는 두 시스템 간의 데이터 전송 중인 시점입니다. MITM_{man-in-the-middle attack}은 두 시스템 또는 사람이 서로 통신하는 동안 세 번째 사람이 통신을 가로채서 메시지(잠재적으로 암호 등이 포함되어 있음)를 읽고 이를 전달하는 공격입니다. 적절한 대응책이 구성되어 있지 않으면, 아무도 이 공격에 대해 알아차리지 못할 수 있습니다(그림 13.13).

알 수 없는 사람이 보안 사항을 가로채는 것은 바람직하지 않습니다. 그러면 전송 중인 데이터가 안전하도록 Airflow를 보호하려면 어떻게 조치해야 할까요? MITM 공격이 수행되는 방법에 대한 자세한 내용은 이 책의 범위에 포함되지 않지만, MITM 공격의 영향을 최대한 피할 수 있는 방법에 다음과 같이 설명하고자 합니다.

그림 13.13 MITM 공격은 사용자와 Airflow 웹 서버 간의 트래픽을 가로챕니다. 트래픽은 사용자가 가로채기를 인식하지 못하도록 읽고 전달되고 공격자는 모든 트래픽을 읽습니다.

---

4 메타스토어의 **ab_user_role** 테이블을 수동으로 편집하여 다른 역할을 할당할 수 있습니다(첫 번째 로그인 후).

13.4.1 HTTPS 이해

HTTP 프로토콜을 통해 Airflow와 통신하는 브라우저를 이용하여 Airflow 웹 서버로 작업할 수 있습니다(그림 13.14). Airflow 웹 서버와 안전하게 통신하려면 HTTPS(HTTP 보안)를 통해 통신해야 합니다. 웹 서버에 대한 트래픽을 보호하기 전에 HTTP와 HTTPS의 차이점을 알아 보도록 하겠습니다. 이미 알고 있는 경우, 13.4.2절로 건너뛸 수 있습니다.

그림 13.14 HTTP를 사용하면 호출자의 유효성이 확인되지 않고 데이터가 일반 텍스트로 전송됩니다.

HTTPS와 HTTP의 다른 점은 무엇일까요? HTTPS가 작동하는 방식과 개인 키 및 인증서의 용도를 이해하기 위해 먼저 HTTP 작동 방식을 설정하겠습니다.

HTTP 웹사이트를 탐색할 때 요청 ID를 확인하기 위한 양쪽(사용자의 브라우저와 웹 서버)에서 어떤 검사도 수행되지 않습니다. 이 때문에 모든 최신 브라우저는 안전하지 않은 연결에 대한 경고를 표시합니다(그림 13.15).

그림 13.15 Google 크롬에서 http://example.com 으로 이동하면 HTTP 트래픽이 보안되지 않기 때문에 '안전하지 않음'이 표시됩니다.

이제 HTTP 트래픽이 안전하지 않다는 것을 알았으므로 HTTPS 연결이 어떻게 더 안전한지 에 대해 알아보도록 하겠습니다. 첫째, 사용자의 관점에서 최신 브라우저는 유효한 인증서를 나타내기 위해 자물쇠 또는 녹색을 표시합니다(그림 13.16).

그림 13.16 **Google 크롬에서 HTTPS 웹사이트로 이동하면 보안 연결을 나타내는 자물쇠(인증서가 유효한 경우)가 표시됩니다.**

브라우저와 웹 서버가 HTTPS를 통해 통신할 때 초기 핸드셰이크에는 원격 측의 유효성을 확인하는 더 많은 단계가 포함됩니다(그림 13.17).

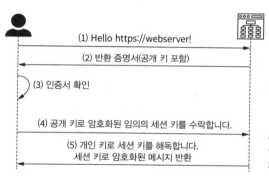

그림 13.17 **HTTPS 세션이 시작될 때 브라우저와 웹 서버는 상호 세션 키에 동의하여 둘 사이의 트래픽을 암호화하고 해독합니다.**

HTTPS에서 사용되는 암호화는 비대칭 암호화와 대칭 암호화를 모두 사용하는 TLS_{transport layer security}(전송 계층 보안)입니다. 대칭 암호화는 암호화와 복호화 모두에 단일 키를 적용하는 반면, 비대칭 암호화는 공개 및 개인의 두 키로 구성됩니다. 비대칭 암호화의 장점은 공개 키로 암호화된 데이터는 개인 키(웹 서버만 알고 있음)로만 해독할 수 있고 개인 키로 암호화된 데이터는 공개 키로만 해독할 수 있다는 것입니다(그림 13.18).

HTTPS 세션이 시작될 때 웹 서버는 먼저 공개적으로 공유할 수 있는 키가 있는 파일인 인증서를 사용자(브라우저)에게 반환합니다. 브라우저는 임의로 생성된 세션 키를 공개 키로 암호화하여 웹 서버에 반환합니다. 개인 키로만 이 메시지를 해독할 수 있으며 웹 서버만 액세스할 수 있게 됩니다. 따라서 개인 키를 공유하지 않는 것이 중요합니다. 개인 키를 가진 사람은 누구나 트래픽을 해독할 수 있습니다.

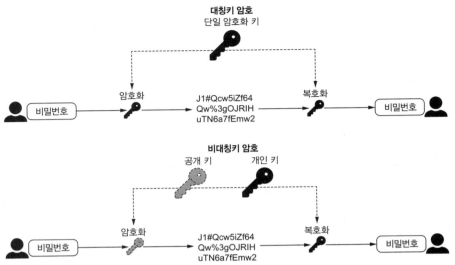

그림 13.18 대칭 암호화를 사용하면 암호화 키가 손실되면 다른 사람이 메시지를 암호화하고 해독할 수 있습니다. 비대칭 암호화를 사용하면 공개 키가 다른 사용자와 공유되지만 공개 키가 손실되어도 보안이 손상되지 않습니다.

13.4.2 HTTPS용 인증서 구성

Airflow는 다양한 구성 요소로 구성되며 외부에서 접근하거나(예: 웹 서버와 같은 URL에 노출됨) 또는 내부적으로 구성 요소 간에 통신이 발생합니다(예: 스케줄러와 데이터 베이스). man-in-the-middle 공격을 탐지하고 방지하는 것은 어려울 수 있습니다. 그러나 트래픽을 암호화하여 공격자에게 데이터를 쓸모 없게 만드는 것은 간단하게 설정할 수 있습니다.

기본적으로 우리는 HTTP를 통해 Airflow와 통신합니다. Airflow를 탐색할 때 트래픽이 http(s)://localhost:8080 URL로 암호화되었는지 알 수 있습니다. 모든 HTTP 트래픽은 일반 텍스트로 전송됩니다. 그렇기 때문에 트래픽을 읽는 중간자(man-in-the-middle)는 전송되는 암호를 가로채서 읽을 수 있습니다. 만약 HTTPS 환경을 구성한다면 트래픽은 데이터가 한쪽 끝에서 암호화되고 다른 쪽 끝에서 복호화되는 환경으로 구성될 수 있습니다. 이때 중간자 읽기 HTTPS 트래픽은 암호화되어 있기 때문에 데이터를 해석할 수 없습니다.

Airflow에서 대표적인 공개 엔드 포인트인 웹 서버를 보호하는 방법을 살펴보겠습니다. 두 가지 항목이 필요합니다.

- 개인 키(기밀 유지)
- 인증서(공유하기에 안전함)

나중에 이러한 항목에 대해 자세히 설명하겠습니다. 현재로서는 비공개 키와 인증서가 모두 **인증 기관**에서 제공하는 파일이거나 **자체 서명된 인증서**(공식 인증 기관에서 서명하지 않은 직접 생성 한 인증서)라는 사실을 아는 것이 중요합니다.

리스트 13.5 **자체 서명된 인증서 만들기**

```
openssl req \
-x509 \
-newkey rsa:4096 \
-sha256 \
-nodes \
-days 365 \          ◀─── 1년 동안 유효한 키를 생성하십시오.
-keyout privatekey.pem \   ◀─── 개인 키의 파일 이름
-out certificate.pem \     ◀─── 인증서 파일 이름
-extensions san \
-config \
 <(echo "[req]";
   echo distinguished_name=req;
   echo "[san]";              ◀─── 대부분의 브라우저에는 보안상의 이유로
   echo subjectAltName=DNS:localhost,IP:127.0.0.1 )\   SAN 확장이 필요합니다.
-subj "/CN=localhost"
```

비공개 키와 인증서는 모두 Airflow에서 사용할 수 있는 경로에 저장되어야 하며 Airflow는 다음과 함께 실행되어야 합니다.

- `AIRFLOW__WEBSERVER__WEB_SERVER_SSL_CERT=/path/to/certificate.pem`

- `AIRFLOW__WEBSERVER__WEB_SERVER_SSL_KEY=/ path/to/privatekey.pem`

앞서 언급한 설정이 구성된 상태에서 웹 서버를 시작하면 http://localhost:8080이 더 이상 웹 서버로서 동작하지 않습니다. 대신 `https://localhost:8080`(그림 13.19)에서 웹 서버 접근이 가능합니다.

이 시점에서 브라우저와 Airflow 웹 서버 간의 트래픽이 암호화됩니다. 트래픽은 공격자가 가로챌 수 있지만 암호화되어 읽을 수 없기 때문에 쓸모가 없습니다. 개인 키를 통해서만 데이터를 해독할 수 있습니다. 그렇기 때문에 개인 키를 절대 공유하지 않고 안전한 장소에 보관하는 것이 중요합니다.

리스트 13.5에서 생성된 자체 서명된 인증서를 사용하는 경우, 처음에 경고를 받게 됩니다(그림 13.20에 표시된 크롬).

컴퓨터에는 운영체제에 따라 신뢰할 수 있는 인증서 목록과 해당 위치가 있습니다. 대부분의 리눅스 시스템에서 신뢰할 수 있는 인증서는 /etc/ssl/certs에 저장됩니다. 이러한 인증서는

운영체제와 함께 제공되며 다양한 기관에서 사용합니다. 이러한 인증서를 사용하면 https://
www.google.com으로 이동하여 구글의 인증서를 받고, 구글 인증서가 운영체제와 함께 제공
되므로 사전에 신뢰할 수 있는 인증서 목록에서 확인할 수 있습니다.[5]

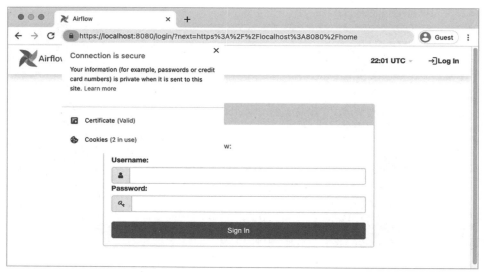

그림 13.19 인증서와 개인 키를 제공한 후 웹 서버는 https://localhost에서 서비스됩니다. localhost에 대한
공식 인증서를 발급할 수 없으므로 자체 서명해야 합니다. 자체 서명된 인증서는 기본적으로 신뢰할 수 없으므로
신뢰할 수 있는 인증서를 추가해야 합니다.

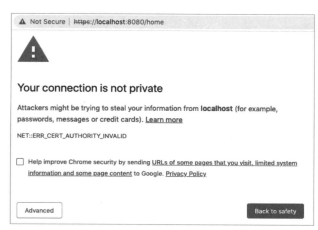

그림 13.20 대부분의 브라우저는 유효성을 확인할 수 없기 때문에 자체 서명된 인증서를 사용할 때 경고를 표시
합니다.

---

5   여기에서는 명확하고 간략하게 설명하기 위해 다양한 기술의 세부적인 내용을 생략하였습니다. 모든 웹사이트에 대해 수십억 개의
    신뢰할 수 있는 인증서를 저장합니다. 대신 체인에서 상위에 있는 인증서가 컴퓨터에 저장되지 않습니다. 인증서는 신뢰할 수 있는
    특정 기관에서 발급합니다. 인증서를 읽으면 브라우저에서 인증서의 발급기관과 해당 발급기관을 찾을 수 있으며, 체인의 인증서
    중 하나가 컴퓨터에서 발견될 때까지 다시 찾을 수 있습니다.

브라우저가 신뢰할 수 있는 인증서 목록에 없는 인증서를 반환하는 웹사이트로 연결될 경우, 자체 서명된 인증서를 사용할 때와 마찬가지로 브라우저에 경고가 표시됩니다. 따라서 우리는 컴퓨터에 우리가 생성한 인증서를 신뢰하도록 설정해야 하는 경우가 있습니다.

컴퓨터에서 인증서를 신뢰하도록 하는 방법은 사용되는 운영체제에 따라 다릅니다. macOS의 경우, 키 체인 접근을 열고 시스템 키 체인에서 인증서를 가져오는 과정이 포함됩니다(그림 13.21).

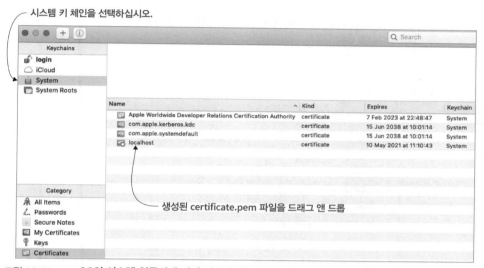

그림 13.21 macOS의 시스템 인증서에 자체 서명된 인증서 추가

이 작업 이후에도 인증서는 시스템에 알려지지만 여전히 신뢰할 수 없는 상태로 표시됩니다. 이를 신뢰하려면 자체 서명된 인증서를 발견할 때 SSL을 명시적으로 신뢰하는 절차를 수행해야 합니다(그림 13.22).

다른 사람이 액세스할 수 있는 주소(예: localhost가 아님)에서 Airflow를 호스팅하는 경우, 모든 사람이 자체 서명된 인증서를 신뢰하는 번거로움을 겪어야 합니다. 이것은 분명히 바람직하지 않습니다. 따라서 유효성을 검사할 수 있는 신뢰할 수 있는 기관에서 인증서를 발급하여 적용하는 것이 가장 바람직합니다. 자세한 내용은 인터넷에서 'TLS 인증서'(인증서 구입용) 또는 'Let's Encrypt'(DNS 검증 인증서 생성, 암호화 제공)를 참고하시기 바랍니다.

13.5 시크릿 관리 시스템에서 자격 증명 가져오기

많은 회사가 중앙 시크릿 저장 시스템을 적용하여 기밀(암호, 인증서, 키 등)을 하나의 단일 시스템에 한 번만 저장해놓고 애플리케이션에서 보안 사항을 저장하지 않고도 필요할 때 기밀 내용을 요청할 수 있습니다. 예로서 HashiCorp Vault, Azure Key Vault, AWS SSM, GCP Secrets Manager가 있습니다. 이렇게 하면 다양한 시스템에서 시크릿이 분산되는 것을 방지하고 기밀을 저장하고 관리하기 위해 특별히 설계된 단일 시스템에 기밀을 모두 보관할 수 있게 됩니다. 또한 이러한 시스템은 Airflow에서 적용할 수 없는 보안 내역 및 버전 관리와 같은 기능을 제공합니다.

그림 13.22 자체 서명된 인증서를 사용하여 SSL을 신뢰하면 컴퓨터와 Airflow 웹 서버 간의 신뢰가 가능해집니다.

Airflow의 시크릿 값은 변수 및 연결에 저장할 수 있습니다. 시크릿 값을 Airflow에 복사하여 붙여 넣는 대신 이런 시크릿 스토리지 시스템 중 하나에 연결하는 것이 더 편리하고 안전하게 사용할 수 있는 방법입니다. Airflow 1.10.10에는 기존 변수 및 연결 클래스를 계속 사용하면서 외부 시크릿 스토리지 시스템에서 시크릿을 가져오는 메커니즘을 제공하는 **시크릿 백엔드**라는 새로운 기능이 도입되었습니다.

이 글을 쓰는 시점에서 AWS SSM, GCP Secret Manager, HashiCorp Vault가 지원됩니다. 시크릿 백엔드는 원하는 시크릿 스토리지 시스템을 구현하고 연결하기 위해 서브 클래스를 구성할 수 있는 일반 클래스를 제공합니다. HashiCorp Vault를 사용한 예를 살펴보겠습니다.

리스트 13.6 구성된 시크릿 백엔드에서 연결 세부 정보 가져오기

```
import airflow.utils.dates
from airflow.models import DAG
from airflow.providers.http.operators.http import SimpleHttpOperator
dag=DAG(
    dag_id="secretsbackend_with_vault",
    start_date=airflow.utils.dates.days_ago(1),
    schedule_interval=None,
)

call_api=SimpleHttpOperator(
    task_id="call_api",
    http_conn_id="secure_api",    ◀─── Vault의 시크릿 ID를 참조합니다.
    method="GET",
    endpoint="",
    log_response=True,
    dag=dag,
)
```

리스트 13.6에서 볼 수 있듯이 DAG 코드에는 HashiCorp Vault에 대한 명시적인 참조가 없습니다. 이 경우 SimpleHttpOperator는 연결에 설정된 URL로 HTTP 요청을 합니다. 시크릿 백엔드가 구현되기 전에 해당 시크릿 백엔드 URL을 Airflow 연결에 저장합니다. 이 순서 이후 HashiCorp Vault에 시크릿 값을 저장할 수 있습니다. 이 작업을 수행할 때 몇 가지 고려해야 할 사항이 있습니다.

- 시크릿 백엔드는 AIRFLOW__SECRETS__BACKEND 및 AIRFLOW__SECRETS__ BACKEND_KWARGS로 구성되어야 합니다.
- 모든 시크릿에는 공통 접두사가 있어야 합니다.
- 모든 연결은 "conn_uri"라는 키에 저장되어야 합니다.
- 모든 변수는 'value'라는 키에 저장되어야 합니다.

시크릿 이름은 경로(모든 시크릿 관리자에 적용됨)로 저장됩니다(예: secret/connections/ secure_api). 여기서 시크릿 및 연결은 조직에 사용되는 폴더로 볼 수 있으며 secure_api는 실제 시크릿을 식별하는 이름입니다.

접두사 '시크릿'은 Vault 백엔드에만 해당됩니다. 선택한 시크릿 백엔드에 대한 모든 세부 정보는 Airflow 문서를 참조하시길 바랍니다.

모든 시크릿 관리 시스템에서 시크릿의 계층적 구성을 통해 Airflow는 이러한 시스템과 인터페이스 하기 위한 일반 시크릿 백엔드를 제공할 수 있습니다. HashiCorp Vault의 'Secrets Engines' 섹션에서 시크릿은 그림 13.23에 표시된 대로 저장됩니다.

그림 13.23 Vault의 시크릿은 다양한 시스템에 시크릿을 저장할 수 있는 '시크릿 엔진'에 저장됩니다. 기본적으로 키–값 형태로 구성되며 시크릿을 저장하기위한 '시크릿'이라는 엔진이 제공됩니다.

Vault의 시크릿 엔진 내에서 connections/secure_api라는 이름으로 시크릿을 생성합니다. 접두사 'connections/'는 필요하지 않지만 Airflow의 시크릿 백엔드는 시크릿을 검색할 수 있는 접두사를 사용하므로 Vault에서 시크릿 계층의 한 부분 내에서만 검색할 때 편리합니다.

시크릿 백엔드에 Airflow 연결을 저장하려면 Airflow가 요청하는 키인 conn_uri라는 키를 설정해야 합니다(그림 13.24). 연결은 URI 형식으로 제공되어야 합니다. URI는 내부적으로 Airflow의 연결 클래스로 전달되며 여기에서 적절한 세부 정보가 URI에서 추출됩니다.

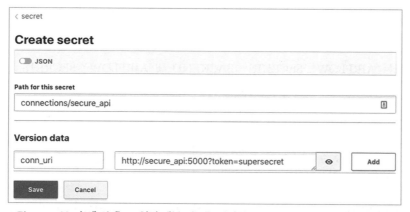

그림 13.24 Vault에 Airflow 연결 세부 정보를 저장하려면 conn_uri 키를 설정해야 합니다.

호스트 이름 secure_api, 포트 5000에서 실행중인 API가 있고 인증을 위해 이름이 'token'이고 값이 'supersecret'인 헤더가 필요하다고 가정해보겠습니다. Airflow 연결로 구문 분석하려면 API 세부 사항을 그림 13.24에 표시된 대로 URI 형식으로 저장해야 합니다(http://secure_api:5000?token=supersecret).

Airflow에서 자격 증명을 가져오려면 두 가지 구성 옵션을 설정해야 합니다. 먼저 AIRFLOW__SECRETS__BACKEND는 시크릿을 읽는 클래스로 설정되어야 합니다.

- **HashiCorp Vault**: airflow.providers.hashicorp.secrets.vault.VaultBackend
- **AWS SSM**: airflow.providers.amazon.aws.secrets.systems_manager.SystemsManagerParameterStoreBackend
- **GCP Secret Manager**: airflow.providers.google.cloud.secrets.secrets_manager.CloudSecretsManagerBackend

다음으로, 선택한 시크릿 백엔드와 관련된 다양한 세부 정보를 AIRFLOW__SECRETS__BACKEND_KWARGS에서 구성해야 합니다. 모든 시크릿 백엔드에 대한 모든 세부 정보는 Airflow 문서를 참조하세요. 예를 들어 Vault의 경우: {"url":"http://vault:8200","token":"airflow","connection_path":"connections"}

여기서 "url"은 Vault의 URL을 가리키고, Vault에 대해 인증하기 위한 토큰을 "token", "connections_path"는 모든 연결을 쿼리하는 접두사를 나타냅니다. Vault 백엔드에서 모든 보안 시크릿(연결 및 변수 모두)의 기본 접두사는 secret으로 설정됩니다. 결과적으로 conn_id "secure_api"가 지정된 전체 검색 쿼리는 secret/connections/secure_api가 됩니다.

시크릿 백엔드는 환경 변수 또는 Airflow 메타스토어에 저장된 시크릿을 대체하지 않습니다. 단지 시크릿을 저장하는 대안적인 위치입니다. 시크릿을 가져오는 순서는 다음과 같습니다.

1 시크릿 백엔드
2 환경 변수(AIRFLOW_CONN_* 및 AIRFLOW_VAR_*)
3 Airflow 메타스토어

시크릿 백엔드 설정을 통해 기밀 정보의 저장 및 관리를 위한 별도의 시스템을 구성했습니다. 이제 다른 환경에서도 시크릿 관리 시스템에 연결할 수 있으므로 각기 보안 침해 가능성이 있는 여러 시스템에 배포하는 대신, 시크릿 값을 한 번만 저장하면 되는 환경으로 구성할 수 있습니다. 이는 결과적으로 공격할 수 있는 접근포인트가 줄어드는 효과를 가져오게 됩니다.

기술적으로 시스템에 침입할 가능성은 무한합니다. 이번 장에서는 Airflow 내부와 외부 모두에서 데이터를 보호하는 다양한 방법을 시연했습니다. 모두 공격할 수 있는 경우의 수를 제한하고 공격하는 사람이 액세스를 얻는 가장 일반적인 방법 중 일부에 대한 보호를 목표로 확인해봤습니다. 마지막으로 Airflow 릴리스에는 보안 수정 사항이 포함되어있어 이전 버전의 버그를 닫을 수 있으므로 Airflow 릴리스를 최신 상태로 유지해야 합니다.

요약

- 일반적으로 보안은 하나의 항목에 초점을 맞추지 않고 잠재적인 공격 가능성을 제한하기 위해 다양한 수준의 애플리케이션 보안을 포함합니다.
- RBAC 인터페이스는 사용자가 구성된 그룹에 특정 작업을 허용하는 역할 기반 보안 메커니즘을 제공합니다.
- 클라이언트와 Airflow 웹 서버 간의 트래픽 차단은 TLS 암호화를 적용하여 공격자가 쓸모 없게 만들 수 있습니다.
- Fernet 키로 기밀을 암호화하면 Airflow 데이터베이스의 사용자 인증 정보를 공격자가 읽을 수 없게 될 수 있습니다.
- HashiCorp Vault와 같은 시크릿 관리 시스템을 사용하여 기밀을 저장하고 관리할 수 있으므로, 기밀은 단일 위치에서 관리되어야 하며 Airflow와 같은 애플리케이션과 필요한 경우에만 공유됩니다.

14

프로젝트:
뉴욕에서 가장 빠른 길 찾기

> **이 장에서는 다음과 같은 내용을 다룹니다.**
>
> - Airflow 파이프라인 구성 설정
> - 중간 출력 데이터의 구조화
> - 멱등성 기반의 태스크 개발
> - 여러 유사한 변환을 처리하기 위해 하나의 오퍼레이터 구현

미국 뉴욕의 교통은 매우 복잡하고, 길은 항상 막힙니다. 항상 러시아워이지만 다행스럽게도 최근 그 어느 때보다 다양한 교통수단이 등장하고 있습니다. 2013년 5월, Citi Bike는 6,000대의 자전거로 뉴욕에서 운영을 시작했습니다. 수년에 걸쳐 Citi Bike는 성장하고 확장되었으며 도시에서 인기있는 교통 수단이 되었습니다.

또 다른 상징적인 교통 수단은 Yellow Cab 택시입니다. 택시는 1890년대 후반 뉴욕에서 도입되었으며, 항상 많은 인기를 누렸습니다. 그러나 최근 몇 년 동안 택시기사의 수가 급감하고 많은 운전자가 Uber 및 Lyft와 같은 차량 공유 서비스를 위해 운전하기 시작했습니다.

뉴욕 생활에 있어 가장 일반적으로 목표는 선택하는 교통편 유형에 관계없이 가능한 한 빨리 A 지점에서 B 지점으로 이동하는 것입니다. 다행히 뉴욕에서는 Citi Bikes와 Yellow Taxis의 차량을 포함하여 데이터를 게시하는 데 매우 적극적입니다.

이 장에서 우리는 이 질문에 답하려고 노력합니다. "지금 뉴욕 안에서 A에서 B로 가려면 어떤 교통 수단이 가장 빠릅니까?" 데이터를 추출 및 로드하고, 사용 가능한 형식으로 변환하고, 이동하는 지역과 하루 중 시간에 따라 어떤 교통 수단이 더 빠른지 데이터에 묻는 Airflow mini 프로젝트를 구성했습니다.[1]

이 미니 프로젝트를 재현 가능하게 만들기 위해 Docker 컨테이너에서 여러 서비스를 실행하는 도커 컴포즈 파일이 생성되었습니다. 여기에는 다음이 포함됩니다.

- Citi Bike 데이터를 제공하는 REST API
- Yellow Cab 택시 데이터를 제공하는 파일
- S3 프로토콜을 지원하는 객체 저장소인 MinIO
- 데이터 쿼리 및 저장을 위한 PostgreSQL 데이터베이스
- 결과를 표시하는 Flask 애플리케이션

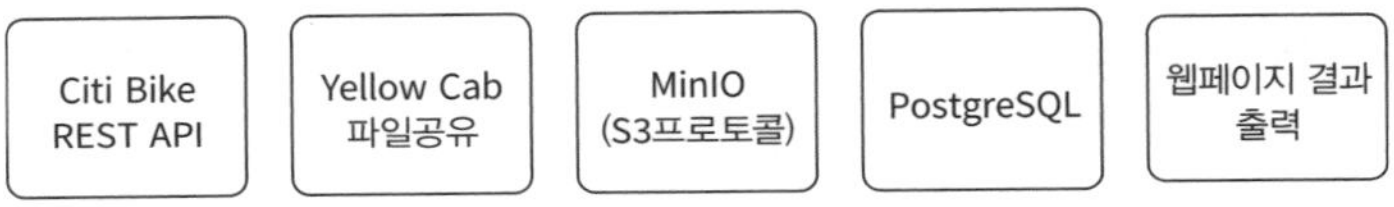

그림 14.1 도커 컴포즈 파일은 여러 서비스를 생성합니다. 우리의 목표는 REST API에서 데이터를 로드하고 공유 및 변환하여 결과 웹 페이지에서 가장 빠른 경로를 보는 것입니다.

이 장의 목표는 이러한 구성을 사용하여 REST API에서 데이터를 추출하고 연결하는 데이터 파이프 라인을 공유 및 개발하는 것입니다. AWS S3는 데이터 저장 시에 자주 사용되는 대표적인 클라우드 스토리지이며, 이와 대응하는 MinIO는 S3 프로토콜을 지원하므로 MinIO를 선택했습니다. 분석 결과는 PostgreSQL 데이터베이스에 기록되고 웹 페이지에 결과가 표시됩니다. 구성된 내용을 시작하려면 현재 디렉터리에 docker-compose.yml 파일이 있는지 확인하고 모든 컨테이너를 생성합니다.

리스트 14.1 도커 컨테이너에서 사용 사례: 도커컴포즈 기능을 통해 전체 환경 구성 실행

```
$ docker-compose up -d
Creating network "airflow-use-case_default" with the default driver
Creating volume "airflow-use-case_logs" with default driver
Creating volume "airflow-use-case_s3" with default driver
Creating airflow-use-case_result_db_1 ... done
Creating airflow-use-case_citibike_db_1 ... done
```

---

1   이 장의 일부 아이디어는 Todd Schneider(https://toddwschneider.com/posts/taxi-vs-citi-bike-nyc)의 블로그 게시물을 기반으로 하며, 여기에서는 몬테카를로 시뮬레이션을 적용하여 가장 빠른 이동 방법을 분석합니다.

```
Creating airflow-use-case_minio_1 ... done
Creating airflow-use-case_postgres_1 ... done
Creating airflow-use-case_nyc_transportation_api_1 ... done
Creating airflow-use-case_taxi_db_1 ... done
Creating airflow-use-case_webserver_1 ... done
Creating airflow-use-case_initdb_adduser_1 ... done
Creating airflow-use-case_scheduler_1 ... done
Creating airflow-use-case_minio_init_1 ... done
Creating airflow-use-case_citibike_api_1... done
Creating airflow-use-case_taxi_fileserver_1 ... done
```

이렇게 하면 localhost:[port]에서 다음 서비스가 표시되며 괄호 사이에 [username]/ [password]를 입력하면 접근할 수 있습니다.

- 5432: Airflow PostgreSQL metastore (airflow/airflow)

- 5433: NYC Taxi Postgres DB (taxi/ridetlc)

- 5434: Citi Bike Postgres DB (citi/cycling)

- 5435: NYC Transportation results Postgres DB (nyc/tr4N5p0RT4TI0N)

- 8080: Airflow webserver (airflow/airflow)

- 8081: NYC Taxi static file server

- 8082: Citi Bike API (citibike/cycling)

- 8083: NYC Transportation web page

- 9000: MinIO (access: AKIAIOSFODNN7EXAMPLE, secret : wJalrXUtnFEMI/K7MDENG/ bPxRfiCYEX-AMPLEKEY)

Yellow Cab 및 Citi Bikes 탑승에 대한 데이터는 매월 제공되고 있습니다.

- NYC Yellow Taxi: https://www1.nyc.gov/site/tlc/about/tlc-trip-record data.page

- NYC Citi Bike: https://www.citibikenyc.com/system-data

이 프로젝트의 목표는 구성 과정에서 겪을 만한 몇 가지 문제가 있는 실제 환경과 Airflow에서 이를 처리하는 방법을 보여주는 것입니다. 데이터 세트는 한 달에 한 번 릴리스됩니다. 1개월 간격은 매우 길기 때문에 도커 컴포즈 설정에서 동일한 데이터를 제공하지만 1분 간격으로 동작하는 두 개의 API를 만들었습니다. 또한 API는 인증과 같은 운영 시스템의 여러 특성을 모방하여 구성되어 있습니다.

이제부터 가장 빠른 교통 수단을 결정하기 위한 아이디어를 개발하기 위해 뉴욕시 지도를 살펴보겠습니다(그림 14.2).

우리는 Citi Bike 정류장이 뉴욕시 중심에만 기반을 두고 있음을 분명히 알 수 있습니다. 따라서 가장 빠른 운송 방법에 대한 의미 있는 조언을 제공하기 위해 Citi Bikes와 Yellow Cab이 모두 있는 구역으로 제한합니다. 14.1절에서 우리는 데이터를 조사하고 접근 계획을 검토할 것입니다.

Citi Bike 정거장

Yellow Cab 지역

그림 14.2 **Citi Bike Station 위치가 표시된 NYC Yellow Cab 구역**

14.1 데이터에 대한 이해

도커 컴포즈 파일에는 Yellow Cab과 Citi Bike 데이터를 포함하는 두 개의 엔드 포인트를 다음과 같이 제공합니다.

- Yellow Cab 데이터 위치 http://localhost:8081

- Citi Bike 데이터 위치 http://localhost:8082

이러한 엔드 포인트를 쿼리하는 방법과 반환되는 데이터를 살펴보겠습니다.

14.1.1 Yellow Cab 파일 공유

Yellow Cab 데이터는 http://localhost:8081에서 확인할 수 있습니다. 데이터는 정적 CSV 파일로 제공되며 각 CSV 파일에는 지난 15분 동안 완료된 택시 탑승이 포함됩니다. 한 시간 분량의 데이터만 보관하며 1시간 이상 지난 데이터는 자동으로 제거됩니다. 아울러 별도로 인증이 필요하지 않습니다.

리스트 14.2 **Yellow Cab 파일 공유에 대한 샘플 요청**

```
$ curl http://localhost:8081
[
  ➥ { "name":"06-27-2020-16-15-00.csv", 2020 16:15:02 GMT", "size":16193 },
  ➥ { "name":"06-27-2020-16-30-00.csv", 2020 16:30:01 GMT", "size":16580 },
  ➥ { "name":"06-27-2020-16-45-00.csv", 2020 16:45:01 GMT", "size":13728 },
  ➥ { "name":"06-27-2020-17-00-00.csv",
      2020 17:00:01 GMT", "size":15919 }
"type":"file", "mtime":"Sat, 27 Jun
"type":"file", "mtime":"Sat, 27 Jun
"type":"file", "mtime":"Sat, 27 Jun
"type":"file", "mtime":"Sat, 27 Jun
]
```

인덱스는 사용 가능한 파일 리스트를 반환합니다. 각 파일은 파일 이름에 지정된 시간으로부터 15분 동안 완료된 Yellow Cab 운행을 포함하는 CSV 파일입니다.

리스트 14.3 **Yellow Cab 파일의 샘플 스니펫**

```
$ curl http://localhost:8081/06-27-2020-17-00-00.csv
➥ pickup_datetime,dropoff_datetime,pickup_locationid,dropoff_locationid,
    trip_distance
2020-06-27 14:57:32,2020-06-27 16:58:41,87,138,11.24
2020-06-27 14:47:40,2020-06-27 16:46:24,186,35,11.36
2020-06-27 14:47:01,2020-06-27 16:54:39,231,138,14.10
2020-06-27 15:39:34,2020-06-27 16:46:08,28,234,12.00
2020-06-27 15:26:09,2020-06-27 16:55:22,186,1,20.89
```

각 출력 내용은 시작 및 종료 시간과 시작 및 종료 구역 ID와 함께 택시 탑승에 대한 위치정보를 표시합니다.

14.1.2 Citi Bike REST API

Citi Bike 데이터는 http://localhost:8082에서 사용할 수 있으며 REST API를 통해 데이터를 제공합니다. 이 API는 기본 인증을 시행하므로 사용자 이름과 비밀번호를 제공해야 합니다. API는 사전에 정의된 시간 동안 발생한 자전거 이용에 대한 정보를 전달해줍니다.

리스트 14.4 Citi Bike REST API에 대한 샘플 요청

```
$ date
Sat 27 Jun 2020 18:41:07 CEST

$ curl --user citibike:cycling http://localhost:8082/recent/hour/1   ◀── 지난 1시간 동안의 데이터를 요청합니다.
[
  {
    "end_station_id": 3724,
    "end_station_latitude": 40.7667405590595,
    "end_station_longitude": -73.9790689945221,
    "end_station_name": "7 Ave & Central Park South",
    "start_station_id": 3159,                                각 JSON 개체는
    "start_station_latitude": 40.77492513,                   하나의 Citi Bike 운행기록을
    "start_station_longitude": -73.98266566,                 나타냅니다.
    "start_station_name": "W 67 St & Broadway",
    "starttime": "Sat, 27 Jun 2020 14:18:15 GMT",
    "stoptime": "Sat, 27 Jun 2020 15:32:59 GMT",
    "tripduration": 4483
  },
  {
    "end_station_id": 319,
    "end_station_latitude": 40.711066,
    "end_station_longitude": -74.009447,
    "end_station_name": "Fulton St & Broadway",
    "start_station_id": 3440,
    "start_station_latitude": 40.692418292578466,
    "start_station_longitude": -73.98949474096298,
    "start_station_name": "Fulton St & Adams St",
    "starttime": "Sat, 27 Jun 2020 10:47:18 GMT",
    "stoptime": "Sat, 27 Jun 2020 16:27:21 GMT",
    "tripduration": 20403
  },
  ...
]
```

이 쿼리는 지난 1시간 동안 완료된 Citi 자전거 사용 현황을 요청합니다. 응답의 각 기록은 Citi Bike를 사용한 개별 주행 기록을 나타내며, 시작 및 종료 시간뿐만 아니라 시작 및 종료 위치의 위도/경도 좌표를 제공합니다. 엔드포인트에서 추출 간격을 조절하여 자전거 운행 기록을 반환하도록 구성할 수 있습니다.

```
http://localhost:8082/recent/<period>/<amount>
```

여기서 <period>는 분, 시간 또는 일이 될 수 있습니다. <amount>는 주어진 기간의 수를 나타내는 정수입니다. 예를 들어 http://localhost:8082/recent/day/3를 쿼리하면 지난 3일 동안 완료된 모든 Citi Bike 자전거 운행 기록이 반환됩니다.

API는 요청 크기에 대한 제한이 없습니다. 이론적으로는 제한 없는 크기의 데이터를 요청할 수 있습니다. 하지만 실제로 API는 종종 컴퓨팅 성능과 데이터 전송 크기를 제한하는 경우가 많습니다. 예를 들어 API는 결과 수를 1,000개까지만 출력하도록 제한할 수 있습니다. 이러한 제한사항을 고려하여 특정 시간 동안 자전거를 타는 횟수에 대한 추정치를 알아야 할 수 있습니다. 이를 토대로 최대 1,000개의 결과를 중단 없이 받을 수 있는 API 요청 시간 간격을 계산하여 반영해야 합니다.

14.1.3 접근 계획 결정

리스트 14.3 및 14.4에서 데이터 샘플을 확인했으므로 이제 실제 케이스를 확인하도록 하겠습니다. 두 지점 사이의 거리를 비교하려면 두 데이터 세트의 위치를 같은 기준으로 매핑해야 합니다. Yellow Cab 탑승 데이터는 택시 구역 ID를 제공하고 Citi Bike 데이터는 자전거 정류장의 위도/경도 좌표를 제공합니다. Citi Bike 정거장의 위도/경도를 택시 구역에 매핑하여 적용할 수 있도록 설정해보도록 하겠습니다(그림 14.3).

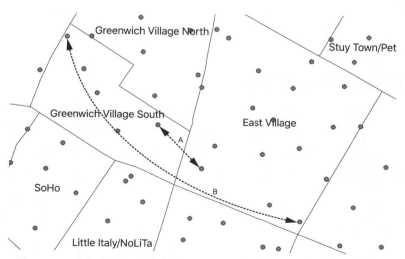

그림 14.3 Citi Bike Station (점)을 Yellow Cab 구역에 매핑하면 정확한 비교가 가능해지며 한 구역 내에서 주행 거리가 달라질 수 있는 경우는 무시합니다. 예를 들어 자전거 운행 거리는 A가 B보다 분명히 짧습니다. 하지만 택시 기준으로 봤을 때 Greenwich Village South에서 East Village까지 모든 운행 시간에 대한 평균을 적용하게 되면 이러한 정보는 의미 없게 됩니다.

Yellow Cab 데이터는 요청 시점 기준 1시간 분량의 데이터만 게시되므로 자체 시스템에 다운로드하여 저장해야 합니다. 이렇게 구성하게 되면 시간 경과에 따라 과거 택시 데이터를 모두 구축할 수 있으며, 데이터 처리 과정을 수정하더라도 항상 다운로드한 데이터에서 다시 시작할 수 있습니다. 앞서 언급했듯이 도커 컴포즈 파일은 객체 스토리지 서비스인 MinIO 서비스를 생성하므로 이를 사용하여 추출한 데이터를 저장할 수 있습니다.

14.2 데이터 추출

여러 데이터 소스를 추출할 때 데이터의 시간 간격을 기록하는 것이 중요합니다. Yellow Cab 데이터는 15분 간격으로 제공되며 Citi Bike 데이터 간격의 경우 추출 조건을 설정할 수 있습니다. 간단하게 구성하기 위해 15분 간격으로 Citi Bike 데이터를 요청해 보겠습니다. 이를 통해 동일한 DAG에서 동일한 간격으로 두 개의 요청을 만들고 모든 데이터를 병렬로 처리할 수 있습니다. 만약 다른 간격을 선택하는 경우, 두 데이터의 수집 처리를 다르게 조정해야 합니다.

리스트 14.5 15분마다 실행되는 DAG

```
import airflow.utils.dates
from airflow.models import DAG

dag=DAG(
    dag_id="nyc_dag",
    schedule_interval="*/15 * * * *",  ◀── 15분마다 실행
    start_date=airflow.utils.dates.days_ago(1),
    catchup=False,
)
```

14.2.1 Citi Bike 데이터 다운로드하기

Airflow 내에는 HTTP 호출을 위한 SimpleHttpOperator가 있습니다. 하지만 이 오퍼레이터는 우리가 하고자 하는 작업을 온전히 수행할 수 없다고 판단했습니다. SimpleHttpOperator는 HTTP 요청에 대한 응답을 받을 수는 있지만 응답 내용을 원하는 위치에 저장할 수 있는 기능을 제공하지 않습니다.[2] 이러한 상황에서 신속하게 필요한 기능을 구현하기 위해 PythonOperator로 구현하는 것으로 결정되었습니다. Citi Bike API를 쿼리하고 출력을 MinIO 스토리지에 저장하는 방법을 살펴보겠습니다.

---

2 xcom_push=True를 설정하면 출력을 XCom에 저장할 수 있습니다.

리스트 14.6 **Citi Bike REST API에서 MinIO로 데이터 다운로드**

```
import json
import requests
from airflow.hooks.base import BaseHook
from airflow.models import DAG
from airflow.operators.python import PythonOperator
from airflow.providers.amazon.aws.hooks.s3 import S3Hook
from requests.auth import HTTPBasicAuth

def _download_citi_bike_data(ts_nodash, **_):
    citibike_conn=BaseHook.get_connection(conn_id="citibike")
                        Airflow 연결에서 Citi Bike 자격 증명을 로드합니다.
    url=f"http://{citibike_conn.host}:{citibike_conn.port}/recent/minute/15"
    response = requests.get(
        url, auth=HTTPBasicAuth(citibike_conn.login, citibike_conn.password)
    )
    data=response.json()
                S3Hook을 사용하여 MinIO와 통신합니다.          결과 파일 이름에
    s3_hook = S3Hook(aws_conn_id="s3")                       Airflow 태스크의
    s3_hook.load_string(                                    타임 스탬프를 사용합니다.
        string_data=json.dumps(data),
        key=f"raw/citibike/{ts_nodash}.json",
        bucket_name="datalake"
    )

download_citi_bike_data=PythonOperator(
    task_id="download_citi_bike_data",
    python_callable=_download_citi_bike_data,
    dag=dag,
)
```

HTTP-to-S3 태스크에 사용할 Airflow 오퍼레이터는 없지만 Airflow Hook 및 커넥션을 적용할 수 있습니다. 먼저 Citi Bike API (Python 요청 라이브러리 사용) 및 MinIO 스토리지(S3Hook 사용)에 연결해야 합니다. 둘 다 인증을 위해 사용자 인증 정보가 필요하기 때문에 실행 시점에 로드되도록 Airflow에 이를 저장합니다.

리스트 14.7 **환경 변수를 통해 연결 세부 정보 설정**

```
export AIRFLOW_CONN_CITIBIKE=http://citibike:cycling@citibike_api:5000
export AIRFLOW_CONN_S3="s3://@?host=http://minio:9000&aws_access_key_id
    =AKIAIOSFODNN7EXAMPLE&aws_secret_access_key=wJalrXUtnFEMI/K7MDENG/bPxRfi
    CYEXAMPLEKEY"          사용자 지정 S3 호스트는 추가 항목을 통해 제공되어야 합니다.
```

기본적으로 S3 Hook는 http://s3.amazonaws.com에서 AWS S3와 통신합니다. 하지만 기본값과 다른 주소에서 MinIO를 실행하고 있으므로 연결 세부 정보에 AWS S3 주소를 제공해야 합니다. 안타깝게도 이것은 간단한 작업이 아니며, 때때로 복잡한 작업이기 때문에 내부 작업을

이해하기 위해서는 Hook에 대한 개념적인 구조와 동작을 이해해야 할 수도 있습니다. S3Hook의 경우, 호스트 이름은 외부에서 키 호스트$_{key\ host}$를 통해 제공될 수 있습니다(그림 14.4).

```
AIRFLOW_CONN_S3=s3://@?host=http://minio:9000&aws_access_key_id=...&aws_secret_access_key=...
```

호스트 이름을
설정할 위치

엑스트라를 통해 제공된
호스트 이름

그림 14.4 **사용자 지정 S3 호스트 이름을 설정할 수 있지만, 예상되는 위치는 설정할 수 없습니다.**

이제 연결이 설정되었으므로 데이터를 전송하겠습니다.

리스트 14.8 **S3Hook을 사용하여 데이터를 MinIO에 업로드**

```
s3_hook=S3Hook(aws_conn_id="s3")
s3_hook.load_string(
    string_data=json.dumps(data),
    key=f"raw/citibike/{ts_nodash}.json",   ◀── 키 이름에 템플릿이 지정된
    bucket_name="datalake"                        태스크 타임 스탬프를 사용하여
)                                                 개체에 씁니다.
```

모두 성공하면 http://localhost:9000의 MinIO 인터페이스에 로그인하여 처음 다운로드한 파일을 볼 수 있습니다(그림 14.5).

ts_nodash가 설정한 타임 스탬프

그림 14.5 **/datalake/raw/citibike에 기록된 파일과 ds_nodash가 있는 파일 이름 템플릿을 보여주는 MinIO 인터페이스의 스크린숏입니다.**

다른 매개변수를 사용하여 이 HTTP-S3 태스크에 대해 자주 수행하는 경우라면 코드 중복을 방지하기 위해 이 작업에 대한 오퍼레이터를 직접 작성하는 것이 좋습니다.

14.2.2 Yellow Cab 데이터 다운로드

이제 MinIO 개체 저장소에 택시 데이터를 다운로드하려고 합니다. 이 작업 역시 HTTP-S3 태스크이지만, 앞서 진행한 작업과 몇 가지 다른 특성이 있습니다.

- 파일 공유는 파일을 제공하지만 우리는 Citi Bike 데이터를 위해 MinIO에서 새 파일을 만들어야 했습니다.

- Yellow Cab 데이터는 CSV 파일이며 Citi Bike API는 JSON 형식으로 데이터를 반환합니다.

- 우리는 파일 이름을 미리 알지 못합니다. 파일 리스트를 받으려면 인덱스를 먼저 나열해야 합니다.

이러한 특정 조건이 발생하면 일반적으로 Airflow 기본 제공 오퍼레이터를 적용하는 대신 자체 함수를 구현해야 합니다. 일부 Airflow 오퍼레이터는 높은 활용성을 토대로 구성이 가능하지만, 이러한 특정 기능의 경우 대부분 직접 함수를 구현해야 합니다. 이제 가능한 구현 요건을 토대로 데이터 저장 함수를 살펴보겠습니다.

리스트 14.9 **Yellow Cab 파일 공유에서 MinIO 스토리지로 데이터 다운로드**

```
def _download_taxi_data():
    taxi_conn=BaseHook.get_connection(conn_id="taxi")
    s3_hook=S3Hook(aws_conn_id="s3")

    url=f"http://{taxi_conn.host}"
    response=requests.get(url)      ◀─┤ 파일 리스트를 가져옵니다.
    files=response.json()

    for filename in [f["name"] for f in files]:
        response=requests.get(f"{url}/{filename}")   ◀─┤ 하나의 파일을 가져옵니다.
        s3_key=f"raw/taxi/{filename}"
        s3_hook.load_string(string_data=response.text, key=s3_key,bucket_
        name="datalake")  ◀─── MinIO에 파일을 업로드합니다.

download_taxi_data=PythonOperator(
    task_id="download_taxi_data",
    python_callable=_download_taxi_data,
    dag=dag,
)
```

이 코드는 파일 서버에서 데이터를 다운로드하여 MinIO에 업로드하지만, 문제가 있습니다. 어떤 문제인지 확인할 수 있나요?

s3_hook.load_string()은 멱등 연산이 아닙니다. 쉽게 말해 이 함수는 동일한 요청에 대해 동일한 반환값을 주지 않습니다.

이 경우 추출하는 파일명과 동일한 파일이 존재하지 않는다면 덮어쓰기 없이 그대로 S3에 저장하지만 동일한 이름이 있을 경우 테스크가 실패하게 됩니다.

```
[2020-06-28 15:24:03,053] {taskinstance.py:1145} ERROR - The key raw/taxi/06-28-
    2020-14-30-00.csv already exists.
...
    raise ValueError("The key {key} already exists.".format(key=key))
ValueError: The key raw/taxi/06-28-2020-14-30-00.csv already exists.
```

이와 같이 실패하는 것을 방지하기 위해 파이썬의 EAFP[3] 관용구(가능한 모든 조건을 확인하는 대신, 먼저 시도하고 예외를 포착)를 적용하여 ValueError 발생 시 건너뛸 수 있습니다.

리스트 14.10 **Yellow Cab 파일 공유에서 MinIO 스토리지로 데이터 다운로드**

```python
def _download_taxi_data():
    taxi_conn=BaseHook.get_connection(conn_id="taxi")
    s3_hook=S3Hook(aws_conn_id="s3")

    url=f"http://{taxi_conn.host}"
    response=requests.get(url)
    files=response.json()

    for filename in [f["name"] for f in files]:
        response=requests.get(f"{url}/{filename}")
        s3_key=f"raw/taxi/{filename}"
        try:
            s3_hook.load_string(
                string_data=response.text,
                key=s3_key,
                bucket_name="datalake",
            )
            print(f"Uploaded {s3_key} to MinIO.")
        except ValueError:    ◀── 파일이 이미 존재할 때 발생하는 ValueError를 예외처리 합니다.
            print(f"File {s3_key} already exists.")
```

그림 14.6 **NYC 교통 DAG 데이터 다운로드의 처음 두 태스크**

---

3   옮긴이 EAFP(It's Easier to Ask Forgiveness than Permission, 허락보다 용서를 구하는 것이 쉽다)는 코딩 스타일을 구분하는 용어로 파이썬에서는 EAFP를 권장합니다. 반대되는 개념으로 LBYL(Look Before You Leap, 도약하기 전에 봐라)은 실행하기 전에 에러가 날 만한 요소들을 조건절로 검사를 하고 수행하는 스타일을 말합니다.

이렇게 코드를 수정하면 기존 파일에 대해 이 검사를 추가해도 더 이상 파이프 라인이 실패하지 않습니다! 이제 두 가지 다운로드 태스크에 대하여 MinIO 저장소에 데이터를 다운로드합니다(그림 14.6).

Citi Bike API 및 Yellow Cab 파일 공유에 대한 데이터는 MinIO 저장소에 다운로드됩니다(그림 14.7).

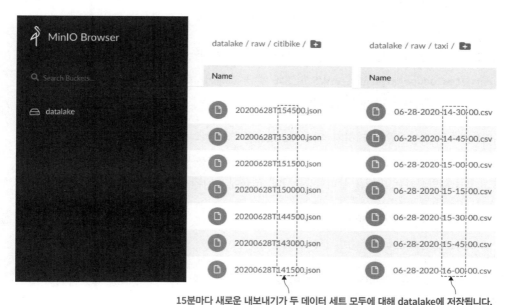

15분마다 새로운 내보내기가 두 데이터 세트 모두에 대해 datalake에 저장됩니다.

그림 14.7 MinIO 저장소로 내보낸 데이터입니다. MinIO는 자체 제어하에 있으며 나중에 언제든지 이러한 파일을 참조할 수 있습니다.

14.3 데이터에 유사한 변환 적용

Citi Bike 및 Yellow Cab 데이터를 다운로드한 후 몇 가지 변환을 적용하여 Citi Bike 스테이션 좌표를 Yellow Cab 구역에 매핑하게 되면 두 데이터를 비교적 정확하게 비교할 수 있습니다. 데이터의 크기에 따라 이를 수행하는 다양한 방법이 있습니다.

빅데이터 환경에서는 클러스터를 사용하여 데이터를 처리하기 위해 Apache Spark를 적용할 수 있습니다. Spark 태스크는 SparkSubmitOperator 또는 SSHOperator와 같은 Spark 태스크를 트리거할 수 있는 오퍼레이터로 트리거할 수 있습니다. 그런 다음 Spark 태스크는 S3에서 읽고 데이터에 변환을 적용한 다음 S3에 다시 저장하는 절차를 수행할 수 있습니다.

작은 규모(즉, 단일 호스트에서 처리할 수 있는 데이터)에서는 이 태스크에 Pandas를 적용할 수 있지만, 이 책을 쓰는 시점에는 PandasOperator가 없으므로 Pandas 코드는 일반적으로 PythonOperator를 사용하여 실행됩니다. Python 코드는 Airflow와 동일한 호스트에서 실행되는 반면, Spark 태스크는 일반적으로 해당 작업을 위한 다른 호스트에서 실행되므로 Airflow 호스트 리소스에 영향을 주지 않습니다. 후자의 경우, Airflow는 Spark 태스크 시작 및 모니터링만 담당합니다. Pandas 태스크가 시스템 리소스의 한계에 도달하면 이론적으로 시스템을 중단하고, Airflow 역시 함께 수행이 중단될 수 있습니다.

Airflow 호스트의 리소스 요청을 피하는 또 다른 방법은 ECSOperator를 사용하여 KubernetesPodOperator 또는 AWS ECS와 같은 컨테이너화된 시스템을 이용해서 쿠버네티스로 작업을 넘겨주는 방법이 있습니다.

우리는 작은 데이터를 처리하기 위해 Pandas를 적용한다고 가정해 보겠습니다. 또 다른 PythonOperator를 사용하는 방법을 시연하는 대신, 재사용 및 코드 중복 제거를 위해 일부 구성 요소를 일반화하는 방법을 살펴보겠습니다. /raw에 저장된 두 개의 데이터 세트가 있습니다.

- /raw/citibike/{ts_nodash}.json
- /raw/taxi/*.csv

두 데이터 세트 모두 Pandas를 사용하여 읽고 몇 가지 변환이 적용되며 결과는 다음과 같이 작성됩니다.

- /processed/citibike/{ts_nodash}.parquet
- /processed/taxi/{ts_nodash}.parquet

입력 형식도 다르고 로드되는 개체 유형과 출력 형식 역시 다릅니다. Pandas에서 작업이 적용되는 추상화는 Pandas DataFrame(Spark DataFrame과 유사)입니다. 변환, 입력 데이터 세트 및 출력 파일 위치 간에 약간의 차이가 있지만 핵심 추상화는 동일합니다. 바로 Pandas DataFrame입니다. 따라서 두 변환을 모두 처리하기 위해 단일 오퍼레이터를 구현할 수 있습니다.

리스트 14.11 **모든 Pandas DataFrame 태스크에 대한 단일 오퍼레이터**

```
import logging

from airflow.models import BaseOperator
from airflow.utils.decorators import apply_defaults

class PandasOperator(BaseOperator):
```

```python
    template_fields=(
        "_input_callable_kwargs",
        "_transform_callable_kwargs",          모든 kwargs 인수는
        "_output_callable_kwargs",             템플릿 값을 보유할 수 있습니다.
    )

    @apply_defaults
    def __init__(
        self,
        input_callable,
        output_callable,
        transform_callable=None,
        input_callable_kwargs=None,
        transform_callable_kwargs=None,
        output_callable_kwargs=None,
        **kwargs,
    ):
        super().__init__(**kwargs)

        # Attributes for reading data
        self._input_callable=input_callable
        self._input_callable_kwargs=input_callable_kwargs or {}

        # Attributes for transformations
        self._transform_callable=transform_callable
        self._transform_callable_kwargs=transform_callable_kwargs or {}

        # Attributes for writing data
        self._output_callable=output_callable
        self._output_callable_kwargs=output_callable_kwargs or {}

    def execute(self, context):
        df = self._input_callable(**self._input_callable_kwargs)      입력 콜러블을 호출하여
        logging.info("Read DataFrame with shape: %s.", df.shape)      Pandas DataFrame을
                                                                      반환합니다.
        if self._transform_callable:
            df = self._transform_callable(
                df,
                **self._transform_callable_kwargs                     DataFrame에 변환을 적용합니다.
            )
            logging.info("DataFrame shape after transform: %s.", df.shape)

        self._output_callable(df, **self._output_callable_kwargs)
                                                              DataFrame을 저장합니다
```

이 PandasOperator를 사용하는 방법을 분석해 보겠습니다. 언급했듯이 다양한 변환 간의 공통점은 Pandas DataFrame입니다. 이 공통성을 사용하여 다음 세 가지 기능이 제공되는 DataFrame에서 태스크를 구성합니다.

- input_callable

- transform_callable(optional)

- output_callable

input_callable은 데이터를 Pandas DataFrame으로 읽고 transform_callable은 이 DataFrame에 변환을 적용하며 output_callable은 DataFrame을 구성합니다. 세 함수의 입력/출력이 모두 Pandas DataFrame이면 이 PandasOperator를 사용하여 데이터를 처리하기 위한 작업 절차가 단순해질 수 있습니다. 예를 살펴보겠습니다.

리스트 14.12 리스트 14.11에서 PandasOperator 적용

```
process_taxi_data=PandasOperator(
    task_id="process_taxi_data",
    input_callable=get_minio_object, ◀
    input_callable_kwargs={                    MinIO 저장소에서 CSV를 읽습니다.
        "pandas_read_callable": pd.read_csv, ◀
        "bucket": "datalake",
        "paths": "{{ ti.xcom_pull(task_ids='download_taxi_data') }}",
    },
    transform_callable=transform_taxi_data, ◀──│ DataFrame에 변환을 적용합니다.
    output_callable=write_minio_object, ◀
    output_callable_kwargs={
        "bucket": "datalake",                  MinIO 스토리지에
        "path": "processed/taxi/{{ ts_nodash }}.parquet",   Parquet를 씁니다.
        "pandas_write_callable": pd.DataFrame.to_parquet, ◀
        "pandas_write_callable_kwargs": {"engine": "auto"},
    },
    dag=dag,
)
```

PandasOperator의 목표는 다양한 입력, 변환 및 출력 함수를 혼합하고 일치시킬 수 있는 단일 연산자를 제공하는 것입니다. 결과적으로 이 Airflow 태스크는 Pandas DataFrame 태스크를 위한 함수의 진행 절차를 구현하는 것이라고 할 수 있습니다. 이 과정은 다음과 같이 Pandas DataFrame을 반환하는 입력 함수로 이어지게 됩니다.

리스트 14.13 MinIO 객체를 읽고 Pandas DataFrames를 반환하는 예제 함수

```
def get_minio_object(
    pandas_read_callable,
    bucket,
    paths,
    pandas_read_callable_kwargs=None,
):
```

```
        s3_conn=BaseHook.get_connection(conn_id="s3")
        minio_client = Minio(   ◄──┤ MinIO 클라이언트를 초기화합니다.
            s3_conn.extra_dejson["host"].split("://")[1],
            access_key=s3_conn.extra_dejson["aws_access_key_id"]
            secret_key=s3_conn.extra_dejson["aws_secret_access_key"],
            secure=False,
        )

        if isinstance(paths, str):
            paths=[paths]
            if pandas_read_callable_kwargs is None:
                pandas_read_callable_kwargs={}

        dfs=[]
        for path in paths:
            minio_object=minio_client.get_object(
                bucket_name=bucket,
                object_name=path,
            )
            df=pandas_read_callable(   ◄──┤ MinIO에서 파일을 읽습니다.
                minio_object,
                **pandas_read_callable_kwargs,
            )
            dfs.append(df)
        return pd.concat(dfs)   ◄──┤ Pandas DataFrame을 반환합니다.
```

'DataFrame in, DataFrame out'을 준수하는 변환 기능은 다음과 같습니다.

리스트 14.14 택시 데이터를 변환하는 예제 함수

```
def transform_taxi_data(df):   ◄──┤ 데이터프레임 입력
    df[["pickup_datetime", "dropoff_datetime"]] = df[
        ["pickup_datetime", "dropoff_datetime"]
    ].apply(pd.to_datetime)
 ➥ df["tripduration"]=(df["dropoff_datetime"] - df["pickup_datetime"]).
        dt.total_seconds().astype(int)
    df=df.rename(
        columns={
            "pickup_datetime": "starttime",
            "pickup_locationid": "start_location_id",
            "dropoff_datetime": "stoptime",
            "dropoff_locationid": "end_location_id",
        }
    ).drop(columns=["trip_distance"])
    return df   ◄──┤ 데이터프레임 출력
```

마지막으로 Pandas DataFrame을 받는 출력 함수는 다음과 같습니다.

```
def write_minio_object(
    df,
    pandas_write_callable,
    bucket,
    path,
    pandas_write_callable_kwargs=None
):
    s3_conn=BaseHook.get_connection(conn_id="s3")
    minio_client=Minio(
        s3_conn.extra_dejson["host"].split("://")[1],
        access_key=s3_conn.extra_dejson["aws_access_key_id"],
        secret_key=s3_conn.extra_dejson["aws_secret_access_key"],
        secure=False,
    )                                          DataFrame 쓰기 방법에 대한 참조를 가져옵니다
    bytes_buffer=io.BytesIO()                       (예: pd.DataFrame.to_parquet).
    pandas_write_method=getattr(df, pandas_write_callable.__name__)
    pandas_write_method(bytes_buffer, **pandas_write_callable_kwargs)
    nbytes=bytes_buffer.tell()
    bytes_buffer.seek(0)                       DataFrame 쓰기 메서드를 호출하여
    minio_client.put_object(                   데이터 프레임을 MinIO에 저장할 수 있는
        bucket_name=bucket,          MinIO에        바이트 버퍼에 씁니다.
        object_name=path,            바이트 버퍼를
        length=nbytes,               저장합니다.
        data=bytes_buffer,
    )
)
```

이제 입력, 변환 및 출력 함수 사이에 Pandas DataFrames를 전달하면 인수 "pandas_read_callable": pd.read_csv를 "pandas_read_callable": pd.read_parquet로 변경하여 데이터의 입력 형식을 변경하는 옵션을 제공합니다. 결과적으로 모든 변경 또는 새로운 데이터 세트에 대해 로직을 다시 구현할 필요가 없으므로 코드 중복이 없고 유연성이 향상됩니다.

 반복되는 절차가 발생하고 여러 경우를 포괄하는 단일 논리를 개발하고 싶은 경우, Pandas DataFrame 또는 Python 파일과 유사한 객체와 같이 태스크가 공통적으로 수행하는 부분에 대해 생각해보시길 바랍니다.

14.4 데이터 파이프 라인 구조화

이전 절에서 읽은 것처럼 'datalake'라는 버킷에 'raw' 및 'processed' 폴더를 만들었습니다. 우리가 왜 이렇게 작업을 수행했는지에 대해 다시 한번 뒤돌아볼 필요가 있습니다. 개발 효율성 측면에서 봤을 때 데이터를 추출하고 변환하고 결과를 데이터베이스에 쓰는 단일 파이썬 함수를 개발하는 작업이 오히려 더 직관적일 수 있습니다. 아마 이렇게 한 번에 개발하는 것이

개발 속도 관점에서는 빠를 것입니다. 하지만 우리가 해왔던 작업은 그 목표가 다릅니다. 이렇게 개발되어야 할 이유는 다양하지만 무엇보다도 먼저 데이터는 종종 여러 사람 또는 데이터 파이프 라인에서 사용된다는 점입니다. 배포하고 재사용하기 위해 다른 사람과 프로세스가 데이터를 읽을 수 있는 위치에 저장됩니다.

이런 관점에서 봤을 때 중요한 것은 파이프 라인을 재현 가능하게 만들어야 한다는 점입니다. 데이터 파이프 라인 측면에서 재현성은 무엇을 의미할까요? 데이터는 완벽하지 않으며 프로세스들은 항상 무언가를 하고 있습니다. 경우에 따라서는 이전에 실행한 DAG로 돌아가서 처리된 데이터로 파이프 라인을 다시 실행해야 할 수도 있습니다. 특정 시점의 상태에 대한 결과만 반환하는 REST API와 같은 웹 서비스에서 데이터를 추출하는 경우, API에서 2개월에 요청한 내용과 동일한 결과를 얻을 수 없습니다. 이런 경우를 대비하여 수정되지 않은 사본을 보관하는 것이 가장 좋습니다. 개인 정보 보호를 위해 데이터의 특정 부분이 수정되는 경우가 있을 수도 있습니다. 이는 불가피하지만, 재현 가능한 데이터 파이프 라인에서 가장 중요한 점은 입력 데이터의 사본을 저장하는 단계를 갖춰야 한다는 것입니다(가능한 한 적게 수정되면 좋습니다). 이 데이터는 일반적으로 원본데이터raw 폴더에 저장됩니다(그림 14.8).

그림 14.8 **우리는 외부 시스템의 데이터 구조를 제어할 수 없습니다. 우리 시스템에서는 데이터의 수명주기에 따라 데이터를 저장하는 것이 논리적입니다. 예를 들어, 편집되지 않은 데이터는 raw에 저장되고 파생 및 변환된 데이터는 processed에 저장되며 전송할 준비가 된 데이터 세트는 export에 저장됩니다.**

이 원시 데이터에서 사용자 (및 다른 사용자)는 원하는 만큼 변경, 수정, 전처리 등과 같은 작업을 할 수 있으며, 처리된 폴더에 다시 저장하게 됩니다. 데이터 변환은 종종 컴퓨팅 및 시간 집약적이므로 작업 재실행을 피하고 처리된 결과를 쉽게 다시 읽을 수 있도록 결과를 저장하는 절차를 반영하기도 합니다.

실제로 많은 조직에서 데이터 단계 간에 더 세분화된 구분을 적용합니다(예: 원본 데이터 > 전처리 > 구조변경 > 후처리 > 내보내기). 하나의 일관된 구조가 모든 작업에 항상 적합하지는 않습니다. 프로젝트와 프로젝트의 요구 사항에 따라 데이터 가공 절차에 대해 가장 합리적인 구조를 수립하는 것이 중요합니다.

14.5 재현 가능한 데이터 파이프 라인 개발

이제 원시 폴더에 데이터가 있으므로 이를 처리하고 결과를 Postgres 데이터베이스에 입력합니다. Pandas 또는 Spark를 사용하여 데이터를 처리하는 가장 좋은 방법이 아니므로 이 변환 작업에 대한 자세한 내용은 다루지 않습니다. 대신, 일반적으로 데이터 파이프 라인의 중요한 측면, 즉 상태를 수동으로 재설정하거나 결과에 변경(멱등성)을 도입하지 않고도 데이터 파이프 라인이 여러 번 실행될 수 있도록 하는 것을 반복해 보겠습니다.

이 데이터 파이프 라인에는 멱등성을 도입할 수 있는 두 가지 지점이 있습니다. 첫 번째는 간단합니다. 원시 데이터를 처리된 상태로 변환하고, /processed 폴더에 저장할 때 대상 파일을 덮어쓰도록 플래그를 설정하는 작업입니다. 이렇게 하면 이미 존재하는 출력 경로로 인해 태스크 재실행이 실패하지 않습니다.

결과를 데이터베이스에 쓰는 두 번째 단계는 다소 모호할 수 있습니다. 데이터베이스에 결과를 쓰는 태스크를 다시 실행하면 실패하지 않을 수 있지만 결과에 대해 중복 행이 발생할 수 있습니다. 결과를 복제하지 않고 파이프 라인을 다시 실행할 수 있도록 결과가 멱등성 방식으로 데이터베이스에 기록되도록 하려면 어떻게 해야 할까요?

한 가지 방법은 데이터베이스에 쓰는 작업에 대해 고윳값을 식별할 수 있는 열을 테이블에 추가하는 것입니다(예: Airflow 태스크의 실행 날짜). 다음 리스트와 같이 Pandas를 사용하여 데이터베이스에 DataFrame을 작성한다고 가정해 보겠습니다.

리스트 14.16 **Pandas DataFrame을 SQL 데이터베이스에 쓰기**

```
"""
CREATE TABLE citi_bike_rides(
  tripduration INTEGER,
  starttime TIMESTAMP,
  start_location_id INTEGER,
  stoptime TIMESTAMP,
  end_location_id INTEGER
);
"""

df=pd.read_csv(... citi bike data ...)
engine=sqlalchemy.create_engine(
    BaseHook.get_connection(self._postgres_conn_id).get_uri()
)
df.to_sql("citi_bike_rides", con=engine, index=False, if_exists="append")
```

> Pandas DataFrame과 테이블 구조가 일치해야 합니다.

df.to_sql()을 실행할 때 이미 존재하는 행을 테이블에 삽입할지 여부를 알 수 있는 방법이 없습니다. 이 상황에서는 데이터베이스 테이블을 변경하여 Airflow의 실행 날짜에 대한 열을 추가한 부분을 반영하여 적용할 수 있습니다.

리스트 14.17 한 번의 작업으로 Pandas DataFrame을 SQL 데이터베이스에 쓰기

```
--CREATE TABLE citi_bike_rides(
--      tripduration INTEGER,
--      starttime TIMESTAMP,
--      start_location_id INTEGER,
--      stoptime TIMESTAMP,
--      end_location_id INTEGER,
--      airflow_execution_date TIMESTAMP
--);

df=pd.read_csv(... citi bike data ...)
df["airflow_execution_date"] = pd.Timestamp(          Pandas 데이터 프레임에 execution_
    context["execution_date"].timestamp(),            date를 열로 추가합니다.
    unit='s',
)
engine=sqlalchemy.create_engine(
    BaseHook.get_connection(self._postgres_conn_id).get_uri()
)
with engine.begin() as conn:  ◀──┤ 트랜잭션 시작
    conn.execute(
        "DELETE FROM citi_bike_rides"
        f"WHERE airflow_execution_date='{context['execution_date']}';"
    ) ◀──┤ 먼저 현재 실행 날짜 기준으로 기존 레코드를 삭제합니다.
    df.to_sql("citi_bike_rides", con=conn, index=False, if_exists="append")
```

이 예에서는 데이터베이스와의 상호 작용이 두 가지이기 때문에 데이터베이스의 트랜잭션을 처리해야 합니다. 먼저 주어진 실행 날짜가 있는 기존 행을 삭제한 다음 새 행을 삽입합니다. 지정된 실행 날짜가 있는 기존 행이 없으면 아무것도 삭제되지 않습니다. 결과적으로 두 개의 SQL 문(df.to_sql()은 내부적으로 SQL을 실행함)이 트랜잭션에 적용됩니다. 즉, 두 쿼리가 모두 성공적으로 완료되거나 수행되지 않을 수 있다는 것을 의미합니다. 이렇게 하면 오류 발생시 데이터가 중복으로 남아 있는 현상을 방지할 수 있습니다.

데이터가 성공적으로 처리되고 데이터베이스에 저장되면 http://localhost:8083에서 웹 애플리케이션을 시작할 수 있으며, 데이터베이스에서 쿼리한 결과를 보여줍니다(그림 14.9).

결과는 주어진 시간에 두 개의 지점 사이에서 더 빠른 운송 방법을 표시합니다. 예를 들어 (1행) 일요일 8:00 ~ 11:00 사이에 Alphabet City에서 East Village까지 택시로 이동하는 것이 (평균적으로) 더 빠르다는 것을 보여줍니다.

Start location	End location	Weekday	Time group	Avg time Citi Bike	Avg time Taxi
Alphabet City	East Village	Sunday	8 AM - 11 AM	1057.2	330.0
Alphabet City	Penn Station/Madison Sq West	Sunday	8 AM - 11 AM	1023.0	1318.0
Astoria	Long Island City/Hunters Point	Sunday	8 AM - 11 AM	700.0	358.0
Astoria	Old Astoria	Sunday	10 PM - 8 AM	206.0	1757.0
Astoria	Steinway	Sunday	8 AM - 11 AM	725.0	705.0
Battery Park City	Clinton East	Sunday	8 AM - 11 AM	1551.0	1788.0
Battery Park City	East Chelsea	Saturday	4 PM - 7 PM	715.0	913.0
Battery Park City	Financial District North	Sunday	8 AM - 11 AM	388.5	415.75

그림 14.9 **Airflow DAG에 의해 지속적으로 업데이트되는 PostgreSQL 데이터베이스에 저장된 결과를 표시하는 웹 애플리케이션**

Airflow는 이제 15분 간격으로 Postgres 데이터베이스에 데이터를 다운로드, 변환 및 저장하는 태스크를 트리거합니다. 실제 사용자용 애플리케이션의 경우 더 보기 좋고 검색 가능한 프론트엔드를 원할 수 있지만, 백엔드 관점에서 볼 때 이제 15분 간격으로 자동 실행되고 주어진 시간 동안 택시 또는 자전거 중 어떤 운송수단이 더 빠르게 목적지에 도착할 수 있는지를 확인하는 자동화된 데이터 파이프 라인이 구성되어 있습니다. 이는 그림 14.9의 표에 나온 것과 같이 시각적 자료로 확인할 수 있습니다.

요약

- 멱등성 작업 개발은 케이스에 따라 다를 수 있습니다.
- 중간 단계 데이터를 저장하면 (부분) 파이프 라인을 재개할 수 있습니다.
- 연산자의 기능이 충족되지 않으면 PythonOperator로 함수를 호출하거나 자체 연산자를 구현해야 합니다.

클라우드에서의
Airflow

3부까지 숙독한 독자들은 Airflow에 대해 어느 정도 익숙해졌을 것이므로, 전체 파이프라인을 작성하고 운영 환경에서 Airflow를 비슷한 구성으로 배포할 수 있습니다.

지금까지는 Airflow를 로컬 시스템에서 실행하거나 도커와 같은 컨테이너 기술을 사용하여 실행하였습니다. 이제부터는 클라우드에서 Airflow를 사용하고 실행하는 방법에 대해 알아보겠습니다. 왜냐하면 많은 현대적인 기술 지형이 클라우드 플랫폼을 지향하고 있기 때문입니다. 4부에서는 Airflow를 클라우드에서 실행시키는 것에 집중해서 알아보겠습니다. 이때 Airflow 배포에 대한 아키텍처 설계와 다양한 클라우드 서비스를 호출하는 Airflow 기본 내장built-in 기능의 활용 방법도 알아보겠습니다.

첫 번째 15장에서는 클라우드 기반cloud-based Airflow 배포의 설계에 필요한 다양한 컴포넌트들을 간략히 소개하겠습니다. 그리고 다양한 클라우드 서비스cloud services와 연동하기 위한 Airflow의 기본 내장 기능을 간략히 알아보고, 공급자가 제공하는 관리형 Airflow 배포vendor-managed Airflow deployment에 대해서도 소개하도록 하겠습니다. 클라우드에서 관리형 Airflow를 사용하면 사용자가 직접 Airflow의 배포 구축하고 운영하는 부담에서 많이 벗어날 수 있습니다.

소개가 끝난 다음에는 다양한 클라우드 플랫폼별로 Airflow 구현에 대해 자세히 알아보겠습니다: 아마존 AWS(16장), 마이크로소프트 Azure(17장), 그리고 구글 클라우드 플랫폼Google Cloud Platform(18장). 각 장에서 해당 플랫폼의 서비스들을 사용하여 Airflow 배포에 대한 아키텍처를 설계해 보겠습니다. 그리고 각 플랫폼의 전용 서비스들과 연동하기 위한 Airflow 기본 내장 기능에 대해 알아보겠습니다. 또한 각 장의 마지막 부분에서 동일한 사용 사례를 실제로 구현해 보도록 하겠습니다.

4부를 다 읽고 나면, 독자가 원하는 클라우드에 Airflow 배포를 설계할 수 있을 것입니다. 그리고 클라우드 서비스와 원활하게 연동하는 파이프라인을 구축하여, 독자의 워크플로에 유연한 스케일링과 같은 클라우드의 이점을 활용할 수 있을 것입니다.

PART IV

In the clouds

15

클라우드에서의 Airflow

이 장의 내용:

- 클라우드 환경에 Airflow 배포를 구성할 때 필요한 다양한 컴포넌트 검토
- 각 클라우드 플랫폼의 다양한 서비스를 통합할 수 있는 클라우드 전용 오퍼레이터와 훅 소개
- 직접 솔루션을 구축하고 운영하는 것보다 쉽고 편하게 Airflow를 배포하고 관리할 수 있는 여러 관리형(클라우드) 서비스 소개

이 장에서는 클라우드 환경에서 Airflow를 배포하고 통합하는 방법을 살펴보겠습니다. 첫 번째로 Airflow의 다양한 컴포넌트들을 다시 살펴보고, 이들을 클라우드에 배포할 때 조합하는 방법을 알아보겠습니다. 그리고 다음 장부터 각 컴포넌트들과 대응되는 각 클라우드의 서비스를 세부적으로 매핑할 예정인데, 16장에서는 아마존 AWS, 17장에서는 마이크로소프트 Azure 그리고 18장에서는 구글 클라우드 플랫폼Google Cloud Platform에 대해 알아보겠습니다. 그런 다음 각 클라우드 전용 훅과 오퍼레이터를 간략하게 소개하겠습니다. 이 훅과 오퍼레이터들은 각 클라우드의 서비스를 통합하는 데 사용될 수 있습니다. 마지막으로 Airflow의 배포를 위한 몇 가지 관리형 서비스를 소개하겠습니다. 이때 사용자의 직접 배포 구축과 공급자의 관리형 솔루션 사용을 비교하면서 고려해야 하는 몇 가지 기준에 대해 토론하겠습니다.

15.1 클라우드 배포 정책 설계

여러 클라우드(AWS, Azure, GCP)에 Airflow의 배포 전략을 설계하기 전에, Airflow의 여러 컴포넌트(예: 웹 서버, 스케줄러, 워커)와 이 컴포넌트들이 액세스해야 하는 (공유) 자원(예: DAG, 로그 스토리지 등)에 대해 먼저 검토하겠습니다.

이 작업을 단순하게 살펴보기 위해, `LocalExecutor` 기반 Airflow 배포부터 살펴보겠습니다. 이 유형의 Airflow를 구성하면, Airflow 워커는 스케줄러 시스템과 같은 시스템에서 구동됩니다. 따라서 Airflow를 위해 단지 두 개의 컴퓨터 자원만 구성합니다: 하나는 웹 서버이고 다른 컴퓨터는 스케줄러입니다(그림 15.1)

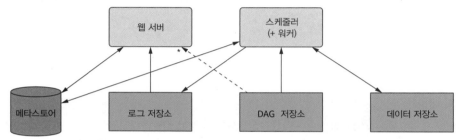

Airflow 버전 1에서는 DAG 직렬화가 활성화되지 않으면, 웹 서버가 DAG 디렉터리에 액세스해야 합니다.
Airflow 버전 2에서는 웹 서버는 DAG 디렉터리에 액세스할 필요가 없습니다.

그림 15.1 **LocalExecuter 기반 Airflow 배포에 포함되는 여러 컴퓨팅 및 스토리지 컴포넌트 개요도**

웹 서버와 스케줄러 컴포넌트들은 모두 공유 데이터베이스(Airflow 메타스토어_{Airflow metastore})와 DAG 및 로그의 공유 스토리지에 접근해야 합니다(Airflow의 버전과 설정에 따라서 달라짐)[1] 그리고 데이터를 관리하는 방법에 따라서 다르긴 하지만, 일반적으로 입출력 데이터 세트를 저장하기 위한 특정 외부 스토리지 구성이 필요합니다.

컴퓨팅과 스토리지 자원 외에도 네트워크를 더 고려해야 합니다. 여기에는 두 가지 주요 고려 사항이 있습니다: (1) 서로 다른 서비스를 연결하는 방법과 (2) 내부 서비스를 보호하기 위한 네트워크 구성 방법. 앞으로 더 살펴보겠지만, 이 작업에는 일반적으로 서로 다른 네트워크 구간(퍼블릭_{public}과 프라이빗_{private} 서브넷)을 구성하고 여러 서비스들을 적당한 서브넷에 연결시키는 작업이 포함됩니다. 또한 완전한 구성을 위해서는 공개적으로 노출되는 서비스에 대해 무단 액세스하지 못하도록 보호하는 추가적인 서비스를 포함해야 합니다.

---

1   Airflow 버전1에서는 Airflow 웹 서버와 스케줄러 모두 DAG 스토리지에 기본적으로 액세스할 수 있어야 합니다. Airflow 버전 1.10.10에서는 웹 서버가 DAG를 메타스토어에 저장할 수 있는 옵션이 추가되었는데, 이 옵션이 활성화되면 DAG 스토리지에 액세스 할 필요가 없어집니다. Airflow 2에서는 이 옵션이 항상 활성화되어 있어서 웹 서버가 DAG 스토리지에 액세스할 필요가 없습니다

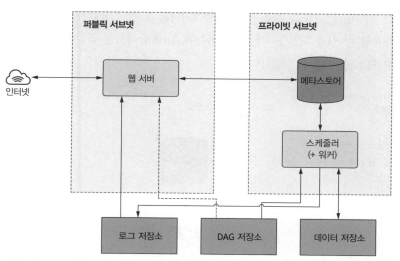

그림 15.2 LocalExecutor 기반 배포의 네트워크 개요. 컴포넌트들을 퍼블릭/프라이빗 두 개의 서브넷에 분리하고, 퍼블릭 서브넷에 위치한 서비스들만이 공개적으로 접근 가능합니다. 스토리지 서비스가 이 두 개의 서브넷 밖에 위치한 것에 주의하십시오. 많은 클라우드 스토리지 서비스들(예: AWS S3)들은 지정된 서브넷에 포함될 필요가 없기 때문입니다. 그러나 이러한 상황에서도 스토리지 계정은 퍼블릭 액세스로부터 물론 보호되어야 합니다.

위 그림은 LocalExecutor 기반의 배포에 필요한 컴포넌트들의 전체 개요를 비교적 명확하게 보여줍니다.

CeleryExecuror(개별 머신에 워커를 구동함으로써 더 좋은 확장성을 제공합니다)으로 구성하려면 약간의 노력이 더 필요한데, 셀러리 기반Celery-based의 배포에는 두 가지 리소스를 더 추가해야 하기 때문입니다: Airflow 워커를 위한 추가 컴퓨팅 리소스 풀과 워크들에게 메시지를 전달하는 메시지 브로커message broker(그림 15.3).

이 아키텍처 그림이 클라우드에서 Airflow 배포를 구현할 때 필요한 리소스에 대한 아이디어를 주었기를 바랍니다. 다음 장에서는 앞에서 그린 개요 그림의 각 컴포넌트들을 각 클라우드 공급자가 제공하는 서비스와 매핑함으로써, 여러 클라우드에 이 아키텍처를 구현하는 하는 것을 좀 더 세밀하게 살펴보겠습니다.

15.2 클라우드 전용 오퍼레이터와 훅

수년간 Airflow의 개발자들은 클라우드의 여러 서비스를 포함하여 태스크를 실행할 수 있도록, 많은 오퍼레이터와 훅을 개발해 왔습니다. 예를 들어 S3Hook는 AWS S3 스토리지 서비스와 연동할 수 있게 합니다(예: 파일 업로드와 다운로드). 또한 BigQueryExecuteQueryOperator는 구글의 BigQuery 서비스에서 쿼리를 실행할 수 있게 합니다.

Airflow 버전 2에서는 이러한 클라우드 전용 훅과 오퍼레이터들을 해당 공급자의 패키지 설치만으로 간단하게 사용할 수 있게 되었습니다. 이전 버전의 Airflow에서는 동일한 기능을 하는 백포트 패키지를 PyPI로 설치할 수 있습니다.

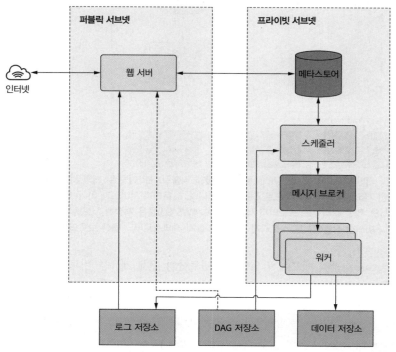

그림 15.3 CeleryExecutor 기반 Airflow 배포의 아키텍처 개요. 주요하게 추가된 것은 Airflow 워커를 위한 컴퓨팅 컴포넌트 풀과 태스크 중계를 위한 메시지 브로커입니다. 셀러리 기반 구성에서는 더 이상 스케줄러가 데이터와 로그 스토리지에 접근할 필요가 없습니다. 워커의 컴퓨팅 리소스가 실제 작업을 수행하기 때문입니다(그리고 워커가 실제로 데이터를 읽고 쓰고 로그 메시지를 생성합니다).

15.3 관리형 서비스

직접 Airflow 배포를 구성하고 운영하면, 사용 방법에 대한 유연성이 매우 좋을 수는 있어도, 배포의 구성과 유지 관리에 많은 노력이 들어갑니다. 이러한 부담을 피할 수 있는 방법 중 하나는 공급자가 제공하는 관리형 서비스vendor-managed service를 사용하는 것입니다. 이렇게 하면 대부분의 작업을 외부 공급자가 제공하는 서비스를 통해서 해결할 수 있습니다. 일반적으로 이 공급자들은 사용자의 직접 구축 및 운영 부담을 없애기 위해 신규 Airflow 배포를 쉽게 생성하고 관리하는 툴을 제공합니다. 또한 이 공급자들이 사용자의 기본 인프라infrastructure를 관리하여, 사용자들은 운영 체제나 최신 보안 패치를 반영한 Airflow 업데이트, 그리고 시스템 모니터링 등에 대해 신경 쓸 필요가 없습니다.

관리형 Airflow 서비스 중 유명한 세 가지는 Astronomer.io와 구글 Cloud Composer, 그리고 아마존 MWAA입니다. 다음 절에서 이 서비스들의 간략한 개요와 주요 기능들을 살펴보겠습니다.

15.3.1 Astronomer.io

Astronomer.io는 쿠버네티스 기반의 솔루션으로서, Airflow를 SaaS_{Software as a Service}형 솔루션_{Astronomer cloud}으로 사용할 수도 있고, 사용자가 직접 쿠버네티스 클러스터를 배포할 수도 있습니다_{Astronomer Enterprise}. 바닐라 Airflow_{vanilla Airflow}와 비교하면 Astronomer는 Airflow 인스턴스를 쉽게 배포하는 별도의 툴을 제공하는데, UI와 별도로 만들어진 CLI로 제공합니다. 이 CLI는 배포를 위해 Airflow의 로컬 인스턴스를 실행해 주고, 쉽게 DAG를 개발할 수 있게 합니다(사용자의 개발 시스템에 사용 가능한 쿠버네티스가 있을 때).

Astronomer.io는 쿠버네티스 기반으로 구성되어 있기 때문에, 기존에 사용하던 쿠버네티스나 도커 기반의 워크플로를 쉽게 통합할 수 있습니다. 예를 들어 KubernetesExecutor와 KubernetesPodOperator를 사용하는 컨테이너에서 사용자의 태스크를 쉽게 실행시킬 수 있습니다. LocalExecutor와 CeleryExecutor 등과 같은 다른 배포 모드들도 지원하며, 작업의 실행 방법에 대해 매우 좋은 유연성을 제공합니다. 또한 Astronomer는 클러스터에 별도로 설치해야 하는 OS나 파이썬 종속성을 설정 가능하게 함으로써, 사용자가 직접 Airflow 배포를 구성할 수 있게 합니다. 그 외에도 추가적인 유연성이 필요한 경우에도 사용자가 직접 커스텀 Airflow 기본 이미지를 빌드할 수도 있습니다.

SaaS 솔루션의 가격은 **Astronomer Units**_{AUs}을 사용하여 계산할 수 있는데, 구성에 따라 각기 다른 개수의 AUs 비용이 들어갑니다. Astronomer의 웹사이트에서 이 가격에 대한 개요를 조회할 수 있습니다(https://www.astronomer.io/).

또한 Astronomer.io가 Airflow 프로젝트의 주요 개발자들을 고용하고 있다는 것도 주목할 필요가 있습니다. Astronomer는 Airflow 프로젝트에 매우 많이 기여하고 있고, 정기적으로 Airflow 오픈 소스 버전의 중요 개선점의 개발을 주도하고 있습니다. 이렇게 함으로써 많은 사람들이 Airflow의 새로운 기능의 혜택을 받을 수 있습니다. 이 회사에서 만든 헬름 차트_{helm chart}는 쿠버네티스에 Airflow를 배포할 때 많이 사용되며, 온라인에서 무료로 사용가능하고 Astronomer 플랫폼뿐만 아니라 다른 곳에서도 사용 가능합니다.

15.3.2 구글 Cloud Composer

구글 Cloud Composer는 구글 클라우드 플랫폼Google Cloud Platform, GCP의 최상단에서 구동되는 Airflow의 관리형 버전입니다. 구글 Cloud Composer는 GCP의 여러 서비스를 적절하게 통합하여 Airflow를 GCP에 배포할 수 있습니다. 이 솔루션은 사용하기 쉬워서 거의 'one-click'으로 GCP의 서비스들을 통합하여 Airflow를 배포할 수 있습니다. 이외에도 GCP는 기반 리소스underlying resource들을 책임지고 관리하여, 사용자들은 사용한 리소스 비용을 지불하기만 하면 됩니다. 사용자들은 GCP CLI를 사용하여 클라우드 컴포저와 연동할 수 있고, GCP 웹 인터페이스 내에서 클러스터의 상태를 모니터링할 수 있습니다.

Astronomer.io 솔루션과 유사하게, 구글 Cloud Composer는 쿠버네티스 기반으로 구성되기 때문에 구글 Kubernetes EngineGKE에서 실행됩니다. 구글 Cloud Composer의 좋은 점은 GCP 내의 다양한 서비스들을 아주 잘 통합한다는 것입니다(예: 구글 Cloud Storage, BigQuery 등). 그리고 DAG 내에서 이러한 다양한 서비스들을 쉽게 액세스할 수 있습니다. 구글 Cloud Composer를 사용하면, 리소스에 대한 쿠버네티스 클러스터 등에 대해 매우 유연하게 설정할 수 있어서, 특정한 요구사항에 맞게 배포를 조정할 수 있습니다. Astronomer.io와 유사하게 Airflow 클러스터에 파이썬의 종속 라이브러리dependency들을 설치할 때, 웹 인터페이스나 GCP CLI를 사용할 수 있습니다.

구글 Cloud Composer의 가격은 서비스 환경 자체(노드의 개수, 데이터베이스 스토리지, 네트워크 송신 등)에 대한 비용과 기반 서비스들(구글 Kubernetes EngineGKE, 구글 Cloud Storage[2] 등)에 대한 추가 비용으로 구성됩니다. 최신 가격 정책의 개요는 GCP 웹사이트를 참고하십시오(https://cloud.google.com/).

구글은 오픈 소스 소프트웨어를 주도적으로 이끌어 가고 있기 때문에, Airflow 오픈 소스 프로젝트에도 정기적으로 기여하고, Airflow 내에서 사용할 수 있는 여러 서비스들에 대한 광범위한 오퍼레이터 제품군들을 개발하는 데 도움을 주고 있었습니다.[3]

15.3.3 아마존 Managed Workflows for Apache Airflow

아마존 Managed Workflows for Apache Airflow(MWAA)는 AWS 클라우드에서 Airflow 배포를 관리형으로 쉽게 생성해 주는 AWS 서비스로, 구글 Cloud Composer 서비스와 유사합

2　구글 Cloud Composer가 DAG와 로그를 저장하는 데 사용됩니다.

3　이러한 오퍼레이터를 사용하기 위해 꼭 구글 컴포저를 사용할 필요는 없습니다. 이 오퍼레이터들은 Airflow에서도 완벽하게 동작합니다(사용 권한이 설정된 경우).

니다. MWAA를 사용해서 Airflow를 실행시키면, 이 서비스가 기반 인프라를 관리하고, 요청된 워크플로를 충족시키기 위해 배포를 스케일링 합니다. 또한 MWAA로 Airflow를 배포하면 AWS의 서비스들과 잘 통합할 수 있습니다. 이러한 AWS 서비스로는 S3, RedShift, SageMaker, 로깅과 알람을 위한 AWS CloudWatch, 그리고 웹 인터페이스와 데이터에 대한 액세스 보안을 싱글 로그인single login으로 제공하는 AWS IAM 등이 있습니다.

MWAA는 다른 관리형 솔루션과 유사하게 CeleryExecutor를 사용하여, 현재 워크로드workload에 따라 워커를 스케일링scaling하며 사용자 대신 기반 인프라를 관리합니다. DAG들은 미리 지정된 S3 버킷에 업로딩하여 추가하거나 수정하는데, 이 S3 버킷은 Airflow 환경에 배포하기 위해 사전에 정의된 저장소입니다. 이러한 S3 기반 방식은 클러스터에 추가적인 Airflow 플러그인이나 필요 파이썬 모듈들을 설치할 때도 사용될 수 있습니다.

MWAA의 가격은 Airflow 환경 자체에 대한 기본 요금과 Airflow 워커 인스턴스들에 대한 추가 요금으로 이루어집니다. 특정 사용 케이스의 배포에 적합하게 구성할 수 있도록, 이 두 가지 요소에 대해 소형/중형/대형 머신을 선택할 수 있습니다. 워커의 동적 스케일링 기능을 활용하여 워커 사용 비용을 상대적으로 효과적으로 관리할 수 있습니다. 또한 부가적으로 스토리지 비용(월별) 필요한데, DAG나 데이터에 필요한 스토리지 비용과 Airflow 메타스토어의 스토리지 비용이 있습니다. 이에 대한 최신 내용 및 자세한 내용은 AWS 웹사이트를 참고하시기 바랍니다(https://aws.amazon.com/).

15.4 배포 전략 선택

Airflow 워크로드를 실행할 플랫폼을 선택할 때, 제품별로 제공되는 다양한 세부 기능(그리고 가격)을 검토하여 어떤 서비스가 사용자의 상황에 가장 적합한지 판단해야 합니다. 일반적으로 클라우드 중 한 곳에 직접 배포를 구축하고 운영하면, Airflow 실행에 필요한 컴포넌트의 선택하거나 사용 중인 클라우드 및 온-프레미스on-premise 솔루션을 통합할 때 가장 유연하게 구축할 수 있습니다. 하지만 자체 클라우드 배포를 구현하려면 상당히 많은 작업과 전문성이 필요하며, 특히 보안과 비용 관리와 같은 중요한 요소를 고려할 경우 더욱 그러합니다.

반면 관리형 솔루션을 사용하면 이 많은 작업의 대부분을 공급자에게 맡길 수 있으므로, 필요한 인프라를 구축하고 운영하는 일 대신에 Airflow DAG의 구현에 집중할 수 있습니다. 하지만 요구 사항이 복잡할 경우에는 관리형 솔루션들의 유연성이 충분하지 않을 수 있습니다. 예를 들어 몇 가지 중요한 고려 사항은 다음과 같습니다.

- **쿠버네티스 기반의 워크플로를 사용합니까?**

  만약 그렇다면 astronomer.io나 구글 클라우드 플랫폼이 좋은 방안이 될 수 있습니다. 반면에 astronomer.io에서 제공하는 헬름 차트를 사용하여 쿠베너티스 클러스터를 직접 구축하고 운영할 수도 있습니다.

- **DAG로부터 연동할 서비스는 무엇입니까?**

  만약 GCP 기술을 많이 사용한다면 구글 Cloud Composer를 사용하는 것이 매우 자연스러운데, 구글 Cloud Composer와 다른 GCP 서비스들의 통합이 매우 쉽기 때문입니다. 하지만 온-프레미스나 다른 클라우드의 서비스들을 연동한다면 GCP 안에서 Airflow를 실행시키는 것이 맞지 않을 수 있습니다.

- **Airflow 배포에 어느 정도 비용을 사용할 수 있습니까?**

  기본 쿠버네티스 클러스터의 비용 자체가 비싸기 때문에, 쿠버네티스 기반 배포는 비쌀 수 있습니다. 다른 배포 전략(클라우드의 다른 컴퓨팅 솔루션을 사용)이나 SaaS 솔루션(예를 들어 astronomer.io)은 좀 더 저렴한 방법을 제공할 수 있습니다. 만약 이미 내부 시스템에 쿠버네티스 클러스터가 있다면, 기존의 쿠버네티스 인프라에 Airflow 실행을 고려할 수도 있습니다.

- **관리형 서비스에서 제공하는 것보다 더 세분화된 제어나 유연성이 필요합니까?**

  이 경우에는 직접 배포 전략을 구축하고 운영하여 모든 세부 사항과 비용을 제어할 수 있습니다(물론 이 경우에는 배포를 구축하고 운영하는 데 더 많은 노력의 비용이 필요함).

이 목록에서 본 바와 같이 Airflow 클러스터의 배포 솔루션을 선택할 때 몇 가지 고려해야 할 요소가 있습니다. 이에 대한 결정은 각자 해야 하겠지만, 위의 고려 요소들이 솔루션을 선택할 때 어느 정도 방향성을 제시했기를 바랍니다.

요약

- Airflow는 여러 컴포넌트(예를 들어, 웹 서버, 스케줄러, 메타스토어, 스토리지)로 구성되는데, 이 컴포넌트들은 클라우드의 여러 서비스를 사용하여 클라우드 배포를 구현할 때 필요합니다.

- 여러 Executor(예: LocalExecutor, CeleryExecutor 등)를 사용하여 Airflow를 배포할 때, 배포 전략에 필요한 다양한 컴포넌트들을 고려해야 합니다.

- Airflow는 클라우드 전용 서비스들을 통합하기 위해, 해당 서비스와 연동할 수 있는 클라우드 전용 훅과 오퍼레이터를 제공합니다.

- 공급자가 제공하는 관리형 서비스들(예: Astronomer, 구글 Cloud Composer)는 많은 세부 정보를 관리함으로써 직접 배포를 구축하고 운영하는 것에 비해 쉬운 대안을 제공합니다.

- 공급자의 관리형 서비스와 자체 클라우드 배포 구축 방안 중에서 선택할 때에는 여러 가지 요인을 고려해야 합니다. 관리형 솔루션은 배포와 관리는 매우 용이하지만, 유연성이 떨어지고 (아마도) 실행 비용이 더 증가할 수 있습니다.

CHAPTER

16

AWS에서의 Airflow

> **이 장의 내용:**
>
> - ECS, S3, EFS, RDS 서비스를 사용하여 AWS에서 배포 전략 설계
> - AWS 전용 훅과 오퍼레이터의 개요
> - AWS 전용 훅과 오퍼레이터를 적용하여 사용 사례 시연

아마존 클라우드 서비스인 AWS에 Airflow를 배포하고 통합하는 방법을 이전 장에서 간략히 만 언급해서, 이번 장에서는 보다 자세히 살펴보겠습니다. 먼저 Airflow의 여러 컴포넌트들을 AWS의 서비스들과 매핑하여 Airflow의 배포를 설계하겠습니다. 그리고 나서 AWS의 주요 서 비스들과 통합할 수 있는 Airflow의 훅과 오퍼레이터 몇 가지를 살펴보겠습니다. 그리고 마지 막으로 AWS 기반 오퍼레이터와 훅의 사용 방법을 보여주면서 영화 추천에 대한 사용 사례를 구현해 보겠습니다

16.1 AWS에서 Airflow 배포

이전 장에서 Airflow의 여러 컴포넌트들을 설명하였습니다. 이 절에서는 이러한 컴포넌트들과 AWS 클라우드의 서비스들을 매핑함으로써 AWS에서의 배포 패턴 몇 가지를 설계해 보겠습 니다. 이렇게 함으로써 AWS에서 Airflow 배포를 설계할 때 포함되어야 하는 프로세스의 아 이디어를 제공하고, Airflow 배포의 구현을 시작할 수 있게 도와줄 것입니다.

16.1.1 클라우드 서비스 선택

Airflow 웹 서버와 스케줄러 컴포넌트를 먼저 설명하겠습니다. 이 컴포넌트들을 실행시키는 가장 쉬운 방법 중에 하나는 Fargate를 사용하는 것입니다. Fargate는 컨테이너를 위한 AWS 의 서버리스serverless 컴퓨팅 엔진으로, 주요 장점(ECS[1]나 EKS[2]와 같은 AWS의 다른 서비스와 비교할 때) 중 하나는 기반 컴퓨팅 리소스들의 구축이나 관리 부담없이 AWS에서 쉽게 컨테이너를 실행할 수 있다는 것입니다. 즉, 단순히 웹 서버와 스케줄러 컨테이너 태스크를 Fargate에 정의하면 Fargate가 태스크의 배포, 실행, 모니터링을 관리하게 됩니다.

그리고 Airflow 메타스토어를 위해 AWS의 RDS 솔루션(예: 아마존 RDS[3])을 보겠습니다. 이 솔루션은 하드웨어 구축, 데이터베이스 설정, 패치 및 백업과 같이 시간이 많이 소요되는 관리 작업을 처리하여, 클라우드의 관계형 데이터베이스를 구성하는 데 도움이 됩니다.

AWS는 공유 스토리지에 대해 몇 가지 옵션을 제공하는데, 가장 유명한 것은 S3입니다. S3 는 확장 가능한 오브젝트 스토리지 시스템으로서, 상대적으로 저렴한 비용으로 높은 내구성 durability과 가용성availability을 제공하여 일반적으로 많은 데이터를 저장하는 데 매우 적합합니다. 그래서 S3는 용량이 큰 데이터 세트(DAG에서 처리되는 데이터 세트)를 저장하거나 Airflow 워커 로그들(Airflow가 S3에 기본적으로 쓸 수 있음)과 같이 임시적인 파일들을 저장할 때 유용합니다. S3의 단점은 웹 서버나 스케줄러 시스템의 로컬 파일시스템으로 마운트할 수 없다는 것입니다. 따라서 DAG와 같이 Airflow가 로컬 액세스가 필요한 파일들을 저장할 때 S3를 사용하는 것은 그다지 좋은 생각은 아닙니다.

반대로 AWS의 EFS 스토리지 시스템이 DAG들을 저장할 때 더 적합합니다. 왜냐하면 이 시스템은 NFS와 호환되어서 Airflow 컨테이너에 직접 마운트할 수 있기 때문입니다. 하지만 EFS 는 S3에 비해 상당히 비싸기 때문에 데이터나 로그 파일을 저장할 때는 적합하지 않을 수 있습니다. EFS의 또 다른 단점은 S3보다 파일을 업로드하기가 어렵다는 것인데, EFS에 파일을 복사할 때 웹 페이지나 CLI 인터페이스 기능이 제공되지 않기 때문입니다. 이러한 이유 때문에 DAG들을 S3(혹은 Git)과 같은 다른 스토리지에 저장하고, 이를 EFS에 자동으로 동기화하는 프로세스를 적용하는 것이 오히려 더 합리적일 수 있습니다(이 장의 후반에서 살펴보겠습니다).

일반적으로 다음과 같은 구성(그림 16.1)으로 AWS에 Airflow를 구성할 수 있습니다.

1　Elastic Compute Service: Fargate와 유사하지만 기반 머신들을 직접 관리해야 합니다.

2　Elastic Kubernetes Service: AWS의 관리형 솔루션으로 쿠버네티스를 배포하고 실행합니다.

3　아마존 RDS는 PostgreSQL, MySQL, Aurora와 같은 여러 데이터베이스를 지원합니다.

- 컴퓨팅 컴포넌트를 위한 Fargate(Airflow 웹 서버와 스케줄러)

- Airflow 메타스토어를 위한 아마존 RDS(예: Aurora)

- 로그의 스토리지를 위한 S3(그리고 선택적으로 데이터도 저장)

- DAG의 스토리지를 위한 EFS

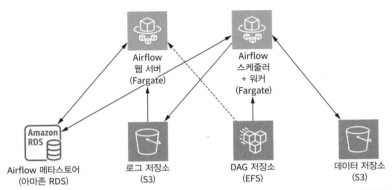

그림 16.1 **그림 15.1의 Airflow 컴포넌트와 AWS 서비스와의 매핑. Fargate는 컴퓨팅 컴포넌트(웹 서버, 스케줄러 및 워커)에 사용되고, 쉽고 확장성이 좋은 컨테이너 기반의 컴퓨팅 서비스를 제공합니다. 아마존 RDS는 메타스토어를 위한 관리형 데이터베이스로 사용되며, EFS와 S3는 스토리지로 사용됩니다. 화살표는 서비스들 간의 의존성을 나타냅니다.**

16.1.2 네트워크 설계

클라우드에 Airflow 배포를 구성할 때, 서비스들 간의 연동 방법과 Airflow의 인터넷 접근을 관리할 수 있는 방안을 고려해야 합니다. 일반적으로 AWS 네트워킹을 구성할 때 퍼블릭과 프라이빗 서브넷을 모두 포함하는 VPC Virtual Private Cloud를 생성합니다. 이때 VPC 안의 프라이빗 서브넷은 인터넷에 직접 노출되지 말아야 하는 서비스들을 위해 사용되고, 퍼블릭 서브넷은 서비스의 외부 접근과 인터넷으로 나가는 연결을 제공할 때 사용됩니다.

Airflow를 배포할 때 네트워크로 서로 연결해야 하는 서비스들이 몇 가지 있습니다. 예를 들어 웹 서버와 스케줄러 컨테이너는 모두 DAG들을 가져오기 위해 Airflow 메타스토어 RDS 와 EFS에 연결해야 합니다. RDS와 EFS 인스턴스와 같은 컨테이너들은 프라이빗 서브넷에 배치하여 인터넷에서 직접 액세스할 수 없게 해야합니다(그림 16.2). 그리고 이 컨테이너가 S3에 액세스할 수 있도록 프라이빗 서브넷 내에 프라이빗 S3 엔드포인트 endpoint를 두어서, 어떠한 S3 트래픽도 VPC 밖으로 나갈 수 없도록 할 수 있습니다.

또한 사용자가 작업 공간에서 Airflow 웹 서버에 액세스할 수 있도록, 웹 서버를 인터넷에 노출시킬 필요가 있습니다(물론 적절한 접근 제어 내에서). 일반적인 방법은 애플리케이션 로드 밸런서application load balancer, ALB 뒤에 이 서버들을 위치시키는 것인데, ALB를 퍼블릭 서브넷에 두고, 인터넷 게이트웨이internet gateway를 통해서 외부에서 액세스합니다. ALB는 들어오는 커넥션을 처리하여 적합한 경우에만 커넥션을 웹 서버 컨테이너로 전달합니다. 그리고 웹 서버가 요청에 대한 응답을 전달할 수 있도록 퍼블릭 서브넷 내에 NAT 게이트웨이를 구성합니다.

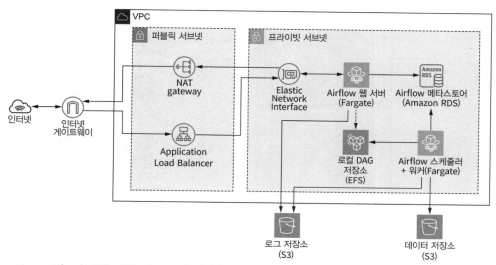

그림 16.2 **컴포넌트들을 퍼블릭/프라이빗 서브넷으로 구성한 네트워크 레이아웃. 퍼블릭 서브넷은 애플리케이션 로드 밸런서를 통해 인터넷에서 웹 서버로 액세스할 수 있도록 합니다. 이때 인터넷 게이트웨이와 NAT 게이트웨이를 결합하여 인터넷의 입출력 트래픽을 라우팅합니다. 프라이빗 서브넷은 컴퓨팅/스토리지 컴포넌트들이 의도치 않게 온라인에 노출되지 않으면서 서로 간에 연동할 수 있게 합니다. 화살표는 이 서비스 간의 정보 흐름을 의미합니다.**

16.1.3 DAG 동기화 추가

이전에 언급했듯이 EFS의 단점은 웹 기반의 인터페이스나 커맨드 라인 툴command line tool, CLT을 사용할 수 없어서, DAG를 저장할 때 이 시스템에 접근하기 어렵다는 것입니다.

한가지 가능한 해결책은 Git이나 S3에서 EFS로 DAG를 동기화하는 람다Lambda 함수를 생성하는 것입니다(그림 16.3). 이 람다는 DAG들이 어떤 식으로는 변경되었을 때 트리거되어(S3 이벤트나 Git의 경우 빌드 파이프라인에 의해), 변경 사항을 즉시 EFS에 동기화하고 Airflow에 적용시킬 수 있습니다.

16.1.4 CeleryExecutor를 사용하여 스케일링

앞에서 살펴본 구성으로도 많은 워크로드들을 처리할 수 있지만, CeleryExecutor로 전환하면 Airflow 배포의 확장성을 더 향상시킬 수 있습니다. CeleryExecutor의 가장 큰 장점은 각

Airflow 워커를 개별 컨테이너 인스턴스에서 실행하여, 각 워커가 사용할 수 있는 리소스들을 상당히 증가시킬 수 있다는 것입니다.

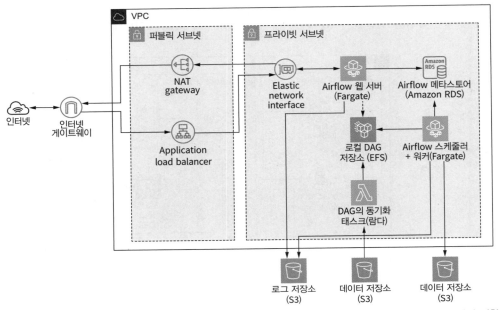

그림 16.3 자동화된 DAG의 동기화를 기존 아키텍처(그림 16.2)에 추가한 그림. S3에서 DAG를 저장 및 수정할 수 있어서 EFS보다 DAG를 액세스하고 연동하기 쉽습니다. 람다 서비스가 신규 DAG를 S3에서 EFS로 자동으로 동기화합니다.

CecleryExecutor를 사용하기 위해서는 이전 설계를 몇 가지 수정해야 합니다(그림 16.4). Celery 기반으로 구성하기 위해서는 첫 번째로 하나의 프로세스로 수행될 Airflow 워커들을 분리된 Fargate 태스크 풀에 넣어야 합니다. 이때 태스크들은 Airflow 메타스토어와 로그 버킷에 액세스하여 로그와 결과를 저장할 수 있어야 합니다. 두 번째로 스케줄러가 워커에 작업을 전달할 수 있는 메시지 브로커message broker를 추가해야 합니다. 이때 Fargate 혹은 이와 유사한 서비스로 메시지 브로커(예: RabbitMQ 혹은 Redis)를 직접 구축할 수 있지만, AWS의 SQS 서비스를 사용하는 것이 훨씬 더 쉽습니다. 이 서비스는 간단한 서버리스 메시지 브로커 기능을 제공하는데 유지 보수 노력은 거의 필요 없습니다.

물론 CeleryExecutor의 단점도 있는데, 이 단점은 LocalExecutor보다 구성이 좀 더 복잡해서, 구성할 때 더 많은 작업이 필요하다는 것입니다. 그리고 각 워커들을 위한 컴퓨팅 리소스들이 필요하기 때문에, 추가된 컴포넌트들(특히 부가적인 워커 태스크)은 상당한 비용을 추가시킬 수 있습니다.

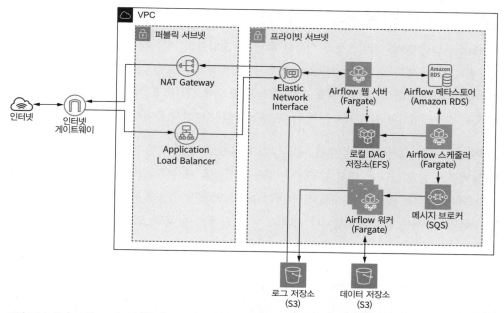

그림 16.4 **CeleryExecutor 기반 배포. CeleryExecutor는 워커들을 분리된 컴퓨팅 프로세스로 실행시키고, 이 프로세스는 Fargate에서 개별적인 컨테이너 인스턴스에서 실행됩니다. 아마존 SQS서비스는 스케줄된 태스크를 워커에게 전달하는 메시지 브로커로 사용됩니다.**

16.1.5 추가 단계

이전 장에서 AWS에서의 기본적인 Airflow 배포 전략을 몇가지로 구성해 보았지만, 이러한 구성을 실제 운영에 그대로 적용할 수는 없습니다. 실제 운영에 적용하기 위해서는 고려해야 하는 요인이 몇 가지 더 있습니다.

운영 배포에 있어 무엇보다도 중요한 고려 사항은 보안입니다. 이전 장에서 퍼블릭 인터넷으로부터 여러 컴포넌트를 보호하는 작업을 했지만, 여전히 컴포넌트들에 대한 접근 제어를 추가로 고려해야 합니다. 이때 필요한 고려 사항은 컴포넌트의 접근 제어와 AWS 리소스에 대한 접근 제어 등이 있습니다. 컴포넌트 접근 제어에는 보안 그룹과 네트워크 ACL를 사용할 수 있고, AWS 리소스에 대한 접근은 자격 및 접근 관리identity and access management, IAM의 역할role과 정책policy을 적절히 부여하여 제한할 수 있습니다.

또한 운영 환경에 배포할 때에는 로깅logging, 감사auditing, 추적 메트릭스tracking metrics, 그리고 배포된 서비스의 이슈 발생에 대한 알람 등에 대한 견고한 처리 방안이 필요합니다. 이를 위해 CloudTrail과 CloudWatch를 포함하여 관련된 AWS 서비스들을 살펴보는 것이 좋습니다.

16.2 AWS 전용 훅과 오퍼레이터

Airflow는 많은 AWS 서비스들과 연동할 수 있는 상당량의 기본 내장 훅과 오퍼레이터들을 제공합니다. 이 훅과 오퍼레이터들을 사용하여, (예를 들어) 필요한 리소스들의 배포뿐만 아니라 여러 서비스들 간의 데이터 이동과 변환 등의 프로세스를 조정할 수 있습니다. 사용 가능한 훅과 오퍼레이터의 전체 개요는 아마존/AWS 공급자 패키지[4]를 참고하십시오.

AWS 전용 훅과 오퍼레이터의 수가 매우 많기 때문에, 이들에 대한 자세한 사항을 이 책에서 다 살펴볼 수는 없습니다. 대신 참고할 수 있는 문서들을 제시하겠습니다. 표 16.1과 16.2에서 훅과 오퍼레이터들 몇 가지에 대해 간략한 개요를 설명하고, 이들과 연관된 AWS 서비스와 해당 애플리케이션을 함께 제시합니다. 그리고 다음 절에서 이 훅과 오퍼레이터를 사용하는 데모를 제공하겠습니다.

표 16.1 **몇 가지 AWS 전용 훅의 요약**

AWS 서비스	설명	훅	애플리케이션
Athena	서버리스 빅 데이터 쿼리	AWSAthenaHook	쿼리 실행, 쿼리 상태 모니터링, 결과 수집
CloudFormation	인프라 리소스들(스택) 관리	AWSCloudFormationHook	CloudFormation 스택의 생성과 삭제
EC2	VM (가상 머신)	EC2Hook	VM의 세부 사항 수집; 상태가 변경될 때까지 대기함
Glue	관리형 ETL 서비스	AwsGlueJobHook	Glue 작업을 생성하고 상태를 체크함
Lambda	서버리스 함수	AwsLambdaHook	Lambda 함수 호출
S3	Simple Storage Service	S3Hook	파일의 리스트 및 업로드/다운로드
SageMaker	관리형 머신러닝 서비스	SageMakerHook	머신러닝 작업과 엔드포인트 등의 생성과 관리

표 16.2 **몇 가지 AWS 전용 오퍼레이터의 요약**

오퍼레이터	서비스	설명
AWSAthenaOperator	Athena	Athena에서 쿼리 실행
CloudFormationCreateStackOperator	CloudFormation	CloudFormation 스택 생성
CloudFormationDeleteStackOperator	CloudFormation	CloudFormation 스택 삭제
S3CopyObjectOperator	S3	S3에 있는 오브젝트 복사
SageMakerTrainingOperator	SageMaker	SageMaker 학습 작업 생성

---

4 apache-airflow-providers-amazon 패키지를 사용하여 Airflow 버전 2를 설치할 수 있습니다. 그리고 Airflow 버전 1에 대해서는 백포트 패키지인 apache-airflow-backport-providers-amazon를 사용하여 Airflow 1.10를 설치할 수 있습니다.

AwsBaseHook는 특별히 언급할만한 혹으로서, AWS boto3 라이브러리를 사용하여 AWS 서비스와의 제네릭generic 인터페이스를 제공합니다. AwsBaseHook를 사용하려면, 적합한 AWS 자격 증명을 포함하는 Airflow 커넥션을 가지고 아래와 같이 생성해야 합니다:

```
from airflow.providers.amazon.aws.hooks.base_aws import AwsBaseHook
hook=AwsBaseHook("my_aws_conn")
```

커넥션은 Airflow의 웹 UI를 사용하여 생성할 수 있고(그림 16.5), 그 외 다른 설정 방법(예: 환경 변수)으로도 생성할 수 있습니다. 이 커넥션에는 다음과 같은 두 가지 사항이 꼭 필요합니다: 액세스 키access key와 AWS의 IAM 유저의 비밀 키secret key[5]

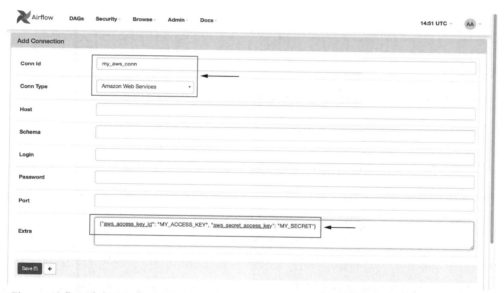

그림 16.5 **Airflow에서 AWS 혹의 커넥션 생성. Login/Password가 아닌(예상했던 것과 다르게), Extra에 액세스 키와 비밀 키를 JSON 형태로 입력되어야 합니다.**

혹을 인스턴스화한 후, 이를 사용하여 여러 서비스에 대한 boto3 클라이언트를 생성할 수 있습니다. 이때 get_client_type이라는 메소드를 사용합니다. 예를 들어 AWS Glue 서비스를 위한 클라이언트를 아래와 같이 생성할 수 있습니다:

```
glue_client=hook.get_client_type("glue")
```

---

5   다음 절에서 이 세부 정보를 얻는 방법에 대한 예제를 다루겠습니다.

이 클라이언트를 사용하여 AWS의 Glue 서비스에 대한 모든 작업을 수행할 수 있습니다. Glue 서비스 이외에도 이 클라이언트가 지원하는 오퍼레이션operation들이 매우 다양한데, 이에 대한 자세한 정보는 AWS의 boto3 문서에 기술되어 있습니다(https://boto3.amazonaws.com/v1/documentation/api/latest/index.html). 이러한 오퍼레이션을 수행하기 위해서는 훅의 IAM 유저가 AWS에서 적절한 권한을 가지고 있어야 합니다. 이를 위해 IAM 정책을 사용하여 유저에게 적절한 권한을 부여하고 확인해야 합니다.

다음 절에서는 AwsBaseHook를 기반으로 한 커스텀 오퍼레이터를 빌드하는 예제를 살펴보겠습니다. 이 예제에서 사용 사례(영화 랭킹에 대한 사례)의 구현에 필요한 모든 서비스들을 연동해 보도록 하겠습니다.

16.3 사용 사례: AWS Athena를 사용한 서버리스 영화 랭킹 구축

이 절에서는 작은 예제를 통해 앞 절에서 살펴본 AWS 기반의 기능을 살펴보겠습니다.

16.3.1 개요

이 예제에서는 이전 장에서 사용했던 영화 랭킹 데이터를 AWS의 서버리스 서비스의 일부(S3, Glue, Athena)로 분석해 보겠습니다. 그리고 분석 과정에서 사용되는 AWS의 서비스들을 자세히 살펴보겠습니다. 이 예제의 목적은 평균 평점으로 영화를 랭킹함으로써 가장 인기 있는 영화를 찾아내는 것입니다(특정 시점까지의 모든 평점에 대한 평균 사용). 이 태스크를 위해 서버리스 서비스를 사용하면, 사용자들이 서버들의 실행 및 유지 관리에 신경을 쓰지 않아도 되는 장점이 있습니다. 그리고 전체 구성에 대한 비용이 상대적으로 저렴해지고(서비스들이 실행할 동안의 비용만 지불합니다), 상대적으로 적은 유지 보수 비용만 필요합니다.

서버리스 영화 랭킹 프로세스를 구축할 때, 다음과 같은 단계로 구현합니다:

- 첫째, 영화 평점 데이터를 AWS에서 사용할 수 있도록, 영화 평점 API(8.1.1절 참조)에서 가져와 S3에 로드load합니다. 이때 신규 데이터에 대한 월별 평점을 계산하기 위해 매월 데이터를 로드합니다.

- 둘째, AWS Glue(서버리스 ETL 서비스)를 사용하여, S3에 로드한 평점 데이터를 크롤링crawling합니다. Glue는 S3에 저장된 데이터의 테이블 뷰를 생성하여, 영화 랭킹을 계산할 때 데이터를 쿼리할 수 있도록 합니다.

- 마지막으로 AWS Athena(서버리스 SQL 쿼리 엔진)를 사용하여 평점 테이블에서 SQL 쿼리를 실행하고 영화 랭킹을 계산합니다. 이 쿼리의 결과는 S3에 저장되어서 계산된 영화 랭킹 데이터를 다른 애플리케이션들이 사용할 수 있습니다.

이 프로세스는 영화 랭킹을 만들 때 데이터 세트를 쉽게 확장할 수 있는 처리 방안을 비교적 직관적으로 제시해 줍니다(S3 및 Glue/Athena는 매우 확장성이 좋은 기술입니다). 더욱이 서버리스로 구성하기 때문에, 서버를 별도로 구축할 필요가 없고 한 달에 한 번 실행되는 프로세스에 대해 서버 비용을 사용할 때만 지불하여 비용을 절감할 수 있습니다.

그림 16.6 서버리스 영화 랭킹 사례에 관련된 데이터 프로세스의 개요도. 화살표는 Airflow에서 수행되는 데이터 변환을 나타내며, 데이터 변환을 수행하는 AWS 서비스(해당되는 경우)를 표시합니다.

16.3.2 리소스 설정

DAG를 구현하기 전에 먼저 필요한 AWS 리소스를 생성하겠습니다. 여기에서 구현할 DAG에는 다음과 같은 클라우드 리소스들이 필요합니다:

- 영화 평점 데이터를 저장할 S3 버킷
- 영화 랭킹 결과를 저장할 두 번째 S3 버킷
- 영화 평점 데이터를 테이블로 만드는 Glue 크롤러
- S3 버킷에 액세스하고 Glue와 Athena와 같은 서비스를 호출할 권한이 있는 IAM 유저

이러한 리소스를 구성하는 방법 중 하나는 AWS 콘솔(http://console.aws.amazon.com)을 열고, 각 콘솔 화면에서 필요한 리소스를 수동으로 만드는 것입니다. 하지만 재사용성을 위해 CloudFormation(코드로 클라우드 리소스를 정의하는 AWS 템플릿 솔루션)과 같은 코드형 인프라 infrastructure-as-code, IaC 솔루션으로 리소스를 정의하고 관리하는 것이 좋습니다. 이 예제에서는 사용자 계정에 필요한 모든 리소스를 만드는 CloudFormation 템플릿을 제공합니다. 이 책에서는 이 방법을 대략적으로 보여주기 위해 템플릿의 내용을 세부적으로 다루진 않지만, 세부적인 사항은 온라인(https://github.com/BasPH/data-pipelines-with-apache-airflow/blob/master/chapter16/resources/stack.yml)에서 확인할 수 있습니다.

이 템플릿으로 필요한 리소스들을 생성하기 위해서는 먼저 AWS 콘솔을 열고 CloudFormation 화면으로 이동하여 **Create Stack** 메뉴를 클릭합니다(그림 16.7). 그 다음 페이지에서 템플릿을 업로드하고 **Next** 버튼을 클릭합니다. **Stack details** 페이지에서 스택(=리소스들의 집합)의 이름을 입력하고, S3 버킷 이름을 위한 고유한 접두어prefix를 입력합니다(버킷 이름을 글로벌하게 유일하도록 만들기 위한 접두어). 그런 다음 **Next** 버튼을 몇 번 클릭하면(리뷰 페이지에서 "**I acknowledge that AWS CloudFormation might create IAM resources with custom names**"을 반드시 선택해야 함), CloudFormation이 리소스 생성을 시작합니다.

이 작업이 완료되면, CloudFormation 스택 개요 페이지(그림 16.8)에 생성된 스택의 상태를 볼 수 있습니다. 또한 **Resource** 탭에서 CloudFormation이 생성한 리소스들도 확인할 수 있습니다. 여기에는 IAM 유저와 액세스 정책, S3 버킷 두 개, Glue 크롤러의 묶음이 포함되어 있습니다. 각 리소스들의 **Physical ID** 링크를 클릭하면 각 리소스들에 해당되는 AWS 콘솔의 섹션으로 이동할 수 있습니다.

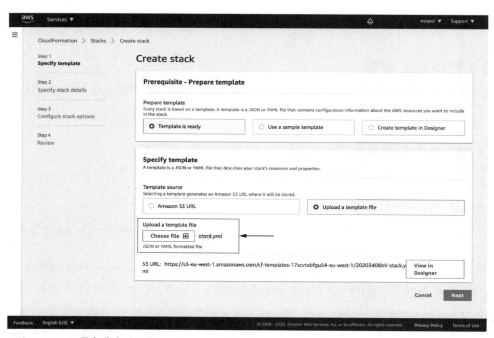

그림 16.7 **AWS 콘솔에서 CloudFormation 스택 생성**

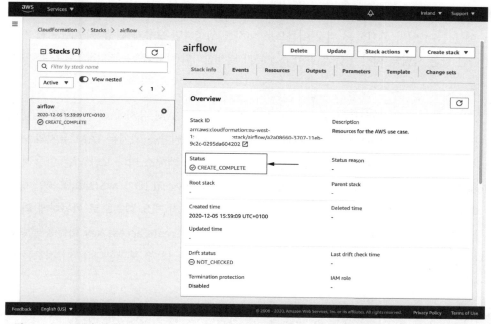

그림 16.8 AWS 콘솔에서 생성된 CloudFormation 스택의 개요 페이지. 이 페이지는 스택의 전체 상태를 표시하고, 필요한 경우 스택의 업데이트 및 삭제 컨트롤을 제공합니다.

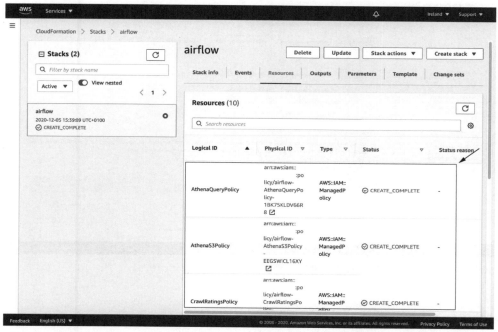

그림 16.9 CloudFormation 스택에 의해 생성된 리소스들의 개요 페이지. 이 화면에서 스택에 의해 생성된 각여러 리소스들의 섹션으로 이동할 수 있습니다.

스택 생성 중 문제가 발생하면 **Events** 탭에서 이벤트들을 확인하여 문제를 확인할 수 있습니다. 예를 들어 이미 존재하는 버킷 이름으로 버킷을 생성하면 오류가 발생하는데, 이때 자신이 아닌 다른 사람의 버킷 이름과 같아도 오류가 발생합니다(버킷 이름은 전역적으로 유일해야 합니다).

필요한 리소스 셋을 생성하였으면, 마지막으로 권한을 가진 IAM 유저에 대한 작업만 남았습니다. 생성된 스택을 Airflow의 DAG에서 사용하기 위해, 권한을 가지는 IAM 유저의 액세스 키와 보안 키를 생성하여 Airflow에 공유해야 합니다. 이 액세스 키와 보안 키를 만들려면, CloudFormation의 스택 콘솔 화면 중 Resource 탭에서 Physical ID가 `AWS:IAM:USER`인 항목을 찾아 링크를 클릭합니다. 그러면 AWS의 IAM 콘솔의 유저 개요 화면으로 이동하게 되고, 그 화면 중 보안 자격 증명Security credentials 탭으로 이동하여 **Create access key** 버튼을 클릭합니다(그림 16.10). 생성된 액세스 키와 비밀 키를 저장하고 안전하게 보관합니다. 이 정보는 나중에 Airflow에서 사용하게 될 것입니다.

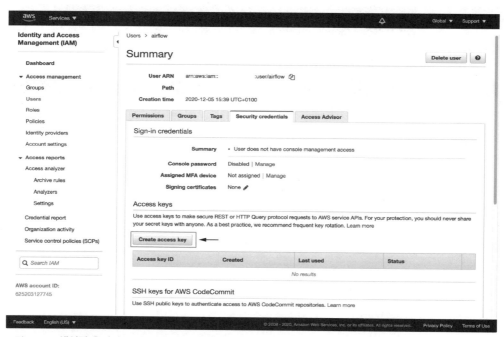

그림 16.10 **생성된 유저의 액세스 키와 비밀 키 생성**

16.3.3 DAG 구현

이전 절에서 필요한 모든 리소스를 생성하였으므로, 이제 적절한 훅과 오퍼레이터를 사용하여 DAG를 구현하겠습니다. 첫 번째 단계에서는 영화 평점 API(8장 참조)에서 데이터를 가져와

S3에 업로드하는 오퍼레이터를 구현합니다. Airflow가 기본 내장 S3 오퍼레이터를 여러 개 제공하지만, 직접 개발한 영화 평점 API에서 데이터를 가져와서 S3에 업로드하는 오퍼레이터는 없습니다. 하지만 다행히도 PythonOperator와 S3Hook 클래스를 결합하여 이 단계를 구현할 수 있습니다. 이 클래스들을 통해 파이썬 함수를 직접 개발하여 평점 데이터를 가져온 다음 결과를 S3에 업로드할 수 있습니다.

리스트 16.1 **S3Hook를 사용하여 영화 평점 업로드(dag/01_aws_usecae.py)**

```python
from airflow.operators.python import PythonOperator
from airflow.providers.amazon.aws.hooks.s3 import S3Hook

from custom.hooks import MovielensHook

def _fetch_ratings(api_conn_id, s3_conn_id, s3_bucket, **context):
    year=context["execution_date"].year
    month=context["execution_date"].month

    logging.info(f"Fetching ratings for {year}/{month:02d}")
    api_hook=MovielensHook(conn_id=api_conn_id)

    ratings=pd.DataFrame.from_records(
        api_hook.get_ratings_for_month(year=year, month=month),
        columns=["userId", "movieId", "rating", "timestamp"],
    )  ◀── 임시 디렉터리에 평점 데이터 저장

    logging.info(f"Fetched {ratings.shape[0]} rows")
                                              ┌─ 8장의 MovielensHook를 사용하여
    with tempfile.TemporaryDirectory() as tmp_dir: ◀── API에서 평점 데이터 가져오기
        tmp_path=path.join(tmp_dir, "ratings.csv")     (혹에 대한 코드는
        ratings.to_csv(tmp_path, index=False)          dags/custom/hooks.py에 있음)

        logging.info(f"Writing results to ratings/{year}/{month:02d}.csv")
        s3_hook=S3Hook(s3_conn_id)
        s3_hook.load_file(  ◀── S3Hook를 사용하여 저장된 평점 데이터를 S3에 업로드
            tmp_path,
            key=f"ratings/{year}/{month:02d}.csv",
            bucket_name=s3_bucket,
            replace=True,
        )

fetch_ratings=PythonOperator(
    task_id="fetch_ratings",
    python_callable=_fetch_ratings,
    op_kwargs={
        "api_conn_id": "movielens",
        "s3_conn_id": "my_aws_conn",
        "s3_bucket": "my_ratings_bucket",
    },
)
```

S3의 연결을 지정하는(예, 사용할 자격 증명 지정) 커넥션 ID를 S3Hook에 입력해야 합니다. 따라서 **Airflow**를 설정할 때 충분한 권한이 있는 유저의 액세스 키와 비밀 키를 가진 커넥션을 설정했는지 먼저 확인해야 합니다. 이미 이전 절에서 이러한 유저를 만들었으며(이전에 생성한 CloudFormation 스택 사용), 이 유저의 자격 증명을 사용하여 **Airflow** 커넥션(그림 16.5)을 생성할 수 있습니다. 커넥션을 생성한 후 코드에서 커넥션 이름과 S3 버킷 이름을 생성한 이름으로 수정해야 합니다(PythonOperator에 전달되는 op_kwargs의 인수 수정).

두 번째 단계에서는 이 절에서 사용할 Glue 크롤러(CloudFormation 스택에서 생성된 크롤러)를 트리거하는 오퍼레이터가 필요합니다. 안타깝게도 **Airflow**에는 이 작업에 대한 오퍼레이터를 제공하지 않기 때문에 별도로 개발해야 합니다. 하지만 기본 내장 AwsBaseHook를 사용하면, 이 오퍼레이터를 쉽게 개발할 수 있습니다. AwsBaseHook는 boto3를 사용하여 다양한 AWS 서비스에 쉽게 액세스할 수 있도록 해줍니다.

여기에서 개발하는 오퍼레이터[6](이름이 GlueTriggerCrawlerOpertator 임)는 AwsBaseHook을 사용하여 Glue 클라이언트를 가져오고, Glue 클라이언트의 start_crawler 메서드를 사용하여 크롤러를 시작합니다. 그리고 크롤러가 성공적으로 시작된 후에, Glue 클라이언트의 get_crawler 메서드를 사용하여 크롤러의 상태를 확인할 수 있는데, 이 메서드는 크롤러의 상태를 반환하는 메서드입니다(다른 기능도 있지만 주요하게 이 용도로 많이 사용합니다). 크롤러가 준비 상태가 되면, 수행하던 작업이 실행 완료되었다고 볼 수 있으며,[7] 따라서 다운스트림 작업을 계속할 수 있습니다. 대략적으로 이 오퍼레이터는 다음 리스트와 같이 구현될 수 있습니다.

리스트 16.2 **Glue 크롤러를 트리거하는 오퍼레이터(dag/custom/operators.py)**

```python
import time
from airflow.models import BaseOperator
from airflow.providers.amazon.aws.hooks.base_aws import AwsBaseHook
from airflow.utils.decorators import apply_defaults

class GlueTriggerCrawlerOperator(BaseOperator):
    """
    AWS Glue에서 실행되는 크롤러를 트리거하는 오퍼레이터

    파라미터
    ----------
    aws_conn_id
        AWS의 연결에 사용되는 커넥션. AWS에서 적절한 권한(Glue:StartCrawler and
        Glue:GetCrawler)을 가져야 함
    crawler_name
```

---

6   커스텀 오퍼레이터의 생성에 대해서는 8장에서 설명하였습니다.

7   이 예제를 좀 더 견고하게 만들려면 결과 처리, 상태 등의 체크 사항을 추가합니다.

```python
        트리거하는 크롤러 이름
    region_name
        크롤러가 위치하는 AWS 리전(지역) 이름
    kwargs
        모든 kwargs는 BaseOperator에 전달됨
    """
    @apply_defaults
    def __init__(
        self,
        aws_conn_id: str,
        crawler_name: str,
        region_name: str=None,
        **kwargs
    ):
        super().__init__(**kwargs)
        self._aws_conn_id=aws_conn_id
        self._crawler_name=crawler_name
        self._region_name=region_name

    def execute(self, context):
        hook=AwsBaseHook(                                  ◄── AwsBaseHook를 생성하고
            self._aws_conn_id, client_type="glue",             AWS Glue에 대한
            region_name=self._region_name                      클라이언트를 가져옴
        )
        glue_client=hook.get_conn()  ◄──

        self.log.info("Triggering crawler")          Glue 클라이언트를 사용하여 크롤러 실행
        response=glue_client.start_crawler(Name=self._crawler_name)  ◄──
        if response["ResponseMetadata"]["HTTPStatusCode"] != 200:  ◄──
            raise RuntimeError(                    크롤러가 정상적으로 실행되었는지 확인
                "An error occurred while triggering the crawler: %r" % response
            )

        self.log.info("Waiting for crawler to finish")
        while True:  ◄──┤ 크롤러 상태를 반복적으로 체크하는 루프
            time.sleep(1)
            crawler=glue_client.get_crawler(Name=self._crawler_name)
            crawler_state=crawler["Crawler"]["State"]

            if crawler_state == "READY":  ◄──┤ 크롤러의 실행이 끝나면 중지함(준비 상태로 표시)
                self.log.info("Crawler finished running")
                break
```

그리고 이 GlueTriggerCrawlerOperator를 사용하는 방법은 다음과 같습니다.

리스트 16.3 **GlueTriggerCrawlerOperator 사용 방법(dags/01_aws_usecase.py)**

```python
from custom.operators import GlueTriggerCrawlerOperator

trigger_crawler=GlueTriggerCrawlerOperator(
```

```
        aws_conn_id="my_aws_conn",
        task_id="trigger_crawler",
        crawler_name="ratings-crawler",
)
```

마지막으로, 세 번째 단계에서는 Athena에서 쿼리를 실행하는 오퍼레이터가 필요합니다. 이번에는 운 좋게도 Airflow가 이 작업에 대한 오퍼레이터(AwsAthenaOperator)를 제공합니다. 이 오퍼레이터에 다음과 같은 인수를 지정해야 합니다: Athena의 커넥션 정보, 데이터베이스 정보(Glue 크롤러에 의해 생성된 정보), 실행할 쿼리 및 쿼리 결과를 저장할 S3의 위치. 위의 내용에 대한 오퍼레이터의 사용 방법은 다음 리스트 16.4와 같습니다.

리스트 16.4 **AWSAthenaOperator를 사용한 영화 랭킹(dags/01_aws_usecase.py)**

```
from airflow.providers.amazon.aws.operators.athena import AWSAthenaOperator

rank_movies=AWSAthenaOperator(
    task_id="rank_movies",
    aws_conn_id="my_aws_conn",
    database="airflow",
    query="""                                              영화 ID, 평점, 평가 날짜 검색
        SELECT movieid, AVG(rating) as avg_rating, COUNT(*) as num_ratings ◄─┘
        FROM (
            SELECT movieid, rating,
                CAST(from_unixtime(timestamp) AS DATE) AS date
            FROM ratings
        )
        WHERE date <= DATE('{{ ds }}') ◄──┤ 실행 날짜까지 모든 평점 선택
        GROUP BY movieid ◄───┤ 영화당 평점의 평균을 계산하기 위해 영화 ID 단위로 Group by
        ORDER BY avg_rating DESC
    """,
    output_location=f"s3://my_rankings_bucket/{{ds}}",
)
```

이제 필요한 모든 태스크를 생성하였으므로, 모든 태스크를 묶는 DAG를 구현할 수 있습니다.

리스트 16.5 **영화 추천에 대한 전체 DAG 구현(dags/01_aws_usecase.py)**

```
import datetime as dt
import logging
import os
from os import path
import tempfile

import pandas as pd

from airflow import DAG
from airflow.providers.amazon.aws.hooks.s3 import S3Hook
```

```
from airflow.providers.amazon.aws.operators.athena import AWSAthenaOperator
from airflow.operators.dummy import DummyOperator
from airflow.operators.python import PythonOperator

from custom.operators import GlueTriggerCrawlerOperator
from custom.ratings import fetch_ratings

with DAG(
    dag_id="01_aws_usecase",
    description="DAG demonstrating some AWS-specific hooks and operators.",
    start_date=dt.datetime(year=2019, month=1, day=1),      ◄─── 평점 데이터 세트에 맞도록
    end_date=dt.datetime(year=2019, month=3, day=1),              시작/종료 날짜 설정
    schedule_interval="@monthly",
    default_args={
        "depends_on_past": True  ◄─── 이전 실행 결과의 로딩 완료 전까지
    }                                  쿼리 실행을 막기 위해 depends_on_past 값 설정
) as dag:
    fetch_ratings=PythonOperator(...)
    trigger_crawler=GlueTriggerCrawlerOperator(...)
    rank_movies=AWSAthenaOperator(...)
    fetch_ratings >> trigger_crawler >> rank_movies
```

이제까지 한 작업으로 Airflow에서 DAG를 실행할 수 있습니다(그림 16.11). 모든 것이 올바르게 구성되었다면, DAG가 성공적으로 실행될 것이고 Athena가 생성한 CSV 출력 파일 몇 개를 S3 버킷에서 확인할 수 있습니다(그림 16.12). 만약 실행 시 문제가 발생하면, AWS 리소스가 올바르게 설정되었는지, 혹은 액세스 키와 비밀 키가 제대로 설정되었는지 확인해 보시기 바랍니다.

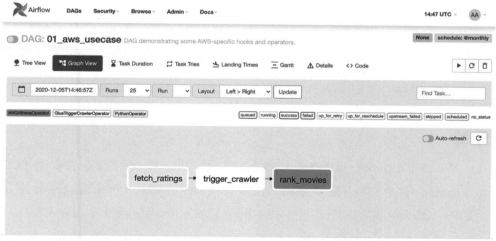

그림 16.11 영화 랭킹을 수행하는 Airflow의 최종 DAG. 여기에서 서로 다른 세 가지 태스크들과 각 태스크에 포함된 해당 오퍼레이터들을 확인할 수 있습니다.

16.3.4 리소스 정리

이 예제를 다 끝낸 후에는 사용한 AWS 리소스를 정리하여 불필요한 비용이 발생하지 않도록 해야 합니다. 리소스를 생성할 때 CloudFormation 템플릿을 사용했으면, 스택을 삭제하여 사용한 리소스의 대부분을 제거할 수 있습니다. 하지만 템플릿을 사용하더라도 S3와 같이 일부 리소스들은 수동으로 제거해야 할 수도 있습니다. 예를 들어 CloudFormation은 비어 있지 않은 S3 버킷은 자동으로 삭제하지 않습니다. 생성된 모든 리소스가 성공적으로 삭제되었는지 한 번 더 체크해야 해야 하는데, 특히 수동으로 만든 리소스에 대해서는 각별히 주의하시기 바랍니다.

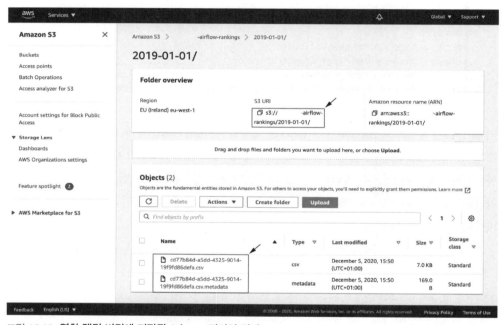

그림 16.12 **영화 랭킹 버킷에 저장된 Athena 쿼리의 결과**

요약

- AWS에서 Airflow를 배포할 때, 스케줄러 및 웹 서버 프로세스 실행을 위해서는 ECS/ Fargate 서비스를 사용할 수 있고, 스토리지를 위해서는 EFS/S3 서비스를 사용할 수 있으며, Airflow 메타데이터를 위해서는 아마존 RDS 서비스를 사용할 수 있습니다.

- Airflow는 AWS의 다양한 서비스들과 통합할 수 있는 많은 AWS 전용 훅과 오퍼레이터들을 제공합니다.

- AwsBaseHook 클래스는 boto3 라이브러리를 사용하여 AWS의 모든 서비스에 대한 로우 레벨 액세스를 제공하여 별도의 하이 레벨 훅 및 오퍼레이터를 직접 구현할 수 있습니다.

- AWS 전용 훅 및 오퍼레이터를 사용하는 대개의 경우, Airflow가 필요한 작업을 수행할 수 있도록 AWS 및 Airflow에 필요 리소스와 액세스 권한을 설정해야 합니다.

17

Azure에서의 Airflow

이 장의 내용

- ■ Azure 대상 배포 전략 설계
- ■ Azure 전용 훅과 오퍼레이터들의 개요
- ■ Azure 전용 훅과 오퍼레이터를 적용하여 사용 사례 데모

이 장에서는 마이크로소프트 Azure의 클라우드 서비스와 Airflow를 통합하고 배포하는 방법에 대해 자세하게 다루겠습니다. 제일 먼저 Airflow의 여러 컴포넌트와 Azure의 서비스를 매핑하여 Airflow 배포를 설계하겠습니다. 그 다음에 Azure의 주요 서비스와 연동하는 Airflow의 훅과 오퍼레이터들 중 일부를 살펴보겠습니다. 그리고 마지막으로 Azure 전용 오퍼레이터와 훅의 사용 방법을 설명하면서 영화 추천에 대한 사용 사례를 구현해 보겠습니다.

17.1 Azure에서 Airflow 배포

15장에서 Airflow 배포를 구성하는 여러 컴포넌트들을 설명하였습니다. 이 절에서는 Azure 클라우드 서비스와 이 컴포넌트들을 매핑하여 Azure에서의 Airflow 배포 패턴 2~3개를 설계해 보겠습니다. 이렇게 함으로써 Azure 대상 Airflow 배포를 설계할 때 포함되는 프로세스의 좋은 아이디어를 얻을 수 있고 이를 구현하기 위한 좋은 시작점을 제시할 수 있을 것입니다.

17.1.1 서비스 선택

제일 먼저 Airflow 웹 서버 컴포넌트와 스케줄러 컴포넌트를 살펴보겠습니다. 컴포넌트 실행할 때 가장 쉬운 방법은 Azure의 관리형 컨테이너 서비스를 사용하는 하는 것입니다. 이를 위한 Azure의 서비스로는 Azure Container Instances_ACI나 Azure Kubernetes Service_AKS 등이 있습니다. 그리고 웹 서버를 위해서는 Azure App Service와 같은 다른 서비스 옵션들도 있습니다.

마이크로소프트가 언급하는 바에 따르면 Azure App Service는 '웹 애플리케이션의 빌드와 배포, 그리고 웹 애플리케이션의 스케일링에 대한 완전 관리형 플랫폼_fully managed platform'입니다. 실제로 이 서비스는 인증과 모니터링 등의 기능을 포함하여, 웹 서비스를 관리형 플랫폼에 배포할 때 쉽고 편리한 방안을 제공합니다. App Service는 애플리케이션의 컨테이너 배포를 지원하기 때문에, Airflow 웹 서버를 배포하고 사용자의 인증을 관리할 때에도 사용할 수 있습니다. 물론 스케줄러는 App Service에서 제공되는 웹 관련 기능이 필요 없습니다. 따라서 스케줄러를 배포할 때에는 기본적인 컨테이너 런타임_runtime을 제공하는 ACI를 사용하는 것이 더 합리적입니다.

Airflow 메타스토어로는 Azure SQL 데이터베이스_Azure SQL Database와 같은 Azure의 관리형 데이터베이스를 사용하는 것이 좋습니다. 이 서비스는 관계형 데이터베이스_relational database를 편리하고 효과적으로 제공하는 서비스로, 데이터베이스 서버로는 마이크로소프트의 SQL 서버를 사용하며 사용자가 별도의 유지보수를 할 필요가 없습니다.

그리고 Azure에서는 Azure File Storage, Azure Blob Storage, Azure Data Lake Storage 등과 같이 여러 가지 스토리지 솔루션을 제공합니다. Azure File Storage는 DAG를 호스팅할 때 가장 편한 솔루션인데, 파일 스토리지 볼륨을 App Service와 ACI 컨테이너에 직접 마운트_mount할 수 있습니다. 더욱이 Azure File Storage는 Azure Storage Explorer와 같은 사용자 지원 애플리케이션을 지원하기 때문에, 사용자가 쉽게 액세스할 수 있고 DAG를 간단하게 추가하거나 수정할 수 있습니다. 그리고 데이터 스토리지로는 Azure Blob Storage나 Azure Data Lake Storage가 더 적합한데, 이들은 Azure File Storage보다 데이터 워크로드를 처리하는 데 더 적합하기 때문입니다.

위의 내용을 기반으로 하여 다음과 같이 Azure에서 Airflow 배포를 구성할 수 있습니다(그림 17.1):

- Airflow 웹 서버로는 Azure App Service 사용

- Airflow 스케줄러로는 ACI 사용

- Airflow 메타스토어를 위해서는 Azure SQL 데이터베이스 사용

- DAG 저장을 위해서는 Azure File Storage 사용

- 데이터와 로그를 위해서는 Azure Blob Storage 사용

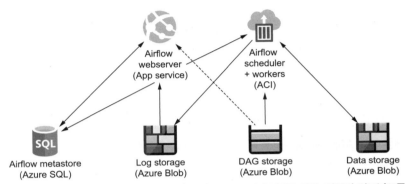

그림 17.1 그림 15.1의 Airflow 컴포넌트들을 Azure 서비스들로 매핑. 컴퓨팅 컴포넌트들(각각 웹 서버, 스케줄러, 워커)에 대해서는 App Service와 CI를 사용할 예정인데, 이들은 컨테이너 기반 컴퓨팅 서비스를 간편하게 제공합니다. 웹 서버로는 ACI 대신 App Service를 사용하는데, 앱 서비스가 웹 서버의 액세스 인증 등과 같은 부가적인 기능을 제공하기 때문입니다. 메타스토어를 위한 관리형 데이터베이스 서비스로는 Azure SQL 데이터베이스를 사용할 것이며, DAG와 로그 및 데이터를 저장할 때에는 Azure File Storage와 Azure Blob Storage 서비스를 사용합니다. 화살표는 이들 서비스 간의 의존성을 표시합니다.

17.1.2 네트워크 설계

이전 절에서 각 컴포넌트에 적합한 서비스들을 살펴보았으므로, 이제부터는 컴포넌트들의 연동을 위해 네트워크를 설계하겠습니다. 이때 Airflow 웹 서버를 원격에서 액세스할 수 있도록, 인터넷에서 접근할 수 있게 합니다. 하지만 Airflow 메타스토어와 스케줄러 등과 같은 컴포넌트는 온라인에 노출되지 않도록 프라이빗 네트워크에 위치합니다.

다행히도 Azure App Service를 사용하면, 웹 애플리케이션으로 사용되는 웹 서버를 쉽게 구성하고 인터넷에 노출할 수 있습니다. App Service는 이 목적으로 설계되어서, 인터넷에 웹 서버를 노출시키고 연결하는 것을 처리하고 관리합니다. 또한 App Service의 기본 내장 기능을 사용하면 웹 서버 앞에 방화벽이나 인증 레이어(Azure AD 등과 연동할 수 있음)를 추가하여 비인가 사용자가 웹 서버에 접근하는 것을 방지할 수 있습니다.

스케줄러와 메타스토어와 같이 외부에 노출할 필요가 없는 컴포넌트를 프라이빗 네트워크 private network에 배치하기 위해서, 프라이빗 서브넷private subnet으로 가상 네트워크virtual net, vnet 를 만듭니다(그림 17.2). 이렇게 하면 스케줄러와 메타스토어 사이의 연결이 기본적으로 가능합니다. 하지만 웹 서버가 메타스토어에 액세스하게 하려면, Azure App Service를 vnet에 연동할 수 있게 해야 합니다.

그리고 Azure File Storage와 Azure Blob Storage 서비스는 모두 기본적으로 인터넷에서 접근 가능하기 때문에, App Service와 ACI에 기본으로 연동할 수 있습니다. 즉 여기에서 구성한 vnet과 별도로 연동 작업을 할 필요는 없습니다. 하지만 스토리지 계정을 프라이빗 리소스에 연결할 때에는 프라이빗 엔드포인트private endpoint를 사용할 것을 권고합니다. 이 프라이빗 엔드포인트는 좀 더 강화된 보안 기능을 제공하여 데이터 트래픽이 공개된 인터넷에 노출되지 않도록 합니다.

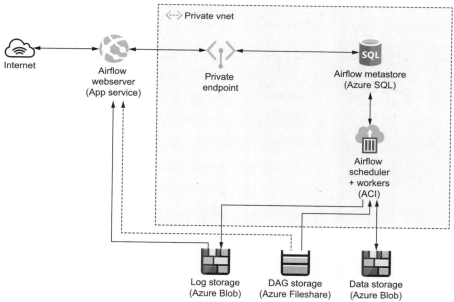

그림 17.2 프라이빗 가상 네트워크(vnet)로 사용할 컴포넌트들의 네트워크 레이아웃 구성. 프라이빗 vnet은 내부 리소스(예: 메타스토어 및 스케줄러 서비스)를 퍼블릭(공용) 인터넷에서 격리하여 외부 액세스로부터 보호합니다. 웹 서버는 Azure App Service를 통해 인터넷에 노출하여 원격에서 접근 가능하도록 합니다. 웹 서버가 메타스토어에 접근할 수 있도록 프라이빗 엔드포인트를 사용하여 vnet과 연동합니다. 화살표는 서비스 간에 전달되는 정보의 방향을 나타냅니다. 여기에서는 스토리지 서비스가 vnet으로 격리되지 않지만, 필요한 경우 격리할 수 있습니다.[1]

---

1 프라이빗 엔드포인트와 추가 보안 계층을 제공하는 방화벽 규칙을 조합하여 스토리지 서비스로의 접근을 vnet을 통해서 할 수 있도록 제한할 수 있습니다.

17.1.3 CeleryExecutor를 사용하여 확장성 개선

AWS에서와 유사하게 LocalExecutor를 CeleryExecutor로 바꾸어서 Azure 배포의 확장성을 개선시킬 수 있습니다. Azure에서도 실행자executor를 교체할 때 CeleryExecutor가 사용할 수 있는 Airflow 워커의 풀을 생성해야 합니다. 여기에서는 스케줄러를 이미 ACI로 구성하였으므로, Airflow 워커들을 ACI의 컨테이너 서비스로 추가 생성하는 것이 더 좋습니다(그림 17.3).

다음으로, 스케줄러와 워커 간의 작업을 릴레이relay하기 위한 메시지 브로커message broker를 구현해야 합니다. 불행히도 (현재까지 알려진 바로는) 이를 위해 Airflow와 연동되는 Azure의 관리형 솔루션은 아직까지 없습니다. 따라서 이를 구현하는 가장 쉬운 방법은 Airflow에 대한 메시지 브로커 기능을 제공하는 오픈 소스 서비스를 ACI에서 실행하는 것입니다. 이를 위해 사용할 수 있는 오픈 소스 툴로서 RabbitMQ와 Redis 등이 있습니다.

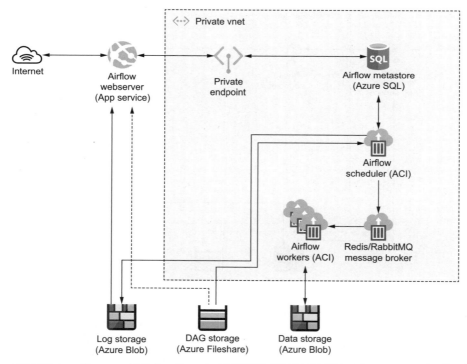

그림 17.3 LocalExecuror를 CeleryExecutor로 대체 구성한 배포 구성도. CeleryExecutor는 별도의 컴퓨팅 프로세스에서 워커를 실행합니다, 이때 개별 컴퓨팅 프로세스들은 ACI의 개별 컨테이너 인스턴스로 실행됩니다. 추가적으로 메시지 브로커 역할을 하는 Redis나 RabiitMQ 인스턴스를 ACI에서 실행하는데, 이들은 예약된 태스크를 워커들에게 전달합니다.

17.1.4 추가 단계

앞의 그림이 Azure에서 Airflow에 대한 몇 가지 기본적인 배포 전략을 보여주긴 하지만, 실제 운영 환경에 적용하기에는 아직 부족합니다. 이전 장의 AWS 설계할 때와 비슷하게 실제 운영 환경에서는 적절한 방화벽과 액세스 컨트롤 등과 같이 추가적인 작업이 더 필요합니다. 그리고 Airflow 측면에서는 Airflow의 보안 방법을 더 고려해야 합니다(예: Airflow의 RBAC 메커니즘mechanism 등의 사용).

또한 운영 환경의 배포에는 로깅logging, 감사auditing, 매트릭 추적tracking metrics, 배포된 서비스들의 이슈에 대한 알람 등에 대한 견고한 처리 방안을 적용해야 합니다. 이를 위해 Azure 로그 분석Azure Log Analytics, 앱 인사이트App Insights 등을 포함하여 관련된 Azure의 서비스들을 검토하기를 추천합니다.

17.2 Azure 전용 훅/오퍼레이터

이 책을 쓸 당시에는 Azure 클라우드 서비스 전용의 Airflow 기본 내장 훅과 오퍼레이터가 그다지 많지 않았습니다. 아마도 Airflow 커뮤니티의 Azure에 대한 편견 때문일 것 같습니다. 하지만 Azure Python SDK를 사용하면, 훅 또는 오퍼레이터를 매우 간단하게 직접 구현할 수 있습니다. 또한 보다 일반적인 인터페이스(예: ODBC, 사용 사례 예제에서 살펴볼 예정입니다)를 사용하여 Azure 클라우드의 여러 서비스에 액세스할 수 있으므로, Azure 클라우드 서비스와도 Airflow가 잘 연동될 수 있습니다.

Azure 전용 Airflow 훅과 오퍼레이터(표 17.1과 17.2)는 마이크로소프트 혹은 Azure의 서비스 공급자 패키지를 통해 사용할 수 있습니다.[2] 이러한 훅과 오퍼레이터 중 몇 가지는 Azure의 여러 스토리지 서비스 연동에 사용할 수 있습니다. 또한 전문 데이터베이스(예: CosmosDB)와 컨테이너 런타임(예: Azure Container Service)의 액세스 기능을 제공하는 훅들도 있습니다.

---

2 Airflow 버전 2는 apach-airflow-providers-microsoft-azure (공급자) 패키지를 사용하여 설치할 수 있고, Airflow 버전 1.10는 백포트 패키지인 apache-airflow-backport-providers-microsoft-azure를 사용하여 설치할 수 있습니다.

표 17.1 **Azure 전용 훅들 중 몇 가지 발췌**

서비스	설명	훅	애플리케이션
Azure Blob Storage	Blob Storage 서비스	WasbHook[a]	파일 업로드/다운로드
Azure Container Instances	컨테이너 실행을 위한 관리형 서비스	AzureContainer-InstanceHook	컨테이너된 작업의 실행과 모니터링
Azure Cosmos DB	멀티-모델 데이터베이스 서비스	AzureCosmosDBHook	데이터베이스에 문서 적재 및 검색
Azure Data Lake Storage	빅데이터 분석을 위한 데이터 레이크 스토리지	AzureDataLakeHook	Azure Data Lake Storage에 파일 업로드/다운로드
Azure File Storage	NFS 호환 파일 스토리지 서비스	AzureFileShareHook	파일 업로드/다운로드

a   Window Azure Storage Blob

표 17.2 **Azure 전용 오퍼레이터들 중 몇 가지 발췌**

오퍼레이터	서비스	설명
AzureDataLakeStorageListOperator	Azure Data Lake Storage	특정 경로 하위의 파일 리스트
AzureContainerInstancesOperator	Azure Container Instances	컨테이너화된 태스크 수행
AzureCosmosInsertDocumentOperator	Azure Cosmos DB	데이터베이스 인스턴스에 문서 삽입
WasbDeleteBlobOperator	Azure Blob Storage	특정 Blob 데이터 삭제

17.3 예제: Azure Synapse를 사용하여 서버리스 영화 랭킹 구축

이제부터 이전 장에서 구현한 영화 추천 서비스를 Azure의 여러 서버리스 서비스를 사용하여 구현하겠습니다. 그러면서 Airflow에서 사용하는 Azure 서비스 사용 방법을 살펴보겠습니다 (AWS의 사용 사례와 유사하지만 여기에서는 Azure에 적용함). 이 사용 사례는 영화의 평균 평점에 기반한 영화 랭킹을 도출하여 인기 영화를 식별하는 것이 목적입니다. 이를 위해 여기에서는 서버리스 기술을 사용합니다. 이렇게 하면 서버의 실행과 유지 관리를 사용자 대신 Azure가 담당하게 되어, 비교적 단순하고 저렴하게 구축하고 운영할 수 있습니다.

17.3.1 개요

Azure에서 영화 랭킹과 같은 분석 작업을 여러 가지 방법으로 수행할 수 있지만, 여기에서는 Azure Synapse를 사용하겠습니다. 이 서비스는 Azure의 SQL 온-디맨드On-demand 기능을 사용하여, 서버리스로 SQL 쿼리를 실행할 수 있는 기능을 제공합니다. 이 서비스를 사용하면 Azure Synapse가 처리하는 데이터양에 대한 비용만 지불하면 되고, 컴퓨팅 리소스의 실행 비용이나 유지관리에 대해서는 신경 쓰지 않아도 됩니다. Synapse를 사용하여 사용 사례를 구현할 때 다음과 같이 2단계로 작업해야 합니다.

1 영화 평가 API에서 주어진 월의 평점 데이터를 가져와서 Azure Blob Storage에 업로드 합니다.

2 Azure Synapse를 사용하여 영화의 랭킹을 생성하는 SQL 쿼리를 실행합니다.

랭킹 결과 리스트를 Azure Blob Storage에 저장하여 향후 다운스트림에 사용하 수 있도록 합니다.

위의 내용에 대한 데이터 프로세스가 그림 17.4에 나와 있습니다. 기민한 독자는 Glue와 Athena를 사용하는 AWS 예제보다 단계가 하나 더 적다는 것을 눈치챘을 것입니다. Azure의 경우에서는 쿼리를 수행할 때, 데이터 파일을 카탈로그에 먼저 인덱싱(쿼리에 사용되는 스키마를 수동으로 지정해야 하는 비용을 없앨 수 있음)하는 대신, Blob Storage에 있는 파일을 직접 참조합니다(바로 뒤에서 살펴보겠습니다).

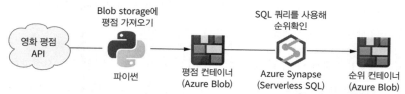

그림 17.4 **이 장의 사용 사례인 서버리스 영화 랭킹의 데이터 프로세스 개념도. 화살표는 Airflow가 수행하는 데이터 변환 및 전달을 표시합니다. 데이터 변환 수행에 사용되는 해당 Azure 서비스에 대해서는 별도 표기하였습니다.**

17.3.2 리소스 구성

DAG를 빌드하기 전에 먼저 필요한 리소스들을 생성해야 합니다. Azure 포털(https://portal.azure.com)에서 이 작업을 해야 하는데, 작업 전에 독자들은 먼저 적절한 Azure 구독으로 Azure 포털에 액세스할 수 있어야 합니다.

제일 먼저 이 사용 사례에 사용되는 리소스들의 가상 컨테이너인 Resource Group을 포털에서 생성해 보겠습니다(그림 17.5). 이때 Resource Group의 이름을 지정해야 합니다. Resource Group의 이름은 사용자가 원하는 대로 지정할 수 있지만, 이 예제에서는 'airflow-azure'라고 지정하겠습니다.

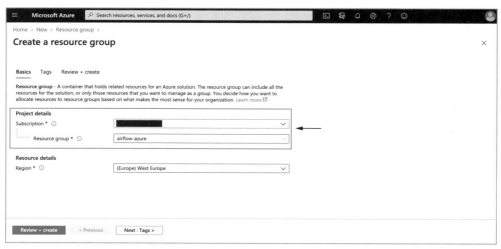

그림 17.5 **사용할 리소스들을 묶는 Azure Resource Group 생성**

Resource Group을 설정한 후 Azure 포털 안의 'Azure Synapse Analytics'란 이름의 서비스 페이지에서 Azure Synapse Workspace를 생성할 수 있습니다. Synapse Workspace를 생성시키기 위해 포털의 해당 서비스 페이지를 열고 Create Synapse workspace를 클릭합니다. Synapse Workspace 생성 위저드wizard의 첫 페이지(그림 17.6)에서 미리 생성된 Resource Group을 선택하고 Synapse Workspace의 이름을 입력합니다. 그리고 스토리지 옵션에서 신규 스토리지 계정과 파일 시스템을 생성해야 합니다(독자들이 원하는 이름으로 생성함).

위저드의 다음 페이지(그림 17.7)에서 SQL 관리자 계정의 사용자 이름과 비밀번호를 지정하는 옵션에 임의의 사용자 이름과 비밀번호를 입력합니다. 이 정보는 향후에 계속 사용되므로 기억하고 있어야 합니다(DAG를 구현할 때 이 정보들이 필요함).

세 번째 페이지(그림 17.8)에서 'Allow connections from all IP addresses' 항목을 선택 해제하면, 네트워크 액세스를 제한할 수 있습니다. 하지만 이 옵션을 선택 해제했을 경우 사용자의 IP 주소를 방화벽 예외 항목에 등록해야 합니다(독자들이 접근할 수 있도록). 이제 'Review + create' 버튼을 클릭하여 워크스페이스 생성을 시작할 수 있습니다.

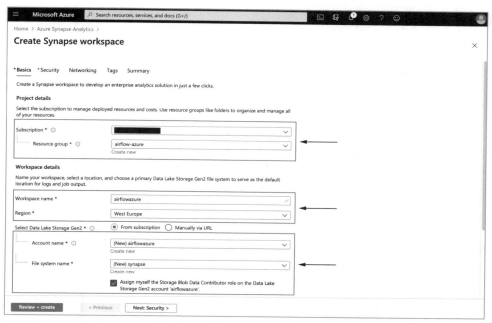

그림 17.6 Synapse Workspace 생성 위저드의 첫 번째 페이지. 올바른 Resource group과 Workspace name 을 입력해야 합니다. 스토리지 구성을 위해 스토리지 메뉴 하위에 있는 계정 및 파일 시스템 옵션 각각에 대해 Create new를 클릭하고, Account name과 File system name을 입력합니다.

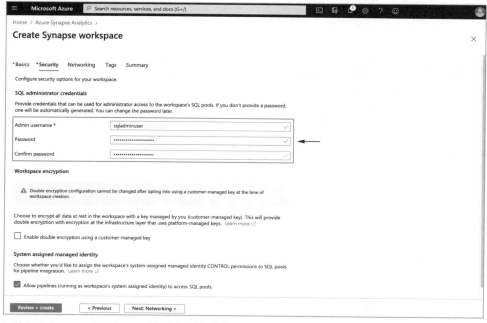

그림 17.7 Synapse Workspace의 보안 옵션 지정

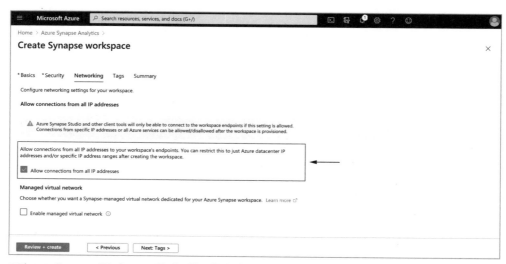

그림 17.8 **Synapse Workspace의 네트워크 옵션 지정**

이제 Synapse Workspace의 스토리지 계정이 생성되었으므로, Blob Storage에 영화 평점 데이터와 랭킹 데이터를 저장할 컨테이너(일종의 하위 폴더)를 생성합니다. 이를 위해 storage account 화면을 열고(만약 이 정보가 생각나지 않는다면 Resource Group 화면에서 다시 확인할 수 있습니다), Overview 페이지에서 Containers 메뉴를 클릭합니다. 그리고 Containers 페이지(그림 17.9)에서 ratings와 rankings 컨테이너 두 개를 생성하는데, 이때 '+ Containers' 메뉴를 클릭하고 컨테이너 이름을 입력합니다.

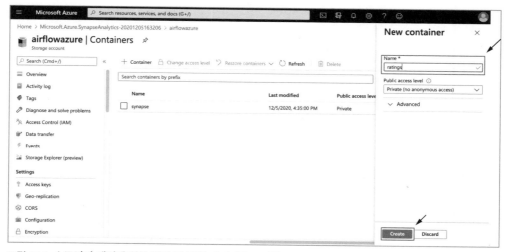

그림 17.9 **스토리지 계정에 영화 평점 및 랭킹 데이터를 보관할 Blob 컨테이너 생성**

마지막으로 Airflow에서 스토리지 계정에 액세스할 수 있는 액세스 키와 비밀 키를 가져와야 합니다. 이러한 자격 증명 정보를 얻기 위해, 그림 17.10 좌측 하단에 있는 Access keys 메뉴를 클릭하고, 스토리지 계정 이름과 두 개의 키 중 하나를 별도로 기록하거나 저장해야 합니다. 추후 DAG를 구현할 때 Airflow 커넥션의 상세 정보에 이 정보를 입력해야 합니다.

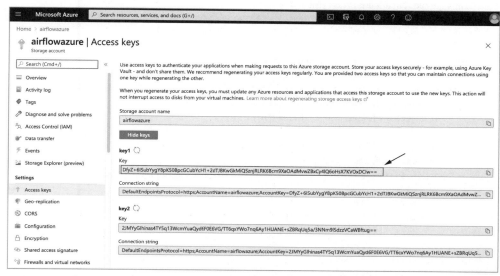

그림 17.10 Airflow에서 Blob Storage 계정에 접근하기 위한 계정 이름과 키 가져오기

17.3.3 DAG 구현

필요한 모든 리소스들을 생성하였으므로 이제 DAG를 구현할 수 있습니다. 이 작업은 두 단계로 진행되는데, 첫 번째 단계에서는 이미 앞 장에서 만든 영화 평점 API에서 데이터를 가져와서 Azure Blob Storage에 업로드합니다. 이를 가장 쉽게 구현하기 위해서 Microsoft/Azure 공급자 패키지에 있는 WasbHook와 PythonOperator를 조합하여 구현합니다. 이 조합으로 영화 평점 데이터를 가져오는 함수를 구현하고 가져온 데이터를 Azure Blob Storage에 업로드할 수 있습니다.

리스트 17.1 WasbHook를 사용하여 영화 평점 데이터 업로드(dags/01_azure_usecase.py)

```
import logging
from os import path
import tempfile

from airflow.operators.python import PythonOperator
from airflow.providers.microsoft.azure.hooks.wasb import WasbHook
```

```python
from custom.hooks import MovielensHook

def _fetch_ratings(api_conn_id, wasb_conn_id, container, **context):
    year=context["execution_date"].year
    month=context["execution_date"].month
    logging.info(f"Fetching ratings for {year}/{month:02d}")
    api_hook=MovielensHook(conn_id=api_conn_id)              ◄── 8장에서 만든 MovielensHook를
    ratings=pd.DataFrame.from_records(                           사용하여 API로부터 영화 평점
        api_hook.get_ratings_for_month(year=year, month=month),  데이터를 가져옴
        columns=["userId", "movieId", "rating", "timestamp"],   (hook 코드는 dags/custom/
    )                                                            hooks.py에 있음)
    logging.info(f"Fetched {ratings.shape[0]} rows")

    with tempfile.TemporaryDirectory() as tmp_dir:   ◄──┤ 영화 평점 데이터를 임시 디렉터리에 저장
        tmp_path=path.join(tmp_dir, "ratings.csv")
        ratings.to_csv(tmp_path, index=False)

        logging.info(f"Writing results to {container}/{year}/{month:02d}.csv")
        hook=WasbHook(wasb_conn_id)      ◄──┤ 임시 저장된 영화 평점 데이터를
        hook.load_file(                       WasbHook를 사용하여 Azure Blob에 업로드
            tmp_path,
            container_name=container,
            blob_name=f"{year}/{month:02d}.csv",
        )

fetch_ratings=PythonOperator(
    task_id="upload_ratings",
    python_callable=_upload_ratings,
    op_kwargs={
        "wasb_conn_id": "my_wasb_conn",
        "container": "ratings"
    },
)
```

스토리지 계정의 연결에 사용될 커넥션 ID를 WasbHook에 전달합니다. 이전 절에서 가져온 자격 인증 정보를 사용하여, Airflow에서 이 커넥션을 생성할 수 있습니다. 이때 계정 이름을 로그인 아이디로 사용하고 계정 키를 비밀 번호로 사용합니다(그림 17.11). 이에 대한 코드는 매우 간단합니다: 영화 평점 데이터를 가져와서 임시 파일로 저장하고, 이 임시 파일을 WasbHook를 사용하여 영화 평점 컨테이너에 업로드합니다.

두 번째 단계에서는 Azure Synapse에 연결하여 영화 랭킹의 쿼리를 실행하고, 쿼리 결과를 미리 생성해 놓은 스토리지 계정의 랭킹 컨테이너에 저장하는 오퍼레이터를 만들어야 합니다. 이 기능을 제공하는 Airflow의 훅과 오퍼레이터가 따로 없지만, OdbcHook(ODBC 공급자 패키지에서 제공됨)를 사용하여 ODBC로 Synapse에 연결할 수 있습니다. 그 다음에 이 훅을 통해 쿼리를 수행하고 그 결과를 가져올 수 있습니다. 그리고 WasbHook를 사용하여 쿼리 결과를 Azure Blob Storage에 저장합니다.

영화 랭킹에 대한 Synapse SQL 쿼리는 리스트 17.2에 나와 있습니다.

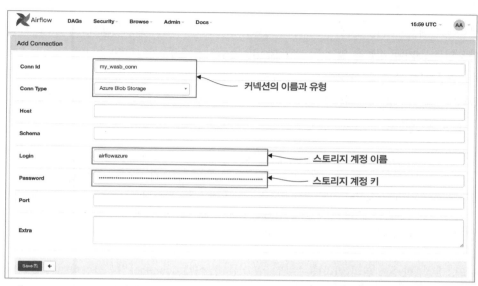

그림 17.11 Azure Portal에서 가져온 스토리지 계정 이름과 키를 사용하여 Azure Blob Storage 계정에 대한
Airflow 커넥션 생성

리스트 17.2 영화 랭킹을 위한 Synapse SQL 쿼리(dags/01_azure_usecase.py)

```
RANK_QUERY="""                              movie ID, 영화 평점, 평점 날짜를 가져옴
    SELECT movieId, AVG(rating) as avg_rating, COUNT(*) as num_ratings ◄─
    FROM OPENROWSET◄──┤ Blob Storage 계정에 있는 CSV 데이터 세트를 검색하도록 Synapse에게 요청함
        BULK
            'https://{blob_account_name}.blob.core.windows.net/
            {blob_container}/*/*.csv',
        FORMAT='CSV',
        PARSER_VERSION='2.0',
        HEADER_ROW=TRUE,
        FIELDTERMINATOR =',',
        ROWTERMINATOR='\n',
    )
    WITH (
        [userId] bigint, ◄────┤ CSV 데이터를 읽을 때 사용되는 스키마 정의
        [movieId] bigint,
        [rating] float,
        [timestamp] bigint
    ) AS [r]
    WHERE ( ◄────┤ 파티션 파일 이름을 기반으로 실행 날짜까지의 모든 평점 데이터를 선택
        (r.filepath(1) < '{year}') OR
        (r.filepath(1)='{year}' AND r.filepath(2) <= '{month:02d}')
    )
    GROUP BY movieId ◄──┤ 영화당 평점 평균을 계산하도록 movie ID 기준으로 묶음
    ORDER BY avg_rating DESC
"""
```

이 SQL 쿼리의 OPENROWSET 구문은 Synapse가 데이터 세트를 스토리지 계정(URL로 지정함)에서 로드하도록 합니다. 이때 데이터 파일의 유형이 CSV라는 것도 같이 알려줍니다. OPENROWSET 다음에 나오는 WITH 구문은 Synapse에게 외부 데이터 세트에서 데이터를 읽을 때 사용되는 스키마 정보를 알려주어 각 데이터 컬럼의 타입을 확인시켜 줍니다. 마지막으로 WHERE 구문은 파일 경로 이름의 특정 부분을 사용하여, 현재 월까지 데이터를 읽을 수 있도록 합니다. 그리고 SQL 쿼리의 나머지 구문은 실제 랭킹을 생성하는 역할을 합니다(SELECT AVG, GROUP BY, ORDER BY 구문 사용).

 여기에서는 데이터 파일이 Synapse Workspace와 커플링된(1대1로 매핑된) 스토리지 계정에 존재하기 때문에, Synapse가 스토리지 계정의 액세스를 가지고 있습니다. 만약 다른 스토리지 계정에 파일들을 저장했을 경우(Workspace에 직접 커플링되지 않은 스토리지 계정), Synapse Workspace의 자격 증명 액세스를 해당 스토리지 계정에 허가하거나, Synapse Workspace에서 적절한 액세스 자격 증명을 가진 스토리지 계정을 외부 데이터 저장소로 등록해야 합니다.

다음 리스트의 함수로 위의 쿼리를 수행할 수 있는데, 이때 OdbcHook[3]를 사용하여 실행합니다. 그리고 쿼리 결과를 Pandas 데이터프레임Dataframe으로 변환하고, 데이터프레임의 내용을 WasbHook를 사용하여 Blob Storage에 업로드 합니다.

리스트 17.3 **ODBC를 사용하여 Synapse 쿼리 실행(dags/01_azure_usecase.py)**

```
def _rank_movies(
    odbc_conn_id, wasb_conn_id, ratings_container, rankings_container,
        **context
):                                              Blob Storage 계정의
    year=context["execution_date"].year          이름 가져오기
    month=context["execution_date"].month       (스토리지 계정의
                                                 로그인 이름과 동일)
    blob_account_name=WasbHook.get_connection(wasb_conn_id).login  ◄

    query=RANK_QUERY.format(   ◄─┤ SQL 쿼리에서 실행 파라미터 주입
        year=year,
        month=month,
        blob_account_name=blob_account_name,
        blob_container=ratings_container,
    )
    logging.info(f"Executing query: {query}")

    odbc_hook=OdbcHook(   ◄─┤ ODBC 훅을 사용하여 Synapse 연결
        odbc_conn_id,
        driver="ODBC Driver 17 for SQL Server",
```

---

3 이를 위해서는 적절한 ODBC 드라이버가 설치되어 있어야 합니다. 이 드라이버는 이 예제에서 사용되는 도커 이미지에 이미 설치되어 있을 것입니다. 만약 별도의 도커 이미지를 사용한다면, 드라이버를 추가로 설치해야 할 수도 있는데 드라이버의 설치 방법은 마이크로소프트 웹사이트에서 참조하시기 바랍니다. 이때 각자의 OS에 맞는 버전을 사용해야 하는 것을 주의해야 합니다.

```
    )

    with odbc_hook.get_conn() as conn:
        with conn.cursor() as cursor:
            cursor.execute(query)   ◄─────┐
                                          │  쿼리를 실행하고 실행 결과의 행들을 가져옴
            rows=cursor.fetchall()  ◄─────┘
            colnames=[field[0] for field in cursor.description]

    ranking=pd.DataFrame.from_records(rows, columns=colnames)   ◄──┐ 쿼리 결과를
    logging.info(f"Retrieved {ranking.shape[0]} rows")             │ Pandas
                                                                    │ 데이터프레임으로
    logging.info(f"Writing results to                              │ 변환
        ➡ {rankings_container}/{year}/{month:02d}.csv")
    with tempfile.TemporaryDirectory() as tmp_dir:
        tmp_path=path.join(tmp_dir, "ranking. csv")
        ranking.to_csv(tmp_path, index=False)   ◄─┤ 결과를 임시 CSV 파일로 저장

        wasb_hook=WasbHook(wasb_conn_id)   ◄────── 랭킹을 포함한 CSV 파일을 Blob Storage로 업로드
        wasb_hook.load_file(
            tmp_path,
            container_name=rankings_container,
            blob_name=f"{year}/{month:02d}.csv",
        )
```

이전 단계와 유사하게 PythonOperator를 사용하여 이 함수를 실행하는데, 이때 Python
Operator에 필요한 접속 정보와 컨테이너 경로 정보를 오퍼레이터의 인수로 전달합니다.

리스트 17.4 영화 랭킹 함수 호출(dags/01_azure_usecase.py)

```
rank_movies=PythonOperator(
    task_id="rank_movies",
    python_callable=_rank_movies,
    op_kwargs={
        "odbc_conn_id": "my_odbc_conn",
        "wasb_conn_id": "my_wasb_conn",
        "ratings_container": "ratings",
        "rankings_container": "rankings",
    },
)
```

물론 Airflow에 ODBC 커넥션의 세부 정보도 전달해야 합니다(그림 17.12). Azure 포탈의
Synapse Workspace 개요 페이지에 있는 '**SQL on-demand endpoint**'(on-demand = serverless
SQL) 항목에서 Synapse 인스턴스의 호스트 URL을 확인할 수 있습니다. 그리고 데이터베이스
스키마는 간단하게 기본 데이터베이스(master)를 사용합니다. 마지막으로 유저 로그인/비밀번
호는 Workspace를 생성했을 때 생성한 관리자 유저의 이름과 비밀번호를 사용합니다. 물론

여기에서는 데모 목적으로만 구현하기 때문에 관리자 계정을 사용합니다. 하지만 실제 환경에서는 필요한 권한만을 가진 별도의 SQL 유저를 생성하여 Synapse 커넥션에 사용하기를 권고합니다.

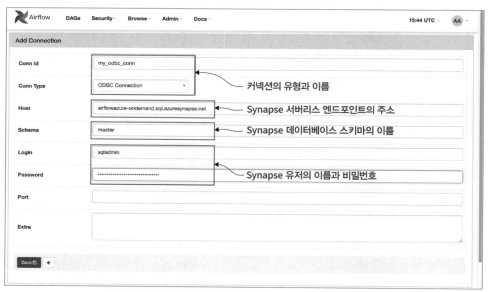

그림 17.12 **Synapse의 ODBC 커넥션에 대한 Airflow 커넥션 생성. 해당 유저의 세부 정보는 Synapse Workspace를 생성할 때 설정되어 있어야 합니다.**

리스트 17.5 **영화 추천에 대한 전체 DAG 구현(dags/01_azure_usecase.py)**

```
import datetime as dt
import logging
from os import path
import tempfile

import pandas as pd

from airflow import DAG

from airflow.providers.microsoft.azure.hooks.wasb import WasbHook
from airflow.providers.odbc.hooks.odbc import OdbcHook
from airflow.operators.python import PythonOperator

from custom.hooks import MovielensHook

RANK_QUERY=...

def _fetch_ratings(api_conn_id, wasb_conn_id, container, **context):
    ...
```

```
def _rank_movies(odbc_conn_id, wasb_conn_id, ratings_container,
        rankings_container, **context):
    ...

with DAG(
    dag_id="01_azure_usecase",
    description="DAG demonstrating some Azure hooks and operators.",
    start_date=dt.datetime(year=2019, month=1, day=1),  ◀─  영화 평점 데이터 세트에 대한
    end_date=dt.datetime(year=2019, month=3, day=1),         시작/종료 날짜 설정
    schedule_interval="@monthly",
    default_args={"depends_on_past": True},  ◀─  이전 실행 결과 데이터가 로드 완료되기 전에
) as dag:                                        쿼리가 실행되는 것을 방지하기 위해
    fetch_ratings=PythonOperator(...)            depends_on_past 옵션 사용
    rank_movies=PythonOperator(...)              (이전 실행 결과 데이터가 로드 완료되기 전에
    upload_ratings >> rank_movies                쿼리가 실행되면 불완전한 결과를 얻을 수 있음)
```

앞의 작업이 모두 완료되면 마지막으로 Airflow에서 DAG를 실행합니다. 모든 것이 정상적으로 수행되면 영화 평점 API에서 데이터를 로딩하는 태스크와 이 데이터를 Synapse에서 처리하는 태스크를 확인할 수 있습니다(그림 17.13). 만약 이 과정에 문제가 생기면 데이터의 경로와 Azure Blob Storage 및 Synapse에 대한 액세스 자격 인증 등을 모두 올바르게 설정하였는지 확인하십시오.

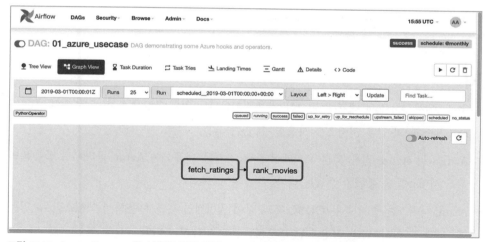

그림 17.13 **Azure Synapse를 사용한 영화 랭킹 DAG가 성공적으로 수행된 화면**

17.3.4 정리 작업

Azure Synapse에서 위의 예제를 수행 완료한 후에는 생성한 모든 리소스들을 삭제할 수 있는데, 이 장의 사용 사례 초기에 생성했던 Resource Group을 삭제하면 됩니다(사용했던 모든 리

소스들이 Resource Group에 들어 있기 때문입니다). 이를 위해 Azure Portal의 Resource Group의 개요 페이지를 열고 Resource Group의 Delete 버튼을 클릭합니다(그림 17.14). 삭제를 확인하면 Resource Group 내의 모든 리소스들이 삭제되기 시작합니다.

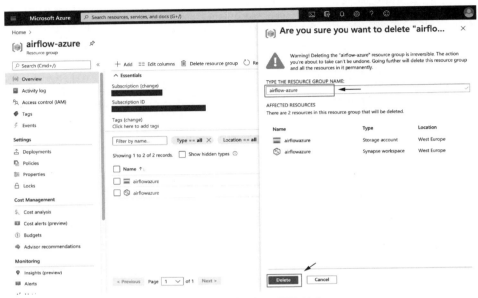

그림 17.14 Resource Group을 삭제함으로써 생성한 리소스들을 삭제

요약

- Azure에서 Airflow 배포에 필요한 스케줄러와 웹 서버 프로세스 실행을 위해 ACI와 App Service와 같은 서비스를 사용할 수 있습니다.
- Airflow는 Azure 전용 훅과 오퍼레이터 몇 가지를 제공하여 Azure 클라우드 플랫폼의 여러 서비스들을 통합할 수 있습니다.
- Azure 서비스들 중 일부는 ODBC 훅과 같이 일반적인 훅을 사용하여 액세스할 수 있는데, 이때 해당 서비스는 표준화된 프로토콜을 지원해야 합니다.
- Azure 전용 훅과 오퍼레이터들을 사용할 때 Airflow가 작업에 필요한 권한을 갖도록 Azure와 Airflow의 필요 리소스와 액세스 권한을 설정해야 합니다.

18

GCP에서의 Airflow

> **이 장의 내용**
>
> - GCP에서의 배포 전략 설계
> - GCP 전용 훅과 오퍼레이터 개요 소개
> - GCP 전용 훅과 오퍼레이터 사용 방법에 대한 데모

마지막 메이저 클라우드 공급자인 구글 클라우드 플랫폼Google Cloud Platform, GCP은 훅과 오퍼레이터의 개수로 보면, Airflow를 적용할 때 사실상 최고의 클라우드 플랫폼입니다. 거의 모든 구글 서비스를 Airflow로 제어하는 것이 가능합니다. 이 장에서는 GCP의 Airflow 구성에 대해 자세히 알아보고(18.1절). 그리고 GCP 서비스들에 대한 오퍼레이터와 훅을 살펴보겠습니다(18.2절). 그리고 마지막으로 AWS와 Azure와 같은 사용 사례를 GCP에도 적용해 보도록 하겠습니다(18.3절).

GCP의 기능 중에 'Cloud Composer'라는 관리형 서비스를 주의 깊게 살펴봐야 합니다. 이 서비스에 대해서는 15.3.2절에서 이미 설명하였습니다. 이 장에서는 Cloud Composer보다는 GCP에서 DIY로 Airflow를 구성하는 방법에 대해 알아보겠습니다.

18.1 GCP에서 Airflow 배포

GCP는 소프트웨어 실행을 위한 다양한 서비스들을 제공하지만, 모든 상황에 적합한 통일된 사이즈로 서비스를 제공하지는 못합니다. 이는 구글(그리고 다른 모든 클라우드 공급자)이 소프트

웨어 실행에 대해 여러가지 서비스들을 제공하는 이유이기도 합니다.

18.1.1 서비스 선택

GCP의 서비스들은 최고의 유연성을 가지는 완전 자율형 관리부터 유지보수가 전혀 필요 없
는 GCP의 완전 관리까지 다양한 스케일과 범위로 매핑할 수 있습니다(그림 18.1).

Compute engine

Kubernetes engine

App engine

Cloud functions

- 가상 머신
- 자율 관리형
- 완전 제어
- 일반 목적

- 함수
- GCP 관리형
- 설정이 필요 없음
- 이벤트 기반 워크로드

그림 18.1 **구글 클라우드 플랫폼의 여러 컴퓨팅 서비스 개요**

그림의 왼쪽에는 사용자가 원하는 어떤 소프트웨어도 실행할 수 있는 가상 머신을 제공하는
Compute Engine이 있습니다. Compute Engine은 사용자에게 완벽한 자유와 제어권을 제공
합니다. 이는 매우 긍정적일 수 있지만, 사용자가 직접 가상 머신을 설정하고 관리해야 하는
단점도 있습니다. 예를 들어 Compute Engine에서 실행되는 서비스의 트래픽이 증가할 경우,
사용자가 인스턴스의 스케일링Scaling을 선택해서 구성해야 합니다. 이때 보다 큰 인스턴스 타
입으로 새로운 VM을 생성하여 수직적으로 스케일링하거나 같은 타입의 인스턴스들을 더 생
성하는 오토-스케일링 정책을 설정하여 수평적으로 스케일링할 수 있습니다.

그림의 오른쪽에는 GCP에서 지원하는 언어(이 책을 쓸 시점 기준으로 Node.js, Python, Go, Java
가 지원됨) 중 하나로 함수를 직접 제공할 수 있는 Cloud Functions이 있습니다. 예를 들어 특
정 지역 시간대의 현재 시각을 제공하는 파이썬 함수를 직접 만들어 제공할 수 있습니다. 이
함수의 인수로 **CEST**를 지정하여 호출하면, 지역 시간대가 **CEST**인 지역의 현재 시각을 반환
하게 될 것입니다. 이러한 함수들은 매우 작은 워크로드를 사용하며 이벤트 기반으로 동작할
수 있습니다. 구글은 사용자의 함수를 관리하고(예: 함수 수행에 필요한 기본 인프라 관리), 배포된
함수들을 자동으로 스케일링합니다. 만약 사용자 함수가 높은 부하를 필요로 하는 경우, 구
글은 자동으로 스케일 업scale up합니다. 구글은 모든 로깅, 모니터링 등을 처리하고 사용자는
단지 함수만 작성하여 제공하면 됩니다. 만약 개발해야 하는 기능이 함수의 특징을 가질 때
이 서비스를 사용하면 생산성이 매우 증가될 수 있을 것입니다.

Airflow 구성은 사소한 작업이 아닙니다. 왜냐하면 DAG 파일들을 저장하고 공유하는 데 필요한 공유 스토리지를 구성해야 하기 때문입니다(대부분 CeleryExecutor 또는 KubenernetesExecutor를 실행할 때 발생함). 이 때문에 GCP에서 사용할 수 있는 옵션이 다음과 같이 제한됩니다:

- 클라우드 함수는 무상태형stateless 이벤트 기반 함수를 서비스해 주는데, Airflow는 무상태형 이벤트 기반이 아니므로 클라우드 함수에 배포할 수 없습니다.

- 구글 App Engine에 Airflow를 실행하는 것은 기술적으로는 가능할 수 있지만, 주의할 사항 몇 가지가 있습니다: App Engine은 단일 도커 컨테이너로 구성되지만, Airflow는 설치할 때부터 최소 2개(웹 서버와 스케줄러 프로세스)로 분리됩니다. 이러한 사항 때문에 해결해야 하는 문제가 있습니다: 일반적으로 서비스를 외부에 노출하는 애플리케이션들 (예: 프론트엔드frontend 혹은 REST API)을 App Engine에서 실행할 때, 부하에 따라서 자동적으로 스케일링합니다. Airflow는 이 모델에 적합하지 않은데, Airflow 자체가 기본적으로 분산 애플리케이션이기 때문입니다. 하지만 웹 서버를 GAEGoogle App Engine에서 실행하는 것은 좋은 선택일 수 있습니다.

- Airflow 스케줄러는 App Engine 모델과는 잘 맞지 않으므로, GCEGoogle Compute Engine 와 GKEGoogle Kubernetes Engine 두 가지 옵션 중에 하나를 선택해야 합니다. 쿠버네티스는 10장에서 이미 자세히 설명하였습니다.

- Kubernetes Engine은 Airflow에 매우 적합합니다. 쿠버네티스 기반으로 Airflow를 배포하기 위해 헬름 차트Helm chart 사용도 가능하고, 다중 파드Pod에서 공유하는 파일 시스템을 마운트하기 위한 추상화 기능도 제공합니다.

- 구글 Compute Engine은 인스턴스의 설정 및 실행을 매우 자유롭게 할 수 있도록 지원합니다. 구글 Compute Engine은 두 가지 형태로 제공하는데, 하나는 리눅스 기반 VM이고 다른 하나는 컨테이너 최적화 OScontainer-optimized OS, COS VM입니다. COS 시스템은 도커 컨테이너 실행에 이상적이어서 배포 관점에서는 매력적으로 보일 수 있지만, Airflow와 조합할 때는 한 가지 이슈가 있습니다. Airflow는 DAG 스토리지 용도로 공유 파일시스템이 필요하고(다중의 컴퓨터 사이에서 공유될 수 있어야 함), 이를 위한 솔루션으로는 NFS가 일반적입니다. 하지만 COS는 NFS 라이브러리를 포함하고 있지 않습니다. 기술적으로는 해당 라이브러리를 설치하여 이 문제를 해결할 수 있지만, 간단한 작업이 아닙니다. 따라서 사용자가 완벽하게 컨트롤할 수 있는 리눅스 기반 VM을 사용하는 것이 더 쉽습니다.

GCP의 여러 공유 파일 시스템 옵션 중 2가지를 예를 들어보면 다음과 같습니다:

- 구글 Cloud Filestore(GCP의 관리형 NAS 서비스)
- FUSE(Filesystem in Userspace)를 사용하여 GCS(Google Cloud Storage) 마운트

공유 파일 시스템들은 오랫동안 개발되어 왔고, 공유 파일 시스템들은 각기 다른 장단점을 가지고 있습니다. 가능하다면 FUSE 파일 시스템 사용을 피할 것을 권고합니다. 왜냐하면 이 시스템은 파일 시스템을 목적으로 만든 것이 아니고 파일시스템과 유사한 인터페이스만을 적용했기 때문에, 성능이 낮고 일관성에 문제가 있을 수 있습니다(특히 공유 스토리지의 클라이언트가 여러 개일 경우).

다른 Airflow 컴포넌트들의 경우에는 사용 가능한 옵션의 수가 적어서 오히려 더 단순할 수 있습니다. 메타스토어의 경우에는 GCP의 Cloud SQL이 사용 가능하며, 이때 MySQL과 PostgresSQL을 모두 사용할 수 있습니다. 그리고 로그 스토리지의 경우에는 Goolge Cloud Storage를 사용할 수 있는데, GCS는 GCP의 객체 스토리지 서비스Object Storage Service입니다.

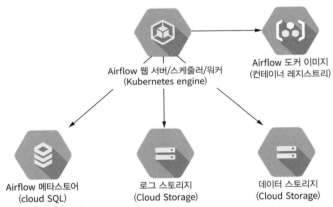

그림 18.2 **쿠버네티스 기반 Airflow 배포 시 Airflow 컴포턴트들과 GCP 서비스 매핑**

GCP에서 Airflow 배포를 구축할 때, 구글 Kubernetes engineGKE을 사용하는 것이 가장 쉬운 접근 방법입니다(그림 18.2). GKE는 구글의 관리형 쿠버네티스 서비스로 컨테이너화된 소프트웨어를 배포하고 관리하기에 편리합니다. GCP가 제공하는 다른 옵션은 아주 일반적인 방식인데, 리눅스 기반의 Compute Engine VM에 모든 소프트웨어를 실행시키는 것입니다. 하지만 이 방식은 사용자가 모든 것을 직접 설정해야 하기 때문에 구성과 실행에 더 많은 작업과 시간이 필요합니다. 구글은 이미 Google Composer라는 관리형 Airflow 서비스를 제공하지만, 여기에서는 GKE 기반으로 Airflow를 배포하고 여러 GCP 서비스와 통합하는 방법을 보여주겠습니다.

18.1.2 헬름으로 GKE에 배포

제일 먼저 GKE부터 알아보겠습니다. 이 절의 목표는 Airflow를 기동하고 실행하는 기본 명령어를 살펴보는 것이므로, 실 운영 환경 구성에 필요한 내용(예: 퍼블릭 IP로 서비스를 노출되지 않게 하는 등)은 건너뛰도록 하겠습니다. 리스트 18.1에 나오는 명령어로 퍼블릭 엔드포인트를 가지는 GKE 클러스터를 생성시킵니다.

---

gcloud cli로 작업하기

GCP에서 특정 프로젝트를 사용하려면 다음과 같이 명령어에 기본값으로 설정하거나

```
gcloud config set project [my-project-id]
```

아니면 아래와 같이 명령어에 플래그를 추가할 수 있습니다:

```
gcloud compute instances list --project [my-project-id]
```

위에서 사용한 gcloud 명령어의 경우, 첫 번째에서는 --project 플래그를 사용하지 않았으므로 기본값으로 설정되고, 두 번째 명령어에서는 --project 플래그를 추가하였습니다.

리스트 18.1 GKE 클러스터를 생성하는 gcloud 명령어

```
gcloud container clusters create my-airflow-cluster \
    --machine-type n1-standard-4 \
    --num-nodes 1 \
    --region europe-west4
```

그 다음으로 다음 리스트 18.2에 있는 명령어를 사용하여 사용자의 kubectl 클라이언트를 클러스터에 연결합니다.

리스트 18.2 kubectl 설정 항목을 설정하는 gcloud 명령어

```
gcloud container clusters get-credentials my-airflow-cluster \
    --region europe-west4
```

이 클러스터에 쿠버네티스용 패키지 관리 툴인 헬름을 사용하여 운영용 전체 Airflow 설치를 배포하겠습니다. 이 책을 쓸 시점에는 헬름 차트를 Airflow GitHub 리포지터리에서 다운로드할 수 있지만, 공식 채널로 출시되지는 않았습니다. 따라서 이를 설치하려면 먼저 다운로드부터 해야 합니다. 헬름 차트에 대한 최근 정보를 Airflow 문서에서 확인하시기 바랍니다.

리스트 18.3 **Airflow 헬름 차트 다운로드 및 설치**

```
$ curl -OL https://github.com/apache/airflow/archive/master.zip ◀──── Airflow 소스 코드
                                                                       다운로드
$ unzip master.zip
$ kubectl create namespace airflow ◀──── Airflow용 쿠버네티스 네임스페이스(namespace) 생성
$ helm dep update ./airflow-master/chart ◀──── 지정된 버전에 맞는 헬름 차트 다운로드
$ helm install airflow ./airflow-master/chart -namespace airflow
                                                          Airflow 헬름 차트 설치
                                                          (설치하는 데 시간이 좀 걸림)

NAME: airflow
LAST DEPLOYED: Wed Jul 22 20:40:44 2020
NAMESPACE: airflow
STATUS: deployed
REVISION: 1
TEST SUITE: None
NOTES:
Thank you for installing Airflow!

Your release is named airflow.

➡ You can now access your dashboard(s) by executing the following command(s)
   and visiting the corresponding port at localhost in your browser:

➡ Airflow dashboard: kubectl port-forward svc/airflow-webserver
   8080:8080 --namespace airflow
```

리스트 18.3은 헬름 차트를 사용하여 쿠버네티스에서 실행될 전체 Airflow를 설치합니다. 이 말은 Airflow 관련 모든 컴포넌트들이 쿠버네티스 안에서 실행된다는 뜻이기도 합니다. 많은 부분이 설정 가능하지만, 기본 설치를 하면 Postgres 메타스토어와 함께 KubernetesExecutor가 실행되고, DAG는 도커 이미지로 생성되며, 웹 서버의 사용자이름/비밀번호는 'admin'/ 'admin'으로 설정됩니다(향후 변경하는 것이 좋습니다). 웹 서버는 Kubernetes ClusterIP Service로 실행됩니다. 이렇게 하면 클러스터 안의 애플리케이션들이 이 웹 서버에 액세스할 수는 있지만, 외부에서는 웹 서버에 액세스할 수 없습니다. 하지만 파드로 포트 포워드port forward하면 이 웹 서버에 액세스할 수 있습니다.

리스트 18.4 **Airflow 웹 서버로 포트 포워딩**

```
kubectl port-forward svc/airflow-webserver 8080:8080 --namespace airflow
```

위 리스트의 명령어를 실행하면 http://localhost:8080 주소로 웹 서버에 액세스할 수 있습니다.

그리고 다음과 같은 두 가지 방법으로 DAG를 추가할 수 있습니다.

1 헬름 차트로 Airflow를 배포하는 기본 방법은 Airflow 도커 이미지와 함께 DAG들을 함께 빌드하는 것입니다. 새 도커 이미지를 빌드하고 업데이트하는 방법은 다음 리스트와 같습니다.

```
helm upgrade airflow ./airflow-master/chart \
--set images.airflow.repository=yourcompany/airflow \
--set images.airflow.tag=1234abc
```

2 또 다른 방법은 Git 리포지터리를 지정하고 Git-sync(https://github.com/kubernetes/git-sync) 사이드카 컨테이너sidecar container를 구성하는 것인데, 이 컨테이너에 X초(기본 60초) 마다 Git 리포지터리에서 코드를 가져옵니다.

리스트 18.6 **Airflow 헬름 차트와 함께 Git-sync 사이드카 구성**

```
helm upgrade airflow ./airflow-master/chart \
--set dags.persistence.enabled=false \
--set dags.gitSync.enabled=true
```

자세한 내용과 설정 옵션들에 대해서는 Airflow 문서를 참고하기 바랍니다.

18.1.3 구글 서비스와 연동하기

GKE에 Airflow를 실행한 다음에 구글의 관리형 서비스들의 사용 방법을 더 자세히 살펴보면서, 쿠버네티스 안의 애플리케이션들을 직접 관리하지 않을 수 있는 방법을 알아보겠습니다. 그리고 GCP의 로드 밸런서load balancer의 생성 방법을 시연하여, 웹 서버를 외부에 노출시키는 방법을 알아보겠습니다. 이를 위해 웹 서버의 서비스 유형을 바꾸어 주어야 하는데, 기본적으로 웹 서버의 서비스 유형이 **CusterIP**로 되어 있습니다.

ClusterIP 유형의 서비스는 들어오는 요청을 적합한 파드로 라우팅routing할 수 있지만, 외부에 연결할 엔드포인트를 제공하지 않습니다. 따라서 서비스에 접속할 프록시를 사용자가 직접 설정해야 합니다(그림 18.3의 왼쪽). 이는 사용자에게는 불편한 방법이므로, 별도의 구성없이 사용자가 바로 연결할 수 있는 다른 메커니즘mechanism이 필요합니다. 이를 위한 여러가지 옵션들이 있는데, 그중 하나가 쿠네버네티스 서비스인 LoadBalancer를 생성하는 것입니다(그림 18.3의 오른쪽). 이 설정은 "webserver" 섹션에 있는 **chart/values.yaml**에서 하는데, 이 부분에서 서비스 유형을 **ClusterIP**에서 **LoadBalancer**로 변경하고 변경된 헬름 차트를 적용합니다.

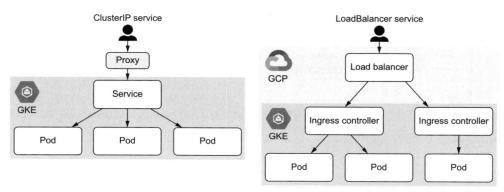

그림 18.3 쿠버네티스에서 실행되는 서비스에 액세스하는 패턴들

리스트 18.7 최신 버전의 헬름 차트 설치

```
helm upgrade --install airflow ./airflow-master/chart --namespace airflow
```

그러면 GKE는 GKE 클러스터 변경을 적용하라는 요청을 받고, 서비스 유형을 **ClusterIP**에서 **LoadBalancer**로 변경하라는 것을 공지합니다. GKE는 여러 GCP 서비스와 연동하며 그중 하나가 LoadBalancer입니다. GKE에서 Kubernetes LoadBalancer를 생성하면, GCP는 Network Services 메뉴 아래에 Load balancer를 생성합니다. 이 Load balancer는 생성된 GKE 클러스터로 트래픽을 전달하는 서비스입니다.

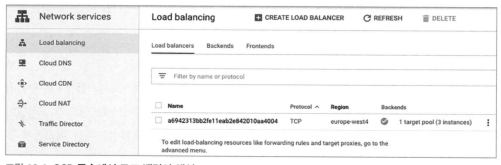

그림 18.4 GCP 콘솔에서 로드 밸런서 생성

새로 생성된 Load balancer를 선택하면 주소를 볼 수 있는데, 외부에서 이 주소로 액세스할 수 있습니다(그림 18.5). 그림 18.5의 Airflow 웹 서버는 http://34.90.59.14:8080으로 접근할 수 있습니다.

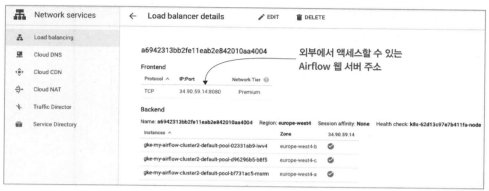

그림 18.5 **GCP 콘솔에서 load balancer의 외부 주소 확인**

Airflow 헬름으로 설치되는 다른 컴포넌트들을 GCP 서비스로 대체할 수 있지만, 이때에도 부가적인 작업이 더 필요합니다.

- Postgres 데이터베이스는 Cloud SQL에서 실행할 수 있음
- Google Cloud Repository(GCR)에서 사용자의 이미지를 실행할 수 있음
- GCS에 원격으로 로깅할 수 있도록 설정할 수 있음(12.3.4절에서 설명함)

18.1.4 네트워크 설계

네트워크 레이아웃을 구성하는 방법은 개인의 선택이고, 선택할 수 있는 옵션의 개수는 거의 무제한에 가깝습니다. 이때 예를 들어 다음과 같은 질문을 할 수 있습니다. 퍼블릭 인터넷으로 나가는 트래픽을 허용할 것인가? 혹은 GCP 내의 모든 트래픽을 내부적으로만 라우팅하기 위해 별도의 보안이 필요하고 내부 IP만 사용할 것인가? 여기에서는 독자가 처음 시작하는 데 도움되는 네트워크 레이아웃을 제공하는 것이 목적이므로 모든 사람들에게 적합하지 않을 수 있지만(그리고 적합할 수도 없습니다), GCP에서의 Airflow 네트워크 설계의 시작점을 제시해 줄 수는 있을 것입니다. 앞에서 언급한 컴포넌트들을 사용하면 그림 18.6과 같은 모습이 될 것입니다.

앞에서 언급했듯이 Airflow는 GKE에 설치됩니다. 웹 서버는 Load Balancer를 통해 외부에 노출할 수 있습니다. Cloud Storage는 글로벌하게 사용 가능한 서비스로 특정 VPC에 제한되지 않습니다. 하지만 GCP는 VPC Service Controls(VPC SC)라 불리는 서비스를 제공하여, 선택된 서비스(Cloud Storage도 포함)을 사용자의 VPC 내에서만 액세스할 수 있도록 제한할 수 있습니다. Airflow 메타스토어를 서빙해 주는 Cloud SQL 데이터베이스는 특정 서브넷에 사용자 전용으로 실행할 수 없습니다. 구글은 이 서비스를 구글 자신의 경계 안에서 관리하면서 사용자별로 완전 관리형 데이터베이스를 생성해 줍니다. 따라서 데이터베이스의 연결은 퍼

블릭 인터넷을 통해 만들거나, 사용자 각자의 VPC를 구글의 VPC에 네트워크 피어링network peering하여 생성해야 합니다.

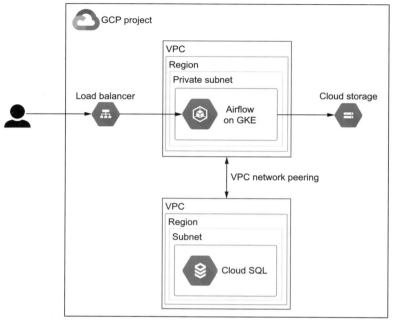

그림 18.6 **Airflow를 적용한 GCP 네트워크 레이아웃의 예제. 여기에서 Airflow를 GKE에서 구동하고, 메타스토어를 Cloud SQL에 적용했으며 Airflow 웹 서버는 로드 밸런서를 이용하여 외부 네트워크에 노출합니다.**

18.1.5 CeleryExecutor를 사용한 스케일링

셀러리Celery는 메시지 브로커를 사용하여 태스크를 여러 워커에게 분산시킵니다. GCP는 Pub/Sub라는 메시지 서비스를 제공하지만 셀러리가 이 서비스를 지원하지는 않습니다. 따라서 RabbitMQ나 Radis와 같이 셀러리가 지원하는 오픈 소스 툴을 사용해야 합니다. 하지만 GKE에서 이러한 서비스를 Airflow 컨테이너와 함께 실행할 수 있기 때문에, 아키텍처 관점에서 그림 18.6을 변경할 필요는 없습니다.

기본적으로 Airflow 헬름은 KubernetesExecutor 기반으로 시작됩니다. 다행히도 이 부분을 CeleryExecutor로 바꾸어 설정하는 것이 매우 쉽습니다. 그리고 필요한 컴포넌트(예: Radis)를 명령어 하나만으로도 자동으로 설치할 수 있습니다.

리스트 18.8 **CeleryExecutor 설정**

```
$ helm upgrade airflow ./airflow-master/chart --set executor=CeleryExecutor

Release "airflow" has been upgraded. Happy Helming!
...

➡ You can now access your dashboard(s) by executing the following command(s)
    and visiting the corresponding port at localhost in your browser:

➡ Airflow dashboard: kubectl port-forward svc/airflow-webserver
    8080:8080 --namespace airflow

➡ Flower dashboard: kubectl port-forward svc/airflow-flower
    5555:5555 --namespace airflow  ◀── 모니터링을 위해 Celery Flower 대시보드를 설치합니다.
```

셀러리 워커의 개수를 헬름의 속성Property 중 **workers.replicas**에 설정하여 수동으로 제어할 수 있는데, 기본 1로 설정되어 있습니다. 이 개수는 자동으로 스케일되지 않습니다. 하지만 KEDA[1]라고 더 잘 알려진 'Kubernetes Event-Driven Autoscaling'이라는 솔루션이 이 역할을 할 수 있습니다. KEDA는 Airflow의 워크로드 설정과 같은 조건을 미리 지정하고, 이를 기반으로 컨테이너의 수를 자동으로 스케일 업하거나 스케일 다운합니다 (HPA라고 알려진 방식, 쿠버네티스의 수평적 파드 오토 스케일링 방식). Airflow 헬름 차트에서 KEDA 오토 스케일링을 활성화하고 Airflow의 로드load와 그에 따른 워커를 정의할 수 있습니다. 이 워커의 수는 Airflow 메타스토어에서 다음과 같은 쿼리로 계산할 수 있습니다.

```
CEIL((RUNNING + QUEUED tasks) / 16)
```

예를 들어 실행되는 태스크가 26개이고, 큐에 있는 태스크가 11개라고 가정해 보겠습니다: 위 계산식으로 계산하면 CEIL((26 + 11)/16)=3이 되므로 3개의 워커가 필요합니다. 기본적으로 KEDA는 30초마다 데이터베이스에 쿼리합니다. 그리고 만약 현재의 워커 수가 쿼리 결과와 다르고 셀러리 워커의 오토 스케일링 기능이 활성화되어 있다면 워커의 개수를 자동으로 변경합니다(그림 18.7 참조).

---

1   셀러리와 KEDA 설정은 다음 블로그에 처음 소개되었습니다: https://www.astronomer.io/blog/the-kedaautoscaler.

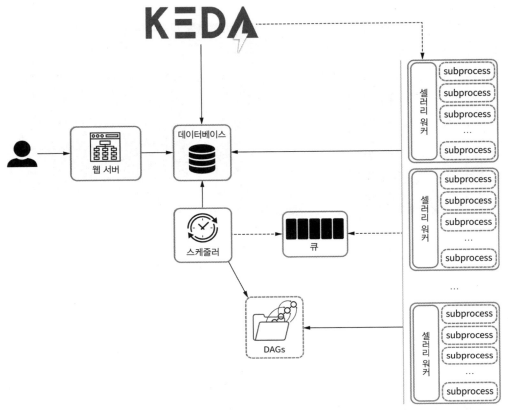

그림 18.7 **KEDA의 오토 스케일링을 사용하여 CeleryExecutor를 실행하는 Airflow. KEDA는 워크로드에 따라 셀러리 워커의 수를 자동으로 스케일 업/다운합니다. 이 구성은 쿠버네티스 기반으로 설치할 때에만 가능합니다.**

이제 Airflow 헬름 차트를 사용하여 KEDA 오토 스케일링을 활성화해 보겠습니다.

리스트 18.9 **CeleryExecutor와 오토 스케일링 구성**

```
helm repo add kedacore https://kedacore.github.io/charts

helm repo update

kubectl create namespace keda

helm install \
    --set image.keda=docker.io/kedacore/keda:1.2.0 \
    ➡ --set image.metricsAdapter=docker.io/kedacore/keda-metrics-adapter:1.2.0 \
    --namespace keda \
    keda kedacore/keda

helm upgrade airflow ./airflow-master/chart \
    --set executor=CeleryExecutor \
    --set workers.keda.enabled=true \
```

그러면 셀러리와 KEDA 구성을 KubernetesExecutor보다 더 선호하는 이유를 알아보겠습니다. 둘 다 모두 수평적으로 스케일링할 수 있지만, 셀러리와 KEDA 구성이 성능적 측면에서 더 좋습니다. 그 이유는 셀러리와 KEDA로 구성할 경우 스케일 업할 수 있는 셀러리 워커의 수를 지정해서 수행할 수 있고, 워커는 큐에 새로 태스크가 도착하면 즉각 처리할 수 있기 때문이다. 반면에 KubernetesExecutor는 주어진 태스크를 실행할 때 Airflow 파드를 반드시 신규로 생성해야 하므로 모든 태스크에 대해 구동에 대한 오버헤드overhead가 있습니다.

위에 언급된 모든 구성은 설정 가능하고, 이에 대한 자세한 사항은 해당 문서에서 참조할 수 있습니다. 이 책을 쓸 당시에는 KEDA 구성은 시험용 수준이었으며 최근 정보는 Airflow 문서에 나와있습니다.

18.2 GCP 전용 훅과 오퍼레이터

GCP 전용 Airflow 오퍼레이터, 훅, 센서 등으로 연동할 수 있는 GCP 서비스는 매우 많으며, AWS와 Azure보다 범위가 훨씬 더 큽니다. GCP 전용 Airflow 오퍼레이터나 훅 등의 수가 매우 방대하여 여기에서 모두 다루기는 힘듭니다. 이들 전체에 대해서는 구글/클라우드 공급자 패키지인 apache-airflow-providers-google을 참고하기를 권고합니다.

구글 관련 훅은 airflow.hooks.BaseHook에서 상속하지 않고 airflow.providers.google.common.hooks.base_google.GoogleBaseHook 클래스에서 상속합니다. 이 기본 클래스는 구글 REST API와 동일한 인증 메커니즘을 제공하여, 이 클래스를 상속하는 훅과 오퍼레이터들은 별도의 인증을 구현할 필요가 없습니다. 인증에 대해서는 아래와 같은 세 가지 방식이 지원됩니다.

1 환경 변수 중 GOOGLE_APPLICATION_CREDENTIALS(Airflow 자체 설정의 밖에서 설정)에 JSON 키 파일의 경로를 설정

2 Airflow 연결 유형 중 'Google Cloud Platform' 부분의 'Project Id'와 'Keyfile Path' 필드 설정

3 Airflow 연결 유형 중 'Google Cloud Platform' 부분의 'Keyfile JSON' 필드에 JSON 키 파일의 내용을 기재함

GCP 관련 오퍼레이터를 실행하면, 제일 먼저 인증 요청을 GCP에게 전송합니다. 이때 GCP
에 있는 서비스 계정에 대해 인증을 하는데, 이 서비스 계정은 사용자가 아닌 애플리케이션
(예: Airflow)의 계정입니다. Airflow가 서비스 계정으로 GCP에 인증할 때 위 세 가지 옵션 중
에 하나를 사용합니다. 예를 들어 Airflow에서 BigQuery 작업을 실행하기 위한 서비스 계
정과 권한 설정 및 인증 방법을 알아보겠습니다. 제일 먼저 이 권한을 부여하는 서비스 계정
Service Account을 만듭니다.

첫 번째 GCP 콘솔에서 **Service Accounts** 화면으로 이동합니다(그림 18.8).

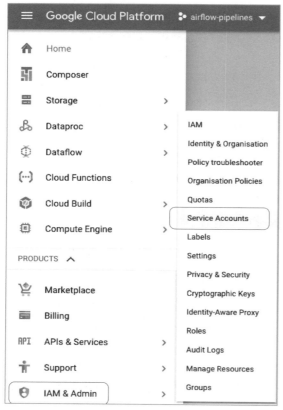

그림 18.8 **GCP 콘솔에서 서비스 계정 생성**

Create Service Account 메뉴를 클릭하고 임의의 이름을 넣습니다(예를 들어 'run-bigquery-
jobs').

다음 단계로 역할로 'BigQuery Job User'를 지정하는데, 이 단계를 통해 BigQuery 작업을 실
행하는 데 필요한 권한을 지정하고 보관하게 됩니다(그림 18.9).

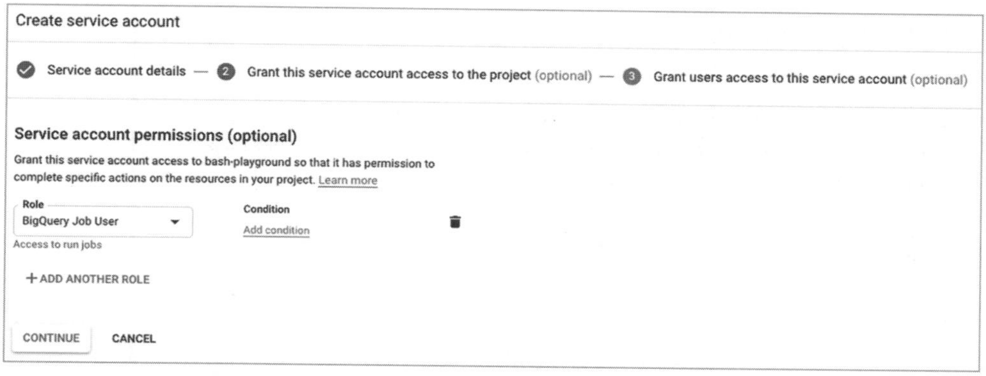

그림 18.9 **생성한 서비스 계정에 적합한 BigQuery 권한 추가**

역할을 추가한 후 Continue 버튼을 클릭하고 다음 화면으로 이동하여 키를 생성합니다. Create Key를 클릭하면 키 파일을 다운로드하는 두 가지 옵션이 주어집니다. 이 중 JSON 방식을 추천하며, 이를 선택한 후 Create를 클릭하면 키를 저장한 JSON 파일이 다운로드 됩니다(그림 18.10).

다운로드한 JSON 파일에는 GCP에 인증할 때 사용되는 값들 몇 가지가 들어 있습니다.

리스트 18.10 **서비스 계정 JSON 키의 내용**

```
$ cat airflow-pipelines-4aa1b2353bca.json
{
    "type": "service_account",
    "project_id": "airflow-pipelines",
    "private_key_id": "4aa1b2353bca412363bfa85f95de6ad488e6f4c7",
➡   "private_key": "-----BEGIN PRIVATE KEY-----\nMIIz...LaY=\n-----END
    PRIVATE KEY-----\n",
    "client_email": "run-bigquery-jobs@airflow-pipelines.iam...com",
    "client_id": "936502912366591303469",
    "auth_uri": "https://accounts.google.com/o/oauth2/auth",
    "token_uri": "https://oauth2.googleapis.com/token",
    "auth_provider_x509_cert_url": "https://www.googleapis.com/oauth2/...",
    "client_x509_cert_url": "https://...iam.gserviceaccount.com"
}
```

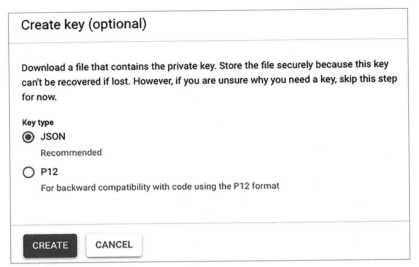

그림 18.10 액세스 키 생성과 다운로드

이때 이 파일을 안전하게 보관해야 합니다. 이 파일에 접근할 수 있는 사람은 누구나 GCP에 인증할 수 있고 허가된 권한을 사용할 수 있기 때문입니다. 여기에서는 Airflow가 BigQuery 작업을 실행할 수 있도록 이 파일을 Airflow에 제공하도록 하겠습니다. 앞에서 언급한 GCP 인증의 옵션 세 가지 방식으로, 이 키 파일을 Airflow에 제공할 수 있습니다:

1 환경 변수 GOOGLE_APPLICATION_CREDENTIALS 설정

리스트 18.11 환경 변수를 사용하여 구글 자격 증명 설정

```
export GOOGLE_APPLICATION_CREDENTIALS=/path/to/key.json
```

2 Airflow 커넥션 설정(그림 18.11)

3 Airflow 커넥션에 JSON 파일의 내용 제공(그림 18.12)

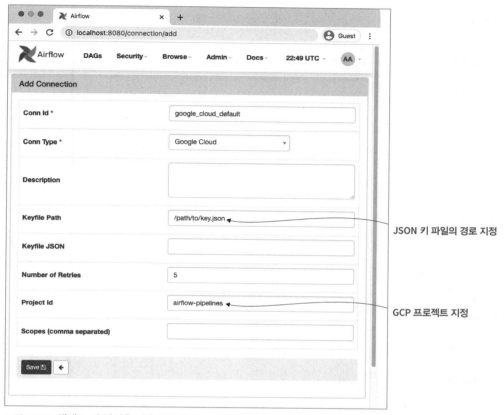

그림 18.11 액세스 키 파일을 사용하여 Airflow 커넥션 생성

앞의 세 가지 옵션으로 모두 인증 가능합니다. 여기에서 JSON 키가 하나의 프로젝트만 지정하는 것에 유의하십시오. 첫 번째 옵션을 사용하면 전체 시스템에 키가 설정됩니다. 즉, 구글에 접속하는 모든 애플리케이션들 이 키를 사용하여 인증되고 같은 권한을 사용하게 됩니다. 두 번째 옵션에서도 JSON 키의 파일 위치를 지정하지만, Airflow 커넥션에서 지정합니다. 이 방식을 사용하면 태스크마다 서로 다른 권한 셋을 가진 커넥션 ID를 별도로 사용할 수 있습니다. 그리고 다른 GCP 프로젝트에 연결할 때에도 사용할 수 있습니다. 세 번째 옵션이 두 번째와 다른 점은, 세 번째 옵션에서는 JSON 키가 파일시스템에 파일로 저장되지 않고 Airflow에만 저장됩니다. 이 방식은 매우 바람직할 수 있지만, 만약 시스템 안의 다른 애플리케이션이 이 키를 공유해서 사용해야 한다면 두 번째 옵션을 사용하는 것이 더 좋습니다.

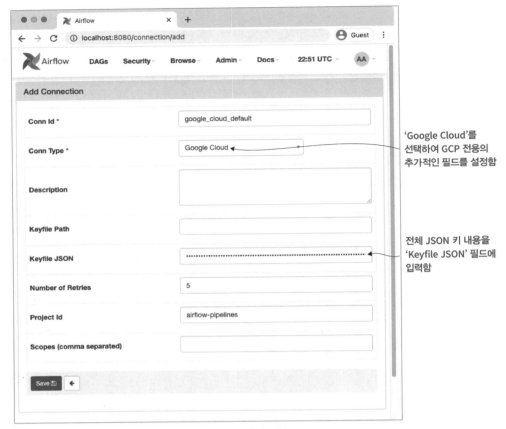

그림 18.12 **JSON 액세스 키를 사용하여 Airflow 커넥션 생성**

18.3 사용 사례: GCP에서 서버리스 영화 랭킹 구축

먼저 이전 장에서 다룬 AWS와 Azure에 적용한 사용 사례에 대해 다시 한번 살펴보겠습니다. 이 사례를 GCP에서는 어떻게 구현할 수 있을까요? 먼저 필요한 클라우드 서비스들을 살펴봐야 하는데, 대부분의 클라우드 서비스는 GCP와 AWS 그리고 Azure 간에 서로 매핑할 수 있습니다(표 18.1).

표 18.1 **AWS, Azure, GCP의 유사한 서비스 비교**

AWS	Azure	GCP
S3	Blob Storage	GCS
Glue	Synapse	Dataflow
Athena	Synapse	BigQuery

여기에 언급되는 서비스들은 유사한 기능을 제공하지만 서로 동일하지는 않습니다. 그래서 유사한 목적으로 이들을 사용할 수 있지만 여러 기능과 세부 사항은 서로 다릅니다. 예를 들어 AWS Glue는 Apache Spark 서비스와 메타데이터 스토어 기능을 제공하는 관리형 서비스이고, GCP Dataflow는 관리형 Apache Beam 서비스입니다. Spark와 Beam은 모두 빅데이터를 처리하는 것을 목표로 하지만, 서로 다른 방식으로 처리합니다. 그리고 이 두 서비스 모두 이 책의 사용 사례에 필요한 작업을 처리할 수 있습니다.

18.3.1 GCS로 데이터 업로드

16장 및 17장과 유사하게 워크플로의 첫 번째 단계는 영화 평점 API에서 데이터를 가져와 구글을 객체 스토리지 서비스인 GCS에 업로드하는 것입니다. GCP 서비스의 대부분을 Airflow 오퍼레이터로 관리할 수 있으나, 이 책에서 만든 커스텀 API와 연동하는 오퍼레이터는 당연한 얘기지만 Airflow 오퍼레이터에 없습니다. 기술적으로 이 작업을 세 단계로 분리할 수 있는데, 첫 번째가 평점 데이터 추출이고, 두 번째는 추출 데이터를 로컬 파일로 저장하는 작업이며, 세 번째는 로컬 파일의 GCP로 업로드하는 것입니다. 여기에서 세 번째 단계인 GCP 업로드는 두 번째 단계에서 LocalFilesystemToGCSOperator를 사용하여 같이 수행되도록 하겠습니다. 작업을 간결하게 하기 위해 위 모든 단계를 하나의 태스크로 수행하도록 하겠습니다. 그리고 GCS에 대한 작업을 수행하기 위해 적용하는 Airflow의 컴포넌트는 GCSHook뿐입니다.

리스트 18.12 **영화 평점 데이터를 가져와서 GCS에 업로드하는 DAG**

```python
import datetime
import logging
import os
import tempfile
from os import path

import pandas as pd
from airflow.models import DAG
from airflow.operators.python import PythonOperator
from airflow.providers.google.cloud.hooks.gcs import GCSHook

from custom.hooks import MovielensHook

dag=DAG(
    "gcp_movie_ranking",
    start_date=datetime.datetime(year=2019, month=1, day=1),
    end_date=datetime.datetime(year=2019, month=3, day=1),
    schedule_interval="@monthly",
    default_args={"depends_on_past": True},
)
```

```
def _fetch_ratings(api_conn_id, gcp_conn_id, gcs_bucket, **context):
    year=context["execution_date"].year
    month=context["execution_date"].month

    logging.info(f"Fetching ratings for {year}/{month:02d}")

    api_hook=MovielensHook(conn_id=api_conn_id)
    ratings=pd.DataFrame.from_records(
        api_hook.get_ratings_for_month(year=year, month=month),
        columns=["userId", "movieId", "rating", "timestamp"],
    )

    logging.info(f"Fetched {ratings.shape[0]} rows")

    with tempfile.TemporaryDirectory() as tmp_dir:
        tmp_path = path.join(tmp_dir, "ratings.csv")  ◀──  첫 번째로 결과를 추출하여
        ratings.to_csv(tmp_path, index=False)                로컬 파일로 저장

        # Upload file to GCS.
        logging.info(f"Writing results to ratings/{year}/{month:02d}.csv")
        gcs_hook = GCSHook(gcp_conn_id)  ◀──┤ GCS의 커넥션 초기화
        gcs_hook.upload(  ◀──┤ GCS로 로컬 파일 업로드
            bucket_name=gcs_bucket,  ◀──┤ 파일이 업로드될 GCS 버킷
            object_name=f"ratings/{year}/{month:02d}.csv",  ◀──┤ 데이터가 저장되는 GCS 키
            filename=tmp_path,
        )

fetch_ratings=PythonOperator(
    task_id="fetch_ratings",
    python_callable=_fetch_ratings,
    op_kwargs={
        "api_conn_id": "movielens",
        "gcp_conn_id": "gcp",
        "gcs_bucket": os.environ["RATINGS_BUCKET"],
    },
    dag=dag,
)
```

위의 작업이 성공적으로 끝나면 그림 18.13과 같이 GCS 버킷에 데이터가 저장되어 있을 것입니다.

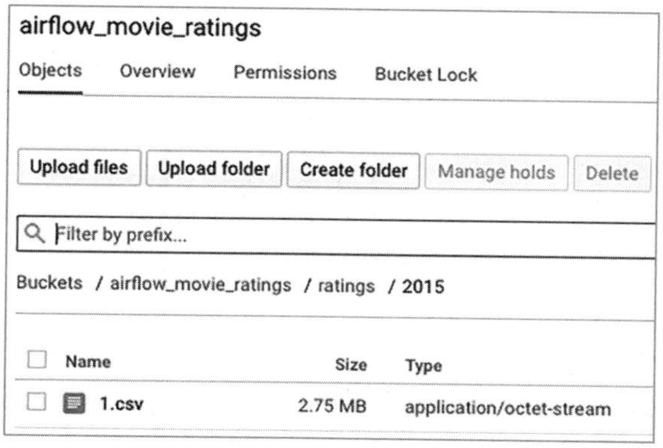

그림 18.13 **구글 클라우드 스토리지의 버킷에 영화 평점 데이터를 업로드하는 초기 DAG가 성공적으로 수행된 결과**

18.3.2 BigQuery에 데이터 로드하기

GCS에 데이터를 업로드한 후 BigQuery에 이 데이터를 로드하여 쿼리할 수 있도록 합니다. BigQuery가 외부 데이터를 다룰 수도 있지만, 이때 데이터의 파티션에 대한 몇 가지 제한점이 있고 특히 외부 테이블external table을 생성한다면 제한점이 많습니다. 따라서 가장 좋은 방법은 BigQuery 내부에 데이터를 로드하는 것입니다. BigQuery에 관련된 Airflow 오퍼레이터가 몇 가지 있는데, GCSToBigQueryOperator는 GCS에 저장된 데이터를 BigQuery에 로딩할 때 특히 유용한 오퍼레이터입니다.

리스트 18.13 **GCS에서 BigQuery에 파티션된 데이터 불러오기**

```
from airflow.providers.google.cloud.transfers.gcs_to_bigquery import
    GCSToBigQueryOperator

import_in_bigquery=GCSToBigQueryOperator(
    task_id="import_in_bigquery",
    bucket="airflow_movie_ratings",
    source_objects=[
        "ratings/{{ execution_date.year }}/{{ execution_date.month }}.csv"
    ],
    source_format="CSV",
    create_disposition="CREATE_IF_NEEDED",    ←── 테이블이 존재하지 않으면 생성
    write_disposition="WRITE_TRUNCATE",    ←── 파티션 데이터가 이미 존재하면 덮어쓰기 실행
    bigquery_conn_id="gcp",
    autodetect=True,    ←── 스키마를 자동 감지하도록 시도함
    destination_project_dataset_table=(
        "airflow-pipelines:",
        "airflow.ratings${{ ds_nodash }}",    ←┐ $ 기호 뒤에 나오는 값은
    ),                                          │ 'partition decorator'라고 불리며
    dag=dag,                                    └ 저장할 파티션을 정의
)

fetch_ratings >> import_in_bigquery
```

이 리스트를 실행하면 DAG(그림 18.14)의 두 번째 부분이 생성됩니다.

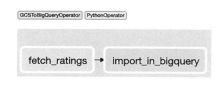

그림 18.14 데이터를 가져와 GCS에 저장한 후 GCP BigQuery에 데이터를 업로드 및 임포트하는 DAG

이들 리스트와 그림에서 볼 수 있듯이 기본적으로는 소스(GCS 버킷의 파일)과 타겟(BigQuery 테이블 파티션)을 정의하지만 실제로는 더 많은 설정들이 필요합니다. 예를 들어 생성create와 쓰기write 부분은 테이블이 존재하지 않는 경우나 혹은 파티션이 이미 존재하는 경우에 대한 행동을 각각 정의합니다. 이 부분에서 사용된 값들(CREATE_IF_NEEDED와 WRITE_TRUNCATE)이 갑자기 등장한 것처럼 보일 수 있습니다. 실제적으로 GCP 관련 Airflow 오퍼레이터들은 대체로 구글에 대한 기본적인 요청에 관련된 편리한 래퍼wrapper를 제공합니다. 그리고 이 오퍼레이터들은 기본 시스템의 호출에 대한 인터페이스를 개발자에게 제공하는데, 이때 변수의 템플릿화 같은 Airflow의 특성을 활용합니다. 하지만 create_disposition과 같은 인수는 GCP에만 해당되므로 요청에 그대로 직접 전달됩니다. 이와 같이 각 오퍼레이터의 인수나 변수 값들이 매우 다양하여, 이 값들을 알 수 있는 방법은 Airflow나 GCP 문서를 주의 깊게 읽어 보는 것뿐인데 최악의 경우에는 소스 코드를 살펴볼 수밖에 없습니다.

ratings					
ⓘ This is a partitioned table. Learn more					
Schema Details Preview					
Field name	Type	Mode	Policy tags ⓘ	Description	
string_field_0	STRING	NULLABLE			
string_field_1	STRING	NULLABLE			
string_field_2	STRING	NULLABLE			
string_field_3	STRING	NULLABLE			

ratings				
ⓘ This is a partitioned table. Learn more				
Schema Details Preview				
Row	string_field_0	string_field_1	string_field_2	string_field_3
1	53434	19	1.0	822873600
2	85252	12	1.0	822873600
3	85252	19	3.0	822873600
4	85252	24	3.0	822873600
5	85252	45	3.0	822873600

그림 18.15 BigQuery에 로드한 데이터 검사

이 워크플로를 실행한 후에는 BigQuery에 있는 데이터를 검사해 볼 수 있습니다(그림 18.15). 그림의 오른쪽을 보면 이 데이터가 성공적으로 로드된 것을 알 수 있습니다. 하지만 그림의 왼쪽에서 볼 수 있듯이 스키마의 자동 탐지(autodetect, 앞에서 이 값을 True로 설정하였습니다) 기능이 스키마를 자동으로 추론하지 못했습니다. 컬럼 이름이 'string_field_0', 'string_field_1' 등으로 되어 있는 것이 그 증거입니다. 스키마 자동 탐지가 대체로 정상적으로 수행하지만 스키마를 항상 올바르게 추론한다는 보장은 없습니다. 이러한 경우에 데이터의 구조가 변경되지 않습니다. 그래서 스키마를 요청과 함께 제공하는 것이 안전한 방법입니다.

리스트 18.14 스키마와 함께 데이터를 GCS에서 BigQuery로 불러오기

```
from airflow.providers.google.cloud.transfers.gcs_to_bigquery import
    GCSToBigQueryOperator

import_in_bigquery=GCSToBigQueryOperator(
    task_id="import_in_bigquery",
    bucket="airflow_movie_ratings",
    source_objects=[
        "ratings/{{ execution_date.year }}/{{ execution_date.month }}.csv"
    ],
    source_format="CSV",
    create_disposition="CREATE_IF_NEEDED",
    write_disposition="WRITE_TRUNCATE",
    bigquery_conn_id="gcp",
    skip_leading_rows=1,        ◀──┐ 머리글 행을 생략함
    schema_fields=[  ◀──── 수동으로 스키마를 정의
        {"name": "userId", "type": "INTEGER"},
        {"name": "movieId", "type": "INTEGER"},
        {"name": "rating", "type": "FLOAT"},
        {"name": "timestamp", "type": "TIMESTAMP"},
    ],
    destination_project_dataset_table=(
        "airflow-pipelines:",
        "airflow.ratings${{ ds_nodash }}",
    ),
    dag=dag,
)
```

이제 BigQuery 스키마의 검사로 올바른 스키마를 보여주는 것뿐만 아니라, 제대로 된 포맷의 타임스템프timestamp도 표시할 수 있습니다(그림 18.16).

그림 18.16 미리 정의된 스키마와 함께 BigQuery에 로드한 데이터 검사

18.3.3 최고 영화 평점 추출

끝으로 BigQuery에서 영화의 최고 평점을 계산하고 그 결과를 저장하겠습니다. BigQuery 와 Airflow 모두 이에 대해 즉시 사용 가능한 솔루션을 제공하지 않습니다. BigQuery를

통해서 쿼리를 실행하거나 전체 테이블을 내보낼 수 있긴 하지만, 쿼리의 결과를 직접 내보낼 수 없습니다. 쿼리 결과를 내보내기 위해서는 먼저 쿼리 결과를 새로운 테이블에 임시로 저장하고, 임시 테이블을 내보낸 다음에 임시 테이블을 지워야 합니다.

리스트 18.15 **임시 테이블을 통한 BigQuery 쿼리 결과 내보내기**

```
from airflow.providers.google.cloud.operators.bigquery import
BigQueryExecuteQueryOperator, BigQueryDeleteTableOperator
from airflow.providers.google.cloud.transfers.bigquery_to_gcs import
        BigQueryToGCSOperator

query_top_ratings=BigQueryExecuteQueryOperator(
    task_id="query_top_ratings",
    destination_dataset_table=(
        "airflow-pipelines:",
        "airflow.ratings_{{ ds_nodash }}",     ◀── BigQuery의 쿼리 결과가 저장될 테이블
    ),
    sql="""SELECT
movieid,
AVG(rating) as avg_rating,
COUNT(*) as num_ratings
FROM airflow.ratings
WHERE DATE(timestamp) <= DATE("{{ ds }}")
GROUP BY movieid
ORDER BY avg_rating DESC
""",    ◀── 실행될 SQL 쿼리문
    write_disposition="WRITE_TRUNCATE",
    create_disposition="CREATE_IF_NEEDED",
    bigquery_conn_id="gcp",
    dag=dag,
)

extract_top_ratings=BigQueryToGCSOperator(
    task_id="extract_top_ratings",
    source_project_dataset_table=(
        "airflow-pipelines:",
        "airflow.ratings_{{ ds_nodash }}",     ◀── 추출할 BigQuery 테이블
    ),
    destination_cloud_storage_uris=(
        "gs://airflow_movie_results/{{ ds_nodash }}.csv"    ◀── 추출한 결과를 저장할 파일 경로
    ),
    export_format="CSV",
    bigquery_conn_id="gcp",
    dag=dag,
)

delete_result_table=BigQueryTableDeleteOperator(
    task_id="delete_result_table",
    deletion_dataset_table=(
        "airflow-pipelines:",
```

```
        "airflow.ratings_{{ ds_nodash }}",    ◄─────┤ 삭제할 임시 BigQuery 테이블
    ),
    bigquery_conn_id="gcp",
    dag=dag,
)

➡ fetch_ratings >> import_in_bigquery >> query_top_ratings >>
    extract_top_ratings >> delete_result_table
```

이 작업의 수행이 끝나면, 그림 18.17과 같이 Airflow 웹 서버에서 전체 수행한 결과를 볼 수 있습니다.

그림 18.17 **영화 평점의 다운로드 및 업로드, GCP BigQuery 처리에 대한 전체 DAG**

콘텍스트 변수 ds_nodash를 사용하여 BigQuery에서 다양한 작업을 수행하는 일련의 태스크를 연결하였습니다. 각 DAG의 실행 범위 내에서 ds_nodash의 값은 동일하게 유지됩니다. 따라서 같은 태스크를 서로 다른 시간 간격으로 실행하더라도 이 값을 덮어쓰지 않고 태스크 결과를 연결하는 데 사용할 수 있습니다. 결과는 지정된 버킷에 CSV 파일들로 생성됩니다(그림 18.18).

	Name	Size
☐	📄 20021201.csv	145.9 KB
☐	📄 20030101.csv	147.7 KB
☐	📄 20030201.csv	150.7 KB
☐	📄 20030301.csv	152.3 KB
☐	📄 20030401.csv	154.1 KB

그림 18.18 **결과는 GCS에 해당 날짜의 이름으로 된 CSV 파일로 저장됩니다.**

BigQuery에서 다중의 DAG를 동시에 실행하면 다중의 임시 테이블들이 생성됩니다. 그리고 BigQuery는 이 테이블들을 그룹화하여 관리하기 편하게 합니다(그림 18.19).

그림 18.19 **BigQuery**는 같은 접미사로 된 테이블들을 그룹화합니다. 다중의 DAG를 동시에 실행할 때, 다중의 임시 테이블들이 그룹화될 수 있습니다.

이 DAG의 마지막 태스크는 임시 결과 테이블을 정리하는 것입니다. 이 절에서 수행한 작업은 BigQuery의 쿼리 실행, 결과 추출, 임시 테이블 삭제이고, 이 작업은 세 가지 태스크로 분리되어 있습니다. 이 작업은 BigQuery에서만 실행하거나, Airflow에서만 실행하는 작업이 아니므로 하나의 태스크로 구성할 수 없습니다. 이 DAG를 실행할 때 extract_top_ratings 작업이 어떤 이유로든 실패하면 BigQuery에 임시 테이블이 테이블 형태로 남아 있을 것입니다. BigQuery의 가격은 데이터 스토리지를 포함한 여러 요소로 책정되므로, 데이터를 남겨 놓을 경우 비용이 발생할 수 있음을 주의해야 합니다(다른 클라우드와 마찬가지로). 모든 작업을 끝냈을 때 모든 리소스들을 삭제해야 합니다. 구글 클라우드에서 해당 프로젝트를 삭제함으로써 리소스를 간단하게 정리할 수 있습니다(같은 프로젝트 아래 모든 리소스들이 있다고 가정할 때). **IAM & Admin → Manage Resource** 메뉴 아래에서 프로젝트를 선택하고 **Delete** 버튼을 클릭합니다.

Shut Down 버튼을 클릭하면 프로젝트는 삭제됩니다. 약 30일 후에 구글은 모든 리소스를 제거하지만 이 기간이 보장되는 것은 아니고 일부 리소스들은 다른 것보다 더 빨리 삭제될 수 있습니다.

요약

- GCP에서 Airflow를 설치하고 실행하는 가장 쉬운 방법은 GKE에서 Airflow 헬름 차트를 사용하는 것입니다.
- Airflow는 GCP 전용 훅과 오퍼레이터를 많이 제공하는데, apache-airflow-providers-google 패키지로 이 훅과 오퍼레이터들을 설치할 수 있습니다. 이들을 이용하여 구글 클라우드 플랫폼(GCP)에서 제공하는 여러 서비스들을 연동할 수 있습니다.

- GoogleBaseHook 클래스는 GCP의 인증 기능을 제공하므로, GCP 훅과 오퍼레이터를 직접 구현할 때 이를 활용하면 서비스의 세부 내용에만 집중해서 구현할 수 있습니다.
- GCP 전용 훅과 오퍼레이터를 사용할 때, 작업 수행에 필요한 리소스와 액세스 권한을 Airflow에게 줄 수 있도록, GCP와 Airflow에서 설정해야 해야 합니다.

실행 코드 예제

이 책은 GitHub(https://github.com/K9Ns/data-pipelines-with-apache-airflow)의 코드 저장소와 함께 제공됩니다. 리포지터리에는 이 책에서 설명한 것과 동일한 코드[1]가 있으며 독자가 직접 모든 예제를 쉽게 실행할 수 있도록 도커 환경을 포함합니다. 부록에서는 코드 구성 방법과 예제를 실행하는 방법을 설명합니다.

A.1 코드 구성

코드는 장별로 구성되며, 각 장은 동일하게 구성되어 있습니다. 리포지터리의 최상위 레벨은 각 장 디렉터리(01~18의 번호)로 구성되며, 여기에는 해당 장에 대한 자체 포함 코드 예제가 포함되어 있습니다. 각 장 디렉터리에는 여러 개의 파일과 디렉터리가 포함됩니다.

- **dags**—장에서 설명한 DAG 파일이 들어 있는 디렉터리
- **docker-compose.yml**—DAG 실행에 필요한 컨테이너 구성을 위한 기술 파일
- **README.md**—장의 예제를 소개하고 예제를 실행하는 방법에 대한 세부 사항을 설명하는 파일

가능한 경우, 책의 코드 목록은 각 장 디렉터리의 해당 파일을 참조합니다. 일부 장의 경우 장에 표시된 코드 목록이 개별 DAG와 일치합니다. 다른 경우(복잡한 예제의 경우)는 여러 코드

---

1   [옮긴이] 저자는 출판 후 GitHub의 예제 코드를 개선 및 수정하여 배포하고 있습니다. 따라서 책에서 설명한 예제는 GitHub 코드와 다소 차이가 있을 수 있습니다.

목록이 하나의 단일 DAG로 결합되어 하나의 DAG 파일로 생성되어 있습니다.

DAG 파일과 파이썬 코드를 제외하고, 책의 뒷부분의 일부 예제(특히 클라우드 서비스 관련된 16~18장)를 실행하기 위해 추가적인 리소스나 구성이 필요합니다. 이러한 예제를 실행하는 데 필요한 추가적인 단계는 해당 장과 장의 README.md 파일에 설명되어 있습니다.

A.2 예제 실행

각 장에는 해당 코드 예제를 실행하는 데 사용할 수 있는 도커 환경이 포함되어 있습니다.

A.2.1 도커 환경 시작하기

각 장의 예제 실행을 시작하기 위해서는 각 장 디렉터리 내에서 다음을 실행합니다.

```
$ docker-compose up --build
```

이 명령은 Airflow 실행에 필요한 다음과 같은 여러 컨테이너가 포함된 도커 환경을 시작합니다.

- Airflow 웹 서버
- Airflow 스케줄러
- Airflow 메타스토어를 위한 Postgres 데이터베이스

터미널에서 컨테이너의 출력을 보지 않으려면, 다음을 사용하여 백그라운드에서 도커 환경을 시작할 수도 있습니다.

```
$ docker-compose up --build -d
```

일부 장에서는 예제에 필요한 다른 서비스나 API를 제공하는 추가 컨테이너를 만듭니다. 예를 들어, 12장에서는 예제를 가능한 한 현실감 있게 만들기 위해 도커에서 생성된 다음 모니터링 서비스를 보여줍니다.

- Grafana
- Prometheus
- Flower
- Redis

다행히도 도커 컴포즈 파일의 세부 정보를 통해 이러한 모든 서비스를 실행할 수 있습니다. 물론, 관심이 있으시다면 주저하지 마시고 이 파일의 세부 사항을 살펴보시기 바랍니다.

A.2.2 실행 중인 서비스 검사하기

예제가 실행되면 다음 docker ps 명령을 사용하여 실행 중인 컨테이너를 확인할 수 있습니다.

```
$ docker ps
CONTAINER ID    IMAGE                           ... NAMES
d7c68a1b9937    apache/airflow:2.0.0-python3.8  ... chapter02_scheduler_1
557e97741309    apache/airflow:2.0.0-python3.8  ... chapter02_webserver_1
742194dd2ef5    postgres:12-alpine             ... chapter02_postgres_1
```

기본적으로 docker-compose는 실행 중인 컨테이너에 포함 폴더의 이름을 접두사로 붙입니다. 즉, 각 장에 속한 컨테이너는 컨테이너 이름으로 인식할 수 있어야 합니다.

또한 도커 로그를 사용하여 개별 컨테이너의 로그를 검사할 수도 있습니다.

```
$ docker logs -f chapter02_scheduler_1
➥ [2020-11-30 20:17:36,532] {scheduler_job.py:1249} INFO - Starting the
    scheduler
➥ [2020-11-30 20:17:36,533] {scheduler_job.py:1254} INFO - Processing each
    file at most -1 times
➥ [2020-11-30 20:17:36,984] {dag_processing.py:250} INFO - Launched
    DagFileProcessorManager with pid: 131
```

이러한 로그가 문제가 발생할 경우 귀중한 피드백을 제공할 수 있기를 바랍니다.

A.2.3 환경 제거

예제를 실행한 후에는 Ctrl+C를 사용하여 도커 구성을 종료할 수 있습니다. 도커 구성을 백그라운드에서 실행하는 경우에는 이 작업이 필요하지 않습니다. 도커 환경을 완전히 제거하려면 장 디렉터리에서 다음 명령을 실행하면 됩니다.

```
$ docker-compose down -v
```

다수 개의 컨테이너를 중지하는 것 외에도 예제에 사용된 도커 네트워크 설정 및 볼륨을 제거하는 작업도 고려해야 합니다.

모든 컨테이너가 실제로 완전히 제거되었는지 확인하려면 다음 명령을 사용하여 중지되었지만 아직 삭제되지 않은 컨테이너를 확인할 수 있습니다.

```
$ docker ps -a
```

이 책에서 예제의 경우 제거할 컨테이너 목록이 여전히 표시될 수 있습니다. 다음 명령을 사용하여 컨테이너를 하나씩 제거할 수 있습니다.

```
$ docker rm <container_id>
```

여기서 ps 명령으로 표시된 컨테이너 목록에서 container_id를 얻을 수 있습니다. 또는 다음 약어를 사용하여 모든 컨테이너를 제거할 수도 있습니다.

```
$ docker rm $(docker ps -aq)
```

마지막으로, 다음을 사용하여 컨테이너에서 이전에 사용했지만 사용하지 않을 볼륨을 제거할 수도 있습니다.

```
$ docker volume prune
```

하지만 도커 볼륨을 잘못 제거하면 의도하지 않게 데이터가 손실될 수 있으므로 이 명령을 사용할 때는 주의해야 합니다.

B

Airflow 1과 2의 패키지 구성

이 책의 대부분은 Airflow 1을 기반으로 설명했습니다. 이 책이 출간되기 직전에 Airflow 2가 출시되었고 Airflow 2에 대한 모든 코드를 업데이트하기로 결정했습니다.

가장 관련성이 높은 변경 사항 중 하나는 Airflow 2의 새로운 공급자 패키지입니다. Airflow 의 핵심 패키지에 대한 경량화를 위해 핵심 Airflow에서 많은 모듈이 제거되었으며 현재 별도 의 'providers(공급자)' 패키지를 통해 설치됩니다. 이 부록에서는 책에 사용된 모든 Airflow 패키지(import) 리스트에 대한 Airflow 1 및 Airflow 2의 경로를 나열합니다.

B.1 Airflow 1 패키지 구성

Airflow 1에서 'core' 컴포넌트(operators/hooks/sensors/etc.)와 'contirb'(기여자) 컴포넌트(예: `airflow.operators.python_operator.PythonOperator` 및 `airflow.contrib.sensors.python_sensor.PythonSensor`) 간에 분할이 이루어졌습니다.

이것은 Airbnb에서 Airflow를 개발했을 당시 'core'와 'contrib'의 컴포넌트를 구성하는 것이 의미가 있었던 때의 과거의 산물입니다. Airflow 프로젝트가 오픈 소스 프로젝트로 발전해 오며 'core'와 'contrib' 분류는 애매한 부분이 되었고 커뮤니티에서 자주 언급되는 주제가 되었습니다. Airflow 1을 개발하는 동안 contrib 패키지에서 포함되었던 모듈은 변경 사항을 막기 위해 contrib 패키지에 유지되었습니다.

B.2 Airflow 2 패키지 구성

Airflow 2를 통해 커뮤니티는 마침내 변화를 허용할 수 있는 시기에 도달했고, 따라서 Airflow 패키지를 현재 운영 중인 프로젝트의 글로벌 규모에 맞는 구조로 재구성하기로 결정했습니다. 또 다른 공통적인 고민거리 하나는 Airflow가 의존성 문제로 많은 패키지를 설치해야 하는 것입니다.

따라서 커뮤니티는 Airflow 프로젝트를 분리하기로 결정했습니다.

- 소수의 일반 오퍼레이터, 훅 등을 포함하는 'core' 프로젝트
- 별도의 패키지를 통해 설치할 수 있는 기타 구성 요소. 개발자는 관리 가능한 종속성 세트를 유지하면서 설치할 구성 요소를 선택할 수 있습니다. 이러한 추가 패키지의 이름은 'providers'입니다. 각 공급자 패키지의 이름은 apache-airflow-providers-[name]이며, 예를 들어 apache-airflow-providers-postgres입니다.

이제 공급자 패키지에 포함된 모든 컴포넌트가 Airflow의 코어에서 제거됩니다. 예를 들어, Airflow 1 클래스 airflow.hooks.postgres_hook.PostgresHook는 더 이상 Airflow 2에 포함되어 있지 않습니다. 추가하려면 다음 명령어를 실행합니다.

```
pip install apache-airflow-providers-postgres
```

실행하면 airflow.providers.postgres.operators.postgres.PostgresOperator를 가져옵니다.

 Airflow 1에서 Airflow 2로 원활하게 전환할 수 있도록 DAG를 준비하려는 경우, 각 공급자 패키지도 'backports' 형식으로 존재합니다. 이러한 패키지는 Airflow 2 구조를 유지하지만 모든 구성 요소는 Airflow 1과 호환됩니다. 예를 들어 Airflow 1에서 새로운 postgres 공급자 구성을 사용하려면 다음 명령어를 사용하십시오.

```
pip install apache-airflow-backport-providers-postgres
```

표 B.1에는 이 책의 코드 예제에 따라 수행된 모든 Airflow 패키지가 나열되어 있습니다. Airflow 1과 2 모두에 해당될 경우, Airflow 2에 설치할 추가 공급자의 패키지 경로가 표시됩니다.

표 B.1 Airflow Imports

Airflow 2 import path	Airflow 2 additional package	Airflow 1 import path
airflow.providers.amazon.aws.hooks.base_aws.AwsBaseHook	apache-airflow-providers-amazon	airflow.contrib.hooks.aws_hook.AwsHook
airflow.providers.microsoft.azure.hooks.wasb.WasbHook	apache-airflow-providers-microsoft-azure	airflow.contrib.hooks.wasb_hook.WasbHook
kubernetes.client.models.V1Volume	kubernetes	airflow.contrib.kubernetes.volume.Volume
kubernetes.client.models.V1VolumeMount	kubernetes	airflow.contrib.kubernetes.volume_mount.VolumeMount
airflow.providers.amazon.aws.operators.athena.AWSAthenaOperator	apache-airflow-providers-amazon	airflow.contrib.operators.aws_athena_operator.AWSAthenaOperator
airflow.providers.google.cloud.operators.bigquery.BigQueryExecuteQueryOperator	apache-airflow-providers-\google	airflow.contrib.operators.bigquery_operator.BigQueryOperator
airflow.providers.google.cloud.operators.bigquery.BigQueryDeleteTableOperator	apache-airflow-providers-google	airflow.contrib.operators.bigquery_table_delete_operator.BigQueryTableDeleteOperator
airflow.providers.google.cloud.transfers.bigquery_to_gcs.BigQueryToGCSOperator	apache-airflow-providers-google	airflow.contrib.operators.bigquery_to_gcs.BigQueryToCloudStorageOperator
airflow.providers.google.cloud.transfers.local_to_gcs.LocalFilesystemToGCSOperator	apache-airflow-providers-google	airflow.contrib.operators.file_to_gcs.FileToGoogleCloudStorageOperator
airflow.providers.google.cloud.transfers.gcs_to_bigquery.GCSToBigQueryOperator	apache-airflow-providers-google	airflow.contrib.operators.gcs_to_bq.GoogleCloudStorageToBigQueryOperator
airflow.providers.cncf.kubernetes.operators.kubernetes_pod.KubernetesPodOperator	apache-airflow-providers-cncfkubernetes	airflow.contrib.operators.kubernetes_pod_operator.Kubernetes-PodOperator
airflow.providers.amazon.aws.operators.s3_copy_object.S3CopyObjectOperator	apache-airflow-providers-amazon	airflow.contrib.operators.s3_copy_object_operator.S3CopyObjectOperator
airflow.providers.amazon.aws.operators.sagemaker_endpoint.SageMakerEndpointOperator	apache-airflow-providers-amazon	airflow.contrib.operators.sagemaker_endpoint_operator.SageMakerEndpointOperator
airflow.providers.amazon.aws.operators.sagemaker_training.SageMakerTrainingOperator	apache-airflow-providers-amazon	airflow.contrib.operators.sagemaker_training_operator.SageMakerTrainingOperator

Airflow 2 import path	Airflow 2 additional package	Airflow 1 import path
airflow.sensors.filesystem .FileSensor		airflow.contrib.sensors.file_ sensor.FileSensor
airflow.sensors.python .PythonSensor		airflow.contrib.sensors. python _sensor.PythonSensor
airflow.DAG		airflow.DAG
airflow.exceptions.Airflow- SkipException		airflow.exceptions. AirflowSkipException
airflow.hooks.base_hook.Base- Hook		airflow.hooks.base_hook.Base Hook
airflow.providers.postgres .hooks.postgres.PostgresHook	apache-airflow- providers- postgres	airflow.hooks.postgres_hook .PostgresHook
airflow.providers.amazon.aws .hooks.s3.S3Hook	apache-airflow- providers- amazon	airflow.hooks.S3_hook.S3Hook
airflow.models.BaseOperator		airflow.models.BaseOperator
airflow.models.Connection		airflow.models.Connection
airflow.models.DAG		airflow.models.DAG
airflow.models.Variable		airflow.models.Variable
airflow.operators.bash.BashOp erator		airflow.operators.bash_ operator .BashOperator
airflow.operators.dagrun_ operator.TriggerDagRun- Operator		airflow.operators.dagrun_ operatorTriggerDagRunOperator
airflow.providers.docker .operators.docker.Docker- Operator	apache-airflow- providers- docker	airflow.operators.docker_ operator.DockerOperator
airflow.operators.dummy_ operator.DummyOperator		airflow.operators.dummy_ operator.DummyOperator
airflow.providers.http .operators.http.SimpleHttp Operator	apache-airflow- providers- http	airflow.operators.http_ operator.SimpleHttpOperator
airflow.operators.latest_ only.LatestOnlyOperator		airflow.operators. latest_only_operator. LatestOnlyOperator
airflow.providers.postgres .operators.postgres.Postgres Operator	apache-airflow- providers- postgres	airflow.operators.postgres_ operator.PostgresOperator

표 B.1 **Airflow Imports(계속)**

Airflow 2 import path	Airflow 2 additional package	Airflow 1 import path
airflow.operators.python .PythonOperator		airflow.operators.python_ operator.PythonOperator
airflow.utils		airflow.utils
airflow.utils.decorators .apply_defaults		airflow.utils.apply_defaults
airflow.utils.dates		airflow.utils.dates
airflow.utils.decorators .apply_defaults		airflow.utils.decorators. apply_ defaults

Prometheus 메트릭 매핑

이 부록은 12장에서 설명한 바와 같이 StatsD 포맷을 Prometeus 포맷으로 메트릭metric 매핑mapping 하는 것과 관련된 내용입니다. 함께 제공되는 GitHub 리포지터리(https://github.com/BasPH/data-pipelines-with-apache-airflow)에도 Prometheus StatsD exporter를 사용한 내용이 포함되어 있습니다. StatsD 익스포터exporter는 StatsD 메트릭(Airflow에서 제공)을 가져와 Prometheus가 읽을 수 있는 형식으로 표시합니다. 그러나 일부 변환은 효율적이지 않거나 Prometheus의 명명 규칙과 일치 하지 않습니다. 따라서 이 매핑은 Airflow의 StatsD 메트릭을 Prometheus 메트릭에 명시적으 로 매핑합니다. Airflow는 오픈 소스 프로젝트이기 때문에 이 매핑은 변경될 수 있습니다.

리스트 C.1 Airflow 메트릭을 위한 Prometheus StatsD 익스포터 매핑

```
mappings:

- match: "airflow.dag_processing.total_parse_time"
  help: "Number of seconds taken to process all DAG files"
  name: "airflow_dag_processing_time"

- match: "airflow.dag.*.*.duration"
  name: "airflow_task_duration"
  labels:
    dag_id: "$1"
    task_id: "$2"

- match: "airflow.dagbag_size"
  help: "Number of DAGs"
  name: "airflow_dag_count"

- match: "airflow.dag_processing.import_errors"
```

```
  help: "The number of errors encountered when processing DAGs"
  name: "airflow_dag_errors"

- match: "airflow.dag.loading-duration.*"
  help: "Loading duration of DAGs grouped by file. If multiple DAGs are found in one
file, DAG ids are concatenated by an underscore in the label."
  name: "airflow_dag_loading_duration"
  labels:
    dag_ids: "$1"

- match: "airflow.dag_processing.last_duration.*"
  name: "airflow_dag_processing_last_duration"
  labels:
    filename: "$1"

- match: "airflow.dag_processing.last_run.seconds_ago.*"
  name: "airflow_dag_processing_last_run_seconds_ago"
  labels:
    filename: "$1"

- match: "airflow.dag_processing.last_runtime.*"
  name: "airflow_dag_processing_last_runtime"
  labels:
    filename: "$1"

- match: "airflow.dagrun.dependency-check.*"
  name: "airflow_dag_processing_last_runtime"
  labels:
    dag_id: "$1"

- match: "airflow.dagrun.duration.success.*"
  name: "airflow_dagrun_success_duration"
  labels:
    dag_id: "$1"

- match: "airflow.dagrun.schedule_delay.*"
  name: "airflow_dagrun_schedule_delay"
  labels:
    dag_id: "$1"

- match: "airflow.executor.open_slots"
  help: "The number of open executor slots"
  name: "airflow_executor_open_slots"

- match: "airflow.executor.queued_tasks"
  help: "The number of queued tasks"
  name: "airflow_executor_queued_tasks"

- match: "airflow.executor.running_tasks"
  help: "The number of running tasks"
  name: "airflow_executor_running_tasks"
```

찾아보기